1999 浙江统计年鉴

STATISTICAL YEARBOOK OF ZHEJIANG

☆ 中英文对照 ☆

浙江省统计局 编

中国统计出版社
CHINA STATISTICAL PUBLISHING HOUSE

历史的回眸

——浙江经济和社会发展五十年的辉煌成就

值建国五十周年华诞，浙江在经济建设和各项社会事业发展上继往开来，又将翻开新的一页。在半个世纪中，浙江人民经过艰苦卓越的奋斗，走出了一条正确的发展道路，取得了辉煌的成就。今天，全省综合经济实力显著增强，在全国的经济地位不断提高，成为我国东南沿海地区中工业化程度较高的“明星省份”，实现了由落后的农业社会向先进的工业化社会转变的历史性跃迁。

这是一个不平凡的五十年，从三四十年代几近崩溃的经济边缘成功地实现了社会经济的全面复兴。1949-1998年，浙江国内生产总值年均增长速度为9.5%，高出全国平均水平3.8个百分点。尤其在改革开放后的二十年间，国内生产总值年均增长速度达到13.5%，成为浙江国民经济高速增长的历史时期。社会经济总量成倍增长。1998年浙江国内生产总值已达到4988亿元，居全国第四，比建国初期翻了六番多，人均GDP达到11247元(约1350美元)。

这是一个不平凡的五十年，产业经济形成了“工业迅猛发展、农业稳步增长和商业日益繁荣”的格局。解放初期的农业“几呈支离破碎，徒具残余之躯壳”。1998年，全省农业总产值达到1004亿元，按可比价格计算，比1949年增长了近9倍。工业经济经过半个世纪的发展已经成为浙江国民经济发展的主导力量。全省工业总产值由1949年的4亿元增长到1998年的11338亿元，增长了1727倍。工业增加值总量在全国的位次由1978年的第15位上升到1998年的第4位。商业经济发展活跃。全省社会消费品零售总额由解放初期的11.1亿元增长到1998年的1909亿元。

这是一个不平凡的五十年，财政实力显著增强，金融规模不断扩大。解放初期，财政收入来源匮乏，1949年浙江财政收入仅0.45亿元，1998年达到402亿元，五十年间规模扩大了892倍。1979-1998年，浙江财政总收入累计完成2600亿元，年均增长14.4%，收入总额在全国各省市中位居前列。金融机构各项存款余额由1952年的0.4亿元增加到1998年的5264亿元；各项贷款余额由1949年的1.9亿元增加到1998年的3897亿元。

这是一个不平凡的五十年，产业结构趋于合理，内部结构进一步优化。1949年浙江国内生产总值中第一、二、三产业的比例为68.5：8.0：23.5，农业对经

济增长的贡献份额达到60%以上，尚属于典型的农业社会。经过半个世纪的发展，浙江已经成为全国工业化程度较高的省份之一。1998年三次产业的比例转变为12.4∶54.3∶33.3。工业内部结构合理调整，1998年轻重工业比例为62.2∶37.8，改变了以前轻重失调、产业重点不突出的格局。农业产业结构多元化，农林牧渔业得到全面发展。解放初期，林牧渔三业严重“短腿”。1998年，农林牧渔业比例调整为52.1∶5.9∶16.5∶25.5，种植业产值占农业总产值的比重下降到44%。

这是一个不平凡的五十年，通过对经济所有制结构的合理调整，成功地促进了各种经济成份的共同发展。50年代初期，由于片面地强调和追求“一大二公”，使得个体私营经济发展受到抑制。改革开放后，浙江逐步建立了“以公有制为主体，多种经济共同发展的”所有制格局。90年代以来，全省公有制经济创造的增加值占全部国内生产总值的62%，非公有制经济占38%。城乡个体私营和其他经济类型工业发展势头迅猛，1982-1998年年均增长60%，以“三资”企业为主体的其他经济类型工业年均增长41%。

这是一个不平凡的五十年，外贸规模不断扩大，利用外资成效显著。解放初期，浙江对外贸易规模较小。1952年全省外贸收购总额仅1.2亿元；1998年进出口总额达161亿美元，对外贸易依存度和出口依存度分别达到26.1%和20.0%。到1998年底，全省累计实际利用外资135亿美元，累计合同利用外资198亿美元。共签订对外承包工程和劳务合作合同5000多项，项目金额达17亿美元，完成营业额11.3亿美元，境外总投资达1.7亿美元。

这是一个不平凡的五十年，城乡居民收入明显提高，人民生活提前迈入小康。解放初期，人民生活极其贫困。1949年全省城乡居民年均消费支出只有62元。1998年全省城镇居民人均可支配收入达到7837元，比1949年增长了66倍多。农村居民人均纯收入1949年仅为47元，1998年达到3815元，已基本实现小康目标。消费水平不断提高，消费结构发生明显变化。改革开放后，城镇居民恩格尔系数由80年代初的55.8%降至1998年的42.5%，农村居民恩格尔系数由55%以上降至47.1%。

这是一个不平凡的五十年，全省投资规模不断扩大，社会生产能力显著增强。1949年浙江国民经济各部门的固定资产总量仅3亿元左右，经济发展基础极为薄弱。经过半个世纪的发展与积累，特别是1979-1998年间，浙江累计完成全社会固定资产投资近10000亿元，年度投资规模由1978年的23亿元增加到1998年的1848亿元。全省共建成投产基本建设和更新改造项目7.7万个，其中大型基建项目87个，全社会新增固定资产8000多亿元。

这是一个不平凡的五十年，人民文化素质不断提高，各项社会事业硕果累累。1949年，浙江人口中极大多数为文盲，小学学龄儿童入学率不到30%，在校学生占总人口的比重为4.3%。90年代初，浙江已初步形成了一个相对完善的教育体系，并提前实现了基本普及九年制义务教育和基本扫除青壮年文盲的目标。社会事业全面进步，人民精神生活极大丰富。1998年浙江一些新的标志性文化设施相继建成。广播电视业形成信号网络覆盖。卫生医疗事业已提前三年实现了2000年“人人享有卫生保健”的目标。体育事业硕果累累，共获得665个全国冠军、122个亚洲冠军和87个世界冠军。

这是一个不平凡的五十年，科研成果赫赫，科技实力显著增强。1949年以前，浙江的科技事业几经摧残。解放初期，全省境内只有4个研究机构，研究人员不到100人，研究范围基本局限于农产品品种的改良。到1998年底，全省已经建成以“跟踪世界先进技术水平、培育高新技术产业优势领域”为目标的省级重点实验室和试验基地30个。全社会科技经费投入接近60亿元，科技投入占地方财政支出的比重位于全国前列。目前，综合科技实力在全国位居第8，比改革开放初期上升了12位。科技进步对经济增长的贡献率达到40%。

弹指一挥间，五十年沧桑巨变，浙江已经取得了令人惊叹的成就。如今，浙江正如一颗熠熠闪亮的明珠迎接新世纪的来临。高举邓小平理论的伟大旗帜，沿着有中国特色的社会主义道路坚定不移地前进是下世纪浙江取得新的建设成就的根本保证。四千万浙江人民决心在省委、省政府的正确领导下，艰苦奋斗，再创辉煌。

建国以来浙江省国民经济主要统计指标（I）

Major Statistical Indicators of Zhejiang's National Economy Since Founding of the People's Republic of China

指标 Item	1952	1978	1998	年均增长(%) Average Annual Growth Rate(%)	
				1953~1998	1979~1998
一、年末总人口（万人） Total Population (10000 persons)	2 212.8	3 751.0	4 446.9	1.5	0.9
二、年末从业人员（万人） Employed Persons (10000 persons)	963.3	1 795.0	2 612.5	2.2	1.9
#职工 Staff and Workers	54.9	312.9	455.8	4.7	1.9
三、国内生产总值（亿元） Gross Domestic Product (100 million yuan)	24.5	123.7	4 987.5	9.0	13.4
人均国内生产总值（元） Per Capita Gross Domestic Product (yuan)	112	331	11 247	7.3	12.5
四、城镇居民人均可支配收入（元） Per Capita Annual Disposable Income of Urban Residents (yuan)	202 ①	332	7 837	4.3	7.3
农村居民人均纯收入（元） Per Capita Net Income of Rural Residents (yuan)	86 ①	165	3 815	6.0	9.1
五、工农业总产值（亿元） Gross Output Value of Industry and Agriculture (100 million yuan)	30.0	197.8	12 341.9	12.7	20.2
工业总产值 Industry	8.2	132.1	11 338.2	16.0	23.3
农业总产值 Agriculture	21.8	65.7	1 003.7	4.2	5.3
六、客运量（万人） Passenger Traffic (10000 persons)	1442	20 535	118329	10.1	9.2
#铁路 Railways	438	1 899	3 169	4.4	2.6
公路 Highways	405	12 815	111 847	13.0	11.4
货运量（万吨） Freight Traffic	1 122	8 460	60 369	9.1	10.3
#铁路 Railways	230	1 415	1 726	4.5	1.0
公路 Highways	404	2 690	45 338	10.8	15.2
邮电业务总量(1990 年不变价)(亿元) Business Volume of Post and Telecommunications (100 million yuan)	0.19	1.33	157.72	15.7	27.0
七、全社会固定资产投资(亿元) Total Investment in Fixed Asstes (100 million yuan)	0.54	23.23	1 847.93	19.0	25.0
#基本建设 Capital Construction	0.54	10.07	619.46	15.2	21.2
#更新改造 Innovation		2.19	171.16		24.6

建国以来浙江省国民经济主要统计指标（II）

Major Statistical Indicators of Zhejiang's National Economy Since Founding of the People's Republic of China

指标 Item	1952	1978	1998	年均增长(%) Average Annual Growth Rate(%)	
				1953~1998	1979~1998
八、国内贸易和对外经济 Domestic Trade and Foreign Trade					
社会消费品零售总额（亿元） Total Retail Sales of Consumer Goods (100 million yuan)	11.1	46.9	1 909.1	11.8	20.4
外贸进出口总额（亿美元） Total Imports and Exports (USD 100 million)		0.7	160.6		31.2
#出口 Exports		0.5	120.1		31.3
九、财政总收入（亿元） Total Financial Revenue (100 million yuan)	3.88	27.45	401.80	10.6	14.4
财政总支出（亿元） Total Financial Expenditure (100 million yuan)	1.10	17.43	286.81	12.9	15.0
十、教育文化和卫生 Education, Culture and Publilc Health					
在校学生数（万人） Student Enrollment (10000 persons)					
高等学校 Institutions of Higher Education	0.47	2.42	11.35	7.2	8.0
普通中学 Regular Secondary Schools	12.28	214.65	217.67	6.5	0.1
小学 Primary Schools	188.70	501.43	365.23	1.4	-1.6
报纸出版数量（万份） Newspapers Published (10000 copies)	4 331	24 080	149 302	8.0	9.6
杂志出版数量（万册） Magazines Published (10000 copies)	71	393	8 358	10.9	16.5
图书出版数量（万册） Books Published (10000 copies)	494	12 033	26 647	9.1	4.1
卫生机构数（个） Health Institutions (unit)	1 543	6 939	7 524	3.5	0.4
医疗床位数（张） Beds in Health Institutions (bed)	12 201	61 778	110 590	4.9	3.0
卫生技术人员（人） Medical Technical Persons (person)	26 153	80 943	155 865	4.0	3.3

注：1.国内生产总值、工农业总产值绝对值按现行价格计算，年均增长速度按可比价格计算。
2.城镇居民人均可支配收入和农村居民人均纯收入年均增长速度均已扣除价格上涨因素。
3.带①为1957年数，年均增长速度按相应的年份计算。
(a) Gross domestic product, total output value of industry and agriculture are calculated at current prices, while average annual growth rates at comparable prices.
(b) The indices of Per capita annual disposable income available for living cost of urban residents and per capita net income of rural residents are deducted the factor of increase in prices.
(c) The figures with "①" refer to the data in 1957.

国内生产总值（亿元）
Gross Domestic Product (100 million yuan)

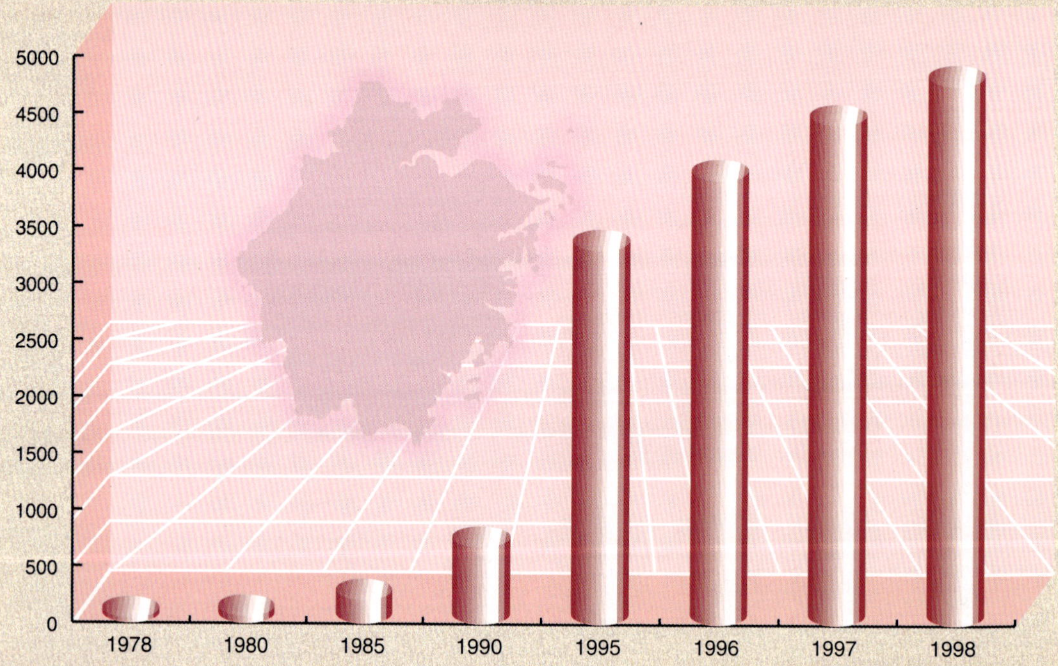

工农林牧渔业总产值（亿元）
Gross output Value of Industry and Farming Forestry, Animal Husbandry and Fishery (100 million yuan)

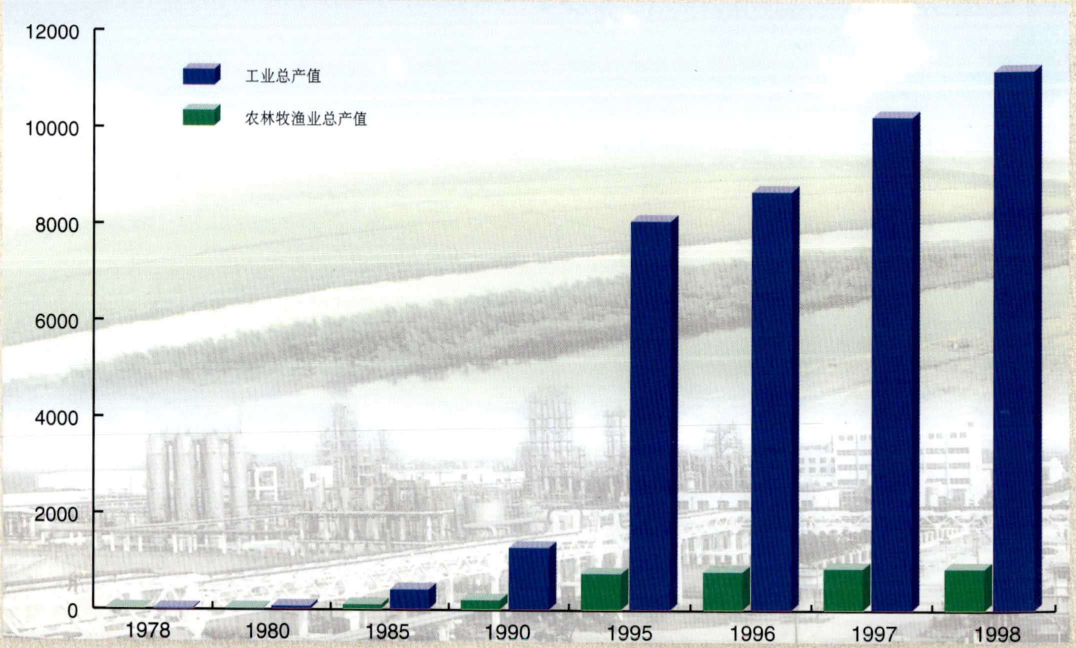

社会消费品零售总额（亿元）
Total Retail Sales of Consumer Goods (100 million yuan)

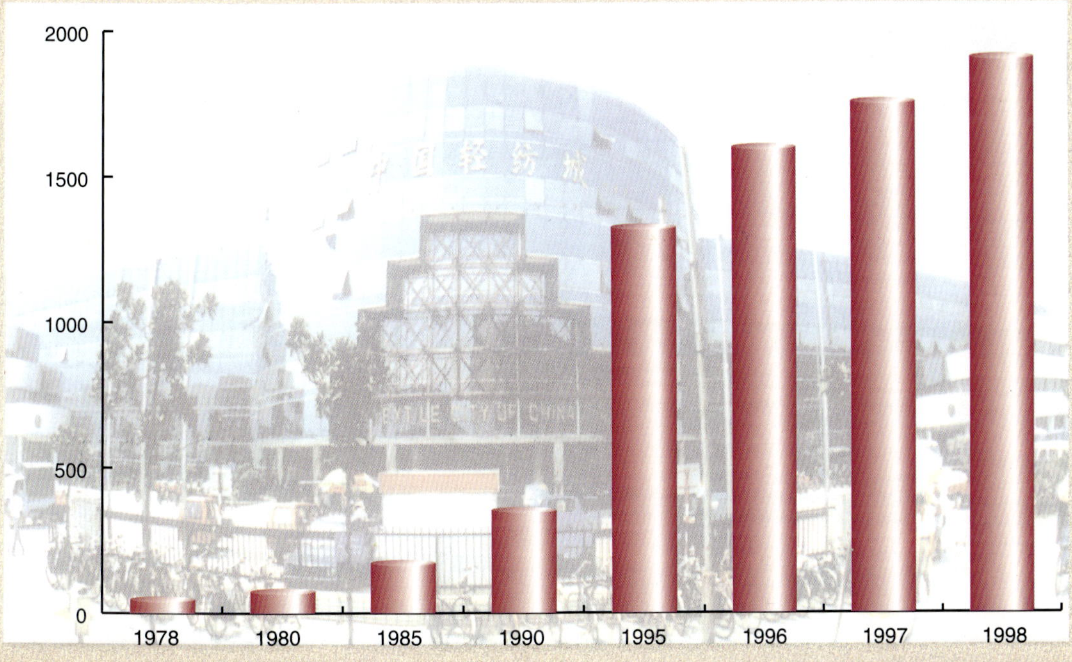

全社会固定资产投资（亿元）
Total Investment in Fixed Assets (100 million yuan)

财政总收支（亿元）
Total Financial Revenue & Expenditure (100 million yuan)

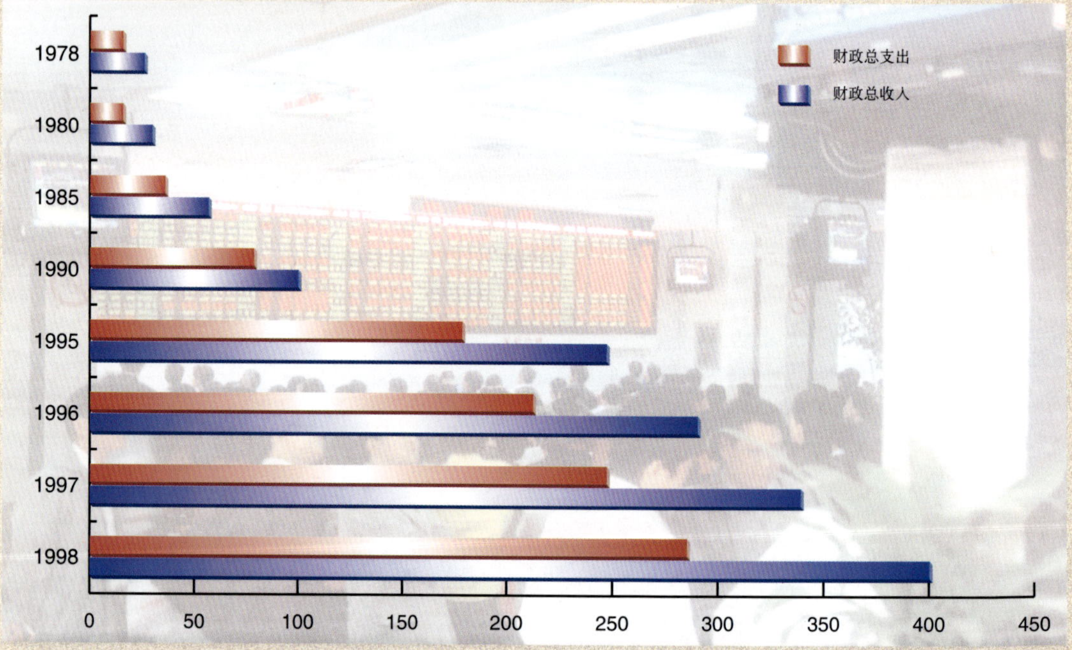

城乡居民人均收入（元）
Per Capita Annual Income of Urban and Rural Residents (yuan)

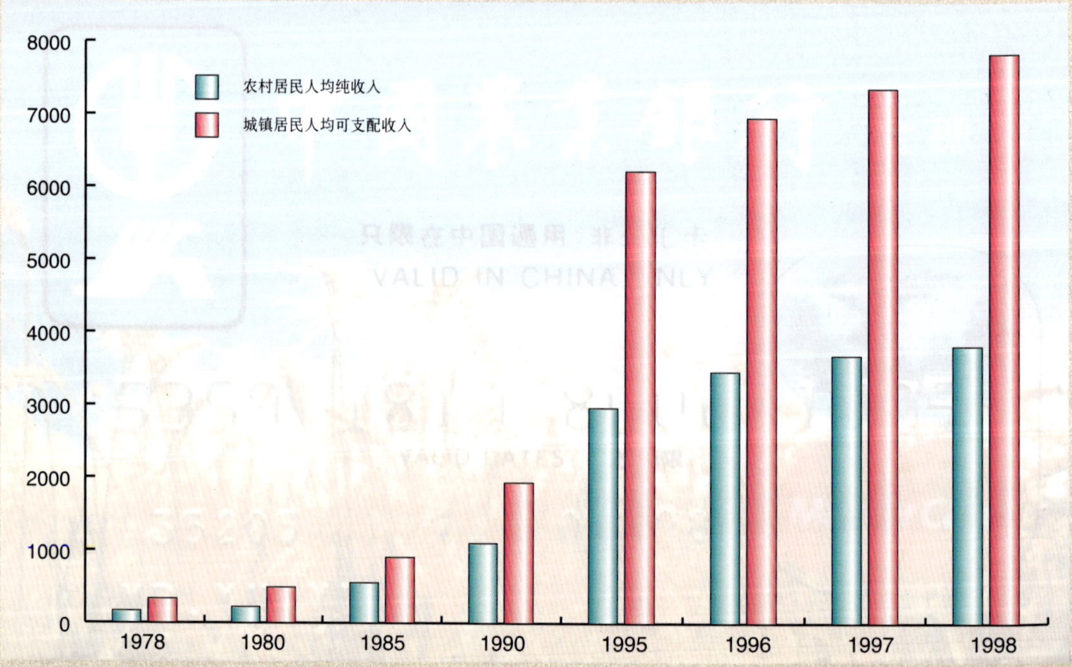

1999年浙江市场最畅销、竞争力最强名优产品

根据对浙江省70个市、县的320家大中型综合性零售商场，近550个消费品品牌的销售量、销售趋势、产品质量、价格及售后服务评价等调查，并经有关专家论证，确认并公布40个品牌为'99浙江市场最畅销、竞争力最强名优产品（排名不分主次）

1999年6月3日

产品品牌	企业名称	法定代表人
卷烟类：		
大红鹰牌香烟	宁波卷烟厂	徐芳权
利群牌香烟	杭州卷烟厂	刘建设
“5·1”牌香烟	宁波卷烟厂	徐芳权
西湖牌香烟	杭州卷烟厂	刘建设
啤酒类：		
西湖牌啤酒	杭州中策啤酒股份有限公司	徐振民
双鹿牌啤酒	温州金狮啤酒有限公司	李泽文
石梁牌啤酒	浙江石梁酒业集团有限公司	邱建生
K牌啤酒	浙江开开集团公司	徐春元
大梁山牌啤酒	浙江大梁山啤酒集团公司	王林根
其他酒：		
致中和五加皮	浙江致中和酒业有限责任公司	白智勇
饮用水类：		
娃哈哈牌纯净水	杭州娃哈哈集团公司	宗庆后
农夫山泉牌天然水	浙江千岛湖养生堂饮用水有限公司	钟睒睒
碳酸饮料类：		
非常可乐	杭州娃哈哈集团公司	宗庆后
电池类：		
双鹿牌电池	中银（宁波）电池有限公司	陈恩乐
洗衣皂类：		
船牌洗衣皂	杭州东南化工有限公司	陈培元
洗衣粉类：		
传化牌洗衣粉	杭州传化日用化工有限公司	徐冠巨
卫生巾类：		
雅妮娜卫生巾	杭州雅妮娜卫生用品有限公司	黄伟权
护舒宝卫生巾	中国宝洁广州有限公司	
高压锅类：		
苏泊尔牌高压锅	浙江苏泊尔集团有限公司	苏增福
饮水机类：		
司迈特牌饮水机	杭州司迈特电器有限公司	邱全成

产品品牌	企业名称	法定代表人
西服类：		
雅戈尔牌西服	雅戈尔集团股份有限公司	李如成
杉杉牌西服	杉杉集团有限公司	郑永刚
培罗成牌西服	宁波培罗成集团有限公司	史利英
衬衫类：		
雅戈尔牌衬衫	雅戈尔集团股份有限公司	李如成
洛兹牌衬衫	宁波洛兹制衣有限公司	罗奇华
内衣类：		
棒棒牌内衣	宁波棒棒针织内衣有限公司	楼东红
床上用品类：		
雅兰牌床褥	杭州新雅家私制造有限公司	陈　列
博洋牌家纺用品	宁波博洋（集团）有限公司	戎巨川
彩电类：		
数源·西湖牌彩电	西湖电子集团数源科技股份有限公司	陈焕新
长虹牌彩电	四川长虹电子集团公司	倪润峰
电子琴类：		
西湖牌电子琴	西湖电子集团音响设备厂	陈忠富
空调类：		
海尔牌空调器	青岛海尔空调器销售有限公司	杨绵绵
电冰箱类：		
华日牌冰箱	浙江华日集团公司	陈励君
西泠牌冰箱	杭州西泠制冷电器有限公司	张　平
容声牌冰箱	广州科龙电器股份有限公司	王国端
洗衣机类：		
松下爱妻号洗衣机	杭州金松集团	秦吉强
小天鹅牌洗衣机	无锡小天鹅股份有限公司	陆　坚
热水器类：		
皇室公爵牌热水器	嘉兴皇室公爵电器有限公司	祝家清
脱排油烟机类：		
帅康牌脱排油烟机	浙江帅康集团有限公司	邹国营
方太牌脱排油烟机	宁波方太厨具有限公司	茅忠群

浙江省市场流通工作领导小组办公室　浙江省统计局　浙江省企业调查队

杭州应用工程学校

杭州应用工程学校原为杭州煤炭工业学校，1998年3月为适应面向全社会服务的方向，更名为杭州应用工程学校。1998年7月随着国家机关管理体制改革，由煤炭部直属改为省教委直属。

学校设有计算机应用、电子技术应用、财会与审计、市场营销、机电技术、服装设计与制作等专业。现有教职工130人，其中具有高级职称25名，中级职称38名，初级职称16名，现有学生3312名。

校长：茹宝麟

书记：王兴邦

地址：浙江省杭州市教工路28号

邮编：310012

电话：(0571) 8088849 8086951

学校走产教结合之路，于1994年与江西、山西、山东、浙江等9个省市50个企事业单位联合成立校产教协作委员会。还实行联合办学，在江西萍乡煤矿职工大学、山西太原农校、临沂纺织职业中等专业学校、枣庄矿务局职业中专学校、长兴煤田职工地质学校等建立了五所分校。

学校倡导"团结、求实、勤奋、进取"的校风，从严治校、严谨治学。艰苦创业四十载，桃李芬芳满天下，学校已为国家输送7063名毕业生和1738名各类专业培训生。大批优秀人才，已成为各条战线的骨干力量，有的成为企业事业单位的领导；有的继续深造，获硕士、博士学位和教授、高工职称；有的被选派出国深造或做博士后研究，成为优秀的专家或企业家，为祖国争光、为学校赢得荣誉。

宁波华通电器集团股份有限公司

董事长兼总经理郑绍琪先生

宁波华通电器集团股份有限公司是国家科委认定的"重点高新技术企业"，是浙江省机械工业"重中之重"企业。拥有总资产2亿元，其中固定资产8000万元。曾获"火炬优秀项目奖"，被上海宝钢三期工程指挥部评定为"宝钢三期工程设备制造质量优胜单位"，获"中国优秀民营企业"、"全国质量效益型先进企业"、"浙江省技术进步优秀企业"等荣誉。

《浙江名牌产品证书》

公司管理上严格按GB/T19001-1994 idt ISO9001:1994质量保证体系标准的要求实施，取得了认证证书并认真贯彻始终。

公司是原国家机械工业部、电力工业部认可生产高压开关柜和高级型低压开关设备的企业，以"宁通"商标注册。主导产品是高低压电器、高低压开关成套设备等三大类四十多个系列产品，真空环网柜、真空负荷开关为国家实用新型专利产品。

公司中心花园

法人代表：郑绍琪
地址：宁波市镇海区庄市镇
邮编：315201
电话：(0574) 6691338（总机）转
传真：6691437

中外合资 温州金狮啤酒有限公司

中外合资温州金狮啤酒有限公司坐落在温州火车站毗邻，占地7万平方米，固定资产达3亿多元，是浙江省第二早酿造啤酒的厂家，是温州市重点工业企业。

现下设平阳金狮啤酒有限公司、雁荡山啤酒厂、金华金狮啤酒有限公司，是温州一级明星企业和外商投资先进企业。

公司引进先进的德国灌装生产线和易拉罐生产线，拥有国内一流的糖化发酵设备，采用德国DAB酵母菌种和酿造技术。公司还引进产品质量检测装置，建立华东地区名列前茅的产品检验中心，一九九九年三月通过国家ISO9002质量体系认证和产品质量认证。

产品特点：口味清爽纯正、泡沫细腻、挂杯持久、热值低。

产品远销法国、意大利，深受好评。

总经理：李泽文
地址：浙江省温州市梧埏街234号
邮编：325014
电话：(0577) 6361438
传真：(0577) 6366700
E-mail:shuanglu@ppp.wzptt.zj.cn

温州龙达石油液化气有限公司

总经理：韩国光

液化气专用码头

温州龙达石油液化气有限公司是由温州电力实业总公司为主和福建巨星集团公司等四家企业联合投资兴办的。拥有固定资产原值1740万元，有液化气罐19个（计1670立方米）和1000吨液化气专用码头，主要经营石油液化气，1998年销售液化气73354吨，销售额达13296万元，实现利税441.4万元。

企业坚持安全第一，客户至上，诚信经营，热忱服务的宗旨，连续两年被省计经委、统计局等4个单位评为全省同行业最大企业和经济效益最佳企业、温州市二星级企业和中国银行AAA级信用企业、苍南县重点纳税大户。

液化气罐区

总经理：韩国光
地址：浙江省苍南县龙港镇龙洲路340号
邮编：325802
电话：(0577) 4208408
传真：4216206

温州发电厂

被誉为“浙南明珠”的温州发电厂，规划总装机容量为145万千瓦时，分三期建设：一期为2×12.5万千瓦，二期、三期均为2×30万千瓦。一期工程的两台机组已于1990年12月和1991年8月提前投产发电，现已成为华东电网南端的主力火电基地，也是华东电网电压的重要支撑点和枢纽变电站，为温州市工农业生产提供电力能源保障，为温州地区经济快速、稳定发展发挥了极其重要的作用。

几年来，该厂紧紧围绕“电力安全，文明生产”这个中心，坚持以设备整治为重点，以文明生产为突破口，坚持两个文明一起抓。在安全、文明生产、设备整治、节能降耗、技术进步、环境保护、班组建设、管理基础工作等方面均取得了显著的成效。发电量连年递增，供电煤耗逐年下降。

至99年4月止，最高安全日突破千日大关达1058天，创建厂以来历史新高。累计为电网输送电量达104亿千瓦时，并荣获电力工业部“安全文明生产双达标企业”称号。

温州发电厂二期2×30万千瓦机组建设工程，已经国务院批准，动态投资约34亿元，系中美合作的国家重点工程。已于99年3月份正式开工。

面临二期扩建和“创一流”双重机遇和挑战的温电人，正全力以赴以现代企业制度的高标准和严要求从严治厂、科学管理，决心在巩固“双达标”成果的基础上，力争通过两年时间的努力奋斗，把温州发电厂建设成为一流的社会主义现代化企业。

厂长：杨立隆
地址：温州市乐清磐石镇
邮编：325602
电话：(0577) 8230011（总机）
传真：2841074

湖州建筑安装工程总公司

▲ 1999年度省“钱江杯”优质工程－湖州广播电视中心大楼。建筑面积18000平方米，高21层。

▶ 1999年度省“钱江杯”优质工程－建行营业办公楼。建筑面积24052平方米，高15层。

湖州市建筑安装工程总公司下辖土建、安装、装璜、构配件预制、机施、市政、房地产开发等16个基层公司，是一家专业技术齐全、管理制度健全、多种经营发展为一体的一级资质的国有施工企业。

总经理：王仲元

该公司具有独立承建各类大中型工业建设项目、高级高层民用建筑、工业和民用设备安装、大型土石方、深地基施工、打桩、吊装、滑模、钢结构、高强预应力混凝土构件、室内外装璜、市政道路等综合配套施工能力。坚持“以质量求生存、以质量求发展”的方针。“八五”以来，共创优良工程百余项，获市“十佳”、“飞英杯”工程20余项，获部优和省“钱江杯”工程5项，获国家“鲁班奖”参建工程1项，年工程优良率50%以上。1998年工程优良率达到88.79%。

总经理：王仲元
地址：浙江省湖州市劳动路127号
邮编：313000
电话号码：(0572) 2022066

嘉兴电子陶瓷厂

嘉兴电子陶瓷厂－车间成品检测

嘉兴市电子陶瓷厂是开发、制造压电陶瓷频率元件的专业工厂。是省电子工业重点骨干企业、省区外高新技术创新试点企业。自1995年来连续四年被评为“浙江省最佳经济效益工业企业”，各项技术经济指标列全国同行前三位。

该厂主要产品有滤波器、谐振器、陷波器、鉴频器等八大系列100余个品种。产品供通信、微机和各种家用电器等整机配套使用。

1996年2月企业通过了QCCECC赛宝质量体系认证中心的ISO9002认证，1999年3月通过换证审核。

1999年启动的总投资为2900万元的移动通信用陶瓷元器件技术改造项目是企业新的经济增长点。

厂长：张茂水
地址：嘉兴市城东路368号
邮政编码：314000
电话号码：(0573)2087146
传真：(0573)2070516

禹建大酒店

禹建大酒店夜景

禹建大酒店是为繁荣开发区，接轨度假区，发展绍兴旅游事业，提高企业综合实力而创建的。

酒店地处环城东路、延安路口，交通极为便利。酒店总建筑面积为7500m²，楼体高七层，是休闲娱乐、宴请宾客、旅游下榻的理想场所。

酒店拥有一个可容纳450多人同时就餐的大厅，并设有豪华包厢12个，卡拉OK豪华包厢3个，100多个座位的舞厅一个，大小会议室、豪华套房、标准间、套房一应俱全。

禹建大酒店以海鲜著称，荟萃海之精品，更兼山之奇货。低档的消费、高档的享受，欢迎您有空来坐坐！

禹建大酒店全体员工热忱欢迎您的光临！

禹建大酒店用餐大厅

客房

豪华包厢

海鲜馆

总经理：韩锦源

地址：绍兴市环城东路、延安路口　　邮编：312000

总台电话：(0575) 8655688-8166　　订餐电话：8655688-8177

传真：8656720

中国轻纺城房地产开发经营公司

中国轻纺城房地产开发经营公司具有国家房地产开发二级企业资质。是集房地产开发、广告装饰、物业管理、建筑材料、建筑设计等多业经营于一体的经济实体。现有职工60余人，拥有各类专业技术人员31人，技术力量雄厚，设备设施精良，管理科学严谨。

1993~1995年连续三年荣获“绍兴市税利总额十强房地产开发企业”；1996年被绍兴市城建委、物价局评定为“绍兴市首届房地产质量、价格信得过单位”；1997年度被中国人民建设银行浙江省分行评为“信用AAA企业”；1998年度被绍兴县建设局评为“房地产开发经营、住宅质量管理先进单位”。

公司奉行“团结、务实、创新、高效”的企业精神，坚持以质量求发展，以服务为宗旨，以信誉求生存。建成的金河新村、明珠苑、柯笛花园等住宅小区和柯东工业区标准厂房，以精密策划、精心设计、精细施工、精诚服务赢得了大量客户，商品房销售率一直保存在80%以上，在同行中独占鳌头。

目前，公司开发项目主要有柯北花园、怡绿新村、东方花园等工程。公司在总经理金伟森的带领下，正以矫键的雄姿，铿锵的步伐，迈向美好的21世纪。

中发集团办公大楼

滨江新村

总经理：金伟森
地址：浙江绍兴柯桥经济开发区中发大厦
邮编：312030
电话：(0575) 4116888 4117121
传真：(0575) 4117164

柯笛花园

本品从天然植物中提取，

具有更强的生物活性。

天然V-E

VITAMIN E

natural

维生素 E 是一种基本营养素作为重要的抗氧化剂，有清除自由基和消除细胞内脂褐素沉积的作用，可防止机体细胞因氧化而破坏，以延缓组织细胞的衰老过程，预防皮肤病变，能改善脂质代谢促进心血管健康，防止动脉硬化症的发生维生素E还用于习惯性流产、先兆流产、不孕症、更年期综合症、进行性肌营养不良、肝胆系统疾病等的辅助治疗。

维生素E

VITAMIN E

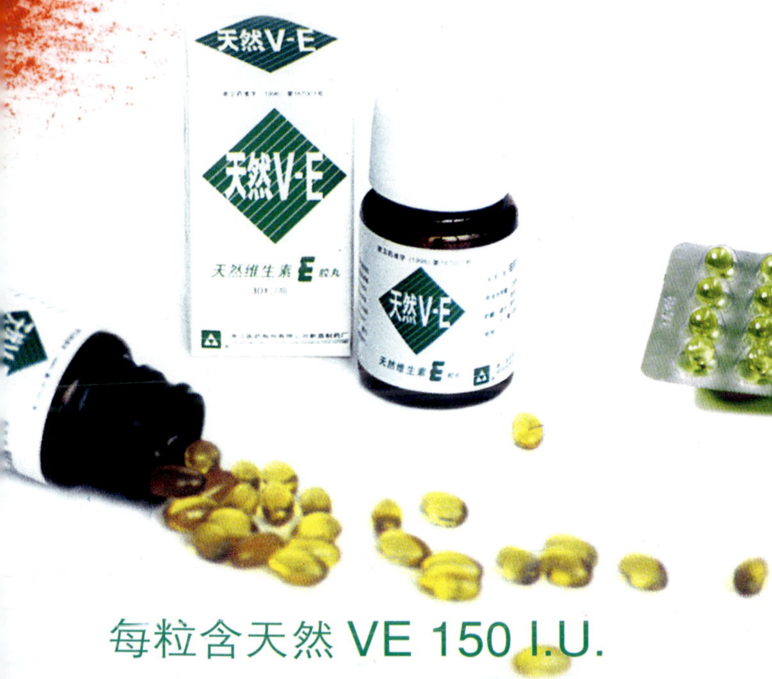

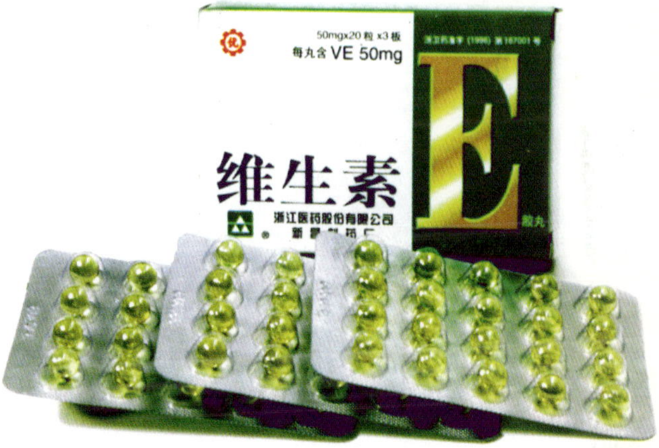

每粒含天然 VE 150 I.U.

CHANG PHARM.

绍兴市大荣纺织厂

生产车间一角

生产车间一角

绍兴市大荣纺织厂是越城区的一家骨干企业，现拥有日本尼桑LW551-210宽幅喷水织机96台，且每台装置山田多臂机，30台韩国产倍捻机，30台国产倍捻机，倒筒机及络筒机整经等设备，以及国际领先的提花织机，该厂实力雄厚。

该厂主要生产仿真类化纤织物和全棉提花布，年产量在1500万米以上，产品畅销全国各地并出口欧、美市场。

法人代表：马荣法
地址：104国道北复线梅山江大桥边
邮编：312000
电话：(0575) 8010358 8025771

绍兴县第二建筑工程公司

绍兴县第二建筑工程公司荣获的省“钱江杯”、上海市“白玉兰杯”、全国“鲁班奖”

总经理兼党委书记

法人代表：陈永根 高级工程师

绍兴县第二建筑工程公司创建于1962年，是一家集工业与民用建筑、装饰、市政等多元化经营为一体的国家一级资质的大型施工企业。

公司以“立足绍兴，开拓省内，辐射全国，走出国门”的经营方针，以承建高、大、难、新等国家重点项目为擅长，始终不渝地追求企业的进步发展，实施名牌战略，靠质量创名牌。近年来创建了上海市“白玉兰”、浙江省“钱江杯”及建设部优质样板工程和鲁班奖等优质工程三十多项，是全国百强建筑企业和全国最佳形象建筑企业。连续多年被评为省特级信用“AAA”企业和绍兴县的建筑“明星”、“建筑巨轮”、“创优功勋”企业；荣获绍兴市优胜企业、省重点骨干企业、省建筑先进企业、绍兴县“小型巨人”建筑企业等称号。在上海历年被评为“浙江省进沪优胜企业”和上海市的“优秀建筑企业”。

荣获上海市“白玉兰杯”优质工程

法人代表：陈永根（高级工程师）
地址：绍兴县马鞍镇车站南路2号
电话：0575-5101367
邮政编码：312072

浙江中国轻纺城集团房地产开发公司

法人代表：王关水

浙江中国轻纺城集团房地产开发公司是一家具有城市综合开发三级资质的集房地产开发、建筑安装、物业管理等一体的集团型企业。

公司坚持“积极、稳健、优质、高效、全面发展”的经营策略，积极响应、参与实施市政府“优二兴三”城市化发展战略的项目。1998年参与的全市面积最大的(60亩)“优二兴三”项目一“新世纪公寓”已开盘销售。

公司连续三年被县委县政府授予”先进党支部”、“先进单位”的称号，多年来被评为“AAA级信用企业”和“纳税大户”企业。98年获“绍兴市综合实力十强房地产企业”，排名第三。

法人代表：王关水
地址：浙江省绍兴市劳动路427号五楼
邮编：312000
电话：(0575) 5129824
5128498
8648688

在建的“新世纪公寓”（暂名）位于市区人民中路721号(中医院旁)。

绍兴华联商厦股份有限公司

董事长、总经理：徐新大

绍兴华联商厦总面积1万多平方米，大厦连地下室共7层，共设11个商品部，经营家电、服装、鞋帽、针织、黄金钟表、日化、百货等3万余种商品。五楼开设的娱乐天地，是绍兴首家上规模的游乐场所。新近在绍兴红太阳中心三楼开出的华联商厦中兴路店，也以名品多、购买便、价格低而赢得了众多消费者。

商厦以良好的形象，获得“市物价计量信得过单位”、“省消费者信得过单位”、“全国清柜台先进单位”等多项荣誉。最近又列入绍兴市流通综合优胜企业十强。

董事长、总经理：徐新大
地址：浙江省绍兴市解放北路381号
邮编：312000
电话：(0575) 5137441 5138643
传真：5133662

商厦夜景

浙江万亨盛印染有限公司

"丁"型染色车间

本公司主要染色加工各类纺织坯布，年生产能力1.5亿米。主要设备有63只"丁"型染色机，7台韩国产拉幅定型机、10台锅炉。

韩国产拉幅定型机车间

董事长、总经理：陈金夫
副总经理：徐卫东、陈建刚
地址：绍兴县安昌镇
邮编：312080
电话：(0575) 5654363

绍兴安城丝织厂

绍兴安城丝织厂系浙江省三星级企业、浙江省乡镇管理示范企业、浙江省重合同守信用先进单位、浙江省文明乡镇企业、浙江省重点骨干乡镇企业。

企业精制集丝、毛、麻、棉、呢、绉等系列织物于一体的新颖产品，年均通过省级以上鉴定的新优产品5~6只投入市场。企业年生产能力1000万米，产品辐射22个省市，产品相继荣膺"全国第三届科技成果金奖""浙江省优秀新产品奖"、"浙江省产品骏马奖"、"绍兴市名牌产品"。产品商标—"安城"牌，于九四、九七年连续两届荣膺"浙江省著名商标"，为绍兴市纺织业填补无省著标之空白。

全国优秀乡镇企业厂长：徐仁林

花园式厂区一瞥

法人代表：徐仁林
专电：(0575) 8048066 办电：8043477
经营厂长：徐国庆
专电：(0575) 8047340 办电：8047356
地址：浙江绍兴安城
邮编：312085 传真：8048066
E-mail:Http://shaoxinginfo.com

中國浙江喜临門家具集團

XILINMEN

浙江喜临门集团是专业的家具制造集团，年创产值为2亿元，是浙江省家具行业中“五个一批”重点工程的骨干企业。经浙江省有关部门评定，荣获：浙江省家具行业规模最大企业。

浙江喜临门集团的主导产品有床垫、床具、沙发、实木家具等。床垫分为健康护脊型、洁之宝型、蓝宝石型、睡美人型、挺王型、独立皇型等八大类，五十余个品种。喜临门床垫六次荣获国家A级产品称号，并获得轻工部全国推荐产品、中央电视台上榜品牌、中国家具协会全国推荐产品、中国国际家具博览会金奖、全国用户满意产品（中国质量管理协会颁发）等50多项荣誉。在科技创新方面获得国家级新产品、省级新产品、国家专利产品10只。1998年6月，北京钓鱼台国宾馆为迎接美国总统克林顿访华而对18号总统楼进行改造选用床具、沙发时，选中了“喜临门”床具、沙发。

喜临门集团遵循着严格的质量管理体系，与国际标准接轨。在华东地区的家具行业中第一家通过ISO9001国际质量体系认证。

董事长兼总经理：陈阿裕
地址：绍兴市张市工业区
电话：(0575) 5160688
5169758
传真：(0575) 5160798
邮编：312001
E-mail: xilinmen@public.sxptt.zj.cn
http: //www.Chinabed.com
http: //www.Chinasofa.com

浙江黑猫神蚊香集团有限公司

公司门景

浙江黑猫神蚊香集团有限公司是我国最大的盘式蚊香生产基地之一。年生产蚊香150万箱，气雾剂300万罐，灭蚊片2万箱。

历年来，公司分别被评为市文明单位，市工商恪守信誉企业，市纳税大户，绍兴市百强企业，浙江省重点民政福利企业，省农行、省建行AAA级企业。1997年被列为国家中一型企业。黑猫神蚊香96年被评为浙江省地方工业名牌产品，注册商标“黑猫神”98年被认定为浙江省著名商标，99年被列入全国重点保护商标之一。

1998年创建了浙江圣妮娅卫生用品有限公司，专业生产圣妮娅高档卫生巾、护垫等卫生用品。

法人代表：章林法（董事长兼总经理）
厂长：侯国生、厉增贤　　副总经理：郦云根、俞尧钟
地址：浙江省诸暨市次坞镇择坞工业区　邮编：311815
电话：(0575) 7851055 7851868

公司俯瞰全景

浙江庆盛纺织集团

庆盛集团
QINGSHENG GROUP

法人代表：陈火庆

浙江庆盛纺织集团是一家以纺织面料生产为主体，集纺织科研、原料经营、国际贸易为一身的专业纺织集团公司。是浙江省‘五个一批’重点骨干企业、浙江省技术进步优秀企业，绍兴市纺织行业利税十强企业（97年度）、绍兴市乡镇管理示范企业、绍兴县四星级企业，连续三年被命名为“绍兴县经济百虎企业”，年年被中行、交行确认为AAA级企业资信等级。

公司长期坚持“以质取胜，管理增效”的发展方针，在全市纺织织造行业中率先通过了ISO9002国际标准的认证，享有自行进出口权，被国家行业系统指定为服装面料定点生产单位。独立承担的国家级星火计划——《变性化纤毛感系列织物的开发》项目的完成，标志着企业在化纤仿毛领域达到了国内领先水平。

法人代表：陈火庆
地址：国家社会发展综合实验区绍兴杨汛桥江桥工业区
邮编：312028
电话(0575) 4508312 4508313
国际传真：(0086) (575) 4509221

台州市国雨橡胶制品厂

法人代表：尚才国

该厂的主导产品汽车刮水器胶条，系学习国外近年来的先进技术，主要原材料从国外进口，并经石墨化等先进工艺处理，其产品质量及生产规模，经济效益在全国同行业中均处于领先地位。1993年7月，经中国汽车技术研究中心、武汉汽车车身附件研究所等主管、归口单位监定，该厂产品达到了参照德国大众汽车有限公司标准制定的Q/HX01-93标准中的各项性能指标。

该厂目前引进日本工艺及模具，生产高品质的各类汽车、摩托车油封。

该厂拥有成套的橡胶检测仪器，能对橡胶原材料和产品进行理化分析及检验。

法人代表：尚才国
地址：浙江省台州市路桥区杭温路169号
邮编：318050
电话：(0576) 2448149 2442539
传真：(0576) 2441526
电挂：4204

中国农业发展银行

AGRICULTURA DEVELOPING BANK OF CHINA

台州市分行

行长、法人代表：王健美

中国农业发展银行台州市分行于1996年12月12日依法设立，1997年1月1日开始对外营业。

中国农业发展银行台州市分行是台州唯一的国家政策性银行，下设营业部及临海、温岭、仙居3个支行，天台、三门、玉环3个办事组，黄岩、路桥2个代理处。立足台州，面向农业，按照国家的法律、法规和方针、政策，以国家信用为基础，筹集农业政策性信贷资金，承担国家规定的农业政策性金融业务，代理财政支农资金的拨付，为农业和农村经济发展服务。

中国农业发展银行台州市分行营业大厅一角

中国农业发展银行台州市分行拥有现代化的服务设施，日趋完善的管理机制，优质、规范的服务，主要经营粮棉油储备、收购、调销、加工等信贷业务以及农业开发性项目贷款，办理业务范围内开户企事业单位存款和结算等业务，在支持台州农业和农村经济发展中占有重要地位，具有其他商业银行（金融机构）无法替代的作用。经过一年的努力，全行各项业务迈出可喜的一步。至1997年末，各项存款余额6629万元，比年初增加5367万元，增长425.3%；各项贷款余额80279万元，比年初增加25142万元，增长45.6%。其中：农业开发性贷款余额12403万元，比年初增加9853万元，增长386.4%；累放各项贷款205905万元，比上年增长52.9%，粮棉油直接库贷挂钩比例完成省分行下达指标的110.36%。为促进台州市农业和农村经济发展作出了积极贡献。

中国农业发展银行台州市分行全体员工正以党的十五大精神为指针，进一步深化金融体制改革，不断弘扬"管理高起点，服务高质量，办事高效率，经营高效益"的农发行精神，内增实力，外塑形象，努力提高员工的整体素质继续加强农业政策性资金的筹措、供应和管理，调整和优化信贷结构，加大支持台州经济发展的力度，不负国家赋予的政策性金融使命，成为支持台州农业和农村经济腾飞的生力军。

中国农业发展银行台州市分行1996年12月12日在椒江依法设立

地址：浙江省台州市椒江区岩屿路148号

电话：(0576) 8898261　邮编：318000　传真：(0576) 8898262

《浙江统计年鉴—1999》编辑委员会

编 者 说 明

一、《浙江统计年鉴－1999》是一部全面反映浙江国民经济和社会发展情况的资料性年刊，本年鉴收录了浙江及各地、市、县 1998 年经济和社会各方面大量的统计数据，以及历史重要年份和改革开放以来浙江主要统计数据。

二、全书内容分为 18 部分，即：1. 综合；2. 人口和从业人员；3. 固定资产投资；4. 物价；5. 人民生活；6. 农业；7. 工业；8. 建筑业和地质勘查；9. 交通运输和邮电通讯业；10. 批发零售贸易和餐饮业；11. 对外经济贸易和旅游；12. 财政和金融；13. 城市建设和环境保护；14. 教育科技、专利、测绘和标准计量；15. 文化、体育和卫生；16. 档案、司法、社会福利、工会、妇联组织和社会治安；17. 市地县国民经济主要指标；18. 附录（企业简介）。为便于读者使用，部分统计表下作了简要注释，每篇章后附有《主要统计指标解释》。

三、本年鉴对过去发表的统计资料重新予以核实，凡与本年鉴数据有出入的，以本年鉴为准。

四、本年鉴凡带续表的资料，如有注解均注在最后一张续表的下方。

五、本年鉴中和符号使用说明："…"表示数据不足本表最小单位数；"#"表示其中主要项；"空格"表示该项统计指标数据不详或无该项数据。

《浙江统计年鉴》自公开出版以来，受到了社会各界的重视和好评，为进一步提高年鉴的编辑水平，欢迎读者提出宝贵意见。

Preface

Zhejiang Statistical Yearbook 1999 is an annual statistis publication, which contains very comprehensive statistics of Zhejiang's social and economic development in 1998 and selected data of some important years and of the period since China adopted the policy of reforming and opening to the outside world.

The yearbook is composed of 18 parts. 1. General Suryey 2. Population and Empoloyment 3. Investment in Fixed Assets 4. Prices 5. People's Livelihood 6. Agriculture 7. Industry 8. Construction and Geological Prospecting 9. Transportation, Posts and Telecmmunication 10. Wholesale and Retail Sale Trade and Catering Trade 11. Foreign Economy and Trade, Tourism 12. Public Finance and Banking 13. City Construction and Environment Protection 14. Education, Science, Patent, Surveying and Mapping, Standard Calculating 15. Culture, Sports, and Public Health 16. Archives, Judicature, Social Welfare and Labour Union 17. Main Indicators of National Economy by City, Prefecture and County 18. Appendix. In addition, brief notes are placed at lower part of some tables and explanatory notes on main indicators are provided at end of each part.

The statistics in former statistical yearbook have been already checked. The data in Zhejiang statistical yearbook 1999 shall be regarded as authentic ones. The footnotes are placed at the last page, if the table is a continued one.

Notations used in this yearbook:

"…" indicates that the figure is not large enough to be measured with the smallest unit in the table. "#" indicates the major items of the total. "(blank)" indicates that the data not available.

Since issued openly, Zhejiang Statistical Yearbook has received favourable comments from all the various aspects. In order to further improve editorial levels, welcome valuable suggestion from general readers.

目　录
CONTENTS

一、综合
Chapter 1 GENERAL SURVEY

二、人口和从业人员
Chapter 2 POPULATION and EMPLOYMENT

三、固定资产投资

Chapter 3 INVESTMENT in FIXED ASSETS

四、物价

Chapter 4 PRICES

五、人民生活
Chapter 5 PEOPLE'S LIVELIHOOD

六、农业

Chapter 6 AGRICULTURE

七、工业

Chapter 7 INDUSTRY

八、建筑业和地质勘查
Chapter 8 CONSTRUCTION and GEOLOGICAL PROSPECTING

九、交通运输和邮电通信业

Chapter 9 TRANSPORTATION, POSTS and TEIECOMMUNICATIONS

十、批发、零售贸易和餐饮业

Chapter 10 WHOLESALE and RETAIL SALE TRADE and CATERING TRADE

十一、对外经济贸易和旅游

Chapter 11 FOREIGN ECONOMY and TRADE,TOURISM

十二、财政和金融
Chapter 12 PUBLIC FINANCE and BANKING

十三、城市建设和环境保护
Chapter 13 CITY CONSTRUCTION and ENVIRONMENT PROTECTION

十四、教育、科技、专利、测绘和标准计量
Chapter 14 EDUCATION, SCIENCE, PATENT, SVRVEYING & MAPPING and STANDARD CALCULATING

十五、文化、体育和卫生
Chapter 15 CULTURE,SPORTS and PUBLIC HEALTH

十六、档案、司法、社会福利和工会组织
Chapter 16 ARCHIVES, JUDICATURE, SOCIAL WELFARE and LABOUR UNION

十七、各市、地、县国民经济主要指标

Chapter 17 Major Indicators of National Economy by City, Prefecture and County

附　录

综　　合

GENERAL SURVEY

1

1.综　合
General Survey

1998 年国内生产总值	Gross Domestic Product	4987.50	亿元	(100million yuan)
第一产业	Primary Industry	631.31	亿元	(100million yuan)
第二产业	Secondary	2709.08	亿元	(100million yuan)
# 工业	Industry	2445.43	亿元	(100million yuan)
第三产业	Tertiary Industry	1647.11	亿元	(100million yuan)
1998 年人均国内生产总值	Per Capita GDP	11247	元	(yuan)
1998 年国内生产总值构成	Structure of Gross Domestic Product	100.0	%	
第一产业	Primary Industry	12.7	%	
第二产业	Secondary	54.3	%	
# 工业	Industry	49.0	%	
第三产业	Tertiary Industry	33.0	%	

国内生产总值指数

Indices of Gross Domestic Product

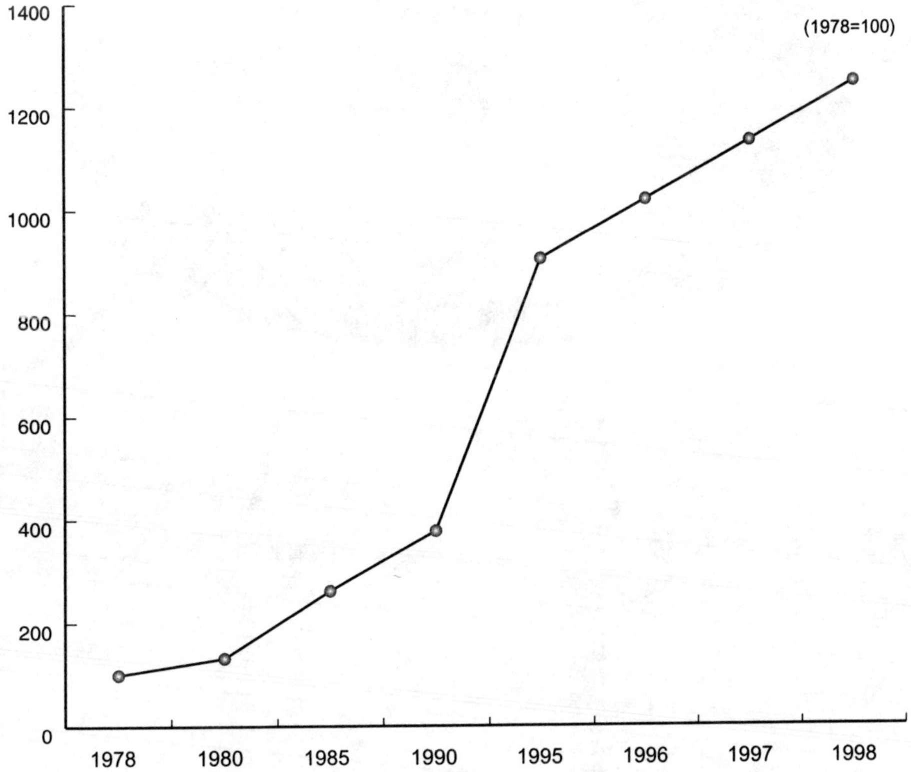

浙江的一天
One Day of Zhejiang

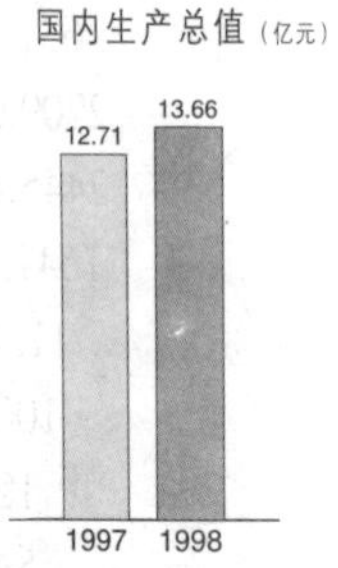

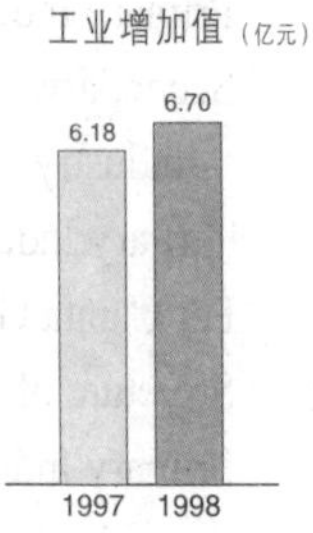

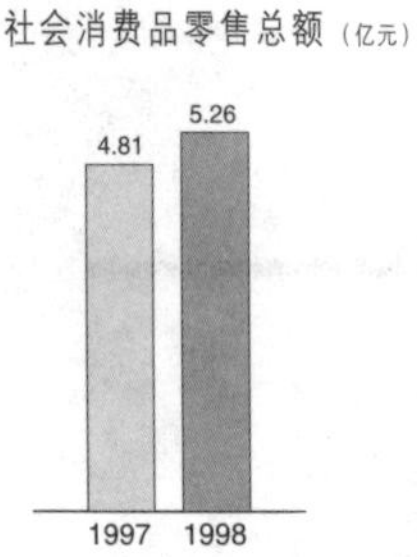

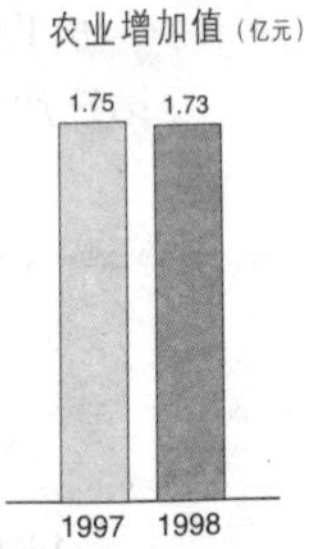

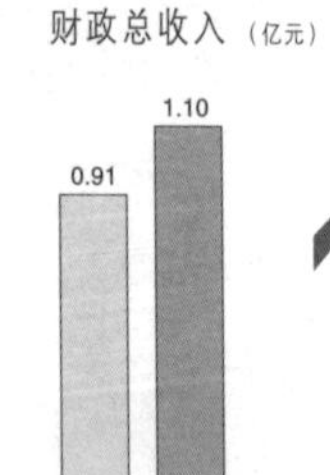

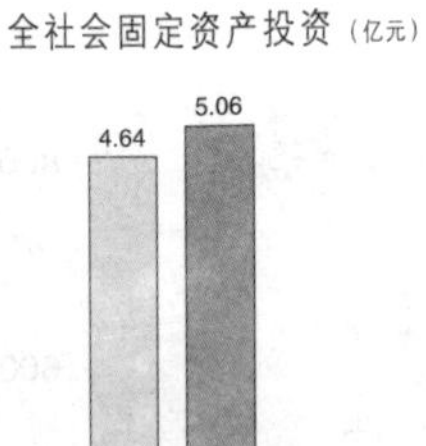

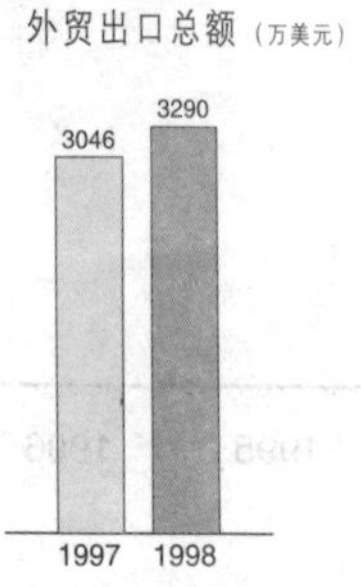

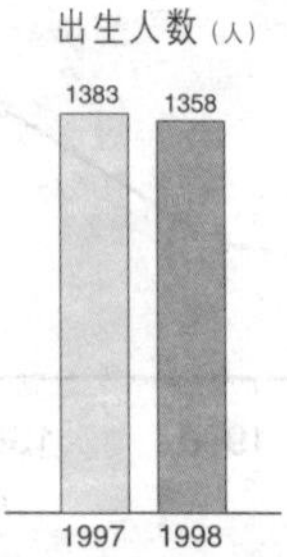

1—1 行　政　区　划(1998年底)
Divisions of Administrative Areas(End of 1998)

市（地）名称 City(Prefecture)		县级行政单位（个） Number of Counties			
		合计 Total	区 Districts	市 Cities	县 Counties
合　计	**Total**	**88**	**24**	**25**	**39**
杭州市	Hangzhou	13	6	5	2
宁波市	Ningbo	11	5	3	3
温州市	Wenzhou	11	3	2	6
嘉兴市	Jiaxing	7	2	3	2
湖州市	Huzhou	3			3
绍兴市	Shaoxing	6	1	3	2
金华市	Jinhua	9	1	4	4
衢州市	Quzhou	6	1	1	4
舟山市	Zhoushan	4	2		2
台州市	Taizhou	9	3	2	4
丽水地区	Lishui	9		2	7

1－2 人口和自然资源
Population and Natural Resources

项　　目		Item		1998
人　口		**Population**		
年末人口总数	（万人）	Year-end Population	（10000 persons）	4446.86
人口密度	（人/平方公里）	Density of Population	（person/sq. km）	437
土　地		**Land**		
土地面积	（万平方公里）	Land Area	（10000 sq. km）	10.18
山区面积	（%）	Mountains Area	（%）	70.4
平原面积	（%）	Plains Area	（%）	23.2
河流湖泊面积	（%）	Rivers Area	（%）	6.4
气　候（主要城市）		**Climate（Main Cities）**		
年平均降雨量	（毫米）	Total Precipitation	（millimeters）	1672
年平均气温	（摄氏度）	Average Temperature	（℃）	18.3
森　林		**Forest**		
林业用地面积	（千公顷）	Area of Afforestated Land	（1000 hectares）	6396.6
森林覆盖率	（%）	Forest-coverage Rate	（%）	54.6
活立木总蓄积	（万立方米）	Total Standing Stock Volume	（10000 cu. m）	12660.4
水利资源		**Water Resources**		
水资源总量	（亿立方米）	Hydropower Resources	（100 million cu. m）	1132
淡水已养殖面积	（公顷）	Cultivated Freshwater Area	（hectare）	201671
海水已养殖面积	（公顷）	Cultivated Seawater Area	（hectare）	70182
大陆海岸线长度	（公里）	Length of Mainland Coastline	（km）	2253
矿产资源	**（万吨）**	**Mineral Resources**	**（10 000 tons）**	
铁矿石		Iron Ore		6361
煤		Coal		11422
沸石岩		Zeolite		10772
叶蜡石		Pyrophyllite		3633
莹石矿石		Fluorite		4295
明矾石矿石		Alumstone		22158
水泥石灰岩		Cement Limestone		187756

1—3 主要城市平均气温(1998 年)

Average Temperature in Major Cities(1998)

单位:摄氏度 (℃)

城市名称 City		1月 Jan.	2月 Feb.	3月 Mar.	4月 Apr.	5月 May	6月 June	7月 July	8月 Aug.	9月 Sep.	10月 Oct.	11月 Nov.	12月 Dec.	年平均 Annual Average
杭州	Hangzhou	4.1	8.2	10.1	19.2	21.7	24.4	29.7	29.5	23.5	20.2	15.1	8.6	17.9
宁波	Ningbo	5.2	8.6	10.6	19.2	21.5	24.4	29.6	29.5	23.8	20.5	16.1	9.7	18.2
温州	Wenzhou	8.2	10.8	12.1	19.9	22.6	24.2	29.3	28.8	24.9	22.5	17.3	12.2	19.4
嘉兴	Jiaxing	3.7	7.4	9.4	18.0	21.0	24.1	29.4	29.2	23.2	19.4	14.8	7.9	17.3
湖州	Huzhou	3.5	7.3	9.5	18.4	21.1	24.4	29.6	29.1	23.3	19.4	14.5	7.6	17.3
绍兴	Shaoxing	4.1	8.0	10.2	19.5	21.9	24.7	29.9	29.8	23.0	19.5	14.9	8.2	17.8
金华	Jinhua	5.3	9.4	11.5	21.2	23.3	24.9	29.6	30.1	23.8	20.6	15.7	9.3	18.7
衢州	Quzhou	5.5	9.5	11.2	21.0	23.3	24.5	28.7	29.4	23.8	20.7	15.2	9.2	18.5
舟山	Zhoushan	5.9	8.3	10.1	16.9	20.1	23.0	28.0	28.0	23.5	20.7	16.4	10.7	17.6
丽水	Lishui	6.7	10.6	12.8	22.0	24.0	25.4	29.6	30.4	24.2	21.5	15.7	10.2	19.4
临海	Linhai	6.5	9.7	11.7	20.1	22.3	24.3	29.4	28.9	24.1	21.3	16.2	10.6	18.8

注:本表由省气象局整理提供.表1—4至1—8同。
The data on meteorological phenomena are provided by Provincial Meteorological Bureau. Table from 1—4 to 1—8 are the same.

1—4 主要城市平均气温(1961—1990 年)

Average Temperature in Major Cities(1961—1990)

单位:0.1摄氏度 (0.1℃)

城市名称 City		1月 Jan.	2月 Feb.	3月 Mar.	4月 Apr.	5月 May	6月 June	7月 July	8月 Aug.	9月 Sep.	10月 Oct.	11月 Nov.	12月 Dec.	年平均 Annual Average
杭州	Hangzhou	40	50	93	155	205	242	285	280	233	180	123	63	162
宁波	Ningbo	44	53	92	149	198	236	279	277	237	183	128	68	162
温州	Wenzhou	77	80	112	162	207	243	279	279	249	203	154	101	179
嘉兴	Jiaxing	34	45	87	146	197	238	280	278	231	176	118	57	157
湖州	Huzhou	33	45	89	150	201	241	282	278	230	175	117	55	158
绍兴	Shaoxing	41	52	95	157	208	247	288	283	234	183	124	66	165
金华	Jinhua	55	62	106	169	217	250	292	289	243	189	132	72	173
衢州	Quzhou	52	64	107	169	217	250	289	287	243	189	132	73	173
舟山	Zhoushan	55	59	91	141	187	226	268	272	294	194	142	83	163
丽水	Lishui	64	77	120	179	223	255	292	287	249	196	139	82	180
临海	Linhai	59	67	105	161	208	242	280	278	242	190	137	79	171

1—5 主要城市降水量(1998年)
Precipitation in Major Cities(1998)

单位:毫米 (millimeters)

城市名称 City		1月 Jan.	2月 Feb.	3月 Mar.	4月 Apr.	5月 May	6月 June	7月 July	8月 Aug.	9月 Sep.	10月 Oct.	11月 Nov.	12月 Dec.	全年 Annual Total
杭州	Hangzhou	206.5	98.5	233.8	138.0	155.8	176.2	192.8	44.5	185.0	30.7	25.0	51.6	1538.4
宁波	Ningbo	214.1	74.4	207.4	106.7	117.6	144.7	343.4	236.2	321.1	15.4	14.5	61.1	1856.6
温州	Wenzhou	124.2	141.0	230.2	53.9	233.1	391.7	63.7	83.4	65.1	110.3	72.5	34.5	1603.6
嘉兴	Jiaxing	197.3	68.9	160.0	60.3	98.3	126.9	220.0	151.5	110.2	28.0	18.5	40.0	1279.9
湖州	Huzhou	209.4	85.5	223.4	68.0	96.9	188.7	229.4	144.4	191.8	46.8	23.8	49.2	1557.3
绍兴	Shaoxing	257.3	77.5	224.4	131.5	187.5	185.3	114.0	92.3	230.9	27.6	24.4	48.6	1601.3
金华	Jinhua	236.8	75.2	222.5	189.9	159.6	401.2	144.2	21.2	79.0	20.5	22.1	25.7	1597.9
衢州	Quzhou	268.0	115.1	306.8	253.9	136.1	562.3	322.8	85.0	65.0	78.6	30.7	25.5	2249.8
舟山	Zhoushan	204.5	117.0	190.8	132.0	150.4	122.5	93.4	163.1	339.9	19.3	23.1	64.2	1656.2
丽水	Lishui	182.4	89.1	244.7	172.7	181.1	550.6	73.9	46.3	114.3	47.6	35.1	29.7	1767.5
临海	Linhai	187.2	75.9	201.5	112.9	212.3	348.8	79.5	187.9	141.5	89.4	23.4	18.8	1679.1

1—6 主要城市降水量(1961-1990年)
Precipitation in Major Cities(1961—1990)

单位:0.1毫米 (0.1millimeters)

城市名称 City		1月 Jan.	2月 Feb.	3月 Mar.	4月 Apr.	5月 May	6月 June	7月 July	8月 Aug.	9月 Sep.	10月 Oct.	11月 Nov.	12月 Dec.	全年 Annual Total
杭州	Hangzhou	586	875	1146	1299	1588	1847	1289	1449	1712	893	581	483	13747
宁波	Ningbo	538	785	1039	1203	1326	1928	1619	1391	1903	869	642	459	13702
温州	Wenzhou	532	817	1244	1579	2128	2194	1682	2325	2145	971	727	404	16750
嘉兴	JIaxing	453	696	907	1170	1172	1535	1278	1091	1503	704	492	391	11393
湖州	Huzhou	501	766	1040	1155	1275	1776	1371	1208	1625	839	553	417	12527
绍兴	Shaoxing	617	900	1189	1329	1556	1930	1361	1453	1845	976	676	520	14352
金华	Jinhua	594	989	1395	1669	2080	2348	1136	927	1107	718	571	466	13999
衢州	Quzhou	669	1192	1825	2061	2642	2796	1345	873	1031	785	633	507	16360
舟山	Zhoushan	573	787	1014	1149	1435	1700	1136	1532	1774	905	729	491	13225
丽水	Lishui	506	849	1224	1650	2021	2299	1190	1114	1301	630	570	482	13836
临海	Linhai	488	758	1090	1337	1757	2362	1796	2297	2219	859	686	380	16027

1—7 主要城市日照时数(1998 年)
Sunshine Hours in Major Cities(1998)

单位:小时 (hours)

城市名称 City		1月 Jan.	2月 Feb.	3月 Mar.	4月 Apr.	5月 May	6月 June	7月 July	8月 Aug.	9月 Sep.	10月 Oct.	11月 Nov.	12月 Dec.	全年 Annual Total
杭州	Hangzhou	104.5	104.2	89.9	156.3	131.3	118.6	221.7	245.7	173.2	144.4	153.4	103.7	1746.9
宁波	Ningbo	99.4	112.2	107.0	195.9	157.6	105.5	234.6	240.9	175.4	123.0	133.0	93.9	1739.4
温州	Wenzhou	92.6	73.4	87.3	140.1	138.2	80.9	190.0	248.6	153.3	163.4	133.7	113.9	1620.4
嘉兴	Jiaxing	104.3	107.2	98.5	177.8	160.5	128.6	258.3	225.9	172.7	152.1	168.0	122.5	1870.4
湖州	Huzhou	108.9	107.9	98.0	169.8	148.5	123.4	229.4	224.5	167.5	157.8	158.8	119.5	1805.0
绍兴	Shaoxing	94.7	99.2	81.0	151.1	125.3	107.1	252.0	270.9	162.1	135.3	131.4	94.3	1704.4
金华	Jinhua	67.0	104.3	92.7	176.8	161.3	109.2	220.3	273.9	180.1	161.3	116.0	117.8	1780.7
衢州	Quzhou	70.4	105.7	87.4	164.5	176.5	102.4	206.3	277.2	203.2	179.1	125.7	123.7	1822.1
舟山	Zhoushan	106.2	116.0	105.2	170.6	150.4	105.3	263.2	262.0	181.3	152.5	152.9	137.2	1922.8
丽水	Lishui	53.1	86.7	75.7	174.9	146.2	85.1	176.7	262.5	142.5	171.2	104.0	103.6	1582.2
临海	Linhai	92.1	112.7	100.6	173.7	125.5	65.2	171.6	252.2	152.3	130.7	121.2	111.3	1609.1

1—8 主要城市日照时数(1961—1990 年)
Sunshine Hours in Major Cities(1961—1990)

单位:0.1 小时 (0.1hours)

城市名称 City		1月 Jan.	2月 Feb.	3月 Mar.	4月 Apr.	5月 May	6月 June	7月 July	8月 Aug.	9月 Sep.	10月 Oct.	11月 Nov.	12月 Dec.	全年 Annual Total
杭州	Hangzhou	1199	1026	1215	1411	1606	1506	2306	2363	1539	1558	1434	1433	18597
宁波	Ningbo	1296	1061	1264	1391	1536	1469	2349	2425	1673	1560	1372	1439	18836
温州	Wenzhou	1237	946	1094	1217	1185	1247	2300	2346	1811	1656	1422	1492	17953
嘉兴	Jiaxing	1376	1190	1389	1545	1779	1669	2440	2565	1728	1756	1569	1556	20562
湖州	Huzhou	1353	1191	1402	1555	1764	1718	2331	2470	1693	1722	1597	1549	20345
绍兴	Shaoxin	1195	1049	1243	1429	1590	1567	2466	2484	1621	1571	1407	1407	19028
金华	Jinhua	1217	998	1202	1458	1641	1661	2699	2658	1867	1691	1507	1489	20089
衢州	Quzhou	1181	952	1102	1346	1568	1696	2652	2682	1970	1734	1508	1452	19843
舟山	Zhoushan	1358	1145	1395	1520	1653	1568	2534	2557	1863	1729	1532	1531	20385
丽水	Lishui	1135	899	1090	1291	1367	1387	2416	2286	1661	1518	1274	1310	17634
临海	Linhai	1279	1031	1246	1408	1397	1372	2373	2367	1665	1620	1414	1495	18666

注:临海全年数统计年份为 1971—1990 年。

Annual total data of Linhai refer to statistics in 1971—1990.

1—9 国民经济主要指标
Main Indicators of National Economy

指标		Item	
人口		**Population**	
年末总人口	（万人）	Year-end Population	(10000 persons)
年末从业人员数	**（万人）**	**Year-end Employment**	**(10000 persons)**
#国有经济单位职工		Staff and Workers in State-owned Units	
城镇集体经济单位职工		Staff and Workers in Urban Collective-owned Units	
国内生产总值	**（亿元）**	**Gross Domestic Product**	**(100 million yuan)**
人均国内生产总值	**（元）**	**Per Capita GDP**	**(yuan)**
工业总产值	**（亿元）**	**Gross Output Value of Industry**	**(100 million yuan)**
农、林、牧、渔业总产值	**（亿元）**	**Gross Output Value of Farming, Forestry, Animal Husbandry and Fishery**	**(100 million yuan)**
运输和邮电		**Transportation, Post and Telecommunications Services**	
旅客周转量	（亿人公里）	Turnover Volume of Passenger Traffic	(100 million passenger-km)
铁路		Railways	
公路		Highways	
水运		Waterways	
货物周转量	（亿吨公里）	Turnover Volume of Freight Traffic	(100 million ton-km)
铁路		Railways	
公路		Highways	
水运		Waterways	
邮电业务总量（1990年不变价格）	（亿元）	Business Volume of Post and Telecommunications Services	(100 million yuan)
函件	（亿件）	Number of Letters	(100 million pieces)
全社会固定资产投资总额	**（亿元）**	**Total Investment in Fixed Assets**	**(100 million yuan)**
#基本建设		Capital Construction	
更新改造		Innavation	
财政		**Finance**	
财政收入	（亿元）	Financial Revenue	(100 million yuan)
财政支出	（亿元）	Financial Expenditure	(100 million yuan)

1985	1990	1995	1997	1998	指数 Index（1998 为以下各年%）（1998 as Percentage of the Following Years）				平均年增长（%）Average Annual Growth Rate（%）	
					1985	1990	1995	1997	1986—1998	1991—1998
4029.56	4234.91	4369.63	4422.28	4446.85	110.4	105.0	101.8	100.6	0.8	0.6
2318.56	**2554.46**	**2621.47**	**2619.66**	**2612.54**	**112.7**	**102.3**	**99.7**	**99.7**	**0.9**	**0.3**
240.71	280.87	294.59	285.05	256.61	106.6	91.4	87.1	90.0	0.5	−1.1
183.81	189.12	161.89	144.53	102.94	56.0	54.5	63.6	71.2	−4.4	−7.3
427.50	**897.99**	**3524.79**	**4638.24**	**4987.50**	**475.8**	**330.4**	**137.9**	**110.1**	**12.7**	**16.1**
1063	**2122**	**8074**	**10515**	**11247**	**431.7**	**315.3**	**135.8**	**109.6**	**11.9**	**15.4**
550.63	**1434.16**	**8207.86**	**10379.96**	**11338.18**	**1635.5**	**768.4**	**175.5**	**113.8**	**24.0**	**29.0**
174.05	**331.56**	**868.76**	**1004.88**	**1003.66**	**185.6**	**158.3**	**113.4**	**103.8**	**4.9**	**5.9**
201.33	257.29	483.06	525.79	552.35	274.4	214.7	114.3	105.1	8.1	10.0
75.24	75.94	109.80	101.20	106.57	141.6	140.3	97.1	105.3	2.7	4.3
107.23	166.87	360.09	417.77	436.34	406.9	261.5	121.2	104.4	11.4	12.8
18.86	14.48	13.17	10.82	9.44	50.1	65.2	71.7	87.2	−5.2	−5.2
293.54	400.65	874.29	914.54	897.88	305.9	224.1	102.7	98.2	9.0	10.6
132.54	144.43	186.75	172.22	173.28	130.7	120.0	92.8	100.6	2.1	2.3
33.45	100.75	245.16	262.32	257.11	768.4	255.2	104.9	98.0	17.0	12.4
127.55	155.47	442.38	480.00	467.49	366.5	300.7	105.7	97.4	10.5	14.8
3.65	8.79	63.02	112.97	157.72	4321.1	1794.3	250.3	139.6	33.6	43.5
3.37	3.49	3.87	3.42	3.31	98.2	94.8	85.5	97.8	−0.1	−0.7
102.20	**186.96**	**1357.90**	**1694.57**	**1847.93**	**1808.2**	**988.4**	**136.1**	**109.1**	**29.8**	**44.1**
26.35	44.03	306.25	509.75	619.46	2350.9	1406.9	202.3	121.5	24.6	42.3
11.17	22.32	98.51	113.22	171.16	1532.3	766.8	173.7	151.2	23.3	31.2
58.25	101.59	248.50	340.52	401.80	689.8	395.5	161.7	118.0	16.0	18.8
37.40	80.23	180.29	248.74	286.81	766.9	357.5	159.1	115.3	17.0	17.3

指标		Item	
批发零售贸易业和外贸		**Wholesale and Retail Trades and Foreign Economy Trade**	
社会消费品零售总额	（亿元）	Total Retail Sales of Consumer Goods	（100 million yuan）
自营出口总额	（万美元）	Total Exports Value of Foreign Trade	（USD 10000）
物价指数（1985年=100）		**Price Indices（1985=100）**	
社会农副产品收购价格总指数	（%）	General Purchasing Price Index of Farm Products	（%）
商品零售价格指数	（%）	General Retail Price Index of Commodities	（%）
城镇居民消费价格指数	（%）	Urban Consumer Price Index	（%）
城乡居民生活水平		**Living Standard**	
城镇居民人均可支配收入	（元）	Per Capita Disposable Income of Urban Households	（yuan）
农村居民人均纯收入	（元）	Per Capital Annual Net Income of Rural Housholds	（yuan）
教育和文化		**Education and Culture**	
高等学校在校学生数	（万人）	Students Enrollment in Institutions of Higher Education	（10000 persons）
高等学校专任教师数	（万人）	Full-time Teachers in Institutions of Higher Education	（10000 persons）
中等专业学校在校学生数	（万人）	Students Enrollment in Specializad Secondary Schools	（10000 persons）
中等专业学校专任教师数	（万人）	Full-time Teachers in Specializad Secondary Schools	（10000 persons）
普通中学在校学生数	（万人）	Student Enrollment in Regular Secondary Schools	（10000 persons）
普通中学专任教师数	（万人）	Full-time Teachers in Regular Secondary Schools	（10000 persons）
小学在校学生数	（万人）	Students Enrollment in Primary Schools	（10000 persons）
小学专任教师数	（万人）	Full-time Teachers in Primary Schools	（10000 persons）
幼儿园受教育儿童数	（万人）	Children in Kindergartens	（10000 persons）
成人高等学校在校学生数	（万人）	Students Enrollment in Adult Higher Education Schools	（10000 persons）
成人中等学校在校学生数	（万人）	Students in Adult Secondary Schools	（10000 persons）
成人初等学校在校学生数	（万人）	Students Enrollment in Adult Primary Schools	（10000 persons）
报纸出版数量	（万份）	Number of Newspapers Published	（10000 copies）
杂志出版数量	（万份）	Number of Magazines Published	（10000 copies）
图书出版数量	（万份）	Number of Books Published	（10000 copies）
卫生		**Public Health**	
卫生机构数	（个）	Number of Health Institutions	（unit）
#医院		Hospitals	
卫生技术人员	（万人）	Medical Technical Personnel	（10000 persons）
#医生		Doctors	
床位数	（万张）	Medical Beds	（10000 beds）
#医院		Hospitals	

注：1.本表价值量指标按当年价格计算，发展速度按可比价格计算。

2.城镇居民人均可支配收入、农村居民人均纯收入发展速度均已扣除价格上涨因素。

1—9 continued 1

1985	1990	1995	1997	1998	指数 Index(1998 为以下各年%) (1998 as Percentage of the Following years)				平均年增长(%) Average Annual Growth Rate(%)	
					1985	1990	1995	1997	1986—1998	1991—1998
172.27	353.75	1325.70	1757.17	1909.14	1108.2	539.7	144.0	108.6	20.3	23.5
9.38	22.59	84.45	111.18	120.09	1280.3	531.6	142.2	108.0	21.7	23.2
100.0	178.8	348.1	348.9	328.0	328.0	183.4	94.2	94.0	9.6	7.9
100.0	169.6	300.2	318.6	313.5	313.5	184.8	104.4	98.4	9.2	8.0
100.0	173.5	354.3	405.0	407.0	407.0	234.6	114.9	100.5	11.4	11.2
904	1932	6221	7359	7837	211.6	171.8	108.9	105.3	5.9	7.0
549	1099	2966	3684	3815	213.1	165.2	115.3	104.7	6.0	6.5
5.27	6.03	9.29	10.23	11.35	215.4	188.2	122.2	110.9	6.1	8.2
0.99	1.16	1.15	1.16	1.18	119.2	101.7	102.6	101.7	1.4	0.2
4.36	6.67	13.91	15.74	16.70	383.0	250.4	120.1	106.1	10.9	12.2
0.49	0.73	0.78	0.81	0.79	161.2	108.2	101.3	97.5	3.7	1.0
177.46	169.62	210.54	222.74	217.67	122.7	128.3	103.4	97.7	1.6	3.2
8.24	8.98	10.77	12.19	12.52	151.9	139.4	116.2	102.7	3.3	4.2
384.91	372.43	362.98	368.57	365.23	94.9	98.1	100.6	99.1	—0.4	—0.2
14.62	13.46	14.34	15.40	15.69	107.3	116.6	109.4	101.9	0.5	1.9
65.41	75.16	99.43	100.21	105.90	161.9	140.9	106.5	105.7	3.8	4.4
3.98	3.03	8.88	10.40	11.33	284.7	373.9	127.6	108.9	8.4	17.9
24.02	69.32	163.51	225.14	261.68	1089.4	377.5	221.2	116.2	20.2	18.1
23.49	49.23	11.86	10.32	11.10	47.3	22.5	93.6	107.6	—5.6	—17.0
59575	66865	113514	150401	149302	250.6	223.3	131.5	99.3	7.3	10.6
5792	4716	8417	8585	8358	144.3	177.2	99.3	97.4	2.9	7.4
25979	19596	22608	30196	26647	102.6	136.0	117.9	88.2	0.2	3.9
8286	8917	8723	8415	7524	90.8	84.4	86.3	89.4	—0.7	—2.1
3110	3351	3437	3403	3341	107.4	99.7	97.2	98.2	0.6	…
11.33	13.09	14.41	15.33	15.59	137.6	119.1	108.2	101.7	2.5	2.2
4.40	5.91	6.68	7.22	7.03	159.8	119.1	105.2	97.4	3.7	2.2
8.02	9.71	10.64	10.77	10.06	125.4	103.6	94.5	93.4	1.8	0.4
7.21	8.81	9.72	10.12	10.36	143.7	117.6	106.6	102.4	2.8	2.0

1. Figures in value terms are calculated at current prices, While the indices and growth rates are calculated at comparable prices.
2. The indices of Per-capita Annual Disposable income of Urban households and Per-capita Annual net income of rural households are deducted the factor of increase in prices.

1—10 国民经济主要比例关系
Main Proportional Indicators of National Economy

单位:% (%)

指　　标	Item	1990	1995	1997	1998
国内生产总值中三次产业比例	**Industrial Structure of GDP**				
第一产业	Primary Industry	25.1	15.9	13.7	12.7
第二产业	Secondary Industry	45.4	52.0	54.1	54.3
第三产业	Tertiary Industry	29.5	32.1	32.2	33.0
居民消费中城镇和农村居民消费比例	**Structure of Rural and Urban Resident Consumption**				
农村居民消费	Rural Consumption	72.4	61.7	60.4	59.7
城镇居民消费	Urban Consumption	27.6	38.3	39.6	40.3
基本建设投资中三次产业比例	**Industrial Structure in Capital Construction**				
第一产业	Primary Industry	1.6	0.5	0.4	0.5
第二产业	Secondary Industry	49.8	36.0	40.8	35.6
第三产业	Tertiary Industry	48.6	63.5	58.8	63.9
基本建设投资中农轻重比例	**Structure of Agriculture, Light Industry and Heav Industry Investment in Capital Construction**				
农业	Agriculture	3.9	0.5	0.4	0.4
轻工业	Light Industry	6.0	10.8	7.3	3.7
重工业	Heavy Industry	43.2	21.0	32.2	28.6
基本建设投资中能源运输邮电比例	**Structure of Energy, Transportation, Postal and Telecommunications Services Investment in CapitalConstruction**				
能源	Energy	36.5	16.4	26.3	23.9
运输邮电业	Transportation, Postal and Telecommunications Services	16.7	20.3	20.1	22.3
工农业总产值中农轻重比例	**Structure of Agriculture, Light Industry and Heavy Industry in Gross Output Value of Agriculture and Industry**				
农业	Agriculture	19.0	9.8	8.8	8.1
轻工业	Light Industry	52.8	56.5	57.2	57.2
重工业	Heavy Industry	28.2	33.7	34.0	34.7

1—10 续表 continued

指 标	Item	1990	1995	1997	1998
工业总产值中轻重工业比例	**Structure of Light Industry and Heavy Industry in Gross Output Value of Industry**				
轻 工 业	Light Industry	65.2	62.7	62.8	62.2
重 工 业	Heavy Industry	34.8	37.3	37.2	37.8
农业生产中农、林、牧、渔业比例	**Structure of Agricultural Gross Output Value**				
农 业	Farming	59.4	54.1	51.4	52.1
林 业	Forestry	4.7	5.6	5.9	5.9
牧 业	Animal Husbandry	23.7	18.5	18.9	16.5
渔 业	Fishery	12.2	21.8	23.8	25.5
轻工业总产值内部比例	**Internal Structure of Light Industry**				
以农产品为原料	Using Farm Products as Raw Materials	73.3	62.5	66.2	64.2
以非农产品为原料	Using Non-Farm Products as Raw Materials	26.7	37.5	33.8	35.8
重工业总产值内部比例	**Internal Structure of Heavy industry**				
采掘工业	Mining and Quarrying	3.1	4.2	1.6	1.2
原料工业	Raw Materials	35.1	19.2	39.7	37.2
制造加工业	Manufacturing	61.8	76.6	58.7	61.6
客运量中各种运输方式比例	**Structure of Passenger Traffic**				
铁 路	Railways	5.0	3.3	2.6	2.7
公 路	Highways	84.6	92.9	94.4	94.5
水 运	Waterways	10.3	3.6	2.8	2.6
民用航空	Civil Aviation	0.1	0.2	0.2	0.2
货运量中各种运输方式比例	**Structure of Freight Traffic**				
铁 路	Railways	5.1	3.1	2.8	2.9
公 路	Highways	68.3	72.3	74.2	75.1
水 运	Waterways	26.6	24.6	23.0	22.0

注：本表价值量指标按当年价格计算。

The data in value terms in the table are calculated at current prices.

1—11 按经济类型分的国民经济主要比例关系

Main Proportional Indicators of National Economy by Ownership

单位：%　　　　(%)

指　标	Item	1990	1995	1997	1998
全社会从业人员	**Number of Employed Persons**				
国有经济	State-owned Units	11.0	11.2	10.9	9.8
城镇集体经济	Urban Collective-Owned Units	7.4	6.2	5.5	3.9
其他经济	Other Ownership	0.2	1.6	2.0	3.7
城镇私营和个体从业人员	Urban Private Enterprises and Individuals	1.2	3.7	4.2	4.7
乡村从业人员	Rural Employed Persons	80.2	76.9	77.0	77.4
其他从业人员	Other Employed Persons		0.4	0.4	0.5
全社会固定资产投资额	**Total Investment in Fixed Asset**				
国有经济	State-Owned Units	42.7	32.4	32.3	34.8
集体经济	Collective-Owned Units	21.3	36.0	29.6	26.9
城乡个人	Individuals in Urban and Rural Areas	36.0	16.7	18.5	16.4
其它经济	Others		14.9	19.6	21.9
工业总产值	**Gross Output Value of Industry**				
国有经济	State-Owned Units	31.2	13.9	9.4	6.8
集体经济	Collective-Owned Units	60.1	48.9	40.7	32.2
其他经济类型	Other Ownership	2.1	11.6	11.6	15.9
城乡个体	Individuals in Urban and Rural Areas	6.6	25.6	38.3	45.1
社会消费品零售总额	**Total Retail Sales of Consumer Goods**				
国有经济	State-Owned Units	27.6	22.0	14.4	12.0
集体经济	Collective-Owned Units	31.1	14.9	11.5	11.3
联营	Joint-Owned Units	0.6	0.4	0.5	0.4
个体	Individuals	27.6	42.1	53.0	56.1
其他经济	Other Ownership	13.1	20.6	20.6	20.2

注：本表价值量指标按当年价格计算。

The data in value terms are calculated at current prices.

1—12 平均每天主要社会经济活动
Indicators on Average Daily Social and Economic Activities

指　标	Item	1990	1995	1997	1998
平均每天创造财富	**Daily Production**				
工农、林、牧、渔总产值(亿元)	Gross Output Value of Industry and Agriculture (100 million yuan)	4.85	24.93	31.19	33.81
农、林、牧、渔业总产值(亿元)	Gross Output Value of Agriculture (100 million yuan)	0.92	2.44	2.75	2.75
工业总产值(亿元)	Gross Output Value of Industry(100 million yuan)	3.92	22.49	28.44	31.06
国内生产总值(亿元)	Gross Domestic Product(100 million yuan)	2.46	9.66	12.71	13.66
财政收入(亿元)	Total Financial Revenue(100 million yuan)	0.28	0.68	0.91	1.10
每天其他经济活动	**Other Daily Economic Activities**				
客运量(万人)	Passenger Traffic(10000 persons)	165	299	315	324
货运量(万吨)	Freight Traffic(10000 tons)	92	171	167	165
出版报纸(万份)	Newspapers Published(10000 copies)	183	311	412	409
出版杂志(万册)	Magazines Published(10000 copies)	13	23	24	23
出版图书(万册)	Books Publisheds (10000 copies)	54	62	83	73
邮电业务量(万元)	Business Volume of Postal and Telecommunications Servics(10000 yuan)	241	1726	3095	4321
进出口总额(万美元)	Total Imports and Exports(USD 10000)	699	3158	4253	4383
人口变动和婚姻	**Population Changes and Marriages**				
出生(人)	Births(person)	1774	1494	1383	1358
死亡(人)	Deaths(person)	730	796	785	771
结婚(对)	Marriages(couple)	1013	979	915	1059
离婚(对)	Divorces(couple)	21	37	49	51

注:本表价值量指标按当年价格计算。

The data in Value terms in the table are calculated at current prices.

1—13 国内生产总值
Gross Domestic Product

年份 Year	国内生产总值（亿元）Gross Domestic Product (100 million yuan)	第一产业 Primary Industry	第二产业 Secondary Industry	#工业 Industry	#建筑业 Construction	第三产业 Tertiary Industry	#交通运输和仓储业、邮电通讯业 Transportation, Storage, Postal and Telecommunications	#批发和零售贸易餐饮业 Wholesale & Retail Trade and Catering Services	人均国内生产总值（元）Per-capita GDP (yuan)
1970	69.17	32.28	22.42	20.0	2.12	14.47	2.75	5.23	211
1971	70.43	31.98	23.49	20.71	2.78	14.96	2.39	5.42	210
1972	84.39	39.78	29.22	26.34	2.88	15.39	2.47	5.74	247
1973	86.99	39.22	31.89	28.98	2.91	15.88	2.42	5.96	250
1974	86.57	42.10	28.34	25.34	3.00	16.13	2.09	6.11	245
1975	84.23	39.20	28.63	25.48	3.15	16.40	2.03	6.26	235
1976	87.27	39.57	30.72	27.00	3.72	16.98	2.05	6.06	240
1977	100.00	39.18	41.52	37.07	4.45	19.30	2.51	7.15	271
1978	123.72	47.09	53.52	46.97	6.55	23.11	3.22	7.98	331
1979	157.64	67.56	64.07	55.59	8.48	26.01	4.15	8.72	417
1980	179.68	64.61	84.07	73.71	10.36	31.00	4.88	10.55	470
1981	204.45	69.06	94.68	84.08	10.60	40.71	7.16	15.35	530
1982	233.41	84.88	98.44	87.21	11.23	50.09	9.12	19.43	597
1983	256.23	82.89	113.12	102.55	10.57	60.22	11.20	23.12	648
1984	322.07	104.4	141.48	127.91	13.57	76.19	15.47	28.42	807
1985	427.50	123.88	198.91	178.68	20.23	104.71	20.31	40.52	1063
1986	500.06	136.29	230.89	206.63	24.26	132.88	24.98	48.77	1231
1987	603.71	159.41	281.47	249.69	31.78	162.83	29.47	58.78	1470
1988	765.76	195.68	354.39	315.36	39.03	215.69	36.24	81.96	1842
1989	843.72	210.95	386.25	346.50	39.75	246.52	43.39	88.50	2009
1990	897.99	225.04	408.18	363.74	44.44	264.77	45.01	91.86	2122
1991	1081.75	245.22	494.11	438.36	55.75	342.42	60.04	127.94	2540
1992	1365.06	262.67	653.43	581.73	71.70	448.96	80.03	174.33	3187
1993	1909.49	317.84	980.42	873.92	106.50	611.23	110.33	239.58	4431
1994	2666.86	443.87	1388.06	1236.74	151.32	834.93	147.17	335.60	6149
1995	3524.79	559.80	1834.47	1632.37	202.10	1130.52	204.59	473.35	8074
1996	4146.06	609.18	2200.19	1962.80	237.39	1336.69	234.89	567.84	9455
1997	4638.24	637.48	2509.56	2254.90	254.66	1491.20	288.93	617.69	10515
1998	4987.50	631.31	2709.08	2445.43	263.65	1647.11	321.75	665.80	11247

注：本表按当年价格计算。

The figures in this table are calculated at current prices.

1—14 按行业和构成分的国内生产总值
Gross Domestic Product by Sector and Structure

单位:亿元　　　　(100 million yuan)

指　标	Item	1990	1995	1997	1998
国内生产总值	**Gross Domestic Product**	897.99	3524.79	4638.24	4987.50
按行业分:	by Sector				
第一产业(农业)	Primary Industry(Agriculture)	225.04	559.8	637.48	631.31
第二产业	Secondary Industry	408.18	1834.47	2509.56	2709.08
工业	Industry	363.74	1962.80	2254.90	2445.43
建筑业	Construction	44.44	202.10	254.66	263.65
第三产业	Tertiary Industry	264.77	1130.52	1491.20	1647.65
农林牧渔服务业	Farming, Forestry, Animal Husbandry, Fishery and Services	0.56	5.01	6.18	6.26
地质勘探水利管理业	Geological Prospecting and Water Conservancy	1.12	4.25	5.94	6.30
交通运输和仓储业、邮电通讯业	Transportation, Storage, Postal and Telecommunications Services	45.01	204.59	288.93	321.75
批发和零售贸易、餐饮业	Wholesale & Retail Trade and Catering Services	91.86	473.35	617.69	665.80
金融保险业	Banking and Insurance	44.48	139.69	157.94	172.19
房地产业	Real Estate Trade	17.21	56.05	67.51	83.65
社会服务业	Social Services	16.95	86.48	131.99	147.16
卫生、体育、社会福利事业	Health Care, Sports and Social Welfare	6.88	30.75	47.40	52.44
教育、文艺、广播电影电视事业	Eclucation, Culture, Arts, Radio, Film and Television	15.36	49.09	63.80	78.16
科学研究和综合技术服务业	Scientific Research and Polytechnical Services	3.35	6.91	9.96	10.90
国家政党机关和社会团体	Government Agencies, Party Agencies and Social Organizations	17.21	59.35	81.78	93.05
其他	Others	4.78	15.00	12.08	9.45
按构成分:	by Structure				
劳动者报酬	Compensation of laborers	476.40	1683.28	2203.73	2349.89
固定资产折旧	Depreciation of Fixed Assets	89.08	299.86	439.31	487.00
生产税净额	Net taxes on Production	121.02	404.55	567.44	574.80
营业盈余	Operating Surplus	211.49	1137.1	1427.76	1575.81

1—15 国内生产总值指数

Indices of Gross Domestic Product (1970＝100)

年份 Year	国内生产总值 Gross Domestic Product	第一产业 Primary Industry	第二产业 Secondary Industry	#工业 Industry	#建筑业 Construction	第三产业 Tertiary Industry	#交通运输和仓储业、邮电通讯业 Transportation Storage Postal and Telecommications	#批发和零售贸易餐饮业 Wholesale & Retail Trade and Catering Services	人均国内生产总值 Per-capita GDP
1970	100	100	100	100	100	100	100	100	100
1971	104.5	99.8	112.2	109.5	135.9	104.6	90.5	104.8	102.3
1972	122.9	119.1	139.5	139.7	137.8	107.4	90.9	111.3	117.9
1973	126.1	116.2	152.3	153.8	138.7	110.9	88.7	115.5	118.9
1974	125.0	122.6	137.5	136.9	142.0	112.6	76.0	118.3	116.0
1975	120.7	112.1	138.7	137.7	147.7	114.4	62.5	121.2	110.4
1976	125.5	113.9	148.8	145.9	175.0	118.5	63.6	117.4	113.2
1977	144.3	112.7	201.3	200.3	210.4	134.5	84.0	138.5	128.3
1978	175.8	133.8	258.8	253.3	308.1	152.7	116.7	154.7	154.3
1979	199.6	148.3	305.2	296.5	383.1	165.1	130.5	165.2	173.2
1980	231.9	144.3	403.1	395.3	473.2	186.5	159.3	185.3	199.1
1981	258.6	151.2	448.8	447.0	467.7	235.1	222.5	258.0	219.8
1982	288.1	176.1	471.0	468.2	494.2	277.7	270.2	314.9	241.8
1983	311.3	165.5	544.2	555.3	454.9	322.2	325.7	356.5	258.4
1984	379.0	197.4	675.0	690.5	549.0	387.5	433.7	413.6	311.7
1985	461.2	201.1	913.3	931.9	762.7	462.0	527.0	507.0	376.1
1986	516.8	209.0	1040.8	1064.5	848.1	539.7	604.7	566.6	417.6
1987	578.0	211.2	1216.1	1239.2	1029.5	598.6	677.1	624.8	461.7
1988	642.9	209.1	1414.7	1456.4	1072.4	657.5	763.6	700.5	507.4
1989	639.1	209.7	1426.5	1481.4	971.0	623.7	661.5	607.5	499.4
1990	664.2	215.3	1500.9	1562.1	992.9	632.3	658.5	559.7	515.0
1991	782.7	232.3	1774.8	1849.3	1191.7	794.5	865.7	755.9	603.2
1992	931.5	233.8	2222.7	2341.4	1324.1	980.5	1105.4	963.9	713.6
1993	1136.7	245.0	2960.4	3168.1	1506.0	1135.9	1321.9	1117.3	865.5
1994	1364.0	255.7	3774.5	4055.1	1828.2	1314.2	1669.6	1294.9	1031.7
1995	1591.8	274.9	4469.0	4776.9	2278.0	1552.1	2005.1	1599.2	1195.8
1996	1794.0	287.0	5161.7	5531.7	2555.9	1724.4	2273.8	1794.3	1341.6
1997	1993.1	299.9	5822.4	6267.4	2747.6	1905.5	2546.7	1946.8	1481.6
1998	2194.4	309.5	6451.2	6963.1	2918.0	2124.6	2816.7	2129.8	1623.8

注：本表按可比价格计算。

The figures in this table are calculated at comparable prices.

1—16 国内生产总值构成
Structure of Gross Domestic Product

单位:% (%)

年份 Year	国内生产总值 Gross Domestic Product	第一产业 Primary Industry	第二产业 Secondary Industry	#工业 Industry	#建筑业 Construction	第三产业 Tertiary Industry	#交通运输和仓储业、邮电通讯业 Transportation Storage Postal and Telecommications	#批发和零售贸易餐饮业 Wholesale & Retail Trade and Catering Services
1970	100	46.7	32.4	29.3	3.1	20.9	4.0	7.6
1971	100	45.4	33.4	29.4	4.0	21.2	3.4	7.7
1972	100	47.1	34.6	31.2	3.4	18.3	2.9	6.8
1973	100	45.1	36.7	33.3	3.4	18.2	2.8	6.9
1974	100	48.6	32.8	29.3	3.5	18.6	2.4	7.1
1975	100	46.5	34.0	30.1	3.9	19.5	2.4	7.4
1976	100	45.3	35.2	30.9	4.3	19.5	2.3	6.9
1977	100	39.2	41.5	37.1	4.4	19.3	2.5	7.2
1978	100	38.1	43.3	38.0	5.3	18.6	2.6	6.5
1979	100	42.9	40.6	35.3	5.3	16.5	2.6	5.5
1980	100	36.0	46.8	41.0	5.8	17.2	2.7	5.9
1981	100	33.8	46.3	41.1	5.2	19.9	3.5	7.5
1982	100	36.4	42.2	37.4	4.8	21.4	3.9	8.3
1983	100	32.3	44.2	40.0	4.2	23.5	4.4	9.0
1984	100	32.4	43.9	39.7	4.2	23.7	4.8	8.8
1985	100	29.0	46.5	41.8	4.7	24.5	4.8	9.5
1986	100	27.2	46.2	41.3	4.9	26.6	5.0	9.8
1987	100	26.4	46.6	41.4	5.2	27.0	4.9	9.7
1988	100	25.6	46.3	41.2	5.1	28.1	4.7	10.7
1989	100	25.0	45.8	41.1	4.7	29.2	5.1	10.5
1990	100	25.1	45.4	40.5	4.9	29.5	5	10.2
1991	100	22.7	45.7	40.5	5.2	31.6	5.6	11.8
1992	100	19.2	47.9	42.6	5.3	32.9	5.9	12.8
1993	100	16.6	51.4	45.8	5.6	32.0	5.8	12.5
1994	100	16.6	52.1	46.4	5.7	31.3	5.5	12.6
1995	100	15.9	52.0	46.3	5.7	32.1	5.8	13.4
1996	100	14.7	53.1	47.4	5.7	32.2	5.7	13.7
1997	100	13.7	54.1	48.6	5.5	32.2	6.2	13.3
1998	100	12.7	54.3	49.0	5.3	33.0	6.5	13.3

注:本表按当年价格计算。

The figures in this table are calculated at current prices

1—17 按支出法计算的国内生产总值
Gross Domestic Product Calculated with Expenditure Approach

单位:亿元 (100 million yuan)

指　标	Item	1990	1995	1997	1998
国内生产总值	**Gross Domestic Product Calculated with Expenditure Approach**	**897.99**	**3569.15**	**4619.03**	**4976.17**
一、最终消费	Long-term Consumption	548.85	1495.24	2004.31	2172.29
居民消费	Resident Consumption	474.67	1235.98	1619.00	1678.15
农村居民	Rural Resident	343.73	762.32	977.74	1002.03
城镇居民	Urban Resident	130.94	473.66	641.26	676.12
政府消费	Goverment Consumption	74.18	259.26	385.31	494.14
二、资本形成总额	Total Capital Formation	252.44	1786.79	2230.01	2482.45
固定资本形成总额	Fixed Capital Formation	186.96	1357.90	1694.57	1848.00
存货增加	Changes in Inventories	65.48	428.89	535.44	634.45
三、货物和服务净出口	Net Export	96.70	287.12	384.71	321.43
出口	Export	424.25	1193.83	1622.95	1639.28
进口	Import	327.55	906.71	1238.24	1317.85

注：本表按当年价格计算。

The data in this table are calculated at current prices.

1—18 总　产　出
Total　Output

单位:亿元 (100 million yuan)

指　标	Item	1990	1995	1997	1998
总产出	**Total Output**	2357.60	11561.90	16048.21	17268.58
第一产业(农业)	Primary Industry (Agriculture)	336.04	891.71	1004.88	1003.66
第二产业	Secondary Industry	1581.00	8574.83	12239.83	13166.75
工业	Industry	1434.15	7754.48	11202.72	12031.30
建筑业	Construction	146.85	820.35	1037.11	1135.45
第三产业	Tertiary Industry	440.46	2095.36	2803.50	3098.17
#交通运输仓储及邮电业	Transportation, Storage, Postal and Telecommications	80.95	370.89	502.51	564.76
#批发和零售贸易业餐饮业	Wholesale & Retail Trade and Catering Services	156.49	933.13	1208.48	1303.87

注：本表按当年价格计算。

The data in this table are calculated at current prices.

1—19 居民消费水平和指数
Resident Consumption Level and Its Indices

年　份 Year	居民总消费水平（元/人） Resident Consumption level (yuan/person)	农村居民总消费水平 Rural Resident	城镇居民总消费水平 Urban Resident	居民总消费水平指数 Indices of Resident Consumption Level (1970＝100)	农业居民消费水平指数 Agricultural Resident	非农业居民消费水平指数 Non-Agricultural Resident
1970	125	107	254	100	100	100
1971	125	106	268	99.2	99.1	101.2
1972	144	124	289	117.6	117.8	118.4
1973	146	125	300	120.0	118.7	123.2
1974	150	128	312	123.2	121.5	127.9
1975	145	122	321	118.4	115.9	131.5
1976	152	128	338	124.8	121.5	138.6
1977	162	137	356	132.8	130.0	146.0
1978	193	164	409	157.6	156.1	167.6
1979	216	184	451	175.2	174.9	180.3
1980	237	200	482	187.2	188.8	179.9
1981	310	276	534	240.9	256.9	191.6
1982	344	312	544	266.2	289.9	191.6
1983	368	337	562	281.2	309.7	192.3
1984	420	382	651	313.6	344.7	215.3
1985	550	489	892	357.8	386.3	256.1
1986	661	579	1089	405.2	431.5	294.1
1987	774	681	1247	440.7	476.9	303.6
1988	993	864	1646	468.4	505.1	324.7
1989	1092	955	1780	433.7	466.4	300.7
1990	1122	975	1857	436.0	466.4	307.2
1991	1227	1055	2086	464.7	497.5	326.9
1992	1375	1146	2496	490.4	515.7	358.0
1993	1653	1305	3308	516.8	532.0	390.9
1994	2249	1730	4640	567.5	569.2	447.6
1995	2831	2138	5926	614.0	608.0	489.7
1996	3412	2580	7052	685.8	686.3	530.8
1997	3670	2744	7566	716.7	714.4	548.8
1998	3784	2824	7630	738.9	735.1	553.2

注：本表绝对数按当年价格计算，指数按可比价格计算。

The absolute figures in this table are calculated at current prices, while the indices are calculated at comparable prices.

1—20 工农林牧渔业总产值和指数

Gross Output Value of Industry and Agriculture and Its Indices

年份 Year	工农林牧渔业总产值（亿元）Gross Output Value of Industry and Agriculture (100 millon yuan)	农林牧渔业 Agriculture	工业 Industry	工农林牧渔业总产值指数 Indices of Gross Outpot Value of Industry and Agriculture (1970=100)	农林牧渔业 Agriculture	工业 Industry
1970	112.02	45.36	66.66	100.0	100.0	100.0
1971	115.80	45.21	70.59	109.5	99.0	115.0
1972	131.01	54.23	76.78	122.7	114.0	125.5
1973	139.41	53.85	85.56	130.0	112.0	139.9
1974	129.92	56.38	73.54	121.5	115.2	122.5
1975	130.32	52.73	77.59	120.6	105.8	129.2
1976	135.05	52.98	82.07	125.4	107.1	136.7
1977	161.62	54.00	107.62	150.6	109.1	179.4
1978	197.82	65.71	132.11	183.2	130.2	220.2
1979	250.06	91.84	158.22	213.1	146.2	260.2
1980	294.28	92.67	201.61	254.6	143.0	335.5
1981	328.54	95.56	232.98	283.8	144.3	385.8
1982	369.56	118.04	251.52	314.0	168.0	418.0
1983	412.23	118.68	293.55	349.2	162.6	490.8
1984	530.09	147.49	382.60	441.7	189.5	638.2
1985	724.67	174.05	550.62	578.2	196.8	890.4
1986	866.90	192.04	674.86	676.6	207.4	1066.6
1987	1081.22	228.12	853.10	810.1	215.1	1312.9
1988	1423.65	282.62	1141.03	981.3	220.2	1633.6
1989	1641.71	307.84	1333.87	1042.3	224.0	1745.9
1990	1770.93	336.04	1434.16	1125.8	230.7	1895.2
1991	2170.04	368.64	1801.40	1369.7	246.2	2370.6
1992	2852.41	404.79	2447.63	1783.3	256.5	3206.6
1993	4312.09	499.70	3812.39	2377.6	268.3	4508.5
1994	6492.14	707.21	5784.93	3261.3	293.4	6262.3
1995	9099.57	891.71	8207.86	4292.5	322.0	8297.5
1996	9753.38	932.85	8820.53	5291.6	335.5	10454.9
1997	11384.84	1004.88	10379.96	6425.3	351.8	12796.8
1998	12341.88	1003.70	11338.18	7279.3	365.2	14561.2

注：本表绝对值按当年价格计算，指数按可比价格计算。

The absolute figures are calculated at current prices, while the indices are calculated at comparable prices.

主要统计指标解释

国内生产总值　是按市场价格计算的国内生产总值的简称。它是一个国家(地区)所有常住单位在一定时期内生产活动的最终成果。国内生产总值有三种表现形态,即价值形态、收入形态和产品形态。从价值形态看,它是所有常住单位在一定时期内所生产的全部货物和服务价值超过同期投入的全部非固定资产货物和服务价值的差额,即所有常住单位增加值之和;从收入形态看,它是所有常住单位在一定时期内所创造并分配给常住单位和非常住单位的初次分配收入之和;从产品形态看,它是最终使用的货物和服务减去进口货物和服务。在实际核算中,国内生产总值的三种表现形态表现为三种计算方法,即生产法、收入法和支出法。三种方法分别从不同的方面反映国内生产总值及其构成。

可比价格　指在不同时期的价值指标对比时,扣除了价格变动的因素,以确切反映物量的变化。按可比价格计算有两种方法:一种是直接用产品产量乘某一年的不变价格计算;另一种是用价格指数换算。

不变价格　指用同类产品的年平均价格作为固定价格,来计算各年产品价值。按不变价格计算的产品价值消除了价格变动因素,不同时期对比可以反映生产的发展速度。新中国成立后,随着工农业产品价格水平的变化,国家统计局先后五次制定了全国统一的工业产品不变价格和农业产品不变价格,从1949年到1957年使用1952年工(农)业产品不变价格,从1957年到1971年使用1957年不变价格,从1971年到1981年使用1970年不变价格,从1981年到1990年使用1980年不变价格,从1990年开始使用1990年不变价格。

平均每年增长速度　在我国计算平均增长速度有两种方法,一种是习惯上经常使用的"水平法",又称几何平均法,是以间隔期最后一年的水平同基期水平对比来计算平均每年增长(或下降)速度。另一种是"累计法",又称代数平均法或方程法,是以间隔期内各年水平的总和同基期水平对比来计算平均每年增长(或下降)速度。

在一般正常情况下,两种方法计算的平均每年增长速度比较接近,但在经济发展不平衡,出现大起大落时,两种方法计算的结果差别较大。

本《年鉴》内所列的平均每年增长速度,除固定资产投资是用"累计法"计算以外,其余均用"水平法"计算。从某年到某年平均每年增长速度的年份,均不包括基期年在内。如建国四十三年的平均增长速度是以1949年为基期计算的,则写为1950—1992年平均增长速度,余类推。

三次产业　根据社会生产活动历史发展的顺序对产业结构的划分,产品直接取自自然界的部门称为第一产业,对初级产品进行再加工的部门称为第二产业,为生产和消费提供各种服务的部门称为第三产业。它是世界上通用的产业结构分类,但各国的划分不尽一致。我国的三次产业划分是:

第一产业:农业(包括种植业、林业、牧业、副业和渔业)。

第二产业:工业(包括采掘工业、制造业、自来水、电力、蒸气、热水、煤气)和建筑业。

第三产业:除第一、第二产业以外的其他各业。由于第三产业包括的行业多、范围广,根据我国的实际情况,第三产业可分为两大部分:一是流通部门,二是服务部门。具体又可分为四个层次:

第一层次:流通部门,包括交通运输业、邮电通讯业、商业、饮食业、物资供销和仓储业。

第二层次:为生产和生活服务的部门,包括金融、保险业,地质普查业,房地产、公用事业,居民服务业,咨询服务业和综合技术服务业,农、林、牧、渔、水利服务业和水利业,公路、内河(湖)航道养护业等。

第三层次:为提高科学文化水平和居民素质服务的部门,包括教育、文化、广播电视,科学研究、卫生、体育和社会福利事业等。

第四层次:为社会公共需要服务的部门,包括国家机关、政党机关、社会团体,以及军队和警察等。

支出法国内生产总值　指一个国家(或地区)所有常住单位在一定时期内用于最终消费、资本形成总额,以及货物和服务的净出口总额,它反映本期生产的国内生产总值的使用构成。

Explanatory Notes on Main Statistical Indicators

Gross Domestic Product refers to gross domestic product calculated at market prices, which is the final products of all resident units in a country (or region) during a certain period of time. Gross domestic product is expressed in three different forms, i. e. value added, income, and products respectively. The form of value added refers to the total value of all products and services produced by all resident units during a certain period of time minus total value of input of materials and services of the nature of non-fixed assets or the summation of the value added of all resident units; the form of income includes all the income created by all resident units and distributed primarily to all resident and non-resident units; the form of products refers to all final goods and services minus imports of goods and services. In the practice of national accounting, gross domestic product is calculated with three approaches, i. e. product approach, income approach, and expenditure approach respectively to reflect gross domestic product and its composition from different aspects.

Comparable Prices are applied when comparing indicators of value over time to reflect accurately the changes in real term. Two methods are used for calculating comparable prices: 1. Multiplying the output of products by their constant prices of certain year; 2. Conversion of the data in current prices by relevant price index.

Constant Price refers to the average price of a given product in certain year, which is used for comparison of output value over time. As the output value at constant prices removes the factor of price changes, it reflects the trend of production development over time. Since 1949, with the changes in general price level , the State Statistical Bureau has issued nationally unified constant prices five times:the 1952 constant prices for 1949-1957; the 1957 constant prices for 1958-1970; the 1970 constant prices for 1971-1981; the 1980 constant prices for 1981-1990; and the 1990 constant prices have used since 1991.

Average Annual Growth Rate Two methods for calculcating average annual growth rate are applied in China ,one is often called "level approach" or the method of calculating geometric average, which is derived by comparing the level of the last year of the interval with that of the beginning year; the other is called "accumulative approach" or algebraic average or equation method,which is derived by the summation of the actual figure of each year in the interval divided by the figure in the base year.

Usually the results calculated by the two methods are fairly close, but they differed sharply when uneven economic development occurred with striking fluctuations in growth.

The average annual growth rates listed in this statistical yearbook are calculated by "level approach" except for the growth rate of investment in fixed assest. The base years are not listed when the years are listed for average annual growth rates. For instance, the average annual growth rate of 43 years since 1949 is listed as average annual growth rate of 1950-1992 without listing the base year 1949. And the analogy of this is also for the rest.

Three Industries Industry structure has been classified according to the historical sequence of development. Primary industry refers to extraction of natural resources; secondary industry involves processing of primary products ; and tertiary industry provides services of various kinds for production and consumption. The above classification is universal although it varies to some extent form country to country. Industry in China comprises:

Primary industry: agriculture (including farming, forestry,animal husbandry, sideline production and fishery).

Secondary industry: industry (including mining and quarrying , manufacturing ,water supply , electricity generation and supply, steam, hot water, gas) and construction.

Tertiary industry: all other industries not included in primary or secondary industry.

Due to the fact that tertiary industry involves in a large variety of industries in China , it is divided into two sectors: circulation sector and service sector and further into four levels:

The first level: circulation sector, including transportation, postal and telecommunications, commerce, catering trade, material supply and marketing, and storage.

The second level: service sector providing services for production and consumption, including banking, insurance, geological, survey, real estates, public utilities, service for residents, consultancy service, and comprehensive technical services, and service for agriculture, forestry, animal husbandry, fishery, water conservancy, and maintenance of roads and inland water ways, etc.

The third level: service sector for upgrading scientific, educational and cultural level of the people, including education, culture, broadcasting, television, scientific research, public health, sports, and social welfare, etc.

The fourth level: sector providing services for public needs, including government agencies, political and party organizations, social or ganizations, armies, and policemen.

GDP Calculated with Expenditure Approach refers to total expenditure on final consumption, total capital formation and net export of goods and services by resident units of a country in a certain period of time. It reflects the composition of GDP by its use.

人口和从业人员

POPULATION & EMPLOYMENT

2

2.人口和从业人员
Population and Employment

1998 年年末总人口	Total Population(Year-end)	4446.86	万人	(10000 persons)
#男性	Male	2293.29	万人	(10000 persons)
#农业人口	Agriculture	3539.78	万人	(10000 persons)
1998 年年末总户数	Total Households	1389.44	万户	(10000 Households)
1998 年人口密度	Density of Population	437	人/平方公里	(persons/sq.km)
1998 年人口自然增长率	Population Natural Growth Rate	4.82	‰	
1998 年年末社会从业人员	Employed Persons	2612.54	万人	(1000 persons)
#职工人数	Staff and Workers	455.80	万人	(1000 persons)

年末从业人员（万人）
Total Number of Employed Persons (10000 persons)

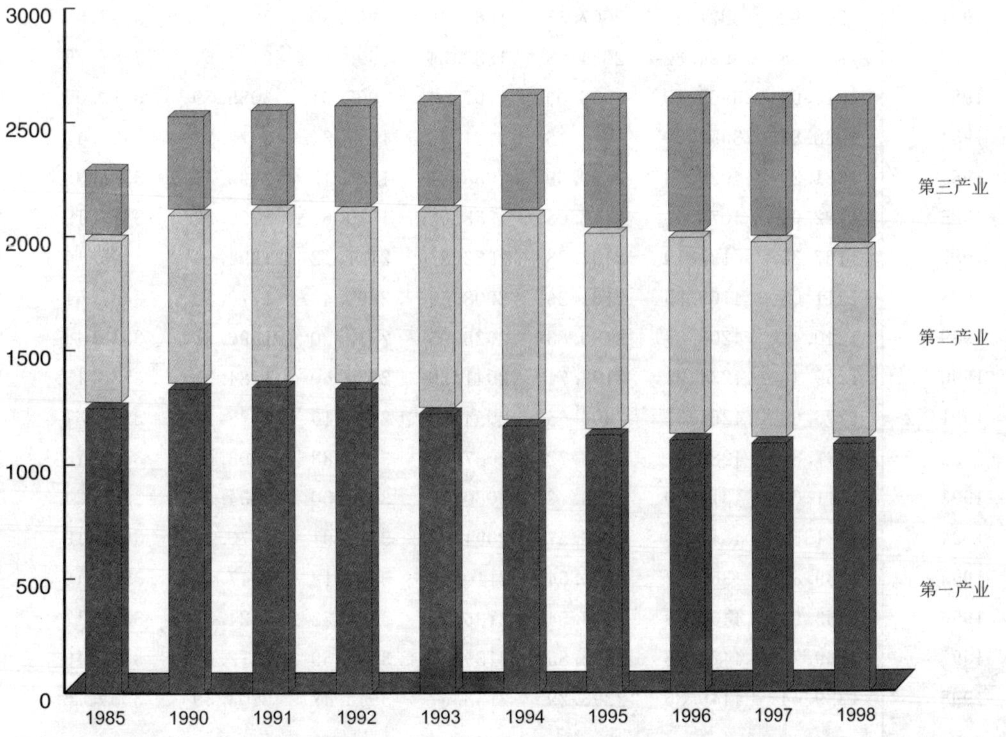

2—1 历年总户数和总人口数(年底数)
Total Population and Households(year-end)

年份 Year	总户数 (万户) Total Households (10000 households)	总人口数 (万人) Total Population (10000 persons)	按性别分 By Sex		按城乡分 By Residence		按农业和非农业分 By Agriculture and Non-agriculture	
			男性 Male	女性 Female	市镇人口 Urban	乡村人口 Rural	农业人口 Agriculture	非农业人口 Non-agriculture
1970	742.43	3315.84	1722.22	1593.62	429.79	2886.05	2917.40	398.44
1971	755.81	3389.89	1762.24	1627.65	487.56	2902.33	2972.26	417.63
1972	766.47	3450.79	1792.35	1658.44	467.72	2983.07	3030.41	420.38
1973	782.64	3512.92	1824.70	1688.22	476.30	3036.62	3084.82	428.10
1974	802.24	3560.87	1848.93	1711.94	483.38	3077.49	3147.16	413.71
1975	826.83	3614.47	1877.43	1737.04	494.02	3120.45	3197.25	417.22
1976	852.96	3662.82	1902.20	1760.62	504.15	3158.67	3238.40	424.42
1977	878.62	3707.10	1924.65	1782.45	510.66	3196.44	3287.85	419.25
1978	897.62	3750.96	1948.29	1802.67	527.00	3223.96	3321.96	429.00
1979	905.32	3792.33	1967.40	1824.93	550.21	3242.12	3332.57	459.76
1980	923.58	3826.58	1985.59	1840.99	569.01	3257.57	3346.40	480.18
1981	965.92	3871.51	2007.55	1863.96	993.89	2877.62	3362.04	509.47
1982	990.66	3924.32	2034.98	1889.34	999.81	2924.51	3387.79	536.53
1983	1014.03	3963.10	2056.06	1907.04	907.51	3055.59	3413.05	550.05
1984	1038.85	3993.09	2071.46	1921.63	1017.84	2975.25	3425.47	567.62
1985	1081.20	4029.56	2090.69	1938.87	1534.15	2495.41	3395.35	634.21
1986	1122.09	4070.07	2112.05	1958.02	1779.60	2290.47	3417.19	652.88
1987	1167.30	4121.19	2137.38	1983.81	2127.12	1994.07	3455.14	666.05
1988	1211.08	4169.85	2161.26	2008.59	2399.43	1770.42	3487.61	682.24
1989	1240.41	4208.88	2180.83	2028.05	2612.20	1596.68	3515.46	693.42
1990	1259.49	4234.91	2193.71	2041.20	2650.60	1584.31	3538.13	696.78
1991	1276.80	4261.37	2206.65	2054.72	2733.10	1528.27	3555.37	706.00
1992	1297.81	4285.91	2218.72	2067.19	3592.88	693.03	3560.13	725.78
1993	1311.07	4313.30	2232.72	2080.58	3678.50	634.80	3563.24	750.06
1994	1321.54	4341.20	2246.57	2094.63	3770.91	570.29	3565.19	776.01
1995	1339.82	4369.63	2259.54	2110.09	3822.18	547.45	3567.14	802.49
1996	1353.99	4400.09	2273.54	2126.55	3875.52	524.57	3570.17	829.92
1997	1369.79	4422.28	2282.85	2139.43	3909.59	512.69	3557.19	865.09
1998	1389.44	4446.86	2293.29	2153.57	3943.47	503.39	3539.78	907.08

2—2 各市、县总户数和总人口数(1998年底)

Total Households and Population by City and County(End of 1998)

地区 Region		总户数(万户) Total Households (10000 households)	总人口数(万人) Total Population (10000 persons)	按性别分 By Sex		按城乡分 By Residence		按农业和非农业分 By Agriculture and Non-agriculture	
				男性 Male	女性 Female	市镇人口 Urban	乡村人口 Rural	农业人口 Agriculture	非农业人口 Non-agriculture
合　计	**Total**	**1389.44**	**4446.86**	**2293.29**	**2153.57**	**3943.47**	**503.39**	**3539.78**	**907.08**
杭州市	**Hangzhou**	**187.80**	**611.64**	**314.69**	**296.95**	**581.02**	**30.62**	**401.12**	**210.52**
杭州市区	District	53.93	171.89	89.87	82.02	171.89		37.28	134.61
萧山市	Xiaoshan	35.26	113.41	56.72	56.69	113.41		91.33	22.08
建德市	Jiande	15.79	50.54	26.40	24.14	50.54		40.64	9.90
富阳市	Fuyang	19.12	61.71	31.76	29.95	61.71		51.96	9.75
余杭市	Yuhang	21.64	78.58	40.26	38.32	78.58		63.34	15.24
临安市	Linan	15.53	51.03	26.02	25.01	51.03		43.91	7.12
桐庐县	Tonglu	13.03	39.51	20.31	19.20	29.34	10.17	32.72	6.79
淳安县	Chunan	13.50	44.97	23.35	21.62	24.52	20.45	39.94	5.03
宁波市	**Ningbo**	**190.39**	**535.27**	**272.40**	**262.87**	**517.27**	**18.00**	**404.79**	**130.48**
宁波市区	District	45.64	119.68	60.83	58.85	119.68		49.20	70.48
余姚市	Yuyao	27.98	83.05	42.01	41.04	83.05		69.40	13.65
慈溪市	Cixi	36.00	100.35	50.56	49.79	100.35		87.09	13.26
奉化市	Fenghua	17.02	48.84	25.00	23.84	48.84		40.87	7.97
象山县	Xiangshan	17.77	53.16	27.53	25.63	44.08	9.08	43.72	9.44
宁海县	Ninghai	18.58	57.66	30.19	27.47	50.29	7.37	51.72	5.94
鄞　县	yin	27.40	72.53	36.28	36.25	70.97	1.55	62.79	9.74
温州市	**Wenzhou**	**192.68**	**717.89**	**376.64**	**341.25**	**585.99**	**131.90**	**593.99**	**123.90**
温州市区	District	33.13	116.48	59.92	56.56	116.48		65.23	51.25
瑞安市	Ruian	30.38	117.76	61.25	56.51	117.76		101.30	16.46
乐清市	Yueqing	31.29	112.91	58.70	54.21	112.91		102.60	10.31
洞头县	Dongtou	3.44	12.50	6.55	5.95	6.14	6.36	11.12	1.38
永嘉县	Yongjia	22.82	87.43	46.01	41.42	49.90	37.53	80.93	6.50
平阳县	Pingyang	21.25	80.48	42.39	38.09	57.12	23.36	67.97	12.51
苍南县	Cangnan	30.50	119.00	63.07	55.93	90.43	28.57	98.20	20.80
文成县	Wencheng	10.39	37.00	20.14	16.86	17.82	19.18	34.61	2.39
泰顺县	Taishun	9.48	34.33	18.61	15.72	17.43	16.90	32.03	2.30
嘉兴市	**Jiaxing**	**95.36**	**329.91**	**165.83**	**164.08**	**310.32**	**19.59**	**256.70**	**73.21**
嘉兴市区	District	24.01	78.06	39.29	38.77	78.06		51.91	26.15
海宁市	Haining	17.37	63.94	31.96	31.98	63.94		51.65	12.29
平湖市	Pinghu	13.72	48.11	23.98	24.13	48.11		39.25	8.86
桐乡市	Tongxiang	17.32	65.28	33.26	32.02	65.28		54.28	11.00
海盐县	Haiyan	11.35	36.45	18.20	18.25	22.23	14.22	29.38	7.07
嘉善县	Jiashan	11.59	38.07	19.14	18.93	32.70	5.37	30.23	7.84
湖州市	**Huzhou**	**79.24**	**254.81**	**130.57**	**124.24**	**196.84**	**57.97**	**195.82**	**58.99**
湖州市区	District	31.27	106.37	53.90	52.47	106.37		76.67	29.70
德清县	Deqing	12.74	42.19	21.38	20.81	34.79	7.40	31.64	10.55
长兴县	Changxing	20.63	61.53	32.16	29.37	31.72	29.81	49.15	12.38
安吉县	Anji	14.60	44.72	23.13	21.59	23.96	20.75	38.36	6.36

2—2 续表 continued

地区 Region		总户数（万户）Total Households（10000 households）	总人口数（万人）Total Population（10000 persons）	按性别分 By Sex		按城乡分 By Residence		按农业和非农业分 By Agriculture and Non-agriculture	
				男性 Male	女性 Female	市镇人口 Urban	乡村人口 Rural	农业人口 Agriculture	非农业人口 Non-agriculture
绍兴市	**Shaoxing**	**143.85**	**430.04**	**219.62**	**210.42**	**418.41**	**11.63**	**357.39**	**72.65**
绍兴市区	District	10.47	32.43	16.53	15.90	32.43		9.03	23.40
诸暨市	Zhuji	35.69	105.69	54.02	51.67	105.69		94.09	11.60
上虞市	Shangyu	26.00	77.43	39.10	38.33	77.43		65.80	11.63
嵊州市	Shengzhou	25.43	73.78	38.76	35.02	73.78		65.84	7.94
绍兴县	Shaoxing	31.13	97.33	48.47	48.86	97.33		84.90	12.23
新昌县	Xinchang	15.13	43.38	22.74	20.64	31.75	11.63	37.73	5.65
金华市	**Jinhua**	**148.59**	**442.96**	**229.11**	**213.85**	**402.39**	**40.57**	**375.85**	**67.11**
金华市区	District	11.11	33.81	17.37	16.44	33.81		13.84	19.97
兰溪市	Lanxi	21.18	66.07	34.63	31.44	66.07		55.69	10.38
东阳市	Dongyang	26.02	78.38	39.81	38.57	78.38		70.46	7.92
义乌市	Yiwu	22.10	65.76	34.00	31.76	65.76		56.37	9.39
永康市	Yongkang	16.97	52.63	26.89	25.74	52.63		46.72	5.91
金华县	Jinhua	19.68	55.21	28.99	26.22	46.17	9.04	52.15	3.06
武义县	Wuyi	11.36	32.89	17.14	15.75	18.75	14.14	28.49	4.40
浦江县	Pujiang	13.19	37.78	19.56	18.22	27.53	10.25	33.39	4.39
磐安县	Panan	6.98	20.43	10.72	9.71	13.29	7.14	18.74	1.69
衢州市	**Quzhou**	**74.67**	**240.13**	**126.37**	**113.76**	**177.97**	**62.16**	**203.27**	**36.86**
衢州市区	District	8.83	26.13	13.70	12.43	26.13		11.01	15.12
江山市	Jiangshan	17.35	56.16	29.66	26.50	56.16		49.62	6.55
衢　县	Qu	15.92	52.20	27.73	24.47	36.33	15.87	50.01	2.19
常山县	Changzhou	9.37	31.68	16.78	14.90	12.84	18.84	27.89	3.79
开化县	Kaihua	10.21	33.78	17.24	16.54	18.92	14.86	30.18	3.60
龙游县	Longyou	12.99	40.18	21.26	18.92	27.58	12.60	34.56	5.62
舟山市	**Zhoushan**	**34.44**	**98.54**	**49.71**	**48.83**	**90.84**	**7.70**	**72.83**	**25.71**
舟山市区	District	23.10	68.36	34.67	33.69	68.36		48.72	19.64
岱山县	Daishan	8.46	21.61	10.80	10.81	17.86	3.75	17.71	3.90
嵊泗县	Shengsi	2.88	8.57	4.24	4.33	4.62	3.95	6.39	2.18
台州市	**Taizhou**	**168.15**	**539.51**	**279.53**	**259.98**	**495.79**	**43.72**	**463.88**	**75.63**
台州市区	District	45.14	140.83	72.27	68.56	140.83		116.90	23.93
临海市	Linhai	32.99	108.39	56.20	52.19	108.39		95.65	12.74
温岭市	Wenling	37.12	112.83	58.27	54.56	112.83		99.42	13.41
仙居县	Xianju	13.10	44.56	23.37	21.19	29.01	15.55	40.54	4.02
天台县	Tiantai	16.84	54.52	28.55	25.97	38.75	15.77	46.37	8.15
三门县	Sanmen	11.26	39.80	20.98	18.82	30.68	9.12	36.33	3.47
玉环县	Yuhuan	11.70	38.58	19.89	18.69	35.30	3.28	28.65	9.93
丽水地区	**Lishui**	**74.27**	**246.16**	**128.82**	**117.34**	**166.64**	**79.52**	**214.13**	**32.03**
丽水市	Lishui	11.45	34.21	17.59	16.62	34.21		24.85	9.36
龙泉市	LongQuan	7.53	27.00	14.09	12.91	27.00		23.24	3.76
青田县	Qingtian	13.99	48.66	25.61	23.05	26.34	22.32	44.15	4.51
庆元县	Qingyuan	5.11	19.16	9.95	9.21	10.59	8.57	17.44	1.72
缙云县	Jinyun	14.31	43.28	22.50	20.78	28.62	14.66	39.82	3.46
遂昌县	Shunchang	6.87	22.53	11.95	10.58	14.87	7.66	19.29	3.24
松阳县	Shongyang	7.22	22.88	12.01	10.87	11.80	11.08	20.29	2.59
景宁自治县	Jingning	4.66	17.29	9.34	8.15	7.57	9.72	15.79	1.70
云和县	Yunhe	3.13	10.95	5.78	5.17	5.65	5.30	9.26	1.69

2—3 历年人口自然变动情况
Population Natural Changes

年份 Year	出生 Birth		死亡 Death		自然增长 Natural Growth	
	人数(万人) Population (10000 persons)	出生率(‰) Birth Rate (‰)	人数(万人) Population (10000 persons)	死亡率(‰) Death Rate (‰)	人数(万人) Population (10000 persons)	自然增长率(‰) Natural Growth Rate (‰)
1970	85.93	26.16	19.57	5.96	66.36	20.20
1971	86.16	25.70	20.45	6.10	65.71	19.60
1972	83.72	24.48	20.60	6.02	63.12	18.46
1973	80.92	23.24	21.16	6.08	59.76	17.16
1974	74.00	20.92	21.78	6.16	52.22	14.76
1975	69.92	19.49	22.64	6.31	47.28	13.18
1976	68.99	18.96	22.00	6.05	46.99	12.91
1977	69.78	18.94	24.13	6.55	45.65	12.39
1978	67.75	18.17	21.75	5.83	46.00	12.34
1979	67.82	17.98	22.23	5.89	45.59	12.09
1980	59.40	15.59	23.97	6.29	35.43	9.30
1981	69.00	17.93	24.12	6.27	44.89	11.66
1982	71.38	18.31	23.17	5.94	48.21	12.37
1983	62.66	15.89	25.13	6.37	37.53	9.52
1984	49.80	12.52	23.82	5.99	25.97	6.53
1985	50.59	12.61	24.25	6.05	26.34	6.56
1986	64.64	15.96	24.06	5.94	40.58	10.02
1987	69.67	17.01	28.34	6.92	41.33	10.09
1988	64.42	15.54	26.32	6.35	38.10	9.19
1989	63.68	15.20	26.85	6.41	36.83	8.79
1990	64.75	15.33	26.65	6.31	38.10	9.02
1991	61.59	14.48	27.18	6.39	34.41	8.09
1992	63.10	14.72	28.17	6.57	34.93	8.15
1993	58.79	13.61	28.42	6.58	30.37	7.03
1994	56.67	13.24	28.25	6.64	28.42	6.60
1995	54.52	12.66	29.07	6.75	25.45	5.91
1996	53.21	12.09	28.96	6.58	24.25	5.51
1997	50.47	11.41	28.66	6.48	21.81	4.93
1998	49.57	11.15	28.14	6.33	21.43	4.82

注：表中 1985 年至 1998 年数字为人口变动抽样调查数。

The data from 1985 to 1997 are estimated on the basis of the annual sample surveys on population changes.

2—4 历年按市镇和乡村分的人口自然变动情况
Population Natural Changes by Urban and Rural Area

单位:‰ (‰)

年份 Year	市镇 Urban Area			乡村 Rural Area		
	出生率 Birth Rate	死亡率 Death Rate	自然增长率 Natural Growth Rate	出生率 Birth Rate	死亡率 Death Rate	自然增长率 Natural Growth Rate
1970	16.46	4.95	11.51	26.83	6.03	20.80
1971	18.77	5.47	13.30	26.16	6.14	20.02
1972	17.21	5.26	11.95	24.97	6.07	18.90
1973	16.27	5.40	10.87	23.71	6.12	17.59
1974	14.58	5.49	9.09	21.35	6.20	15.15
1975	15.67	5.86	9.81	19.75	6.34	13.41
1976	15.95	5.68	10.27	19.16	6.07	13.09
1977	15.95	6.45	9.50	19.14	6.55	12.59
1978	14.19	5.61	8.58	18.44	5.85	12.59
1979	12.20	5.25	6.95	18.38	5.94	12.44
1980	16.19	5.73	10.46	15.55	6.33	9.22
1981	15.05	6.12	8.93	18.59	6.30	12.29
1982	16.29	6.00	10.29	18.74	5.93	12.81
1983	13.56	6.35	7.21	16.28	6.38	9.90
1984	11.79	6.32	5.47	12.64	5.93	6.71
1985	10.86	5.46	5.40	12.84	6.39	6.45
1986	14.50	6.10	8.40	14.38	5.78	8.60
1987	16.23	5.99	10.24	15.83	5.99	9.84
1988	14.00	5.86	8.14	13.99	6.22	7.77
1989	14.78	6.33	8.45	12.13	5.33	6.80
1990	12.99	5.88	7.11	13.07	6.02	7.05
1991	11.56	5.66	5.90	11.71	5.70	6.04
1992	11.37	5.93	5.44	12.00	6.17	5.83
1993	11.96	5.84	6.12	11.48	5.72	5.76
1994	11.93	5.97	5.96	11.22	5.76	5.46
1995	11.98	6.18	5.80	11.52	6.12	5.40
1996	12.13	5.94	6.19	11.75	5.90	5.85
1997	10.90	5.70	5.20	11.30	7.10	4.20
1998	11.27	6.18	5.09	13.31	6.21	7.10

注：资料来自公安统计年报。

The data are taken from the annual reports of the Bureau of Public Security.

2—5 各市、地人口自然变动情况
Population Natural Changes by City and Prefecture

单位：‰ (‰)

地区 Region		自然增长率 Natural Growth Rate		出生率 Birth Rate		死亡率 Death Rate	
		1997	1998	1997	1998	1997	1998
全 省	**Total**	**4.93**	**4.82**	**11.41**	**11.15**	**6.48**	**6.33**
杭州市	Hangzhou	3.94	2.57	9.66	8.85	5.72	6.28
宁波市	Ningbo	4.48	2.66	10.39	8.82	5.91	6.16
温州市	Wenzhou	7.47	14.36	12.06	19.07	4.59	4.71
嘉兴市	Jiaxing	3.18	2.21	10.11	9.49	6.93	7.28
湖州市	Huzhou	3.07	2.32	9.68	9.46	6.61	7.14
绍兴市	Shaoxing	5.33	3.34	11.78	10.29	6.45	6.95
金华市	Jinhua	4.88	3.72	10.99	10.16	6.11	6.44
衢州市	Quzhou	5.13	3.97	10.94	10.06	5.81	6.09
舟山市	Zhoushan	1.76	0.53	8.03	7.06	6.27	6.53
台州市	Taizhou	6.02	6.71	11.88	12.69	5.86	5.98
丽水地区	Lishui	5.89	5.49	12.09	11.86	6.20	6.37

注：全省自然增长率、出生率、死亡率、系抽样调查数，各市地系公安统计年报数。
The total data are estimated on the basis of the annual Sample Surveys. The regional data are taken from the annual reports of the Bureau of Public Security.

2—6 按人口分组的市(县)数(1998年底)
Number of Cities (Counties) by Population Size(End of 1998)

分类 Category		按人口分组 By Population Size			按非农业人口分组 By Non-agriculture		
		市(县)数(个) Number of Cities (towns)	人口数(万人) Population (10000 persons)	占总数(%) Proportion (%)	市(县)数(个) Number of Counties (towns)	人口数(万人) Population (10000 persons)	占总数(%) Proportion (%)
按市分	**By City(10000 persons)**	**35.00**	**2747.89**	**100.00**	**35**	**682.74**	**100.00**
20万人以下	<20				27	301.14	44.11
20—40万人	20—40	5.00	153.58	5.59	5	125.26	18.35
40—60万人	40—60	6.00	307.32	11.18	1	51.25	7.51
60—80万人	60—80	11.00	777.35	28.29	1	70.48	10.32
80—100万人	80—100	1.00	83.50	3.02			
100万人以上	>=100	12.00	1426.59	51.92	1	134.61	19.72
按县分	**By County(10000 persons)**	**39.00**	**1698.97**	**100.00**	**39**	**224.37**	**100.00**
20万人以下	<20	5.00	68.67	4.04	38	203.57	90.73
20—40万人	20—40	15.00	487.32	28.68	1	20.80	9.27
40—60万人	40—60	13.00	624.68	36.77			
60—80万人	60—80	2.00	134.05	7.89			
80—100万人	80—100	32.00	265.24	15.61			
100万人以上	>=100	1.00	119.01	7.00			

2—7 非农业人口变动情况
Changes of Non-agriculture Population

单位:万人 (10000 persons)

项目	Item	1990	1995	1997	1998
增加人口数合计	**Increased Population**	**45.64**	**65.08**	**104.84**	**97.71**
出生人口	Birth Population	6.61	5.94	6.67	7.28
非农业人口迁入	Population Transfered into	29.65	31.35	34.98	38.15
农业人口转非农业人口	Population Changed into Non-agriculture	6.41	16.77	22.61	21.40
#招生	Students Recruited	2.41	6.23	7.99	7.42
招工	Workers Recruited	1.07	1.34	1.05	0.81
复员转业	Demobilized Soldiers	0.54	0.57	0.54	0.62
其他人口	Others	1.94	9.77	39.53	29.73
减少人口数合计	**Decreased Population**	**41.23**	**38.60**	**69.66**	**55.73**
死亡人口	Death Population	3.65	3.89	4.13	4.40
非农业人口迁出	Population Transfered out	30.59	29.59	33.43	35.87
服兵役	Enlisting in the Army	0.63	0.31	0.45	0.43
其他人口	Others	6.36	4.81	31.65	14.23

2—8 计划生育情况
Family Planning

单位:% (%)

地区 Region		计划内生育率 Birth Rate Control		已婚育龄妇女独生子女领证率 Proportion of Only Child Certificate		晚婚率 Proportion of Late Marriage	
		1997	1998	1997	1998	1997	1998
合计	**Total**	**93.88**	**96.89**	**22.43**	**21.23**	**72.84**	**69.56**
杭州市	Hangzhou	99.16	99.17	35.87	33.41	74.67	72.14
宁波市	**Ningbo**	99.12	99.30	31.63	28.91	84.08	78.35
温州市	Wenzhou	73.58	86.20	11.80	12.23	53.49	53.34
嘉兴市	Jiaxing	99.28	98.17	44.51	42.04	79.68	72.88
湖州市	Huzhou	99.30	99.07	32.38	32.15	67.99	62.05
绍兴市	Shaoxing	99.47	99.77	22.67	20.90	69.21	66.11
金华市	Jinhua	96.05	98.40	13.69	13.58	67.91	66.08
衢州市	Quzhou	98.32	99.05	12.23	11.87	74.47	69.06
舟山市	Zhoushan	99.68	99.52	24.04	22.54	80.83	73.42
台州市	Taizhou	98.58	99.38	8.64	8.40	90.24	83.82
丽水地区	Lishui	90.94	95.44	8.21	7.95	58.17	60.69

2—9 从业人员总数(年底数)

Total Number of Employed Persons(year-end)

单位:万人 (10000 persons)

年份 Year	从业人员总数 Employed Persons	职工合计 Staff and Workers	国有单位 State-owned Units	城镇集体单位 Urban Collective Owned Units	其他单位 Other Types of Ownership	城镇私营和个体从业人员 Urban Private Enterprises and Individuals	乡村从业人员 Rural Employed Persons	其它从业人员 Other Employed Persons
1978	1794.96	312.89	183.14	129.75		1.51	1480.56	
1979	1829.90	339.91	196.78	143.13		2.00	1487.99	
1980	1856.42	359.73	208.50	151.23		3.51	1493.18	
1981	1954.53	397.35	223.62	155.73		4.11	1571.07	
1982	2021.74	374.33	232.29	142.04		5.25	1642.16	
1983	2141.16	382.75	237.68	145.07		7.61	1750.80	
1984	2248.91	402.51	228.26	172.72	1.53	9.55	1836.85	
1985	2318.56	426.57	240.71	183.81	2.05	12.09	1879.90	
1986	2386.42	443.04	251.92	188.73	2.39	12.87	1930.51	
1987	2444.73	459.65	263.46	192.97	3.22	15.69	1969.39	
1988	2502.73	475.74	274.30	196.97	4.47	22.54	2004.45	
1989	2522.86	470.12	274.95	189.34	5.83	27.03	2025.71	
1990	2554.46	476.02	280.87	189.12	6.03	29.84	2048.60	
1991	2579.36	492.81	293.41	191.09	8.31	30.98	2049.22	6.35
1992	2600.38	491.37	297.96	181.62	11.79	38.29	2065.04	5.68
1993	2615.89	502.36	300.59	176.12	25.65	52.54	2052.66	8.33
1994	2640.51	500.88	294.13	170.42	36.33	82.39	2024.39	32.85
1995	2621.47	498.61	294.59	161.89	42.13	96.44	2015.45	10.97
1996	2625.06	495.35	290.22	156.25	48.88	108.99	2010.21	10.51
1997	2619.66	482.26	285.05	144.53	52.68	110.27	2016.20	10.93
1998	2612.54	455.80	256.61	102.94	96.25	122.86	2021.56	12.32

2—10 分行业从业人员总数(年底数)
Number of Employed Persons by Sector(year-end)

单位:万人　　(10000 persons)

行　业	Sector	1990	1995	1997	1998
总　计	**Total**	**2554.46**	**2621.47**	**2619.66**	**2612.54**
农、林、牧、渔业	Farming, Forestry, Animal Husbandry and Fishery	1360.24	1154.27	1115.45	1110.93
采掘业	Mining and Quarrying	5.83	15.64	18.11	17.11
制造业	Manufacturing	637.28	686.76	694.08	669.15
电力、煤气及水的生产和供应业	Electricity, Gas and Water Production and Supply	6.51	13.32	14.79	15.28
建筑业	Construction	111.71	167.10	154.44	152.60
地质勘查业、水利管理业	Geological Prospecting and Water Conservancy	4.07	2.19	2.27	2.16
交通运输、仓储及邮电通讯业	Transport, Storage, Post and Telecommunications	82.52	115.34	114.95	114.61
批发和零售贸易、餐饮业	Wholesale and Retail Sale Trade and Catering Services	149.13	260.22	285.86	295.84
金融、保险业	Banking and Insurance	8.59	12.63	13.90	14.51
房地产业	Real Estate Trade	1.58	2.95	3.64	3.80
社会服务业	Social Services	80.58	64.08	64.86	68.90
卫生、体育和社会福利业	Health Care, Sports and Social Welfare	19.57	28.97	30.72	31.70
教育、文化艺术及广播电影电视业	Education, Culture and Art, Radio, Film and Television	44.36	46.29	49.15	51.45
科学研究和综合技术服务业	Scientific Research and Polytechnical Services	3.82	4.39	4.60	4.65
国家机关、政党机关和社会团体	Government Agencies, Party Agencies and Social Organizations	26.15	31.45	33.73	34.62
其他行业	Others	12.52	15.87	19.11	25.23

2—11 按经济类型分的单位从业人员总数(1998年底)
Number of Employed Persons by Ownership(End of 1998)

单位:万人 (10000 persons)

行业	Sector	合计 Total	国有单位 State-owned Units	城镇集体 Urban Collective Owned Units	其它单位 Others
总计	**Total**	**432.67**	**245.22**	**93.78**	**93.67**
农、林、牧、渔业	Farming,Forestry,Animal Husbandry and Fishery	6.17	5.63	0.36	0.18
采掘业	Mining and Quarrying	3.37	2.98	0.21	0.18
制造业	Manufacturing	143.73	49.72	34.44	59.57
电力、煤气及水的生产和供应业	Electeicity,Gas and Water Production and Supply	9.19	7.62	0.34	1.23
建筑业	Construction	43.47	7.32	23.35	12.80
地质勘查业、水利管理业	Geological Prospecting and Water Conservancy	1.99	1.87	0.11	0.01
交通运输、仓储及邮电通讯业	Transport,Storage,Post and Telecommunications	25.02	18.68	3.92	2.42
批发和零售贸易、餐饮业	Wholesale and Retail Sale Trade and Catering Services	49.37	22.02	17.28	10.07
金融、保险业	Banking and Insurance	14.49	9.20	3.75	1.54
房地产业	Real Estate Trade	3.70	2.43	0.35	0.92
社会服务业	Social Services	19.23	11.49	3.59	4.15
卫生、体育和社会福利业	Health Care,Sports and Social Welfare	20.65	16.40	4.18	0.07
教育、文化艺术和广播电影电视业	Education,Culture and Art,Radio,Film and Television	49.68	48.93	0.62	0.13
科学研究和综合技术服务业	Scientific Research and Polytechnical Services	4.60	4.22	0.21	0.17
国家机关、政党机关和社会团体	Government Agencies,Party Agencies and Social Organizations	34.51	34.38	0.13	
其他行业	Others	3.50	2.33	0.94	0.23

2—12 按行业分的城镇单位从业人员(1998年)

Number of Employed Persons in Urban Units By Sector(1998)

单位:万人 (10000 persons)

分 类	Category	单位从业人员 Employed Persons in State-owned Units	在岗职工合计 Staff and Workers at work	#女性 Female	#使用的农村劳动力 Rural Labourer
总 计	**Total**	**432.67**	**421.95**	**163.04**	**65.39**
农、林、牧、渔业	Farming, Forestry, Animal Husbandry and Fishery	6.17	6.10	1.90	0.75
采掘业	Mining and Quarrying	3.37	3.36	0.83	0.33
制造业	Manufacturing	143.73	141.25	65.28	32.93
电力、煤气及水的生产和供应业	Electeicity, Gas and Water Production andSupply	9.19	9.12	2.41	0.39
建筑业	Construction	43.47	42.49	3.94	18.78
地质勘查业、水利管理业	Geological Prospecting and Water Conservancy	1.99	1.96	0.41	0.25
交通运输、仓储及邮电通讯业	Transport, Storage, Post and Telecommunications	25.02	24.34	6.46	1.24
批发和零售贸易、餐饮业	Wholesale and Retail Sale Trade and Catering Services	49.37	47.81	21.64	2.52
金融、保险业	Banking and Insurance	14.49	13.77	6.29	0.63
房地产业	Real Estate Trade	3.70	3.41	1.08	0.12
社会服务业	Social Services	19.23	18.26	8.67	2.21
卫生、体育和社会福利业	Health Care, Sports and Social Welfare	20.65	20.12	11.64	1.49
教育、文化艺术和广播电影电视业	Education, Culture and Art, Radio, Film and Television	49.68	48.43	22.55	1.55
科学研究和综合技术服务业	Scientific Research and Polytechnical Services	4.60	4.37	1.31	0.15
国家机关、政党机关和社会团体	Government Agencies, Party Agencies and Social Organizations	34.51	33.74	7.30	1.59
其他行业	Others	3.50	3.42	1.33	0.46

2—12 续表 Continued

单位:万人 (10000 persons)

分 类	Category	按用工期限分组 By Time Limit		其它从业人员 Other Employed Persons	#聘用的离退休人员 Retired and Resigned Persons Employed	#聘用的港澳台和外籍人员 Employed Persons from Hong-Kong. Macao. Taiwan and Foreigner
		长期职工 Long-term Staff and Workers	临时职工 Temporary Staff and Workers			
总 计	**Total**	**369.06**	**52.89**	**10.72**	**3.24**	**0.12**
农、林、牧、渔业	Farming,Forestry,Animal Husbandry and Fishery	5.80	0.30	0.07	0.02	
采掘业	Mining and Quarrying	3.24	0.11	0.01		
制造业	Manufacturing	121.86	19.39	2.48	0.79	0.09
电力、煤气及水的生产和供应业	Electeicity,Gas and Water Production andSupply	8.82	0.30	0.07	0.03	
建筑业	Construction	24.57	17.92	0.98	0.18	
地质勘查业、水利管理业	Geological Prospecting and Water Conservancy	1.75	0.21	0.03	0.01	
交通运输、仓储及邮电通讯业	Transport,Storage,Post and Telecommunications	22.97	1.37	0.68	0.07	
批发和零售贸易、餐饮业	Wholesale and Retail Sale Trade and Catering Services	44.49	3.32	1.56	0.48	0.01
金融、保险业	Banking and Insurance	13.09	0.68	0.72	0.07	
房地产业	Real Estate Trade	3.08	0.33	0.29	0.12	
社会服务业	Social Services	14.99	3.27	0.97	0.38	0.01
卫生、体育和社会福利业	Health Care, Sports and Social Welfare	18.57	1.55	0.53	0.35	
教育、文化艺术和广播电影电视业	Education,Culture and Art, Radio,Film and Television	46.12	2.31	1.25	0.32	0.01
科学研究和综合技术服务业	Scientific Research and Polytechnical Services	4.13	0.25	0.23	0.14	
国家机关、政党机关和社会团体	Government Agencies,Party Agencies and Social Organizations	32.44	1.30	0.77	0.25	
其他行业	Others	3.14	0.28	0.08	0.03	

2—13 按行业分的国有单位从业人员(1998年)

Number of Employed Persons in State-owned Units By Sector(1998)

单位:万人 (10000 persons)

分 类	Category	单位从业人员 Employed Persons in State-owned Units	在岗职工合计 Staff and Workers at Work	#女性 Female	#使用的农村劳动力 Rural Labourer
总 计	**Total**	**245.22**	**239.35**	**92.60**	**17.73**
农、林、牧、渔业	Farming, Forestry, Animal Husbandry and Fishery	5.63	5.57	1.81	0.52
采掘业	Mining and Quarrying	2.98	2.97	0.72	0.19
制造业	Manufacturing	49.72	49.08	21.79	7.59
电力、煤气及水的生产和供应业	Electeicity, Gas and Water Production andSupply	7.62	7.57	2.06	0.22
建筑业	Construction	7.32	7.22	1.13	2.09
地质勘查业、水利管理业	Geological Prospecting and Water Conservancy	1.87	1.85	0.39	0.22
交通运输、仓储及邮电通讯业	Transport, Storage, Post and Telecommunications	18.68	18.16	4.75	0.68
批发和零售贸易、餐饮业	Wholesale and Retail Sale Trade and Catering Services	22.02	21.37	9.35	0.63
金融、保险业	Banking and Insurance	9.20	8.59	3.69	0.10
房地产业	Real Estate Trade	2.43	2.31	0.76	0.07
社会服务业	Social Services	11.49	11.01	5.13	1.09
卫生、体育和社会福利业	Health Care, Sports and Social Welfare	16.40	15.95	9.44	0.93
教育、文化艺术和广播电影电视业	Education, Culture and Art, Radio, Film and Television	48.93	47.75	22.18	1.48
科学研究和综合技术服务业	Scientific Research and Polytechnical Services	4.22	4.05	1.21	0.14
国家机关、政党机关和社会团体	Government Agencies, Party Agencies and Social Organizations	34.38	33.61	7.27	1.56
其他行业	Others	2.33	2.29	0.92	0.22

2—13 续表 Continued

单位:万人 (10000 persons)

分类	Category	按用工期限分组 By Time Limit		其它从业人员 Other Employed Persons	#聘用的离退休人员 Retired and Resigned Persons Employed	#聘用的港澳台和外籍人员 Employed Persons from Hong-Kong. Macao. Taiwan and Foreigner
		长期职工 Long-term Staff and Workers	临时职工 Temporary Staff and Workers			
总 计	**Total**	**222.25**	**17.10**	**5.87**	**1.71**	**0.01**
农、林、牧、渔业	Farming, Forestry, Animal Husbandry and Fishery	5.32	0.25	0.06	0.01	
采掘业	Mining and Quarrying	2.89	0.08	0.01		
制造业	Manufacturing	44.48	4.60	0.64	0.15	
电力、煤气及水的生产和供应业	Electeicity, Gas and Water Production andSupply	7.38	0.19	0.05	0.02	
建筑业	Construction	5.02	2.20	0.10	0.05	
地质勘查业、水利管理业	Geological Prospecting and Water Conservancy	1.66	0.19	0.02	0.01	
交通运输、仓储及邮电通讯业	Transport, Storage, Post and Telecommunications	17.28	0.88	0.52	0.03	
批发和零售贸易、餐饮业	Wholesale and Retail Sale Trade and Catering Services	20.08	1.29	0.65	0.20	
金融、保险业	Banking and Insurance	8.10	0.49	0.61	0.04	
房地产业	Real Estate Trade	2.12	0.19	0.12	0.05	
社会服务业	Social Services	9.33	1.68	0.48	0.21	
卫生、体育和社会福利业	Health Care, Sports and Social Welfare	14.83	1.12	0.45	0.28	
教育、文化艺术和广播电影电视业	Education, Culture and Art, Radio, Film and Television	45.53	2.22	1.18	0.28	0.01
科学研究和综合技术服务业	Scientific Research and Polytechnical Services	3.85	0.20	0.17	0.11	
国家机关、政党机关和社会团体	Government Agencies, Party Agencies and Social Organizations	32.32	1.29	0.77	0.25	
其他行业	Others	2.06	0.23	0.04	0.02	

2—14 按行业分的城镇集体单位从业人员(1998年)

Number of Employed Persons in Urban Collective Owned Units By Sector(1998)

单位:万人 (10000 persons)

分类	Category	单位从业人员 Employed Persons in State-owned Units	在岗职工合计 Staff and Workers at Work	#女性 Female	#使用的农村劳动力 Rural Labourer Employed
总计	**Total**	**93.78**	**91.49**	**33.66**	**25.35**
农、林、牧、渔业	Farming, Forestry, Animal Husbandry and Fishery	0.36	0.36	0.06	0.16
采掘业	Mining and Quarrying	0.21	0.21	0.06	0.11
制造业	Manufacturing	34.44	33.71	16.82	9.98
电力、煤气及水的生产和供应业	Electeicity, Gas and Water Production andSupply	0.34	0.34	0.06	0.09
建筑业	Construction	23.35	22.75	1.82	11.01
地质勘查业、水利管理业	Geological Prospecting and Water Conservancy	0.11	0.10	0.02	0.03
交通运输、仓储及邮电通讯业	Transport, Storage, Post and Telecommunications	3.92	3.83	1.00	0.46
批发和零售贸易、餐饮业	Wholesale and Retail Sale Trade and Catering Services	17.28	16.90	7.47	1.44
金融、保险业	Banking and Insurance	3.75	3.68	1.80	0.48
房地产业	Real Estate Trade	0.35	0.33	0.08	0.02
社会服务业	Social Services	3.59	3.38	1.60	0.68
卫生、体育和社会福利业	Health Care, Sports and Social Welfare	4.18	4.11	2.16	0.56
教育、文化艺术和广播电影电视业	Education, Culture and Art, Radio, Film and Television	0.62	0.56	0.31	0.06
科学研究和综合技术服务业	Scientific Research and Polytechnical Services	0.21	0.18	0.06	0.01
国家机关、政党机关和社会团体	Government Agencies, Party Agencies and Social Organizations	0.13	0.13	0.03	0.03
其他行业	Others	0.94	0.92	0.31	0.23

2—14 续表 Continued

单位:万人 (10000 persons)

分类	Category	按用工期限分组 By Time Limit: 长期职工 Long-term Staff and Workers	按用工期限分组 By Time Limit: 临时职工 Temporary Staff and Workers	其它从业人员 Other Employed Persons	#聘用的离退休人员 Retired and Resigned Persons Employed	#聘用的港澳台和外籍人员 Employed Persons from Hong-Kong. Macao. Taiwan and Foreigner
总 计	**Total**	**73.26**	**18.23**	**2.29**	**0.75**	
农、林、牧、渔业	Farming, Forestry, Animal Husbandry and Fishery	0.34	0.02		0.01	
采掘业	Mining and Quarrying	0.18	0.02			
制造业	Manufacturing	28.44	5.27	0.73	0.28	
电力、煤气及水的生产和供应业	Electeicity, Gas and Water Production andSupply	0.28	0.06			
建筑业	Construction	12.74	10.01	0.60	0.07	
地质勘查业、水利管理业	Geological Prospecting and Water Conservancy	0.09	0.01	0.01		
交通运输、仓储及邮电通讯业	Transport, Storage, Post and Telecommunications	3.57	0.26	0.09	0.02	
批发和零售贸易、餐饮业	Wholesale and Retail Sale Trade and Catering Services	15.71	1.19	0.38	0.15	
金融、保险业	Banking and Insurance	3.60	0.08	0.07	0.01	
房地产业	Real Estate Trade	0.30	0.03	0.02	0.01	
社会服务业	Social Services	2.66	0.72	0.21	0.09	
卫生、体育和社会福利业	Health Care, Sports and Social Welfare	3.69	0.42	0.07	0.06	
教育、文化艺术和广播电影电视业	Education, Culture and Art, Radio, Film and Television	0.50	0.06	0.06	0.02	
科学研究和综合技术服务业	Scientific Research and Polytechnical Services	0.16	0.03	0.03	0.02	
国家机关、政党机关和社会团体	Government Agencies, Party Agencies and Social Organizations	0.12	0.01			
其他行业	Others	0.88	0.04	0.02	0.01	

2—15 按行业分的其他单位从业人员(1998 年)

Number of Employed Persons in Unit of Other Types Ownership(1998)

单位:万人 (10000 persons)

分 类	Category	单位从业人员 Employed Persons in State-owned Units	在岗职工合计 Staff and Workers at work	#女性 Female	#使用的农村劳动力 Rural Labourer Employed
总 计	**Total**	**93.67**	**91.11**	**36.78**	**22.31**
农、林、牧、渔业	Farming, Forestry, Animal Husbandry and Fishery	0.18	0.17	0.03	0.07
采掘业	Mining and Quarrying	0.18	0.18	0.05	0.03
制造业	Manufacturing	59.57	58.46	26.67	15.36
电力、煤气及水的生产和供应业	Electeicity, Gas and Water Production and Supply	1.23	1.21	0.29	0.08
建筑业	Construction	12.80	12.52	0.99	5.68
地质勘查业、水利管理业	Geological Prospecting and Water Conservancy	0.01	0.01		
交通运输、仓储及邮电通讯业	Transport, Storage, Post and Telecommunications	2.42	2.35	0.71	0.10
批发和零售贸易、餐饮业	Wholesale and Retail Sale Trade and Catering Services	10.07	9.54	4.82	0.45
金融、保险业	Banking and Insurance	1.54	1.50	0.80	0.05
房地产业	Real Estate Trade	0.92	0.77	0.24	0.03
社会服务业	Social Services	4.15	3.87	1.94	0.44
卫生、体育和社会福利业	Health Care, Sports and Social Welfare	0.07	0.06	0.04	
教育、文化艺术和广播电影电视业	Education, Culture and Art, Radio, Film and Television	0.13	0.12	0.06	0.01
科学研究和综合技术服务业	Scientific Research and Polytechnical Services	0.17	0.14	0.04	
国家机关、政党机关和社会团体	Government Agencies, Party Agencies and Social Organizations				
其他行业	Others	0.23	0.21	0.10	0.01

2—15 续表 Continued

单位:万人 (10000 persons)

分 类	Category	按用工期限分组 By Time Limit		其它从业人员 Other Employed Persons	#聘用的离退休人员 Retired and Resigned Persons Employed	#聘用的港澳台和外籍人员 Employed Persons from Hong-Kong. Macao. Taiwan and Foreign Countries
		长期职工 Long-term Staff and Workers	临时职工 Temporary Staff and Workers			
总 计	**Total**	**73.55**	**17.56**	**2.56**	**0.78**	**0.11**
农、林、牧、渔业	Farming,Forestry,Animal Husbandry and Fishery	0.14	0.03	0.01		
采掘业	Mining and Quarrying	0.17	0.01			
制造业	Manufacturing	48.94	9.52	1.11	0.36	0.09
电力、煤气及水的生产和供应业	Electeicity,Gas and Water Production andSupply	1.16	0.05	0.02	0.01	
建筑业	Construction	6.81	5.71	0.28	0.06	
地质勘查业、水利管理业	Geological Prospecting and Water Conservancy		0.01			
交通运输、仓储及邮电通讯业	Transport,Storage,Post and Telecommunications	2.12	0.23	0.07	0.02	
批发和零售贸易、餐饮业	Wholesale and Retail Sale Trade and Catering Services	8.70	0.84	0.53	0.13	0.01
金融、保险业	Banking and Insurance	1.39	0.11	0.04	0.02	
房地产业	Real Estate Trade	0.66	0.11	0.15	0.06	
社会服务业	Social Services	3.00	0.87	0.28	0.08	0.01
卫生、体育和社会福利业	Health Care, Sports and Social Welfare	0.05	0.01	0.01	0.01	
教育、文化艺术和广播电影电视业	Education,Culture and Art, Radio,Film and Television	0.09	0.03	0.01	0.02	
科学研究和综合技术服务业	Scientific Research and Polytechnical Services	0.12	0.02	0.03	0.01	
国家机关、政党机关和社会团体	Government Agencies,Party Agencies and Social Organizations					
其他行业	Others	0.20	0.01	0.02		

2—16 按三次产业分的从业人员总数(年底数)
Number of Employed Persons by Type of Industry(year-end)

年份 year	绝对数(万人)Absolute Value(10000 persons)			构成(以合计为100) Composition(Total=100)		
	第一产业 Primary Industry	第二产业 Secondary Industry	第三产业 Tertiary Industry	第一产业 Primary Industry	第二产业 Secondary Industry	第三产业 Tertiary Industry
1985	1273.25	735.22	310.09	54.9	31.7	13.4
1986	1275.22	765.13	346.07	53.4	32.1	14.5
1987	1272.01	802.04	370.68	52.0	32.8	15.2
1988	1282.16	803.67	416.90	51.2	32.1	16.7
1989	1330.74	770.12	422.00	52.7	30.5	16.7
1990	1358.28	762.48	433.70	53.2	29.8	17.0
1991	1366.99	770.86	441.51	53.0	29.9	17.1
1992	1359.49	770.81	470.08	52.3	29.6	18.1
1993	1248.22	886.90	480.77	47.7	33.9	18.4
1994	1193.56	917.87	529.08	45.2	34.8	20.0
1995	1152.15	882.82	586.50	44.0	33.7	22.3
1996	1129.34	886.02	609.70	43.0	33.8	23.2
1997	1113.27	881.42	624.97	42.5	33.6	23.9
1998	1108.81	854.14	649.59	42.4	32.7	24.9

2—17 按三次产业分的城镇从业人员人数(年底数)
Number of Urban Employed Persons by Type of Industry(year-end)

年份 year	绝对数(万人) Absolute Value(10000 persons)			构成(以合计为100) Composition(Total=100)		
	第一产业 Primary Industry	第二产业 Secondary Industry	第三产业 Tertiary Industry	第一产业 Primary Industry	第二产业 Secondary Industry	第三产业 Tertiary Industry
1985	11.23	245.45	181.98	2.6	56.0	41.5
1986	11.55	254.98	189.38	2.5	55.9	41.5
1987	11.60	256.34	198.40	2.4	55.8	41.7
1988	11.26	273.97	213.05	2.3	55.0	42.8
1989	10.76	267.93	218.46	2.2	53.9	43.9
1990	10.44	270.95	224.47	2.1	53.6	44.4
1991	10.39	284.91	234.84	2.0	53.7	44.3
1992	10.31	280.89	244.14	1.9	52.5	45.6
1993	9.06	297.13	257.04	1.6	52.8	45.6
1994	5.17	247.36	267.83	1.0	47.5	51.5
1995	5.08	243.01	281.42	1.0	45.9	53.1
1996	4.77	244.64	294.06	0.9	45.0	54.1
1997	4.72	242.85	298.45	0.8	44.5	54.7
1998	4.69	237.67	308.43	0.9	43.1	56.0

2—18 分行业全部职工人数(年底数)
Number of Staff and Workers by Sector(year-end)

单位:万人 (10000 persons)

行 业	Sector	1990	1995	1997	1998
总 计	**Total**	**476.02**	**498.61**	**482.26**	**455.80**
农、林、牧、渔业	Farming,Forestry,Animal Husbandry and Fishery	12.40	8.09	7.53	6.92
采掘业	Mining and Quarrying	5.80	5.26	4.23	3.95
制造业	Manufacturing	224.97	205.94	182.82	161.99
电力、煤气及水的生产和供应业	Electricity,Gas and Water Production and Supply	6.49	8.29	8.71	9.20
建筑业	Construction	25.65	45.01	45.08	44.25
地质勘查业、水利管理业	Geological Prospecting and Water Conservancy	4.07	2.15	2.24	2.13
交通运输、仓储及邮电通讯业	Transport,Storage,Post and Telecommunications	28.01	27.64	27.37	26.47
批发和零售贸易、餐饮业	Wholesale and Retail Sale Trade and Catering Services	63.58	66.85	62.14	54.19
金融、保险业	Banking and Insurance	7.88	12.30	13.38	13.80
房地产业	Real Estate Trade	1.58	2.78	3.42	3.51
社会服务业	Social Services	11.55	15.99	18.47	18.79
卫生、体育和社会福利业	Health Care,Sports and Social Welfare	14.96	17.51	19.08	20.17
教育、文化艺术及广播电影电视业	Education,Culture and Art,Radio,Film and Television	37.57	44.04	47.82	48.61
科学研究和综合技术服务业	Scientific Research and Polytechnical Services	2.93	4.24	4.41	4.42
国家机关、政党机关和社会团体	Government Agencies,Party Agencies and Social Organizations	26.15	30.78	32.99	33.85
其他行业	Others	2.43	1.74	2.57	3.55

2—19 分行业国有单位职工人数(年底数)

Number of Staff and Workers in State-owned Units by Sector(year-end)

单位:万人 (10000 persons)

行 业	Sector	1990	1995	1997	1998
总 计	**Total**	**280.87**	**294.59**	**285.05**	**256.61**
农、林、牧、渔业	Farming,Forestry,Animal Husbandry and Fishery	11.86	7.58	6.97	6.36
采掘业	Mining and Quarrying	5.56	4.81	3.95	3.54
制造业	Manufacturing	107.42	96.27	82.23	59.20
电力、煤气及水的生产和供应业	Electricity,Gas and Water Production and Supply	6.19	7.81	7.85	7.65
建筑业	Construction	8.05	10.82	9.05	7.91
地质勘查业、水利管理业	Geological Prospecting and Water Conservancy	3.81	2.06	2.11	2.01
交通运输、仓储及邮电通讯业	Transport,Storage,Post and Telecommunications	18.22	20.21	20.38	19.43
批发和零售贸易、餐饮业	Wholesale and Retail Sale Trade and Catering Services	28.90	32.38	29.90	24.17
金融、保险业	Banking and Insurance	5.06	8.16	8.66	8.60
房地产业	Real Estate Trade	1.23	2.10	2.45	2.38
社会服务业	Social Services	7.22	10.18	11.33	11.26
卫生、体育和社会福利业	Health Care,Sports and Social Welfare	10.86	13.40	14.74	15.99
教育、文化艺术及广播电影电视业	Education,Culture and Art,Radio,Film and Television	36.15	43.24	47.06	47.92
科学研究和综合技术服务业	Scientific Research and Polytechnical Services	2.87	4.01	4.09	4.10
国家机关、政党机关和社会团体	Government Agencies,Party Agencies and Social Organizations	25.55	30.48	32.78	33.72
其他行业	Others	1.92	1.08	1.50	2.37

2—20 分行业城镇集体单位职工人数(年底数)
Number of Staff and Workers in Urban Collective Owned Units by Sector(year-end)

单位:万人　　　　(10000 persons)

行　业	Sector	1990	1995	1997	1998
总　计	**Total**	**189.12**	**161.89**	**144.53**	**102.94**
农、林、牧、渔业	Farming,Forestry,Animal Husbandry and Fishery	0.44	0.30	0.44	0.38
采掘业	Mining and Quarrying	0.24	0.41	0.18	0.20
制造业	Manufacturing	112.60	75.81	61.74	40.42
电力、煤气及水的生产和供应业	Electricity,Gas and Water Production and Supply	0.30	0.27	0.44	0.34
建筑业	Construction	17.55	33.00	33.58	23.48
地质勘查业、水利管理业	Geological Prospecting and Water Conservancy	0.26	0.09	0.13	0.11
交通运输、仓储及邮电通讯业	Transport,Storage,Post and Telecommunications	9.73	6.92	6.01	4.56
批发和零售贸易、餐饮业	Wholesale and Retail Sale Trade and Catering Services	34.24	30.56	26.56	19.90
金融、保险业	Banking and Insurance	2.82	3.95	4.21	3.69
房地产业	Real Estate Trade	0.35	0.36	0.46	0.35
社会服务业	Social Services	3.90	4.23	4.34	3.55
卫生、体育和社会福利业	Health Care,Sports and Social Welfare	4.10	4.10	4.30	4.12
教育、文化艺术及广播电影电视业	Education,Culture and Art,Radio,Film and Television	1.42	0.77	0.66	0.57
科学研究和综合技术服务业	Scientific Research and Polytechnical Services	0.06	0.19	0.25	0.18
国家机关、政党机关和社会团体	Government Agencies,Party Agencies and Social Organizations	0.60	0.30	0.21	0.13
其他行业	Others	0.51	0.63	1.02	0.96

2—21 分行业其他单位职工人数(年底数)
Number of Staff and Workers in Units of Other Types of Ownership by Sector(year-end)

单位:万人 (10000 persons)

行 业	Sector	1990	1995	1997	1998
总 计	**Total**	**6.03**	**42.13**	**52.68**	**96.25**
农、林、牧、渔业	Farming,Forestry,Animal Husbandry and Fishery	0.10	0.21	0.12	0.18
采掘业	Mining and Quarrying		0.04	0.10	0.21
制造业	Manufacturing	4.95	33.86	38.85	62.37
电力、煤气及水的生产和供应业	Electricity,Gas and Water Production and Supply		0.21	0.42	1.21
建筑业	Construction	0.05	1.19	2.45	12.86
地质勘查业、水利管理业	Geological Prospecting and Water Conservancy				0.01
交通运输、仓储及邮电通讯业	Transport,Storage,Post and Telecommunications	0.06	0.51	0.98	2.48
批发和零售贸易、餐饮业	Wholesale and Retail Sale Trade and Catering Services	0.44	3.91	5.68	10.12
金融、保险业	Banking and Insurance		0.19	0.51	1.51
房地产业	Real Estate Trade		0.32	0.51	0.78
社会服务业	Social Services	0.43	1.58	2.80	3.98
卫生、体育和社会福利业	Health Care,Sports and Social Welfare		0.01	0.04	0.06
教育、文化艺术及广播电影电视业	Education,Culture and Art,Radio,Film and Television		0.03	0.10	0.12
科学研究和综合技术服务业	Scientific Research and Polytechnial Services		0.04	0.07	0.14
国家机关、政党机关和社会团体	Government Agencies,Party Agencies and Social Organizations				
其他行业	Others		0.03	0.05	0.22

2—22 按经济类型分的全部职工人数(1998年底)
Number of Staff and Workers by Ownership(end of 1998)

单位:万人 (10000 persons)

行业	Sector	合计 Total	国有单位 State-owned Units	城镇集体单位 Urban Collective Owned Units	其他单位 Units of Other Types of Ownership
总计	**Total**	**455.80**	**256.61**	**102.94**	**96.25**
农、林、牧、渔业	**Farming, Forestry, Animal Husbandry and Fishery**	**6.92**	**6.36**	**0.38**	**0.18**
农业	Farming	2.80	2.74	0.04	0.02
林业	Forestry	0.86	0.84	0.01	0.01
畜牧业	Animal Husbandry	0.37	0.34	0.01	0.02
渔业	Fishery	0.79	0.66	0.01	0.12
农、林、牧、渔服务业	Services	2.10	1.78	0.31	0.01
采掘业	**Mining and Quarrying**	**3.95**	**3.54**	**0.20**	**0.21**
制造业	**Manufacturing**	**161.99**	**59.20**	**40.42**	**62.37**
电力、煤气及水的生产和供应业	**Electricity, Gas and Water Production and Supply**	**9.20**	**7.65**	**0.34**	**1.21**
建筑业	**Construction**	**44.25**	**7.91**	**23.48**	**12.86**
土木工程建筑业	Civil Engineering	39.64	6.10	21.77	11.77
线路管道和设备安装业	Circuit, Pipelines and Equipment Installation	3.80	1.74	1.31	0.75
建筑物的装修装饰业	Buildings Fitting up and Decoration	0.81	0.07	0.40	0.34
地质勘查业水利管理业	**Geological Prospecting and Water Conservancy**	**2.13**	**2.01**	**0.11**	**0.01**
地质勘查业	Geological Prospecting	1.00	0.99	0.01	
水利管理业	Water Conservancy	1.13	1.02	0.10	0.01
交通运输、仓储及邮电通信业	**Transport, Storage, Post and Telecommunications**	**26.47**	**19.43**	**4.56**	**2.48**
铁路运输业	Railway Transport	3.03	2.96		0.07
公路运输业	Highway Transport	7.10	4.80	1.47	0.83
管道运输业	Pipeline Transport	0.01			0.01
水上运输业	Water Way Transport	4.70	2.21	2.01	0.48
航空运输业	Air Transport	0.11	0.11		
交通运输辅助业	Transport Supporting and Auxiliary Services	5.29	4.31	0.61	0.37
其他交通运输业	Other Transport	0.02	0.02		
仓储业	Storage	0.73	0.33	0.14	0.26
邮电通信业	Post and Telecommunications	5.48	4.69	0.33	0.46
批发和零售贸易餐饮业	**Wholesale and Retail Sale Trade and Catering Services**	**54.19**	**24.17**	**19.90**	**10.12**
食品、饮料、烟草和家庭用品批发商业	Wholesale Trade of Food, Beverages, Tobacco and Household Goods	20.23	12.11	4.54	3.58
能源、材料和机械电子设备批发业	Wholesale Trade of Energy, Materials and Electronic Equipment	8.83	4.59	2.24	2.00
其他批发业	Other Wholesale Trade	3.65	0.82	2.42	0.41
零售业	Retail Trade	18.45	5.11	10.04	3.30
商业经纪与代理业	Commercial Brokerage and Agencies	0.09	0.04	0.02	0.03
餐饮业	Catering Services	2.94	1.50	0.64	0.80
金融、保险业	**Finance and Insurance**	**13.80**	**8.60**	**3.69**	**1.51**
金融业	Finance	12.97	8.08	3.69	1.20
保险业	Insurance	0.83	0.52		0.31
房地产业	**Real Estate Trade**	**3.51**	**2.38**	**0.35**	**0.78**
房地产开发与经营业	Real Estate Development and Operation	2.06	1.13	0.27	0.66
房地产管理业	Real Estate Management	1.36	1.17	0.07	0.12

2—22 续表 continued

单位:万人 (10000 persons)

行业	Sector	合计 Total	国有单位 State-owned Units	城镇集体单位 Urban Collective Owned Units	其他单位 Units of Other Types of Ownership
房地产代理与经纪业	Real Estate Brokerages and Agencies	0.09	0.08	0.01	
社会服务业	**Social Services**	**18.79**	**11.26**	**3.55**	**3.98**
公共服务业	Public Facilities Services	6.17	5.01	1.00	0.16
居民服务业	Resident Services	1.16	0.41	0.49	0.26
旅馆业	Hotels	7.93	3.89	1.29	2.75
租赁服务业	Leasing Services	0.09	0.05	0.01	0.03
旅行社	Tourism	0.51	0.36	0.09	0.06
娱乐服务业	Recreational Services	0.39	0.08	0.08	0.23
信息、咨询服务业	Information and Consultancy Services	1.24	0.84	0.22	0.18
计算机应用服务业	Computer Application Services	0.23	0.04	0.02	0.17
其他社会服务业	Other Social Services	1.07	0.58	0.35	0.14
卫生体育和社会福利业	**Health Care,Sports and Social Welfare**	**20.17**	**15.99**	**4.12**	**0.06**
卫生	Health Care	19.38	15.26	4.06	0.06
体育	Sports	0.22	0.21	0.01	
社会福利保障业	Social Welfare	0.57	0.52	0.05	
教育、文化艺术及广播电影电视业	**Education,Culture and Art,Radio,Film and Television**	**48.61**	**47.92**	**0.57**	**0.12**
教育	Education	44.29	43.89	0.33	0.07
#普通高等教育	Regular Institution of Higher Education	3.13	3.12	0.01	
普通中学	Regular Secondary Schools	16.40	16.35	0.02	0.03
小学	Primary Schools	18.37	18.33	0.02	0.02
文化艺术业	Culture and Arts	2.15	2.06	0.06	0.03
广播电影电视业	Radio,Film and Television	2.17	1.97	0.18	0.02
科学研究和综合技术服务业	**Scientific Research and Polytechnical Services**	**4.42**	**4.10**	**0.18**	**0.14**
科学研究业	Scientific Research	1.56	1.55	0.01	
自然科学研究	Natural Science Research	1.26	1.25	0.01	
社会科学研究	Social Science Research	0.07	0.07		
综合科学研究	Other Science Research	0.23	0.23		
综合技术服务业	Polytechnical Services	2.86	2.55	0.17	0.14
气象	Meteorology	0.11	0.11		
地震	Seismorology	0.01	0.01		
测绘	Survey and Mapping	0.19	0.18	0.01	
技术监督	Technological Supervision	0.46	0.43	0.02	0.01
海洋环境	Oceanic Environment	0.06	0.06		
环境保护	Environment Protection	0.27	0.26	0.01	
技术推广和科技交流服务业	Echnology Application and Dissemination as well as Science Technology Exchange Services	0.17	0.12	0.02	0.03
工程设计业	Engineering Design	1.28	1.14	0.07	0.07
其他综合技术服务业	Other Polytechnical Services	0.31	0.24	0.04	0.03
国家机关、政党机关和社会团体	**Government Agencies, Party Agencies and Social Organizations**	**33.85**	**33.72**	**0.13**	
#国家机关	Government Agencies	31.85	31.76	0.09	
政党机关	Party Agencies	1.38	1.38		
其他行业	**Others**	**3.55**	**2.37**	**0.96**	**0.22**
#企业管理机构	Enterprises Management Organization	2.35	1.35	0.81	0.19

2—23 分行业在岗女职工人数(1998年底)

Number of Female Staff and Workers by Sector(end of 1998)

单位:万人　　　　(10000 persons)

行　业	Sector	合计 Total	国有单位 State-owned Units	城镇集体单位 Urban Collective Owned Units	其他单位 Units of Other Types of Ownership
总　计	**Total**	**163.04**	**92.60**	**33.66**	**36.78**
农、林、牧、渔业	**Farming, Forestry, Animal Husbandry and Fishery**	**1.90**	**1.81**	**0.06**	**0.03**
农　业	Farming	0.93	0.91	0.01	0.01
林　业	Forestry	0.24	0.24		
畜牧业	Animal Husbandry	0.13	0.12	0.01	
渔　业	Fishery	0.11	0.10		0.01
农、林、牧、渔服务业	Services	0.49	0.44	0.04	0.01
采掘业	**Mining and Quarrying**	**0.83**	**0.72**	**0.06**	**0.05**
制造业	**Manufacturing**	**65.28**	**21.79**	**16.82**	**26.67**
电力、煤气及水的生产和供应业	**Electricity, Gas and Water Production and Supply**	**2.41**	**2.06**	**0.06**	**0.29**
建筑业	**Construction**	**3.94**	**1.13**	**1.82**	**0.99**
土木工程建筑业	Civil Engineering	3.13	0.80	1.51	0.82
线路管道和设备安装业	Circuit, Pipelines and Equipment Installation	0.70	0.32	0.25	0.13
建筑物的装修装饰业	Buildings Fitting up and Decoration	0.11	0.01	0.06	0.04
地质勘查业水利管理业	**Geological Prospecting and Water Conservancy**	**0.41**	**0.39**	**0.02**	
地质勘查业	Geological Prospecting	0.19	0.18	0.01	
水利管理业	Water Conservancy	0.22	0.21	0.01	
交通运输、仓储及邮电通信业	**Transport, Storage, Post and Telecommunications**	**6.46**	**4.75**	**1.00**	**0.71**
铁路运输业	Railway Transport	0.51	0.50		0.01
公路运输业	Highway Transport	1.78	1.26	0.31	0.21
管道运输业	Pipeline Transport				
水上运输业	Water Way Transport	0.70	0.31	0.33	0.06
航空运输业	Air Transport	0.03	0.03		
交通运输辅助业	Transport Supporting and Auxiliary Services	1.27	0.98	0.15	0.14
其他交通运输业	Other Transport				
仓储业	Storage	0.23	0.11	0.06	0.06
邮电通信业	Post and Telecommunications	1.94	1.56	0.15	0.23
批发和零售贸易餐饮业	**Wholesale and Retail Trade and Catering Services**	**21.64**	**9.35**	**7.47**	**4.82**
食品、饮料、烟草和家庭用品批发商业	Wholesale Trade of Food, Beverages, Tobacco and Household Goods	7.75	4.46	1.80	1.49
能源、材料和机械电子设备批发业	Wholesale Trade of Energy, Materials and Electronic Equipment	2.73	1.35	0.75	0.63
其他批发业	Other Wholesale Trade	1.16	0.33	0.67	0.16
零售业	Retail Trade	8.37	2.42	3.90	2.05
商业经纪与代理业	Commercial Brokerage and Agencies	0.03	0.01	0.01	0.01
餐饮业	Catering Services	1.60	0.78	0.34	0.48
金融、保险业	**Finance and Insurance**	**6.29**	**3.69**	**1.80**	**0.80**
金融业	Finance	5.96	3.50	1.80	0.66
保险业	Insurance	0.33	0.19		0.14
房地产业	**Real Estate Trade**	**1.08**	**0.76**	**0.08**	**0.24**
房地产开发与经营业	Real Estate Development and Operation	0.61	0.35	0.07	0.19
房地产管理业	Real Estate Management	0.44	0.38	0.01	0.05

2—23 续表 continued

单位:万人					(10000 persons)
行　业	Sector	合计 Total	国有单位 State-owned Units	城镇集体单位 Urban Collective Owned Units	其他单位 Units of Other Types of Ownership
房地产代理与经纪业	Real Estate Brokerages and Agencies	0.03	0.03		
社会服务业	**Social Services**	**8.67**	**5.13**	**1.60**	**1.94**
公共服务业	Public Facilities Services	2.54	2.06	0.44	0.04
居民服务业	Resident Services	0.42	0.15	0.15	0.12
旅馆业	Hotels	4.45	2.25	0.76	1.44
租赁服务业	Leasing Services	0.03	0.01		0.02
旅行社	Tourism	0.22	0.15	0.04	0.03
娱乐服务业	Recreational Services	0.20	0.04	0.04	0.12
信息、咨询服务业	Information and Consultancy Services	0.47	0.33	0.07	0.07
计算机应用服务业	Computer Application Services	0.08	0.02	0.01	0.05
其他社会服务业	Other Social Services	0.26	0.12	0.09	0.05
卫生体育和社会福利业	**Health Care,Sports and Social Welfare**	**11.64**	**9.44**	**2.16**	**0.04**
卫　生	Health Care	11.28	9.11	2.13	0.04
体　育	Sports	0.08	0.07	0.01	
社会福利保障业	Social Welfare	0.28	0.26	0.02	
教育、文化艺术及广播电影电视业	**Education,Culture and Art,Radio,Film and Television**	**22.55**	**22.18**	**0.31**	**0.06**
教　育	Education	20.95	20.69	0.23	0.03
#普通高等教育	Regular Institution of Higher Education	1.14	1.13	0.01	
普通中学	Regular Secondary Schools	6.52	6.49	0.01	0.02
小　学	Primary Schools	10.15	10.12	0.02	0.01
文化艺术业	Culture and Arts	0.90	0.86	0.02	0.02
广播电影电视业	Radio,Film and Television	0.70	0.63	0.06	0.01
科学研究和综合技术服务业	**Scientific Research and Polytechnical Services**	**1.31**	**1.21**	**0.06**	**0.04**
科学研究业	Scientific Research	0.49	0.48		0.01
自然科学研究	Natural Science Research	0.39	0.39		
社会科学研究	Social Science Research	0.02	0.02		
综合科学研究	Other Science Research	0.08	0.07		0.01
综合技术服务业	Polytechnical Services	0.82	0.73	0.06	0.03
气　象	Meteorology	0.03	0.03		
地　震	Seismorology				
测　绘	Survey and Mapping	0.05	0.05		
技术监督	Technological Supervision	0.14	0.13	0.01	
海洋环境	Oceanic Environment	0.01	0.01		
环境保护	Environment Protection	0.09	0.09		
技术推广和科技交流服务业	Echnology Application and Dissemination as well as Science Technology Exchange Services	0.06	0.04	0.01	0.01
工程设计业	Engineering Design	0.35	0.31	0.02	0.02
其他综合技术服务业	Other Polytechnical Services	0.09	0.07	0.02	
国家机关、政党机关和社会团体	**Government Agencies, Party Agencies and Social Organizations**	**7.30**	**7.27**	**0.03**	
#国家机关	Government Agencies	6.78	6.76	0.02	
政党机关	Party Agencies	0.29	0.29		
其他行业	**Others**	**1.33**	**0.92**	**0.31**	**0.10**
#企业管理机构	Enterprises Management Organization	0.72	0.39	0.24	0.09

2-24 按行业和经济类型分的工业、建筑业企业职工人数
Number of Staff and Workers In Industry and Construction Enterprises by Sector and Ownership

单位:万人 (10000 persons)

分 类	Category	1995	1997	1998
总 计	**Total**	**264.49**	**240.85**	**219.39**
采掘业	**Mining and Quarrying**	**5.25**	**4.24**	**3.95**
按经济类型分组	**By Ownership**			
国有经济单位	State-owned Units	4.80	4.06	3.54
城镇集体经济单位	Urban Collective Units	0.41	0.18	0.20
其他各种经济类型	Units of Other Types of Ownership	0.04	0.10	0.21
按行业分组	**By Sector**			
煤炭采选业	Coal Mining and Dressing	1.77	1.43	1.34
石油和天然气开采业	Petroleum and Natural Gas Extraction			
黑色金属矿采选业	Ferrous Metals Mining and Dressing	0.42	0.41	0.38
有色金属矿采选业	Nonferrous Metals Mining and Dressing	0.90	0.80	0.79
非金属矿采选业	Nonmetals Mining and Dressing	2.14	1.58	1.43
其他矿采选业	Other Minerals Mining and Dressing	0.01	0.02	0.01
木材及竹材采运业	Logging and Transport of Wood and Bamboo	0.01		
制造业	**Manufacturing**	**205.94**	**182.82**	**161.99**
按经济类型分组	**By Ownership**			
国有经济单位	State-owned Units	96.27	82.23	59.20
城镇集体经济单位	Urban Collective Units	75.81	61.74	40.42
其他各种经济类型单位	Units of Other Types of Ownership	33.86	38.85	62.37
按行业分组	**By Sector**			
食品加工业	Food Processing	6.46	5.67	4.89
食品制造业	Food Manufacturing	7.67	6.40	5.69
饮料制造业	Beverage Manufacting	4.98	4.73	4.76
烟草制造业	Tobacco Processing	0.46	0.43	0.33
纺织业	Textile Industry	35.42	29.79	23.71
服装及其他纤维制品制造业	Garments and Other Fiber Products	9.57	7.97	7.45
皮革、毛皮、羽绒及其制品业	Leather, Furs, Down and Related Products	5.13	4.47	4.23
木材加工及竹、藤、棕、草制品业	Timber Processing, Bamboo, Cane, Palm Fiber and Straw Products	1.45	1.22	1.03
家具制造业	Furniture Manufacturing	1.35	0.91	0.73
造纸及纸制品业	Papermaking and Paper Products	4.19	4.39	3.83
印刷业记录媒介的复制	Printing and Record Medium Reproducts	3.24	2.94	2.54

2—24 续表 continued

单位:万人 (10000 persons)

分　类	Category	1995	1997	1998
文教体育用品制造业	Cultural,Educational and Sport Goods	1.90	1.77	1.78
石油加工及炼焦业	Petroleum Processing and Coking	0.84	0.88	0.89
化学原料及化学制品制造业	Raw Chemical Materials and Chemcial Products	13.75	13.69	12.75
医药制造业	Medical and Pharmaceutical Products	3.77	3.83	3.88
化学纤维制造业	Chemical Fiber	3.09	2.74	2.16
橡胶制品业	Rubber Products	2.64	2.52	2.54
塑料制品业	Plastic Products	7.02	6.74	6.18
非金属矿物制品业	Nonmetal Mineral Products	11.33	10.31	9.03
黑色金属冶炼及压延加工业	Smelting and Pressing of Ferrous Metals	4.16	4.01	3.61
有色金属冶炼及压延加工业	Smelting and Pressing of Nonferrous Metals	1.52	1.48	1.40
金属制品业	Metal Products	8.90	7.76	6.93
普通机械制造业	Ordinary Machinery	17.50	15.48	13.67
专用设备制造业	Equipment for Special Purposes	10.80	8.85	8.15
交通运输设备制造业	Transport Equipment	9.40	8.27	6.95
武器弹药制造业	Weapons and Ammunition	0.12	0.27	0.10
电气机械及器材制造业	Electric Equipment and Machinery	12.30	11.16	9.98
电子及通信设备制造业	Electronic and Telecommunications	6.87	5.88	5.21
仪器仪表及文化、办公用机械制造业	Instruments,Meter,Cultural and Office Machinery	4.25	3.75	3.55
其他制造业	Other Manufacturing	5.86	4.51	4.04
电力、煤气及水的生产和供应业	**Electricity,Gas and Water Production and Supply**	**8.29**	**8.71**	**9.20**
按经济类型分组	**By Ownership**			
国有经济单位	State-owned Units	7.81	7.85	7.65
城镇集体经济单位	Urban Collective Units	0.27	0.44	0.34
其他各种经济类型单位	Units of Other Types of Ownership	0.21	0.42	1.21
按行业分组	**By Sector**			
电力、蒸汽、热水的生产和供应业	Electricity, Steam and Hot Water Production and Supply	6.63	6.94	7.33
煤气生产和供应业	Gas Production and Supply	0.50	0.46	0.46
自来水的生产和供应业	Water Prodution and Supply	1.16	1.31	1.41
建筑业	**Construction**	45.01	45.08	44.25
按经济类型分组	**By Ownership**			
国有经济单位	State-owned Units	10.82	9.05	7.91
城镇集体经济单位	Urban Collective Units	33.00	33.58	23.48
其他各种经济类型单位	Units of Other Types of Ownership	1.19	2.45	12.86

2—25 分行业城镇私营从业人员和个体从业人员人数(年底数)
Employed Persons in Urban Private Enterprises and Self-employed Individuals by Sector(year-end)

单位:万人 (10000 persons)

行业	Sector	1990	1995	1997	1998
总计	**Total**	**29.84**	**96.44**	**110.27**	**122.86**
农、林、牧、渔业	Farming, Forestry, Animal Husbandry and Fishery		0.18	0.20	0.24
采掘业	Mining and Quarrying	0.03	0.18	0.15	0.15
制造业	Manufacturing	6.76	33.05	39.13	41.45
电力、煤气及水的生产和供应业	Electricity, Gas and Water Production and Supply	0.02			
建筑业	Construction	0.08	1.11	1.44	1.66
地质勘查业水利管理业	Geological Prospecting and Water Conservancy				
交通运输、仓储及邮电通讯业	Transport, Storage, Post and Telecommunications	1.34	3.16	2.95	3.16
批发和零售贸易餐饮业	Wholesale and Retail sale Trade and Catering Services	17.75	48.18	53.66	61.48
金融、保险业	Banking and Insurance				
房地产业	Real Estate Trade				
社会服务业	Social Services	3.34	9.01	11.11	13.19
卫生体育和社会福利业	Health Care, Sports and Social Welfare	0.43	1.08	1.13	0.99
教育、文化艺术及广播电影电视业	Education, Culture and Art, Radio, Film and Television	0.09			
科学研究和综合技术服务业	Scientific Research and Polytechnial Services				
国家机关、政党机关和社会团体	Government Agencies, Party Agencies and Social Organizations				
其他行业	Others		0.49	0.50	0.54

2—26 城镇新就业人数
Number of Newly Employed Persons in Urban Areas

单位:万人 (10000 persons)

项　　目	Item	1990	1995	1997	1998
总　计	**Total**	**21.93**	**38.73**	**21.66**	**34.50**
按就业人员主要来源分	**By Source of Major Employment**				
城镇失业人员	Urban Unemployment	7.21	12.67	5.14	10.68
农村劳动力	Rural Labor Force	5.50	10.44	6.87	8.68
大学、中专、技工学校毕业生	Graduates from Universities, Secondary Technical Schools and Worker Training Schools	4.62	5.94	6.38	5.89
部队转业干部和退伍军人	Demobilized Soldiers and Armymen Transferred to Civilian Work	0.63	0.69	0.64	0.64
其　他	Others	3.97	8.99	2.63	8.61
按就业人员安置去向分	**By Employment Assignment**				
国有经济单位	State-owned Units	12.57	12.99	10.32	9.33
城镇集体经济单位	Urban Collective Owned Units	6.11	7.06	4.91	3.46
其他经济单位	Others	0.44	4.63	5.15	9.12
城镇私营和个体劳动	Urban Private Enterprises and Individual Laborers	2.81	14.05	1.28	12.59

2—27 城镇失业人员和失业率
Number of Unemployed Persons and the Unemployment Rate in Urban Areas

年　份 Year	城镇从业人员(万人) Employed Persons in Urban Areas (10000 persons)	年末城镇失业人员(万人) Unemployed Persons in Urban Areas (10000 persons)	#失业青年 Unemployed Youthes	城镇失业率(%) Unemployment Rate in Urban Areas
1978	314.40	24.40		7.2
1979	341.91	13.22		3.7
1980	363.24	10.23		2.7
1981	383.46	5.24		1.3
1982	379.58	9.27		2.4
1983	390.36	7.15		1.8
1984	412.06	4.69		1.1
1985	438.66	3.45		0.8
1986	455.91	5.50	4.43	1.2
1987	475.34	7.51	6.03	1.6
1988	498.28	7.73	6.30	1.5
1989	497.15	10.53	8.80	2.1
1990	505.86	11.24	9.00	2.2
1991	530.14	10.87	8.65	2.0
1992	535.34	12.97	10.07	2.4
1993	563.23	14.68	10.95	2.6
1994	593.69	16.09	11.34	2.6
1995	604.81	17.72	11.85	2.8
1996	613.29	16.22	11.81	2.6
1997	603.46	18.75	10.39	3.0
1998	590.88	19.06	10.36	3.3

2—28 企业下岗职工情况(1998年)

Number of Staff and Workers by Ownership(End of 1998)

单位:万人 (10000 persons)

分 类	Category	1997年底结转下岗职工人数 Number of the Laid-off Staff and Workers at the Begining of 1998	1998年新增下岗职工人数 Number of the Laid-off Staff and Workers Increased in 1998	1998年减少下岗职工人数 Number of the Laid-off Staff and Workers Decreased in 1998	1998年末实有下岗职工人数 Number of the Laid-off Staff and Workers Increased in 1998
总 计	**Total**	**24.11**	**16.89**	**21.07**	**19.93**
国有企业、国有联营企业和国有独资公司	**State-owned and State joint-owned Enterprises**	**13.39**	**10.33**	**12.33**	**11.39**
#国有企业	State-owned Enterprises	11.85	9.23	11.01	10.07
#中央直属企业	Enterprises Directly Under the Central Committee	0.12	0.17	0.21	0.08
#大中型工业企业	Large and Medium-sized Industrial Enterprises	3.85	2.91	2.43	4.33
#亏损企业	Loss Enterprises	5.99	4.58	4.50	6.07
按行业分	**By Sector**				
采掘业	Mining and Quarrying	0.10	0.10	0.08	0.12
制造业	Manufacturing	9.00	6.85	7.94	7.91
电力、煤气及水的生产和供应业	Electricity,Gas and Water Production and Supply	0.04	0.03	0.05	0.02
建筑业	Construction	0.37	0.32	0.41	0.28
交通运输、仓储及邮电通信业	Transport,Storage,Post and Telecommunications	0.97	0.43	0.69	0.71
批发和零售贸易餐饮业	Wholesale and Retail Sale Trade and Catering Services	1.77	1.04	1.57	1.24
其他	Others	1.14	1.56	1.59	1.11
城镇集体企业	**Urban Collective-Owned Enterprises**	**10.16**	**5.75**	**7.89**	**8.02**
其他企业	**Other Enterprises**	**0.56**	**0.81**	**0.85**	**0.52**

2—28 续 表 Continued

单位:万人 (10000 persons)

分 类	Category	全年减少下岗职工人数 Number of staff and workers decreased in 1998	再就业人数 Re-employ-ed Persons	#到国有单位 to State-owned Units	#到非国有单位 to non-State-owned Unit	#从事个体 Individual labourer
总计	**Total**	**21.07**	**17.92**	**3.56**	**8.58**	**4.66**
国有企业、国有联营企业和国有独资公司	**State-owned and State joint-owned Enterprises**	**12.33**	**12.00**	**3.23**	**5.46**	**2.55**
#国有企业	State-owned Enterprises	11.01	11.00	2.87	5.21	2.44
#中央直属企业	Enterprises Directly Under the Central Department	0.21	0.15	0.04	0.07	0.04
#大中型工业企业	Large and Medium-sized Industrial Enterprises	2.43	1.28	0.55	0.25	0.22
#亏损企业	Loss Enterprises	4.50	3.19	1.06	0.87	0.75
按行业分	By Sector					
采掘业	Mining and Quarrying	0.08	0.06	0.02	0.01	0.02
制造业	Manufacturing	7.94	7.90	2.03	3.81	1.63
电力、煤气及水的生产和供应业	Electricity, Gas and Water Production and Supply	0.05	0.02	0.01		
建筑业	Corrstruction	0.41	0.38	0.13	0.07	0.06
交通运输、仓储及邮电通信业	Transport, Storage, Post and Telecommunications	0.69	0.61	0.36	0.04	0.10
批发和零售贸易餐饮业	Wholesale and Retail Sale Trade and Catering Services	1.57	1.52	0.42	0.59	0.43
其他	Others	1.59	1.51	0.26	0.94	0.31
城镇集体企业	**Urban Collective-Owned Enterprises**	**7.89**	**5.42**	**0.29**	**2.88**	**1.99**
其他企业	**Other Enterprises**	**0.85**	**0.50**	**0.04**	**0.24**	**0.12**

2—29 按受教育程度分企业下岗职工情况(1998年)
Laid-off Staff and Workers by Education Level(End of 1998)

单位:万人　　(10000 persons)

分类	Category	年末实有下岗职工人数 Laid-off staff and workers in 1998	大专及以上 College and Higher Level	中专、高中及相应学历 Senior Secondary School	初中及以下 Junior Secondary School and Lower Level
总计	**Total**	**19.93**	**0.55**	**4.84**	**14.54**
国有企业、国有联营企业和国有独资公司	**State-owned and State joint-owned Enterprises**	**11.39**	**0.41**	**3.05**	**7.93**
#国有企业	State-owned Enterprises	10.07	0.35	2.78	6.94
#中央直属企业	Enterprises Directly Under the Central Committee	0.08		0.03	0.05
#大中型工业企业	Large and Medium-sized Industrial Enterprises	4.33	0.14	1.06	3.13
#亏损企业	Loss Enterprises	6.07	0.20	1.58	4.29
按行业分	**By Sector**				
采掘业	Mining and Quarrying	0.12	0.01	0.02	0.09
制造业	Manufacturing	7.91	0.29	2.14	5.48
电力、煤气及水的生产和供应业	Electricity, Gas and Water Production and Supply	0.02		0.01	0.01
建筑业	Construction	0.28	0.01	0.07	0.20
交通运输、仓储及邮电通信业	Transport, Storage, Post and Telecommunications	0.71	0.01	0.16	0.54
批发和零售贸易餐饮业	Wholesale and Retail Sale Trade and Catering Services	1.24	0.06	0.38	0.80
其他	Others	1.11	0.03	0.27	0.81
城镇集体企业	**Urban Collective-Owned Enterprises**	**8.02**	**0.12**	**1.68**	**6.22**
其他企业	**Other Enterprises**	**0.52**	**0.02**	**0.11**	**0.39**

2—30 按年龄分的企业下岗职工情况(1998 年)
Laid-off Staff and Workers by Age(end of 1998)

单位:万人 (10000 persons)

分类	Category	年末实有下岗职工人数 Laid-off staff and workers in 1998	35 岁以下 Persons under Aged 35	35—46 岁 Aged 35—46	46 岁以上 Aged 46 and Over
总计	**Total**	**19.93**	**4.61**	**10.42**	**4.90**
国有企业、国有联营企业和国有独资公司	**State-owned and State joint-owned Enterprises**	**11.39**	**3.00**	**5.85**	**2.54**
#国有企业	State-owned Enterprises	10.07	2.73	5.23	2.11
#中央直属企业	Enterprises Directly Under the Central Committee	0.08	0.02	0.05	0.01
#大中型工业企业	Large and Medium-sized Industrial Enterprises	4.33	1.08	2.27	0.98
#亏损企业	Loss Enterprises	6.07	1.73	3.12	1.22
按行业分	**By Sector**				
采掘业	Mining and Quarrying	0.12	0.02	0.05	0.05
制造业	Manufacturing	7.91	1.97	4.01	1.93
电力、煤气及水的生产和供应业	Electricity,Gas and Water Production and Supply	0.02	0.01	0.01	
建筑业	Construction	0.28	0.09	0.14	0.05
交通运输、仓储及邮电通信业	Transport,Storage,Post and Telecommunications	0.71	0.19	0.35	0.17
批发和零售贸易餐饮业	Wholesale and Retail Sale Trade and Catering Services	1.24	0.40	0.62	0.22
其他	Others	1.11	0.32	0.67	0.12
城镇集体企业	**Urban Collective-Owned Enterprises**	**8.02**	**1.51**	**4.30**	**2.21**
其他企业	**Other Enterprises**	**0.52**	**0.10**	**0.27**	**0.15**

2—31 单位从业人员变动情况(1998年)

Changes of Employed Persons (1998)

单位:万人 (10000 persons)

分 类	Category	本年增加人数合计 Total Increment	#从农村招收 Recruited from Rural Area	#从城镇招收 Recruited from Urban Area	#录用的退伍军人 Demobilized Soldiers	#录用的大、中专、技工学校毕业生 Graduates from Universities Secondary Technical Schools and Worker Training Schools	#调入 Transfered into	#其它 Others
合 计	**Total**	**37.58**	**13.01**	**4.39**	**0.64**	**5.89**	**7.76**	**5.89**
国有经济单位	**State-owned Units**	**17.11**	**3.17**	**1.42**	**0.48**	**4.18**	**5.03**	**2.83**
按企业、事业机关分组	**By Enterprises, Institutions and Agencies**							
企业	Enterprises	8.91	2.76	1.02	0.19	1.09	1.85	2.00
#地方	Localities	7.02	2.23	0.84	0.14	0.68	1.43	1.70
事业	Institutions	5.42	0.33	0.30	0.12	2.57	1.54	0.56
#地方	Localities	5.21	0.30	0.28	0.12	2.49	1.48	0.54
机关	Agencies	2.78	0.08	0.10	0.17	0.52	1.64	0.27
#地方	Localities	2.73	0.08	0.09	0.17	0.51	1.63	0.25
城镇集体经济单位	**Urban Collective Owned Units**	**5.62**	**2.47**	**0.86**	**0.05**	**0.56**	**0.81**	**0.87**
其他各种经济单位	**Others**	**14.85**	**7.37**	**2.11**	**0.11**	**1.15**	**1.92**	**2.19**

2—31 续表 Continued

单位：万人 (10000 persons)

分 类	Category	本年减少人数 Total Reducation	#离休退休退职 Retired and Resigned Persons	#开除除名辞退 Discharged Persons	#终止解除合同 Terminated Contracts	#离开本单位仍保留劳动关系的职工 Staff and Workers Retained Labour Relations	#调出 Transfered Out	#其它 Others
合　计	**Total**	**66.96**	**7.99**	**3.83**	**18.97**	**21.59**	**7.58**	**7.00**
国有经济单位	**State-owned Units**	**31.80**	**5.13**	**1.71**	**5.78**	**10.91**	**5.20**	**3.07**
按企业、事业机关分组	**By Enterprises, Institutions and Agencies**							
企业	Enterprises	25.28	3.20	1.43	5.40	10.40	2.53	2.32
#地方	Localities	22.89	2.80	0.94	5.13	9.99	1.96	2.08
事业	Institutions	4.31	1.51	0.21	0.27	0.42	1.33	0.57
#地方	Localities	3.95	1.39	0.19	0.23	0.37	1.26	0.51
机关	Agencies	2.21	0.42	0.07	0.11	0.09	1.34	0.18
#地方	Localities	2.18	0.41	0.06	0.11	0.09	1.33	0.17
城镇集体经济单位	**Urban Collective Owned Units**	**21.17**	**1.62**	**0.93**	**8.25**	**7.19**	**1.33**	**1.85**
其他各种经济单位	**Others**	**13.99**	**1.42**	**1.19**	**4.94**	**3.49**	**1.05**	**2.08**

2—32 离休、退休、退职职工人数(年底数)
Number of Retired and Resigned Persons(year-end)

单位:万人 (10000 persons)

年 份 Year	合计 Total	离休干部 Retired Veterans	退休职工 Retired Persons	退职职工 Resigned Persons	离休、退休、退职人数与在职职工人数之比(以在职职工为100) Ratio of Staff and Workers on Their Posts to Retired and Resigned Persons (Employed staff and workers=100)
1985	64.33	3.00	58.82	2.51	15.1
1986	69.33	3.41	63.00	2.92	15.6
1987	70.78	3.53	64.68	2.57	15.4
1988	75.16	3.72	68.61	2.83	15.8
1989	80.25	4.19	72.61	3.45	17.1
1990	81.70	4.34	72.98	3.00	17.2
1991	86.17	4.44	77.35	3.08	17.5
1992	89.62	4.63	80.96	2.83	18.2
1993	94.08	4.71	86.06	3.31	18.7
1994	98.73	4.67	90.79	3.27	19.7
1995	103.35	4.49	95.63	3.23	20.7
1996	109.66	4.37	102.03	3.26	22.1
1997	112.48	4.23	104.82	3.43	23.3
1998	118.56	4.16	111.06	3.34	26.0

2—33 各市、地离休、退休、退职职工人数(1998年底)
Number of Retired and Resigned Persons by City and Prefecture(End of 1998)

单位:万人 (10000 persons)

年 份	Year	合计 Total	离休干部 Retired Veterans	退休职工 Retired Persons	退职职工 Resigned Persons	离休、退休、退职人数与在职职工人数之比(以在职职工为100) Ratio of Staff and Workers on Their Posts to Retired and Resigned Persons (Employed staff and workers=100)
合 计	**Total**	**118.56**	**4.16**	**111.06**	**3.34**	**26.0**
杭州市	Hangzhou	36.11	1.23	33.84	1.04	33.0
宁波市	Ningbo	16.23	0.44	15.37	0.42	22.5
温州市	Wenzhou	13.29	0.58	12.35	0.36	24.1
嘉兴市	Jiaxing	10.56	0.27	10.05	0.24	28.1
湖州市	Huzhou	7.29	0.23	6.90	0.16	30.0
绍兴市	Shaoxing	8.20	0.24	7.76	0.20	19.4
金华市	Jinhua	8.48	0.34	7.86	0.28	25.4
衢州市	Quzhou	4.66	0.21	4.29	0.16	25.8
舟山市	Zhoushan	3.07	0.10	2.91	0.06	22.8
台州市	Taizhou	6.86	0.29	6.37	0.20	19.9
丽水地区	Lishui	3.81	0.23	3.36	0.22	25.9

主要统计指标解释

人口数　指一定时点、一定地区范围内的有生命的个人的总和。

年度统计的年末人口数是指每年 12 月 31 日 24 时的人口数。

市镇总人口和乡村总人口　一般是按常住人口划分的。

市镇总人口　指市、镇辖区的全部人口。

乡村总人口　指县(不含镇)的全部人口。

出生率(又称粗出生率)　指一定时期内(通常为一年)平均每千人所出生的人数的比率,一般用千分率表示。计算公式:

$$出生率=\frac{年出生人数}{年平均人数}\times 1000‰$$

出生人数是指活产婴儿,即胎儿脱离母体时(不管怀孕月数),有过呼吸或其他生命现象。

年平均人数是年初、年底人口数的平均数,也可用年中人口数代替。

死亡率(又称粗死亡率)　指一定时期内(通常为一年)一定地区的死亡人数与同期平均人数(或期中人数)之比,一般用千分率表示。计算公式:

$$死亡率=\frac{年死亡人数}{年平均人数}\times 1000‰$$

人口自然增长率　指一定时期内(通常为一年)人口自然增加数(出生人数减死亡人数)与该时期内平均人数(或期中人数)之比,一般用千分率表示。计算公式:

$$人口自然增长率=\frac{本年出生人数-本年死亡人数}{年平均人数}\times 1000‰$$

人口自然增长率=人口出生率－人口死亡率

从业人员　指从事一定社会劳动并取得劳动报酬或经营收入的人员。包括:

(1)全部职工

(2)再就业的离退休人员

(3)私营业主

(4)个体户主

(5)私营和个体从业人员

(6)乡镇企业从业人员

(7)农村从业人员

(8)其他从业人员(包括民办教师、宗教职业者、现役军人等)

职工　指在国有经济、城镇集体经济、联营经济、股份制经济、外商和港、澳、台投资经济、其他经济单位及其附属机构工作,并由其支付工资的各类人员。

Explanatory Notes on Main Statistical Indicators

Total Population refers to the total number of people alive at a certain point of time within a given area. The annual statistics on total population is taken at midnight , the 3lst of December.

Urban Population and Rural Population are classified , in general , with the permanent population.

Urban Population refers to the population living in areas under the jurisdiction of cities or towns.

Rural population refers to the population of counties excluding those living in towns.

Birth Rate (or Crude Birth Rate) refers to the ratio of the number of births to the average population during a certain period of time (usually a year), which is often expressed in ‰. The following formula is used:

$$\text{Birth Rate}=\frac{\text{Number of Births}}{\text{Average Number of Population}}\times 1000‰$$

Number of Births refers to live births ,i. e. the births when babies had showed any vital phenomena regardless of the length of pregnancy.

Annual Average Number of Population is the average of the number of population at the beginning of the year and that at the end of the year. Sometimes it is substituted for with the mid-year population.

Death Rate (or Crude Death Rate) refers to the ratio of the number of deaths to the average population (or mid-year population) during a certain period of time (usually a year), which is often expressed in ‰. The following formula is uesd:

$$\text{Death Rate}=\frac{\text{Number of Deaths}}{\text{Annual Average Number of Population}}\times 1000‰$$

Natural Growth Rate of Population refers to the ratio of natural increase in population (number of births minus number of deaths) in a certain period of time (usually a year) to the average population (or mid-year population) of the same period, which is often expressed in ‰. The following formulas are applied:

$$\text{Natural Growth of Population}=\frac{\text{Number of Births}-\text{Number of Deaths}}{\text{Average Number of Population}}\times 1000‰$$

Natural Growth of Population =Birth Rate-Death Rate

Employed Persons refers to the persons who are engaged in social labour and receive remuneration payment or earn business income , including :

(1) total staff and workers,

(2) re-employed retirees,

(3) employers of private enterprises,

(4) employers of individual economy,

(5) employed persons in private enterprises and individual economy,

(6) employed persons in the enterprises in the urban areas,

(7) employed persons in the rural areas,

(8) other employed persons (including teachers in the schools run by the local people ,people engaged in religious profession and the servicemen, etc.).

Staff and Workers refer to the persons who work in (and receive payment therefrom) enterprises and institutions of state ownership , collective ownership , joint ownership , share holding , foreign ownership, and ownership by entrepreneurs from Hong Kong, Macao, and Taiwan , and other types of ownership and their affiliated units.

固定资产投资

INVESTMENT IN FIXED ASSETS

3

3. 固定资产投资
Investment in Fixed Assets

1998 年全社会固定资产投资总额	Total Investment in Fixed Assets	1847.93	亿元	(100 million yuan)
国有经济单位投资	State-owned Unit	642.94	亿元	(100 million yuan)
集体经济单位投资	Collective-owned Unit	496.87	亿元	(100 million yuan)
个体经济投资	Private	304.13	亿元	(100 million yuan)
其他经济投资	Others	403.99	亿元	(100 million yuan)
1998 年全社会房屋竣工建筑面积	Floor Space of Buildings Completed	10845.75	万平方米	(10000 Sq.m)
#住宅竣工面积	Residential Buildings	7930.90	万平方米	(10000 Sq.m)

全社会固定资产投资（亿元）
Total Investment Fixed Assets (100 million yuan)

3—1 全社会固定资产投资
Total Investment in Fixed Assets

指　标	Item	1990	1995	1997	1998
投资总额(亿元)	**Total Investment (100 million yuan)**	**186.96**	**1357.90**	**1694.57**	**1847.93**
按经济类型分	**By Ownership**				
国有经济	State-owned Units	79.87	440.14	547.34	642.94
集体经济	Collective-owned Units	39.74	488.35	502.26	496.87
#城镇	Urban	12.87	94.34	69.26	69.27
个体经济	Individuals	67.35	226.89	312.42	304.13
#城镇	Urban	2.60	21.63	20.42	20.33
其他经济	Others		202.52	332.55	403.99
按资金来源分	**By Source of Funds**				
国家预算内投资	State Budgetary Appropriation	5.23	14.23	25.55	32.91
国内贷款	Domestic Loans	27.02	244.42	178.77	337.29
利用外资	Foreign Investment	4.21	77.46	112.46	118.67
自筹投资	Fund Raising	57.11	745.94	1203.76	1112.84
其他投资	Others	93.39	275.85	174.03	246.22
按构成分	**By Composition**				
建筑安装工程	Construction and Installation	140.30	787.63	973.05	1043.69
设备工器具购置	Purchase of Equipment and Instruments	36.64	324.24	423.26	474.04
其他费用	Others	10.02	246.04	298.26	330.20
总投资中:住宅投资	Residential Buildings	74.18	345.01	372.71	381.25
房屋建筑面积(万平方米)	**Floor Space of Buildings (10000 sq.m)**				
施工面积	Floor Space under Construction	6562.34	12767.23	15151.42	14304.26
#住宅	Residential Buildings	4849.46	8010.64	8277.70	9509.42
竣工面积	Floor Space Completed	5653.66	8520.67	11795.85	10845.75
#住宅	Residential Buildings	4504.60	5949.29	8610.89	7930.90

注:其它经济包括联营经济、股份制经济、外商投资经济、港澳台投资经济等国有、集体和个体经济以外的经济成份。

Other types of ownership refer to the types of ownership other than state-owned units,collective owned units and individuals,including joint-owned economic units,share holding economic units,foreign-funded economic units,economic units funded by the enterpreneurs from HongKong,Macao and Taiwan.

3-2 按管理渠道分的固定资产投资
Investment Grouped by Channel of Management

单位:万元 (10000 yuan)

年 份 Year	投资总额 Total Investment	基本建设投资 Capital Construction	更新改造投资 Innovation	房地产开发投资 Real Estate Development	其他固定资产投资 Others
1970	43599	34527	9072		
1971	62519	51729	10790		
1972	69598	55332	14266		
1973	62263	48305	13958		
1974	55306	45880	9426		
1975	59445	50391	9054		
1976	61115	50352	10763		
1977	79956	64486	15470		
1978	122692	100748	21944		
1979	130555	107543	23012		
1980	159946	136034	33912		
1981	151305	91030	60275		
1982	207398	123065	84333		
1983	212694	125013	74700		12981
1984	272775	169865	82210		20700
1985	395116	263534	111712		19870
1986	508310	314874	167638		25798
1987	594386	346383	220272		27731
1988	697258	411722	254502		31034
1989	686046	415090	225948		45008
1990	798747	440324	223211	95430	39782
1991	978712	508338	302212	117313	50849
1992	1553292	790348	483029	242348	37567
1993	3278749	1375876	761703	931511	209659
1994	4856634	2177383	803996	1558212	317043
1995	6904713	3062481	985073	2463774	393385
1996	8493067	4242370	1103365	2435395	711937
1997	9107144	5097477	1132179	2154416	723072
1998	10820689	6194581	1711610	2266855	647643

注:本表统计范围为除集体和个体以外的经济单位投资。

The figures in this table refer to the types of ownership other than collective owned units and individuals.

3—3 农、轻、重和运输邮电业固定资产投资

Investment in Fixed Assets by Agriculture, Light and Heavy Industry and Transportation, Postal and Telecommunications

单位:万元 (10000 yuan)

年 份 Year	农业 Agriculture	轻工业 Light Industry	重工业 Heavy Industry	#能源工业 Energy Industry	运输邮电业 Transportation, Postal and Telecommunication Services
1980	6300	26915	52401	18722	22351
1981	3283	34102	51159	17318	9872
1982	4062	47870	68532	26171	15842
1983	5010	45826	74730	35497	15785
1984	6259	52524	85785	41733	32470
1985	6389	72950	122528	57755	38465
1986	8368	93670	158742	77811	50167
1987	10618	140084	189051	97154	58444
1988	13097	153850	252836	159576	69293
1989	15722	122674	272286	180906	90445
1990	13170	99684	294572	193313	126122
1991	25370	137089	329663	192178	150168
1992	26338	255400	464314	243892	192952
1993	22801	483792	626978	307701	436800
1994	21960	520637	934257	457863	718515
1995	19396	673229	1254685	692707	904092
1996	34000	880171	1827511	1218675	1448623
1997	25906	789795	2241042	1590078	1636500
1998	34327	771863	2488109	1807988	2563368

注:本表统计范围为除集体和个体以外的经济单位投资。

The figures in this table refer to the types of ownership other than collective owned units, and individuals.

3—4 按建设性质分的固定资产投资

Investment in Fixed Assets by Purpose and Type of Construction

单位：万元 (10000 yuan)

年 份 Year	按建设性质分 by Type of Construction #新建 New Construction	#扩建 Expansion	#改建 Reconstruction	在总计中：住宅 Residential Buildings
1980	67826	57571	31650	26192
1981	55302	60458	35000	31513
1982	63194	80452	58790	38573
1983	61163	73893	73641	41429
1984	75133	85485	62420	46718
1985	101553	176266	64136	67258
1986	151385	212193	87286	77282
1987	159688	261584	114195	72564
1988	226505	286001	114877	70083
1989	226866	272566	114929	67075
1990	283067	250849	127951	124729
1991	276903	342147	121427	146506
1992	444824	549748	228183	271230
1993	886039	891678	359730	907405
1994	1353722	1213693	503061	1390650
1995	1912312	1571826	615030	1810189
1996	2774548	2069054	883760	1746336
1997	3594983	2229315	777579	1532923
1998	4083144	2867764	1202300	1467009

注：本表统计范围为除集体和个体以外的经济单位投资。

The figures in this table refer to the types of ownership other than collective owned units, and individuals.

3—5 农业、轻工业和重工业基本建设投资
Investment in Capital Construction by Agriculture and Light, Heavy Industry

年 份 Year	绝 对 数 （万元） Absolute Value (10000 yuan)			比重（以投资总额为100） Proportion (Investment in Capital Construction=100)		
	农 业 Agriculture	轻工业 Light Industry	重工业 Heavy Industry	农 业 Agriculture	轻工业 Light Industry	重工业 Heavy Industry
1980	14251	12760	36996	11.3	10.1	29.4
1981	6625	9371	34054	7.3	10.3	37.4
1982	6882	17011	46500	5.6	13.8	37.8
1983	7470	15437	48530	6.0	12.3	38.8
1984	10696	16158	56293	6.3	9.5	33.1
1985	11889	22969	77136	4.5	8.7	29.3
1986	9650	17590	96770	3.1	5.6	30.7
1987	11084	40516	106648	3.2	11.7	30.8
1988	13108	36600	159229	3.2	8.9	38.7
1989	14928	36042	172748	3.6	8.7	41.6
1990	17263	26248	190219	3.9	6.0	43.2
1991	27661	30229	198402	5.4	5.9	39.0
1992	48214	49400	289360	6.1	6.3	36.6
1993	16414	136861	311599	1.2	9.9	22.6
1994	18670	235989	447357	0.9	10.8	20.5
1995	15811	329577	644270	0.5	10.8	21.0
1996	30682	412883	1185099	0.7	9.7	27.9
1997	18846	373909	1643776	0.4	7.3	32.2
1998	29663	246701	1913750	0.4	3.7	28.6

3—6 能源工业和运输邮电业基本建设投资
Investment in Capital Construction by Energy Industry, Transportation, Postal and Telecommunications Services

年 份 Year	绝对数(万元) Absolute Value(10000 yuan)		比重(以投资总额为 100) Proportion (Investment in Capital Construction＝100)	
	能源工业 Energy Industry	运输邮电业 Transportation, Postal and Telecommunications Services	能源工业 Energy Industry	运输邮电业 Transportation, Postal and Telecommunications Services
1981	13495	7400	14.8	8.1
1982	20553	10157	16.7	8.3
1983	30218	7216	24.2	5.8
1985	50866	24213	19.3	9.2
1986	64990	35760	20.6	11.4
1987	78728	37332	22.7	10.8
1988	137404	43882	33.4	10.7
1989	151472	46562	36.5	11.2
1990	160655	73384	36.5	16.7
1991	169150	78492	33.3	15.4
1992	216313	93996	27.4	11.9
1993	242009	220229	17.6	16.0
1994	342852	471931	15.7	21.7
1995	503271	621902	16.4	20.3
1996	1010462	925770	23.8	21.8
1997	1338676	1023266	26.3	20.1
1998	1601506	1495081	23.9	22.3

3—7 三次产业基本建设投资
Investment in Capital Construction by Type of Industry

年 份 Year	绝对数(万元) Absolute Value(10000 yuan)			比重(以投资总额为100) Proportion (Investment in Capital Construction=100)		
	第一产业 Primary Industry	第二产业 Secondary Industry	第三产业 Tertiary Industry	第一产业 Primary Industry	第二产业 Secondary Industry	第三产业 Tertiary Industry
1981	2755	44772	43503	3.0	49.2	47.8
1982	2866	65277	54922	2.3	53.0	44.6
1983	3409	66036	55568	2.7	52.8	44.4
1985	2946	114337	146251	1.1	43.4	55.5
1986	3169	120782	190923	1.0	38.4	60.6
1987	2699	150221	193463	0.8	43.4	55.9
1988	5323	204940	201459	1.3	49.8	48.9
1989	5712	210550	198828	1.4	50.7	47.9
1990	7247	218931	214146	1.6	49.7	48.6
1991	8338	229909	270091	1.6	45.2	53.1
1992	13525	344586	432237	1.7	43.6	54.7
1993	16414	498324	861138	1.2	36.2	62.6
1994	18670	746382	1412331	0.9	34.3	64.9
1995	15811	1102582	1944088	0.5	36.0	63.5
1996	30682	1686102	2525586	0.7	39.7	59.6
1997	18846	2079556	2999075	0.4	40.8	58.8
1998	29663	2203408	3961438	0.5	35.6	63.9

3—8 固定资产投资主要指标

Main Indicators of Investment in Fixed Assets

指　标	Item	1990	1995	1997	1998
投资总额(万元)	**Total Investment (10000 yuan)**	**798747**	**6904713**	**9107144**	**10820689**
按管理渠道分	**By Type of Management**				
基本建设投资	Capital Construction	440324	3062481	5097477	6194581
#地方投资	Local	252103	2473199	3735993	4380611
更新改造投资	Innovation	223211	985073	1132179	1711610
房地产开发投资	Real Estate Development	95430	2463774	2154416	2266855
其他固定资产投资	Others	39782	393385	723072	647643
按资金来源分	**By Source of Funds**				
国家预算内投资	State Budgetary Appropriation	50627	91558	249035	241030
国内贷款	Domestic Loans	171380	1464870	1708725	2463151
利用外资	Foreign Investment	39384	554259	1122682	933481
自筹投资	Fund Raising	363950	3449396	4315415	4916911
其他投资	Others	162287	1344630	1711287	2266116
按构成分	**By Composition**				
建筑安装工程	Construction and Installation	499996	4356921	5399020	5941528
设备工器具购置	Purchase of Equipment and Instrument	219906	1175211	2008724	2540231
其他费用	Others	78845	1372581	1699400	2338930
按建设性质分	**By Type of Construction**				
#新建	New Construction	283067	1912312	3594983	4083144
扩建	Expansion	250849	1571826	2229315	2867764
改建	Reconstruction	127951	615030	777579	1202300
总投资中:住宅投资	Residential Buildings	124729	1810189	1532923	1467009

注:本表统计范围为除集体和个体以外的经济单位投资。

The figures in this table refer to the types of ownership other than collective owned units, and individuals.

3－8 续表 continued

指 标	Item	1990	1995	1997	1998
按国民经济行业分	**By Sector**				
农、林、牧、渔业	Farming, Forestry, Animal Husbandry and Fishery	13170	19396	25906	34327
工业	Industry	394256	1927914	3030837	3259972
轻工业	Light Industry	99684	673229	789795	2771863
重工业	Heavy Industry	294572	1254685	2241042	2488109
＃能源工业	Energy	193313	692707	1590078	1807988
地质普查和勘探业	Geological Surveying and Prospecting	9650	71289	210946	389161
建筑业	Construction	3326	134212	71183	54795
交通运输、仓储及邮电通信业	Transport, Storage, Post and Telecommunications	127704	935501	1666427	2624678
＃交通运输业	Transport	96632	666727	1073766	1485237
邮电通信业	Post and Telecommunications	29490	237365	562734	1078131
批发零售贸易、餐饮业	Wholesale & Retail Sale Trade and Catering Services	29946	207076	240987	223857
金融、保险业	Banking and Insurance	8919	85863	80739	85630
房地产业和社会服务业	Real Estate Trade and Social Services	26787	2926837	2844407	3201518
卫生、体育和社会福利事业	Health Care, Sports and Social Welfare	13890	78775	118896	156192
教育文化艺术和广播电视事业	Education, Culture and Art Radio Film and Television	42627	198417	323956	425284
科学研究和综合技术服务业	Scientific Research and Polytechnical Services	3808	11742	19904	17284
国家机关、政党机关和社会团体	Government Agencies, Party Agencies and Social Organizations	26599	235300	391007	325660
其他行业	Others	98065	72391	81949	41243
新增固定资产（万元）	**Newly Increased Fixed Assets (10000 yuan)**	**620929**	**4064703**	**7599051**	**7429864**
固定资产交付使用率（%）	Rate of Fixed Assets Put into（%）	77.70	58.90	83.40	68.70
房屋建筑面积（万平方米）	**Floor Space of Buildings (10000 sq. m)**				
施工面积	Floor Space Under Construction	1532.75	6150.35	5813.94	5776.62
＃住宅	Residential Buildings	703.84	3550.84	2877.12	2899.21
竣工面积	Floor Space Completed	814.13	2510.96	2714.75	2429.19
＃住宅	Residential Buildings	430.94	1538.62	1507.76	1312.06

3—9 基本建设投资主要指标

Main Indicators of Capital Construction

指　标	Item	1990	1995	1997	1998
投资总额(万元)	**Total Investment(10000 yuan)**	**440324**	**3062481**	**5097477**	**6194581**
按资金来源分	**By Source of Funds**				
国家预算内投资	State Budgetary Appropriations	44580	64818	236819	245640
国内贷款	Domestic Loans	81127	446431	773373	1186577
#债券	Debenture		19474	10709	34855
利用外资	Foreign Investment	33168	362581	894261	886210
自筹投资	Fund Raising	215456	1797938	2616324	3246998
#股票	Stock		18771	32748	742
其他投资	Others	65993	390713	576700	594301
按隶属关系分	**By Administrative Relationship**				
中央项目	Central Projects	188221	589282	1361484	1813970
地方项目	Local Projects	252103	2473199	3735993	4380611
按构成分	**By Composition**				
建筑安装工程	Construction and Installation	286755	2166474	3030233	3611703
设备工器具购置	Purchase of Equipment and Instruments	104110	448879	1094908	1207033
其他费用	Others	49459	447128	972336	1375845
按大中小型项目分	**By Size of Projects**				
大中型项目	Large and Medium-sized	176713	595800	1455020	1773874
小型项目	Small-sized	263611	2466681	3642457	4420707
总投资中:住宅投资	Residential Buildings	38748	205295	209168	216176
按建设性质分	**By Type of Construction**				
#新建	New Construction	243280	1607768	3115302	3646450
扩建	Expansion	140213	887838	1425749	1717815
改建	Reconstruction	23297	332634	334162	585397
按国民经济行业分	**By Sector**				
农、林、牧、渔业	Farming,Forestry,Animal Husbandry and Fishery	9104	15811	18846	29663
工业	Industry	216467	973847	2017685	2160451

3—9 续表 continued

指 标	Item	1990	1995	1997	1998
轻工业	Light Industry	26248	329577	373909	246701
重工业	Heavy Industry	190219	644270	1643776	1913750
#能源工业	Energy	160655	503271	1338676	1601506
地质普查和勘探业	Geological Surveying and Prospecting	8667	67967	205097	382388
建筑业	Construction	2464	128735	61871	43029
交通运输、仓储及邮电通信业	Transport,Storage,Post and Telecommunications	74697	652578	1052685	1555492
#交通运输业	Transport	55446	536685	799663	1201919
邮电通信业	Post and Telecommunications	17938	85217	223603	293162
批发零售贸易、餐饮业	Wholesale and Retail Trade and Catering Services	18475	180117	225529	174498
金融、保险业	Banking and Insurance	8566	84558	78579	78845
房地产业	Real Estate Trade	2900	34271	28720	34925
社会服务业	Social Services	16404	382305	509557	809841
卫生、体育和社会福利事业	Health Care,Sports and Social Welfare	12773	73327	114336	145868
教育文化艺术和广播电视事业	Education,Culture,Art Radio,Film and Television	41163	192707	312435	409817
科学研究和综合技术服务业	Scientific Research and Polytechnical Services	3523	10738	19719	15215
国家机关、政党机关和社会团体	Government Agencies, Party Agencies and Social Organizations	23043	230555	373722	317205
其他行业	Others	2078	34965	78696	37344
新增固定资产(万元)	**Newly Increased Fixed Assets (10000 yuan)**	**321828**	**1888692**	**3807921**	**3951524**
固定资产交付使用率(%)	Rate of Fixed Assets Put into(%)	73.1	61.7	74.7	63.8
建设项目(个)	**Projects(unit)**				
施工项目个数	Number of Projects Under Construction	4515	5501	4993	5036
#大中型项目	Large and Medium Sized	34	46	50	49
全部建成投产项目个数	Number of Projects Fully Completed and Put into Use	2543	3047	2778	2570
#大中型项目	Large and Medium Sized	5	3	9	8
项目投产率(%)	Rate of Projects Completed and Put into Use(%)	56.3	55.4	55.6	51.0
房屋建筑面积(万平方米)	**Floor Space of Buildings(10000 sq. m)**				
施工面积	Floor Space Under Construction	756.98	1734.61	1938.15	2049.04
#住宅	Residential Buildings	228.81	455.70	367.41	394.36
竣工面积	Floor Space Completed	397.42	783.16	928.27	888.52
#住宅	Residential Buildings	126.84	247.10	229.51	199.89
房屋竣工率(%)	Rate of Floor Space of Buildings Completed(%)	52.5	45.1	47.9	43.4

3—10 国民经济各行业基本建设投资和新增固定资产
Investment and Newly Increased Fixed Assets in Capital Construction by Sector

单位:万元 (10000 yuan)

行业	Sector	投资额 Investment		新增固定资产 Newly Increased Fixed Assets	
		1997	1998	1997	1998
合计	**Total**	**5097477**	**6194581**	**3807921**	**3951524**
农、林、牧、渔业	**Farming, Forestry, Animal Husbandry and Fishery**	**18846**	**29663**	**14840**	**22692**
农业	Farming	2882	5108	1542	4316
林业	Forestry	392	1533	699	1073
畜牧业	Animal Husbandry	1700	2736	1187	2490
渔业	Fishery	3100	2708	883	84
农、林、牧、渔服务业	Services	10772	17578	10529	14729
采掘业	**Mining and Quarrying**	6152	4677	5489	3580
煤炭采选业	Coal Mining and Dressing	781	413	2335	
黑色金属矿采选业	Petroleum and Natural Gas Extraction				
有色金属矿采选业	Ferrous Metals Mining and Dressing	1680	889	1098	1026
非金属矿采选业	Nonmetals Mining and Dressing	2645	3237	1173	2172
其他矿采选业	Other Minerals Mining and Dressing				
木材及竹材采运业	Logging and Transport of Wood and Bamboo	817	138	699	382
石油和天然气开采业	Petroleum and Natural Gas Extraction	229		184	
制造业	**Manufacturing**	**688117**	**668782**	**688557**	**613017**
食品加工业	Food Processing	29694	13974	41129	34651
食品制造业	Food Manufacturing	4114	1577	6447	532
饮料制造业	Beverage Manufacting	17342	10388	17824	13478
烟草加工业	Tobacco Processing	252	9374	574	
纺织业	Textile Industry	25334	14536	21938	5067
服装及其他纤维制品制造业	Garments and Other Fiber Products	1256	1003	1376	941
皮革、毛皮、羽绒及其制品业	Leather, Furs, Down and Related Products	8698	14876	10668	11029
木材加工及竹、藤、棕、草制品业	Timber Processing, Bamboo, Cane, Palm Fiber and Straw Products	245	150	243	
家具制造业	Furniture Manufacturing	1008	13873	1188	13353
造纸及纸制品业	Papermaking and Paper Products	134933	33769	262355	51942
印刷业、记录媒介的复制	Printing and Record Medium Reproducts	2183	2476	88	2085
文教体育用品制造业	Cultural, Educational and Sports Goods	2135	291	795	291
石油加工及炼焦业	Petroleum Processing and Coking	115999	230672	139717	10801
化学原料及化学制品制造业	Raw Chemical Materials and Chemical Products	67720	67119	34203	85903
医药制造业	Medical and Pharmaceutical Products	9898	1857	10089	120
化学纤维制造业	Chemical Fiber	22986	580	20487	4950

单位:万元 3—10 续表 continued (10000 yuan)

行业	Sector	投资额 Investment		新增固定资产 Newly Increased Fixed Assets	
		1997	1998	1997	1998
橡胶制品业	Rubber Products	77	48387	77	79810
塑料制品业	Plastic Products	31799	5743	9078	32865
非金属矿物制品业	Nonmetal Mineral Products	19982	16863	20398	41031
黑色金属冶炼及压延加工业	Smelting and Pressing of Ferrous Metals	71780	95871	95	168630
有色金属冶炼及压延加工业	Smelting and Pressing of Nonferrous Metals	1419	380	1894	550
金属制品业	Metal Products	3269	1891	3154	1319
机械制造业(普通、专用)	Machinery (Ordinary and Special)	51768	38389	19938	17458
交通运输设备制造业	Transport Equipment	18049	11791	30445	9348
电气机械及器材制造业	Electric Equipment and Machinery	14417	4240	12629	1165
电子及通信设备制造业	Electronic and Telecommunications	30934	19400	20528	18063
仪器仪表及文化、办公用机械制造业	Instruments,Meters,Cultural and Office Machinery	236	1732	510	50
其他工业	Other Manufacturing	590	7580	690	7585
电力、煤气及水的生产和供应业	**Electricity, Gas and Water Production and Supply**	**1323416**	**1486992**	**789794**	**759899**
电力、蒸汽、热水生产和供应业	Electricity,Steam and Hot Water Production and Supply	1209743	1361636	674475	681838
煤气生产和供应业	Gas Production and Supply	12153	9852	10076	8273
自来水生产和供应业	Water Production and Supply	101520	116571	105243	69788
地质勘探业、水利管理业	**Geological Prospecting and Water Conservancy**	**205097**	**382388**	**79461**	**157107**
建筑业	**Construction**	**61871**	**43029**	**67029**	**30391**
交通运输、仓储及邮电通信业	**Transport,Storage,Post and Telecommunications**	**1052685**	**1555492**	**722420**	**977962**
交通运输业	Transport	799663	1201919	531146	749889
仓储业	Storage	29419	60411	25033	32286
邮电通信业	Post and Telecommunications	223603	293162	166241	195787
批发和零售贸易、餐饮业	**Wholesale and Retail Sale Trade and Catering Services**	**225529**	**174498**	**186164**	**214213**
金融、保险业	**Banking and Insurance**	**78579**	**78845**	**65376**	**80821**
房地产业	**Real Estate Trade**	**28720**	**34925**	**13105**	**18053**
社会服务业	**Social Services**	**509557**	**809841**	**406617**	**411386**
卫生、体育和社会福利业	**Health Care,Sports and Social Welfare**	**114336**	**145868**	**85397**	**72352**
教育、文化艺术及广播电影电视业	**Education,Culture and Art, Radio, Film and Television**	**312435**	**409817**	**288430**	**293337**
科学研究和综合技术服务业	**Scientific Research and Polytechnical Services**	**19719**	**15215**	**12883**	**19872**
国家机关、政党机关和社会团体	**Government Agencies, Party Agencies and Social Organizations**	**373722**	**317205**	**301007**	**255824**
其他行业	**Others**	**78696**	**37344**	**81352**	**21015**

3—11 更新改造投资主要指标

Main Indicators of Investment in Innovation

指　标	Item	1990	1995	1997	1998
投资总额(万元)	**Total Investment(10000 yuan)**	**223211**	**985073**	**1132179**	**1711610**
按资金来源分	**By Source of Funds**				
国家投资	State Budgetary Appropriations	5758	4965	7318	6525
国内贷款	Domestic Loans	78447	277194	208733	324179
#债券	Debenture		14841	3107	
利用外资	Foreign Investment	5774	41550	25637	44625
自筹投资	Fundraising	118029	625913	868891	1276327
#股票	Stock		228	5194	19941
其他投资	Others	15203	35451	21600	59954
按隶属关系分	**By Administrative Relationship**				
中央	Central Projects	40838	278779	496126	509562
地方	Local Projects	182373	706294	636053	1202048
按构成分	**By Composition**				
建筑安装工程	Construction and Installation	94680	346649	351760	474546
设备工器具购置	Purchase of Equipment and Instruments	112219	560740	661786	1089991
其他费用	Others	16312	77684	118633	147073
按建设性质分	**By Type of Construction**				
#新建	New Construction	10855	102462	85206	113241
扩建	Expansion	107937	596343	666661	1061903
改建	Reconstruction	81141	219625	293718	439223
按用途分	**By Purpose**				
节约	Saving	15375	43424	62126	
#节约能源	Energy Saving	15067	41403	50392	25051
增产	Increasing Production	82886	435155	536875	868780
增加品种	Increasing Product Variety	26415	156768	120434	146965
提高产品质量	Improving Product Quality	17142	71835	90462	173749
三废治理	Environmental Protection	4986	10054	12681	27277
其他	Others	58680	219835	257206	461535
总投资中:住宅投资	Residential Buildings	5881	9416	8855	16574

3—11 续表 continued

指 标	Item	1990	1995	1997	1998
按国民经济行业分	**By Sector**				
农、林、牧、渔业	Farming,Forestry,Animal Husbandry and Fishery	3655	3221	1814	2779
工业	Industry	174033	713725	666203	
轻工业	Light Industry	71436	271672	249342	364853
重工业	Heavy Industry	102597	442053	416861	433130
#能源工业	Energy	32658	155864	178261	158791
地质普查和勘探业	Geological Surveying and Prospecting	969	3053	5686	2197
建筑业	Construction	761	4747	5274	7924
交通运输、仓储及邮电通信业	Transport,Storage,Post and Telecommunications	28624	213279	418951	832670
#交通运输业	Transport	16803	63190	80007	65635
邮电通信业	Post and Telecommunications	11552	149571	338436	766136
批发零售贸易、餐饮业	Wholesale and Retail Trade and Catering Services	6173	8439	3102	11857
金融、保险业	Banking and Insurance	105	61	370	1400
房地产管理	Real Estate Trade	55	256		
社会服务业	Social Services	6661	30173	24923	39642
卫生、体育和社会福利事业	Health Care,Sports and Social Welfare	199	3661	3068	418
教育文化艺术和广播电视事业	Education,Culture,Art,Radio,Film and Television	558	1769	714	4904
科学研究和综合技术服务业	Scientific Research and Polytechnical Services	235	913	172	1947
国家机关、政党机关和社会团体	Government Agencies, Party Agencies and Social Organizations	1148	1255	1602	4056
其他行业	Others	35	521	300	70
新增固定资产(万元)	**Newly Increased Fixed Assets (10000 yuan)**	**173188**	**758305**	**1141381**	**1032479**
固定资产交付使用率(%)	Rate of Fixed Assets Put into(%)	77.6	77.0	100.8	60.3
建设项目(个)	**Projects(unit)**				
施工项目个数	Number of Projects under Construction	2301	2051	1694	2113
全部建成投产项目个数	Number of Projects Fully Completed and Put into Use	1244	1261	1052	1375
项目投产率(%)	Rate of Projects Completed and Put into Use(%)	54.1	61.5	62.1	65.1
房屋建筑面积(万平方米)	**Floor Space of Buildings(10000 sq. m)**				
施工面积	Floor Space under Construction	223.53	239.33	162.72	153.05
#住宅	Residential Buildings	35.53	20.19	12.43	11.79
竣工面积	Floor Space Completed	112.66	112.49	85.36	70.14
#住宅	Residential Buildings	19.79	11.34	6.93	7.11
房屋竣工率(%)	Rate of Floor Space of Buildings Completed(%)	50.4	47.0	52.5	45.8

3—12 国民经济各行业更新改造投资额和新增固定资产
Investment in Innovation and Newly Increased Fixed Assets by Sector

单位:万元 (10000 yuan)

行 业	Sector	投资额 Investment		新增固定资产 Newly Increased Fixed Assets	
		1997	1998	1997	1998
合计	**Total**	**1132179**	**1711610**	**1141381**	**1032479**
农、林、牧、渔业	**Farming, Forestry, Animal Husbandry and Fishery**	**1814**	**2779**	**1486**	**2735**
农业	Farming	57	835	57	893
林业	Forestry	716	417	641	842
畜牧业	Animal Husbandry	428	1000	238	1000
渔业	Fishery	484		484	
农、林、牧、渔服务业	Services	129	527	66	
采掘业	**Mining and Quarrying**	**4158**	**5445**	**3179**	**4999**
煤炭采选业	Coal Mining and Dressing	243			
黑色金属矿采选业	Petroleum and Natural Gas Extraction		793		793
有色金属矿采选业	Ferrous Metals Mining and Dressing	2258	2543	1018	2019
非金属矿采选业	Nonmetals Mining and Dressing	640	2109	521	2187
其他矿采选业	Other Minerals Mining and Dressing				
木材及竹材采运业	Logging and Transport of Wood and Bamboo	1017		1640	
制造业	**Manufacturing**	**510317**	**641892**	**495435**	**502865**
食品加工业	Food Processing	14556	10618	13995	10297
食品制造业	Food Manufacturing	9610	6627	7737	7411
饮料制造业	Beverage Manufacting	64749	97453	62706	91719
烟草加工业	Tobacco Processing	25961	40487	33902	13516
纺织业	Textile Industry	50033	53798	54446	46023
服装及其他纤维制品制造业	Garments and Other Fiber Products	4769	18334	152	18354
皮革、毛皮、羽绒及其制品业	Leather, Furs, Down and Related Products	6058	8660	5821	8906
木材加工及竹、藤、棕、草制品业	Timber Processing, Bamboo, Cane, Palm Fiber and Straw Products	2170	4696	1672	2628
家具制造业	Furniture Manufacturing	160	18	160	
造纸及纸制品业	Papermaking and Paper Products	19067	35783	5620	16403
印刷业、记录媒介的复制	Printing and Record Medium Reproducts	2139	4471	2046	3929
文教体育用品制造业	Cultural, Educational and Sports Goods	1725	2474	1575	2409
石油加工及炼焦业	Petroleum Processing and Coking	32082	18786	33428	7774
化学原料及化学制品制造业	Raw Chemical Materials and Chemical Products	63851	65643	87850	50998
医药制造业	Medical and Pharmaceutical Products	17948	32914	17564	17298
化学纤维制造业	Chemical Fiber	6329	9911	5714	7579

单位:万元　　　　3—12　续表　continued　　　　(10000 yuan)

行　业	Sector	投资额 Investment		新增固定资产 Newly Increased Fixed Assets	
		1997	1998	1997	1998
橡胶制品业	Rubber Products	11709	11360	23556	5715
塑料制品业	Plastic Products	3108	14125	3469	11328
非金属矿物制品业	Nonmetal Mineral Products	29168	35187	25681	24872
黑色金属冶炼及压延加工业	Smelting and Pressing of Ferrous Metals	36215	51023	23619	47004
有色金属冶炼及压延加工业	Smelting and Pressing of Nonferrous Metals	6777	3371	2476	1819
金属制品业	Metal Products	2545	4437	236	5859
机械制造业(普通、专用)	Machinery (Ordinary and Special)	40145	32207	35098	27753
交通运输设备制造业	Transport Equipment	21084	32037	13514	25797
电气机械及器材制造业	Electric Equipment and Machinery	22133	28293	21647	35423
电子及通信设备制造业	Electronic and Telecommunications	13875	14113	10834	8831
仪器仪表及文化、办公用机械制造业	Instruments, Meters, Cultural and Office Machinery	2252	3477	818	2769
其他工业	Other Manufacturing	99	1589	99	451
电力、煤气及水的生产和供应业	**Electricity, Gas and Water Production and Supply**	**151728**	**150646**	**254623**	**137058**
电力、蒸汽、热水生产和供应业	Electricity, Steam and Hot Water Production and Supply	145367	138485	249494	122931
煤气生产和供应业	Gas Production and Supply	569	1520	169	322
自来水生产和供应业	Water Production and Supply	5792	10641	4960	13805
地质勘探业、水利管理业	**Geological Prospecting and Water Conservancy**	**5686**	**2197**	**5151**	**1988**
建筑业	**Construction**	**5274**	**7924**	**4625**	**5460**
交通运输、仓储及邮电通信业	**Transport, Storage, Post and Telecommunications**	**418951**	**832670**	**349411**	**319399**
交通运输业	Transport	80007	65635	77757	64497
仓储业	Storage	508	899	508	899
邮电通信业	Post and Telecommunications	338436	766136	271146	254003
批发和零售贸易、餐饮业	**Wholesale and Retail sale Trade and Catering services**	**3102**	**11857**	**3155**	**10087**
金融、保险业	**Banking and Insurance**	**370**	**1400**	**370**	**1400**
房地产业	**Real Estate Trade**				
社会服务业	**Social Services**	**24923**	**39642**	**19599**	**35874**
卫生、体育和社会福利业	**Health Care, Sports and Social Welfare**	**3068**	**418**	**1402**	**3072**
教育、文化艺术及广播电影电视业	**Education, Culture and Art, Radio, Film and Television**	**714**	**4904**	**1344**	**4215**
科学研究和综合技术服务业	**Scientific Research and Polytechnical Services**	**172**	**1947**		**203**
国家机关、政党机关和社会团体	**Government Agencies, Party Agencies and Social Organizations**	**1602**	**4056**	**1601**	**3124**
其他行业	**Others**	**300**	**70**		

3—13 房地产开发投资主要指标

Main Indicators of Real Estate Development

指　标	Item	1990	1995	1997	1998
房地产开发投资额（万元）	**Real Estate Development (10000 yuan)**	**95430**	**2463774**	**2154416**	**2266855**
#土地开发投资额	Land Development		287653	163777	183100
按资金来源分	**By Source of Funds**				
国家预算内投资	State Budgetary Appropriations	200	19007	3759	8181
国内贷款	Domestic Loans	10240	651902	593349	676559
#债券	Debenture		14110	1673	1352
利用外资	Foreign Investment	420	80728	28444	22278
自筹投资	Fundraising	28581	827292	463089	426005
其他投资	Others	55989	884845	1065775	1132480
按构成分	**By Composition**				
建筑工程	Construction	81361	1639107	1483994	1415035
安装工程	Installation	1611	74353	122848	92783
设备工器具购置	Purchase of Equipment and Instruments		21769	47701	49101
其他费用	Others	12424	728545	499873	709936
按用途分	**By Purpose**				
生产性建设	Production	7943	294275	340966	307122
非生产性建设	Non-production	87487	2169499	1813450	1959733
#住宅	Residential Buildings	78114	1584615	1294737	1407193
新增固定资产（万元）	**Newly Increased Fixed Assets (10000 yuan)**	**86377**	**1158857**	**2135642**	**1928141**
商品房屋销售额（万元）	**Total Sales of Commercial Houses (10000 yuan)**		**1121258**	**1694450**	**2151768**
房屋建筑面积（万平方米）	**Floor Space of Buildings (10000 sq. m)**				
施工面积	Floor Space under Construction	517.46	4035.10	3556	3420.43
#住宅	Residential Buildings	431.85	3060.09	2484.24	2481.55
竣工面积	Floor Space Completed	271.26	1547.43	1617.02	1403.20
#住宅	Residential Buildings	237.66	1272.95	1261.11	1101.02
销售面积（万平方米）	**Floor Space of Commercial Houses Sold (10000 sq. m)**	**207.19**	**867.47**	**1016.97**	**1192.36**

3—14 其他经济固定资产投资主要指标
Other Investment in Fixed Assets

指　标	Item	1990	1995	1997	1998
投资总额(万元)	**Investment(10000 yuan)**	**39782**	**89239**	**235597**	**270447**
按构成分	**By Composition**				
建筑安装工程	Construction and Installation	35589	60725	199286	182946
设备工器具购置	Pruchase of Equipment and Instruments	3543	24609	19686	42818
其他费用	Others	650	3905	16625	44683
总投资中:住宅投资	Residential Buildings	1986	2658	646	474
按国民经济行业分	**By Sector**				
农、林、牧、渔业	Farming,Forestry,Animal Husbandry and Fishery	411	164	3391	1083
工业	Industry	3756	12227	9202	11775
地质勘探业、水利管理业	Geological Prospecting and Water Conservancy	14	269	163	4011
建筑业	Construction	101	595	108	274
交通运输、仓储及邮电通信业	Transport,Storage,Post and Telecommunications	24383	58919	192814	232134
批发零售贸易、餐饮业	Wholesale and Retail Trade and Catering Services	5298	3218	1706	1052
金融、保险业	Banking and Insurance	248	1244	1758	2854
房地产业、社会服务业	Real Estate Trade and Social Services	767	6444	5203	5001
卫生、体育和社会福利事业	Halth Care, Sports and Social Welfare		1739	648	6093
教育文化艺术和广播电视事业	Education, Culture and Art,Radio,Film and Television	906	1016	2436	1532
科学研究和综合技术服务业	Scientific Research and Polytechnical Services	50	534	13	
国家机关、政党机关和社会团体	Government Agecies,Party Agencies and Social Organizations	2408	2752	15683	4399
其他行业	Others	522	118	2472	239
新增固定资产(万元)	**Newly Increased Fixed Assets (10000 yuan)**	**36536**	**89134**	**190160**	**210213**
竣工房屋面积(万平方米)	**Floor Space Completed (10000 sq. m)**	**32.78**	**7.86**	**4.31**	**3.99**
#住宅	Residential Buildings	7.65	3.56	0.85	0.63

3—15 城镇集体经济单位固定资产投资主要指标

Main Indicators of Investment in Fixed Assets of Urban Collective Owned Units

指 标	Item	1990	1995	1997	1998
投资总额(万元)	**Investment(10000 yuan)**	**124146**	**465253**	**384310**	**341359**
按资金来源分	**By Source of Funds**				
国家预算内投资	State Budgetary Appropriation	1634	965	6416	1303
国内贷款	Domestic Loans	42977	119986	78924	70274
利用外资	Foreign Investment	2761	4758	1882	1051
自筹投资	Fundraising	67693	277456	267989	229307
其他投资	Others	9081	62088	29099	39424
按构成分	**By Composition**				
#建筑安装工程	Construction and Installation	57824	254770	216428	180881
设备工器具购置	Purchase of Equipment and Instruments	58446	162227	122581	117837
按建设性质分	**By Type of Construction**				
#新建	New Construction	27896	107860	118089	83977
扩建	Expansion	58623	232764	186355	156692
改建	Reconstruction	17261	56100	41704	67777
总投资中住宅投资	Residential Buildings	11257	38311	23230	20024
按国民经济行业分	**By Sector**				
#农业	Agriculture	440	2093	1447	1739
工业	Industry	91543	278666	210611	128061
轻工业	Light Industry	50930	167199	96859	68082
重工业	Heavy Industry	40613	111467	113752	59979
#能源工业	Energy	5544	5085	4079	6644
运输邮电业	Transport,Post and Telecommunications	5288	17461	12135	10015
新增固定资产(万元)	**Newly Increased Fixed Assets (10000 yuan)**	**113215**	**390911**	**355106**	**280304**
固定资产交付使用率(%)	**Rate of Fixed Assets Put into(%)**	**91.1**	**84.0**	**92.4**	**82.1**
项目个数(个)	**Projects(unit)**				
施工项目	Number of Projects under Construction	2580	1930	1208	961
全部建成投产项目	Number of Projects Fully Completed and Put into Use	1521	1243	721	589
项目投产率(%)	Rate of Projects Completed and Put into Use(%)	59.0	64.4	59.7	61.3
房屋建筑面积(万平方米)	**Floor Space of Buildings (10000 sq.m)**				
施工面积	Floor Space under Construction	250.72	405.57	259.25	235.04
#住宅	Residential Buildings	65.17	85.46	48.70	34.20
竣工面积	Floor Space Completed	147.81	252.18	156.20	123.97
#住宅	Residential Buildings	42.54	59.84	27.34	24.82
房屋竣工率(%)	Rate of Floor Space of Buildings Completed(%)	59.0	62.2	60.3	52.7

3-16 国民经济各行业城镇集体经济单位固定资产投资额和新增固定资产
Investment in Fixed Assets and Newly Increased Fixed Assets of Urban Collective Units by Sector

单位：万元 (10000 yuan)

行业	Sector	投资额 Investment 1997	投资额 Investment 1998	新增固定资产 Newly Increased Fixed Assets 1997	新增固定资产 Newly Increased Fixed Assets 1998
合计	**Total**	**384310**	**341359**	**355106**	**280304**
农、林、牧、渔业	**Farming, Forestry, Animal Husbandry and Fishery**	**1447**	**1739**	**1415**	**1194**
农业	Farming	302	96		96
林业	Forestry				
畜牧业	Animal Husbandry	542	367	1162	367
渔业	Fishery		955		350
农、林、牧、渔服务业	Services	603	321	253	381
采掘业	**Mining and Quarrying**	155	1690	55	1690
煤炭采选业	Coal Mining and Dressing				
黑色金属矿采选业	Ferrous Metals Mining and Dressing				
有色金属矿采选业	Nonferrous Metals Mining and Dressing		1690		1690
非金属矿采选业	Nonmetals Mining and Dressing	155		55	
其他矿采选业	Other Minerals Mining and Dressing				
木材及竹材采运业	Logging and Transport of Wood and Bamboo				
制造业	**Manufacturing**	**199634**	**173651**	**188890**	**141200**
食品加工业	Food Processing	824	397	824	285
食品制造业	Food Manufacturing	2296	1633	2252	1999
饮料制造业	Beverage Manufacturing	1148	1732	1356	485
烟草加工业	Tobacco Processing				
纺织业	Textile Industry	23195	25387	20785	25193
服装及其他纤维制品制造业	Garments and Other Fiber Products	15915	5644	3603	4269
皮革、毛皮、羽绒及其制品业	Leather, Furs, Down and Related Products	4138	6076	4278	5712
木材加工及竹、藤、棕、草制品业	Timber Processing, Bamboo, Cane, Plam Fiber and Straw Products	2833	811	2056	1525
家具制造业	Furniture Manufacturing	2979	3762	1555	880
造纸及纸制品业	Papermaking and Paper Products	1162	4100	1662	4049
印刷业、记录媒介的复制	Printing and Record Medium Reproducts	2206	110	2859	110
文教体育用品制造业	Cultural, Educational and Sport Goods	704	2545	630	2445
石油加工及炼焦业	Petroleum Processing and Coking		3150		2150
化学原料及化学制品制造业	Raw Chemical Materials and Chemical Products	9290	3415	10873	2512
医药制造业	Medical and Pharmaceutical Products	4202	15112	2080	7554
化学纤维制造业	Chemical Fiber	12260	21719	12260	12460

行 业	Sector	投资额 Investment		新增固定资产 Newly Increased Fixed Assets	
		1997	1998	1997	1998
橡胶制品业	Rubber Products	1641	2056	3775	770
塑料制品业	Plastic Products	11969	8837	11264	9043
其它非金属矿物制品业	Nonmetal Mineral Products	9349	3359	9154	3231
黑色金属冶炼及压延加工业	Smelting and Pressing of Ferrous Metals	2460	3204	2390	2291
有色金属冶炼及压延加工业	Smelting and Pressing of Nonferrous Metals	2280	915	2270	540
金属制品业	Metal Products	13915	11925	19511	12541
机械制造业(普通、专用)	Machinery (Ordinary and Special)	23834	20487	24159	20071
交通运输设备制造业	Transport Equipment	13288	4276	11337	5059
电气机械及器材制造业	Electric Equipment and Machinery	28610	14280	29499	7959
电子及通信设备制造业	Electronic and Telecommunications Equipment	3316	5569	3370	5268
仪器仪表及文化、办公用机械制造业	Instruments, Meters, Cultural and Office Machinery	1508	1377	987	1006
其他工业	Other Manufacturing	4312	1773	4101	1793
电力、煤气及水的生产和供应业	**Electricity, Gas and Water Prodution and Supply**	**10822**	**10260**	**6865**	**26482**
电力、蒸汽、热水生产和供应业	Electricity, Steam and Hot Water Production and Supply	2910	2994	2127	19727
煤气生产和供应业	Gas Production and Supply	1169	500	2361	
自来水生产和供应业	Water Production and Supply	6743	6766	2377	6755
地质勘探业、水利管理业	**Geological Prospecting and Water Conservancy**	**157**	**240**	**255**	
建筑业	**Construction**	**28443**	**4334**	**29969**	**3446**
交通运输、仓储及邮电通信业	**Transport, Storage, Post and Telecommunications**	**12975**	**10090**	**13412**	**9988**
交通运输业	Transport	12017	10015	12054	9740
仓储业	Storage	840	75	1240	248
邮电通信业	Post and Telecommunications	118		118	
批发和零售贸易、餐饮业	**Wholesale and Retail Trade and Catering Services**	**41751**	**39665**	**41896**	**38504**
金融、保险业	**Banking and Insurance**	**35713**	**28371**	**28880**	**20906**
房地产业	**Real Estate Trade**	**1295**	**5365**	**1255**	**5110**
社会服务业	**Social Services**	**32560**	**44522**	**24901**	**16881**
卫生、体育和社会福利业	**Health Care, Sports and Social Welfare**	**8518**	**8508**	**7849**	**7542**
教育、文化艺术及广播电影电视业	**Education Culture and Art, Radio, Film and Television**	**5877**	**5999**	**5635**	**3384**
科学研究和综合技术服务业	**Scientific Research and Polytechnical Services**	**16**	**375**		**813**
国家机关、政党机关和社会团体	**Government Agencies, Party Agencies and Social Organizations**	**3287**	**1695**	**1989**	**1686**
其他行业	**Others**	**1660**	**1377**	**1840**	**1478**

3—17 农村集体经济单位固定资产投资主要指标
Main Indicators of Investment in Fixed Assets of Rural Collective Owned Units

指　标	Item	1990	1995	1997	1998
投资总额(万元)	**Investment(10000 yuan)**	**268731**	**3144214**	**3287519**	**3488808**
按资金来源分	**By Source of Funds**				
银行、信用社贷款	Banks and Credit Cooperative Loans	55810	859350	741587	780141
集体自有资金	Collective Fundraising	139436	1463605	1804184	2082358
其他资金	Others	73485	821259	741748	626309
按用途分	**By Purpose**				
#农、林、牧、渔业	Agriculture	47739	206346	205610	224604
工业	Industry	158933	2471045	2516082	2718981
交通邮电、建筑业	Transport, Post and Telecommunication and Construction	13956	112695	149430	132609
#文教、卫生和社会福利	Culture, Education and Social Welfare	26860	57799	61710	69849
#住宅	Residential Buildings	7505	47800	43613	41084
按建设性质分	**By Type of Construction**				
#新建	New Construction		1142944	990278	840427
扩建	Expansion		1032350	1201909	1453424
改建	Reconstruction		740448	893996	909199
在总额中：	**Total Investment**				
购买设备工器具和大牲畜投资	Purchase of Equipment, Instruments and Large Domestic Animals	268731	1370344	1571535	1699119
竣工房屋建筑面积(万平方米)	**Floor Space of Buildings Completed (10000 sq. m)**	**312.61**	**1330.15**	**1022.16**	**959.27**
#住宅	Residential Buildings	47.11	128.51	61.31	61.96

3—18 城镇和工矿区私人建房投资主要指标
Individual Buildings Construction in Cities and Towns , Industrial and Mining Areas

项 目	Item	1990	1995	1997	1998
竣工房屋建筑面积（万平方米）	**Floor Space of Buildings Completed（10000 sq. m）**	**774.00**	**2047.83**	**1979.97**	**1813.00**
#农业户	Peasant Households	649.17	1588.91	1565.85	1409.05
竣工房屋建筑面积中的住宅面积	Residential Buildings	722.13	1785.89	1723.08	1627.45
#农业户	Peasant Households	613.14	1414.56	1404.77	1296.63
竣工房屋价值（万元）	**Value of Buildings Completed（10000 yuan）**	**142703**	**892367**	**920368**	**849962**
#农业户	Peasant Households	116742	676076	716124	646657
竣工房屋价值中的住宅价值	Residential Buildings	131911	751959	793320	738831
#农业户	Peasant Households	111592	613232	644491	584699
城市私人建房	Buildings Construction by Individuals in Cities	42638	134797	149410	105141
#农业户	Peasant Households	35090	85045	103604	58367
县城私人建房	Buildings Construction by Individuals in County Seat	21822	192152	131151	137432
#农业户	Peasant Households	13475	109275	78201	73384
镇私人建房	Buildings Construction by Individuals in Towns	77949	565118	637600	605797
#农业户	Peasant Households	68177	481756	534319	514906
工矿区私人建房	Buildings Construction by Individuals in Industry and Mining Areas	294	300	2207	1592
#农业户	Peasant Households				
建房户数（户）	**Number of Households with Buildings Construction（unit）**	**59020**	**118197**	**96363**	**99223**
#农业户	Peasant Households	48777	97159	76575	78084

3—19 农村私人固定资产投资和建房主要指标
Individual Investment in Fixed Assets and Buildings Construction in Rural Areas

项 目	Item	1990	1995	1997	1998
私人建房	**Individual Buildings Construction**				
竣工房屋建筑面积（万平方米）	Floor Space of Buildings Completed（10000 sq. m）	4242.23	3968.57	7212.78	6536.00
#住宅	Residential Buildings	3911.81	3850.99	6293.70	6733.00
竣工房屋投资（万元）	Investment in Buildings Completed（10000 yuan）	601156	1518038	2220049	2013081
#住宅	Residential Buildings	570557	1415052	1970385	2121000
购买生产性固定资产投资（万元）	Investment in Purchase of Productive Fixed Assets（10000 yuan）	46317	534607	699951	824919

3—20 全社会固定资产投资房屋施工和竣工面积

Total Floor Space of Buildings under Construction and Completed

单位：万平方米 (10000 sq. m)

分类	Sector	房屋施工面积 Floor Space of Buildings under Construction		房屋竣工面积 Floor Space of Buildings Completed	
		1997	1998	1997	1998
总 计	**Total**	**15151.42**	**14304.26**	**11795.85**	**10845.75**
国有经济单位	**State-owned Units**	**5813.94**	**5776.59**	**2757.55**	**2429.195**
基本建设	Capital Construction	1938.15	2049.04	862.76	888.52
更新改造	Innovation	162.72	153.05	95.32	70.14
房地产开发	Real Estate Development	3556.00	3420.43	1697.26	1403.20
其 他	Others	157.07	154.11	84.10	67.33
集体经济单位	**Collective Owned Units**	**1710.58**	**1587.72**	**1454.20**	**1476.61**
城 镇	Urban	259.25	235.04	156.20	123.97
农 村	Rural	1451.33	1352.68	1298.00	1352.64
城乡居民	**Individuals in Urban and Rural Areas**	**7626.90**	**6939.95**	**7626.90**	**6939.95**
城 镇	Urban	414.12	403.95	437.75	403.95
农 村	Rural	7212.78	6536.00	7212.78	6536.00

注：城镇居民竣工面积中扣除了农业户建房。

Floor space of buildings completed in brban Area is deducted peasants' construction buildings.

3—21 大中型基本建设项目投资

Investment in Capital Construction of Large and Medium-sized Projects

单位：万元 (10000 yuan)

年 份 Year	建设项目个数(个) Number of Projects under Construction (unit)	#全投项目 Number of Projects Completed and Put into Use	自开始建设到本年底累计 Since Starting of Construction up to Year-end: 完成投资 Investment	自开始建设到本年底累计 Since Starting of Construction up to Year-end: 新增固定资产 Newly Increased Fixed Assets	本年完成投资 Investment Made in the Year	建设周期(年) Period of Construction (year)
1984	27	3	217485	116344	54827	7.7
1985	38	5	238532	147125	64563	6.6
1986	30	2	247654	121190	92282	6.7
1987	30	5	308855	14319	101178	7.3
1988	32	5	423272	172472	145999	6.3
1989	38	4	561260	247930	171915	5.7
1990	34	5	614568	228567	176713	5.4
1991	31	4	672308	408584	203509	5.5
1992	32	4	748604	348953	289928	5.2
1993	43	4	1046682	424089	331060	7.6
1994	49	11	1554599	794080	519225	8.7
1995	46	3	1433565	511533	593767	8.7
1996	50	5	2703891	1127068	1134818	6.4
1997	54	9	3646714	1285924	1455020	8.1
1998	49	8	5066499	2014945	1773874	6.7

3—22 施工的基本建设

Large and Medium-sized Capital

单位:万元

项 目	Project
萧甬复线	Xiao Shan-NingBo Double Lines
杭州萧山机场	XiaoShan Airport
钱江三桥	QianJang No. 3 Bridge
杭州管道煤气公司煤气厂	Gas Plant of HangZhou Pipeline Gas Company
杭州自来水西区水厂一期	The First Phase of Western Waterworks of HangZhou Tap Water Company
北仑发电厂二期工程	The Second Phase of BeiLun Power Plant
宁波海螺 60 万吨水泥熟料粉磨站	600000 Tons Cement Pulverizing Station of NingBo HaiLuo Company
协和石化工程建设	XieHe Petrochemical Project
华东液化石油气基建项目	HuaDong LPG Capital Project
镇海炼油化工炼油 800 万吨扩建工程	8000000 Tons Extension Project of Zhenhai Refining Oil and Chemical Plant
镇海 3＊100 燃机工程	3＊100 Gas Turbine Project in ZhenHai
宁波乐金甬兴化工 A. B. S 工程	A. B. S Project of NingBo LeJinYonyXing Chemical Company
宁波白溪水库	BaiXi Reservoir in NingBo
宁波中华纸业年产 35 吨涂布白纸板扩建工程	Annual Production Capacity of 35 Tons White Paperboard of NingBo ZhongHua Papermaking Company
宁波肖镇引水工程	XiaoZhen Drawing Water Project in NingBo
温州瓯江二桥	OuJiang River No. 2 Bridge in WenZhou
浙江珊溪水利工程	ShanQi Conservancy Project
温州港七里港区一期工程	The First Phase of QiLi Wharf in WenZhou
秦山 2＊600mw 核电站	2＊600mw Nuclear Power Station in QinShan
秦山第三核电有限公司	The Third Nuclear Power Limited Company in QinSh
太浦河工程	TaiPu River Projectan
金温铁路	JinHua-WenZhou Railway

大中型项目(1998年)
Construction Projects under Construction(1998)

(10000 yuan)

开工年月 Starting Date	计划总投资 Total Investmemt Planned	累计完成投资 Accumulative Investment Actually Made	累计新增固定资产 Accumulative Newly Increased Fixed Assets	本年完成投资 Investment Made in 1998
1994.12	136464	77959	89	45182
	264280	68150	203	31900
1993.12	60000	57958	57958	204
1986.02	28400	25316	24232	1340
1991.09	77067	54929	16300	31267
1995.12	1221801	619283	1420	300000
1993.12	39537	44613	25673	5322
1994.11	830000	132553		43183
1997.12	80101	7558	307	5601
1997.03	1075646	220937	10722	172576
1995.12	150945	150945	150945	5000
1997.07	70000	58300	58300	29300
1996.06	54000	19330	53	8844
1994.11	364590	350787	350787	944
1992.07	29223	26557	26557	2228
1995.01	125400	105291		26462
1996.09	434750	128297	2654	72581
1996.11	38342	11788		4521
1996.06	1482771	486568	35976	185231
1997.10	2368288	422759		259959
1991.11	14338	12283	796	1568
1992.12	282486	236630	48316	67850

单位:万元　　3—22　续表

项　目	Project
沪杭高速公路	Shanghai-Hangzhou Expressway
杭嘉湖南排工程	Hangzhou-Jiaxing-Huzhou Drainage Project
东西苕溪防洪工程	Flood Control Project of DongXiTiaoxi
湖州环湖大提(浙江段)工程	Large Dykes Project of Surrounding Lake in HuZhou
杭宁高速公路王家浜到青山段一期土建工程	The First Phase of HangNing Expressway Section from WangJiaBang to QingShan
天荒坪电站	TianHuangPing Power Station
浙江涤伦厂扩建年产60000吨聚酯工程	Annual Production Capacity of 60000 Tons Polyester of ZheJiang Polyester Plant
华越微电子有限公司集成电路改扩建工程	Extension Project of Integrated Circuit of HuaYue Microelectronic Limited Company
浙江尖峰400000吨水泥生产线	400000 Tons Cement Project of ZheJiang JianFeng Group
巨化灵山——溪矿山接替工程	Replacement Project from Lingshan to Xi Mine of QuZhou Chemical Company
巨化聚四氟乙烯工程	Polyethylene Project of QuZhou Chemical Company
巨化偏氯乙烯工程	Chlorethylene Project of QuZhou Chemical Company
江山市碗窑水库	WanYao Reservoir in JiangShan
中化兴中二期工程	The Second Phase of ZhongHua XinZhong Petroleum Company
舟山朱家尖海峡大桥工程	Bridge Project of ZhuJiaJian Channel in ZhouShan
普陀半升洞油库码头扩建	The Extension Project of BanShengDong Wharf in ZhouShan
宝钢集团马迹山矿石中转港码头前期工程	The Preparation for MaJiShan Ore Intermediate Wharf of BaoShan Iron and Steel Group
台州电厂四期8号机扩建	The Extension Project of No. 8 Generating Set of TaiZhou Power Plant
黄岩永宁江治理一期工程	The First Phase of YongNing River in HuangYian
金清新闸一期工程	The First Phase of JinXing New Sluice
民航扩建工程	The Extension Project of Civil Avaition
排涝隧洞	Tunnel Project for Draining Flood
丽水玉溪水利工程	YuXi Water Conservancy Project in LuShui
乍嘉苏高速公路	ZhaPu-JiaXing-SuZhou Expessway
小舜江供水工程	The Project of Supplying Water of Xiao-Shun River
沪金南穗光缆通信干线工程浙江段	The Communication Project of Shanghai-JinHua-NaiJing-GuangZhou(Zhejiang Section)

3—22 continued (10000 yuan)

开工年月 Starting Date	计划总投资 Total Investmemt Planned	累计完成投资 Accumulative Investment Actually Made	累计新增固定资产 Accumulative Newly Increased Fixed Assets	本年完成投资 Investment Made in 1998
1994.01	355334	279873	279873	80193
1976.01	125494	89198	77093	17960
1991.11	88000	18353		2429
1991.12	23852	18014		1660
1997.02	122222	41953		35493
1994.03	711841	560358	349418	191332
1994.01	123966	126650	126650	13694
1996.01	61937	59097	56257	16595
1994.12	29000	17422		222
1993.07	9526	8553	2301	2937
1995.12	30859	34392	2973	11211
1997.06	18835	2641	877	1603
1993.04	27206	26755	21695	2736
1995.06	26125	19829	12715	7114
1996.12	19972	17684		9300
1992.07	8000	6023	6023	364
1994.09	235800	33500	2500	13500
1993.09	124783	156505	156505	5032
1993.12	12100	9200		1556
1991.05	14166	12655	12655	1
1992.10	6860	6989	63	269
1993.12	13500	12652	1827	1613
1994.02	39382	37640	35898	3210
1998.12	228790	2601		2601
1997.10	107302	43670		41170
1997.11	18228	14603	10558	5348

3-23 全部建成的基本建设大中型项目一览(1995-1998年)
Basic Statistics on Completed Large and Medium-sized Projects of Capital Construction(1995-1998)

项 目	Project	开工日期 Starting Date	全部投产日期 Date of Completed and Put into Use
舟山兴中石油运转公司一期扩建工程	The First Extension Project of ZhouShan XingZhong Petroleum Intermediate Company	1993.06	1995.06
嘉兴发电厂一期工程	The First Phase of JiaXing Power Plant	1992.12	1995.12
舟山首和中转储运公司设备购置	Equipment Purchase of ZhouShan ShouHe Reserve and Transport Company	1994.06	1995.12
杭甬高速公路	HangZhou-NingBo Expressway	1992.08	1996.12
杭州半山发电厂四期扩建	The Fourth Phase Extension Project of HangZhou BanShan Power Plant	1994.12	1996.12
钱江三桥	QianJang No.3 Bridge	1993.12	1996.12
湖南镇水电站扩建工程	Extension Project of Hydropower in Hunan Town	1995.03	1996.12
长风水利水电枢纽工程	ChangFeng Key Waterpower Project	1993.01	1996.07
镇海炼油化工炼油800万吨连续整	8000000 Tons Extension Project of Zhenhai Refining Oil and Chemical Plant	1994.11	1997.06
浙江晴纶厂年产30000吨晴纶纤维	Annual Production Capacity of 30000 Tons Acrylic Fibres of Zhejiang Acrylic Fibres Plant	1991.10	1997.08
宁波横山水库引水工程	Water Conservancy Project of NingBo HengShan Reservoir	1994.04	1997.12
宁波北仑20万吨级矿石中转码头第二阶段工程	The Second Phase of Ore Transfer Wharf at 200000 Tons Level of NingBo BeiLun Port	1994.06	1997.01
浙江涤伦厂扩建年产60000吨聚酯工程	Annual Production Capacity of 60000 Tons Polyester of ZheJiang Polyester Plant	1994.01	1997.12

3—23 续表 continued

项 目	Project	开工日期 Starting Date	全部投产日期 Date of Completed and Put into Use
衢州乌溪江引水工程	Water Conservancy Project of WuXi River in QuZhou	1989.08	1997.10
舟山岙山成品油工程	AoShan Finished Oil Project in ZhouShan	1994.09	1997.09
舟山朱家尖民航机场	ZhuJiaJian Civil Airport in ZhouShan	1992.12	1997.12
黄椒温供水工程	HuangYan-JiaoJiang-WenZhou Supply Water Project	1993.09	1997.07
镇海300MW燃机工程	300MW Gas turbine Project of ZhenHai	1995.12	1998.12
ABS工程	ABS Project	1997.07	1998.07
宁波中华纸业年产35万吨涂布白纸板扩建工程	Annual Production Capacity of 35 tons White Paperboard of NingBo ZhongHua Papermaking Company	1994.11	1998.12
肖镇引水工程	XiaoZhen Drawing Water Project	1992.07	1998.12
半升洞油库码头扩建	The Extension Project of BanShengDong Wharf	1992.07	1998.12
金清新闸一期工程	The First Phase of JinQing New Sluice	1991.05	1998.05
金温铁路	JinHua-WenZhou Railway	1992.12	1998.10
沪杭高速公路	ShangHai-HangZhou Expressway	1994.01	1998.12

3—24 基本建设投资主要新增生产能力

Main Newly Increased Production Capacity through Capital Construction

能力名称	Item	1990	1995	1997	1998
发电机组容量(万千瓦)	Capacity of Generating Sets(10000 kw)	39.00	67.50	89.00	143.00
#水电	Hydropower	6.10	0.40	8.00	8.00
火电	Thermal Power	32.90	67.10	79.00	134.00
输电线路(11万伏及以上)(公里)	Transmission Line (110000 Volt-ampre Level and above)(km)	324.78	1211084	847.00	487.00
变电设备(11万伏及以上)(万千伏安)	Power Equipment (110000 Volt-ampre Level and above)	27.15	200.20	321.00	337.00
水泥(万吨/年)	Cement(10000 tons/year)		19.00	5.00	
酒(吨/年)	Liquor(ton/year)		60000	6000	
新(扩)建港口码头年吞吐量(万吨)	Newly Built or Expanded Ports Annual Handling Capacity(10000 tons)	87	537	1765	466
泊位(个)	Number of Berths(unit)	17	21	35	17
新建公路(公里)	Length of New Highways(km)	140.17	394.54	405.00	920.00
改建公路(公里)	Length of Reconstructed Highways(km)	72.47	689.83	955.00	885.00
市内电话自动交换机(门)	Local Telephone Exchange(unit)	35100	114893	124404	85184
水库容量(总库容)(万立方米)	The Capacity of Reservoir(10000 cu. m)	2700	2900	30000	20000
商业石油库(万立方米)	Commercial Petroleum Depot(10000 cu. m)	0.03	1.50	24.00	1.00
粮食仓库(平方米)	Grain Storehouse(sq. m)	54443	34481	54555	32852
(万公斤)	(10000 kg)	8209	7210	13740	10263
商业饮食服务网点(平方米)	Commercial Food Services(sq. m)	88917	240519	194342	157113
(处)	(unit)	90	125	69	40
大专院校学生席位(个)	Number of Student Seats of Universities and Colleges(unit)	4627	15701	11430	2810
中等学校学生席位(个)	Number of Student Seats of Secondary Schools(unit)	112556	125826	158801	132758
小学学生席位(个)	Number of Student Seats of Primary Schools (unit)	107149	92001	79818	88698
其他学校学生席位(个)	Number of Student Seats of Other Schools (unit)		8328	5654	4890
医院病床床位(个)	Number of Hospital Beds(unit)	4112	3616	3990	4450
自来水供水能力(万吨/日)	Tap Water Supply Capacity(10000 tons/day)	11.82	77.51	42.00	106.00
自来水管道铺设长度(公里)	Legth of Tap Water PipeLines(km)	39.62	116.79	22.00	101.00
城市液化气储气能力(吨/年)	Storage Capacity of Liquefied Gas in Urban Area(ton/year)	2570		1915	220

3—25 更新改造投资主要新增生产能力
Main Newly Increased Production Capacity through Innovation

能力名称	Item	1990	1995	1997	1998
发电机组容量(万千瓦)	Capacity of Generating Sets(10000 kw)	2.54	7.57	5.00	
#水电	Hydropower	0.02	5.20		
火电	Thermal Power	2.18	1.93	4.00	22.00
输电线路(11万伏及以上)(公里)	Transmission Line (110000 Volt-ampre Level and above)(km)	98.45	108.03	103.00	25.00
变电设备(11万伏及以上)(万千伏安)	Transforming Power Equipment (110000 Volt-ampre Level and above)	26.59	169.92	44.00	41.00
水泥(万吨/年)	Cement(10000 tons/year)	14.70	123.00	62.00	
印染布(万米/年)	Printed and Dyed Cloth(10000 m/year)	872	400	2000	1280
丝绸织机(台)	Silk Loom(unit)	306	386	180	50
卷烟(万箱/年)	Cigarettes(10000 cases/year)	3.00	8.50	10.00	15.00
酒(吨/年)	Liquor(ton/year)	39950	94600	279302	184000
机制纸及纸板(吨/年)	Machine-made Paper and Paperboard (ton/year)	29300	15100	10000	40000
服装(万件/年)	Garments(10000 pcs/year)		168	230	146
新建公路(公里)	Length of New Highways(km)		41.62	17.00	
改建公路(公里)	Length of Reconstructed Highways(km)	43.46	86.25	103.00	67.00
市内电话自动交换机(门)	Local Telephone Exchange(unit)	50100	326956	314854	566689
商业石油库(万立方米)	Commercial Petroleum Depot(10000 cu. m)	0.97	0.03		
商业饮食服务网点(平方米)	Commercial Food Services(sq. m)	2950	8123		1400
(处)	(unit)	9	5	2	2
自来水供水能力(万吨/日)	Tap Water Supply Capacity(10000 tons/Day)	7.28	28.20	6.00	8.00
自来水管道铺设长度(公里)	Length of Tap Water Pipeline Built(km)	11.08	25.32	4.00	
污水处理能力(万吨/日)	Disposal Capacity of Sewage(10000 tons/Day)	0.88	0.05		1.00

3—26 城镇集体经济单位投资新增生产能力

Main Newly Increased Production Capacity in Urban Collective Units

能力名称	Item	1990	1995	1997	1998
发电机组容量(万千瓦)	Capacity of Generating Sets(10000 kw)	0.82	1.20	2.00	3.00
#火电	Thermal Power	0.80	1.2	2.0	3.0
铸铁件能力(吨/年)	Iron Casting Capacity(ton)		950		
水泥(万吨/年)	Cement(10000 tons/year)	0.3	15.5	6.0	3.00
印染布(万米/年)	Printed and Dyed Cloth(10000 m/year)	3375	3000		
棉纺锭(锭)	Cotton Spindle(unit)	10000			
毛纺锭(锭)	Wool Spindle(unit)				
丝绸织机(台)	Silk Loom(unit)	185	324	88	300
酒(吨/年)	Liquor(ton/year)		1200	10000	
机制纸及纸板(吨/年)	Machine-made Paper and Paperboard (ton/year)	900	3600	20000	
制革(万张/年)	Tanning(10000 pcs/year)	21	40		
日用陶瓷(万件/年)	Daily-use Ceramics(10000 pcs/year)				
皮鞋(万双/年)	Leather Shoes(10000 pairs/year)		68		13
服装(万件/年)	Garements(10000 pcs/year)		327	53	51
电扇(万只/年)	Electric Fans(10000 units/year)	17			
洗衣机(万台/年)	Washing Machines(10000 units/year)		5	50	
新建公路(公里)	Length of New Highways(km)	0.50	0.94		
商业饮食服务网点(平方米)	Commercial Food Services(sq. m)	74526	151151	104622	112032
(处)	(unit)	80	270	39	44
医院病床床位(个)	Number of Hospital Beds(unit)	89	178	542	265
自来水供水能力(万吨/日)	Tap Water Supply Capacity(10000 tons/day)	2.10	3.14	10.00	10.00
自来水管道铺设长度(公里)	Length of Tap Water Pipelines Built(km)	14		5	

主要统计指标解释

全社会固定资产投资额　固定资产投资额是以货币表现的建造和购置固定资产活动的工作量，它是反映固定资产投资规模、速度、比例关系和使用方向的综合性指标。全社会固定资产投资包括国有经济单位投资、城乡集体经济单位投资、其他各种经济类型的单位投资和城乡居民个人投资。按照我国现行计划管理体制，全社会固定资产投资总额分为基本建设、更新改造、房地产开发投资和其他固定资产投资四个部分；城乡集体经济单位投资包括城镇集体所有制单位投资和农村集体所有制单位投资；其他各种经济类型单位投资包括联营经济、股份制经济、中外合资经营、中外合作经营、外资、与大陆合资经营、与大陆合作经营、港澳台独资及其他经济的单位投资。城乡居民个人投资包括城市、县城、镇、工矿区所辖范围内的个人建房和农村个人建房及购买生产性固定资产的投资。

基本建设投资　基本建设是企业、事业、行政单位以扩大生产能力或工程效益为主要目的的新建、扩建工程及有关工作。包括(1)列入中央和各级地方本年基本建设计划的建设项目，以及虽未列入本年基本建设计划，但使用以前年度基建计划内结转投资(包括利用基建设备材料)在本年继续施工的建设项目；(2)本年基本建设计划内投资与更新改造计划内投资结合安排的新建项目和新增生产能力(或工程效益)达到大中型项目标准的扩建项目，以及为改变生产力布局而进行的全厂性迁建项目；(3)国有单位既未列入基建计划，也未列入更新改造计划的总投资在5万元以上的新建、扩建、恢复项目和为改变生产力布局而进行的全厂性迁建项目，以及行政、事业单位增建业务用房和行政单位增建生活福利设施的项目。

更新改造投资　更新改造是指企业、事业单位对原有设施进行固定资产更新和技术改造，以及相应配套的工程和有关工作(不包括在修理和维护工程)。包括(1)列入中央和各级地方本年更新改造计划的项目和虽未列入本年更新改造计划，但使用上年更新改造计划内结转的投资在本年继续施工的项目；(2)本年更新改造计划内投资与基本建设计划内投资结合安排的对企、事业单位原有设施进行技术改造或更新的项目，和增建主要生产车间、分厂等其新增生产能力(或工程效益)未达到大中型项目标准的项目，以及由于城市环境保护和安全生产的需要而进行的迁建工作；(3)国有企、事业单位既未列入基建计划也未列入更新改造计划，总投资在5万元以上的属于改建或更新改造性质的项目，以及由于城市环境保护和安全生产的需要而进行的迁建工程。

房地产开发投资　包括各种经济类型的房地产开发公司、商品房建设公司及其他房地产开发单位统一开发的包括统代建、拆迁还建的住宅、厂房、仓库、饭店、宾馆、度假村、写字楼、办公楼等房屋建筑物和配套的服务设施、土地开发工程，如道路、给水、排水、供电、供热、通讯、平整场地等基础设施工程的投资。包括非房地产企业实际从事房地产开发或经营活动，不包括单纯的土地交易活动。

其他固定资产投资　全社会固定资产投资中未列入基本建设、更新改造和房地产开发投资的建造和购置固定资产的活动。包括：

(1)国有单位按规定不纳入基本建设计划和更新改造计划管理，总投资在5万元以上的以下工程：①用油田维护费和石油开发基金进行的油田维护和开发工程；②煤炭、铁矿、森工等采掘采伐业用维简费进行的开拓延伸工程；③交通部门用公路养路费对原有公路、桥梁进行改建的工程；④商业部门用简易建筑费建造的仓库工程。

(2)集体经济单位固定资产投资：包括城镇集体经济单位和农村集体经济单位建造和购置固定资产计划总投资在五万元以上的项目。农村集体经济单位固定资产投资为农村抽样调查总队根据抽样调查资料推算。

(3)联营经济、股份制经济、外商投资经济、港澳台投资经济及其他经济类型的企、事业单位建造和购置固定资产其计划总投资在5万元以上的、未列入基本建设计划和更新改造计划的项目。

(4)城镇和工矿区私人建房投资和农村个人投资。城镇和工矿区私人建房包括市、县城、镇、工矿区所辖范围内的全部私人建房，不论其房主是否系本地的常住户口均应包括；农村个人投资包括农村个人建房及购置生产性固定资产的投资。农村个人固定资产投资为农村抽样调查总队根据抽样调查资料推算。

施工项目　指报告期内曾进行建筑或安装工程施工活动的建设项目。包括报告期内新开工项目、报告期以前开工跨入报告期继续施工的项目以及报告期施工过并在报告期内全部建设投产或停缓建的项目。

全部建成投产项目　工业项目是指设计文件规定形成生产能力的主体工程及其相应配套的辅助设施全部建成，经负荷试运转，证明具备生产设计规定合格产品的条件，并经过验收鉴定合格或达到竣工验收标准，与生产性工程配套的生产福利设施可以满足近期正常生产的需要，正式移交生产的建设项目。非工业项目是指设计文件规定的主体工程和相应的配套工程全部建成，能够发挥设计规定的全部效益，经验收鉴定合格或达到竣工验收标准，正式移交使用的建设项目。

施工和竣工房屋建筑面积　房屋建筑面积是从房屋外墙线算起的各层平面面积的总和，包括房屋结构（如柱、墙）占用的面积和地下室面积。多层建筑按各自然层面积总和计算，包括房屋内的楼隔层，突出墙面的眺望间、门斗、有柱雨罩的面积。不包括突出墙面结构的构件、艺术装饰等所占的面积，如台阶等。凹阳台、挑阳台按其水平投影面积一半计算建筑面积。

新增固定资产　指通过投资活动所形成的新的固定资产价值。包括已经建成投入生产或交付使用的工程价值和达到固定资产标准的设备、工具、器具的价值及有关应摊入的费用。它是以价值形式表示的固定资产投资成果的综合性指标，可以综合反映不同时期、不同部门、不同地区的固定资产投资成果。

Explanatory Notes on Main Statistical Indicators

Total Investmentin in Fixed Assets: Amount of investment in fixed assets refers to the volume of activities in construction and purchases of fixed assets in monetary terms. It is a comprehensive indicator which shows the size, pace, proportional relations and use orientation of the investment in fixed assets. Total investment in fixed assets in the whole country includes the investment by the state-owned units, the investment by the urban and rural collective units, the investment by the units of other types of ownership and the investment by the individuals in the urban and rural areas. According to China's current planning management system, the investment in fixed assets in the whole country is classified into the following four parts: investment in capital construction, investment in innovation, investment in real estates development and other investment in fixed assets. The investment by the urban and rural collective units includes the investment by the urban collective units and the investment by the rural collective units. The investment by the units of other types of ownership includes the investment by the units of joint-owned economy, share-holding economy, Sino-foreign joint economy, Sino-foreign cooperative economy, economy exclusively with foreign investment, Mainland-Hong kong or Mainland-Macao or Mainland-Taiwan joint economy, Mainland-Hong kong or Mainland-Macao or Mainland-Taiwan cooperative economy, and economy exclusively with investment of Hong Kong or Macao or Taiwan. The investment by the individuals in the urban and rural areas includes the investment in personal house building in the areas under the jurisdiction of city, county, town and special industrial and mining areas as well as the investment in personal house building and purchase of productive fixed assets in the rural areas.

Investment in Capital Construction: Capital construction refers to the new construction projects or extension projects and the related work of the enterprises, institutions or administrative units mainly for the purpose of expanding production capacity or improving project efficiency. It includes: (1)projects listed in the capital construction plan of the current year of the central government and the local governments at various levels as well as the projects, though not listed in the capital construction plan of the current year, but continued to be constructed in this year, using the investment listed in the plan of capital construction of previous years and carried forward to this year (also using the equipment and materials kept in stock of the capital construction); (2) new construction projects arranged both in the plan of capital construction and the plan of innovation; extension projects with the newly increased production capacity (or project efficiency)up to the standard of a large and medium-sized project; and the projects of moving the whole factory to a new site so as to improve the distribution of productive forces; (3) new construction projects, extension projects or restoration projects with the total investment more than 50 thousand RMB yuan by the state-owned units, though listed neither in the plan of capital construction nor in the plan of innovation; the projects in the state-owned units of moving the whole factory to a new site so as to improve the distribution of productive forces; and the projects of building additional business houses by the administrative units and institutions and building welfare facilities by the administrative units.

Investment in Innovation: Innovation refers to the renewal of fixed assets and technological innovation of the original facilities by the enterprises and institutions as well as the corresponding supplementary projects and the related work(excluding major overhaul and maintenance projects). It includes: (1) projects listed in the innovation plan of the current year of the central government and the local governments at various levels as well as the projects, though not listed in the innovation plan of the current year, but continued to be constructed in this year, using the investment listed in the plan of innovation of previous years and carried forward to this year; (2) projects of technological innovation or renewal of the original facilities, arranged both in the plan of innovation and in the plan of capital construction; extension projects (main workshops or a branch of the factory) with the newly increased production capacity (or project efficiency) not up to the standard of a large and medium-sized project; and the projects of moving the whole factory to a new site so as to meet the requirements of urban environmental protection or safe production; (3) projects of reconstruction or technological innovation with the total investment more than 50 thousand RMB yuan by the state-owned units, though listed neither in the plan of capital contruction nor in the plan of innovation; the projects in the state-owned units of moving the whole factory to a new site so as to meet the requirements of urban environmental protection or safe production.

Investment in Real Estate Development: It includes the investment by the real estate development companies, commercial buildings construction companies and other real estate development units of various types of ownership in the construction of house buildings, such as residential buildings, factory buildings, warehouses, hotels, guesthouses, holiday villages, office buildings, and the complementary service facilities and land development projects, such as roads, watersupply, water drainage, power supply, heating, telecommunications, land levelling and other projects of infrastructure. It covers the activities of the non-real estate companies in real estate development or management, but excludes the activities in simple land transactions.

Other Investment in Fixed Assets: refers to the construction and purchases of fixed assets not listed in the investment in capital construction, investment in innovation and investment in real estate development. It includes:

Ⅰ. The following projects of the state-owned units with the total investment more than 50 thousand yuan, which are not included in the plan of capital construction and the plan of innovation: (1)projects of oil fields maintenance and exploitation with the oil fields maintenance funds and petroleum development funds; (2)opening and extending projects with the maintenance funds in coal, ore and other mining enterprises and logging enterprises; (3) project of reconstruction of the original highways and bridges with the highway maintenance funds in the department of communication; (4)projects of construction of warehouses with the funds of simple construction in the commercial department.

Ⅱ. The investment in fixed assets by the collective units; including the projects of construction and purchases of fixed assets by the urban and rural collective units with the planned total investment more than 50 thousand yuan. The investment in fixed assets by the rural collective units are estimated by the Rural Socio-economic Survey Organization, SSB on the basis of the data collected by the sample survey.

Ⅲ. The projects of construction and purchases of fixed assets by the enterprises or institutions of joint-owned economy, share-holding economy, foreign-funded economy, economy funded by the entrepreneurs from Hong Kong, Macao and Taiwan and other economy with the planned total investment more than 50 thousand yuan, which are not included in the plan of capital construction and the plan of innovation.

Ⅳ. The private investment in house construction in the urban areas and industrial and mining areas as well as the individual investment in the rural areas: The private house construction in the urban areas and industrial and mining areas includes all the private house construction under the jurisdiction of cities, counties, towns and industrial and mining areas, no matter whether the owner of the house is registered as the permanent resident in the locality or not. The individual investment in the rural areas includes the investment in house construction and purchase of productive fixed assets by the individuals in the rural areas. The individual investment in fixed assets in the rural areas is estimated by the Rural Socio-economic Survey Organization, SSB on the basis of the data collected by the sample survey.

Projects Under Construction refer to projects having construction and installation activities undertaken in the reference period, including projects started in the reference period, or continued from the previous period, or completed and put into production or suspended in the reference period.

Projects Completed and Put into Use Industrial projects refer to the major projects and accessory facilities completed which result in forming production capacity and have been checked and accepted while the living and welfare facilities have been completed and can ensure normal production and formally put into production. Non-industrial projects refer to the major projects and accessory facilities completed which possess the disigned capacity and have been checked, accepted and formally put into production.

Floor Space of Buildings Under Construction and Completed refers to total floor space in each story of buildings calculated from the outside line of building walls, including the space occupied by constructions like pillars or walls and basements. The floor space of multi—story building includes the total floor space of each story, including area occupied by separating walls, watching rooms, doorways, and pillars, but excluding protruding wall structures, artistic decoration, etc. (for example, flight of steps). The space of recessed verand and tantilevered balcony is counted by half of the projection area.

Newly Increased Fixed Assets refer to the newly increased value of fixed assets through investment, including the value of projects completed and put into production, the value of equipment, tools, and vessels considered as fixed assets, as well as the relevant expenses as investment in fixed assets. This is a comprehensive indicator of investment in fixed assets, reflecting the achievements of investment in fixed assets in different periods, different sectors, and different regions.

物　　价

PRICES

4

4.物　价
Prices

1998 年商品零售价格指数	Retail Price Index of Commodities	98.4 %
1998 年居民消费价格指数	Consumer Price Index	99.7 %
1998 年农副产品收购价格总指数	Purchasing Price Index of Farm Products	94.0 %
1998 年农村工业品零售价格指数	Retail Price Index of Rural Industrial Products	97.2 %
1998 年工农业商品综合比价指数	General Price Parity Index of Industrial products	103.4 %
(以农副产品收购价格指数为 100)		

商品零售价格指数

Retail Price Index of Commodities

(1978=100)

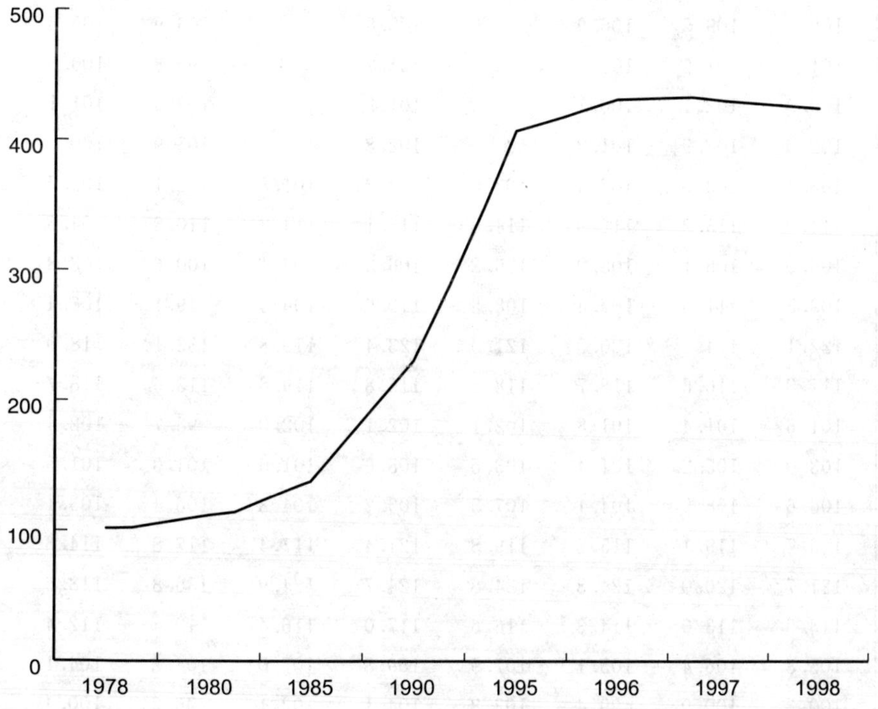

4—1 物价总指数
General Price Indices

(上年＝100) (preceding year＝100)

年份 Year	商品零售价格指数 General Retail Price Index of Commodities			居民消费价格指数 General Consumer Price Index			农副产品收购价格总指数 General Purchasing Price Index of Farm Products	农村工业品零售价格指数 General Retail Price Index of Rural Industrial Products	工农业商品综合比价指数 General Price Parity Index of Industrial and Farm Products
	全省 Total	城市 Urban Areas	农村 Rural Areas	全省 Total	城市 Urban Areas	农村 Rural Areas			
1970	99.0	98.4	99.1		98.5		100.0	99.0	99.0
1971	99.1	99.2	99.1				100.6	98.7	98.1
1972	99.7	100.0	99.5		99.9		100.9	99.5	98.6
1973	99.7	99.7	99.6		99.7		100.3	99.8	99.5
1974	100.0	100.0	100.0		100.0		100.0	100.0	100.0
1975	100.1	100.2	100.0		100.2		100.0	100.0	100.0
1976	100.0	99.7	100.1		99.8		100.0	100.1	100.1
1977	100.1	100.1	100.0		100.1		100.4	100.0	99.6
1978	100.1	99.9	100.1		100.0		103.6	99.9	96.4
1979	102.1	103.4	101.5		102.6		126.7	100.0	78.9
1980	108.0	109.5	106.9		108.8		106.9	100.6	94.1
1981	101.5	101.6	101.4		101.7		99.8	100.6	100.8
1982	100.9	102.1	100.1		101.9		103.9	101.1	97.3
1983	102.0	102.9	101.2		102.8		103.9	100.7	96.9
1984	103.4	103.5	103.4	103.0	103.7	101.8	108.1	102.7	95.0
1985	114.0	115.2	112.9	114.8	115.1	114.3	110.8	104.6	94.4
1986	106.0	106.1	105.9	106.2	106.3	106.1	100.6	103.8	103.2
1987	109.5	111.3	107.4	108.8	110.9	106.4	119.1	106.4	89.3
1988	122.1	124.2	120.5	121.5	123.4	119.8	133.1	118.0	88.7
1989	117.8	116.6	118.7	118.2	116.8	119.6	113.6	118.7	104.5
1990	101.6	101.4	101.8	102.1	102.1	102.0	98.7	102.4	103.7
1991	103.0	105.2	101.4	103.5	105.6	101.5	101.0	101.5	100.5
1992	106.6	108.9	104.1	107.5	109.2	104.8	106.4	103.1	96.9
1993	116.7	119.1	115.2	119.8	121.4	117.4	117.8	114.6	97.3
1994	121.7	120.0	124.8	124.8	124.7	124.9	136.8	118.8	86.8
1995	113.5	113.0	114.3	116.6	117.0	116.4	112.4	112.4	100.0
1996	105.8	106.4	105.1	107.9	109.8	107.0	104.2	104.1	99.9
1997	100.3	100.9	99.4	102.8	104.1	102.1	96.2	100.4	104.4
1998	98.4	98.4	98.4	99.7	100.5	99.3	94.0	97.2	103.4

4—2 物价总指数
General Price Indices

(1985 年=100) (1985=100)

年份 Year	商品零售价格指数 General Retail Price Index of Commoditites	城市居民消费价格指数 Urban Consumer Price Index	农副产品收购价格总指数 General Purchasing Price Index of Farm Products	农村工业品零售价格指数 General Retail Price Index of Rural Industrial Products	工农业商品综合比价指数 General Price Parity Index of Industrial and Farm Products
1986	106.0	106.3	100.6	103.8	103.2
1987	116.1	117.9	119.8	110.4	92.2
1988	141.7	145.5	159.5	130.3	81.7
1989	166.9	169.9	181.2	154.7	85.4
1990	169.6	173.5	178.8	158.4	88.6
1991	174.7	183.2	180.6	160.8	89.0
1992	186.2	200.0	192.2	165.8	86.3
1993	217.3	242.9	226.4	190.0	83.9
1994	264.5	302.8	309.7	225.7	72.9
1995	300.2	354.3	348.1	253.7	72.9
1996	317.6	389.1	362.7	264.1	72.8
1997	318.6	405.0	348.9	265.1	76.0
1998	313.5	407.0	328.0	257.7	78.6

4—3 物价总指数(1998 年)
General Price Indices(1998)

项目 Item	商品零售价格指数 General Retail Price Index of Commodities			城市居民消费价格指数 Urban Consumer Price Index	农副产品收购价格总指数 General Purchasing Price Index of Farm Products	农村工业品零售价格指数 General Retail Price Index of Rural Industrial Products	工农业商品综合比价指数 General Price Parity Index of Industrial and Farm Products
	全省 Total	城市 Urban Areas	农村 Rural Areas				
1978=100	425.7	488.4	384.2	577.8	573.2	285.2	49.8
1980=100	386.0	431.4	354.0	517.6	423.2	283.5	67.0
1985=100	313.5	338.9	295.3	407.0	328.0	257.7	78.6
1990=100	184.8	195.4	178.3	234.7	183.4	162.7	88.7
1995=100	104.4	105.7	102.8	114.9	94.2	101.6	107.9
1997=100	98.4	98.4	98.4	100.5	94.0	97.2	103.4

4—4 居民消费价格指数(1998年)

Residents Consumer Price Indices(1998)

(上年=100) (preceding year=100)

项目	Item	全省 Total		城市 Urban Area		农村 Rural Area	
		1997	1998	1997	1998	1997	1998
居民消费价格总指数	**Consumer Price Index**	**102.8**	**99.7**	**104.1**	**100.5**	**102.1**	**99.3**
食品类	**Food**	**99.2**	**98.3**	**100.6**	**99.7**	**98.5**	**97.6**
粮食	Grain	86.4	101.3	86.7	103.4	85.9	100.2
肉禽及其制品	Meal,Poultry and Its Products	101.6	91.6	102.0	95.1	101.5	89.9
水产品	Aquatic Products	103.6	95.8	106.2	98.2	100.8	93.5
鲜菜	Vegetables	101.2	111.3	106.3	108.6	98.6	112.8
烟草	Tobacco	95.0	98.1	94.1	98.4	95.3	98.0
鲜果	Fresh Fruits	91.3	100.3	95.1	100.6	88.6	100.1
奶及奶制品	Milk and Its Products	102.0	99.4	101.0	99.7	103.0	99.3
饮食业	Catering Trade	105.3	100.9	106.9	100.2	104.3	101.3
衣着类	**Clothing**	**103.8**	**100.1**	**105.4**	**101.4**	**102.9**	**99.4**
服装	Graments	103.6	99.8	104.2	101.6	103.2	98.7
衣着材料	Clothing Material	102.7	99.6	105.8	98.1	101.6	100.0
鞋袜帽及其它衣着	Shoes,Socks,Hats and Other Clothing	104.9	101.0	107.9	102.3	103.4	100.4
家庭设备及用品	**Household Facilities and Articles**	**100.9**	**98.5**	**100.4**	**98.1**	**101.1**	**98.6**
耐用消费品	Durable Consumer Goods	99.0	97.9	98.5	97.4	99.2	98.2
室内装饰品	Interior Decorations	100.1	98.2	100.0	96.6	100.2	99.6
床上用品	Bed Articles	102.9	101.9	105.0	103.6	101.9	101.2
家庭日用杂品	Daily Use Household Articles	103.7	99.2	103.4	99.8	103.8	98.9
其他日用品	Other Daily Use Articles	101.0	97.1	101.0	97.5	101.0	96.7
医疗保健	**Medicine and Medical Services**	**105.8**	**107.0**	**105.1**	**104.8**	**106.1**	**108.1**
医疗器具及保健用品	Medical Appliances and Articles	104.5	102.5	101.9	101.6	105.8	102.9
中药材及中成药	Traditional Chinese Medicine	109.9	109.4	108.5	107.5	110.3	110.4
西药	Western Medicine	102.7	105.6	102.8	103.2	102.7	106.7
交通和通讯工具	**Means of Transportation and Communication**	**97.6**	**95.4**	**97.9**	**94.0**	**97.2**	**95.8**
交通工具	Means of Transportation	98.3	97.2	99.6	98.8	97.7	96.3
通讯工具	Means of Communication	95.7	91.0	95.9	88.1	95.5	93.8
娱乐教育文化用品	**Recreation,Education and Culture Articles**	**100.2**	**96.5**	**101.2**	**97.0**	**99.7**	**96.3**
文娱用耐用消费品	Durable Consumer Goods for Recreation	96.6	92.7	96.0	93.7	96.8	92.3
教材及参考书	Teaching Materials and Reference Books	111.3	102.5	113.2	102.7	110.2	102.5
文化娱乐用品	Cultural and Recreation Articles	100.3	100.3	102.4	100.2	99.1	100.3
居住	**Residence**	**106.2**	**99.6**	**112.6**	**101.9**	**103.6**	**98.5**
住房	Housing	101.2	98.7	109.7	101.9	99.1	97.6
水电燃料	Water,Electricity and Fuels	114.4	101.0	114.9	101.9	114.1	100.5
服务项目	**Services**	**118.9**	**106.9**	**120.6**	**107.4**	**118.2**	**106.7**
电讯费	Telecommunication	133.0	97.7	156.9	97.1	105.5	99.0
邮费	Postage	201.0	100.4	207.7	100.3	197.9	100.4
交通费	Traffic	103.3	103.5	102.2	102.9	103.7	103.8
洗理美容费	Bathing and Haircut	109.5	107.1	107.6	108.0	110.3	106.6
文娱费	Recreation	117.7	108.3	115.6	109.4	121.4	108.6
学杂费保费	Tuition and Child Care	113.0	113.6	116.2	118.8	111.7	111.3
修理及其它服务费	Repair and Other Services	103.6	101.6	103.6	101.6	103.6	101.5
医疗保健服务费	Medical amd Health Care Services	183.8	105.6	186.6	104.4	182.8	106.0

4—5 商品零售价格分类指数和农业生产资料零售价格指数

Retail Price Index of Commodities and Agricultural Means of Production

（上年=100） (preceding year=100)

项目	Item	全省 Total		城市 Urban Area		农村 Rural Area	
		1997	1998	1997	1998	1997	1998
商品零售价格指数	**General Retail Price Index**	**100.3**	**98.4**	**100.9**	**98.4**	**99.4**	**98.4**
食品类	**Food**	**98.9**	**99.0**	**100.8**	**99.6**	**96.9**	**98.3**
粮食	Grain	85.0	101.4	86.8	101.9	83.9	100.8
肉禽蛋	Meal,Poultry and Eggs	98.6	93.4	99.3	95.2	97.9	91.6
水产品	Aguatic Products	104.3	96.2	106.0	97.8	101.3	93.6
鲜菜	Fresh Vegetables	102.5	110.4	106.7	108.2	98.3	112.6
鲜果	Fresh Fruits	92.0	100.5	94.9	101.5	88.6	99.3
饮食业	Catering Trade	106.0	101.3	107.0	101.0	104.8	101.7
饮料、烟酒类	**Beverages,Tobacco and Liguor**	**99.3**	**98.2**	**98.6**	**98.1**	**100.1**	**98.4**
饮料	Beverages	101.7	97.6	100.0	97.8	103.1	97.5
烟酒	Tobacco and Liguor	98.6	98.4	98.2	98.2	99.1	98.7
服装、鞋帽类	**Garments,Shoes and Hats**	**104.4**	**101.2**	**105.0**	**102.3**	**103.5**	**99.6**
服装	Garments	103.7	100.7	103.8	102.2	103.4	98.6
鞋	Shoes	104.2	101.1	104.9	101.6	103.0	100.3
其它衣着	Other Clothing	107.5	102.9	109.4	103.6	104.7	102.0
纺织品类	**Textiles**	**103.3**	**100.1**	**104.5**	**99.9**	**101.8**	**100.3**
棉布	Cotton Cloth	101.6	100.1	101.1	99.2	102.2	101.0
棉花化纤混纺布	Blend Cloth	102.9	99.9	104.7	99.1	100.7	100.6
化纤布	Chemical Fiber Cloth	103.7	100.6	104.7	99.8	102.7	101.1
呢绒	Woolen Fabric	105.8	100.3	107.2	100.1	103.0	100.6
绸缎	Silk	102.9	99.6	103.7	98.4	101.7	101.4
其它纺织品	Other Textiles	102.3	100.3	104.1	102.2	100.6	98.3
中、西药类	**Traditional Chinese and Western Medicines**	**105.5**	**106.4**	**104.7**	**104.6**	**106.3**	**108.2**
中药	Traditional Chinese Medicine	109.0	109.9	107.3	109.1	110.7	110.7
西药	Western Medicine	102.4	104.1	102.3	101.6	102.7	106.8
医疗用品	Medical Articles	105.2	102.6	104.9	102.2	105.6	103.1
化妆品类	**Cosmetics**	**101.4**	**101.5**	**102.0**	**102.5**	**100.6**	**100.4**
书报杂志类	**Newspapers and Magazines**	**110.2**	**103.7**	**110.2**	**103.6**	**110.2**	**103.9**
文化体育用品类	**Cultural and Sports Goods**	**102.0**	**99.2**	**101.6**	**98.7**	**102.3**	**99.8**
文化用品	Cultural Goods	101.4	98.9	101.3	98.5	101.6	99.4
体育用品	Sports Goods	103.7	100.1	102.9	99.5	104.6	100.8
日用品类	**Articles for Daily Use**	**101.5**	**98.8**	**101.8**	**99.0**	**101.3**	**98.6**
一般日用品	Ordinary Articles for Daily Use	101.2	98.5	100.6	98.6	101.9	98.3
家具	Furniture	100.9	98.5	102.1	98.1	99.5	98.9
日用杂品	Sundries for Daily Use	103.5	100.2	105.4	101.2	101.5	99.1
家用电器类	**Household Appliance**	**96.8**	**94.8**	**96.0**	**94.9**	**97.5**	**94.7**
首饰类	**Jewelry**	**98.2**	**90.7**	**98.2**	**90.7**	**98.2**	**90.5**
燃料类	**Fuels**	**103.6**	**92.3**	**102.5**	**91.0**	**105.3**	**94.0**
建筑装璜材料类	**Building Decoration Materials**	**98.7**	**96.7**	**101.4**	**96.6**	**96.0**	**96.7**
机电产品类	**Mechanical and Electrical Products**	**96.9**	**92.9**	**97.3**	**92.3**	**95.9**	**94.1**
农业生产资料零售价格指数	**Price Index of Agricultural Means of Production**	**99.7**	**92.4**			**99.7**	**92.4**

4—6 商品零售价格分类指数和农业生产资料零售价格指数
General Retail Price Index of Commodities and Agricultural Means of Production

（上年＝100） (Preceding year＝100)

项目	Item	1996	1997	1998
商品零售价格指数	**General Retail Price Index**	**105.8**	**100.3**	**98.4**
＃城市	Urban Areas	106.4	100.9	98.4
农村	Rural Areas	105.1	99.4	98.4
食品类	Food	107.7	98.9	99.0
饮料、烟酒类	Beverages,Tobacco and Liguor	101.7	99.3	98.2
服装、鞋帽类	Garments,Shoes and Hats	107.8	104.4	101.2
纺织品类	Textiles	108.1	103.3	100.1
中、西药类	Traditional Chinese and Western Medicines	112.1	105.5	106.4
化妆品类	Cosmetics	104.3	101.4	101.5
书报杂志类	Newspapers and Magazines	135.0	110.2	103.7
文化体育用品类	Cultural and Sports Goods	106.9	102.0	99.2
日用品类	Articles for Daily Use	106.7	101.5	98.8
家用电器类	Household Appliances	99.0	96.8	94.8
首饰类	Tewelry	99.6	98.2	90.7
燃料类	Fuels	104.4	103.6	92.3
建筑装璜材料类	Building Decoration Materials	102.2	98.7	96.7
机电产品类	Machanical and Electrical Products	96.1	96.9	92.9
农业生产资料零售价格指数	**Price Index of Means of Agricultural production**	**106.7**	**99.7**	**92.4**

4—7 居民消费价格分类指数
Consumer Price Index by Category

（上年＝100） (Preceding year＝100)

项目	Item	1996	1997	1998
居民消费价格指数	**Consumer Price Index**	**107.9**	**102.8**	**99.7**
＃城市	Urban Areas	109.8	104.1	100.5
农村	Rural Areas	107.0	102.1	99.3
食品类	**Food**	**106.7**	**99.2**	**98.3**
粮食	Grain	106.6	86.4	101.3
肉禽制品	Meat and Poultry	107.5	101.6	91.6
水产品	Aquatic Products	111.9	103.6	95.8
鲜菜	Fresh Vegetables	111.4	101.2	111.3
饮食业	Catering Trade	107.6	105.3	100.9
衣着类	**Clothing**	**107.1**	**103.8**	**100.1**
家庭设备及用品	**Household Appliances and Articles**	**104.0**	**100.9**	**98.5**
医疗保健	**Health Care Services**	**113.3**	**105.8**	**107.0**
交通和通讯工具	**Means of Transportation & Communication**	**99.1**	**97.6**	**95.4**
娱乐教育文化用品	**Recreational,Educational & Cultural Goods**	**111.0**	**100.2**	**96.5**
居住	**Residence**	**110.5**	**106.2**	**99.6**
服务项目	**Services**	**115.0**	**118.9**	**106.9**
＃城市	Urban areas	115.3	120.6	107.4
农村	Ruarl Areas	114.8	118.2	106.7

4－8 各市、县商品零售价格指数和农业生产资料零售价格指数(1998年)

General Retail Price Index of Commodities and Agricultural Means of Production by City and County(1998)

(上年＝100) (preceding year＝100)

市(县)名称 City(County)	商品零售价格指数 General Retail Price Index of Commodities	一、食品类 Food	粮食 Grain	肉禽蛋 Meat,Poultry & Eggs	水产品 Aquatic Products	二、饮料、烟酒类 Beverages, Tobacco and Liquor
杭州市 Hangzhou	99.8	101.3	103.7	99.4	94.6	97.7
宁波市 Ningbo	97.6	101.4	103.2	97.6	97.8	96.1
温州市 Wenzhou	97.6	98.3	94.4	92.9	100.0	99.0
金华市 Jinhua	98.4	97.6	100.0	89.4	96.5	98.7
舟山市 Zhoushan	97.8	101.6	97.9	97.4	105.6	98.8
湖州市 Huzhou	99.4	98.7	110.5	94.1	88.9	105.6
绍兴市 Shaoxing	99.1	100.3	107.7	97.1	99.1	98.3
嘉兴市 Jiaxing	96.8	96.9	106.6	90.9	94.6	97.3
台州市 Taizhou	98.0	99.2	101.1	90.6	106.6	94.7
衢州市 Quzhou	99.9	99.2	96.9	93.1	97.5	101.1
丽水市 Lishui	98.5	96.8	103.0	91.2	95.2	97.8
新昌县 Xingchang	99.1	97.1	102.7	90.4	95.3	98.4
安吉县 Anji	99.5	98.8	99.9	94.5	92.3	98.7
临海市 Linhai	97.0	96.9	100.4	88.2	95.0	99.9
萧山市 Xiaoshan	97.6	97.1	100.0	91.7	92.9	97.6
龙泉市 Longquan	97.6	98.8	99.7	94.3	92.1	97.8
海宁市 Haining	97.6	96.4	99.5	92.3	91.2	96.6
江山市 Jiangshan	99.0	97.9	104.2	85.9	91.5	96.2
浦江县 Pujiang	99.3	98.0	101.4	92.2	91.1	101.1
建德市 Jiande	98.9	99.9	97.3	92.4	96.0	99.4
兰溪市 Lanxi	96.7	97.2	101.5	91.2	96.4	99.6

(上年＝100)　　4－8 续表 1 continued　　(preceding year＝100)

市(县)名称 City(County)	三、服装、鞋帽类 Garments, Shoes and Hats	四、纺织品类 Textiles	五、中、西药品类 Traditional Chinese & Western Medicines	六、化妆品类 Cosmetics	七、书报杂志类 Newspapers and Magazines	八、文化体育用品 Cultural and Sports Goods
杭州市 Hangzhou	103.3	100.0	105.8	106.0	103.6	101.1
宁波市 Ningbo	100.9	94.2	104.0	100.0	101.8	97.5
温州市 Wenzhou	101.7	101.8	107.3	106.6	101.3	97.1
金华市 Jinhua	103.5	89.5	105.7	100.1	106.4	99.6
舟山市 Zhoushan	100.2	98.9	99.5	96.5	101.9	103.5
湖州市 Huzhou	104.7	104.8	102.8	99.1	103.9	96.1
绍兴市 Shaoxing	100.5	101.2	102.4	102.8	101.8	100.6
嘉兴市 Jiaxing	99.8	96.4	103.2	102.6	102.9	94.6
台州市 Taizhou	101.8	99.3	103.3	93.1	108.3	100.2
衢州市 Quzhou	100.2	98.5	106.4	100.1	121.4	98.8
丽水市 Lishui	102.1	100.0	110.3	98.9	102.6	99.0
新昌县 Xingchang	100.5	100.0	113.1	100.4	104.5	99.6
安吉县 Anji	103.5	99.3	114.5	103.8	100.5	102.7
临海市 Linhai	98.6	96.6	100.0	101.2	114.0	99.2
萧山市 Xiaoshan	100.3	102.4	97.8	98.6	100.6	100.5
龙泉市 Longquan	98.8	98.6	103.5	100.0	102.2	96.9
海宁市 Haining	100.3	98.8	105.0	97.4	101.9	98.1
江山市 Jiangshan	100.3	100.1	124.8	99.2	98.7	100.5
浦江县 Pujiang	103.9	100.3	108.7	100.0	112.2	99.7
建德市 Jiande	99.9	101.2	105.3	101.3	101.5	99.8
兰溪市 Lanxi	91.7	101.8	107.0	100.2	109.6	100.0

(上年=100)　　4－8　续表2　continued　　(preceding year=100)

市(县)名称 City(County)	九、日用品类 Articles for Daily Use	十、家用电器类 Household Appliance	十一、首饰类 Jewellery	十二、燃料类 Fuels	十三、建筑装璜材料类 Building Decoration Materials	十四、机电产品类 Mechanical and Electrical Products	农业生产资料零售价格指数 Price Index of Agricultural Means of Production
杭州市 Hangzhou	100.5	98.4	92.2	98.7	96.3	90.4	
宁波市 Ningbo	98.1	94.2	90.3	87.6	99.1	92.1	
温州市 Wenzhou	97.9	92.4	88.8	81.7	97.7	95.1	
金华市 Jinhua	100.9	95.6	89.1	88.4	96.1	91.3	
舟山市 Zhoushan	97.9	93.7	89.9	87.6	94.6	89.3	
湖州市 Huzhou	99.6	95.0	92.1	96.2	101.4	89.2	
绍兴市 Shaoxing	98.4	96.1	88.6	92.7	94.7	97.9	
嘉兴市 Jiaxing	99.0	89.4	91.0	94.0	96.9	90.7	
台州市 Taizhou	96.8	96.6	93.0	91.6	90.9	88.1	
衢州市 Quzhou	100.3	96.4	95.5	95.8	96.8	98.2	
丽水市 Lishui	101.0	94.4	100.0	89.5	96.1	95.8	
新昌县 Xingchang	97.3	99.3	92.5	95.3	99.3	95.6	89.6
安吉县 Anji	99.9	97.4	91.3	94.6	95.1	95.1	92.2
临海市 Linhai	98.3	89.9	92.9	91.8	99.6	95.1	87.9
萧山市 Xiaoshan	99.5	93.7	93.4	93.6	100.0	94.3	93.5
龙泉市 Longquan	96.4	94.6	88.6	87.3	95.4	91.1	94.1
海宁市 Haining	97.7	98.1	89.5	92.4	98.2	90.7	88.3
江山市 Jiangshan	95.3	90.3	84.7	93.8	93.9	90.0	86.4
浦江县 Pujiang	100.1	90.5	93.8	95.7	99.8	97.1	97.2
建德市 Jiande	100.1	98.3	86.1	100.1	91.9	99.5	94.4
兰溪市 Lanxi	98.4	94.6	89.8	93.8	92.3	86.0	95.1

4—9 各市、县居民消费价格指数(1998年)

Residents Consumer Price Index by City and County(1998)

(上年=100) (preceding year=100)

市(县)名称 City(County)	居民消费价格指数 Consumer Price Index	一、食品类 Food	粮食 Grain	肉禽及其制品 Meat and Poultry	蛋类 Eggs	水产品 Aquatic Products	鲜菜 Fresh Vegetables
杭州市 Hangzhou	101.8	100.5	104.6	98.5	103.5	94.4	111.3
宁波市 Ningbo	99.8	101.4	103.7	97.6	99.1	101.6	116.0
温州市 Wenzhou	99.6	98.5	94.8	93.3	99.0	100.7	98.3
金华市 Jinhua	99.8	97.5	100.0	87.8	97.8	96.6	105.8
舟山市 Zhoushan	99.9	101.4	98.0	96.2	97.9	106.3	108.8
湖州市 Huzhou	100.2	98.5	110.9	92.8	104.1	88.9	105.1
绍兴市 Shaoxing	100.9	100.8	108.6	98.8	100.3	98.9	104.7
嘉兴市 Jiaxing	99.0	97.3	107.3	90.0	106.2	94.6	102.6
台州市 Taizhou	99.6	98.3	101.6	88.1	99.2	106.8	103.4
衢州市 Quzhou	100.8	99.7	96.2	89.9	102.4	97.8	120.2
丽水市 Lishui	99.3	96.6	104.1	87.9	99.3	97.6	106.7
新昌县 Xingchang	99.4	95.1	95.1	87.6	106.2	96.0	105.4
安吉县 Anji	101.5	99.6	104.6	94.8	96.8	92.6	113.4
临海市 Linhai	98.7	96.6	101.0	85.3	100.7	94.7	101.8
萧山市 Xiaoshan	99.1	96.9	100.2	91.3	99.5	92.9	109.5
龙泉市 Longquan	98.9	99.0	98.4	94.2	97.6	93.5	113.7
海宁市 Haining	98.1	95.1	95.1	90.5	104.4	90.9	105.1
江山市 Jiangshan	100.5	98.7	106.9	84.8	103.8	91.0	118.5
浦江县 Pujiang	99.2	98.4	100.9	90.4	104.0	90.6	106.4
建德市 Jiande	98.5	96.2	93.3	90.9	98.8	94.5	121.5
兰溪市 Lanxi	97.3	97.3	101.5	89.8	104.0	95.4	103.3

（上年＝100）　　4－9　续表　continued　　(preceding year＝100)

市(县)名称 City(County)	二、衣着类 Clothing	三、家庭设备及用品 Household Appliances and Articles	四、医疗保健 Health Care Services	五、交通和通讯工具 Means of Transportation and Communication	六、娱乐教育文化 Recreation, Education and Culture	七、居住 Residence	八、服务项目 Services
杭州市 Hangzhou	102.0	100.1	108.1	96.8	99.3	105.8	106.8
宁波市 Ningbo	101.3	94.9	100.6	88.4	96.5	102.5	108.4
温州市 Wenzhou	100.7	98.8	106.8	89.7	93.7	96.4	108.1
金华市 Jinhua	99.5	95.2	105.1	100.4	102.4	100.3	109.4
舟山市 Zhoushan	99.6	96.2	99.4	95.6	92.5	96.3	106.5
湖州市 Huzhou	104.4	99.7	102.8	93.6	96.6	101.8	106.3
绍兴市 Shaoxing	100.5	98.1	102.7	93.5	98.1	103.4	105.6
嘉兴市 Jiaxing	98.9	96.3	103.8	96.6	91.5	103.8	109.2
台州市 Taizhou	101.5	98.3	104.0	93.0	96.3	96.9	109.2
衢州市 Quzhou	100.5	99.4	106.3	97.9	99.0	99.7	104.9
丽水市 Lishui	102.0	98.9	109.3	98.5	94.3	100.4	104.8
新昌县 Xingchang	100.4	98.8	113.4	95.7	99.8	102.2	106.5
安吉县 Anji	103.6	98.6	113.3	97.3	97.6	98.5	110.8
临海市 Linhai	97.1	97.5	100.2	98.8	98.1	102.3	109.2
萧山市 Xiaoshan	100.4	98.7	97.9	99.2	92.7	97.7	112.2
龙泉市 Longquan	97.7	99.0	103.8	96.5	89.0	97.6	104.4
海宁市 Haining	99.9	97.2	103.6	97.4	100.0	97.2	108.2
江山市 Jiangshan	100.4	96.1	130.4	89.7	91.9	96.6	109.7
浦江县 Pujiang	101.8	100.1	107.4	96.8	92.1	100.3	102.6
建德市 Jiande	100.4	100.2	107.4	99.9	98.3	95.3	103.9
兰溪市 Lanxi	92.2	98.2	106.5	88.2	99.8	92.7	104.9

4—10 分月各种物价指数(1998 年)
Price Indices by Month(1998)

(上年同期=100) (preceding period=100)

项目	Item	1月 Jan.	2月 Feb.	3月 Mar.	4月 Apr.
商品零售价格指数	**Retail Price Index of Commodities**	**98.6**	**99.0**	**99.9**	**98.6**
城市	Urban Areas	99.1	99.3	100.0	98.9
农村	Rural Areas	98.0	98.7	99.8	98.2
农业生产资料零售价格指数	**Price Index of Agricultural Means of Production**	**95.0**	**94.2**	**91.7**	**89.3**
居民消费价格指数	**Consumer Price indices**	**100.5**	**101.0**	**101.8**	**100.1**
城市	Urban Areas	101.4	101.8	102.7	101.3
农村	Rural Areas	99.9	100.5	101.3	99.4
#服务项目价格指数	Services Price Index	111.0	110.0	107.9	107.8
城市	Urban Areas	108.8	109.0	108.4	107.8
农村	Rural Areas	112.3	110.4	107.6	107.7
农贸市场农产品成交价格指数	**Transaction Price Indices of Farm Products in Rural Free Markets**	**94.6**	**96.6**	**100.3**	**99.2**

(上年同期=100) 4—10 续表 1 continued (preceding period=100)

项目	Item	5月 May	6月 June	7月 July	8月 Aug.
商品零售价格指数	**Retail Price Index of Commodities**	**97.7**	**97.5**	**98.2**	**97.5**
城市	Urban Areas	98.2	97.3	97.7	97.1
农村	Rural Areas	97.1	97.7	98.6	97.9
农业生产资料零售价格指数	**Price Index of Agricultural Means of Production**	**89.8**	**91.2**	**91.0**	**92.3**
居民消费价格指数	**Consumer Price Indices**	**98.8**	**98.7**	**99.2**	**98.8**
城市	Urban Areas	100.2	99.2	99.4	98.9
农村	Rural Areas	98.0	98.4	99.1	98.6
#服务项目价格指数	Services Price Index	107.8	107.7	107.3	108.3
城市	Urban Areas	107.6	107.4	107.0	108.1
农村	Rural Areas	107.9	107.8	107.4	108.5
农贸市场农产品成交价格指数	**Transaction Price Indices of Farm Products in Rural Free Markets**	**97.8**	**95.3**	**93.6**	**91.8**

4—10 续表 2 continued

(上年同期=100) 项目	Item	9月 Sep.	10月 Oct.	11月 Nov.	12月 Dec.
商品零售价格指数	**Retail Price Index of Commodities**	**97.8**	**98.7**	**99.0**	**98.9**
城市	Urban Areas	97.8	98.5	98.6	98.6
农村	Rural Areas	97.7	98.9	99.4	99.3
农业生产资料零售价格指数	**Price Index of Agricultural Means of Production**	**92.8**	**93.5**	**93.9**	**93.8**
居民消费价格指数	**Consumer Price Index**	**98.8**	**99.7**	**100.1**	**99.5**
城市	Urban Areas	99.9	100.3	100.6	100.2
农村	Rural Areas	98.2	99.3	99.7	99.2
#服务项目价格指数	Services Price Index	104.2	103.7	103.9	103.8
农村	Rural Areas	102.8	102.6	102.7	102.5
农贸市场农产品成交价格指数	**Transaction Price Indices of Farm Products in Rural Free Markets**	**94.7**	**97.8**	**96.9**	**94.8**

(preceding period=100)

4—11 农贸市场农产品成交价格指数

Transaction Price Indices of Farm Products in Rural Free Markets

(上年=100) (Preceding year=100)

项目	Item	1996	1997	1998
农产品成交价格指数	**Transaction Price Indices of Farm Products**	**105.3**	**95.0**	**96.1**
粮食	Grain	108.0	88.1	102.5
油脂类	Oil or Fat	92.8	97.3	102.0
肉禽蛋	Meat,Poultry and Eggs	107.0	96.2	94.7
水产品	Aquatic Products	112.1	100.6	96.4
鲜菜	Fresh Vegetables	100.2	93.9	99.3
干菜	Dried Vegetables	99.7	97.7	98.2
鲜果	Fresh and Fruits	95.9	87.8	94.6
干果	Dried and Fruits	110.7	91.1	92.2

4—12 农副产品收购价格分类指数(1990 年=100)

General Purchasing Price Indices of Farm Products(1990=100)

项目	Item	1996	1997	1998
总指数	**General Purchasing Price Indices**	**202.9**	**195.2**	**183.5**
粮食	Grain	247.4	231.8	228.1
经济作物	Economic Crops	175.6	172.3	163.5
食用植物油及油料	Edible Vegetable Oil and Oil Bearing Crops	167.7	167.2	167.5
棉花	Cotton	220.8	221.5	206.7
麻	Jute and Ambary Hemp	215.9	165.6	125.5
烟叶	Tobacco	269.3	282.5	238.7
糖料	Sugarcane and Beetroots			
茶叶	Tea	158.2	167.7	171.4
竹木材类	Bamboo and Timber	248.6	231.5	205.6
木材	Timber	173.2	158.0	141.1
工业用油漆类	Oil and Lacquer for Industrial Use			
工业用油脂油料	Oil Bearing Crops for Industrial Use			
禽畜产品类	Livestock Products,Poultry and Eggs	210.8	219.7	190.9
肉畜	Livestock for Slaughtering	214.4	235.0	196.9
禽蛋	Poultry Eggs	186.2	155.9	152.3
皮张	Hides and Skins	238.7	223.0	217.9
鬃毛	Bristles	135.7	136.1	116.9
蚕茧蚕丝类	Silkworn Cocoons and Silk	153.7	200.3	189.9
干鲜果类	Dried and Fresh Fruits	206.5	134.4	146.5
瓜果	Melon and Fruits	182.6	107.4	119.9
于鲜菜及调味品类	Dried and Fresh Vegetables and Condiments	236.9	221.3	214.9
药材类	Crude Drugs	360.7	261.9	284.2
土副产品类	Local Products	188.9	207.0	195.6
水产品类	Aquatic Products	177.6	164.8	157.2

4－13 农副产品收购价格分类指数(1998 年)
Purchasing Price Index of Farm Products by Category (1998)

项目	Item	1990 =100	1995 =100	1997 =100
总指数	**General Purchasing Price Indices**	**183.5**	**97.9**	**94.0**
粮食	Grain	228.1	107.1	98.4
经济作物	Economic Crops	163.5	92.1	94.9
食用植物油及油料	Edible Vegetable Oil and Oil Bearing Crops	167.2	96.7	100.2
棉花	Cotton	206.7	86.4	93.3
麻	Jute and Ambary Hemp	125.5	77.6	75.8
烟叶	Tobacco	238.7	94.5	84.5
茶叶	Tea	171.4	101.0	102.2
竹木材类	Bamboo and Timber	205.6	96.3	88.8
木材	Timber	141.1	96.9	89.3
竹材	Bamboo	395.5	95.6	88.3
禽畜产品类	Livestock Products, Poultry and Eggs	190.9	89.5	86.9
肉畜	Livestock for Slaughtering	196.9	86.3	83.8
禽蛋	Poultry Eggs	152.3	103.9	97.7
皮张	Hides and Skins	217.9	75.9	97.7
鬃毛	Bristles	116.9	85.6	85.9
其他畜产品	Others	242.2	107.6	102.4
蚕茧蚕丝类	Silkworn Cocoons and Silk	189.9	76.4	94.8
干鲜果类	Dried and Fresh Fruits	146.5	135.8	109.0
瓜果	Melon and Fruits	119.9	140.7	111.6
干果	Dried Fruits	322.4	120.7	101.1
干鲜菜及调味品类	Melon and Fruits	214.9	104.6	97.1
鲜菜	Fresh Vegetables	276.6	92.2	97.0
干菜	Dried Vegetables	190.6	127.4	97.2
药材类	Crude Drugs	284.2	123.6	108.5
土副产品类	Local Products	195.6	104.1	94.5
水产品类	Aquatic Products	157.2	98.1	95.4

4－14 固定资产投资价格指数
Price Indices of Investment in Fixed Assets

（上年＝100） （preceding year＝100）

项目	Item	1996	1997	1998
固定资产投资价格指数	**Price Indices of Investment in Fixed Assets**	**101.25**	**99.5**	**97.6**
建筑安装工程	**Construction and Installation**	**101.55**	**99.8**	**97.0**
直接费	Direct Costs	102.24	99.4	97.2
＃人工费	Manpower	122.01	105.1	102.8
材料费	Materials	97.07	97.9	95.1
钢材	Steel Products	96.4	98.3	93.6
木材	Timber	100.85	98.6	98.3
水泥	Cement	93.92	96.0	93.4
地方材料	Local Materials	96.87	98.4	96.9
化工材料	Chemical Materials		99.9	99.3
电料	Electricalt Matererials		100.9	98.4
其他材料	Others	101.46	96.9	96.6
其他费用	Others Costs	102.1	103.3	95.6
设备、工器具购置	**Purchase of Equipment, Tools and Instruments**	**100.37**	**97.3**	**95.9**
金属制品业	Metal Products	101.37	98.0	97.5
机械工业	Machinery	101.14	98.37	96.8
交通运输设备	Transport Equipment	97.08	95.4	92.7
电气机械及器材	Electric Equipment and Machinery	100.92	96.39	94.9
电子及通信设备制造业	Electronic and Telecommunications Equipment	93.19	86.53	91.9
仪器仪表及其他计量器	Instruments, Meters and Others	106.04	99.99	99.9
其他费用投资	**Others**	**100.87**	**100.3**	**101.6**

4—15 分行业工业品出厂价格指数
Ex-Factory Price Indices of Industrial Products by Sector

（上年＝100） (Preceding year＝100)

项目	Item	1995	1996	1997	1998
全省	**General Index**	**112.3**	**99.5**	**99.2**	**95.6**
轻工业	**Light Industry**	**115.2**	**98.8**	**99.42**	**95.7**
以农产品为原料	Using Farm Products as Raw Materials	116.2	99.4	101.0	97.1
以非农产品为原料	Using Non Farm Products as Raw Materials	113.5	97.7	96.3	92.9
重工业	**Heavy Industry**	**108.3**	**100.5**	**98.8**	**95.4**
采掘	Mining and Quarrying Industry	108.5	105.1	86.8	90.7
原料	Raw Materials Industry	108.2	101.1	104.0	96.3
加工	Manufacturing Industry	108.4	99.8	95.9	95.1
生产资料	**Means of Production**	**111.0**	**99.8**	**99.7**	**95.2**
采掘	Mining and Quarrying Industry	108.5	105.1	86.8	90.7
原料	Raw Materials Industry	112.0	98.8	104.0	95.2
加工	Manufacturing Industry	110.1	100.5	96.3	95.4
生活资料	**Means of Subsistence**	**113.6**	**99.2**	**98.5**	**96.0**
食品	Food	118.2	101.3	98.0	97.9
衣着	Clothing	112.2	97.2	100.4	97.1
一般日用品	Articles for Daily use	114.5	100.4	98.3	94.5
耐用消费品	Durable Consumer Goods	102.1	96.5	90.9	92.9
分部门	**by Sector**				
冶金工业	Metalluragical Industry	109.1	96.2	96.9	92.0
电力工业	Power Industry	103.6	107.3	120.9	112.4
煤炭及炼焦工业	Coal Industry	108.9	105.3	96.2	97.5
石油工业	Petroleum Industry	109.8	101.1	108.4	84.5
化学工业	Chemical Industry	124.8	101.1	95.7	91.4
机械工业	Machine Building Industry	105.8	99.9	96.4	95.4
建筑材料工业	Building Materials Industry	96.8	92.8	91.2	94.4
森林工业	Timber Industry	104.5	102.1	100.4	93.7
食品工业	Food Industry	118.2	101.3	97.2	97.2
纺织工业	Textile Industry	109.8	92.8	102.0	92.6
缝纫工业	Tailoring Industry	123.3	105.4	102.6	101.3
皮革工业	Leather Industry	114.2	108.0	94.8	94.4
造纸工业	Paper Industry	138.5	108.3	100.2	95.4
文教艺术品工业	Caltural,Educational & Handicrafts Articles Industry	111.1	100.4	98.9	95.2
其他工业	Others	143.6	105.2	100.9	102.1

（上年＝100）　　4－15　续表　continued　　(preceding year＝100)

项目	Item	1995	1996	1997	1998
分行业	**by sector**				
煤炭采选业	Coal Mining and Dressing	107.8	109.5	89.3	95.8
黑色金属矿采选业	Ferrous Metals Mining and Dressing	102.5	99.8	98.8	98.8
有色金属矿采选业	Nonferrous Metals Mining and Dressing	133.4	109.4	102.3	89.5
建材及其他非金属矿采选业	Building Materials and Other Nonmetal Minerals Mining and Dressing	102.3	102.5	81.5	89.8
采盐业	Salt Extraction	100.8	100.7	97.3	105.2
木材及竹材采运业	Logging and Transport of Wood and Bamboo	101.1	121.0	82.5	100.0
自来水生产与供应业	Tap Water Production and Supply	119.1	101.6	128.7	118.6
食品制造业	Food Prodution	126.7	99.7	93.5	95.9
饮料制造业	Beverage Production	106.8	100.0	98.7	97.4
烟草加工业	Tobacco Processing	99.6	106.4	110.0	102.8
饲料制造业	Feed Production	151.2	93.0	96.0	99.1
纺织行业	Textile Industry	107.7	105.4	104.8	94.7
缝纫业	Sewing Industry	123.3	108.0	101.2	101.5
皮革、毛皮及其制品业	Leather,Furs and Related Products	114.2	103.1	93.5	93.1
木材加工及竹、藤、棕、草制品业	Timber Processing, Bamboo, Cane, Palm Fiber & Straw Products	103.3	98.2	100.1	95.5
家具制造业	Furniture Manufacturing	108.9	108.3	106.0	99.8
造纸及纸制品业	Papermaking and Paper Products	138.5	100.6	100.9	93.5
文教体育用品制造业	Cultural,Educational and Sports Articles	111.7	107.3	99.9	97.5
电力、蒸汽、热水供应业	Electric Power,Steam and Hot Water Supply	103.6	101.1	124.0	112.7
石油加工业	Petroleum Processing	109.8	100.6	107.7	84.4
炼焦、煤气及煤制品业	Coking,Gas and Coal Products	109.8	102.4	99.6	98.3
化学工业	Chemical Industry	124.8	95.0	93.9	91.9
医药工业	Medical and Pharmaceutical Industry	120.6	91.3	90.2	91.7
化学纤维工业	Chemical Fiber	124.8	104.6	90.0	83.4
橡胶制品工业	Rubber Products	117.1	98.6	99.1	93.8
塑料制品工业	Plastic Products	128.0	91.6	97.2	92.2
建材及非金属矿物制品业	Building Materials and Nonmetal Mineral Products	96.6	99.2	92.6	94.5
黑色金属冶炼及压延加工业	Smelting and Pressing of Ferrous Metals	96.4	88.3	96.9	94.1
有色金属冶炼及压延加工业	Smelting and Pressing of Nonferrous Metals	131.5	101.0	98.7	90.2
金属制品业	Metal Products	106.6	101.0	99.1	97.6
机械工业	Machine Building Industry	103.5	96.9	98.5	97.0
交通运输设备制造业	Transportation Equipment Manufacturing	109.6	100.4	92.9	91.6
电气机械及器材制造业	Electric Machinery and Equipment	98.4	92.3	96.5	95.4
电子及通信设备制造业	Electronic and Telecommunications Equipment	110.6	105.6	87.8	92.7
仪器仪表及计量器具制造业	Instruments,Meters and Calculating Equipment	111.0	100.5	99.6	99.4

4－16 主要原材料、燃料、动力购进价格分类指数
Purchasing Price Indices of Raw Material，Fuels and Motive Power by Category

（上年＝100） (preceding year＝100)

项目	Item	1995	1996	1997	1998
总指数	**General Purchasing Price Indices**	**119.2**	**98.2**	**96.51**	**92.6**
燃料动力类	Fuels and Motive Power	107.3	109.8	106.1	95.8
黑色金属材料类	Ferrous Metals Materials	95.5	99.7	96.1	94.7
有色金属材料和电线类	Nonferrous Metals Materials and Electric Wire	127.9	88.0	94.6	91.8
化工原料类	Chemical Raw Materials	125.7	90.8	93.6	87.2
木材及纸浆类	Logging and Paper Pulp	133.9	101.3	96.3	99.3
建筑材料类	Building Materials	102.8	102.7	98.2	96.4
非金属矿类	Nonmetal Minerals	105.3	103.5	94.9	92.1
农副产品类	Farm Products	133.5	100.9	97.6	98.6
纺织原料类	Textile Raw Materials	122.9	90.3	91.9	88.9

主要统计指标解释

商品零售价格指数　是反映城乡商品零售价格变动趋势的一种经济指数。零售物价的调整变动直接影响到城乡居民的生活支出和国家的财政收入，影响居民购买力和市场供需平衡，影响消费与积累的比例。因此，计算零售价格指数，可以从一个侧面对上述经济活动进行观察和分析。

居民消费价格指数　是反映一定时期内城乡居民所购买的生活消费品价格和服务项目价格变动趋势和程度的相对数。是综合了城市居民消费价格指数和农民消费价格指数计算取得。利用居民消费价格指数，可以观察和分析消费品的零售价格和服务价格变动对城乡居民实际生活支出的影响程度。

城市居民消费价格指数　是反映城市职工及其家庭所购买的生活消费品和服务项目价格变动趋势和程度的相对数。编制城市居民消费价格指数，可以观察和分析消费品的零售价格和服务项目价格变动对职工货币工资的影响，作为研究职工生活和确定工资政策的依据。

农村居民消费价格指数　是反映农村居民家庭所购买的生活消费品的价格和服务项目价格变动趋势和程度的相对数。用它可以观察农村消费品的零售价格和服务项目价格变动对农村居民生活消费支出的影响，直接反映农民生活水平的实际变化情况，为分析和研究农村居民生活问题提供依据。

农产品收购价格指数　是反映国有商业、集体商业、个体商业、外贸部门、国家机关、社会团体等各种经济类型的商业企业和有关部门收购农产品价格的变动趋势和程度的相对数。农产品收购价格指数可以观察和研究农产品收购价格总水平的变化情况，以及对农民货币收入的影响，作为制订和检查农产品价格政策的依据。计算指数所选的商品有 11 个大类、包括 276 种农副土特产品。采用加权倒数平均公式(即按报告期实际收购金额加权综合法)计算。

农村工业品零售价格指数　是反映农村市场工业品零售价格水平变动趋势和程度的相对数。通过农村工业品零售价格指数，可以观察工业品零售价格变动对农民货币支出的影响。

工业品出厂价格指数　是反映全部工业产品出厂价格总水平的变动趋势和程度的相对数。其中除包括工业企业售给商业、外贸、物资部门的产品外，还包括售给工业和其他部门的生产资料以及直接售给居民的生活消费品。通过工业生产价格指数能观察出厂价格变动对工业总产值的影响。

固定资产投资价格指数　是反映固定资产投资额价格变动趋势和程度的相对数。固定资产投资额是由建筑安装工程投资完成额、设备、工器具购置投资完成额和其他费用投资完成额三部分组成的。编制固定资产投资价格指数应首先分别编制上述三部分投资的价格指数，然后采用加权算术平均法求出固定资产投资价格总指数。

编制固定资产投资价格指数可以准确地反映固定资产投资中涉及的各类商品和取费项目价格变动趋势和变动幅度，消除按现价计算的固定资产投资指标中的价格变动因素，真实地反映固定资产投资的规模、速度、结构和效益，为国家科学地制定，检查固定资产投资计划并提高宏观调控水平，为完善国民经济核算体系提供科学的，可靠的依据。

Explanatory Notes on Main Statistical Indicators

Retail Price Index reflects the general change in retail prices of commodities. The change and adjustment in retail prices directly affect the living expenditure of urban and rural residents, government revenue, purchasing power of residents and the equilibrium of market supply and demand, and the ratio of consumption to accumulation. Therefore, the calculation of retail price index is useful to analyze the changes of the above economic activities.

Consumer Price Index reflects the relative change in prices of consumer goods and services purchased by urban and rural residents, and is a composite index derived from the urban consumer price index and the rural consumer price index. Consumer price index can be used to analyze the impact of consumer price change on actual expenditure for living cost of urban and rural residents.

Urban Consumer Price Index reflects the relative change in prices of consumer goods and services purchased by urban staff and workers and their families and can be used to observe and analyze the impact of price changes in consumer goods and services on money wages of staff and workers, and provide basis for policy making concerning the living cost and wages of staff and workers.

Rural Consumer Price Index reflects the relative change in prices of consumer goods and services purchased by rural households and can be used to observe the impact of change in prices of consumer goods and services on living expenditure and actual change in peasants' living cost. It provides basis for analysis and research on peasants' living cost and welfare.

Index of Purchasing Prices of Farm Products reflects the relative change in purchasing prices of farm products purchased by state-owned, collective-wned, and individual commercial enterprises, foreign trade sectors, government agencies, social organizations and other units of various types of ownership. It is used to observe the impact of change in purchasing prices of farm products on money income of peasants and is calculated with the method of weighted harmonic mean, taking the amount of purchases during a given period as the weight.

Retail Price Index of Rural Industrial Products reflects the relative change in prices of industrial products in rural market and can be used to observe the impact of the price change on farmers' money expenditure.

Ex-factory Price Index of Industrial Products reflects the change in general ex-factory prices of all industrial products, including sales of industrial products to commercial enterprises, foreign trade sectors, materials supplying and distributing sectors as well as sales of production means to industry and other sectors and sales of consumer goods to residents. It can be used to analyze the impact of ex-factory prices on gross industrial output value.

Price Index of Investment in Fixed Assets reflects the change in prices of investment in fixed assets. The investment in fixed assests consists of three components, namely the investment in construction and installation, the investment in purchases of equipment and instrument, and the investment in other items. Price index of investment in fixed assets is calculated as the weighted arithmetic mean of the price indices of the three components of investment in fixed assets.

Price index of investment in fixed assets reflects the changes of prices in various goods and services involved in investment in fixed assets and therefore can be used to observe the actual size, speed, structure, and efficiency of investment in fixed assets and provides reliable and scientific data for government planning, management, decision making, and further improving the current national accounting system.

人民生活

PEOPLE'S LIVELIHOOD

5

5. 人民生活
People's Livelihood

1998 年全部职工工资总额	Total Wages of Staff and Workers	422.51 亿元	(100 million yuan)
# 国有单位	State-owned Units	257.01 亿元	(100 million yuan)
1998 年全部职工平均工资	Average Wages of Staff and Workers	9259 元	(yuan)
# 国有单位	State-owned Units	10012 元	(yuan)
1998 年城镇居民人均可支配收入	Per Capita Disposable Income of Urban Residents	7837 元	(yuan)
1998 年农村居民人均纯收入	Per Capita Net Income of Rural Residents	3815 元	(yuan)
1998 年城镇居民人均居住面积	Per Capita Living Space of Urban Residents	12.0 万平方米	(10000 Sq.m)
1998 年农村居民人均住房面积	Per Capita Living Space of Rural Residents	38.5 万平方米	(10000 Sq.m)

职工工资总额（亿元）

Total Wages of Staff and Workers (100 million yuan)

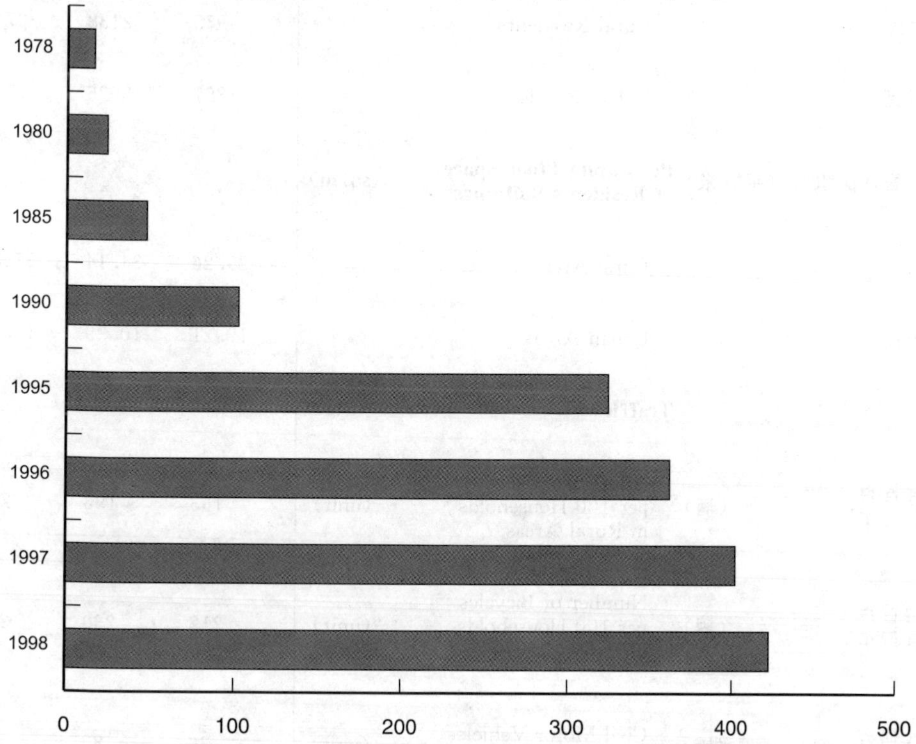

5—1 人民物质文化生活
People's Material and Cultural Life

项目		Item		1990	1995	1997	1998
城乡居民收入	（元）	**Income of Urban and Rual Residents**	（yuan）				
农民人均全年纯收入		Annual per Capita Net Income of Rural Residents		1099	2966	3684	3815
城镇居民人均可支配收入		Annual per Capita Disposble Income of Urban Residents		1932	6221	7359	7837
职工年平均工资		Annual Average Wages of Staff and Workers		2220	6619	8386	9259
消费水平	（元）	**Annual per Capita Consumption**	（yuan）				
全省居民		Per Capita Consumption		1122	2831	3670	3784
农村居民		Rural Residents		975	2138	2744	2824
城镇居民		Urban Residents		1857	5926	7566	7630
平均每人居住面积	（平方米）	**Per Capita Floor Space of Residents Buildings**	（sq. m）				
农民		Rural Areas		29.26	34.14	37.30	38.53
城镇居民		Urban Areas		10.21	10.89	11.28	11.98
交通		**Traffic**					
农村每百户拥有自行车	（辆）	Number of Bicycles per 100 Households in Rural Areas	（unit）	163	196	230	198
城镇每百户拥有自行车	（辆）	Number of Bicycles per 100 Households in Urban Areas	（unit）	212	230	221	223
每万人拥有民用汽车	（辆）	Civil Motor Vehicles per 10000 Persons	（unit）	36	82	94	108

5－1 续表 continued

项目		Item		1990	1995	1997	1998
储蓄		**Savings**					
城乡居民储蓄存款年末余额	（亿元）	Balance of Savings Deposit of Rural and Urban Residents (year-end)	（100 million yuan）	306.75	1377.22	2293.55	2847.29
平均每人储蓄存款余额	（元）	Per capita Balance of Savings Deposits	(yuan)	724	3152	5186	6403
文化、教育及卫生		**Culture, Education and Public Health**					
农村每百户拥有彩色电视机	（台）	Number of Color Tv Sets per 100 Households in Rural Areas	(unit)	9	33	47	56
城镇每百户拥有彩色电视机	（台）	Number of Color Tv Sets per 100 Households in Urban Areas	(unit)	63	96	111	121
每百人每天有报纸杂志	（份）	Daily Newspapers and Magazines Per 100 persons	(copy)	4.65	7.64	9.85	9.71
学龄儿童入学率	（%）	Enrollment Ratio of School-age Children	（%）	99.30	99.70	99.88	99.92
每千人口拥有在校大学生数	（人）	Students Enrollment in University 1000 Persons	(person)	1.43	2.13	2.31	2.52
每千人口拥有医疗床位数	（张）	Number of Hospital Beds per 1000 Persons	(person)	2.29	2.44	2.44	2.49
每千人口拥有医生数	（人）	Number of Doctors Per 1000 Persons	(person)	1.39	1.53	1.63	1.58
就业		**Employment**					
城镇每一就业者负担人数	（人）	Number of Dependents per Urban Employee	(person)	1.60	1.58	1.61	1.62

5—2 职工工资总额
Total Wages of Staff and Workers

单位:亿元 (100 million yuan)

年 份 Year	工资总额 Total Wages of Staff and Workers	国有单位职工 State-Owned Units	城镇集体单位职工 Urban Collective Owned Units	其他经济单位职工 Units of Other Types of Ownership
1985	47.85	28.69	18.91	0.25
1986	58.01	35.45	22.23	0.33
1987	66.62	40.68	25.44	0.50
1988	85.04	52.71	31.50	0.83
1989	94.46	59.08	34.17	1.21
1990	102.76	66.10	35.33	1.33
1991	115.98	74.42	39.39	2.17
1992	138.04	90.82	43.44	3.78
1993	192.98	123.08	58.80	11.10
1994	274.27	175.09	76.99	22.19
1995	324.25	201.67	90.46	32.12
1996	361.84	222.18	98.06	41.60
1997	402.01	251.85	100.13	50.03
1998	422.51	257.01	74.83	90.67

5—3 职工工资总额指数
Indices of Total Wages of Staff and Workers (1985=100)

年份 Year	工资总额指数 Index of Total Wages		国有单位职工 State-Owned Units		城镇集体单位职工 Urban Collective Owned Units	
	货币指数 Money Wage	实际指数 Real Wage	货币指数 Money Wage	实际指数 Real Wage	货币指数 Money Wage	实际指数 Real Wage
1986	121.2	114.1	123.6	116.3	117.6	110.6
1987	139.2	118.2	141.8	120.3	134.5	114.2
1988	177.7	122.2	183.7	126.4	166.5	114.5
1989	197.4	116.2	205.9	121.2	180.7	106.4
1990	214.7	128.2	230.4	132.8	186.8	107.7
1991	242.4	132.4	259.4	141.6	208.3	113.7
1992	288.5	144.2	316.6	159.3	229.7	114.8
1993	403.3	166.1	429.0	176.7	310.9	128.1
1994	573.1	189.3	610.3	201.6	406.8	134.4
1995	677.6	191.4	702.9	198.5	478.4	135.1
1996	756.1	194.3	774.4	199.0	518.5	133.2
1997	840.0	207.4	877.8	216.7	529.5	130.7
1998	883.0	217.0	895.8	220.1	395.7	97.2

5—4 分行业全部职工工资总额
Total Wages of Staff and Workers by Sector

单位:亿元 (100 million yuan)

行业	Sector	1990	1995	1997	1998
总计	**Total**	**102.76**	**324.25**	**402.01**	**422.51**
农、林、牧、渔业	Farming, Forestry, Animal Husbandry and Fishery	2.67	4.57	5.31	5.24
采掘业	Mining and Quarrying	1.43	3.25	2.99	2.89
制造业	Manufacturing	46.43	123.21	134.16	126.38
电力、煤气及水的生产和供应业	Electricity, Gas and Water Production and Supply	1.78	7.98	10.85	13.24
建筑业	Construction	6.22	32.66	40.99	41.32
地质勘查业、水利管理业	Geological Prospecting and Water Conservancy	0.96	1.54	1.90	1.98
交通运输、仓储及邮电通讯业	Transport, Storage, Post and Telecommunications	7.30	20.55	25.61	27.46
批发和零售贸易、餐饮业	Wholesale and Retail Sale Trade and Catering Services	12.88	37.38	42.47	40.94
金融、保险业	Banking and Insurance	1.68	10.10	14.81	17.53
房地产业	Real Estate Trade	0.34	2.35	3.66	4.13
社会服务业	Social Services	2.51	11.13	16.62	18.19
卫生、体育和社会福利业	Health Care, Sports and Social Welfare	3.35	13.67	20.98	25.06
教育、文化艺术和广播电影电视业	Education, Culture and Art, Radio, Film and Television	8.18	28.88	42.66	50.87
科学研究和综合技术服务业	Scientific Research and Polytechnical Services	0.68	3.52	4.76	5.60
国家机关、政党机关和社会团体	Government Agencies, Party Agencies and Social Organizations	5.82	22.09	31.87	38.14
其他行业	Others	0.53	1.37	2.37	3.54

5—5 分行业国有经济单位职工工资总额
Total Wages of Staff and Workers in State-Owned Units by Sector

单位:亿元 (100 million yuan)

行业	Sector	1990	1995	1997	1998
总计	**Total**	**66.10**	**201.66**	**251.85**	**257.01**
农、林、牧、渔业	Farming,Forestry,Animal Husbandry and Fishery	2.56	4.25	4.85	4.73
采掘业	Mining and Quarrying	1.40	3.07	2.82	2.64
制造业	Manufacturing	25.19	58.88	60.76	45.03
电力、煤气及水的生产和供应业	Electricity,Gas and Water Production and Supply	1.72	7.60	9.85	10.77
建筑业	Construction	2.42	9.09	9.79	9.27
地质勘查业、水利管理业	Geological Prospecting and Water Conservancy	0.91	1.49	1.80	1.87
交通运输、仓储及邮电通讯业	Transport,Storage,Post and Telecommunications	5.20	16.44	20.76	21.60
批发和零售贸易、餐饮业	Wholesale and Retail Sale Trade and Catering Services	6.46	19.88	22.08	19.76
金融、保险业	Banking and Insurance	1.08	6.56	9.60	10.51
房地产业	Real Estate Trade	0.27	1.75	2.60	2.82
社会服务业	Social Services	1.64	7.29	10.31	11.28
卫生、体育和社会福利业	Health Care,Sports and Social Welfare	2.52	10.96	17.12	20.98
教育、文化艺术和广播电影电视业	Education,Culture and Art, Radio,Film and Television	7.93	28.37	42.03	50.22
科学研究和综合技术服务业	Scientific Research and Polytechnical Services	0.67	3.33	4.40	5.17
国家机关、政党机关和社会团体	Government Agencies,Party Agencies and Social Organizations	5.71	21.88	31.68	38.02
其他行业	Others	0.42	0.82	1.40	2.34

5—6 分行业城镇集体经济单位职工工资总额

Total Wages of Staff and Workers in Urban Collective-Owned Units by Sector

单位：亿元 (100 million yuan)

行业	Sector	1990	1995	1997	1998
总计	**Total**	**35.33**	**90.46**	**100.13**	**74.83**
农、林、牧、渔业	Farming, Forestry, Animal Husbandry and Fishery	0.07	0.16	0.35	0.34
采掘业	Mining and Quarrying	0.03	0.16	0.10	0.12
制造业	Manufacturing	20.17	39.17	37.67	25.69
电力、煤气及水的生产和供应业	Electricity, Gas and Water Production and Supply	0.06	0.21	0.50	0.31
建筑业	Construction	3.79	22.43	28.67	19.72
地质勘查业、水利管理业	Geological Prospecting and Water Conservancy	0.05	0.05	0.10	0.10
交通运输、仓储及邮电通讯业	Transport, Storage, Post and Telecommunications	2.08	3.73	3.76	2.90
批发和零售贸易、餐饮业	Wholesale and Retail Sale Trade and Catering Services	6.34	14.49	15.27	12.13
金融、保险业	Banking and Insurance	0.60	3.35	4.51	4.66
房地产业	Real Estate Trade	0.06	0.32	0.40	0.34
社会服务业	Social Services	0.76	2.38	3.18	2.80
卫生、体育和社会福利业	Health Care, Sports and Social Welfare	0.83	2.71	3.81	4.01
教育、文化艺术和广播电影电视业	Education, Culture and Art, Radio, Film and Television	0.25	0.48	0.52	0.51
科学研究和综合技术服务业	Scientific Research and Polytechnical Services	0.01	0.13	0.22	0.21
国家机关、政党机关和社会团体	Government Agencies, Party Agencies and Social Organizations	0.12	0.21	0.19	0.12
其他行业	Others	0.11	0.48	0.88	0.88

5—7 分行业其他经济单位职工工资总额
Total Wages of Staff and Workers in Other Ownership Units by Sector

单位:亿元 (100 million yuan)

行业	Sector	1990	1995	1997	1998
总计	**Total**	**1.33**	**32.12**	**50.03**	**90.67**
农、林、牧、渔业	Farming, Forestry, Animal Husbandry and Fishery	0.05	0.15	0.11	0.17
采掘业	Mining and Quarrying		0.02	0.07	0.13
制造业	Manufacturing	1.07	25.16	35.73	55.65
电力、煤气及水的生产和供应业	Electricity, Gas and Water Production and Supply		0.17	0.50	2.16
建筑业	Construction	0.01	1.14	2.53	12.33
地质勘查业、水利管理业	Geological Prospecting and Water Conservancy				0.01
交通运输、仓储及邮电通讯业	Transport, Storage, Post and Telecommunications	0.01	0.38	1.09	2.96
批发和零售贸易、餐饮业	Wholesale and Retail Sale Trade and Catering Services	0.09	3.02	5.12	9.05
金融、保险业	Banking and Insurance		0.18	0.70	2.36
房地产业	Real Estate Trade		0.29	0.66	0.97
社会服务业	Social Services	0.10	1.46	3.13	4.11
卫生、体育和社会福利业	Health Care, Sports and Social Welfare			0.05	0.08
教育、文化艺术和广播电影电视业	Education, Culture and Art, Radio, Film and Television		0.03	0.11	0.14
科学研究和综合技术服务业	Scientific Research and Polytechnical Services		0.06	0.14	0.22
国家机关、政党机关和社会团体	Government Agencies, Party Agencies and Social Organizations				
其他行业	Others		0.06	0.09	0.32

5—8 职工平均工资
Average Wage of Staff and Workers

单位:元 (yuan)

年份 Year	平均工资 Average Wage	国有单位 State-Owned Units	城镇集体单位 Urban Collective Owned Units	其他单位 Units of Other Types of Ownership
1985	1159	1226	1071	1247
1986	1346	1442	1271	1455
1987	1493	1584	1365	1635
1988	1841	1961	1667	2014
1989	2031	2158	1838	2209
1990	2220	2383	1964	2412
1991	2422	2583	2152	2831
1992	2884	3088	2507	3368
1993	3932	4168	3439	4544
1994	5597	6034	4671	6334
1995	6619	6952	5702	7813
1996	7413	7734	6414	8672
1997	8386	8847	7026	9584
1998	9259	10012	7230	9432

5—9 职工平均工资指数
Indices of Average Wage of Staff and Workers (1985=100)

年份 Year	平均工资 Indices of Average Wage		国有单位职工 State-Owned Units		城镇集体单位职工 Urban Collective Owned Units	
	货币指数 Average Money Wage	实际指数 Average Real Wage	货币指数 Average Money Wage	实际指数 Average Real Wage	货币指数 Average Money Wage	实际指数 Average Real Wage
1986	116.1	109.2	117.6	110.6	118.7	111.7
1987	128.8	109.2	129.2	109.6	127.5	108.1
1988	158.8	109.1	160.0	110.0	155.6	106.9
1989	175.2	103.1	176.0	103.6	171.6	101.0
1990	191.5	110.4	194.4	112.0	183.4	105.7
1991	209.0	114.1	210.7	115.0	200.9	109.7
1992	248.8	124.4	251.9	126.0	234.1	117.1
1993	339.3	139.7	340.0	140.0	321.1	132.2
1994	482.9	159.4	492.2	162.4	436.1	143.9
1995	571.1	161.1	567.0	160.0	532.4	150.2
1996	639.6	164.4	630.8	162.1	598.9	153.9
1997	723.6	178.6	721.6	178.1	656.0	161.9
1008	798.9	196.3	816.6	200.6	675.1	165.9

5—10 分行业全部职工平均工资
Average Wage of Staff and Workers by Sector

单位:元 (yuan)

行业	Sector	1990	1995	1997	1998
总计	**Total**	**2220**	**6619**	**8386**	**9259**
农、林、牧、渔业	Farming,Forestry,Animal Husbandry and Fishery	2142	5692	7081	7350
采掘业	Mining and Quarrying	2532	6152	6969	7083
制造业	Manufacturing	2148	6059	7300	7641
电力、煤气及水的生产和供应业	Electricity,Gas and Water Production and Supply	2822	9803	12552	14434
建筑业	Construction	2528	7697	9470	9824
地质勘查业、水利管理业	Geological Prospecting and Water Conservancy	2310	6982	8489	9373
交通运输、仓储及邮电通讯业	Transport,Storage,Post and Telecommunications	2661	7480	9327	10458
批发和零售贸易、餐饮业	Wholesale and Retail Sale Trade and Catering Services	2047	5628	6822	7383
金融、保险业	Banking and Insurance	2213	8448	11174	12762
房地产业	Real Estate Trade	2179	8791	10773	11930
社会服务业	Social Services	2221	7164	9133	9827
卫生、体育和社会福利业	Health Care,Sports and Social Welfare	2284	7944	11236	12680
教育、文化艺术和广播电影电视业	Education,Culture and Art,Radio,Film and Television	2205	6733	9085	10626
科学研究和综合技术服务业	Scientific Research and Polytechnical Services	2343	8251	10765	12706
国家机关、政党机关和社会团体	Government Agencies,Party Agencies and Social Organizations	2263	7299	9804	11374
其他行业	Others	2228	7955	9321	9932

5—11 分行业国有经济单位职工平均工资

Average Wage of Staff and Workers in State-Owned Units by Sector

单位:元 (yuan)

行业	Sector	1990	1995	1997	1998
总计	**Total**	**2383**	**6952**	**8847**	**10012**
农、林、牧、渔业	Farming, Forestry, Animal Husbandry and Fishery	2142	5642	6982	7376
采掘业	Mining and Quarrying	2570	6317	7009	7205
制造业	Manufacturing	2373	6180	7286	7440
电力、煤气及水的生产和供应业	Electricity, Gas and Water Production and Supply	2856	9904	12626	14125
建筑业	Construction	2992	8725	10375	11777
地质勘查业、水利管理业	Geological Prospecting and Water Conservancy	2327	7043	8530	9394
交通运输、仓储及邮电通讯业	Transport, Storage, Post and Telecommunications	2897	8205	10179	11251
批发和零售贸易、餐饮业	Wholesale and Retail Sale Trade and Catering Services	2259	6220	7376	8020
金融、保险业	Banking and Insurance	2236	8264	11172	12311
房地产业	Real Estate Trade	2265	8544	10741	11932
社会服务业	Social Services	2332	7356	9292	10152
卫生、体育和社会福利业	Health Care, Sports and Social Welfare	2369	8329	11864	13362
教育、文化艺术和广播电影电视业	Education, Culture and Art, Radio, Film and Television	2221	6738	9095	10645
科学研究和综合技术服务业	Scientific Research and Polytechnical Services	2348	8292	10743	12609
国家机关、政党机关和社会团体	Government Agencies, Party Agencies and Social Organizations	2269	7302	9808	11381
其他行业	Others	2213	7778	9425	9852

5—12 分行业城镇集体经济单位职工平均工资

Average Wage of Staff and Workers in Urban Collective-Owned Units by Sector

单位:元 (yuan)

行业	Sector	1990	1995	1997	1998
总计	**Total**	**1964**	**5702**	**7026**	**7230**
农、林、牧、渔业	Farming,Forestry,Animal Husbandry and Fishery	1588	5517	7991	9528
采掘业	Mining and Quarrying	1391	4194	6338	5951
制造业	Manufacturing	1913	5232	6102	6126
电力、煤气及水的生产和供应业	Electricity,Gas and Water Production and Supply	2132	8084	11255	9013
建筑业	Construction	2301	7261	9106	8977
地质勘查业、水利管理业	Geological Prospecting and Water Conservancy	2046	5971	7844	8781
交通运输、仓储及邮电通讯业	Transport,Storage,Post and Telecommunications	2213	5376	6148	6236
批发和零售贸易、餐饮业	Wholesale and Retail Sale Trade and Catering Services	1865	4727	5718	5896
金融、保险业	Banking and Insurance	2172	8729	10801	12648
房地产业	Real Estate Trade	1858	8815	8643	10028
社会服务业	Social Services	1972	5743	7363	7933
卫生、体育和社会福利业	Health Care,Sports and Social Welfare	2062	6696	9051	10010
教育、文化艺术和广播电影电视业	Education,Culture and Art,Radio,Film and Television	1804	6329	8002	9051
科学研究和综合技术服务业	Scientific Research and Polytechnical Services	2106	6172	8646	11559
国家机关、政党机关和社会团体	Government Agencies,Party Agencies and Social Organizations	1991	6968	9136	9641
其他行业	Others	2290	7639	8638	9201

5—13 分行业其他经济单位职工平均工资

Average Wage of Staff and Workers in Other Ownership Units by Sector

单位:元 (yuan)

行 业	Sector	1990	1995	1997	1998
总计	**Total**	**2412**	**7813**	**9584**	**9432**
农、林、牧、渔业	Farming, Forestry, Animal Husbandry and Fishery	4774	8100	9547	9024
采掘业	Mining and Quarrying		5072	6413	6077
制造业	Manufacturing	2345	7574	9248	8844
电力、煤气及水的生产和供应业	Electricity, Gas and Water Production and Supply	2188	8456	12528	17924
建筑业	Construction	2378	10122	10712	10091
地质勘查业、水利管理业	Geological Prospecting and Water Conservancy				11979
交通运输、仓储及邮电通讯业	Transport, Storage, Post and Telecommunications	2482	7511	11484	12289
批发和零售贸易、餐饮业	Wholesale and Retail Sale Trade and Catering Services	2384	7899	9124	8834
金融、保险业	Banking and Insurance		10878	14450	15568
房地产业	Real Estate Trade	4583	10823	12825	12777
社会服务业	Social Services	2623	9844	11246	10622
卫生、体育和社会福利业	Health Care, Sports and Social Welfare		6250	15790	12064
教育、文化艺术和广播电影电视业	Education, Culture and Art, Radio, Film and Television		9857	11503	10552
科学研究和综合技术服务业	Scientific Research and Polytechnical Services		16144	19873	7702
国家机关、政党机关和社会团体	Government Agencies, Party Agencies and Social Organizations				
其他行业	Others		20695	21823	13846

5－14 各市、地全部职工工资总额和平均工资

Total Wages and Average Wage of Staff and Workers by City and Prefecture

地　区	Region	1990	1995	1997	1998
工资总额(万元)	**Total Wages(10000 yuan)**	**1027555**	**3242463**	**4020084**	**4225143**
浙东北	**Eastern and Northern Region**	**714630**	**2297002**	**2708518**	**2912569**
杭州市	Hangzhou	277910	890488	1073862	1135034
宁波市	Ningbo	156732	573191	744910	784441
嘉兴市	Jiaxing	94589	264438	304830	311030
湖州市	Huzhou	62431	172611	192338	185936
绍兴市	Shaoxing	88146	289166	379970	376640
舟山市	Zhoushan	34822	107108	121608	119488
浙西南	**Western and Southern Region**	**310076**	**940669**	**1197164**	**1306718**
温州市	Wenzhou	98610	308271	427830	480755
金华市	Jinhua	70799	220058	261971	271991
衢州市	Quzhou	41221	119869	137437	137120
台州市	Taizhou	64706	206887	270869	309077
丽水地区	Lishui	34740	85584	99057	107775
平均工资(元)	**Average Wage (yuan)**	**2220**	**6619**	**8386**	**9259**
浙东北	**Eastern and Northern Region**	**2309**	**6940**	**8433**	**9617**
杭州市	Hangzhou	2380	7156	9108	10194
宁波市	Ningbo	2228	7361	9714	10751
嘉兴市	Jiaxing	2350	6229	7601	8204
湖州市	Huzhou	2275	6267	7287	7654
绍兴市	Shaoxing	2161	6716	8342	8892
舟山市	Zhoushan	2478	6856	8369	8786
浙西南	**Western and Southern Region**	**2040**	**5949**	**7604**	**8558**
温州市	Wenzhou	1989	6040	8013	8942
金华市	Jinhua	2082	5925	7311	8089
衢州市	Quzhou	2166	5710	7026	7713
台州市	Taizhou	1995	6320	8097	9368
丽水地区	Lishui	2050	5282	6518	7416

5—15 分行业国有单位从业人员劳动报酬
Remuneration Payment to Employed Persons in State-Owned Units by Sector

单位:亿元 (100 million yuan)

行业	Sector	单位从业人员劳动报酬 Total Remuneration	在岗职工工资总额 Wages of Staff and Workers at Work	其他从业人员劳动报酬 Remuneration Payment to Other Employed Persons	聘用的离退休人员 Re-employed Retires	聘用的港澳台和外籍人员 Re-employed Persons from Hong Kong, Macao & Taiwan and Foreigner
总计	**Total**	**256.60**	**252.20**	**4.40**	**1.10**	**0.05**
农、林、牧、渔业	Farming, Forestry, Animal Husbandry and Fishery	4.63	4.59	0.04	0.01	
采掘业	Mining and Quarrying	2.51	2.49	0.02		
制造业	Manufacturing	42.72	42.41	0.31	0.11	0.01
电力、煤气及水的生产和供应业	Electricity, Gas and Water Production and Supply	10.76	10.72	0.04	0.02	
建筑业	Construction	9.14	9.04	0.10	0.05	
地质勘查业、水利管理业	Geological Prospecting and Water Conservancy	1.83	1.81	0.02	0.01	
交通运输、仓储及邮电通讯业	Transport, Storage, Post and Telecommunications	21.46	21.15	0.31	0.02	
批发和零售贸易、餐饮业	Wholesale and Retail Sale Trade and Catering Services	19.41	18.99	0.42	0.12	
金融、保险业	Banking and Insurance	11.44	10.50	0.94	0.03	
房地产业	Real Estate Trade	2.87	2.79	0.08	0.04	
社会服务业	Social Services	11.61	11.20	0.41	0.17	
卫生、体育和社会福利业	Health Care, Sports and Social Welfare	21.28	20.96	0.32	0.16	
教育、文化艺术和广播电影电视业	Education, Culture and Art, Radio, Film and Television	50.92	50.14	0.78	0.16	0.04
科学研究和综合技术服务业	Scientific Research and Polytechnical Services	5.27	5.15	0.12	0.07	
国家机关、政党机关和社会团体	Government Agencies, Party Agencies and Social Organizations	38.41	37.96	0.45	0.11	
其他行业	Others	2.34	2.30	0.04	0.02	

5—16 分行业城镇集体单位从业人员劳动报酬
Remuneration Payment to Employed Persons in Urban Collective-Owned Units by Sector

单位:亿元 (100 million yuan)

行业	Sector	单位从业人员劳动报酬 Total Remuneration	在岗职工工资总额 Wages of Staff and Workers at Work	其他从业人员劳动报酬 Remuneration Payment to Other Employed Persons	聘用的离退休人员 Re-employed Retires	聘用的港澳台和外籍人员 Re-employed Persons from Hong Kong, Macao & Taiwan and Foreigner
总计	**Total**	**74.46**	**72.85**	**1.61**	**0.50**	
农、林、牧、渔业	Farming, Forestry, Animal Husbandry and Fishery	0.34	0.34			
采掘业	Mining and Quarrying	0.12	0.12			
制造业	Manufacturing	25.11	24.55	0.56	0.20	
电力、煤气及水的生产和供应业	Electricity, Gas and Water Production and Supply	0.32	0.31	0.01		
建筑业	Construction	20.03	19.61	0.42	0.06	
地质勘查业、水利管理业	Geological Prospecting and Water Conservancy	0.10	0.10			
交通运输、仓储及邮电通讯业	Transport, Storage, Post and Telecommunications	2.83	2.77	0.06	0.01	
批发和零售贸易、餐饮业	Wholesale and Retail Sale Trade and Catering Services	11.81	11.57	0.24	0.09	
金融、保险业	Banking and Insurance	4.71	4.66	0.05	0.01	
房地产业	Real Estate Trade	0.36	0.34	0.02	0.01	
社会服务业	Social Services	2.89	2.76	0.13	0.06	
卫生、体育和社会福利业	Health Care, Sports and Social Welfare	4.06	4.00	0.06	0.04	
教育、文化艺术和广播电影电视业	Education, Culture and Art, Radio, Film and Television	0.54	0.50	0.04	0.01	
科学研究和综合技术服务业	Scientific Research and Polytechnical Services	0.23	0.22	0.01	0.01	
国家机关、政党机关和社会团体	Government Agencies, Party Agencies and Social Organizations	0.12	0.12			
其他行业	Others	0.89	0.88	0.01		

5—17 分行业其他单位从业人员劳动报酬
Remuneration Payment to Employed Persons in Other Units by Sector

单位:亿元 (100 million yuan)

行业	Sector	单位从业人员劳动报酬 Total Remuneration	在岗职工工资总额 Wages of Staff and Workers at Work	其他从业人员劳动报酬 Remuneration Payment to Other Employed Persons	聘用的离退休人员 Re-employed Retires	聘用的港澳台和外籍人员 Re-employed Persons from Hong Kong, Macao & Taiwan and Foreigner
总计	**Total**	**92.18**	**89.10**	**3.08**	**0.76**	**0.76**
农、林、牧、渔业	Farming, Forestry, Animal Husbandry and Fishery	0.16	0.16			
采掘业	Mining and Quarrying	0.13	0.13			
制造业	Manufacturing	56.09	54.44	1.65	0.37	0.56
电力、煤气及水的生产和供应业	Electricity, Gas and Water Production and Supply	2.19	2.16	0.03	0.01	0.01
建筑业	Construction	12.55	12.23	0.32	0.08	
地质勘查业、水利管理业	Geological Prospecting and Water Conservancy	0.01	0.01			
交通运输、仓储及邮电通讯业	Transport, Storage, Post and Telecommunications	3.03	2.93	0.10	0.02	0.01
批发和零售贸易、餐饮业	Wholesale and Retail Sale Trade and Catering Services	9.30	8.90	0.40	0.01	0.08
金融、保险业	Banking and Insurance	2.39	2.36	0.03	0.02	
房地产业	Real Estate Trade	1.10	0.96	0.14	0.05	0.02
社会服务业	Social Services	4.41	4.06	0.35	0.09	0.08
卫生、体育和社会福利业	Health Care, Sports and Social Welfare	0.08	0.08			
教育、文化艺术和广播电影电视业	Education, Culture and Art, Radio, Film and Television	0.16	0.14	0.02	0.02	
科学研究和综合技术服务业	Scientific Research and Polytechnical Services	0.25	0.22	0.03		
国家机关、政党机关和社会团体	Government Agencies, Party Agencies and Social Organizations					
其他行业	Others	0.33	0.32	0.01		

5—18 全部职工保险福利费用
Insurance and Welfare Funds of Staff and Workers

单位:万元 (10000 yuan)

项目	Item	1990	1995	1997	1998
保险福利费用总额	**Total**	**346674**	**996000**	**1333647**	**1487608**
在职职工保险福利费用	**Labor Insurance and Welfare Funds for Staff and Workers at Their Posts**	**170439**	**374161**	**478333**	**502632**
医疗卫生费	Medical Care	72866	202142	250783	249039
丧葬抚恤救济费	Funeral Expenses, Pensions and Relief Funds	1103	4578		
生活困难补助	Subsidies for Living Expenses	2311	4796		
文娱体育宣传费	Expenses for Cultural Activities, Sports and Propaganda	3604	11945	18833	24764
集体福利事业补贴	Subsidies for Collective Welfare Undertakings	11892	69495	103797	116748
集体福利设施费	Expenses of Collective Welfare Facilities	14858			
计划生育补贴	Subsidies for Family Planning	5879	8576		
上下班交通费补贴	Subsidies for Traffic	5230			
洗理卫生费	Expenses for Hygiene	32282			
其他	Others	20414	72629	104920	112081
非在职职工保险福利费用	**Labor Insurance and welfare Funds for Retired Veteran cadres, Retired and Resigned Workers**	**176235**	**621839**	**855314**	**984976**
离休、退休、退职金	Funds for Retirement and Resignation	81547		638396	754294
生活补贴和价格补贴	Subsidies for Living and Price	46671			
医疗卫生费	Medical Care	29575	120234	162093	172126
护理费	Nursing Expenses	339			
丧葬抚恤救济费	Funeral Expenses, Pensions and Relief Funds	2920	9867		
交通费补贴	Subsidies for Traffic	762	2570		
洗理卫生费	Expenses for Hygiene	6010			
其他	Others	8411		54825	58556

5—19 按经济类型分的全部职工保险福利费用(1998年)

Insurance and Welfare Funds of Staff and Workers by Ownership(1998)

项 目	Item	全部职工 Total Staff and Workers	国有单位职工 State-Owned Units	城镇集体单位职工 Urban Collective Owned Units	其他单位职工 Units of Other Types of Ownership
保险福利费用总额(万元)	**Total (10000 yuan)**	**1487608**	**1082374**	**241179**	**164055**
在职职工保险福利费用	**Insurance and Welfare Funds for Staff and Workers at Their Posts**	**502632**	**378295**	**56298**	**68039**
医疗卫生费	Medical Care	249039	186101	29663	33275
丧葬抚恤救济费	Funeral Expenses,Pensions and Relief Funds				
生活困难补助	Subsidies for Living Expenses				
文娱体育宣传费	Expenses for Cultural Activities,Sports and Propaganda	24764	19964	2283	2517
集体福利事业补贴	Subsidies of Collective Welfare Facilities	116748	88199	11894	16655
集体福利设施费	Expenses of Collective Welfare Facilities				
计划生育补贴	Subsidies for Family Planning				
其他	Others	112081	84031	12458	15592
非在职职工保险福利费用	**Labor Insurance and Welfare Funds for Retired Veteran Cadres,Retired and Resigned Workers**	**984976**	**704079**	**184881**	**96016**
离休、退休、退职金	Funds for Retirement and Resignation	754294	522806	156909	74579
生活补贴和价格补贴	Subsidies for Living and Price				
医疗卫生费	Medical Care	172126	132456	21751	17919
丧葬抚恤救济费	Funeral Expenses,Pensions and Relief				
交通费补贴	Funds Subsidies For Traffic				
洗理卫生费、其他	Health expenses and others	58556	48817	6221	3518
每一在职职工平均享受的保险福利费(元)	**Annual Average Labor Insurance and Welfare Funds per Worker(staff) (yuan)**	**1103**	**1474**	**547**	**708**
在职职工保险福利费总额相当于工资总额(%)	**Total Labor Insurance and Welfare Funds as Percentage of Total Wages(%)**	**11.9**	**14.7**	**7.5**	**7.5**

5—20 国有经济单位职工保险福利费用

Insurance and Welfare Funds of Staff and Workers in State-Owned Units

单位:万元 (10000 yuan)

项目	Item	1990	1995	1997	1998
保险福利费用总额	**Total**	**248052**	**736192**	**1007088**	**1082374**
在职职工保险福利费用	**Insurance and Welfare Funds for Staff and Workers at Their Posts**	**127823**	**283384**	**369916**	**378295**
医疗卫生费	Medical Care	54888	153882	196276	186101
丧葬抚恤救济费	Funeral Expenses,Pensions and Relief Funds	858	3390		
生活困难补助	Subsidies for Living Expenses	1703	3457		
文娱体育宣传费	Expenses for Cultural Activities,Sports and Propaganda	2768	9412	15506	19964
集体福利事业补贴	Subsidies of Collective Welfare Facilities	9783	54322	80243	88199
集体福利设施费	Expenses of Collective Welfare Facilities	12775			
计划生育补贴	Subsidies for Family Planning	3967	6127		
上下班交通费补贴	Subsidies for Traffic	3747			
洗理卫生费	Expenses for Hygiene	22434			
其他	Others	14900	52794	77891	84031
非在职职工保险福利费用	**Labor Insurance and Welfare Funds for Retired Veteran Cadres Retired and Resigned Worker**	**120229**	**452808**	**637172**	**704079**
离休、退休、退职金	Funds for Retirement and Resignation	55590	323536	462559	522806
生活补贴和价格补贴	Subsidies for Living and Price	29533			
医疗卫生费	Medical Care	21409	93130	129185	132456
护理费	Nursing Expenses	255			
丧葬抚恤救济费	Funeral Expenses, Pensions and Relief Funds	2024	6918		
交通费补贴	Subsidies for Traffic	693	2341		
洗理卫生费	Expenses for Hygiene	4184	26883	45428	48817
其他	Others	6541			

Note: In the 1995, 1997 and 1998 columns, values for "集体福利事业补贴" and "集体福利设施费", for "离休、退休、退职金" and "生活补贴和价格补贴", and for "洗理卫生费" and "其他" (non-working staff) are bracketed together as combined totals.

5—21 城镇集体经济单位职工保险福利费用

Insurance and Welfare Funds of Staff and Workers in Urban Collective-Owned Units

单位:万元 (10000 yuan)

<table>
<tr><th>项目</th><th>Item</th><th>1990</th><th>1995</th><th>1997</th><th>1998</th></tr>
<tr><td>保险福利费用总额</td><td>Total</td><td>95142</td><td>211753</td><td>248754</td><td>241179</td></tr>
<tr><td>在职职工保险福利费用</td><td>Labor Insurance and Welfare Funds for Staff and Workers at Their Posts</td><td>40282</td><td>64999</td><td>68087</td><td>56298</td></tr>
<tr><td>医疗卫生费</td><td>Medical Care</td><td>17074</td><td>34495</td><td>34914</td><td>29663</td></tr>
<tr><td>丧葬抚恤救济费</td><td>Funeral Expenses, Pensions and Relief Funds</td><td>240</td><td>953</td><td></td><td></td></tr>
<tr><td>生活困难补助</td><td>Subsidies for Living Expenses</td><td>588</td><td>1088</td><td></td><td></td></tr>
<tr><td>文娱体育宣传费</td><td>Expenses for Cultural Activities, Sports and Propaganda</td><td>794</td><td>1993</td><td>2178</td><td></td></tr>
<tr><td>集体福利事业补贴</td><td>Subsidies for Collective Welfare Undertakings</td><td>1980</td><td rowspan="2">10209</td><td rowspan="2">13333</td><td rowspan="2">11894</td></tr>
<tr><td>集体福利设施费</td><td>Expenses of Collective Welfare Facilities</td><td>1823</td></tr>
<tr><td>计划生育补贴</td><td>Subsidies for Family Planning</td><td>1826</td><td>1949</td><td></td><td></td></tr>
<tr><td>上下班交通费补贴</td><td>Subsidies for Traffic</td><td>1320</td><td></td><td></td><td></td></tr>
<tr><td>洗理卫生费</td><td>Expenses for Hygiene</td><td>9443</td><td></td><td></td><td></td></tr>
<tr><td>其他</td><td>Others</td><td>5194</td><td>14312</td><td>17662</td><td>12458</td></tr>
<tr><td>非在职职工保险福利费用</td><td>Labor Insurance and Welfare Funds for Retired Veteran Cadres Retired and Resigned Worker</td><td>54860</td><td>146754</td><td>180667</td><td>184881</td></tr>
<tr><td>离休、退休、退职金</td><td>Funds for Retirement and Resignation</td><td>25474</td><td rowspan="2">117343</td><td rowspan="2">148643</td><td rowspan="2">156909</td></tr>
<tr><td>生活补贴和价格补贴</td><td>Subsidies for Living and Price</td><td>16750</td></tr>
<tr><td>医疗卫生费</td><td>Medical Care</td><td>7979</td><td>21573</td><td>24113</td><td>21751</td></tr>
<tr><td>护理费</td><td>Nursing Expenses</td><td>83</td><td></td><td></td><td></td></tr>
<tr><td>丧葬抚恤救济费</td><td>Funeral Expenses, Pensions and Relief Funds</td><td>885</td><td>2689</td><td></td><td></td></tr>
<tr><td>交通费补贴</td><td>Subsidies for Traffic</td><td>68</td><td>198</td><td></td><td></td></tr>
<tr><td>洗理卫生费</td><td>Expenses for Hygiene</td><td>1774</td><td rowspan="2">4951</td><td rowspan="2">7911</td><td rowspan="2">6221</td></tr>
<tr><td>其他</td><td>Others</td><td>1847</td></tr>
</table>

5—22 其他经济单位职工保险福利费用

Insurance and Welfare Funds of Staff and Workers in Other Ownership Units

单位：万元 (10000 yuan)

项目	Item	1990	1995	1997	1998
保险福利费用总额	**Total**	**3480**	**48055**	**77805**	**164055**
在职职工保险福利费用	**Insurance and Welfare Funds for staff and Workers at Their Posts**	**2334**	**25778**	**40330**	**68039**
医疗卫生费	Medical Care	904	13765	19593	33275
丧葬抚恤救济费	Funeral Expenses,Pensions and Relief Funds	5	235		
生活困难补助	Subsidies for Living Expenses	20	251		
文娱体育宣传费	Expenses for Cultural Activities,Sports and Propaganda	42	540	1149	2517
集体福利事业补贴	Subsidies for Collective Welfare Undertakings	129	4964	10221	16655
集体福利设施费	Expenses of Collective Welfare Facilities	260	4964	10221	
计划生育补贴	Subsidies for Family Planning	86	500		
上下班交通费补贴	Subsidies for Traffic	163			
洗理卫生费	Expenses for Hygiene	405			
其他	Others	320	5523	9367	15592
非在职职工保险福利费用	**Insurance and Welfare Funds for Retired Veteran Cadres Retired and Resigned Workers**	**1146**	**22277**	**37475**	**96016**
离休、退休、退职金	Funds for Retirement and Resignation	483	15674	27194	74579
生活补贴和价格补贴	Subsidies for Living and Price	388	15674		
医疗卫生费	Medical Care	187	5531	8795	17919
护理费	Nursing Expensies	1			
丧葬抚恤救济费	Funeral Expenses, Pensions and Relief Funds	11	260		
交通费补贴	Subsidies for Traffic	1	31		
洗理卫生费	Expenses for Hygiene	52	781		
其他	Others	23	781	1486	3518

5—23 城镇居民家庭基本情况
Basic Statistics on Urban Households

项目		Item		1990	1995	1997	1998
调查户数	（户）	Number of Households Surveyed	(household)	1470	1510	1590	1740
平均每户家庭人口数	（人）	Average Household Size	(person)	3.19	3.02	3.01	2.98
有收入者人数	（人）	Persons with Income	(person)	2.25	2.23	2.21	2.19
#离退休人数	（人）	Retired	(person)	0.25	0.31	0.32	0.34
无收入者人数	（人）	Persons Without Income	(person)	0.93	0.79	0.80	0.80
平均每户就业人口数	（人）	Average Employed Person per Household	(person)	1.99	1.90	1.87	1.84
平均每户就业面	（%）	Percentage of Employed Persons per Household	(%)	62.38	63.09	62.13	61.62
平均每一就业者负担人数(包括就业者本人)	（人）	Number of Persons Supported by Each Laborer (including the Laborer himself or herself)	(person)	1.60	1.58	1.61	1.62
平均每人实际收入	（元）	Per Capita Actual Income	(yuan)	1932	6225	7366	7884
#可支配收入	（元）	Per Capita Disposable Income	(yuan)		6221	7359	7837
平均每人实际支出	（元）	Per Capita Actual Expenditure	(yuan)	1748	6210	7117	7363
#消费性支出	（元）	Per Capita Expenditure for Consumption	(yuan)	1604	5263	6170	6218
年末人均居住面积	（平方米）	Per Capita Living Space	(sq. m)	10.21	10.89	11.28	11.98
年末人均辅助面积	（平方米）	Per Capita Auxiliary Space	(sq. m)	3.34	4.75	4.97	6.27
年末平均每户居住间数	（间）	Per Household Living Rooms	(room)	2.52	2.49	2.58	2.55

5—24 按城市、县城分城镇居民家庭基本情况
Basic Statistics on Urban Households by City and County Town

项目		Item		1997 城市 City	1997 县城 County Town	1998 城市 City	1998 县城 County Town
调查户数	（户）	Number of Households Surveyed	(household)	1370	220	1240	500
平均每户家庭人口数	（人）	Average Household Size	(person)	3.00	3.03	3.04	2.93
平均每户就业人口数	（人）	Average Employed person per Household	(person)	1.87	1.88	1.87	1.81
平均每户就业面	（%）	Percentage of Employed Person per Household	(%)	62.33	62.05	61.51	61.77
平均每一就业者负担人数	（人）	Number of Persons Supported by Each Employee (Including the Employee Himself or Herself)	(person)	1.60	1.61	1.63	1.62
平均每人实际收入	（元）	Per Capita Actual Income	(yuan)	7505	6508	8450	7356
#可支配收入	（元）	Per Capita Disposable Income	(yuan)	7498	6501	8404	7308
平均每人实际支出	（元）	Per Capita Actual Expenditure	(yuan)	7321	5857	8166	6615
#消费性支出	（元）	Per Capita Expenditure for Consumption	(yuan)	6330	5183	6894	5588
年末人均居住面积	（平方米）	Per Capita Living Space	(sq.m)	10.64	15.20	10.77	13.11
年末人均辅助面积	（平方米）	Per Capita Auxiliary Space	(sq.m)	4.41	8.40	4.59	7.84
年末平均每户居住间数	（间）	Per Household Living Rooms (room)	(room)	2.50	3.08	2.42	2.66

5—25 城镇居民家庭基本情况(1998年)
Basic Statistics on Urban Households(1998)

项　目 Item	总平均 Average	最低收入户 Lowest Income Households	低收入户 Low Income Households	中等偏下户 Lower Middle Income Households	中等收入户 Middle Income Households	中等偏上户 Upper Middle Income Households	高收入户 High Income Households	最高收入户 Highest Income Households
		按可支配收入分组 Grouped by Disposable Income						
调查户数 (户) Number of Household Surveyed (household)	1740	174	174	348	348	348	174	174
比重 (%) Proportion	100	10	10	20	20	20	10	10
平均每户家庭人口数 (人) Average Household Size (person)	2.98	3.25	3.16	3.05	3.03	2.88	2.82	2.68
有收入者人数 (人) Persons with Income (person)	2.19	2.01	2.12	2.17	2.26	2.23	2.21	2.22
#离退休人口数 (人) Retired (person)	0.34	0.20	0.21	0.33	0.36	0.39	0.36	0.47
无收入者人数 (人) Persons without Income (person)	0.80	1.25	1.04	0.88	0.76	0.66	0.61	0.46
平均每户就业人口数 (人) Average Employed Persons Per Household (person)	1.84	1.80	1.89	1.83	1.90	1.83	1.85	1.73
平均每户就业面 (%) Percentage of Employed Persons per Household (%)	61.62	55.28	59.75	60.20	62.61	63.32	65.69	64.57
平均每一就业者负担人数 (人) Number of Persons Supported by Each Laborer (person)	1.62	1.81	1.67	1.66	1.60	1.58	1.52	1.55
平均每人实际收入 (元) Per Capita Actual Income (yuan)	7884	3753	4808	5913	7394	9187	11433	15566

5－25　续表　continued

项　　目　　Item	总平均 Average	按可支配收入分组 Grouped by Disposable Income 最低收入户 Lowest Income Households	低收入户 Low Income Households	中等偏下户 Lower Middle Income Households	中等收入户 Middle Income Households	中等偏上户 Upper Middle Income Households	高收入户 High Income Households	最高收入户 Highest Income Households
#可支配收入　(元) Per Capita Disposable Income (yuan)	7837	3722	4777	5873	7353	9136	11383	15463
平均每人实际支出　(元) Per Capita Actual Expenditure (yuan)	7363	4057	4882	5909	6941	8590	10000	13141
#消费性支出　(元) Per Capita Annual Expenditure for Consumption (yuan)	6218	3656	4417	5096	5956	7203	8151	10434
食品　(元) Food (yuan)	2644	1903	2156	2439	2644	2933	3177	3407
衣着　(元) Clothing (yuan)	571	269	352	422	556	688	848	1017
家庭设备用品及服务　(元) Household Facilities, Articles and Services (yuan)	693	208	394	389	531	871	985	2004
医疗保健　(元) Medicine and Medical Services (yuan)	345	161	223	289	321	428	428	631
交通和通讯　(元) Transportation and Communications (yuan)	389	203	261	294	406	467	502	654
娱乐教育、文化　(元) Recreation, Education and Culture (yuan)	772	461	480	582	761	868	1116	1371
居住　(元) Residence (yuan)	540	376	433	515	481	607	669	773
杂项商品和服务　(元) Miscellaneous Commodities and Services (yuan)	265	76	119	165	257	341	425	579

5－26 城镇居民家庭平均每人全年现金收支
Per Capita Annual Cash Income and Expenditure of Urban Households

单位:元 (yuan)

项目 Item	1995	1997	1998
现金收入 Cash Income	8143	9411	9752
实际收入 Actual Income	6225	7366	7884
国有经济单位职工工资 Wages of Staff & Workers in State-Owned Units	3356	3922	3993
集体经济单位职工工资 Wages of Staff & Workers in Collective-Owned Units	724	797	843
其他经济单位职工全部收入 Total Income of Staff & Workers in Other Ownership	88	249	305
国有集体职工从单位得到的其他收入 Other Income of Staff & Workers from State and collective Owned Units	290	328	348
个体经营者的净收益 Net Income of Individual Employer	95	209	257
个体被雇者收入 Income of Individual Employee	30	75	98
离退休再就业人员收入 Income of Taking up Occupation Again of Retired Persons	148	151	121
其他就业者收入 Income of Other Employed Persons	21	16	12
其他劳动收入 Income of Other Labourer	169	206	261
财产性收入 Property Income	224	193	230
转移性收入 Transfer Income	1075	1260	1415
家庭副业生产收入 Income of Household Sideline Production	4	1	

项目 Item	1995	1997	1998
借贷收入 **Income of Borrow Money and Loan**	**1918**	**2045**	**1869**
＃提取储蓄存款 Drawing Money from Banks	1233	1289	1337
借入款 Borrow Money	210	186	181
为购买房屋从银行贷款 Asking for Banks Loan for Purchasing Houses	9	7	52
现金支出 **Cash Expenditure**	**8007**	**9083**	**9476**
实际支出 **Actual Expenditure**	**6210**	**7117**	**7363**
消费性支出 Expenditure for Consumption	5263	6170	6218
非消费性支出 Expenditure for Non-Consumption	946	945	1144
＃赡养支出 Expenditure for Alimony	114	160	147
＃赠送支出 Expenditure for Presentation	285	425	522
＃购房与建房支出 Expenditure for Purchasing and Building House	496	301	414
借贷支出 **Expenditure for Lend Money and Savings**	**1797**	**1966**	**2113**
＃存入储蓄款 Savings Deposits	1288	1415	1539
借出款 Lend Money	73	59	80
储蓄性保险支出 Expenditure For Insurance Premium	33	79	100
期末手存现金 **Cash Now Avaiable(year-end)**	**530**	**732**	**860**

5－27 城镇居民家庭平均每人全年现金收支（1998年）

Per Capita Annual Cash Income and Expenditures of Urban Households(1998)

单位:元 (yuan)

项 目 Item	按可支配收入分组 Grouped by Disposable Income						
	最低收入户 Lowest Income Households	低收入户 Low Income Households	中等偏下户 Lower Middle Income Households	中等收入户 Middle Income Households	中等偏上户 Upper Middle Income Households	高收入户 High Income Households	最高收入户 Highest Income Households
现金收入 Cash Income	**4664**	**5811**	**7140**	**8951**	**11458**	**14155**	**20011**
实际收入 Actual Income	**3753**	**4808**	**5913**	**7394**	**9187**	**11433**	**15567**
国有经济单位职工收入 Income of Staff & Worker in State-owned Units	1716	2380	3146	4351	5234	6660	7588
集体经济单位职工收入 Income of Staff & Worker in Collective-owned Units	852	1069	880	861	837	637	1244
其他经济单位职工收入 Income of Staff & Workers in Other Ownership	120	203	184	202	323	601	809
个体经营者的净收益 Net Income of Individual Employer	123	70	148	157	368	523	598
个体被雇者收入 Income of Individual Employee	52	34	126	65	134	161	95
离退休再就业人员收入 Income of Re-employed Retired Persons	19	25	44	76	164	247	411
其他就业者收入 Income of Other Employed Persons	28	19	18	7	3		15
其他劳动收入 Income of Other Labourer	218	346	271	271	180	254	351
财产性收入 Property Income	33	47	89	165	215	406	1002
转移性收入 Transfer Income	591	615	1007	1239	1728	1944	3454
家庭副业生产收入 Income of Household Sideline Production			1				

项目 Item	按可支配收入分组 Grouped by Disposable Income						
	最低收入户 Lowest Income Households	低收入户 Low Income Households	中等偏下户 Lower Middle Income Households	中等收入户 Middle Income Households	中等偏上户 Upper Middle Income Households	高收入户 High Income Households	最高收入户 Highest Income Households
借贷收入 Income of Borrow Money and Loan	**912**	**1003**	**1228**	**1557**	**2272**	**2722**	**4444**
#提取储蓄存款 Drawing Money from Banks	496	607	799	1096	1705	2080	3409
借入款 Borrow Money	246	132	190	126	159	172	323
为购买房屋从银行贷款 Asking for Banks Loan for Purchasing Houses			102	17	84	98	22
现金支出 Cash Expenditure	**4433**	**5580**	**6957**	**8618**	**11215**	**13663**	**19699**
实际支出 Actual Expenditure	**4057**	**4882**	**5909**	**6941**	**8590**	**10000**	**13141**
消费性支出 Expenditure for Consumption	3656	4417	5096	5956	7203	8151	10434
非消费性支出 Expenditure for Non-Consumption	400	465	813	981	1387	1849	2703
#赡养支出 Expenditure for Alimony	45	63	109	131	167	235	352
赠送支出 Expenditure for Presentation	152	211	329	482	659	877	1195
购房与建房支出 Expenditure for Purchasing and Building House	178	172	338	314	481	658	981
非储蓄性保险支出 Expenditure For Non-saving Insurance	3	6	9	15	20	16	16
借贷支出 Expenditure for Lend Money and Savings	**376**	**699**	**1048**	**1677**	**2625**	**3663**	**6558**
#存入储蓄款 Bank Savings	261	450	696	1204	1940	2606	5057
借出款 Lend Money	1	32	21	94	130	89	219
储蓄性保险支出 Expenditure For Saving Insurance	38	64	94	86	134	98	197
期末手存现金 Cash Now Available(year-end)	**560**	**650**	**686**	**883**	**870**	**1403**	**1217**

5－28 城镇居民家庭平均每人全年消费性支出
Per Capita Annual Consumption Expenditures of Urban Households

单位：元 (yuan)

项目	Item	1995	1997	1998
消费性支出	**Consumption Expenditure**	**5263**	**6170**	**6218**
食　品	**Food**	**2476**	**2709**	**2644**
＃粮　食	Grain	266	212	213
肉禽及制品	Meat, Poultry and Related Products	502	529	483
蛋　类	Eggs	62	60	54
水产品类	Aquatic Products	376	446	406
菜　类	Vegetables	244	256	252
烟草类	Tobacco	146	175	173
酒和饮料	Liquor and Beverages	112	125	122
糕　点	Cake	49	59	55
奶及奶制品	Milk and Dairy Products	37	45	49
衣　着	**Clothing**	**606**	**638**	**571**
＃服　装	Garments	362	405	371
衣着材料	Clothing Materials	81	61	44
家庭设备用品及服务	**Household Facilities, Articles and Services**	**638**	**649**	**693**
＃耐用消费品	Durable Consumer Goods	421	376	437
室内装饰品	Interior Decorations	17	27	17
床上用品	Bed Articles	34	33	33
医疗保健	**Medicine and Medical Services**	**196**	**311**	**345**
交通和通讯	**Transportation and Communications**	**306**	**384**	**389**
交　通	Transportation	124	194	175
通　讯	Commumication	182	190	213
娱乐、教育、文化	**Recreation, Education and Cultural Services**	**423**	**670**	**771**
耐用消费品	Recreation Durable Consumer Goods	125	202	241
教　育	Educations	193	321	385
文化娱乐	Recreation	104	148	146
居　住	**Residence**	**375**	**523**	**540**
住　房	Housing	191	249	247
水电燃料	Water, Electricity and Fuels	184	274	292
杂项商品和服务	**Miscellaneous Commodities and Services**	**244**	**286**	**265**

5—29 城镇居民家庭平均每人全年消费性支出(1998年)

Per Capita Annual Consumption Expenditures of Urban Households(1998)

单位:元 (yuan)

项目	Item	总平均 Average	按可支配收入分组 Grouped by Disposable Income 最低收入户 Lowest Income Households	低收入户 Low Income Households	中等偏下户 Lower Middle Income Households	中等收入户 Middle Income Households	中等偏上户 Upper Middle Income Households	高收入户 High Income Households	最高收入户 Highest Income Households
消费性支出	**Consumption Expenditure**	**6218**	**3656**	**4417**	**5096**	**5956**	**7203**	**8151**	**10434**
食品	**Food**	**2644**	**1903**	**2156**	**2439**	**2644**	**2933**	**3177**	**3407**
#粮食	Grain	213	194	207	217	211	220	210	228
肉禽及制品	Meat,Poultry and Related Products	483	386	434	468	484	522	539	547
蛋类	Eggs	54	48	51	53	51	59	60	58
水产品类	Aquatic Products	406	274	303	360	426	458	513	522
菜类	Vegetables	252	193	221	241	251	279	284	299
烟草类	Tobacco	173	143	117	164	187	188	199	212
酒和饮料	Liquor and Beverages	122	72	92	114	129	136	153	155
糕点	Cake	55	28	40	48	57	66	70	72
奶及奶制品	Milk and Dairy Products	49	24	34	39	48	60	68	79
衣着	**Clothing**	**571**	**269**	**352**	**422**	**556**	**688**	**848**	**1017**
#服装	Garments	371	169	225	259	359	449	554	705
衣着材料	Clothing Materials	44	16	30	36	46	51	71	67

单位:元　　5—29　续表　continued　　(yuan)

项　目	Item	总平均 Average	最低收入户 Lowest Income Households	低收入户 Low Income Households	中等偏下户 Lower Middle Income Households	中等收入户 Middle Income Households	中等偏上户 Upper Middle Income Households	高收入户 High Income Households	最高收入户 Highest Income Households
			按可支配收入分组 Grouped by Disposable Income						
家庭设备用品及服务	**Household Facilities, Articles and Services**	**693**	**208**	**394**	**389**	**531**	**871**	**985**	**2004**
＃耐用消费品	Durable Consumer Goods	437	107	238	226	313	521	673	1404
室内装饰品	Interior Decorations	17	14	4	5	11	27	20	57
床上用品	Bed Articles	33	15	19	20	34	41	37	79
医疗保健	**Medicine and Medical Services**	**345**	**161**	**223**	**289**	**321**	**428**	**428**	**631**
交通和通讯	**Transportation and Commumications**	**389**	**203**	**261**	**294**	**406**	**467**	**502**	**654**
交　通	Transportation	175	77	125	114	204	205	260	276
通　讯	Commumication	213	126	136	180	202	262	242	378
娱乐、教育、文化	**Recreation, Education and Cultural Services**	**771**	**461**	**480**	**582**	**761**	**868**	**1116**	**1371**
耐用消费品	Recreation Durable Consumer Goods	241	108	83	120	196	286	473	618
教　育	Educations	385	295	305	360	435	409	411	455
文化娱乐	Recreation	146	58	93	102	129	173	232	298
居　住	**Residence**	**540**	**376**	**433**	**515**	**481**	**607**	**669**	**773**
住　房	Housing	247	147	167	245	183	299	338	406
水电燃料	Water, Electricity and Fuels	292	229	266	270	298	308	331	366
杂项商品和服务	**Miscellaneous Commodities and Services**	**265**	**76**	**119**	**165**	**257**	**341**	**425**	**579**

5—30 城镇居民家庭平均每人全年购买主要商品数量

Per Capita Annual Purchases of Major Commodities of Urban Households

名称		Item		1995	1997	1998
粮食	（公斤）	Grain	(kg)	91.15	79.89	78.39
鲜菜	（公斤）	Fresh Vegetables	(kg)	93.87	89.09	87.49
食用植物油	（公斤）	Edible Vegetables Oil	(kg)	5.21	5.36	5.69
猪肉	（公斤）	Pork	(kg)	16.79	14.75	15.04
牛羊肉	（公斤）	Beef and Mutton	(kg)	1.02	1.36	1.17
家禽	（公斤）	Poultry	(kg)	7.48	8.46	7.87
鲜蛋	（公斤）	Eggs	(kg)	8.19	8.99	7.89
鱼虾	（公斤）	Fish and Shrimp	(kg)	17.32	17.01	16.16
食糖	（公斤）	Sugar	(kg)	2.25	2.19	2.05
卷烟	（盒）	Cigareties	(box)	29.22	29.33	27.06
白酒	（公斤）	Liquor	(kg)	1.96	1.79	1.72
啤酒	（公斤）	Beer	(kg)	8.98	9.46	9.29
其他酒	（公斤）	Other Liquor	(kg)	9.30	7.21	6.16
茶叶	（公斤）	Tea	(kg)	0.14	0.14	0.15
糖果	（公斤）	Candy	(kg)	0.80	0.67	0.63
糕点	（公斤）	Cake	(kg)	3.63	3.43	3.34
干鲜瓜果及制品	（公斤）	Dried and Fresh Melons and Fruits and Related Products	(kg)	56.41	58.97	65.34
坚果及果仁	（公斤）	Nuts and Kernels	(kg)	4.05	3.72	3.91
鲜奶	（公斤）	Fresh Milk	(kg)	5.07	4.72	5.76
棉布	（米）	Cotton Cloth	(m)	0.46	0.29	0.25
化（纤）布	米	Chemical Fiber Cloth	(m)	1.58	1.31	1.17
服装	（件）	Garments	(piece)	6.35	6.80	6.98
鞋	（双）	Shoes	(Pair)	2.50	2.46	2.47
肥皂	（块）	Soap	(unit)	3.83	3.68	4.20
洗衣粉	（公斤）	Washing Powder	(kg)	0.44	0.52	0.56
水	（吨）	Water	(tons)	41.28	43.15	42.76
电	（千瓦时）	Electricity	(kw.h)	242.15	277.03	311.46
煤炭	（公斤）	Coal	(kg)	31.39	18.66	14.63
液化石油气	（公斤）	Liquefied Petroleum Gas	(kg)	27.56	28.47	26.53
管道煤气	（立方米）	Pipeline Gas	(cu.m)	9.15	11.59	11.03

5—31 城镇居民家庭平均每人全年购买主要商品数量(1998年)

Per Capita Annual Purchases of Major Commodities of Urban Households(1998)

名称	Item		总平均 Average	按可支配收入分组 Grouped by Disposable Income						
				最低收入户 Lowest Income Households	低收入户 Low Income Households	中等偏下户 Lower Middle Income Households	中等收入户 Middle Income Households	中等偏上户 Upper Middle Income Households	高收入户 High Income Households	最高收入户 Highest Income Households
粮食(公斤)	Grain Flour Rice	(kg)	78.39	76.44	78.99	81.49	77.36	79.15	73.64	78.76
鲜菜(公斤)	Fresh Vegetables	(kg)	87.49	71.58	79.58	84.90	87.68	94.17	95.23	99.08
食用植物油(公斤)	Edible Vegetables Oil	(kg)	5.69	5.44	5.96	5.99	5.74	5.64	5.44	5.21
猪肉(公斤)	Pork	(kg)	15.04	13.48	14.23	14.85	14.80	15.82	15.27	16.91
牛羊肉(公斤)	Beef and Mutton	(kg)	1.17	0.86	0.82	1.20	1.25	1.15	1.52	1.33
家禽(公斤)	Poultry	(kg)	7.87	6.17	7.34	7.53	7.94	8.66	9.30	8.00
蛋(公斤)	Fresh Eggs	(kg)	7.89	7.20	7.51	7.78	7.43	8.42	8.81	8.36
鱼虾(公斤)	Fishes and shrimp	(kg)	16.16	14.49	13.81	15.51	16.85	16.97	18.46	17.14
食糖(公斤)	Sugar	(kg)	2.05	1.76	2.12	2.20	1.95	2.09	2.05	2.06
卷烟(盒)	Cigarettes	(box)	27.06	26.10	20.52	27.87	31.46	27.36	26.16	24.44
白酒(公斤)	Liquor	(kg)	1.72	1.15	1.10	1.49	2.74	1.72	1.53	1.51
啤酒(公斤)	Beer	(kg)	9.29	5.89	7.06	9.96	9.50	10.47	9.86	10.97
其他酒(公斤)	Other Liquor	(kg)	6.16	4.82	5.66	7.68	6.60	6.00	4.59	5.94
茶叶(公斤)	Tea	(kg)	0.15	0.11	0.11	0.16	0.16	0.15	0.17	0.16
糖果(公斤)	Candy	(kg)	0.63	0.35	0.42	0.60	0.59	0.63	0.86	1.12
糕点(公斤)	Cake	(kg)	3.34	1.98	2.69	3.10	3.46	4.02	3.97	3.89

5—31 续表 continued

名称	Item		总平均 Average	按可支配收入分组 Grouped by Disposable Income 最低收入户 Lowest Income Households	低收入户 Low Income Households	中等偏下户 Lower Middle Income Households	中等收入户 Middle Income Households	中等偏上户 Upper Middle Income Households	高收入户 High Income Households	最高收入户 Highest Income Households
干鲜瓜果及制品（公斤）	Dried and Fresh Melons and Fruits and Related Products	(kg)	65.34	42.74	55.00	63.58	63.97	72.54	82.47	78.57
坚果及果仁（公斤）	Nuts and Kernels	(kg)	3.91	2.67	3.39	3.69	3.59	4.89	4.51	4.55
鲜奶（公斤）	Fresh Milk	(kg)	5.76	2.48	4.52	4.50	5.50	7.11	7.57	9.85
棉布（米）	Cotton Cloth	(m)	0.25	0.04	0.30	0.22	0.21	0.35	0.19	0.46
化纤布（米）	Chemical Fiber Cloth	(m)	1.17	0.59	0.82	1.09	1.29	1.27	1.62	1.53
服装（件）	Clothing	(piece)	6.98	4.31	5.49	6.00	6.72	7.95	9.04	10.49
鞋（双）	Shoes	(pair)	2.47	1.78	2.04	2.27	2.35	2.86	2.90	3.20
肥皂（块）	Soap	(unit)	4.20	4.89	4.90	3.98	4.14	3.91	4.17	3.80
洗衣粉（公斤）	Washing Powder	(kg)	0.56	0.38	0.58	0.69	0.53	0.58	0.61	0.45
水（吨）	Water	(ton)	42.76	33.09	37.32	37.93	44.31	48.22	50.79	48.23
电（千瓦时）	Electricity	(kwh)	311.46	216.22	278.53	276.02	322.62	334.63	366.83	412.97
煤炭（公斤）	Coal	(kg)	14.63	24.93	7.79	17.97	11.91	18.72	8.68	6.20
液化石油气（公斤）	LPG	(kg)	26.53	23.04	25.79	26.72	27.04	26.23	26.80	30.35
管道煤气（立方米）	Pipeline Gas	(cu.m)	11.03	10.80	7.17	9.70	10.69	11.40	15.21	14.46

5—32 城镇居民家庭平均每百户耐用消费品购买量
Per 100 Urban Households Annual Average Purchases of Durable Consumer Goods

名称	Item		1990	1995	1997	1998
大衣柜	(个) Wardrobe	(unit)	0.34	0.20	0.69	0.09
写字台	(张) Writing Desk	(unit)	0.48	0.66	0.50	0.16
自行车	(辆) Bicycle	(unit)	11.29	20.46	16.42	17.52
缝纫机	(架) Sewing Machine	(unit)	0.27		0.25	0.11
表	(只) Watches	(unit)	22.72	14.57	11.07	10.61
钟	(只) Clocks	(unit)	5.51	7.28	8.11	8.17
电风扇	(台) Electric Fan	(unit)	14.49	10.46	8.81	10.19
洗衣机	(台) Washing Machine	(unit)	2.45	3.25	2.83	3.32
电冰箱	(台) Refrigerator	(unit)	4.49	2.52	3.02	4.16
淋浴热水器	(个) Shower	(unit)		5.17	4.09	4.67
脱排油烟机	(台) Range Hoods	(unit)		5.89	3.71	3.55
电炊具	(个) Electric Cooking Appliances	(unit)	6.05	9.80	8.43	5.72
彩色电视机	(台) Color TV Set	(unit)	8.78	3.77	6.42	9.79
录音机	(台) Recorder	(unit)	5.37	4.90	5.03	5.02
收音机	(台) Radio set	(unit)	2.04	1.92	3.71	1.90
组合音响	(台) Hi-Fi Stereo Component System	(unit)	0.07	0.73	0.88	2.19
录放像机	(台) Videorecorder	(unit)	2.18	2.58	0.88	0.25
照相机	(架) Camera	(unit)	1.90	1.79	2.01	1.16

5—33 城镇居民家庭平均每百户耐用消费品购买量(1998年)
Per 100 Urban Households Annual Average Purchases of Durable Consumer Goods(1998)

名称		Item		总平均 Average	按可支配收入分组 Grouped by Disposable Income						
					最低收入户 Lowest Income Households	低收入户 Low Income Households	中等偏下户 Lower Middle Income Households	中等收入户 Middle Income Households	中等偏上户 Upper Middle Income Households	高收入户 High Income Households	最高收入户 Highest Income Households
组合家具	(套)	Composite Furniture	(sets)	0.26					0.53		1.57
沙发	(个)	Sofa	(unit)	6.51	0.89	3.82	1.84	3.10	7.60	11.39	23.90
地毯	(平方米)	Carpet	(sq. m)	3.76	0.63	21.07	1.31	1.42	1.29	7.52	0.32
自行车	(辆)	Bicycle	(unit)	17.52	12.98	11.64	14.31	22.96	15.66	23.53	21.18
缝纫机	(架)	Sewing Machine	(unit)	0.11		1.05					
手表	(只)	Watch	(unit)	10.61	7.03	7.11	12.72	9.61	10.44	13.89	12.47
电风扇	(台)	Electric Fan	(unit)	10.19	4.85	8.20	7.89	7.07	14.61	19.87	9.79
洗衣机	(台)	Washing Machine	(unit)	3.32	0.81	3.41	2.15	2.82	4.40	5.50	4.75
电冰箱	(台)	Refrigerator	(unit)	4.16	1.95	0.73	5.34	3.76	4.74	7.16	4.06
电炊具	(个)	Electric Cooking Appliances	(unit)	5.72	1.87	2.59	4.64	7.01	6.01	10.49	6.91
彩色电视机	(台)	Color TV Set	(unit)	9.79	5.13	5.36	5.34	8.17	11.11	18.36	19.81
影碟机	(台)	VCD	(unit)	10.36	5.89	5.76	9.50	10.92	13.01	12.80	12.30
录放像机	(台)	Videorecorder	(unit)	0.25				0.29	0.53		0.91
家用电脑	(台)	Household Computer	(unit)	1.20	0.97		0.13	1.43	0.52	2.96	3.93
录音机	(台)	Recorder	(unit)	5.02	5.61	3.24	1.57	4.98	6.44	6.49	8.91
组合音响	(台)	Hi-Fi Stereo Component System	(unit)	2.19		1.05	1.86	0.85	3.55	3.09	5.25
照相机	(架)	Camera	(unit)	1.16		0.26	0.66	1.79	1.07	1.63	2.63
淋浴热水器	(台)	Shower	(unit)	4.67	2.89	1.60	5.33	6.20	4.21	6.38	4.32
脱排油烟机	(台)	Range Hoods	(unit)	3.55		2.38	3.31	3.49	3.79	4.44	7.47
吸尘器	(台)	Dust Catcher	(unit)	0.43				0.64	0.64	1.73	

5—34 城镇居民家庭平均每百户耐用消费品拥有量
Per 100 Urban Households Annual Average Possession of Durable Consumer Goods

名　　称		Item		1990	1995	1997	1998
毛皮大衣	(件)	Fur Coat	(piece)	30.41	37.75	46.73	54.76
呢大衣	(件)	Woolen Coat	(unit)	184.49	213.58	228.30	226.61
毛　毯	(条)	Woolen Blanket	(unit)	131.29	150.33	161.57	168.91
大衣柜	(个)	Wardrobe	(unit)	98.23	95.90	88.68	86.56
沙　发	(个)	Sofa	(unit)	137.48	170.07	160.69	175.92
写字台	(个)	Writing Desk	(unit)	100.54	105.03	99.62	100.12
组合家具	(套)	Composite Furniture	(set)	9.32	28.61	41.19	48.30
沙发床	(个)	Soft Bed	(unit)	8.50	20.00	23.77	24.26
自行车	(辆)	Bicycle	(unit)	211.56	229.87	220.63	222.50
摩托车	(辆)	Motorcycle	(unit)	1.02	3.77	8.68	11.46
缝纫机	(架)	Sewing Machine	(unit)	83.06	80.93	76.54	75.35
电风扇	(台)	Electric Fan	(unit)	238.78	286.62	274.59	271.29
洗衣机	(台)	Washing Machine	(unit)	70.07	84.64	87.30	90.19
电冰箱	(台)	Refrigerator	(unit)	77.69	94.90	97.42	98.76
电炊具	(个)	Electric Cooking Appliances	(unit)	49.18	94.90	98.18	102.44
中高档乐器	(件)	Medium and High-Grade Musical Instrument	(unit)	10.48	9.60	6.73	6.81
彩色电视机	(台)	Color TV Set	(unit)	62.99	95.76	111.01	121.47
录音机	(台)	Recorder	(unit)	74.22	67.15	69.62	66.86
组合音响	(台)	Hi-Fi Stereo Component System	(unit)	0.54	8.81	14.21	17.80
录放像机	(台)	Video Recorder	(unit)	4.35	23.77	32.45	31.01
照相机	(架)	Camera	(unit)	19.73	37.81	44.84	46.92
空调器	(台)	Air Conditioner	(unit)	0.20	16.56	35.22	44.07
淋浴热水器	(台)	Shower	(unit)		47.28	60.06	64.08
脱排油烟机	(台)	Range Hoods	(unit)		49.21	59.56	65.35

5—35 城镇居民家庭平均每百户耐用消费品拥有量(1998 年)

Per 100 Urban Households Annual Average Possession of Durable Consumer Goods (1998)

名称 Item		总平均 Average	按可支配收入分组 Grouped by Disposable Income						
			最低收入户 Lowest Income Households	低收入户 Low Income Households	中等偏下户 Lower Middle Income Households	中等收入户 Middle Income Households	中等偏上户 Upper Middle Income Households	高收入户 High Income Households	最高收入户 Highest Income Households
地　毯(平方米) Carpet	(sq. m)	131.36	38.25	139.57	93.04	133.49	157.15	215.28	153.17
组合家具　(套) Composite Furniture	(set)	48.30	38.83	39.39	46.40	50.34	47.73	58.65	57.24
沙发床　(个) Soft Bed	(unit)	24.26	14.99	14.70	22.80	20.39	26.62	37.55	35.69
沙　发　(个) Sofa	(unit)	175.92	118.14	146.33	149.19	188.39	200.78	208.26	209.76
大衣柜　(个) Wardrobe	(unit)	86.56	83.45	74.20	84.87	86.83	90.71	91.01	92.17
写字台　(张) Writing Desk	(unit)	100.12	91.77	96.98	93.63	102.33	101.70	105.39	111.73
摩托车　(辆) Motorcycle	(unit)	11.46	12.65	10.21	9.18	13.08	10.34	15.07	11.51
自行车　(辆) Bicycle	(unit)	222.50	212.53	227.46	219.06	236.32	215.86	216.71	225.78
缝纫机　(台) Sewing Machine	(unit)	75.35	77.57	73.80	73.99	81.06	74.20	68.93	74.74
洗衣机　(台) Washing Machine	(unit)	90.19	79.16	88.67	86.54	94.26	89.73	93.48	99.51
电风扇　(台) Electric Fan	(unit)	271.29	246.99	245.36	258.01	287.74	277.85	296.51	276.87
电冰箱　(台) Refrigerator	(unit)	98.76	88.96	93.40	98.65	103.60	97.66	104.73	100.74
彩色电视机　(台) Color TV Set	(unit)	121.47	102.38	108.21	109.79	123.24	126.45	143.21	141.87
影碟机　(台) VCD	(unit)	26.32	14.03	21.63	20.08	27.10	30.19	34.49	38.31
录放像机　(台) Videorecorder	(unit)	31.01	19.54	23.67	28.12	35.05	32.41	40.10	35.61
家用电脑　(台) Household Computer	(unit)	5.59	4.30	3.99	2.81	6.84	5.05	7.61	10.60
组合音响　(套) Hi-Fi Stereo Compoment System	(set)	17.80	6.91	16.79	14.48	15.44	22.31	20.87	28.94
录音机　(台) Recorder	(unit)	66.86	66.66	61.35	68.13	67.08	65.68	62.70	76.07
摄像机　(台) Video Camera	(unit)	1.13	2.61			0.87	1.16	1.57	3.10
照相机　(架) Camera	(unit)	46.92	19.83	36.89	42.66	47.15	47.54	68.84	68.94
空调器　(台) Air Conditioner	(unit)	44.07	17.14	30.88	32.72	45.21	45.81	60.89	84.28
电炊具　(台) Electric Cooking Appliances	(unit)	102.44	74.91	81.68	90.32	119.18	103.84	116.51	124.62
淋浴热水器　(台) Shower	(unit)	64.08	47.29	49.15	52.57	71.86	65.48	81.61	82.89
脱排油烟机　(台) Range Hoods	(unit)	65.35	45.97	55.36	58.27	71.77	67.42	75.79	81.51
吸尘器　(台) Dust Catcher	(unit)	16.47	7.29	14.51	16.12	16.67	16.77	23.55	22.97

5—36 城镇居民家庭居住情况
Living Conditions of Urban Households

单位：%　　　　　　　　　　　　　　　　　　　　　　　　(%)

项　目	Item	1990	1995	1997	1998
调查总户数	**Number of Household Surveyed**	**100**	**100**	**100**	**100**
按居住面积分	**By Living Space**				
无房户	Without Houses				
4平方米以下	Below 4 sq.m	5.70	0.80	0.13	
4—6平方米	4—6 sq.m	8.10	8.60	5.96	6.34
6—8平方米	6—8 sq.m	19.30	22.65	17.36	15.78
8—10平方米	8—10 sq.m		23.18	21.70	21.66
10—12平方米	10—12sq.m	66.90	13.97	17.99	18.53
12—14平方米	12—14 sq.m		10.26	12.96	11.86
14平方米以上	above 14 sq.m		20.54	23.90	25.83
按自来水使用情况分	**By Tap Water Facilities**				
无自来水	Without Tap Water	1.70	0.10	0	0
独用自来水	Tap Water Owned Per Household	85.40	96.00	97.55	97.88
公用自来水	Public Tap Water	12.90	3.90	2.45	2.12
按卫生设备拥用情况分	**By Health Facilities**				
无卫生设备	Without Toilet Room	39.20	23.20	15.47	12.12
有浴室厕所	Bathroom and Toilet Room Owned Per Household	39.30	69.70	75.47	79.98
有厕所无浴室	Toilet Room Owned Per Household and Without Bath Room	16.10	5.30	7.68	6.57
公用卫生设备	Public Toilet Room	5.40	1.80	1.38	1.33
按取暖设备拥用情况分	**By Heating Facilities**				
无取暖设备	Without Heating Equipment	99.80	90.50	80.31	72.62
空调设备	Air Coditioner Owned	0.10	9.20	19.50	27.22
暖　气	Warm Gas	0.10	0.30	0.19	0.16
其它	Others				
按厨房使用情况分	**By Kitchen Facilities**				
无厨房	Without Kitchen	5.70	2.70	2.01	1.34
独用厨房	Kitchen Owned Per Household	84.60	93.30	94.97	96.30
公用厨房	Public Kitchen	9.70	4.00	3.02	2.36
按房屋产权分	**By Houses Property Right**				
公　房	Public Houses	80.80	39.00	29.37	21.70
租赁私房	Rent Private Houses	1.70	1.20	1.32	0.92
自有房	Private Houses	17.10	59.80	69.06	77.30
其　他	Others	0.40		0.25	0.08
按燃料使用情况分	**By Fuel Types**				
管道煤气	Pipeline Gas	1.40	6.40	9.81	10.81
液化石油气	LPG	66.40	85.20	87.04	87.47
煤	Coal	30.30	8.00	2.96	1.53
其　他	Others	1.90	0.40	0.19	0.19

5—37 农村居民家庭基本情况
Basic Statistics on Rural Households

项　目		Item		1990	1995	1997	1998
调查户数	（户）	**Number of Household Surveyed**	**（household）**	**2700**	**2700**	**2700**	**2700**
常住人口	（人）	**Number of Permanent Residents**	**（person）**	**11498**	**10705**	**10443**	**10262**
户均常住人口	（人）	Average Permanent Residents per Household	（person）	4.26	3.96	3.87	3.80
户均整半劳动力	（人）	**Average Able-bodied and Semi-ablebodied Laborers Per Household**	**（person）**	**2.92**	**2.93**	**2.85**	**2.85**
整半劳动力占人口比重	（%）	Percentage of Able-bodied and Semi-ablebodied Laborers		68.50	73.99	73.70	75.00
每百个劳动力中：		**Among Per 100 Laborers**					
职工人数	（人）	Staff and Workers	（person）	5.22	2.89	3.83	4.21
乡村企业人数	（人）	Laborers in Rural Enterprises	（person）	18.32	15.04	16.18	14.31
外出劳动力人数	（人）	Laborer Outside	（person）	5.73	6.80	7.82	9.51
平均每百个劳动力中：		**Among Per 100 Laborers**					
文盲或半文盲	（人）	Illiterate or Semiliterate	（person）	15.22	11.53	8.99	8.91
小学程度	（人）	Primary School	（person）	43.33	38.57	38.96	38.03
初中程度	（人）	Junior Secondary School	（person）	34.27	41.61	42.52	42.58
高中程度	（人）	Senior Secondary School	（person）	6.59	7.47	8.15	8.59
中专程度	（人）	Specialized Secondary School	（person）	0.47	0.63	1.09	1.36
大专程度	（人）	College	（person）	0.12	0.19	0.29	0.53
按人均纯收入分组的户数占调查户数的比重	（%）	**Percentage of Housholds Grouped by per capita Net income**	（%）				
500元以下		<500 yuan		11.60	0.70	1.00	0.60
500-1000元		500-1000 yuan		36.80	4.30	3.40	3.40
1000-1500元		1000-1500 yuan		28.70	10.40	8.10	7.80
1500-2000元		1500-2000 yuan		13.70	14.10	8.70	9.60
2000-2500元		2000-2500 yuan		9.20	14.30	11.30	9.90
2500-3000元		2500-3000 yuan			12.70	10.70	11.40
3000-3500元		3000-3500 yuan			12.20	10.60	10.50
3500-4000元		3500-4000 yuan			7.90	9.50	9.70
4000-4500元		4000-4500 yuan			6.40	7.70	8.30
4500-5000元		4500-5000 yuan			4.50	6.30	6.00
5000元以上		>=5000 yuan			12.50	22.70	22.80
人均经营耕地面积	（亩）	**Cultivated Area Runned by Per Capita**	**（mu）**	**0.91**	**0.91**	**0.90**	**0.90**
#承包耕地面积	（亩）	Contracted Culativated Area	（mu）	0.81	0.81	0.80	0.82
自留地面积	（亩）	Private Plot	（mu）	0.08	0.07	0.08	0.06
人均经营山地面积	（亩）	**Average Hilly Area Runned by Per Capita**	**（mu）**	**0.43**	**0.65**	**0.67**	**0.61**

5—38 农村居民家庭基本情况(1998 年)

Basic Statistics on Rural Households(1998)

项目	Item	按人均纯收入等级分组 Grouped by Level of Net Income				
		低 20% 收入户 Lower Income Households (20%)	次低 20% 收入户 Low Income Households (20%)	中等 20% 收入户 Middle Income Households (20%)	次高 20% 收入户 High Income Households (20%)	高 20% 收入户 Higher Income Households (20%)
调查户数 (户)	**Number of Household Surveyed (household)**	**540**	**540**	**540**	**540**	**540**
常住人口 (人)	**Permanent Residents (person)**	**2216**	**2120**	**2085**	**1976**	**1865**
户均常住人口 (人)	Average Permanent Residents per Household (person)	4.10	3.93	3.86	3.66	3.45
户均整半劳动力 (人)	**Average Ablebodied and Semi-ablebodied Laborers (person)**	**2.97**	**2.90**	**2.86**	**2.80**	**2.74**
整半劳动力占人口比重 (%)	Percentage of Ablebodied and Semi-able bodied (%)	72.40	73.80	74.10	76.50	79.40
每百个劳动力中:(人)	**Among Per 100 Laborers (person)**					
职工人数	Staff and Workers	1.18	3.00	4.41	5.22	7.52
乡镇企业人数	Laborers in Rural Enterprises	5.85	10.47	16.14	17.50	22.34
外出劳动力人数	Laborers Outside	12.70	9.51	9.40	7.27	8.46
平均每百个劳动力中: (人)	**Among Per 100 Laborers (person)**					
文盲或半文盲	Illiterate or Semiliterate	12.45	9.96	7.65	8.19	6.03
小学程度	Primary School	37.36	37.99	37.78	39.10	37.91
初中程度	Junior Secondary School	43.96	42.02	42.90	40.42	43.53
高中程度	Senior Secondary School	5.85	8.49	9.07	10.11	9.61
中专程度	Specialized Secondary School	0.19	1.09	2.01	1.59	2.03

5-38 续表 continued

项　目	Item	按人均纯收入等级分组 Grouped by Level of Net Income 低20%收入户 Lower Income Households (20%)	次低20%收入户 Low Income Households (20%)	中等20%收入户 Middle Income Households (20%)	次高20%收入户 High Income HOuseholds (20%)	高20%收入户 Higher Income Households (20%)
大专程度（人）	College (person)	0.19	0.45	0.58	0.59	0.88
人均经营耕地面积（亩）	**Cativated Area Run Capita (mu)**	**0.73**	**0.88**	**0.89**	**0.95**	**1.10**
#承包耕地面积	Contracted Cultivated Area	0.66	0.81	0.82	0.86	1.02
自留地面积	Private Plot	0.06	0.06	0.06	0.08	0.06
人均经营山地面积（亩）	**Average Hilly Area run by Per Capita (mu)**	**0.78**	**0.88**	**0.57**	**0.46**	**0.31**
人均年内新房屋面积（平方米）	**Per Capita Floor Space of Houses Newly Built Within the Year (sq. m)**	**1.12**	**1.68**	**0.95**	**1.78**	**2.50**
#砖木结构面积	Brick and Wood Structure	0.47	0.05	0.30	0.33	0.53
钢筋混凝土结构面积	Reinforced Concrete Structure	0.44	1.45	0.64	1.45	1.89
新建房屋每平方米价值（元）	**Value of Houses Newly Built Per Square Meter (yuan)**	**328**	**312**	**299**	**297**	**480**
人均新建生活用房面积（平方米）	**Living Floor Space of House Newly Built Per Capita (sq. m)**	**0.39**	**1.25**	**0.91**	**1.50**	**2.18**
#新建楼房面积	Per Capita Floor Space of Multi-Buildings Newly Built	0.06	0.26	0.17	0.53	1.17
人均年末使用生活用房面积（平方米）	**Per Capita Living Floor Space (sq. m)**	**27.46**	**36.17**	**39.72**	**43.11**	**48.19**
#砖木结构	Brick and Wood Structure	13.25	14.18	18.36	15.96	16.70
钢筋混凝土结构	Reinforced Concrete Structure	9.73	17.57	19.42	24.90	30.50
户均年末使用房屋价值（元）	**Houses Value Per Households (yuan)**	**20813**	**29072**	**32339**	**37625**	**51838**

5—39 农村居民家庭房屋状况
Housing Conditions of Rural Households

项　　目	Item	1990	1995	1997	1998
年内新建房屋户数　　（户）	**Number of Households Newly Building House　(household)**	**198**	**137**	**99**	**101**
新建房户比重　　（%）	Percentage of Households Newly Built House　（%）	7.33	5.07	3.67	3.70
人均新建房屋面积（平方米）	Floor Space of Newly Built House (sq. m)	2.25	1.78	1.56	1.58
＃砖木结构　　（平方米）	Brick and Wood Structure (sq. m)	1.10	0.44	0.30	0.33
钢筋混凝土结构（平方米）	Reinforced Concrete Structure (sq. m)	1.09	1.29	1.23	1.15
新建房屋每平方米价值　（元）	**Value of Newly Built House Per Square Meter　(yuan)**	**118**	**330**	**301**	**358**
人均新建生活用房面积（平方米）	**Living Floor Space of House Newly Built Per Capita　(sq. m)**	**1.87**	**1.64**	**1.40**	**1.21**
＃新建楼房面积　（平方米）	Per Capita Floor Space of Multi-Buildings Newly Built　(sq. m)	1.66	1.06	0.44	0.41
户均年末使用房屋间数　（间）	**Number of Room per Household (room)**	**5.79**	**4.75**	**4.68**	**4.66**
人均年末使用生活用房面积（平方米）	**Per Capita Living Floor Space (sq. m)**	**29.26**	**34.14**	**37.30**	**38.53**
＃砖木结构　　（平方米）	Brick and Wood Structure (sq. m)	19.57	16.33	15.41	15.63
钢筋混凝土结构（平方米）	Reinforced Concrete Structure (sq. m)	6.82	14.14	18.57	20.01
年末每平方米生活用房价值（元）	**Value of Living Houser per Square Meter**　(yuan)	98	196	229	234
户均年末使用房屋价值　（元）	**Houses Value per Household**　(yuan)	12211	26492	33000	34337

5—40 农村居民人均总收入和纯收入
Per Capita Annual Total Income and Net Income of Rural Househlods

单位:元 (yuan)

项目	Item	1995	1997	1998
全年总收入	**Gross Income**	**3975**	**4722**	**4865**
全年纯收入	**Net Income**	**2966**	**3684**	**3815**
#生产性纯收入	Productive Income	2750	3426	3479
基本收入	Basic Income	2806	3507	3575
劳动者的报酬收入	Laborers' Remuneration	1110	1496	1585
集体组织中劳动报酬	Remuneration from Collective Orgazination	149	218	270
企业劳动得到报酬	Remuneration from Enterprises	859	1092	1089
乡村企业得到	from Township Enterprises	531	634	521
个体企业得到	from Individual Enterprises	164	247	360
其他企业得到	from Other Enterprises	164	211	208
其他单位劳动得到报酬	Remuneration from Other Units	102	186	226
家庭经营收入	Income from Household Business	1696	2011	1990
种植业收入	Planting	785	933	866
林业收入	Forestry	8	13	11
牧业收入	Animal Husbandry	231	244	221
渔业收入	Fishery	34	35	37
手工业收入	Handicraft	83	83	79
采集捕猎收入	Gathering and Hunting	17	15	17
工业收入	Industry	84	107	127
建筑业收入	Construction	80	99	104
运输业收入	Transportation	95	110	116
商业收入	Commerce	106	160	181
饮食业收入	Catering Services	8	10	16
服务业收入	Service Trade	56	80	96
其他家庭经营收入	Others	109	122	119
转移性收入	Transfer Income	97	127	156
财产性收入	Property Income	63	50	84

5－41 农村居民人均总收入和纯收入(1998年)
Per Capita Annual Total Income and Net Income of RuralOusehlods(1998)

单位:元 (yuan)

项目	Item	按人均纯收入等级分组 Grouped by Level of Net Income 低20%收入户 Lower Income Households (20%)	次低20%收入户 Low Income Households (20%)	中等20%收入户 Middle Income Households (20%)	次高20%收入户 High Income HOuseholds (20%)	高20%收入户 Higher Income Households (20%)
全年总收入	**Total Income**	**1931**	**3103**	**4110**	**5416**	**10612**
全年纯收入	**Net Income**	**1337**	**2421**	**3339**	**4441**	**8310**
#生产性纯收入	Productive Income	1224	2253	3136	4120	7381
基本收入	Basic Income	1270	2316	3207	4243	7549
劳动者的报酬收入	Laborers' Remuneration	482	920	1433	1892	3495
集体组织中劳动报酬	Remuneration from Collective Orgazination	49	122	230	378	631
企业劳动得到报酬	Remuneration from Enterprises	238	559	992	1323	2563
乡村企业得到	from Township Enterprises	102	281	478	740	1109
个体企业得到	from Individual Enterprises	114	195	367	391	800
其他企业得到	from Others Enterprises	22	83	147	192	654
其他单位劳动得到报酬	Remuneration from Other Units	195	239	211	191	301
家庭经营收入	Income from Household Business	788	1396	1774	2351	4054
种植业收入	Planting	510	744	778	968	1251
林业收入	Forestry	5	10	20	20	2
牧业收入	Animal Husbandry	80	205	258	274	267
渔业收入	Fishery	－5	22	80	82	26
手工业收入	Handicraft	25	42	88	127	138
采集捕猎收入	Gathering and Hunting	23	18	17	14	11
工业收入	Industry	12	68	86	112	610
建筑业收入	Construction	5	56	95	157	195
运输业收入	Transportation	25	51	81	153	364
商业收入	Commerce	25	51	97	176	593
饮食业收入	Catering Services	2	9	15	23	60
服务业收入	Service Trade	46	63	71	123	168
其他家庭经营收入	Others	35	57	88	122	369
转移性收入	Transfer Income	56	87	101	149	422
财产性收入	Property Income	11	18	31	49	339

5—42 农村居民人均总支出
Per Capita Annual Expenditures of Rural Househlods

单位:元 (yuan)

项　目	Item	1995	1997	1998
全年总支出	**Total Expenditure**	**3536**	**3945**	**4009**
生活消费支出	Living Expenditure for Consumption	2378	2839	2891
食品	Food	1198	1377	1362
主食	Staple Food	307	376	359
副食	Non-Staple Food	566	624	607
其他食品	Other Food	269	307	312
在外饮食	Eating Outside	45	56	70
食品加工费	Food Processing	11	14	14
衣着	Clothing	157	174	164
居住	Residence	442	515	533
#住房	Housing	356	392	420
电费	Electricity	23	40	51
燃料	Fuel	38	44	45
家庭设备、用品及服务	Household Facilities, Articles and Services	148	162	158
医疗保健	Medicines and Medical Services	103	138	158
#医药卫生保健用品	Medical Articles	60	73	74
交通和通迅	Transportations and Communications	77	124	169
#交通工具	Means of Transportation	33	64	67
交通费	Traffic Fee	21	28	28
邮电费	Postage	7	15	25

5—42 续表 Continued

单位：元 (yuan)

项 目	Item	1995	1997	1998
文教娱乐用品及服务	Cultural, Educational and Recreational Articles and Services	164	234	251
文化教育娱乐用品	Cultural, edcational and Recreational Articles	37	51	56
文教娱乐服务	Cultural, Edcational and Recreational Services	127	183	195
#学杂费	Tuition Fee	108	163	174
技术培训费	Training Fee	8	6	6
文娱费	Cultural and Recreational Fee	5	6	8
其他商品和服务	Other Commodities and Services	89	115	97
家庭经营费用支出	Expenditure for Household Business	855	851	845
种植业生产支出	Planting	251	263	233
林业生产支出	Forestry	4	3	5
牧业生产支出	Animal Husbandry	327	266	240
渔业生产支出	Fishery	43	25	33
手工业生产支出	Handicraft	23	13	8
工业生产支出	Industry	97	106	97
建筑业支出	Construction	11	8	15
运输业支出	Transportation	46	39	35
商业支出	Commerce	25	107	158
饮食业支出	Catering Services	4	5	6
服务业支出	Service Trade	12	11	7
其他经营支出	Others	12	5	8
购置生产用固定资产支出	Expenditure for Purchasing Productive Fixed Assets	170	86	102
缴纳税金	Taxes	33	37	35
上交集体承包任务	Payments to Collective Contract	15	15	18
集体提留和摊派	Expenses for Collective Apportion	6	11	9
其他非借贷性支出	Others	78	106	112
附：生产用固定资产折旧	**Depreciation of Productive Fixed Assets**	**86**	**100**	**115**

5—43 农村居民人均总支出(1998年)
Per Capita Annual Expenditures of Rural Househlods(1998)

单位:元 (yuan)

项目	Item	按人均纯收入等级分组 Grouped by Level of Net Income				
		低20%收入户 Lower Income Households (20%)	次低20%收入户 Low Income Households (20%)	中等20%收入户 Middle Income Households (20%)	次高20%收入户 High Income HOuseholds (20%)	高20%收入户 Higher Income Households (20%)
全年总支出	**Gross Expenditure**	**2050**	**2810**	**3212**	**4357**	**8237**
生活消费支出	Living Expenditure for Consumption	1490	2145	2441	3335	5434
食品	Food	907	1189	1293	1513	2016
主食	Staple Food	322	356	362	385	373
副食	Non-staple Food	385	520	565	675	946
其他食品	Other Food	161	252	286	365	529
在外饮食	Eating Outside	27	45	65	72	153
食品加工费	Food Processing	12	15	14	15	14
衣着	Clothing	76	119	145	188	317
居住	Residence	155	325	272	621	1414
#住房	Housing	78	228	184	501	1223
电费	Electricity	31	43	47	57	79
燃料	Fuel	38	45	37	45	62
家庭设备、用品及服务	Household Facilities, Articles and Services	71	101	118	186	338
医疗保健	Medicines and Medical Services	88	101	132	196	295
#医药卫生保健用品	Medical Articles	41	47	63	93	138
医疗保健服务费	Medical Services	45	52	65	98	144
交通和通迅	Transportation and Communications	38	67	119	235	427
#交通工具	Means of Transportation	5	16	38	107	186
交通费	Traffic Fee	16	24	21	29	52
邮电费	Postage	7	15	14	34	64

项 目	Item	按人均纯收入等级分组 Grouped by Level of Net Income				
		低 20% 收入户 Lower Income Households (20%)	次低 20% 收入户 Low Income Households (20%)	中等 20% 收入户 Middle Income Households (20%)	次高 20% 收入户 High HOuseholds (20%)	高 20% 收入户 Higher Income Households (20%)
文教娱乐用品及服务	Cultural, Educational and Recreational Articles and Services	122	188	271	288	415
文化教育娱乐用品	Cultural, Edcational and Recreational Articles	14	38	47	64	126
文教娱乐服务	Cultural, Edcational and Recreational Services	108	150	223	224	289
#学杂费	Tuition Fee	101	135	206	194	247
技术培训费	Training Fee	1	2	5	11	10
文娱费	Cultural and Recreational Fee	2	5	7	9	18
其他商品和服务	Other Commodities and Services	33	55	91	108	212
家庭经营费用支出	Expenditure for Household Business	475	520	601	742	2039
种植业生产支出	Planting	163	213	217	250	337
林业生产支出	Forestry	2	3	10	5	2
牧业生产支出	Animal Husbandry	220	226	242	254	262
渔业生产支出	Fishery	30	9	10	21	101
手工业生产支出	Handicraft	7	8	4	6	14
工业生产支出	Industry	25	25	67	58	340
建筑业支出	Construction	14	9	7	11	35
运输业支出	Transportation	5	12	13	62	94
商业支出	Commerce	2	6	18	43	798
饮食业支出	Catering Services		1		11	19
服务业支出	Service Trade	2	5	7	7	15
其他经营支出	Others	5	3	6	14	22
购置生产用固定资产支出	Expenditure for Purchasing Productive Fixed Assets	11	24	47	59	404
缴纳税金	Taxes	18	27	27	46	60
上交集体承包任务	Payments to Collective Contract	19	13	11	26	23
集体提留和摊派	Expenses for Collective Apportion	8	10	9	11	9
其他非借贷性支出	Others	29	71	76	138	268
附:生产用固定资产折旧	**Depreciation of Productive Fixed Assets**	**53**	**85**	**98**	**118**	**238**

5—44 农村居民平均每人主要食品消费量
Per Capita Annual Consumption of Major Commodities of Rural Househlods

名称	Item	1995	1997	1998
粮 食 （公斤）	Grain (kg)	262.36	261.28	257.47
#稻 谷	Rice	222.91	244.95	242.32
小 麦	Wheat	12.13	11.98	10.39
蔬菜 （公斤）	Vegetable (kg)	84.89	74.49	72.14
植物油 （公斤）	Vegetable Oil (kg)	2.80	3.13	2.86
动物油 （公斤）	Animal Oil (kg)	1.16	1.05	1.24
猪肉 （公斤）	Pork (kg)	12.96	12.48	13.62
牛羊肉 （公斤）	Beef and Mu (kg)	0.62	1.02	0.87
牛羊奶 （公斤）	Milk (kg)	0.20	0.16	0.21
家禽 （公斤）	Poultry (kg)	3.60	4.20	4.18
蛋类 （公斤）	Eggs (kg)	3.79	4.64	4.55
鱼虾 （公斤）	Fish and Shrimp (kg)	9.62	9.19	9.44
食糖 （公斤）	Suggar (kg)	2.47	2.62	2.70
糖果 （公斤）	Candy (kg)	0.45	0.37	0.41
糕点 （公斤）	Cake (kg)	2.40	2.05	2.05
卷烟 （盒）	Cigarettes (box)	37.03	35.25	33.06
酒 （公斤）	Wine (kg)	21.40	21.80	22.41
#啤酒	Beer	8.49	9.53	10.19
茶叶 （公斤）	Tea (kg)	0.18	0.17	0.20
水果 （公斤）	Fruit (kg)	26.53	29.25	37.53

5—45 农村居民平均每人主要食品消费量(1998年)
Per Capita Annual Consumption of Major Commodities of Rural Househlods(1998)

名称		Item		按人均纯收入等级分组 Grouped by Level of Net Income				
				低20%收入户 Lower Income Households (20%)	次低20%收入户 Low Income Households (20%)	中等20%收入户 Middle Income Households (20%)	次高20%收入户 High Income Households (20%)	高20%收入户 Higher Income Households (20%)
粮　食	(公斤)	Grain	(kg)	232.55	257.29	260.97	276.86	262.84
#稻　谷		Rice		207.18	240.53	249.89	265.63	252.96
小　麦		Wheat		17.00	10.67	8.12	8.05	7.20
蔬　菜	(公斤)	Vegetable	(kg)	76.14	76.49	65.16	67.95	77.96
植物油	(公斤)	Vegetable Oil	(kg)	1.58	2.57	3.11	3.44	3.82
动物油	(公斤)	Animal Oil	(kg)	1.18	1.25	0.97	1.12	1.72
猪　肉	(公斤)	Pork	(kg)	11.20	13.58	13.81	14.20	15.73
牛　肉	(公斤)	Beef	(kg)	0.29	0.50	0.64	0.68	1.01
羊　肉	(公斤)	Mutton	(kg)	0.15	0.17	0.24	0.29	0.48
家　禽	(公斤)	Poultry	(kg)	1.77	3.34	3.95	5.38	6.98
蛋　类	(公斤)	Eggs	(kg)	2.75	4.08	4.88	5.50	5.83
牛羊奶	(公斤)	Milk	(kg)	0.15	0.19	0.20	0.26	0.28
鱼　类	(公斤)	Fish	(kg)	5.20	6.82	8.03	10.01	13.10
虾　类	(公斤)	Shrimp	(kg)	0.49	0.62	0.70	1.08	1.57
食　糖	(公斤)	Suggar	(kg)	2.42	2.44	2.93	3.03	2.71
糖　果	(公斤)	Candy	(kg)	0.19	0.38	0.40	0.43	0.67
糕　点	(公斤)	Cake	(kg)	1.47	2.35	1.88	2.10	2.54
白　酒	(公斤)	White Spirit	(kg)	1.47	1.73	2.51	2.05	2.92
卷　烟	(盒)	Cigarettes	(box)	24.60	33.33	30.48	35.85	42.74
啤　酒	(公斤)	Beer	(kg)	5.92	8.40	9.60	10.96	17.11
果　酒	(公斤)	Fruit Wine	(kg)	0.09	0.19	0.20	0.16	0.11
茶　叶	(公斤)	Tea	(kg)	0.12	0.15	0.21	0.30	0.25
水　果	(公斤)	Fruit	(kg)	29.42	34.85	31.46	41.97	52.30

5—46 农村居民家庭购买商品情况
Annual Purchases of Major Commodities of Rural Househlods

名　称		Item		1995	1997	1998
平均每人购买衣着和床上用品		**Per Capita Purchases of Clothing and Bed Artiches**				
棉布(包括成衣折量)	(米)	Cotton Cloth	(m)	0.48	0.29	0.24
#棉布服装	(件)	Cotton Clothing	(piece)	0.10	0.08	0.07
化纤布(包括成衣折量)	(米)	Chemical Fiber Cloth	(m)	2.18	1.84	2.26
#化纤布服装	(件)	Chemical Fiber Clothing	(piece)	0.95	0.88	0.81
呢绒(包括成衣折量)	(米)	Woolen Fabric	(m)	0.10	0.11	0.11
#呢绒服装	(件)	Woolen Fabric Clothing	(piece)	0.05	0.04	0.05
绸缎(包括成衣折量)	(米)	Silk and Satin	(m)	0.02	0.01	0.02
毛线及毛线织品	(公斤)	Knitting Wool and Woolen Kint Wear	(kg)	0.32	0.13	0.50
每百户购买文化体育用品		**Per 100 Households Purchases of Cultural and Sports Goods**				
收音机	(台)	Recorder radio	(unit)	0.67	0.63	0.56
黑白电视机	(台)	Black/White TV Set	(unit)	1.30	0.52	0.52
彩色电视机	(台)	Color TV Set	(unit)	2.85	5.74	4.56
收录机	(台)	Radio Tape Recorder	(unit)	2.52	1.30	1.44
录放像机	(台)	Videorecorder	(unit)	0.33	0.37	0.26
照相机	(架)	Camera	(unit)	0.33	0.37	0.19
录音带	(盒)	Radio Cassette	(box)	19.15	15.56	16.89
录像带	(盒)	Video Cassette	(box)	1.89	2.22	1.96
户均购买建筑材料		**Per Household Purchases of Building Materials**				
水泥	(公斤)	Cement	(kg)	359.40	407.99	364.66

5—46 续表 Contiuned

名称		Item		1995	1997	1998
木材	（立方米）	Timber	(cu. m)	0.50	0.35	0.29
钢材	（公斤）	Steel Products	(kg)	43.40	41.80	42.08
水泥预制（件）	（件）	Cement Prefabricated Parts	(unit)	3.20	3.60	2.74
玻璃	（平方米）	Glass	(sq. m)	0.80	0.62	0.41
砖瓦	（块）	Brick	(unit)	1507	1310	1338
油毡	（捆）	Asphalt Felt	(unit)		0.05	0.08
每百户购买耐用消费品		**Per 100 Households Purchases of Durable Consumer Goods**				
自行车	（辆）	Bicycle	(unit)	11.96	8.11	7.81
缝纫机	（架）	Sewing Machine	(unit)	1.37	0.89	0.48
洗衣机	（台）	Washing Machine	(unit)	1.48	1.41	1.48
电风扇	（台）	Electric Fan	(unit)	11.81	6.78	9.11
电冰箱	（台）	Refrigerator	(unit)	2.93	2.07	1.70
钟	（只）	Clock	(unit)	6.89	9.78	8.44
手表	（只）	Wristwatch	(unit)	13.22	9.52	8.81
摩托车	（辆）	Motorcycle	(unit)	1.00	2.07	2.52
户均购买生产资料		**Per Household Purchases of Means of Production**				
化肥	（公斤）	Chemical Fertilizer	(kg)	477.53	467.07	408.12
饼肥	（公斤）	Cake Fertilizer	(kg)	0.91	1.15	2.45
农药	（公斤）	Chemical Pesticide	(kg)	11.29	11.79	11.73
农用薄膜	（公斤）	Farm Film	(kg)	1.62	1.89	1.79
柴油	（公斤）	Diesel Oil	(kg)	20.39	20.51	19.03
汽油	（公斤）	Gasoline	(kg)	16.99	14.48	10.60
煤	（公斤）	Coal	(kg)	6.02	7.09	14.78

5—47 农村居民平均每人购买情况(1998年)
Per Capita Annual Purchase of Major Commodities of Rural Househlods (1998)

名称	Item	按人均纯收入等级分组 Grouped by Level of Net Income				
		低20%收入户 Lower Income Households (20%)	次低20%收入户 Low Income Households (20%)	中等20%收入户 Middle Income Households (20%)	次高20%收入户 High Income Households (20%)	高20%收入户 Higher Income Households (20%)
平均每人购买衣着和床上用品	**Per Capita Purchases of Clothing and Bed Articles**					
棉布(包括成衣折量)(米)	Cotton Cloth (m)	0.13	0.52	0.29	0.26	0.27
#棉布服装 (件)	Cotton Clothing (piece)	0.05	0.06	0.10	0.09	0.10
化纤布(包括成衣折量)(米)	Chemical Fiber Cloth (m)	1.03	1.47	1.94	2.07	2.86
#化纤布服装(件)	Chemical Fiber Clothing (piece)	0.49	0.87	0.81	1.00	1.32
呢绒(包括成衣折量)(米)	Woolen Fabric (m)	0.01	0.05	0.07	0.08	0.38
#呢绒服装 (件)	Woolen Fabric Clothing (unit)	0.01	0.02	0.03	0.04	0.08
绸缎(包括成衣折量)(米)	Silk and Satin (m)			0.02	0.02	0.03
毛线及毛线织品(公斤)	Knitting Wool and Woolen Kintwear (kg)	0.07	0.09	0.12	0.16	0.22
每百户购买文化体育用品	**Per 100 Households Purchases of Cultural and Sports Goods**					
收音机 (台)	Radio (unit)	0.37	0.74	1.11	0.74	0.19
黑白电视机 (台)	Black/White TV Set (unit)	0.37	1.11	0.56	0.19	0.37
彩色电视机 (台)	Color TV Set (unit)	1.30	4.63	5.56	6.67	10.56
收录机 (台)	Radio Tape Recorder (unit)	0.56	0.56	1.11	2.41	1.85
录放像机 (台)	Videorecorder (unit)		0.19	0.19	0.93	0.56
照相机 (架)	Camera (unit)	0.56		0.56	0.19	0.56
录音带 (盒)	Radio Cassette (box)	6.11	8.33	17.78	24.81	20.74
录像带 (盒)	Video Cassette (box)	0.56	0.56	1.30	1.67	7.04

5—47 续表 continued

名称	Item	按人均纯收入等级分组 Grouped by Level of Net Income				
		低 20% 收入户 Lower Income Households (20%)	次低 20% 收入户 Low Income Households (20%)	中等 20% 收入户 Middle Income Households (20%)	次高 20% 收入户 High HOuseholds (20%)	高 20% 收入户 Higher Income Households (20%)
每百户购买耐用消费品	**Per 100 Households Purchases of Durable Consumer Goods**					
自行车 (辆)	Bicycle (unit)	2.41	6.48	8.70	10.74	10.74
缝纫机 (架)	Sewing Machine (unit)		0.19	0.56	0.74	0.93
洗衣机 (台)	Washing Machine (unit)	0.37	0.74	1.11	1.85	3.33
电风扇 (台)	Electric Fan (unit)	6.30	5.74	10.93	9.63	12.96
电冰箱 (台)	Refrigerator (unit)	0.19	0.37	1.48	2.22	4.26
钟 (只)	Clock (unit)	4.26	7.41	9.81	11.85	8.89
手表 (只)	Wristwatch (unit)	6.30	6.11	7.96	8.89	14.81
摩托车 (辆)	Motorcycle (unit)	0.19	0.93	1.30	3.70	6.48
户均购买建筑材料	**Per Household Purchases of Building Materials**					
水泥 (公斤)	Cement (kg)	106.99	290.59	199.33	499.79	943.23
木材 (立方米)	Timber (cu. m)	0.12	0.07	0.14	0.35	0.78
钢材 (公斤)	Steel Products (kg)	6.89	22.13	17.29	66.30	97.78
水泥预制件 (件)	Cement Prefabricated Parts (unit)	4.10	1.91	1.46	2.93	3.30
玻璃 (平方米)	Grass (sq. m)	0.07	0.16	0.24	0.64	0.92
砖瓦 (块)	Brick (unit)	332.30	815.45	1139.10	1797.69	2605.01
油毡 (捆)	Asphalt Felt (unit)	0.05	0.04	0.09	0.13	0.08
户均购买生产资料	**Per Household Purchases of Means of Production**					
化肥 (公斤)	Chemical Fertilizer (kg)	327.41	394.43	408.28	446.77	463.69
饼肥 (公斤)	Cake Fertilizer (kg)	1.10	0.19	0.40	0.15	10.41
农药 (公斤)	Chemical Pesticide (kg)	11.31	10.78	11.92	12.28	12.33
农用薄膜 (公斤)	Farm Film (kg)	1.36	1.36	0.86	3.23	2.13
柴油 (公斤)	Diesel Oil (kg)	5.91	10.26	14.13	29.15	35.71
汽油 (公斤)	Gasoline (kg)	0.11	0.11	1.46	25.74	25.59
煤 (公斤)	Coal (kg)	0.81	4.31	4.72	45.60	18.44

5—48 农村居民家庭平均每百户耐用消费品拥有量
Annual Average Possession of Durable Consumer Goods Per 100 Rural Households

名 称	Item		1995	1997	1998
自行车	(辆) Bicycle	(unit)	196.52	230.74	198.26
缝纫机	(架) Sewing Machine	(unit)	82.00	83.07	85.89
钟	(只) Clock	(unit)	96.70	116.19	119.56
手表	(只) Wristwatch	(unit)	282.48	246.93	244.67
#电子表	(只) Electronic Watch	(unit)	32.44	43.07	51.48
电风扇	(台) Electric Fan	(unit)	219.59	243.44	256.07
洗衣机	(台) Washing Machine	(unit)	14.96	21.70	23.96
电冰箱	(台) Refrigerator	(unit)	21.70	30.00	31.89
摩托车	(辆) Motorcycle	(unit)	7.04	13.33	17.04
收音机	(台) Radio	(unit)	20.67	22.07	23.78
黑白电视机	(台) Black/White Tv Set	(unit)	66.48	65.81	59.85
彩色电视机	(台) Color TV Set	(unit)	32.85	47.26	55.81
录像机	(台) Video Recorder	(unit)	3.93	6.85	6.26
收录机	(台) Radio Tape Recorder	(unit)	31.04	32.15	33.37
照相机	(架) Camera	(unit)	3.11	4.41	5.19
抽油烟机	(台) Range Hoods	(unit)	2.70	5.52	8.96
吸尘器	(台) Dust Catcher	(unit)	0.96	1.52	1.59
空调机	(台) Air Conditioner	(unit)	0.30	1.19	1.67

5—49 农村居民家庭平均每百户耐用消费品拥有量(1998年)
Annual Average Possession of Durable Consumer Goods Per 100 Rural Households (1998)

名称	Item		按人均纯收入等级分组 Grouped by Level of Net Income				
			低20%收入户 Lower Income Households (20%)	次低20%收入户 Low Income Households (20%)	中等20%收入户 Middle Income Households (20%)	次高20%收入户 High Income HOuseholds (20%)	高20%收入户 Higher Income Households (20%)
自行车 (辆)	Bicycle	(unit)	148.89	187.59	210.00	219.81	225.00
缝纫机 (架)	Sewing Machine	(unit)	78.70	80.93	91.30	90.19	88.33
钟 (只)	Clock	(unit)	88.33	108.70	128.70	128.15	143.89
手表 (只)	Wristwatch	(unit)	228.15	237.78	243.70	246.48	267.22
#电子表 (只)	Electronic Watch	(unit)	56.30	47.78	52.22	46.30	54.81
电风扇 (台)	Electric Fan	(unit)	194.81	239.81	267.04	277.59	301.11
洗衣机 (台)	Washing Machine	(unit)	11.30	16.85	24.26	26.48	40.93
电冰箱 (台)	Refrigerator	(unit)	15.56	22.04	31.67	37.96	52.22
摩托车 (辆)	Motorcycle	(unit)	7.22	11.11	14.63	21.30	30.93
组合家具 (件)	Composite Furniture	(unit)	25.56	20.19	27.59	30.93	37.59
沙发 (个)	Sofa	(unit)	57.41	80.74	100.19	116.11	137.59
床 (个)	Bed	(unit)	258.70	262.22	271.11	258.52	276.48
大衣柜 (个)	Wardrobe	(unit)	77.41	86.30	95.00	98.33	104.81
写字台 (张)	Writing Desk	(unit)	85.00	98.70	107.04	105.00	115.93
收音机 (台)	Radio	(unit)	16.67	19.63	25.00	26.85	30.74
黑白电视机 (台)	Black/White Tv Set	(unit)	56.85	61.67	62.59	61.48	56.67
彩色电视机 (台)	Color TV Set	(unit)	36.48	50.19	57.04	61.48	73.89
录像机 (台)	Video Recorder	(unit)	3.15	5.37	5.74	8.33	8.70
收录机 (台)	Radio Tape Recorder	(unit)	22.96	27.59	33.70	38.33	44.26
照相机 (架)	Camera	(unit)	2.41	4.44	4.63	4.63	9.81
抽油烟机 (台)	Range Hoods	(unit)	2.41	5.37	8.52	9.81	18.70
吸尘器 (台)	Dust Catcher	(unit)	0.56	1.11	1.30	1.67	3.33
空调机 (台)	Air Conditioner	(unit)	0.19	1.11	1.30	1.48	4.26

5—50 农村居民家庭拥有生产性固定资产情况
Purchases of Productive Fixed Assets in Rural Households

指标		Item		1995	1997	1998
户均生产性固定资产原值	**(元)**	**Per Households Orginal Value of Productive Fixed Assets**	**(yuan)**	**5108**	**5777**	**6553**
役畜、产品畜		Draught Animal and Product Lirestock		202	178	245
大中型铁木农具		Large and Medium-Sized Farm Tools		205	185	189
农林牧渔业机械		Agriculturial Machinery		934	993	1220
工业机械		Industrial Machinery		528	707	771
运输机械		Transportation Machinery		780	784	788
生产用房		Buildings for Productive Use		2460	2930	2879
平均每百户拥有:		**Possession Per 100 Households**				
汽车	(辆)	Vehicles for Agricultural Use	(unit)	0.94	0.67	0.93
大中型拖拉机	(台)	Large and Medium-sized Tractors	(unit)	0.26	0.33	0.19
小型和手扶拖拉机	(台)	Small-sized and Walking Tractors	(unit)	4.83	4.98	4.93
机动脱粒机	(台)	Motorized Thresher	(unit)	26.97	31.30	32.30
胶轮大车	(辆)	Rubber-tyred Cart	(unit)	3.15	1.11	1.15
胶轮手推车	(辆)	Rubber-tyred Handcart	(unit)	47.86	52.80	90.63
抽水机	(台)	Water Pump	(unit)	4.52	4.10	3.63
水泵	(台)	Turbine Pump	(unit)	12.66	16.68	18.22
机动船	(条)	Motor Boat	(unit)	1.69	1.47	1.37
役畜	(头)	Draught Animal	(head)	6.55	4.67	6.15
产品畜	(头)	Product Livestock	(head)	24.37	32.93	38.11

5－51 农村居民家庭拥有生产性固定资产情况(1998年)
Investment in Fixed Assets for Production Per 100 Rural Households(1998)

指标	Item	按人均纯收入等级分组 Grouped by Level of Net Income				
		低20%收入户 Lower Income Households (20%)	次低20%收入户 Low Income Households (20%)	中等20%收入户 Middle Income Households (20%)	次高20%收入户 High HOuseholds (20%)	高20%收入户 Higher Income Households (20%)
户均生产性固定资产原值 (元)	**Per Households Orginal Value of Productive Fixed Assets (yuan)**	**3247**	**5019**	**5703**	**6467**	**12330**
役畜、产品畜	Draught Animal and Product Lirestock	331	240	199	211	241
大中型铁木农具	Large and Medium-Sized Farm Tools	194	179	166	252	152
农林牧渔业机械	Agriculturial Machinery	459	460	462	626	4097
工业机械	Industrial Machinery	143	1042	579	371	1718
运输机械	Transportation Machinery	237	323	492	768	2119
生产用房	Buildings for Productive Use	1639	2384	3346	3691	3332
平均每百户拥有：	**Possession Per 100 Households**					
汽车 (辆)	Vehicles for Agricultural Use (unit)		0.19	0.56	1.48	2.37
大中型拖拉机 (台)	Large and Medium-sized Tractors (unit)			0.19	0.74	
小型和手扶拖拉机 (台)	Small-sized and Walking Tractors (unit)	2.22	6.89	4.44	3.33	7.78
机动脱粒机(台)	Motorized Thresher (unit)	17.19	28.96	36.52	41.69	37.07
胶轮大车 (辆)	Rubber-tyred Cart (unit)	1.48	0.74	1.11	1.48	0.93
胶轮手推车(辆)	Rubber-tyred Handcart (unit)	230.57	55.19	59.81	57.93	49.72
抽水机 (台)	Water Pump (unit)	2.83	2.78	4.26	3.89	4.44
水泵 (台)	Turbine Pump (unit)	13.65	15.96	19.69	22.33	19.50
机动船 (条)	Motor Boat (unit)	1.52	0.74	0.96	1.20	2.48
役畜 (头)	Draught Animal (head)	12.31	5.13	6.20	3.57	3.46
产品畜 (头)	Product Livestock (head)	48.70	41.67	38.89	34.69	26.67

主要统计指标解释

职工工资总额 指各单位在一定时期内直接支付给本单位全部职工的劳动报酬总额。

工资总额的计算原则应以直接支付给职工的全部劳动报酬为根据。各单位支付给职工的劳动报酬以及其他根据有关规定支付的工资，不论是计入成本的还是不计入成本的，不论是按国家规定列入计征奖金税项目的，还是未列入计征奖金税项目的，不论是以货币形式支付的还是以实物形式支付的，均包括在工资总额内。

计件超额工资 是计件工资的一部分，指计件工人超额完成定额任务后所得的工资。即计件工人实得的全部计件工资级别减去应提的计件标准工资后的数额。某些企业的工人由于从事生产的工作物等级高于本人工资等级，因而其计件标准工资高于本人标准工资，其计件超额也应是全部工资减去应得的计件标准工资后的数额。

奖金 指支付给职工的超额劳动报酬和增收节支的劳动报酬。

津贴和补贴 指为了补偿职工特殊或额外的劳动消耗和因其他特殊原因支付给职工的津贴，以及为了保证职工工资水平不受物价影响支付给职工的物价补贴。

职工平均工资 指企业、事业、机关单位的职工在一定时期内平均每人所得的货币工资额。它表明一定时期职工工资收入的高低程度，是反映职工工资水平的主要指标。计算公式为：

$$职工平均工资=\frac{报告期实际支付的全部职工工资总额}{报告期全部职工平均人数}$$

职工平均实际工资 指扣除物价变动因素后的职工平均工资。计算公式为：

$$职工平均实际工资=\frac{报告期职工平均工资}{报告期城镇居民消费价格指数}$$

城镇居民家庭实际收入 包括经常或固定得到的收入和一次性收入。不包括周转性收入，如提取银行存款、向亲友借入款、收回借出款以及其他各种暂收款。

城镇居民家庭可支配收入 指被调查城镇居民家庭在支付个人所得税之后，所余下的实际收入。

城镇居民家庭消费性支出 指被调查的城镇居民家庭用于日常生活的全部支出，包括购买商品支出和文化生活、服务等非商品性支出。不包括罚没、丢失款和缴纳的各种税款（如个人所得税、牌照税、房产税等），也不包括个体劳动者生产经营过程中发生的各项费用。

农村居民家庭纯收入 指农村常住居民家庭总收入中，扣除从事生产和非生产经营费用支出、缴纳税款和上交承包集体任务金额以后剩余的，可直接用于进行生产性、非生产性建设投资、生活消费和积蓄的那一部分收入。它是反映农民家庭实际收入水平的综合性的主要指标。农民家庭纯收入，既包括从事生产性和非生产性的经营收入，又包括取自在外人口寄回带回和国家财政救济、各种补贴等非经营性收入；既包括货币收入，又包括自产自用的实物收入。但不包括向银行、信用社和向亲友贷款等属于借贷性的收入。

Explanatory Notes on Main Statistical Indicators

Total Wages of Staff and Workers refer to the total remuneration payment to staff and workers in various units during a certain period of time.

The calculation of total wages is based on the total remuneration payment to the staff and workers. Therefore, all the wages and salaries and other payments to staff and workers are included in the total wages regardless of their sources, category ,and forms (in kind or cash).

Extra Piece Wages refer to the payment to workers for their extra work beyond labour quota, i. e. total amount of piece wages minus standard piece wages. For some enterprises, the standard of piece wage for some workers exceeds their normal payment. In this case, the extra piece wage is still calculated as total amount of wages minus standard picec wages.

Bonus refers to remuneration payment to workers for extra work and for increasing earnings and practicing economy.

Subsidies and Allowances refer to subsidies paid to staff and workers for compensating special or extra labour and allowances paid to staff and workers to offset the impact of inflation on real wages.

Average Wage of Staff and Workers refers to the average wage in money terms per person during a certain period of time for staff and workers in enterprises, institutions, and government agencies, which reflects the general level of wage income during a certain period of time and is calculated as follows:

$$\text{Average Wage of Staff and Workers} = \frac{\text{Total Wages of Staff and Workers in Reference Period}}{\text{Average Number of Staff and Workers in Reference Period}}$$

Average Real Wage of Staff and Workers refers to average wage of staff and workers after removing the effects of price changes, which is calculated as follows:

$$\text{Average Real Wage of Staff and Workers} = \frac{\text{Average Wage of Staff and Workers in Reference Period}}{\text{Consumer Price Index of Urban Residents in Reference Period}}$$

Total Income of Urban Households refers to the total actual cash income of the sample households, including regular or fixed income and occasional income. The imcome of a circulating nature such as withdrawal from bank deposits, loans borrowed from relatives or friends, repayment of loans received and various temporary collection of money is excluded.

Disposable Income refers to the income of the sample households which can be used for daily expenses, i. e. total income minus income tax.

Expenditure for Consumption refers to total expenditure of the sample households for consumption in daily life, including expenditure for various commodities and expenses for non-commodity items such as culture and service, etc. , but excluding fines and confiscation, loss, tax payments (such as income tax, license tax, real estates tax, etc.) and various expenses by individual laborers for business purposes.

Net Income of Rural Households refers to the total income of the permanent residents of the rural households during a year after the deduction of the expenses for productive and non-productive business operation, the payment for taxes and the payment for collective units for their contracted tasks. The net income can be spent for investments in productive and non-productive construction, for consumption in daily life and for savings deposit. It is a comprehensive indicator to show the actual level of the income of the peasants' household. The net income of the rural households includes not only the income from the productive and non productive business operation, but also the income from the non-business operation, such as the money remitted or brought back by the members of the household who are in other places, the government relief payment and various subsidies. It includes not only the money income, but also the income in kind. But the income from borrowing from banks, friends and relatives is excluded.

农　业

AGRICULTURE

6

6.农　业
Agriculture

1998 年乡村人口	Number of Rural Population	3579.55	万人	(10000 Persons)
1998 年乡村劳动力	Number of Rural Labour Force	2096.50	万人	(10000 Persons)
1998 年农林牧渔业总产值	Gross Output Value of Agriculture	1003.66	亿元	(100 million yuan)
1998 年农林牧渔业增加值	Added Value of Agriculture	631.31	亿元	(100 million yuan)
1998 年年末实有耕地面积	Cultivated Area (Year-end)	1613.44	千公顷	(1000 hectares)
1998 年农林牧渔业商品产值	Agriculture Commodity Output Value	660.29	亿元	(100 million yuan)

农业总产值（亿元）
Gross Output Value of Agriculture (100 million yuan)

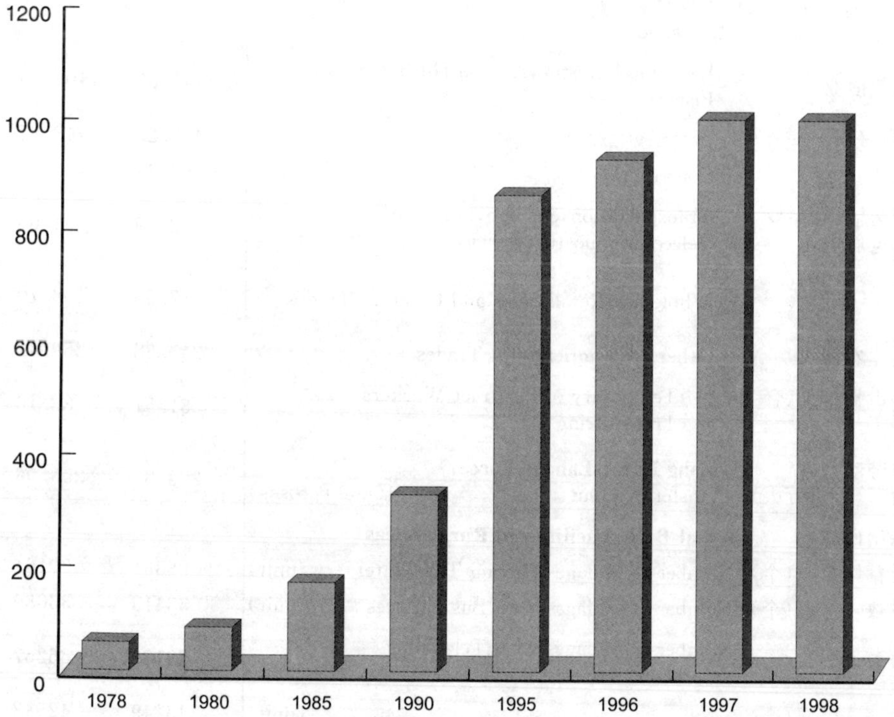

6—1 农村基本情况
Basic Statistics on Rural Areas

指标	Item	1995	1997	1998
农村基层组织	**Rural Grass Roots Units**			
乡镇政府 （个）	Number of Township and Town Governments (unit)	1841	1841	1832
#镇政府	Number of Town Governments	961	993	1006
村民委员会 （个）	Number of Villages' Committees (unit)	43364	43222	43108
村民小组 （万个）	Number of Villages' Groups (10000 units)	35.50	34.65	34.60
乡村户数人口、劳动力	**Number of Rural Households, Population and Labour Force**			
乡村户数 （万户）	Rural Households (10000 households)	1066.29	1066.98	1073.32
乡村人口 （万人）	Rural Population (10000 persons)	3588.15	3585.73	3579.55
#在校中小学生数 （万人）	Students Enrolled in Secondary Schools and Primary Schools (10000 persons)	469.91	480.63	478.74
乡村劳动力资源（万人）	Rural Labour Resource (10000 persons)	2181.35	2185.80	2186.39
乡村劳动力 （万人）	Rural Labour Force (10000 persons)	2097.02	2099.61	2096.50
按性别分	By Sex			
男	Male	1146.60	1142.06	1136.24
女	Female	950.42	957.55	960.26
按部门分	By Section			
农林牧渔业	Farming, Forestry, Animal Husbandry and Fishery	1145.87	1106.59	1102.70
工业	Industry	447.25	448.24	439.93
建筑业	Construction	99.44	102.66	102.11
交通运输、仓储业及邮电通讯业	Transportation, Storage, Post and Telecommunication Services	62.89	64.00	64.31
批发、零售贸易、餐饮业	Wholesale, Retail Sales and Catering Trades	87.69	108.70	112.31
其他非农行业	Other Non-agricultural Trades	253.88	269.42	275.14
#外出临时工、合同工	Temporary or Contract Workers Transferring Out	81.57	88.10	91.32
在乡村实有劳动力中： 外出劳动力 （万人）	**Among Rural Labour Force:** Transferring Out (10000 perosns)	228.82	259.96	268.05
农村社会基础设施	**Social Basic Facilities in Rural Areas**			
自来水受益村数 （个）	Number of Villages Having Tap Water (unit)	28361	30161	31325
通汽车村数 （个）	Number of Villages with Bus Services (unit)	33413	36089	37339
通电话村数 （个）	Number of Villages with Telephone Communication (unit)	29180	36267	39635
通电村数 （个）	(unit)	43249	42542	43072

6—2 农村劳动力转移情况
Diversion of Rural Labour Force

单位:人 (person)

指标	Item	1995	1997	1998
调查组农村整半劳动力	**Able-bodied and Semi-able Bodied Labour Force in Rural Areas Surveyed**	**15041**	**6728**	**6629**
#二、三产业劳动力	Secondary,Tertiary Industry Labour Force	7566	3082	2969
当年转移的劳动力	**Number of Transfering Laborers at Current Year**	**638**	**374**	**355**
素质情况	**Quality Condition**			
按性别分组	By Sex			
男劳动力	Male	361	190	203
整劳动力	Able-bodied	334	166	176
半劳动力	Semi-able Bodied	27	24	27
女劳动力	Female	277	184	152
整劳动力	Able-bodied	245	153	121
半劳动力	Semi-able bodied	32	31	31
按文化程度分组	By Educational Level			
文盲与半文盲	Illiterate and Semi-illiterate	19	7	3
小学程度	Primary School	174	73	57
初中程度	Junior Secondary	371	230	224
高中程度	Senior Secondary	72	47	54
中专程度	Specialized Secondary School	1	13	14
大专程度	College	1	4	3
按是否受过专业培训分组	Condition of Specialized Training			
受过各种专业培训的劳动力	Labour Force Receiving Specialized Training	116	135	151
没有受过专业培训的劳动力	Labour Force Not Receiving Specialized Training	522	378	204
按有无残疾分组	State of Health			
有残疾的劳动力	Deformed	1		
没有残疾的劳动力	Undeformed	637		

单位：人　　6—2 续表 contiuned　　(person)

指标	Item	1995	1997	1998
行业分布情况	**Conditions of Sector Distribution**			
转向工业	Convert to Industry	328	128	126
转向建筑业	Convert to Construction	49	32	27
转向交通运输、邮电业	Convert to Transportation, Postal and Telecommunication Services	40	17	16
转向商业、饮食服务业	Convert to Commerce and Catering Services	116	136	104
转向文教卫生	Convert to Culture, Education and HeaHh Care	4	9	5
转向其他非农行业	Convert to Other Non-agricultural Trade	101	50	71
地域分布情况	**Area Distribution**			
本省内转移	Transference in Zhejiang	556	311	289
#转向城市	Convert to Cities	163	118	115
转向外省	Convert to Other Province	82	62	66
转向东部地区	Convert to Eastern Regions	32	42	43
#转向城市	Convert to Cities	30		
转向中部地区	Convert to Central Regions	35	15	16
#转向城市	Convert to Cities	32		
转向西部地区	Convert to Western Regions	15	5	7
#转向城市	Convert to Cities	11		
当年返回农业劳动力	**The Return of Agricultural Labours**	**50**	**46**	**26**
由本省返回的劳动力	From Self-province	39	45	25
#城市返回	From Cities	14	5	4
由外省返回的劳动力	From Other Provinces	11	1	1
#由城市返回	From Cities	8	1	
附记：调查农村户数（户）	**Number of Rural Housesholds Investigated** (unit)	**7387**	**2394**	**2400**
调查农村人口（人）	**Number of Rural Population Investigated** (person)	**23923**	**6728**	**9077**

6－3 各市、地乡村实有劳动力(1998年)

Rural Labour Force by City and Prefecture(1998)

单位:万人 (10000 persons)

地区	Region	合计 Total	#女 Female	农、林、牧、渔业 Farming, Forestry, Animal Husbandry and Fishery	#农业 Farming	工业 Industry	#乡镇办工业 Industry Run by Townships	#村办工业 Industry Run by Villages
全省合计	**Total**	**2096.50**	**960.26**	**1102.70**	**914.74**	**439.93**	**116.41**	**68.53**
浙东北	**Eastern & Northern Region**	**1016.16**	**475.19**	**499.62**	**411.74**	**268.99**	**90.34**	**54.02**
杭州市	Hangzhou	249.87	117.19	127.68	108.48	58.93	18.73	13.51
宁波市	Ningbo	259.23	120.67	109.77	94.42	78.14	21.69	14.82
嘉兴市	Jiaxing	150.46	72.74	76.38	58.69	49.01	19.09	9.56
湖州市	Huzhou	113.84	52.20	67.01	50.17	26.99	9.95	5.18
绍兴市	Shaoxing	199.09	93.06	97.87	87.61	51.03	18.96	10.17
舟山市	Zhoushan	43.67	19.33	20.91	12.37	4.89	1.92	0.78
浙西南	**Western & Southern Region**	**1080.34**	**485.07**	**603.08**	**503.00**	**170.94**	**26.07**	**14.51**
温州市	Wenzhou	332.59	146.07	147.99	123.70	68.10	11.49	5.58
金华市	Jinhua	223.17	102.54	140.37	129.16	34.01	6.42	2.89
衢州市	Quzhou	114.31	51.23	78.17	61.86	8.34	2.19	1.22
台州市	Taizhou	290.49	133.53	148.95	122.26	55.36	4.53	4.34
丽水地区	Lishui	119.78	51.70	87.60	66.02	5.13	1.14	0.48

6－3 续表 continued

单位:万人 (10000 persons)

地　区	Region	建筑业 Construction	交通运输仓储业及邮电通讯业 Transport, Storage, Post and Telecommunications	批发、零售贸易业、餐饮业 Wholesale, Retail Sale and Catering Services	其他非农行业 Other Non-agricultural Trade	#外出合同工、临时工 Contract or Temporary Workers Transferring Out	在乡村实有劳动力中:外出 Among Rural Labour Force: Transferring Out
全省合计	**Total**	**102.11**	**64.31**	**112.31**	**275.14**	**91.32**	**268.05**
浙东北	**Eastern & Northern Region**	**55.25**	**34.98**	**41.86**	**115.46**	**44.51**	**98.17**
杭州市	Hangzhou	11.81	8.84	8.84	33.77	18.24	25.46
宁波市	Ningbo	13.82	8.58	13.54	35.38	10.29	25.51
嘉兴市	Jiaxing	5.96	5.05	4.42	9.64	3.97	8.34
湖州市	Huzhou	4.49	4.18	4.30	6.87	2.96	4.87
绍兴市	Shaoxing	16.72	6.24	8.33	18.90	7.18	27.86
舟山市	Zhoushan	2.45	2.09	2.43	10.90	1.87	6.13
浙西南	**Western & Southern Region**	**46.86**	**29.33**	**70.45**	**159.68**	**46.81**	**169.88**
温州市	Wenzhou	12.61	9.80	31.74	62.35	12.39	64.99
金华市	Jinhua	12.16	5.82	10.86	19.95	8.95	28.35
衢州市	Quzhou	4.28	2.43	3.32	17.77	11.25	18.03
台州市	Taizhou	15.49	8.47	20.34	41.88	7.77	41.04
丽水地区	Lishui	2.32	2.81	4.19	17.73	6.45	17.47

6—4 农村非农行业总产值

Rural Total Output Value of Non-agricultural Sectors

单位:亿元 (100 million yuan)

指标	Item	1990	1995	1997	1998
农村非农行业总产值	**Gross Output Value of Non-agricultural Sectors in Rural Areas**	**802.58**	**5284.98**	**8140.57**	**9709.03**
工业总产值	**Gross Output Value of Industry**	**661.53**	**4589.60**	**7255.21**	**8748.62**
建筑业总产值	**Gross Output Value of Construction**	**84.78**	**355.59**	**403.35**	**396.35**
建筑安装工程产值	Construction and Installation	81.66	342.92	381.07	373.29
其他基本建设产值	Other Basic Construction	3.12	12.67	22.28	23.06
运输业总产值	**Gross Output Value of Transportation**	**21.07**	**114.26**	**154.05**	**163.95**
乡办运输企业货运产值	Freight Traffic Run by Township Transportational Enterprises	2.27	7.38	9.17	6.79
村办运输企业货运产值	Freight Traffic Run by Village Transportational Enterprises	1.33	5.58	7.33	8.11
村以下运输企业货运产值	Freight Traffic Run by Transportational Enterprises under Village Level	17.47	101.30	137.55	149.05
农村批发、零售贸易业、餐饮业总产值	**Gross Output Value of Rural Wholesale, Retail Sales and Catering Services**	**35.20**	**225.53**	**327.96**	**400.11**
批发、零售贸易业产值	Gross Output Value of Wholesale and Retail Sales	29.68	191.05	274.62	334.94
餐饮业产值	Gross Output Value of Catering Services	5.52	34.48	53.34	65.17

注:农村工业总产值统计口径自1995年起按工业统计口径,与以前年份不可比。

The data of the gross industrial output value in rural area have been adjusted in accordance with industry statistics since 1995. They are not comparable with the data in previous year.

6—5 各市、地农村非农行业总产值(1998年)
Gross Non-agricultural Output Value in Rural Areas by City and Prefecture(1998)

单位:亿元 (100 million yuan)

地 区	Region	总计 Total	工 业 总产值 Industry	建筑业 总产值 Construction	运输业总产值 Transportation	农村批发、零售贸易业、餐饮业总产值 Wholesale, Retail Sales, Catering Services in Rural Areas
全省合计	**Total**	**9709.03**	**8748.62**	**396.35**	**163.95**	**400.11**
浙东北	**Eastern & Northern Region**	**6608.52**	**5987.33**	**244.78**	**111.81**	**264.62**
杭州市	Hangzhou	1289.29	1109.44	68.31	26.20	85.34
宁波市	Ningbo	1881.71	1754.91	55.03	19.41	52.37
嘉兴市	Jiaxing	906.07	828.53	32.08	16.66	28.80
湖州市	Huzhou	743.21	676.07	15.85	18.06	33.23
绍兴市	Shaoxing	1721.24	1569.27	67.59	24.59	59.79
舟山市	Zhoushan	67.00	49.11	5.92	6.89	5.09
浙西南	**Western & Southern Region**	**3812.02**	**3472.79**	**151.58**	**52.14**	**135.50**
温州市	Wenzhou	1142.71	1016.12	61.23	13.01	52.35
金华市	Jinhua	1085.30	1018.24	25.86	14.91	26.28
衢州市	Quzhou	137.83	116.64	10.31	3.22	7.66
台州市	Taizhou	1337.99	1227.71	48.99	16.42	44.88
丽水地区	Lishui	108.19	94.08	5.19	4.58	4.33

注:全省数与分市、地相加不等,本表按当年价格计算。

The data of whole province is not equal to the sum of regional figures, Data in this table are calculated at current year.

6—6 农、林、牧、渔业总产值

Gross Output Value of Farming, Forestry, Animal Husbandry and Fishery

单位:亿元 (100 million yuan)

年份 Year	农林牧渔业总产值 Total	农业产值 Farming	#种植业产值 Planting	林业产值 Forestry	牧业产值 Animal Husbandry	渔业产值 Fishery
1970	45.36	33.06	31.37	2.16	7.92	2.22
1971	45.21	31.34	29.78	2.31	9.04	2.52
1972	54.23	39.59	37.90	1.83	10.13	2.68
1973	53.85	38.65	37.28	1.66	10.50	3.04
1974	56.38	40.30	38.78	1.70	10.97	3.41
1975	52.73	39.37	37.85	1.71	8.56	3.09
1976	52.98	40.82	39.19	1.61	7.49	3.06
1977	54.00	42.17	40.48	1.56	7.31	2.96
1978	65.71	50.82	48.86	1.99	9.42	3.48
1979	91.84	69.47	67.29	2.75	15.55	4.07
1980	92.67	64.23	60.52	3.61	19.39	5.44
1981	95.56	69.21	64.48	3.79	16.45	6.11
1982	118.04	84.61	77.91	4.42	22.88	6.13
1983	118.68	83.65	74.87	4.77	23.41	6.85
1984	147.49	102.80	89.93	6.67	27.01	11.01
1985	174.05	111.20	92.85	8.87	37.84	16.14
1986	192.04	122.97	101.00	9.26	40.09	19.72
1987	227.18	141.09	113.91	11.61	48.57	25.91
1988	280.94	162.80	129.89	14.40	70.33	33.41
1989	304.50	181.26	145.97	13.60	75.68	33.96
1990	331.56	199.48	163.92	16.00	75.18	40.90
1991	363.22	217.21	180.00	17.42	76.78	51.81
1992	396.93	226.46	179.94	21.01	85.23	64.23
1993	490.13	274.85	218.01	29.80	92.11	93.37
1994	690.20	372.97	305.58	41.92	134.78	140.53
1995	868.76	481.90	407.24	50.02	142.03	194.81
1996	932.85	517.29	431.90	54.77	155.88	204.92
1997	1004.88	516.21	426.56	59.26	190.03	239.38
1998	1003.66	522.98	434.22	59.46	165.85	255.37

注:本表按当年价格计算。

The data in this table are calculated at current prices.

6－7 农、林、牧、渔业总产值指数(1970年＝100)
Indices of Gross Output Value of Farming,Forestry,Animal Husbandry and Fishery(1970＝100)

年份 Year	农林牧渔业总产值 Gross Output Value of Farming,Forestry,Animal Husbandry & Fishery	农业产值 Agriculture	#种植业产值 Planting	林业产值 Forestry	牧业产值 Animal Husbandry	渔业产值 Fishery
1970	100	100	100	100	100	100
1971	98.98	94.10	94.22	106.96	113.36	112.27
1972	114.03	112.03	110.74	127.66	115.37	129.40
1973	111.98	108.21	107.77	115.24	118.05	144.62
1974	115.17	110.78	110.11	116.62	121.07	160.32
1975	105.84	102.62	101.72	113.17	108.10	142.72
1976	107.07	107.56	106.53	106.96	96.48	140.34
1977	109.06	110.83	109.65	104.89	95.25	137.01
1978	130.21	132.15	131.00	131.80	114.59	158.42
1979	146.18	144.81	144.15	144.91	150.25	148.43
1980	143.04	139.58	135.47	152.50	152.71	149.85
1981	144.25	142.26	136.71	152.50	147.68	153.18
1982	167.95	168.99	161.97	149.28	170.02	162.71
1983	162.60	161.29	150.41	154.11	171.22	157.95
1984	189.47	192.29	173.43	196.77	179.67	184.52
1985	196.84	193.52	164.95	204.41	202.17	216.62
1986	207.42	201.88	166.24	197.57	212.94	257.98
1987	214.39	209.42	164.60	212.86	207.72	292.83
1988	219.26	214.42	160.64	207.63	216.69	289.57
1989	222.35	220.31	163.13	201.19	212.49	288.57
1990	228.35	225.11	168.78	218.90	214.55	313.89
1991	243.06	239.86	180.33	244.58	220.07	345.11
1992	252.22	236.81	168.99	261.00	239.96	399.07
1993	263.87	244.34	167.00	317.54	233.19	453.94
1994	288.41	253.54	166.99	373.35	233.80	608.27
1995	316.04	271.51	177.04	398.65	231.63	763.69
1996	336.05	292.87	186.73	421.74	233.05	818.37
1997	352.42	294.93	186.69	448.29	254.66	903.41
1998	365.81	295.99	187.52	432.61	264.08	1014.70

注:本表按可比价格计算。
The data in this table are calculated at comparable prices.

6—8 农、林、牧、渔业分项产值
Gross Output Value of Farming, Forestry, Animal Husbandry and Fishery by Branch

单位:亿元 (100 million yuan)

指标	Item	1990	1995	1997	1998
农林牧渔业总产值	**Total**	**331.56**	**868.76**	**1004.88**	**1003.66**
农业产值	**Farming**	**199.48**	**481.90**	**516.21**	**522.98**
农作物种植业产值	Planting	163.92	407.24	426.56	434.22
#粮食	Grain	94.08	229.87	222.45	211.07
谷物	Cereal	87.73	212.79	200.98	189.39
豆类	Beans	2.66	6.85	8.79	8.63
薯类	Tubers	3.69	10.23	12.68	13.05
油料	Oil-bearing Crops	7.57	13.53	14.21	10.66
棉花	Cotton	4.27	9.60	7.61	9.01
麻类	Fiber Crops	2.29	0.64	0.47	0.26
糖料	Sugar Crops	1.77	4.32	5.74	5.70
蔬菜、瓜类	Vegetables and Melon Crops	25.70	83.44	98.61	109.92
茶、桑、果	Tea, Mulberry, Fruits	22.98	51.07	53.99	62.87
其他农业产值	Other Farming	35.56	74.66	89.65	88.76
#农民家庭兼营工业	Industry Run by Rural Households	26.83	60.59	17.56	71.82
林业产值	**Forestry**	**16.00**	**50.02**	**59.26**	**59.46**
人造林木生长	Man-made Forestry Growing	4.08	6.47	7.87	8.57
林产品	Forestry Products	5.47	27.34	33.71	33.34
竹木采伐	Lumbering	6.45	16.21	17.68	17.55
牧业产值	**Animal Husbandry**	**75.18**	**142.03**	**190.03**	**165.85**
牲畜繁殖、增长增重	Breeding of Domestic Animals	41.64	78.54	115.86	95.92
家禽饲养	Poultry Raising	7.36	18.36	23.76	20.85
活的畜禽产品	Live Livestock Products	9.59	21.97	22.82	21.36
其他动物饲养	Other Animals Raising	16.59	23.16	27.60	27.72
渔业产值	**Fishery**	**40.90**	**194.81**	**239.38**	**255.37**
海水产品	Seawater Aquatic Products	29.65	158.22	189.77	200.40
淡水产品	Freshwater Aquatic Products	11.25	36.59	49.61	54.97

注:本表按当年价格计算。

The data in this table are calculated at current prices.

6—9 农、林、牧、渔业分项产值指数(1990年=100)
Indices of Gross Output Value of Farming, Forestry, Animal Husbandry and Fishery by Branch(1990=100)

指标	Item	1995	1997	1998
农林牧渔业总产值	**Total**	**138.40**	**154.33**	**160.04**
农业产值	**Farming**	**120.62**	**131.02**	**131.49**
种植业产值	Planting	104.89	110.61	111.10
#粮食	Grain	88.81	93.05	89.33
谷物	Cereal	86.58	90.00	85.72
豆类	Beans	150.43	170.87	179.13
薯类	Tubers	107.96	123.30	126.84
油料	Oil-baring Crops	103.52	101.27	73.98
棉花	Cotton	97.41	74.12	101.18
麻类	Fiber Crops	19.31	17.24	11.72
糖料	Sugar Crops	105.56	95.56	100.00
蔬菜、瓜类	Vegetables and Melon Crops	116.39	124.43	143.17
茶、桑、果	Tea, Mulberry and Fruits	147.96	157.60	145.19
其他农业产值	Other Farming	197.34	230.58	230.96
#农民家庭兼营工业	Industry Run by Rural Households	226.59	269.60	268.59
林业产值	**Forestry**	**182.12**	**204.79**	**197.63**
人造林木生长	Man-made Forestry Growing	93.30	95.04	99.75
林产品	Forestry Products	348.02	423.79	389.43
竹木采伐	Lumbering	138.97	144.54	145.63
牧业产值	**Animal Husbandry**	**107.86**	**118.69**	**123.08**
牲畜繁殖、增长增重	Breeding of Domestic Animals	86.51	102.48	109.49
家禽饲养	Poultry Raising	150.43	171.11	165.23
活的畜禽产品	Live Livestock Products	160.66	171.88	159.52
其他动物饲养	Other Animals Raising	106.70	100.35	113.17
渔业产值	**Fishery**	**243.30**	**287.81**	**323.26**
海水产品	Seawater Aquatic Products	264.50	306.51	343.69
淡水产品	Freshwater Aquatic Products	176.62	229.10	259.05

注：本表按可比价格计算。
The data in this table are calculated at comparable prices.

6—10 农、林、牧、渔业增加值

The Added Value of Farming, Forestry, Animal Husbandry and Fishery

单位:亿元 (100 million yuan)

指标	Item	1990	1995	1997	1998
总产值	**Gross Output Value**	**331.56**	**868.76**	**1004.88**	**1003.66**
中间消耗	**Intermediate Consumption**	**108.86**	**319.57**	**367.40**	**372.35**
中间物质消耗	Intermediate Material Consumption	103.31	293.50	333.66	335.62
对非物质生产部门的劳务支出	Labour Service Expenditure of Non-material Productive Sectors	5.55	26.07	33.75	36.73
增加值	**Added Value**	**222.70**	**549.19**	**637.48**	**631.31**
农业	Farming	145.15	336.07	360.60	368.98
林业	Forestry	14.63	41.31	47.84	47.07
牧业	Animal Husbandry	39.29	65.65	98.03	77.09
渔业	Fishery	23.63	106.16	131.01	138.17

6—11 各市、地农、林、牧、渔业增加值(1998年)

The Added Value of Farming, Forestry, Animal Husbandry and Fishery by City and Prefecture(1998)

单位:亿元 (100 million yuan)

地区	Region	农、林、牧、渔业增加值 Total	#农业增加值 Farming	#固定资产折旧 Depreciation of Fixed Assets	#劳动者报酬 Compensation of Labourers	中间消耗 Intermediate Consumption
全省合计	**Total**	**631.31**	**368.98**	**28.71**	**535.69**	**372.35**
浙东北	**Eastern & Northern Region**	**398.73**	**244.98**	**17.27**	**315.36**	**213.91**
杭州市	Hangzhou	96.06	62.52	2.40	68.28	40.70
宁波市	Ningbo	88.84	53.39	3.52	70.01	47.52
嘉兴市	Jiaxing	59.13	41.86	2.54	48.81	28
湖州市	Huzhou	50.12	32.05	2.37	40.15	29.06
绍兴市	Shaoxing	73.85	50.69	2.99	63.42	34.65
舟山市	Zhoushan	30.73	4.47	3.45	24.69	33.98
浙西南	**Western & Southern Region**	**268.22**	**149.55**	**11.45**	**220.33**	**164.70**
温州市	Wenzhou	54.04	28.59	3.03	46.31	38.67
金华市	Jinhua	51.39	37.54	2.07	40.01	29.23
衢州市	Quzhou	34.96	24.18	1.09	30.59	16.75
台州市	Taizhou	93.36	40.79	4.41	74.17	63.47
丽水地区	Lishui	34.47	18.45	0.85	29.25	16.58

注:全省数为省级计算数,与分市、地相加不等。
The total is calculated by provincial Bureau, it is not equal to the sum of regional figures.

6—12 农、林、牧、渔业分项商品产值

Commodity Output Value of Farming, Forestry, Animal Husbandry and Fishery by Branch

单位:亿元 (100 million yuan)

指标	Item	1990	1995	1997	1998
农林牧渔业商品总产值	**Total Commodity Output Value**	**199.17**	**552.55**	**641.24**	**660.29**
农业商品产值	**Farming**	**95.28**	**224.04**	**240.30**	**256.74**
种植业商品产值	Planting	65.37	161.98	164.70	205.18
#粮食	Grain	26.17	58.84	66.07	61.21
谷物	Cereal	24.95	55.02	59.69	54.92
豆类	Beans	0.43	1.77	2.61	2.50
薯类	Tubers	0.79	2.05	3.77	3.79
油料	Oil-bearing Crops	4.71	7.29	7.76	5.53
棉花	Cotton	3.96	7.73	5.54	8.04
麻类	Fiber Crops	1.82	0.59	0.47	0.06
糖料	Sugar Crops	1.35	2.73	4.09	3.87
蔬菜、瓜类	Vegetables and Melon Crops	9.82	40.05	61.14	69.25
茶、桑、果	Tea, Mulberry and Fruits	14.50	35.41	12.28	39.07
其他农业商品产值	Other Farming	29.91	62.06	75.60	51.56
#农民家庭兼营工业	Industry Run by Rural Households	28.75	60.59	72.09	50.27
林业商品产值	**Forestry**	**6.74**	**32.11**	**41.64**	**36.49**
村及村以下竹木采伐	Lumbering in Village and Lower Levels	3.21	12.97	28.08	23.91
林产品	Forest Products	3.53	19.14	13.56	12.58
牧业商品产值	**Animal Husbandry**	**61.02**	**113.09**	**136.41**	**116.63**
猪	Hogs	34.07	62.97	0.38	67.37
牛	Cattle and Buffaloes	0.13	0.16	79.16	0.35
羊	Sheep and Goats	0.36	1.32	1.49	1.46
家禽饲养	Poultry Raising	4.05	12.85	13.69	10.43
活的畜禽产品	Live Livestock Products	6.58	15.38	15.97	11.00
其他动物饲养	Other Animal Raising	15.83	20.41	25.72	26.02
渔业商品产值	**Fishery**	**36.13**	**183.31**	**222.89**	**250.43**
海水产品	Seawater Aquatic Products	26.68	148.88	182.75	196.39
淡水产品	Freshwater Aquatic Products	9.45	34.43	40.14	54.04

注:本表按当年价格计算。

The data in this table are calculated at current prices.

6—13 耕地面积变动情况
Change of Cultivated Area

单位：千公顷 (1000 hectares)

指标	Item	1990	1995	1997	1998
年末实有耕地面积	**Cultivated Area at Year-end**	**1723.53**	**1617.80**	**1612.42**	**1613.44**
水田	Paddy Fields	1429.39	1344.94	1339	1337.23
旱地	Dry Fields	294.14	272.86	273.42	276.21
本年内增加数	**Increased Area in the Year**	**3.72**	**4.57**	**9.79**	**12.58**
#围垦海涂	Reclaim Land from Tideland	0.33	0.89	1.68	1.71
开荒	Bring Barren under Cultivation	0.54	0.79	3.24	3.74
本年内减少数	**Decreased Area in the Year**	**11.48**	**22.24**	**11.20**	**11.56**
#国家基建占地	State Capital Construction	2.05	7.47	5.05	8.64
乡村基建占地	Village Capital Construction	3.11	9.75	1.72	1.35
改林、桑、茶、果园占地	Construction for Forestry, Mulberry, Tea and Fruit Areas	3.52	2.48	2.12	0.57
挖鱼塘占地	Construction for Digging Fish Groad	0.08	1.02	0.24	0.22
其他占地	Others	2.72	1.52	2.07	0.78
按总人口人均占有耕地（公顷）	**Per Cultivated Construction by Total Population (hectare)**	**0.041**	**0.038**	**0.036**	**0.036**
按农业人口人均占有耕地（公顷）	**Per Cultivated Construction by Rural Population (hectare)**	**0.049**	**0.045**	**0.045**	**0.046**

6—14 各市、地耕地面积(1998年底)
Cultivated Area by City and Prefecture(End of 1998)

单位：千公顷 (1000 hectares)

地区	Region	年末实有耕地面积 Cultivated Area at Year-end	水田面积 Paddy Fields	旱地面积 Dry Fields	本年内增加数 Increased Area in the Year	本年内减少数 Decreased Area in the Year	#国家基建占地 State Capital Construction	#乡村基建占地 Village Capital Construction
全省合计	**Total**	**1613.44**	**1337.23**	**276.21**	**12.58**	**11.57**	**8.64**	**1.35**
浙东北	**Eastern & Northern Region**	**930.20**	**762.58**	**167.62**	**6.68**	**6.39**	**5.32**	**0.51**
杭州市	Hangzhou	190	164.03	25.97	2.26	2.22	1.67	0.12
宁波市	Ningbo	216.30	154.58	61.72	1.30	1.25	1.16	0.09
嘉兴市	Jiaxing	207.77	175.92	31.85	1.04	1.04	0.99	0.03
湖州市	Huzhou	129.96	117.23	12.73	1.16	1.15	1.01	0.11
绍兴市	Shaoxing	167.37	139.23	28.14	0.75	0.58	0.44	0.14
舟山市	Zhoushan	18.80	11.59	7.21	0.17	0.15	0.05	0.02
浙西南	**Western & Southern Region**	**683.24**	**574.65**	**108.59**	**5.90**	**5.18**	**3.32**	**0.84**
温州市	Wenzhou	169.83	130.44	39.39	1.60	1.89	1.04	0.51
金华市	Jinhua	168.39	146.78	21.61	1.51	1.09	0.72	0.20
衢州市	Quzhou	97.81	86.91	10.90	0.68	0.67	0.42	0.03
台州市	Taizhou	151.76	124.05	27.71	1.39	0.75	0.62	0.07
丽水地区	Lishui	95.45	86.47	8.98	0.72	0.78	0.52	0.03

6—15 各市、地、县耕地面积和人均耕地面积(1998年底)

Cultivated Area and Per Capita Cultivated Area by City, Prefecture and County (End of 1998)

地区	Region	耕地面积合计(公顷) Total Cultivated Area (hectare)	水田 Paddy Fields	旱地 Dry Fields	人均占有耕地面积(公顷) Per Capita Cultivated Area (hectare)
全省合计	**Total**	**1613438**	**1337233**	**276205**	**0.036**
杭州市	**Hangzhou**	**189999**	**164030**	**25969**	**0.031**
杭州市区	District	15939	10385	5554	0.009
萧山市	Xiaoshan	52591	48824	3767	0.046
建德市	Jiande	17592	15302	2290	0.035
富阳市	Fuyang	21795	19298	2497	0.035
临安市	Linan	19099	16869	2230	0.037
余杭市	Yuhang	35412	30043	5369	0.045
桐庐县	Tonglu	14908	13539	1369	0.038
淳安县	Chunan	12663	9770	2893	0.028
宁波市	**Ningbo**	**216304**	**154577**	**61727**	**0.040**
宁波市区	District	34133	26857	7276	0.029
余姚市	Yuyao	39125	31485	7640	0.047
慈溪市	Cixi	43854	11376	32478	0.044
奉化市	Fenghua	21366	19735	1631	0.044
象山县	Xiangshan	18921	15362	3559	0.036
宁海县	Ninghai	23160	16186	6974	0.040
鄞县	Yinxian	35745	33576	2169	0.049
温州市	**Wenzhou**	**169835**	**130439**	**39396**	**0.024**
温州市区	District	16838	14099	2739	0.014
瑞安市	Ruian	31701	22970	8731	0.027
乐清市	Yueqing	24878	21233	3645	0.022
洞头县	Dongtou	885	94	791	0.007
永嘉县	Yongjia	22443	17402	5041	0.026
平阳县	Pingyang	24138	18163	5975	0.030
苍南县	Cangnan	28931	21692	7239	0.024
文成县	Wencheng	9867	6446	3421	0.027
泰顺县	Taishun	10154	8340	1814	0.030
嘉兴市	**Jiaxing**	**207771**	**175925**	**31846**	**0.063**
嘉兴市区	District	53097	45188	7909	0.068
海宁市	Haining	32579	24854	7725	0.051
平湖市	Pinghu	31369	28971	2398	0.065
桐乡市	Tongxiang	36373	27446	8927	0.056
嘉善县	Haiyan	30552	29063	1489	0.080
海盐县	Jiashan	23801	20403	3398	0.065
湖州市	**Huzhou**	**129961**	**117233**	**12728**	**0.051**
湖州市区	District	50065	44789	5276	0.047
德清县	Deqing	19385	17679	1706	0.046
长兴县	Changxing	39575	35798	3777	0.064
安吉县	Anji	20936	18967	1969	0.047
绍兴市	**Shaoxing**	**167373**	**139236**	**28137**	**0.039**
绍兴市区	District	3230	2796	434	0.010
诸暨市	Zhuji	43647	38976	4671	0.041
上虞市	Shangyu	38486	26488	11998	0.050

6—15 续表 continued

地区	Region	耕地面积合计（公顷）Total Cultivated Area (hectares)	水田 Paddy Fields	旱地 Dry Fields	人均占有耕地面积（公顷）Per Capita Cultivated Area (hectare)
嵊州市	Shengzhou	28994	24833	4161	0.039
绍兴县	Shaoxing	37763	34976	2787	0.039
新昌县	Xinchang	15253	11167	4086	0.035
金华市	**Jinhua**	**168387**	**146781**	**21606**	**0.038**
金华市区	District	7526	6835	691	0.022
兰溪市	Lanxi	28496	26099	2397	0.043
东阳市	Dongyang	25364	20488	4876	0.032
义乌市	Yiwu	22809	18990	3819	0.035
永康市	Yongkang	18135	16216	1919	0.034
金华县	Jinhua	31383	28533	2850	0.057
武义县	Wuyi	15871	14861	1010	0.048
浦江县	Pujiang	12065	10289	1776	0.032
磐安县	Panan	6738	4470	2268	0.033
衢州市	**Quzhou**	**97806**	**86906**	**10900**	**0.041**
衢州市区	District	6613	5518	1095	0.025
江山市	Jiangshan	23556	21043	2513	0.042
衢县	Quxian	20623	18306	2317	0.040
常山县	Changzhou	11359	10107	1252	0.036
开化县	Kaihua	12885	10890	1995	0.038
龙游县	Longyou	22770	21042	1728	0.057
舟山市	**Zhoushan**	**18796**	**11590**	**7206**	**0.019**
舟山市区	District	16287	10045	6242	0.024
岱山县	Daishan	2432	1545	887	0.011
嵊泗县	Shengsi	77		77	0.001
台州市	**Taizhou**	**151760**	**124047**	**27713**	**0.028**
台州市区	District	37147	32453	4694	0.026
临海市	Linhai	28413	24110	4303	0.026
温岭市	Wenling	33085	27579	5506	0.029
仙居县	Xianju	15248	12827	2421	0.034
天台县	Tiantai	15839	12869	2970	0.029
三门县	Sanmen	14496	9726	4770	0.036
玉环县	Yuhuan	7532	4483	3049	0.020
丽水地区	**Lishui**	**95446**	**86469**	**8977**	**0.039**
丽水市	Lishui	11920	10663	1257	0.035
龙泉市	LongQuan	16707	15898	809	0.062
青田县	Qingtian	11709	9685	2024	0.024
云和县	Yunhe	4772	4574	198	0.044
庆元县	Qingyuan	10548	9748	800	0.055
缙云县	Jinyun	11642	10356	1286	0.027
遂昌县	Shunchang	10438	9486	952	0.046
松阳县	Shongyang	10778	10143	635	0.047
景宁自治县	Jingning	6932	5916	1016	0.040

6—16 农业机械年末拥有量
Possession of Major Agricultural Machinery (End of year)

指标	Item	1990	1995	1997	1998
农业机械总动力(万千瓦)	**Total Power of Agricultural Machinery (10000 kw)**	**1215.73**	**1639.80**	**1733.33**	**1798.84**
耕作机械动力(万千瓦)	**Mechanical Power of Cultivation (10000 kw)**	**258.46**	**267.72**	**259.05**	**250.37**
大中型拖拉机 (台)	Large and Medium Tractors (unit)	6901	6251	6880	6299
(万千瓦)	(10000 kw)	17.84	18.21	19.38	17.77
农用小型拖拉机 (万台)	Mini-tractors for Agriculture (10000 units)	27.64	28.68	27.44	26.61
(万千瓦)	(10000 kw)	235.19	243.88	233.60	226.42
收获机械动力(万千瓦)	**Mechanical Power of Harvesting (10000 kw)**	**172.56**	**206.70**	**223.01**	**232.90**
联合收割机 (台)	Combine Harvesters (unit)	551	2531	7741	11858
(万千瓦)	(10000 kw)	0.81	3.87	11.71	19.78
机动收割机(割晒机) (台)	Motorized Harvesters (unit)	307	220	269	389
机动脱粒机 (万台)	Motorized Thresher (10000 units)	97.32	118.42	126.24	127.17
人力脱粒机(打稻机) (万台)	Manpower Thresher (10000 units)	121.63	139.59	142.57	143.86
植保机械动力(万千瓦)	**Mechanical Power of Plant Protection (10000 kw)**	**3.05**	**3.23**	**3.94**	**4.74**
机动喷雾(粉)器 (万架)	Motorized Sprayer (10000 units)	1.00	1.94	2.46	3.34
人力喷雾(粉)器 (万架)	Manpower Sprayer (10000 units)	443.06	490.48	514.33	529.98
排灌机械动力(万千瓦)	**Mechanical Power of Drainage and Irrigation (10000 kw)**	**160.68**	**176.12**	**181.18**	**186.42**
柴油机 (万台)	Diesel Engines (10000 units)	6.96	7.68	7.60	7.58
(万千瓦)	(10000 kw)	36.65	38.60	37.29	37.34
电动机 (万台)	Electric Engines (10000 units)	20.84	24.92	28.17	29.46
(万千瓦)	(10000 kw)	123.98	137.47	143.84	149.05
农副产品加工机械动力(万千瓦)	**Mechanical Power of Farm Sideline Products Manufacturing (10000 kw)**	**146.03**	**151.79**	**152.62**	**154.06**
粮食加工机械(万台)	Mechanical Power for Grain (10000 units)	13.86	13.96	13.80	13.98
棉花加工机械(万台)	Mechanical Power for Cotton (10000 units)	0.48	0.51	0.49	0.54
油料加工机械(万台)	Mechanical Power for Oil-bearing (10000 units)	0.34	0.44	0.47	0.49
茶叶加工机械(万台)	Mechanical Power for Tea (10000 units)	6.33	6.37	7.71	6.09
运输机械动力(万千瓦)	**Mechanical Power of Transportation (10000 kw)**	**214.71**	**431.89**	**464.85**	**489.42**
农用载重汽车 (辆)	Trucks for Agricultural Use (unit)	12730	23858	26510	28489
(万千瓦)	(10000 kw)	89.69	162.93	179.70	187.88
渔业机械动力(万千瓦)	**Mechanical Power of Fishery (10000 kw)**	**203.33**	**329.83**	**366.21**	**399.82**
机动船 (万艘)	Motorized Boats (10000 units)	5.53	5.28	5.78	6.05
(万吨)	(10000 tons)	89.33	166.63	178.55	192.49
(万千瓦)	(10000 kw)	186.93	305.71	337.21	369.05
其他农业机械动力(万千瓦)	**Other Mechanical Power (10000 kw)**	**56.88**	**72.59**	**82.47**	**81.11**

6—17 各市、地主要农业机械年末拥有量(1998年)

Possession of Major Agricultural Machinery by City and Prefecture (1998)

地 区	Region	农业机械总动力(万千瓦) Total Power of Agricultural Machinery (10 000 kw)	耕作机械动力(万千瓦) Mechanical power of Cultivation (10000 kw)	大中型拖拉机(台) Large and Medium Tractors (unit)	农用小型拖拉机 Min-tractors 万台 (10000 units)	农用小型拖拉机 Min-tractors 万千瓦 (10000 kw)	收获机械动力(万千瓦) Mechanical Power of Harvesting (10000 kw)
全省合计	**Total**	**1798.84**	**250.37**	**6299**	**266101**	**226.42**	**232.90**
浙东北	**Eastern & Northern Region**	**1148.98**	**149.75**	**3881**	**156491**	**134.33**	**177.21**
杭州市	Hangzhou	245.79	32.44	1007	33360	28.53	36.36
宁波市	Ningbo	241.04	31.24	1499	29750	26.22	33.02
嘉兴市	Jiaxing	188.74	28.07	88	29149	25.71	55.18
湖州市	Huzhou	155.01	30.84	269	34272	29.81	29.06
绍兴市	Shaoxing	163.60	24.26	638	27966	22.30	21.03
舟山市	Zhoushan	154.80	2.90	380	1994	1.76	2.56
浙西南	**Western & Southern Region**	**649.40**	**100.62**	**2418**	**109610**	**92.09**	**55.69**
温州市	Wenzhou	161.57	20.25	483	21151	18.32	8.24
金华市	Jinhua	143.72	29.93	733	33636	27.58	24.17
衢州市	Quzhou	54.22	9.44	661	10109	6.99	3.34
台州市	Taizhou	225.20	23.36	520	24625	21.64	18.77
丽水地区	Lishui	64.69	17.64	21	20089	17.56	1.17

6—17 续表1 Continued

地　区　Region	机动脱粒（打稻）机（万台）Motorized Thresher (10000 units)	人力脱粒（打稻）机（万台）Manpower Thresher (10000 units)	植保机械动　力（万千瓦）Mechanical Power of Plant Protection (10000 kw)	机动喷雾（粉）器（架）Moterized Sprayer (unit)	人力喷雾（粉）器（万架）Manpower Sprayer (10000 units)	排灌机械动　力（万千瓦）Mechanical Power of Drainage and Irrigation (10000 kw)
全省合计 Total	**127.17**	**143.86**	**4.74**	**33404**	**529.98**	**186.42**
浙东北 Eastern & Northern Region	**101.25**	**34.26**	**3.55**	**26699**	**295.22**	**127.57**
杭州市 Hangzhou	23.84	8.99	0.38	1823	75.89	33.31
宁波市 Ningbo	14.67	5.22	2.17	17973	56.26	22.88
嘉兴市 Jiaxing	31.07	0.19	0.34	2464	57.99	23.04
湖州市 Huzhou	17.56	2	0.07	494	38.61	26.60
绍兴市 Shaoxing	13.01	17.83	0.56	3744	60.49	19.60
舟山市 Zhoushan	1.10	0.03	0.03	201	5.98	2.14
浙西南 Western & Southern Region	**25.92**	**109.60**	**1.19**	**6705**	**234.76**	**58.85**
温州市 Wenzhou	3.11	18.24	0.27	1383	37.27	9.81
金华市 Jinhua	11.45	31.41	0.33	1791	69.08	21.02
衢州市 Quzhou	1.58	23.49	0.16	802	39.58	11.80
台州市 Taizhou	9.21	18.26	0.34	2207	55.93	11.14
丽水地区 Lishui	0.57	18.20	0.09	522	32.90	5.08

6－17 续表 2 Continued

地 区	Region	农副产品加工机械动力（万千瓦）Mechanical Power of Farm Sideline Products Manufacturing (10000 kw)	运输机械动力（万千瓦）Mechanical Power of Transportation (10000 kw)	农用载重汽车 Tracks for Agricultural Use		渔业机械动力（万千瓦）Mechanical Power of Fishery (10000 kw)	其他机械动力（万千瓦）Other Mechanical Power (10000 kw)
				辆 (unit)	万千瓦 (10000 kw)		
全省合计	**Total**	**154.06**	**489.42**	**28489**	**187.88**	**399.82**	**81.11**
浙东北	**Eastern & Northern Region**	**83.92**	**324.07**	**19445**	**128.90**	**235.59**	**47.32**
杭州市	Hangzhou	22.21	108.34	9501	70.07	6.06	6.69
宁波市	Ningbo	15.08	53.47	4198	24.20	64.04	19.14
嘉兴市	Jiaxing	13.39	57.28	1014	4.76	9.80	1.64
湖州市	Huzhou	10.45	35.65	1382	8.91	19.07	3.27
绍兴市	Shaoxing	21.01	58.12	2942	18.78	4.36	14.66
舟山市	Zhoushan	1.78	11.21	408	2.18	132.26	1.92
浙西南	**Western & Southern Region**	**70.14**	**165.35**	**9044**	**58.98**	**163.77**	**33.79**
温州市	Wenzhou	17.60	38.07	2162	12.43	47.94	19.39
金华市	Jinhua	17.93	48.43	3402	22.23	0.52	1.39
衢州市	Quzhou	9.05	17.98	873	6.10	0.25	2.20
台州市	Taizhou	12.06	42.55	1512	12.06	114.71	2.27
丽水地区	Lishui	13.50	18.32	1095	6.16	0.35	8.54

6—18 农业机械化、电气化及化肥施用量

Agricultural Mechanization, Electrification, Chemical Fertilizer Applied

指标	Item	1990	1995	1997	1998
农业机械化	**Agricultural Mechanization**				
当年机耕地面积(千公顷)	Area Sown by Machine at Current Year (1000 hectares)	777.85	1098.73	1102.16	1080.49
占耕地面积比重 (%)	Percentage to Cultivated Area (%)	45.10	67.90	68.40	67.00
当年机械收割面积 (千公顷)	Mechanical Harvest Area at Current Year (1000 hectares)	19.47	85.08	242.89	373.41
当年机械脱粒面积 (千公顷)	Mechanical Thresh Area at Current Year (1000 hectares)	2139.42	1874.28	1810.33	1743.89
农村能源	**Agricultural Energy**				
农村用电量 (亿千瓦时)	Electricity Consumed (100 million kwh)	69.44	169.17	190.12	200.91
每公顷耕地用电量 (千瓦时)	Electricity Consumed per Hectare Cultivated Area (kwh)	4029	10457	11791	12452
乡村办水电站 (处)	Hydropower Stations in Rural Areas (unit)	3063	2059	2228	2229
发电能力 (万千瓦)	Generating Capacity (10000 kw)	33.91	38.54	60.85	81.60
农业化肥施用量	**Agricultural Consumption of Chemical Fertilizers**				
按折标准量计算 (万吨)	Calculated by Standard (10 000 tons)	454.28	465.45	475.14	435.99
每公顷耕地化肥施用量 (公斤)	Fertilizer Consumption of per Hectare Cultivated Area (kg)	2636	2877	2947	2702
每公顷播种面积施用量 (公斤)	Consumption of per Hectare Sown Area (kg)	1036	1186	1205	1112
按折纯量计算 (万吨)	Calculated by 100% Effective Component (10000 tons)	94.75	97.52	98.98	90.78
每公顷耕地化肥施用量 (公斤)	Fertilizer Consumption of per Hectare Cultivated Area (kg)	550	603	614	563
每公顷播种面积施用量 (公斤)	Consumption of per Hectare Sown Area (kg)	216	249	251	232
农用塑料薄膜使用量(万吨)	**Plastic Film Use for Agriculture (10000 tons)**	**1.53**	**2.47**	**2.75**	**2.78**
农用柴油使用量 (万吨)	**Diesel Use for Agriculture (10000 tons)**		**103.24**	**131.12**	**140.70**
农药使用量 (万吨)	**Pesticide Use (10000 tons)**	**5.53**	**5.89**	**6.52**	**6.59**

6—19 各市、地农业机械化、农村能源及农业物资消耗情况(1998年)
Agricultural Mechanization,Energy and Material Consumption by City and Prefecture(1998)

地区	Region	农业机械化情况(千公顷) Conditions of Agricultural Mechanization(1000 ha)			农村用电量(亿千瓦小时) Electricity Consumed in Rural Areas (100 million kwh)	农用塑料薄膜使用量(吨) Plastic Film Use for Agriculture (ton)	农用柴油使用量(吨) Diesel Use for Agriculture (ton)	农药使用量(吨) Pesticide Use (ton)
		机耕面积 Area Cultivated by Machine	机械收获面积 Area Harvested by Machine	机械脱粒面积 Area Threshed by Machine				
全省合计	**Total**	**1080.49**	**373.41**	**1743.89**	**200.91**	**27811**	**1407003**	**65861**
浙东北	**Eastern & Northern Region**	**708.01**	**289.34**	**1151.62**	**145.50**	**15017**	**807291**	**36404**
杭州市	Hangzhou	152.56	59.11	263.99	32.57	3627	20095	8506
宁波市	Ningbo	146.17	139.25	241.32	30.70	3314	207537	7602
嘉兴市	Jiaxing	161.92	14.13	260.96	23.84	2842	11223	7398
湖州市	Huzhou	117.93	15.75	168.33	15.50	2979	13008	5530
绍兴市	Shaoxing	117.47	54.83	202.85	40.28	2080	10463	7007
舟山市	Zhoushan	11.96	6.27	14.17	2.61	175	544965	361
浙西南	**Western & Southern Region**	**372.48**	**84.07**	**592.27**	**55.41**	**12794**	**599712**	**29457**
温州市	Wenzhou	96.37	35.31	139.11	20.48	1486	220705	4649
金华市	Jinhua	108.66	18.09	170.88	11.83	2060	23758	7291
衢州市	Quzhou	37.18	3.20	69.97	4.07	1645	11157	7135
台州市	Taizhou	102.37	25.47	185.54	16.79	3742	337194	6499
丽水地区	Lishui	27.90	2	26.77	2.24	3861	6898	3883

6—20 各市、地农用化肥施用量(1998 年)

Chemical Fertilizer Applied by City and Prefecture(1998)

单位:万吨 (10000 tons)

地区 Region	氮肥 Nitrogenous Fertilizer		磷肥 Phosphate Fertilizer		钾肥 Potash Fertilizer		复合肥 Compound Fertilizer	
	标准量 Standard Data	折纯量 100% Effective Component	标准量 Standard Data	折纯量 100% Effective Component	标准量 Standard Data	折纯量 100% Effective Component	标准量 Standard Data	折纯量 100% Effective Component
全省合计 Total	**291.69**	**61.26**	**70.26**	**12.65**	**21.62**	**5.41**	**52.41**	**11.48**
浙东北 Eastern & Northern Region	**166.34**	**34.94**	**38.08**	**6.85**	**10.95**	**2.74**	**24.65**	**5.31**
杭州市 Hangzhou	34.18	7.19	8.08	1.45	3.41	0.85	9.19	2.06
宁波市 Ningbo	35.36	7.43	13.96	2.50	3.11	0.78	5.65	1.17
嘉兴市 Jiaxing	46.06	9.67	8.61	1.55	1.73	0.43	3.06	0.67
湖州市 Huzhou	12.83	2.69	2.87	0.52	1.11	0.28	3.33	0.70
绍兴市 Shaoxing	36.33	7.63	4.09	0.74	1.51	0.38	3	0.62
舟山市 Zhoushan	1.58	0.33	0.47	0.09	0.08	0.02	0.42	0.09
浙西南 Western & Southern Region	**125.35**	**26.32**	**32.18**	**5.80**	**10.67**	**2.67**	**27.76**	**6.17**
温州市 Wenzhou	28.29	5.94	6.81	1.23	2.01	0.50	4.23	0.89
金华市 Jinhua	32.96	6.92	7.20	1.30	2.43	0.61	4.84	1.01
衢州市 Quzhou	20.48	4.30	6.84	1.23	3.14	0.79	3.80	0.82
台州市 Taizhou	31.26	6.56	7.31	1.32	1.36	0.34	11.81	2.78
丽水地区 Lishui	12.36	2.60	4.02	0.72	1.73	0.43	3.08	0.67

6—21 农田水利建设
Water Conservancy Facilities of Farmland

指标	Item	1990	1995	1997	1998
水库年末累计 (座)	Total Number of Reservoirs (set)	3558	3654	3697	3763
总库容量 (亿立方米)	Capacity (100 million cu. m)	336.09	344	345.48	349.83
#大、中型水库(1000万立方米以上)(座)	Large and Medium Reservoirs(above 10 million cu. m level) (set)	112	124	128	133
塘坝 (处)	Small Reservoirs (place)	17727	17878	240331	342015
蓄水量 (亿立方米)	Capacity of Retain Water (100 million cu. m)	4.86	4.92	8.88	9.21
水轮泵站 (处)	Water Turbine-pump Station (place)	399	464	2322	2365
水轮泵 (台)	Water Turbine-pump (unit)	484	549	2474	2506
堰坝 (万处)	Weirs (10000 places)	4.96	4.72	4.80	4.77
受益面积 (千公顷)	Area Benefitted (1000 ha)	204.41	203.90	164.67	159.58
机电井 (眼)	Motor-electric-pumped Well (unit)	2450	2483	2513	2463
#已配套机电井 (眼)	Equiped Motor-electric-pumped Well (unit)	1683	1839	2098	2049
水闸 (座)	Sluice (set)	2226	2743	2972	2988
当年投入兴修水利人工 (亿工日)	Man-days Put into Water Conservancy Projects at Current Year (100 million man-days)	2.58	3.71	4.43	4.77
农田基本建设完成土石方 (亿立方米)	Cubic Metre of Earth and Stone Completed through Farmland Capital Construction (100 million cu. m)	2.35	3.20	3.90	4.31

注:1995年及以前的塘坝数为蓄水在1—10万立方米。

Reservoirs in 1990,1995 refer to 10000 to 100000 cu. m cum capacity of Retain Water.

6—22 农田灌溉、除涝和治水情况
Irrigation, Flood Prevention and Water Conservation

指标	Item	1990	1995	1997	1998
有效灌溉面积 （千公顷）	Effective Irrigated Area (1000 ha)	1477.05	1418.98	1405.04	1401.31
占耕地面积比重 （%）	Percentage to Cultivated Area (%)	85.70	87.70	87.10	86.90
机电排灌面积 （千公顷）	Mechanical and Electrical Irrigated Area (1000 ha)	1108.88	1068.39	1056.75	1054.96
占耕地面积比重 （%）	Percentage to Cultivated Area (%)	64.3	66.0	65.5	65.4
每千公顷耕地有效排灌能力 （千瓦）	Effective Irrigated Capacity per 1000 Hectare Cultivated Area (kw)	621.51	918.58	1123.65	1155.42
农田旱涝保收面积（千公顷）	Farmland Area of Stable Yields Despite Drought or Excessive Rain (1000 ha)	1016.65	999.71	999.24	995.62
占耕地面积比重 （%）	Percentage to Cultivated Area (%)	59.0	61.8	62.0	61.7
水田 （千公顷）	Paddy Fields (1000 ha)	943.76	915.63	816.95	911.84
抗旱能力在70天以上的水田 （千公顷）	Fight Drought above 70 Days (1000 ha)	1002.68	958.99	961.69	960.16
易涝面积 （千公顷）	Area Liable to Flooding or Water Logging (1000 ha)	526.52	526.86	528.78	528.45
除涝面积 （千公顷）	Flooded or Water Logged Area under Control (1 000 ha)	447.87	460.18	468.71	471.77
占易涝面积比重（千公顷）	Percentage to Total Area Liable to Flooding or Waterlogging (1000 ha)	85.1	87.3	88.6	89.3
水土流失总面积 （千公顷）	Total Area of Soil Erosion (1000 ha)	2494.52	2538.63	2578.95	2578.95
治理水土流失面积（千公顷）	Area of Soil Erosion under Control (1000 ha)	1887.84	1985.39	2037.17	2006.83
占水土流失比重 （%）	Percentage to Total Area of Soil Erosion (%)	75.7	78.2	79.0	77.8
堤塘长度 （公里）	Total Length of Dikes (km)	6277	6981	7430	7668

6—23 各市、地水利设施和除涝情况(1998年)
Water Conservancy Facilities, Flood Prevention by City and Prefecture(1998)

地区	Region	年末水库数(座) Number of Reservoirs (year-end) (set)	水库总库容(亿立方米) Capacity of Reservoirs (100 million cu. m)	除涝面积(千公顷) Flooded Area under Control (1000 ha)	旱涝保收面积(千公顷) Area of Stable Yields Despite Drought or Excessive Rain (1000 ha)
全省合计	**Total**	**3763**	**349.83**	**471.77**	**995.62**
浙东北	**Eastern & Northern Region**	**1822**	**262.89**	**354.41**	**632.50**
杭州市	Hangzhou	569	231.86	52.12	133.95
宁波市	Ningbo	389	13.34	64.00	118.12
嘉兴市	Jiaxing			108.66	167.97
湖州市	Huzhou	148	6.28	84.51	95.51
绍兴市	Shaoxing	528	10.24	40.43	106.99
舟山市	Zhoushan	188	1.17	4.69	9.96
浙西南	**Western & Southern Region**	**1941**	**86.94**	**117.36**	**363.12**
温州市	Wenzhou	207	5.93	66.02	61.86
金华市	Jinhua	755	16.04	8.62	117.75
衢州市	Quzhou	448	30.09	1.15	62.60
台州市	Taizhou	311	16.26	35.47	73.95
丽水地区	Lishui	220	18.62	6.10	46.96

6－24 各市、地农田水利建设情况（1998年）

Water Conservancy by City and Prefecture (1998)

地区	Region	农田基本建设实用人工（万工日）Man-days Put into Farmland Capital Construction (10000 man-days)	农田基本建设完成土石方（万立方米）Cubic Metre of Earth and Stone Completed through Farmland Basic Construction (10000 cu. m)	有效灌溉面积（千公顷）Effective Irrigated Area (1000 ha)	机电排灌面积（千公顷）Mechanical and Electrical Irrigated Area (1000 ha)
全省合计	**Total**	**47697**	**43147**	**1401.31**	**1054.96**
浙东北	**Eastern and Northern Region**	**21763**	**20519**	**827.83**	**718.36**
杭州市	Hangzhou	5532	4943	172.75	127.33
宁波市	Ningbo	4446	4630	179.60	167.50
嘉兴市	Jiaxing	3482	3331	194.22	190.95
湖州市	Huzhou	2172	2236	116.10	106.87
绍兴市	Shaoxing	5149	4406	151.55	116.04
舟山市	Zhoushan	982	973	13.61	9.67
浙西南	**Western and Southern Region**	**25934**	**22628**	**573.48**	**336.60**
温州市	Wenzhou	7277	6480	129.17	102.21
金华市	Jinhua	4865	4874	154.25	85.94
衢州市	Quzhou	2863	2570	87.06	34.30
台州市	Taizhou	7307	5957	121.67	99.96
丽水地区	Lishui	3622	2747	81.33	14.19

6—25 主要农作物播种面积

Total Sown Area of Major Farm Crops

单位:千公顷 (1000 hectares)

指标	Item	1990	1995	1997	1998
农作物播种面积	**Sown Area of Farm Crops**	**4384.69**	**3923.04**	**3944.16**	**3919.60**
粮食作物	**Grain Crops**	**3266.00**	**2814.39**	**2873.00**	**2799.51**
#春粮	Spring Grain	637.40	423.55	520.97	505.66
秋粮	Autumn Grain	1584.40	1519.91	1523.62	1543.45
谷物	Cereal	3000.69	2510.38	2529.63	2436.90
稻谷	Rice	2383.53	2137.76	2085.89	2007.92
早稻及早中稻	Early Rice & Early Mid-rice	1044.20	870.93	828.41	750.40
#杂交稻	Hybrid Rice	28.93	50.82	58.17	54.89
晚稻及迟中稻	Late Rice & Late Mid-rice	1339.33	1266.83	1257.48	1257.52
#杂交稻	Hybrid Rice	593.40	572.41	556.45	583.44
单季晚稻	Single Season Rice	191.60	301.09	344.90	405.28
小麦	Wheat	317.67	208.23	245.20	255.14
大(元)麦	Barley	244.13	117.48	149.65	123.44
玉米	Corn	48.00	39.29	42.11	43.82
其他谷物	Other Cereal	7.36	7.62	6.78	6.58
豆类	Beans	110.71	144.43	162.34	178.26
大豆	Soybeans	66.47	86.05	91.47	101.82
蚕(豌)豆	Broad Bean	41.93	49.85	59.40	60.39
杂豆	Other Beans	2.31	8.53	11.47	16.05
薯类	Tubers	154.60	159.58	181.03	184.35
蕃薯	Yam	120.93	111.59	114.31	117.66
马铃薯	Potato	33.67	47.99	66.72	66.69
油料	**Oil-bearing Crops**	**302.05**	**309.32**	**275.75**	**281.88**
油菜籽	Rapeseeds	290.22	295.92	261.96	266.60
花生	Peanuts	8.18	10.18	10.08	11.70
芝麻	Sesame	3.65	3.22	3.71	3.58
棉花(皮棉)	**Cotton**	**68.67**	**64.53**	**61.97**	**62.84**
麻类	**Fiber Crops**	**24.35**	**4.37**	**3.89**	**2.55**
#黄红麻	Jute and Ambary Hemp	23.43	4.03	3.65	2.35
糖类	**Sugar Crops**	**11.67**	**11.78**	**11.00**	**10.71**
#糖蔗	Sugarcane	3.27	2.38	2.08	1.85
烟叶	**Tobacco**	**2.07**	**0.68**	**1.40**	**1.29**
药材类	**Medicinal Material**	**6.79**	**8.00**	**12.81**	**12.04**
蔬菜、瓜类	**Vegetables, Fruits**	**278.42**	**348.42**	**376.72**	**423.20**
蔬菜	Vegetable	248.39	297.81	329.05	368.04
瓜类	Fruits	30.03	50.61	47.67	55.16
#西瓜	Watermelon	23.51	41.86	38.87	46.86
其他农作物	**Other Farm Crops**	**424.67**	**361.55**	**327.62**	**325.58**
#绿肥	Green Manure	394.33	316.55	281.23	276.38

6—26 主要农作物产量
Output of Major Farm Crops

指标	Item	1997 公顷产量（公斤）Output per Hectare (kg)	1997 总产量（万吨）Total Output (10000 tons)	1998 公顷产量（公斤）Output per Hectare (kg)	1998 总产量（万吨）Total Output (10000 tons)
粮食作物	**Grain Crops**	**5199**	**1493.53**	**5127**	**1435.20**
#春粮	Spring Grain	2996	156.10	2385	120.60
秋粮	Autumn Grain	5715	870.70	5995	925.30
谷物	Cereal	5453	1379.34	5407	1317.61
稻谷	Rice	5935	1238.03	6015	1207.80
早稻及早中	Early Rice & Early Mid-rice	5634	466.73	5188	389.30
#杂交稻	Hybrid Rice	5812	33.81	4878	26.78
晚稻及迟中稻	Late Rice & Late Mid-rice	6134	771.30	6509	818.50
#杂交稻	Hybrid Rice	5864	326.30	6286	366.76
单季晚稻	Single Season Rice	6686	230.60	7067	286.40
小麦	Wheat	2943	72.16	2398	61.17
大(元)麦	Barley	3532	52.85	2490	30.74
玉米	Corn	3348	14.10	3400	14.90
其他谷物	Other Cereal	3245	2.20	4559	3.00
豆类	Beans	2134	34.64	2000	35.65
大豆	Soybeans	2307	21.10	2220	22.60
蚕(豌)豆	Broad Beans	1909	11.34	1681	10.15
杂豆	Other Beans	1918	2.20	1807	2.90
薯类	Tubers	4394	79.55	4445	81.94
蕃薯	Yams	5231	59.80	5388	63.40
马铃薯	Potato	2960	19.75	2780	18.54
油料	**Oil-bearing Crops**	**1772**	**48.88**	**1261**	**35.55**
油菜籽	Rapeseeds	1754	45.96	1205	32.13
花生	Peanuts	2488	2.51	2562	3.00
芝麻	Sesame	1099	0.41	1164	0.42
棉花(皮棉)	**Cotton**	**768**	**4.76**	**1033**	**6.49**
麻类	**Fiber Crops**	**6267**	**2.44**	**6300**	**1.61**
#黄红麻	Jute and Ambary Hemp	6564	2.40	6673	1.57
糖类	**Sugar Crops**	**54561**	**60.02**	**57833**	**61.93**
#糖蔗	Sugarcane	63035	13.11	65903	12.16
烟叶	**Tobacco**	**1861**	**0.26**	**2101**	**0.27**
蔬菜、瓜类	**Vegetables,Fruits**	**26806**	**1009.84**	**27351**	**1157.46**
蔬菜	Vegetables	27201	895.04	27430	1009.52
瓜类	Fruits	24083	114.80	26819	147.94
#西瓜	Watermelon	24342	94.62	27148	127.21

6－27 各市、地粮食播种面积和产量
Sown Area and Output of Grain by City and Prefecture

地区	Region	1997 播种面积（千公顷）Sown Area (1000 ha)	1997 公顷产（公斤）Output per Hectare (kg)	1997 总产量（万吨）Total Output (10 000 tons)	1998 播种面积（千公顷）Sown Area (1000 ha)	1998 公顷产（公斤）Output per Hectare (kg)	1998 总产量（万吨）Total Output (10000 tons)
全省合计	**Total**	**2873.00**	**5199**	**1493.53**	**2799.51**	**5127**	**1435.20**
浙东北	**Eastern & Northern Region**	**1565.85**	**5619**	**879.78**	**1511.12**	**5629**	**850.58**
杭州市	Hangzhou	361.28	5092	183.95	351.87	5023	176.74
宁波市	Ningbo	316.44	5491	173.74	317.76	5677	180.39
嘉兴市	Jiaxing	315.41	6147	193.88	287.38	5976	171.74
湖州市	Huzhou	224.80	5949	133.73	212.39	5990	127.22
绍兴市	Shaoxing	319.62	5671	181.26	316.25	5758	182.08
舟山市	Zhoushan	28.30	4673	13.22	25.47	4873	12.41
浙西南	**Western & Southern Region**	**1302.90**	**5035**	**656.03**	**1287.82**	**5035**	**648.45**
温州市	Wenzhou	294.19	5266	154.92	285.34	5193	148.17
金华市	Jinhua	321.85	5174	166.51	319.32	5065	161.74
衢州市	Quzhou	194.15	5245	101.83	194.58	4853	94.44
台州市	Taizhou	321.81	4810	154.80	319.63	5219	166.82
丽水地区	Lishui	170.90	4563	77.97	168.95	4574	77.28

注：全省数与市、地相加不等。

Total is not equal to the sum of regional figures.

6—28 国家级、省级商品粮基地粮食播种面积和产量

Sown Area and Output of Grain in Commodity Grain Bases by Country Level and Province Level

地区	Region	1997			1998		
		播种面积（千公顷）Sown Area (1000 ha)	公顷产（公斤）Output per Hectare (kg)	总产量（万吨）Total Output (10 000 tons)	播种面积（千公顷）Sown Area (1000 ha)	公顷产（公斤）Output per Hectare (kg)	总产量（万吨）Total Output (10000 tons)
全省合计	**Total**	**2873.00**	**5199**	**1493.53**	**2799.51**	**5127**	**1435.20**
国家级小计	**Country Level**	**997.29**	**5718**	**570.23**	**964.96**	**5714**	**551.38**
萧山市	Xiaoshan	85.54	5420	46.36	85.64	5160	44.19
富阳市	Fuyang	48.90	5052	24.71	46.32	5073	23.51
余杭市	Yuhang	56.43	6007	33.90	56.53	5836	32.98
余姚市	Yuyao	60.06	6288	37.77	58.39	6138	35.84
奉化市	Fenghua	35.18	5257	18.49	34.69	5647	19.59
宁海县	Ninghai	30.12	4195	12.63	34.78	4654	16.19
鄞　县	Yingxian	61.42	6164	37.86	61.25	6450	39.51
嘉兴市郊区	Jiaxin	75.54	6184	46.71	68.88	6249	43.05
嘉善县	Jiashan	52.82	5774	30.50	46.67	5590	26.09
海盐县	Haiyan	39.91	6161	24.59	34.55	6130	21.18
桐乡市	Tongxiao	42.36	6292	26.65	39.48	6128	24.19
德清县	Deqing	36.91	5596	20.65	32.95	5872	19.35
长兴县	Changxin	63.21	5815	36.76	59.80	6074	36.32
诸暨市	Zhuji	88.62	5521	48.93	86.94	5871	51.04
绍兴县	Shaoxin	78.49	6159	48.34	77.77	6184	48.09
金华县	Jinghua	56.93	5351	30.46	55.28	5082	28.09
衢　县	Quxian	42.68	5237	22.35	42.58	4709	20.05
龙游县	Longyou	42.17	5353	22.57	42.46	5210	22.12
省级小计	**Province Level**	**383.10**	**5426**	**207.87**	**380.26**	**5326**	**202.54**
桐庐县	Tonglu	30.61	5279	16.16	30.49	5354	16.32
瑞安市	Ruian	53.32	5582	29.76	52.05	5409	28.15
海宁市	Haining	44.35	5892	26.13	42.25	5447	23.01
安吉县	Anji	33.14	5305	17.58	33.22	5119	17.01
嵊州市	Chengzhou	60.04	5380	32.30	59.65	5285	31.52
武义县	Wuyi	30.12	5068	15.26	30.46	5042	15.36
江山市	Jangsai	45.64	5719	26.10	45.93	5352	24.58
温岭市	Wenglin	62.14	5386	33.47	62.38	5694	35.52
松阳县	Songyang	23.74	4678	11.11	23.83	4644	11.07

6—29 各市、地油菜籽播种面积和产量

Sown Area and Output of Repeseeds by City and Prefecture

地区	Region	1997			1998		
		播种面积（千公顷）Sown Area (1000 ha)	公顷产（公斤）Output per Hectare (kg)	总产量（万吨）Total Output (10 000 tons)	播种面积（千公顷）Sown Area (1000 ha)	公顷产（公斤）Output per Hectare (kg)	总产量（万吨）Total Output (10000 tons)
全省合计	**Total**	**275.75**	**1772**	**48.88**	**266.61**	**1205**	**32.13**
浙东北	**Eastern & Northern Region**	**201.51**	**1925**	**38.79**	**199.44**	**1200**	**23.93**
杭州市	Hangzhou	39.23	1652	6.48	35.82	1198	4.29
宁波市	Ningbo	35.27	1932	6.82	29.92	1232	3.69
嘉兴市	Jiaxing	53.05	2223	11.79	58.26	1100	6.41
湖州市	Huzhou	46.11	1916	8.83	50.75	1241	6.30
绍兴市	Shaoxing	24.02	1741	4.18	21.76	1287	2.80
舟山市	Zhoushan	3.83	1793	0.69	2.93	1505	0.44
浙西南	**Western & Southern Region**	**74.24**	**1359**	**10.09**	**67.17**	**1222**	**8.20**
温州市	Wenzhou	8.56	1151	0.99	6.13	1088	0.67
金华市	Jinhua	22.50	1536	3.46	22.35	1276	2.85
衢州市	Quzhou	32.24	1274	4.11	28.61	1162	3.32
台州市	Taizhou	2.30	1448	0.33	2.09	1516	0.32
丽水地区	Lishui	8.64	1393	1.20	7.99	1308	1.04

6—30 棉花、黄红麻、糖蔗主产区播种面积和产量
Sown Area and Output of Cotton,Jute and Ambaryhemp and Sugar Cane in Major Producing Regions

地区	Region	1997			1998		
		播种面积（千公顷）Sown Area (1000 ha)	公顷产（公斤）Output per Hectare (kg)	总产量（万吨）Total Outputs (10 000 tons)	播种面积（千公顷）Sown Area (1000 ha)	公顷产（公斤）Output per Hectare (kg)	总产量（万吨）Total Output (10000 tons)
棉花	**Cotton**						
全省合计	**Total**	**61.97**	**768**	**4.76**	**62.84**	**1033**	**6.49**
12个主要产区小计	**12 Producing Regions**	**49.08**	**758**	**3.73**	**49.50**	**1024**	**5.07**
萧山市	Xiaoshan	4.92	996	0.49	4.95	1034	0.51
余杭市	Yuhang	0.05	1300	0.01	0.05	1000	0.01
宁波市区	Ningbo District	0.64	647	0.04	0.66	892	0.06
余姚市	Yuyao	6.05	630	0.38	5.74	1105	0.63
慈溪市	Cixi	15.81	660	1.04	14.29	998	1.43
宁海县	Ninghai	0.17	306	0.01	3.04	1198	0.36
平湖市	Pinghu	2.29	1164	0.27	2.29	963	0.22
海盐县	Haiyan	1.85	1041	0.19	1.79	1002	0.18
上虞市	Shangyu	8.70	713	0.62	8.54	985	0.84
兰溪市	Lanxi	3.62	879	0.32	3.25	897	0.29
金华县	Jinghua	3.21	1114	0.36	2.69	1215	0.33
三门县	Sanmen	1.77			2.21	960	0.21
黄红麻	**Jute and Ambaryhemp**						
全省合计	**Total**	**3.65**	**6564**	**2.40**	**2.35**	**6673**	**1.57**
4个主要产区小计	**4 Producing Regions**	**3.59**	**6435**	**2.31**	**2.31**	**6698**	**1.55**
萧山市	Xiaoshan	1.66	6790	1.13	1.06	7200	0.76
余杭市	Yuhang	0.58	5597	0.32	0.31	5903	0.18
海宁市	Haining	1.29	6309	0.81	0.90	6282	0.57
上虞市	Shangyu	0.06	8883	0.05	0.04	9211	0.04
糖蔗	**Sugarcane**						
全省合计	**Total**	**2.08**	**63035**	**13.11**	**1.85**	**65903**	**12.16**
7个主要产区小计	**7 Producing Regions**	**1.62**	**69940**	**11.34**	**1.49**	**71074**	**10.59**
瑞安市	Ruian	0.06	57017	0.34	0.08	57638	0.46
平阳县	Pingyang	0.03	28533	0.09	0.02	28905	0.06
兰溪市	Lanxi	0.19	51316	0.98	0.19	58758	1.09
东阳市	Dongyang	0.13	56815	0.74	0.11	47161	0.53
义乌市	Yiwu	0.86	83147	7.15	0.78	84370	6.57
永康市	Yongkang	0.08	34725	0.28	0.06	38217	0.23
金华县	Jinhua	0.27	65207	1.76	0.25	67037	1.65

6—31 主要茶叶产区茶园面积和茶叶产量

Area of Tea Plantation and Output of Tea in Major Producing Regions

地区	Region	1997 茶园面积（千公顷）Area of Tea Plantations (1000 ha)	1997 茶叶总产量（万吨）Output of Tea (10000 tons)	1998 茶园面积（千公顷）Area of Tea Plantations (1000 ha)	1998 茶叶总产量（万吨）Output of Tea (10000 tons)
全省合计	**Total**	**130.14**	**10.17**	**127.27**	**11.32**
26个主产区小计	**26 Producing Regions**	**89.25**	**7.61**	**87.54**	**8.53**
杭州市区	Hangzhou District	1.02	0.10	1.00	0.11
建德市	Jiande	4.88	0.23	4.47	0.22
富阳市	Fuyang	4.06	0.15	1.74	0.26
临安市	Linan	1.79	0.24	5.62	0.27
余杭市	Yuhang	5.98	0.29	2.77	0.39
桐庐县	Tonglu	2.83	0.35	3.94	0.17
淳安县	Chunan	9.72	0.52	9.37	0.61
宁波市区	Ningbo District	1.42	0.25	1.41	0.29
余姚市	Yuyao	3.18	0.44	3.17	0.52
奉化市	Fenghua	1.48	0.25	1.47	0.29
鄞　县	Yinxian	2.18	0.34	2.15	0.39
安吉县	Anji	3.70	0.29	3.69	0.30
诸暨市	Zhuji	6.99	0.36	7.06	0.40
上虞市	Shangyu	2.04	0.34	1.83	0.42
嵊州市	Shenzhou	6.10	0.75	7.53	0.92
绍兴县	Shaoxing	7.50	0.78	6.10	0.81
新昌县	Xinchang	4.04	0.45	4.05	0.49
东阳市	Dongyang	2.05	0.16	2.06	0.17
金华县	Jinhua	2.47	0.33	2.37	0.38
武义县	Wuyi	3.34	0.32	3.36	0.38
浦江县	Pujiang	2.22	0.12	2.19	0.12
衢　县	Quxian	0.92	0.03	0.96	0.03
开化县	Kaihua	5.04	0.16	4.98	0.17
龙游县	Longyou	1.38	0.17	1.35	0.19
临海市	Linhai	0.97	0.10	0.97	0.11
遂昌县	Shuichang	1.93	0.09	1.93	0.12

6—32 主要蚕茧产区桑园面积和蚕茧产量
Area of Mulberry Field and Output of Silk-worm Cocoons in Major Producing Regions

地区	Region	1997		1998	
		桑园面积（千公顷）Area of Mulberry Field (1000 ha)	蚕茧总产量（万吨）Output of Silk—worm Cocoons (10000 tons)	桑园面积（千公顷）Area of Mulberry Field (1000 ha)	蚕茧总产量（万吨）Output of Silk—worm Cocoons (10000 tons)
全省合计	**Total**	**81.38**	**9.48**	**79.58**	**10.42**
25个主产区小计	**25 Producing Regions**	**73.42**	**8.98**	**72.35**	**9.89**
萧山市	Xiaoshan	0.33	0.01	0.20	0.01
建德市	Jiande	0.47	0.02	0.38	0.03
富阳市	Fuyang	0.56	0.06	0.54	0.06
临安市	Linan	1.66	0.22	1.70	0.24
余杭市	Yuhang	2.67	0.08	2.71	0.11
桐庐县	Tonglu	0.83	0.14	0.94	0.17
淳安县	Chunan	2.33	0.20	2.45	0.23
嘉兴市区	Jiaxing District	6.63	0.84	6.44	0.91
海宁市	Haining	7.38	1.35	7.29	1.52
平湖市	Pinghu	1.09	0.07	0.86	0.07
桐乡市	Tongxiang	11.76	1.85	11.66	2.09
嘉善县	Jiashan	0.96	0.07	0.80	0.07
海盐县	Haiyan	3.56	0.52	3.53	0.59
湖州市区	Huzhou District	13.74	1.62	13.64	1.70
德清县	Deqing	4.92	0.71	4.94	0.80
长兴县	Changxing	2.43	0.14	2.35	0.15
安吉县	Anji	1.82	0.12	1.98	0.12
诸暨市	Zhuji	1.95	0.12	1.93	0.13
上虞市	Shangyu	1.33	0.20	1.37	0.21
嵊州市	Shenzhou	2.55	0.23	2.24	0.25
新昌县	Xinchang	1.61	0.20	1.63	0.21
兰溪市	Lanxi	2.13	0.18	2.02	0.18
浦江县	Pujiang	0.52	0.02	0.50	0.03
衢　县	Quxian	0.10	…	0.08	…
临海市	Linhai	0.09	0.01	0.17	0.01

6—33 林业生产
Basic Indicators on Forestry

指标		Item		1990	1995	1997	1998
造林面积	（千公顷）	Afforestation Area	（1000 ha）	86.55	41.33	37.15	41.19
用材林	（千公顷）	Timber Forest	（1000 ha）	65.53	13.96	11.81	14.97
#毛竹林		Bamboo Forest		0.52	1.41	6.35	6.31
经济林	（千公顷）	Economic Forest	（1000 ha）	7.08	23.38	21.87	21.74
防护林	（千公顷）	Shelter Forest	（1000 ha）	1.67	2.09	2.31	3.22
薪炭林	（千公顷）	Fuel Forest	（1000 ha）	12.09	1.88	0.56	0.74
特种用途林	（千公顷）	Forest for Special Use	（1000 ha）	0.17	0.02	0.60	0.52
零星(四旁)植树	（万株）	Planting Trees Piecemeal	（10000 trees）	4733.45	3531	3385	3396
幼林抚育实际面积	（千公顷）	Area of Tending Seedings	（1000 ha）	183.75	186.86	162.35	146.69
育苗面积	（千公顷）	Area of Growing Seedings	（1000 ha）	1.28	2.02	2.03	2.15
迹地更新面积	（千公顷）	Area of Forest Updating	（1000 ha）	9.53	25.84	26.92	21.21
主要林产品产量		Output of Major Forest Products					
油茶籽	（吨）	Tea-oil Seeds	（ton）	26973	28273	32320	26842
乌桕籽	（吨）	Tallow-seeds	（ton）	3457	1376	648	541
桐　白	（吨）	Parasol	（ton）	1377	649	786	387
核　桃	（吨）	Walnuts	（ton）	3036	6497	5873	5521
板　栗	（吨）	Chestnut	（ton）	5613	9893	17904	25662
香　菇	（吨）	Mushroom	（ton）	5988	36035	49369	38777
黑木耳	（吨）	Edible Fungus	（ton）		447	244	419

6—34 水果生产
Basic Indicators on Fruits

指标	Item	1997		1998	
		果园面积（千公顷）Area of Orchards (1000 Hectares)	产量（万吨）Total Output (10000 tons)	果园面积（千公顷）Area of Orchards (1000 Hectares)	产量（万吨）Total Output (10000 tons)
合计	**Total**	**240.95**	**269.38**	**240.63**	**206.42**
柑桔	Orange	137.62	210.51	133.90	149.69
梨	Pear	9.76	7.40	10.98	8.57
桃子	Peach	15.24	12.63	14.99	12.66
枣子	Jujube	3.41	0.55	2.66	0.48
柿子	Persimmon	5.85	2.00	6.31	2.35
枇杷	Loquat	8.23	4.76	8.03	3.83
杨梅	Red Bayberry	30.87	13.05	32.35	11.93
梅子	Plum	4.65	1.27	5.03	0.95
其他	Others	25.33	17.21	26.38	15.96

6—35 人均主要农产品产量
Per Capita Output of Major Agricultural Products

单位:公斤 (kg)

年份 Year	粮食 Grain	棉花 Cotton	油菜籽 Rapeseed	黄红麻 Jute and Ambary Hemp	糖蔗 Sugarcane	茶叶 Tea	柑桔 Orange
1970	339	2.30	3.08	3.53	11.08	0.75	1.05
1975	310	1.79	2.80	4.00	13.79	1.13	1.60
1976	327	1.48	2.99	3.60	7.49	1.28	1.09
1977	330	1.42	2.80	3.67	11.86	1.41	1.41
1978	391	1.94	5.53	4.85	17.10	1.56	1.81
1979	424	1.84	6.71	4.11	17.54	1.73	2.96
1980	375	2.17	7.11	3.91	15.37	1.97	2.39
1981	367	1.76	9.89	4.56	14.50	2.31	3.12
1982	436	2.49	9.46	4.66	17.84	2.73	3.27
1983	400	2.36	7.27	4.45	12.27	2.57	4.33
1984	455	3.33	8.18	5.10	10.34	2.39	4.47
1985	402	2.02	10.57	6.20	13.60	2.31	7.08
1986	394	1.86	10.14	4.80	10.25	2.56	8.88
1987	386	1.59	9.16	3.92	5.99	2.81	13.32
1988	373	1.05	9.93	3.42	5.47	3.07	6.86
1989	369	1.00	8.69	3.15	5.66	2.80	17.22
1990	375	1.52	11.02	3.43	5.23	2.76	18.83
1991	386	1.77	10.28	3.30	6.30	2.68	24.97
1992	362	1.39	11.23	2.66	5.37	2.79	17.23
1993	333	1.34	8.41	1.94	4.78	2.84	26.32
1994	323	1.28	7.35	1.11	4.35	2.46	32.08
1995	327	1.43	10.80	0.61	3.96	2.34	38.91
1996	345	1.55	11.23	0.61	3.65	2.25	41.00
1997	338	1.08	10.39	0.54	2.96	2.30	47.60
1998	323	1.46	7.23	0.35	2.73	2.55	33.66

6—36 畜牧业生产
Basic Indicators on Animal Husbandry

指标	Item	1990	1995	1997	1998
生猪年末存栏头数（含未断奶小猪）（万头）	**Pigs(year－end) (10000 heads)**	**1170.00**	**964.30**	**1010.06**	**1040.56**
#能繁殖的母猪（万头）	Reproducable Hogs (10000 heads)	75.08	73.16	80.38	83.01
年内肥猪出栏头数（万头）	Slaughtered Fattened Hogs (10000 heads)	1169.15	1071.01	1126.12	1271.77
生猪出栏率（%）	Rate of Slaughtered Fattened Hogs (%)	96.40	108.20	126.20	125.90
全年饲养量（万头）	Number of Hogs Raised (10000 heads)	2382.34	2060.85	2136.18	2312.33
平均每一农户养猪头数（头）	Average Pigs Fed by per Household (head)	2.50	2.51	2.00	2.15
牛年末存栏头数（万头）	**Cattles(year－end) (10000 heads)**	**68.01**	**50.32**	**46.36**	**43.52**
良种及改良种乳牛（万头）	Milch Cows of Fine Breed and Improved Varieties (10000 heads)	4.00	3.04	2.67	2.57
能耕田的牛（万头）	Cultivatable Cattles (10000 heads)	47.31	34.90	31.28	29.95
能繁殖的母牛（万头）	Reproducable Cows (10000 heads)	23.30	16.84	15.24	14.57
牛年内出栏头数（万只）	**Slaughtered Cattles (10000 heads)**	**4.08**	**7.18**	**7.23**	**7.15**
牛奶产量（万吨）	Milk	11.27	9.18	8.55	7.99
羊年末存栏只数（万只）	**Sheep and Goats(year－end) (10000 heads)**	**185.07**	**218.63**	**214.55**	**207.58**
#绵(湖)羊（万只）	Sheep	107.67	114.27	109.10	106.39
羊年内出栏只数（万只）	**Slaughtered Sheep (10000 heads)**	**67.90**	**113.40**	**118.60**	**131.80**
猪、牛、羊肉产量（万吨）	**Output of Pork, Beef and Mutton (10000 tons)**	**77.87**	**80.17**	**81.33**	**84.48**
#猪肉产量（万吨）	Pork	76.33	77.38	78.40	81.38
兔年末存栏只数（万只）	**Slaughtered Rabbits (10000 heads)**	**317.21**	**365.22**	**364.04**	**380.95**
兔年内出栏只数（万只）	**Poultry(year－end) (10000 heads)**	**102.96**	**144.75**	**144.21**	**155.65**
家禽年末存栏只数（万只）	**Poultry(year－end) (10000 heads)**	**7012.95**	**8846.38**	**9195.82**	**8939.66**
家禽年内出栏只数（万只）	**Slaughtered Poultry (10000 heads)**	**7501.69**	**12691.70**	**14162.10**	**13980.69**
全年饲养量（万只）	Poultry Raised (10000 heads)	14514.64	21538.08	23357.92	22920.35
禽蛋产量（万吨）	Poultry Eggs (10000 tons)	18.99	31.73	34.28	31.70
养蜂年末箱数（万箱）	**Number of Beehives (10000 boxes)**	**127.07**	**74.38**	**76.78**	**89.03**
蜂蜜产量（万吨）	Honey (10000 tons)	6.30	4.57	6.23	5.38
蜂皇浆产量（吨）	Royal Jelly (ton)	613	785	936	1118
蚕茧产量（万吨）	**Output of Silkworm Cocoon (10000 tons)**	**11.80**	**12.23**	**9.48**	**10.42**
全年饲养蚕种张数（万张）	Number of Silkworm Cocoon (10000 pieces)	372.06	383.13	246.10	273.84

6—37 渔业生产
Basic Indicators on Fishery

单位:万吨 (10000 tons)

指标	Item	1990	1995	1997	1998
水产品总产量	**Total Aquatic Products**	**138.98**	**318.07**	**377.68**	**422.73**
海水产品产量	**Seawater Aquatic Products**	**113.16**	**278.70**	**331.97**	**372.80**
按生产性质分	By Prodution Character				
海洋捕捞	Catching in Ocean	99.36	247.02	293.07	326.31
海水养殖	Seawater Aquiculture	13.80	31.68	38.90	46.49
按类别分	By Category				
鱼类	Fish	71.78	165.57	195.02	226.95
虾蟹类	Shrimps,Prawns and Crabs	26.46	66.70	75.97	81.67
贝类	Shell-fish	13.99	44.33	57.99	61.51
藻类	Algae	0.70	1.38	1.75	2
其他海水产品	Others	0.23	0.72	1.24	0.67
淡水产品产量	**Freshwater Aquatic Products**	**25.82**	**39.37**	**45.71**	**49.93**
按生产性质分	By Prodution Character				
天然生产	Naturally Grown	2.81	4.94	7.05	7.31
淡水养殖	Freshwater Aquiculture	23.01	34.43	38.66	42.62
按类别分	By Category				
鱼类	Fish	25.03	36.03	39.66	42.46
虾蟹类	Shrimps,Prawns and Crabs	0.20	0.56	1.10	1.67
贝类	Shell-fish	0.50	2.31	3.91	4.10
其他类	Others	0.09	0.47	1.04	1.70
在海水产品中	**Among Seawater Aquatic Products**				
大黄鱼	Big Yellow Croaker	0.03	0.81	0.16	0.37
小黄鱼	Small Yellow Croaker	0.27	3.36	4.97	7.01
带鱼	Hairtail	23.87	57.99	52.88	57.05
墨鱼	Cuttle fish	1.48	4.09	4.66	6.55
海水养殖面积(千公顷)	**Seawater Aquiculture Area (1000 ha)**	**32.82**	**50.79**	**63.72**	**70.18**
淡水养殖面积(千公顷)	**Freshwater Aquiculture Area (1000 ha)**	**185.31**	**194.40**	**198.59**	**201.67**

6—38 各市、地水产品产量(1998 年)

Output of Aquatic Products by City and Prefecture(1998)

单位:万吨 (10000 tons)

地区	Region	水产品总产量 Total Output of Aquatic Products	海水产品产量 Seawater Aquatic Products	#鱼类 Fish	淡水产品产量 Freshwater Aquatic Products	#鱼类 Fish
全省合计	**Total**	**422.73**	**372.80**	**226.95**	**49.93**	**42.46**
浙东北	**Eastern & Northern Region**	**232.78**	**194.33**	**124.19**	**38.45**	**32.38**
杭州市	Hangzhou	8.14			8.14	7.42
宁波市	Ningbo	65.73	60.85	38.40	4.88	4.39
嘉兴市	Jiaxing	8.41	0.51	0.36	7.90	5.21
湖州市	Huzhou	12.46			12.46	10.95
绍兴市	Shaoxing	5.50	0.67	0.32	4.83	4.17
舟山市	Zhoushan	132.54	132.30	85.11	0.24	0.24
浙西南	**Western & Southern Region**	**188.70**	**177.22**	**102.03**	**11.48**	**10.08**
温州市	Wenzhou	51.24	49.33	32.47	1.91	1.44
金华市	Jinhua	3.99			3.99	3.68
衢州市	Quzhou	1.69			1.69	1.61
台州市	Taizhou	130.98	127.89	69.56	3.09	2.57
丽水地区	Lishui	0.80			0.80	0.78
省远洋渔业公司	**Provincial Pelagic Fishing Company**	**1.25**	**1.25**	**0.73**		

6—39 农、林、牧、渔业商品产值和商品率

Agricultural Commodity Output Value and Commodity Rate

指标	Item	商品产值(亿元) Commodity Output Value (100 million yuan) 1997	1998	商品率(%) Commodity Rate(%) 1997	1998
合计	**Total**	**641.24**	**660.29**	**64.40**	**65.80**
农业产品	Farming Products	240.30	256.74	46.70	49.10
#种植业产品	Planting Products	164.70	205.18	38.70	47.30
林业产品	Forestry Products	41.64	36.49	81.00	61.40
畜牧业产品	Animal Husbandry Products	136.41	116.63	71.80	70.30
渔业产品	Fishery Products	222.89	250.43	93.10	98.10

注:本表按当年价格计算。
The data in this table are calculated at current prices.

6—40 平均每个农业劳动力提供的主要农产品产量
Output of Major Farm Products Provided by Per Rural Labourer

指标		Item		1990	1995	1997	1998
粮食	（公斤）	Grain	(kg)	1186.8	1248.7	1349.7	1301.5
棉花	（公斤）	Cotton	(kg)	4.8	5.5	4.3	5.9
油菜籽	（公斤）	Rapeseeds	(kg)	34.9	41.3	41.5	29.1
蔬菜	（公斤）	Vegetables	(kg)	551.2	821.7	808.8	1049.7
黄红麻	（公斤）	Jute and Ambary Hemp	(kg)	10.9	2.3	2.2	1.4
茶叶	（公斤）	Tea	(kg)	8.8	8.9	9.2	10.3
柑桔	（公斤）	Oranges	(kg)	59.7	148.4	190.2	135.7
生猪	（头）	Hogs	(head)	0.9	0.9	1.0	1.2
猪牛羊肉	（公斤）	Pork, Beef and Mutton	(kg)	58.3	70.0	73.5	76.6
禽蛋	（公斤）	Poultry Eggs	(kg)	14.2	27.7	31.0	28.7
水产品	（公斤）	Aquatic Products	(kg)	104	277.6	341.3	383.4

6—41 农村自然灾害情况
Basic Statistics on Rural Natural Disaster

指标		Item		1990	1995	1997	1998
受灾面积	（千公顷）	**Area Covered**	**(1000 ha)**	**2155**	**1234**	**1445**	**1057**
#旱灾		Drought		854	541	167	165
水灾		Flood		786	543	507	369
成灾面积	（千公顷）	**Area Affected**	**(1000 ha)**	**1250**	**713**	**779**	**599**
#旱灾		Drought		550	342	81	105
水灾		Flood		485	299	298	215

注：1998年水灾只包括洪涝灾害，与以前年份不可比。

Flood in 1998 refer to waterlogging, It is not comparable with data in previous year.

6—42 农村经济收入和分配

Income and Distribution of Rural Economy

单位:亿元 (100 million yuan)

指标	Item	1995	1997	1998
农村经济总收入	**Total Income of Rural Economy**	**6196.17**	**8577.59**	**9541.47**
#出售产品收入	Income of Products for Sale	4843.61	6433.19	7187.88
按经营形式划分	**By Type**			
乡(镇)办企业收入	Income of Enterprises Run by Townships	1874.35	2644.59	2899.36
村组集体经营收入	Collective Operation Income from Villages and Groups	1329.14	1467.91	1328.9
农民家庭经营收入	Income from Rural Household Operation	2207.75	3563.01	4285.14
其他经营收入	Others	784.93	902.08	1028.07
按行业划分	**By Sector**			
农林牧渔业收入	Farming, Forestry, Animal Husbandry & Fishery	711.25	884.95	911.88
工业收入	Industry	4700.52	6443.13	7287.45
建筑业收入	Construction	228.34	289.48	315.24
运输业收入	Transportation	114.83	163.39	180.51
商饮业收入	Commerce and Catering Service	229.3	502.3	502.62
服务业收入	Service	95.46	127.97	153.75
其他收入	Others	116.47	166.37	190.02
总费用	**Total Expenses**	**4959.48**	**6939.53**	**7789.16**
生产费用	Production Expense	4545.26	6257.4	6980.09
管理费用	Managing Expense	177.81	224.43	254.43
其他费用	Others	236.41	457.7	554.64
净收入	**Net Income**	**1236.69**	**1638.06**	**1752.31**
投资收益	**Investment Profits**		**5.88**	**5.82**
农民外出劳务收入	**Income of Outside Services**		**107.74**	**126.4**
可分配净收入总额	**Total Net Income Distributed**	**1236.69**	**1751.68**	**1884.53**
#国家税收	National Taxes	180.68	240.8	265.82
乡村集体所得	Township Collective	32.41	49.63	49.05
农民经营所得	Operation by Peasants	904.31	1234.91	1325.55
农民从集体再分配收入	**Re-distributed Income from Collective**		**19.53**	**24.5**
农民所得总额	**Peasants Income**	**904.31**	**1254.44**	**1350.05**

6—43 农业事业机构和服务组织
Institutions Rendering Agricultural Service

指标	Item	1990	1995	1997	1998
农业事业机构 （个）	**Institutions Engaged in Agricultural Undertaking (unit)**				
乡镇农技服务站	Agricultural Technical Service Stations	3119	1908	1847	1825
家畜繁育改良站	Stations for Improving Domestic Animals Breed	53	20	15	18
乡镇畜牧兽医站	Veterinary Stations	2479	1621	1629	1720
种子公司、地县种子站	Seeded Stations	85	89	103	127
良种示范繁育场	Stations for Breeding Good Strains	82	82	80	79
农业服务组织	**Agricultural Service Organizations**				
县(市)农技推广中心 （个）	Centres for Spreading Agricultural Technique (unit)	69	84	88	157
乡镇农技站农业技术人员 （人）	Agricultural Technical Persons (person)	8796	13873	12448	11940
配有农技员的村数 （万个）	Villages with Agricultural Technical Persons (10000 units)	3	3	3	3
村不脱产农民技术人员 （万人）	Agricultural Technical Persons not withdrawn from Production (10000 perosns)	4	5	6	5
科技户 （万户）	Scientific and Technological Household (10000 households)	10	10	13	14

6—44 乡镇企业单位数、总产值及职工人数

Number, Gross Output Value, and Employed Persom of Township and Village Enterprises

指标	Item	1990	1995	1997	1998
单位数(万个)	**Number of Enterprises(10000 units)**	**49.40**	**90.22**	**93.29**	**102.62**
#集体(乡村办)	Rural Collective Organizations at Level of Township(Village)	8.53	7.19	7.60	6.47
农业企业	Agriculture	0.22	0.05	0.04	0.04
工业企业	Industry	30.3	58.4	60.1	62.91
施工企业	Construction	0.52	0.55	0.48	0.49
交通运输业	Transportation	7.72	12.42	12.25	12.82
其他企业	Others	10.64	18.80	20.42	26.35
年末职工人数(万人)	**Employed Persons(10000 persons)**	**495.49**	**795.71**	**768.58**	**788.08**
#集体(乡村办)	Rural Collective Organizations at Level of Township(Village)	352.36	382.37	373.41	335.43
农业企业	Agriculture	3.11	0.93	0.82	0.73
工业企业	Industry	424.31	690.53	664.26	677.46
施工企业	Construction	32.8	47.58	39.65	33.22
交通运输业	Transportation	14.42	19.62	19.70	20.22
其他企业	Others	20.85	37.05	44.15	56.45
总产值(亿元)	**Total Output Value(100 million yuan)**	**772.48**	**7478.16**	**8989.33**	**10108.76**
#集体(乡村办)	Rural Collective Organizations at Level of Township(Village)	608.48	3669.58	4305.10	4239.51
农业企业	Agnculture	1.54	6.92	12.84	12.58
工业企业	Industry	707.76	7004.71	8318.65	9480.94
施工企业	Construction	33.83	233.21	248.87	236.63
交通运输业	Transportation	11.67	72.87	86.67	92.55
其他企业	Others	17.68	160.45	322.30	286.05
工业销售产值(亿元)	**Industrial Sales Value(100 million yuan)**		**6611.04**	**7959.09**	**9112.42**
#集体(乡村办)	Rural Collective Organizations at Level of Township(Village)		3139.41	3724.6	3720.26
营业收入(亿元)	**Bussiness Income(100 million yuan)**	**670.15**	**5960.74**	**8247.54**	**9351.05**
#集体(乡村办)	Rural Collective Organizations at Level of Township(Village)	514.74	2663.64	3807.18	3836.08
利润总额(亿元)	**Total Profits(100 million yuan)**	**29.60**	**278.54**	**394.90**	**455.70**
#集体(乡村办)	Rural Collective Organizations at Level of Township(Village)	15.77	278.54	163.61	159.8
增加值(亿元)	**Value Added(100 million yuan)**			**1911.61**	**2118.72**
#集体(乡村办)	Rural Collective Organizations at Level of Township(Village)		695.47	919.26	926.73
出口交货总值	**Value of Export Delivery**			**917.1**	**1017.11**
#集体(乡村办)	Rural Collective Organizations at Level of Township(Village)			754.77	828.91

注:本表总产值和销售产值按现行价格计算。

Total output value and Sales Value in this table are calculated at current pries.

6—45 各市、地乡镇企业基本情况(1998年)

Basic Statistics on Township and Village Enterprises by City and Prefecture(1998)

地区	Region	企业单位数(万个) Number of Enterprises (10000 units)	#私有企业 Enterprises Run by Private	年末职工人数(万人) Number of Workers and Staff (10000 persons)	#私有企业 Enterprises Run by Private	总产值(亿元) Total Output Value (100 million yuan)	#私有企业 Enterprises Run by Private
全省合计	**Total**	**102.62**	**96.15**	**788.08**	**452.65**	**10108.76**	**94809.94**
浙东北	**Eastern & Northern Region**	**59.54**	**56.01**	**482.89**	**253.38**	**6557.63**	**6091.00**
杭州市	Hangzhou	11.01	10.29	106.45	54.74	1247.36	1115.21
宁波市	Ningbo	8.99	7.72	117.95	57.98	1899.32	1852.58
嘉兴市	Jiaxing	13.35	12.84	81.43	42.65	865.64	825.91
湖州市	Huzhou	11.39	11.05	57.23	34.03	716.93	660.23
绍兴市	Shaoxing	14.31	13.70	111.53	60.07	1766.87	1586.63
舟山市	Zhoushan	0.49	0.41	8.30	3.91	61.51	50.44
浙西南	**Western & Southern Region**	**43.08**	**40.14**	**305.19**	**199.27**	**3551.12**	**3389.94**
温州市	Wenzhou	7.01	5.66	81.04	37.32	964.76	941.07
金华市	Jinhua	8.51	8.34	80.32	66.77	1057.44	1011.21
衢州市	Quzhou	6.26	5.81	22.87	16.55	126.28	112.90
台州市	Taizhou	14.58	13.68	100.63	60.49	1288.16	1229.38
丽水地区	Lishui	6.72	6.65	20.33	18.14	114.49	95.38

单位:亿元　　　　6—45　续表　Continued　　　　(100 million yuan)

地　区	Region	营业收入 Business Income	利润总额 Total Profits	实交税金 Taxes	年末固定资产原值 Original Value of Fixed Assets (Year—end)	增加值 Value added	工资总额 Total Wages
全省合计	**Total**	**9351.05**	**455.70**	**242.51**	**2309.77**	**2118.72**	**595.8**
浙东北	**Eastern & Northern Region**	**6031.00**	**290.56**	**165.06**	**1642.41**	**1379.81**	**363.53**
杭州市	Hangzhou	1130.36	36.09	33.33	373.46	214.21	67.87
宁波市	Ningbo	1633.13	99.69	61.72	382.91	419.95	99.73
嘉兴市	Jiaxing	828.59	24.20	20.79	225.99	207.63	57.86
湖州市	Huzhou	724.81	24.40	12.19	149.92	152.81	43.33
绍兴市	Shaoxing	1660.13	104.77	34.67	482.30	370.46	88.28
舟山市	Zhoushan	53.98	1.41	2.36	27.83	14.75	6.46
浙西南	**Western & Southern Region**	**3320.05**	**165.14**	**77.45**	**667.36**	**738.91**	**232.27**
温州市	Wenzhou	921.66	48.21	32.78	199.12	236.44	77.63
金华市	Jinhua	961.40	49.19	11.80	201.83	199.89	64.24
衢州市	Quzhou	121.92	6.06	2.23	33.91	27.86	10.56
台州市	Taizhou	1213.19	56.37	28.33	206.09	252.14	68.25
丽水地区	Lishui	101.88	5.31	2.31	26.41	22.58	11.59

主要统计指标解释

农林牧渔业总产值 是以货币表现的农、林、牧、渔业全部产品的总量，它反映一定时期内农业生产总规模和总成果。

农、林、牧、渔业的统计范围包括国有经济的各种专业农（农、林、牧、渔）场以及国家各级机关团体学校、部队；集体所有制的乡、镇、村各级办农场；工矿企业经营的农、林、牧、渔业，农村各种经济组织和农户经营的农林牧渔业和农民家庭兼营的商品性工业等。

粮食产量 指全社会的产量。包括国有经济经营的、集体统一经营的和农民家庭经营的粮食产量，还包括工矿企业办的农场和其他生产单位的产量。粮食除包括稻、小麦、玉米、高粱、谷子及其他杂粮外，还包括薯类和豆类。其产量计算方法，豆类按去豆荚后的干豆计算；薯类（包括甘薯和马铃薯，不包括芋头和木薯）1963 年以前按每 4 公斤鲜薯折 1 公斤粮食计算，从 1964 年开始及以后改为按 5 公斤鲜薯折 1 公斤粮食计算。城市郊区作为蔬菜的薯类（如：马铃薯等）按鲜品计算，并且不做为粮食统计。其他粮食一律按脱粒后的原粮计算。

油料产量 指全部油料作物的生产量。包括花生、油菜籽、芝麻、向日葵籽、胡麻籽（亚麻籽）和其他油料。不包括大豆，也不包括木本油料和野生油料。花生以带壳干花生计算。

水产品产量 指人工养殖的水产品和天然生长的水产品的捕捞量。包括海水的鱼类、虾蟹类、贝类和藻类以及内陆水域的鱼类、虾蟹类和贝类，不包括淡水生植物。

猪、牛、羊肉产量 指当年出栏并已屠宰后除去头蹄下水后带骨肉（即胴体重）的重量。

耕地面积 指年初可以用来种植农作物、经常进行耕锄的田地，除包括熟地、当年新开荒地、连续撂荒未满三年的耕地和当年的休闲地（轮歇地）外，还包括以种植农作物为主并附带种植桑树、茶树、果树和其他林木的土地，以及沿海、沿湖地区已围垦利用的“海涂”、“湖田”等面积。但不包括属于专业性的桑园、茶园、果园、果木苗圃、林地、芦苇地、天然或人工草地面积。

谷物 指籽实主要供作粮食的作物。这类作物包括稻谷、小麦、玉米、谷子、高粱和其他谷物，不包括豆类和薯类作物。

Explanatory Notes on Main Statistical Indicators

Gross Output Value of Farming, Forestry, Animal Husbandry and Fishery refers to the total volume of products of farming, forestry, animal husbandry and fishery in value terms, which reflects the total scale and total result of agricultural production during a given period of time.

The statistical coverage of farming, forestry, animal husbandry and fishery are as follows:

In terms of ownership, China's agriculture includes specialized state farms (farming, forestry, animal husbandry, fishery), farms managed by various government agencies, organazations, schools, research institutions, and army; farms managed by rural collective organizations at levels of township, town, and village; farming, forestry, animal husbandry, fishery run by mining and industrial enterprises; farming, forestry, animal husbandry and fishery and some commodity industries run by various rural collective organizations and individual farmers.

Grain Yield refers to the yield in the whole country including grains produced by state farms, collective units, industrial enterprises and mines. Grain includes rice, wheat, corn, sorghum, millet and other miscellaneous grains as well as tubers and beans. Output of beans refers to dry beans without pods. The output of tubers (sweet potatoes and potatoes, not including taros and cassava) was converted into that of grain at the ratio 4:1, i.e. four kilograms of fresh tubers was equivalent to one kilogram of grain up to 1963. Since 1964 the ratio for conversion has been 5:1. Tubers supplied as vegetables (such as potatoes) in cities and suburbs are calculated as fresh vegetables and their output is not included in the output of grain. Output of all other grains refers to husked grain.

Yield of Oil-bearing Crops refers to the total yield of oil-bearing crops of various kinds, including peanuts, (dry, in shell) rapeseeds, sesame, sunflower seeds, flax seeds, and other oil-bearing crops. Soybeans, oil-bearing woody plants, and wild oil-bearing crops are not included.

Output of Aquatic Products refers to catches of both artificially cultured and naturally grown aquatic products, including fish, shrimps, crabs and shellfish in sea and inland water as well as seaweed. Freshwater plants are not included.

Output of Pork, Beef, and Mutton refers to the meat of slaughtered hogs, cattle, sheep and goats with head, feet, and offal taken away.

Cultivated Area (Area under cultivation) refers to farmland which is plowed constantly for growing crops, including cultivated land, newly cultivated land in the current year, farmland left without cultivation for less than three years and fallow land in the current year, rotation land, rotation land of grass and crops, farmland with some fruit trees, mulberry trees and other trees and cultivated seashore land, lake land, and etc. The land of mulberry fields, tea plantations, orchards, nurseries of young plants, forest land, reed land, natural and man-made grassland and other land are not included in cultivated land.

Cereals refer to seeds of various kinds of crops which are used mainly for grain. Cereals include paddy, wheat, maize, millet, Chinese sorghum, etc., except beans and tubers.

工　业

INDUSTRY

7

7.工　业
Industry

1998 年年末工业企业单位数	Number Industrial Enterprises at Year-end	706380 个	(unit)
1998 年工业总产值（当年价）	Gross Industrial Output Value	11338.18 亿元	(100 million yuan)
# 轻工业	Light Industry	7056.99 亿元	(100 million yuan)
重工业	Heavy Industry	4281.19 亿元	(100 million yuan)
# 国有经济	State-owned Units	772.69 亿元	(100 million yuan)
集体经济	Collective-owned Units	3646.64 亿元	(100 million yuan)
其他经济	Others	6918.85 亿元	(100 million yuan)

工业总产值（亿元）

Gross Output Value of Industry (100 million yuan)

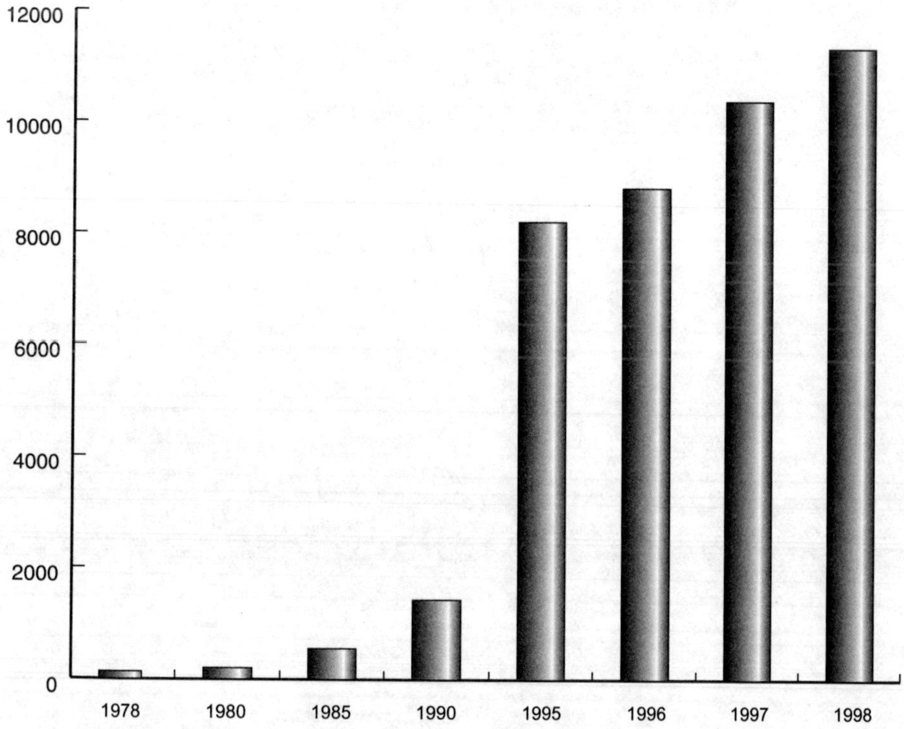

7—1 工业企业单位数
Number of Industrial Enterprises

单位：个 (unit)

年 份 Year	合 计 Total	国有经济 State-owned Enterprises	集体经济 Collective -owned Enterprises	城乡个体私营工业 Individual-owned Enterprises in Urban and Rural Areas	其他工业 Others
1970	12177	2241	9936		
1971	12792	2616	10176		
1972	13753	2757	10996		
1973	14407	2770	11637		
1974	15048	2787	12261		
1975	16716	2813	13903		
1976	17556	2863	14693		
1977	19088	2997	16091		
1978	21308	3142	18166		
1979	24077	3199	20878		
1980	27989	3275	24702		12
1981	30033	3339	26659		35
1982	30614	3422	27136		56
1983	31936	3516	28363		57
1984	38973	3412	35495		66
1985	268764	3791	146597	118306	70
1986	288232	3842	152143	132162	85
1987	322865	3961	148016	170683	205
1988	330529	4050	148873	177263	343
1989	332534	4137	134548	193474	375
1990	331244	4232	124743	201880	389
1991	345178	4250	118836	221553	539
1992	387884	4234	122022	260829	799
1993	508237	4240	128210	373532	2255
1994	697798	4210	136460	554309	2819
1995	651428	4637	141793	500634	4364
1996	675703	4080	123691	542987	4945
1997	681503	3372	96260	576987	4884
1998	706380	1753	74083	622337	8207

注：本表1984年及以前年份为乡及乡以上工业企业，1985年及以后为全部工业企业。

The figures in this table refer to industrial enterprises at township enterprises level and above prior to 1984, total industrial enterprises since 1985.

7—2 各种注册登记类型工业企业单位数和工业总产值(1998年)
Number of Industrial Enterprises and Gross Industrial Output Value by Registered Type(1998)

分类	Item	企业单位数(个) Number of Industrial Enterprises (unit)	工业总产值(亿元) Gross Industrial Output Value (100 million yuan)
全部工业总计	**Total**	**706380**	**11338.18**
按轻重工业分	**by Light and Heavy Industry**		
轻工业	Light Industry	528721	7056.99
重工业	Heavy Industry	177659	4281.19
按注册登记类型分	**by Registered Type**		
国有企业	State-owned	1753	772.69
集体企业	Collective-owned	41311	2406.60
股份合作企业	Share Cooperative	32772	1240.04
联营企业	Joint Owned	1991	76.27
外商及港澳台商投资企业	Foreign Funded Enterprises and Enterprises Funded by Entrepreneurs from Hong Kong,Macao & Taiwan	3181	856.67
私营企业	Private	97016	2353.32
个体工业	Individual	525321	2757.47
其他企业	Others	3035	875.12
在总计中:国有控股企业	State Hold the Controlling Share	2330	1245.78
在总计中:农村工业	Industry in Rural Areas	674294	8748.62
在总计中:大中型工	Large and Medium-sized Industry	1429	2114.31
国有及年销售收入500万元及以上非国有工业	**Total Value of State-owned Industrial Enterprises and of Non-state-owned Industrial Enterprises with Annual Sales Income over 5 Million Yuan**	**13475**	**4702.43**
按轻重工业分	**by Light and Heavy Industry**		
轻工业	Light Industry	8090	2676.37
重工业	Heavy Industry	5385	2026.06
按注册登记类型分	**by Registered Type**		
国有企业	State-owned	1753	772.69
集体企业	Collective-owned	3791	1372.98
股份合作企业	Share Cooperative	2186	471.93
联营企业	Joint Owned	205	49.79
外商及港澳台商投资企业	Foreign Funded Enterprises and Enterprises Funded by Entrepreneurs from Hong Kong,Macao & Taiwan	1869	781.25
私营企业	Private	2252	436.45
其他企业	Others	1419	817.34

7－3 按轻重工业分的工业总产值和指数

Gross Industrial Output Value and Its Indices by Light and Heavy Industry

年份 Year	工业总产值（亿元）Total Output Value (100 million yuan)	轻工业 Light Industry	重工业 Heavy Industry	指数（1970年＝100）Total Indices (1970＝100)	轻工业 Light Industry	重工业 Heavy Industry
1970	66.66	43.43	23.22	100.0	100.0	100.0
1971	70.59	45.20	25.39	115.0	107.6	127.5
1972	76.78	48.19	28.59	125.5	115.2	143.7
1973	85.56	53.22	32.34	139.9	127.3	162.5
1974	73.54	46.51	27.03	122.5	114.0	137.1
1975	77.59	49.23	28.36	129.2	120.7	143.8
1976	82.07	52.27	29.80	136.7	128.2	151.0
1977	107.62	65.08	42.54	179.4	159.6	215.8
1978	132.11	79.51	52.60	220.2	192.1	272.6
1979	158.22	94.77	63.45	260.2	224.9	326.3
1980	201.61	125.74	75.87	335.5	300.5	399.2
1981	232.98	151.70	81.28	385.8	366.6	415.8
1982	251.52	162.15	89.37	418.0	391.2	463.3
1983	293.55	184.11	109.44	490.8	456.2	550.7
1984	382.60	245.06	137.54	638.2	679.1	681.3
1985	550.63	343.99	206.63	890.4	832.2	988.9
1986	674.86	427.80	247.06	1066.6	1014.6	1146.6
1987	853.09	538.75	314.34	1312.9	1241.5	1427.1
1988	1141.03	727.45	413.58	1633.6	1550.7	1762.9
1989	1333.87	840.23	493.64	1745.9	1652.6	1894.1
1990	1434.16	935.08	499.08	1895.2	1839.9	1957.7
1991	1801.40	1173.69	627.71	2370.6	2298.3	2455.4
1992	2447.63	1544.82	902.81	3206.6	3065.8	3409.1
1993	3812.39	2260.75	1551.64	4508.5	4338.1	4742.1
1994	5784.93	3736.95	2047.98	6262.3	5964.9	6700.6
1995	8207.86	5149.11	3058.75	8297.5	7855.8	8965.4
1996	8820.53	5505.81	3314.72	10454.9	9953.3	11197.8
1997	10379.96	6513.61	3866.35	12796.8	12242.6	13594.1
1998	11338.18	7056.99	4281.19	14562.8	13785.2	15755.6

注：本表绝对数按当年价格计算，指数按可比价格计算。

The gross industrial output value are calculated at current prices, and its indices at comparable prices.

7—4 按经济类型分的工业总产值
Gross Industrial Output Value by Ownership

单位:亿元 (100 million yuan)

年 份 Year	工业总产值 Gross Industrial Output Value	国有经济 State-owned Industry	集体经济 Collective Owned Industry	城乡个体私营工业 Individual Industry	其他经济类型工业 Other Ownership Types
1970	66.66	51.01	15.65		
1971	70.59	52.47	17.85		
1972	76.78	56.37	20.41		
1973	85.56	61.34	24.22		
1974	73.54	48.60	24.94		
1975	77.59	47.79	29.80		
1976	82.07	47.79	34.28		
1977	107.62	64.15	43.47		
1978	132.11	81.03	51.08		
1979	158.22	96.21	62.01		
1980	201.61	113.78	86.69	0.07	1.06
1981	232.98	122.84	108.16	0.11	1.87
1982	251.52	132.11	116.97	0.06	2.38
1983	293.55	149.96	141.27	0.36	1.96
1984	382.60	168.48	211.15	0.50	2.47
1985	550.63	204.67	332.84	9.23	3.89
1986	674.86	235.84	417.86	16.63	4.53
1987	853.09	283.25	533.16	27.46	9.22
1988	1141.03	356.62	725.05	44.13	15.23
1989	1333.87	425.46	815.04	68.59	24.78
1990	1434.16	447.65	862.18	93.80	30.53
1991	1801.40	530.93	1097.81	121.68	50.98
1992	2447.63	646.34	1501.49	203.50	96.30
1993	3812.39	815.86	2266.54	429.25	300.74
1994	5784.93	930.86	3241.12	1030.01	582.64
1995	8207.86	1137.27	4010.03	2108.98	951.58
1996	8820.53	947.82	3993.06	2858.04	1021.61
1997	10379.96	977.17	4226.25	3972.12	1204.42
1998	11338.18	772.69	3646.64	5110.79	1808.06

注:本表按当年价格计算,1998 年按登记注册类型分,与以前年份的所有制分组有所不同。

Data in this table are calculated at current prices. The figures in 1998 refer to registered type ,different from ownership prior to 1997.

7－5 按经济类型分的工业总产值指数

Indices of Gross Industrial Output Value by Ownership

（上年＝100） (preceding year＝100)

年 份 Year	工业总产值 Gross Industrial Output Value	国有经济 State-owned Industry	集体经济 Collective Owned Industry	城乡个体私营工业 Individual Industry	其他经济类型工业 Other Ownership Types
1970	115. 2	115. 3	115. 1		
1971	115. 0	114. 7	116. 0		
1972	109. 1	107. 3	114. 5		
1973	111. 5	108. 8	118. 8		
1974	87. 5	80. 6	105. 0		
1975	105. 5	98. 3	119. 4		
1976	105. 8	100. 0	115. 0		
1977	131. 2	134. 2	127. 0		
1978	122. 7	125. 1	119. 2		
1979	118. 2	116. 9	120. 1		
1980	129. 0	119. 8	140. 8		
1981	115. 0	107. 8	123. 1	157. 1	192. 9
1982	108. 3	107. 3	109. 1	54. 5	133. 9
1983	117. 4	113. 6	122. 0	600. 0	90. 3
1984	130. 0	111. 2	149. 5	138. 9	125. 4
1985	139. 5	114. 9	154. 4	184. 6	147. 8
1986	119. 8	109. 4	124. 2	180. 2	112. 6
1987	123. 1	111. 6	126. 6	165. 1	180. 4
1988	124. 4	110. 3	128. 4	160. 7	150. 9
1989	106. 9	100. 9	105. 1	155. 4	153. 5
1990	108. 6	103. 5	107. 2	136. 8	128. 6
1991	125. 1	115. 5	128. 1	126. 5	164. 8
1992	135. 3	117. 2	137. 7	167. 5	189. 4
1993	140. 6	107. 0	137. 5	193. 8	190. 1
1994	138. 9	102. 5	132. 0	219. 6	163. 3
1995	132. 5	109. 3	130. 3	155. 4	130. 8
1996	126. 0	100. 9	126. 3	131. 0	133. 7
1997	122. 4	107. 8	110. 2	144. 6	121. 7
1998	113. 8	94. 0	103. 3	124. 7	121. 0

注：本表按可比价格可比口径计算。

Data in this table are calculated at comparable prices.

7—6 限额以上工业企业工业总产值及指数(1998年)
Gross Industrial Output Value and Its Indices at Above-norm Industrial Enterprises(1998)

行　业	Sector	工业总产值(亿元) Gross Industrial Output Value (100 million yuan)	工业总产值指数(以上年为100) Indices of Gross Industrial Output Value (preceding year=100)
总　计	**Total**	**4702.43**	**107.4**
按轻重工业分	**By Light & Heavy Industry**		
轻工业	**Light Industry**	**2676.38**	**106.9**
以农产品为原料	Using Farm Products as Raw Materials	1719.14	100.8
以非农产品为原料	Using Non-farm Products as Raw Materials	957.24	117.7
重工业	**Heavy Industry**	**2026.06**	**108.1**
采掘工业	Mining and Quarrying	24.67	95.7
原料工业	Raw Materials Industry	753.19	103.4
制造加工业	Manufacturing Industry	1248.2	110.4
按企业规模分	**By Size of Enterprises**		
大型企业	Large-sized	1198.71	112.9
中型企业	Medium-sized	915.6	98.8
小型企业	Small-sized	2588.13	108.6
按工业行业分	**By Sector**		
煤炭采选业	Coal Mining and Dressing	4.78	121.2
黑色金属矿采选业	Ferrous Metals Mining and Dressing	2.25	95.1
有色金属矿采选业	Nonferrous Metals Mining and Dressing	5.13	117.6
非金属矿采选业	Nonmetal Minerals Mining and Dressing	12.75	87.7
其他矿采选业	Other Minerals Mining and Dressing	0.2	105.8
木材及竹材采运业	Logging and Transport of Timber and Bamboo		
食品加工业	Food Processing	149.57	97.7
食品制造业	Food Manufacturing	64.44	69.7
饮料制造业	Beverage Manufacturing	118.83	140.9
烟草加工业	Tobacco Processing	37.39	115.4
纺织业	Textile Industry	685.89	101.4
服装及其他纤维制品制造业	Garments and Other Fiber Products	272.64	96.5

7—6 续表 continued

行　业	Sector	工业总产值（亿元）Gross Industrial Output Value (100 million yuan)	工业总产值指数（以上年为100）Indices of Gross Industrial Output Value (preceding year=100)
皮革、毛皮、羽绒及其制品业	Leather,Furs,Down and Related Products	175.19	96.8
木材加工及竹藤棕草制品业	Timber Processing,Bamboo,Cane,Palm Fiber and Straw Products	33.25	121.2
家具制造业	Furniture Manufacturing	22.19	87.0
造纸及纸制品业	Papermaking and Paper Products	115.95	103.0
印刷业记录媒介的复制	Printing and Record Medium Reproduction	29.25	124.3
文教体育用品制造业	Cultural,Educational and Sports Goods	63.44	106.6
石油加工及炼焦业	Petroleum Processing and Coking	117.09	111.5
化学原料及化学制品制造业	Raw Chemical Materials and Chemical Products	302.84	118.6
医药制造业	Medical and Pharmaceutical Products	102.32	134.3
化学纤维制造业	Chemical Fiber	100.54	119.0
橡胶制品业	Rubber Products	59.16	108.8
塑料制品业	Plastic Products	169.56	105.6
非金属矿物制品业	Nonmetal Mineral Products	183.01	100.6
黑色金属冶炼及压延加工业	Smelting and Pressing of Ferrous Metals	85.63	95.5
有色金属冶炼及压延加工业	Smelting and Pressing of Nonferrous Metals	96.40	90.7
金属制品业	Metal Products	174.28	113.2
普通机械制造业	Ordinary Machinery	264.40	117.3
专用设备制造业	Special Purpose Equipment	115.60	95.6
交通运输设备制造业	Transport Equipment	188.43	117.1
电气机械及器材制造业	Electric Equipment and Machinery	389.10	114.9
电子通信设备制造业	Electronic and Telecommunications Epuipment	216.09	107.1
仪器仪表及文化、办公用机械制造业	Instruments,Meters,Cultural and Office Machinery	50.91	112.8
电力蒸汽热水的生产和供应业	Electric Power,Steam and Hot Water Production and Supply	191.97	100.4
煤气生产和供应业	Gas Production and Supply	4.64	66.0
自来水生产和供应业	Tap Water Production and Supply	12.08	105.4

注：本表统计范围为全部国有及年销售收入500万元及以上的非国有工业企业。
The data in this table refer to state-owned industrial enterprises and of non-state-owned industrial enterprises with annual sales income over 5 million yuan.

7—7 主要工业产品生产和销售总量(1998 年)
Output and Sales of Major Industrial Products(1998)

产品名称		Item		生产量 Output	比 1997 年增长 (%) Increase Over 1997 (%)
原　煤	(万吨)	Coal	(10000 tons)	91.50	-2.4
原　盐	(万吨)	Salt	(10000 tons)	6.52	-1.8
配混合饲料	(万吨)	Forage	(10000 tons)	187.48	5.5
食用植物油	(万吨)	Edible Vegetable Oil	(10000 tons)	26.76	25.7
罐　头	(万吨)	Canned Food	(10000 tons)	19.90	-4.5
饮料酒	(万吨)	Alcoholic Beverages	(10000 tons)		
#啤　酒	(万吨)	Beer	(10000 tons)	149.52	8.4
黄　酒	(万吨)	Millet Wine	(10000 tons)	56.20	-2.7
软饮料	(万吨)	Soft Drink	(10000 tons)	145.16	57.6
卷　烟	(万箱)	Cigarettes	(10000 cases)	92.24	9.7
纱	(万吨)	Yarn	(10000 tons)	29.83	8.6
布	(亿米)	Cloth	(100 million m)	10.49	15.0
毛线(绒线)	(吨)	Knitting Wool	(ton)	13825	-25.6
呢　绒	(万米)	Woolen Goods	(10000 m)	2069	3.2
丝	(吨)	Silk	(ton)	26.57	-0.3
丝织品	(亿米)	Silk-knit Goods	(100 million m)	19.86	23.3
机制纸及纸板	(万吨)	Machine-made Paper and Paperboard	(10000 tons)	159.57	21.1
汽　油	(万吨)	Gasoline	(10000 tons)	137.14	6.9
煤　油	(万吨)	Kerosene	(10000 tons)	63.70	9.8
柴　油	(万吨)	Diesel Oil	(10000 tons)	239.8	8.9
燃料油	(万吨)	Fuel Oil	(10000 tons)	75.02	8.4
焦　炭	(万吨)	Coke	(10000 tons)	52.00	5.1
硫　酸	(万吨)	Sulphuric Acid	(10000 tons)	44.00	-2.7
烧　碱	(万吨)	Caustic Soda	(10000 tons)	31.82	4.7
纯　碱	(万吨)	Soda Ash	(10000 tons)	11.09	-10.9
电石(碳化钙)	(万吨)	Calcium Carbide	(10000 tons)	12.11	-6.6
合成氨	(万吨)	Synthetic Ammonia	(10000 tons)	96.25	7.0
农用化肥	(万吨)	Chemical Fertilizer	(10000 tons)	71.83	7.0
#氮　肥	(万吨)	Nitrogen Fertilizer	(10000 tons)	62.11	7.6
磷　肥	(万吨)	Phosphate Fertilizer	(10000 tons)	9.72	3.6

7—7 续表 1 continued

产品名称		Item		生产量 Output	比 1997 年增长（%） Increase Over 1997 （%）
农药	（吨）	Chemical Pesticide	（ton）	74927	18.5
纯　苯	（吨）	Pure Benzene	（ton）	45110	10.9
肥　皂	（万吨）	Soap	（10000 tons）	11.31	−3.9
合成洗涤剂	（吨）	Synthetic Detergents	（ton）	157791	40.7
火　柴	（万件）	Match	（10000 units）	60.70	3.3
化学原料药	（吨）	Chemical Raw Medicine	（ton）	36752	23.2
中成药	（吨）	Traditional Chinese Medicine	（ton）	11699	10.5
化学纤维	（万吨）	Chemical Fiber	（10000 tons）	69.57	49.5
#粘胶纤维	（万吨）	Glutinous Fiber	（10000 tons）	2.57	−19.4
合成纤维	（万吨）	Synthelic Fiber	（10000 tons）	67.00	54.5
轮胎外胎	（万条）	Outer Cover of Tyre	（10000 units）	327.42	6.0
塑料制品	（万吨）	Plastic Products	（10000 tons）	112.36	16.8
水　泥	（万吨）	Cement	（10000 tons）	3420.21	7.1
平板玻璃	（万重量箱）	Plate Glass	（10000 wt. case）	678.64	0.2
日用陶瓷	（万件）	Household Ceramics	（10000 units）	7549.22	−39.7
生　铁	（万吨）	Pig Iron	（10000 tons）	92.29	23.3
钢	（万吨）	Steel	（10000 tons）	166.60	15.9
成品钢材	（万吨）	Steel Products	（10000 tons）	254.22	−0.4
十种有色金属	（万吨）	10 Nonferrous Metal	（10000 tons）	10.16	−13.1
#铜	（吨）	Copper	（ton）	44624	−29.4
铅	（吨）	Lead	（ton）	920	−40.2
锌	（吨）	Zinc	（ton）	13460	14.8
铝	（吨）	Aluminium	（ton）	48020	−2.1
日用精铝制品	（吨）	Fine Aluminium Products for Daily-use	（ton）	16857	7.2
内燃机（商品量）	（万千瓦）	Internal Combustion Engines（commodity）	（10000 kw）	323.91	−6.0

7—7 续表 2 continued

产品名称	Item	生产量 Output	比 1997 年增长 (%) Increase Over 1997 (%)
金属切削机床 （万台）	Metal-cutting Machine (10000 units)	2.56	-5.4
#数控机床 （台）	Namerically Controlled Machine Tools (unit)	386	-7.0
饲料加工机械 （台）	Forage-processing Machine (unit)	502	-22.7
缝纫机 （万架）	Sewing Machine (10000 units)	102.20	-6.6
大中型拖拉机 （台）	Large and Medium-sized Tractor (unit)	5703	-8.1
小型拖拉机 （台）	Small-size Tractor (unit)	34171	4.8
汽　车 （辆）	Motor Vehicle (unit)	8773	3.3
#载货汽车 （辆）	Truck (unit)	802	-31.4
摩托车 （万辆）	Motorcycles (10000 units)	67.18	-4.0
自行车 （万辆）	Bicycles (10000 units)	317.11	-15.3
发电设备 （万千瓦）	Generating Equipment (10000 kw)	100.87	-33.3
交流电动机 （万千瓦）	Alternating Current Motor (10000 kw)	306.04	-6.7
变压器 （万千伏安）	Transformer (10000 kev)	498.28	10.1
家用洗衣机 （万台）	Household Washing Machines (10000 units)	142.83	-12.0
家用电冰箱 （万台）	Household Refrigerators (10000 units)	39.85	-20.7
电风扇 （万台）	Electric Fan (10000 units)	381.47	-11.0
房间空气调节器 （万台）	House Air Conditioner (10000 units)	39.25	9.9
电话机 （万部）	Telephone Set (10000 units)	53.63	-11.7
灯　泡 （亿只）	Bulb (100 million units)	3.33	24.7
电视机 （万台）	Television Set (10000 units)	458.42	10.6
#彩色电视机 （万台）	Color TV Set (10000 units)	47.72	16.4
收录放机 （万台）	Radio Cassett Recorder (10000 units)	44.96	-44.3
表 （万只）	Watch (10000 units)	55.48	-17.4

注：本表统计范围为全部国有及年销售收入 500 万元及以上的非国有工业企业。
The data in this table refer to state-owned industrial enterprises and non-state-owned industrial enterprises with annual sales income over 5 million yuan.

7—8 主要工业产品产量
Output of Major Industrial Products

产品名称	Item		1990	1995	1997	1998
化学纤维	（万吨）Chemical Fiber	(10000 tons)	8.53	36.87	71.16	69.57
粘胶纤维	（万吨） Glutinous Fiber	(10000 tons)	2.27	4.20	3.97	2.57
合成纤维	（万吨） Synthetic Fiber	(10000 tons)	6.26	32.67	67.19	67.00
纱	（万吨）Yarn	(10000 tons)	20.13	28.35	32.93	29.83
布	（亿米）Cloth	(100 million m)	15.66	32.47	37.35	10.49
呢　绒	（万米）Woolen Goods	(10000 m)	2749	4797	3789	2069
毛线（绒线）	（吨）Knitting Wool	(ton)	21084	27052	22619	13825
丝	（吨）Silk	(ton)	15266	34215	27703	26157
丝织品	（亿米）Silk-knit Goods	(100 million m)	4.44	44.69	46.92	19.86
机制麻袋（混合量）	（万条）Machine-made Gunnybag	(10000 units)	9510	12055	2352	1508.89
缝纫机	（万架）Sewing Machine	(10000 units)	64.66	249.56	155.07	102.2
摩托车	（万辆）Motorcycles	(10000 units)		50.62	74.41	67.18
自行车	（万辆）Bicycles	(10000 units)	197.00	635.72	452.75	317.11
手　表	（万只）Watches	(10000 units)	77.00	214.99	119.18	55.48
电视机	（万台）TV Sets	(10000 units)	125.38	426.23	421.12	458.42
＃彩色电视机	（万台） Color TV Sets	(10000 units)	14.55	55.10	41.40	47.72
收录放机	（万台）Rodio Cassette Recorder	(10000 units)	138.00	55.87	53.90	44.96
家用电冰箱	（万台）Household Refrigerators	(10000 units)	27.56	83.12	51.40	39.85
家用洗衣机	（万台）Household Washing Machines	(10000 units)	38.91	73.36	162.32	142.83
电风扇	（万台）Electric Fans	(10000 units)	401.00	1674.00	1319.55	381.47
房间空气调节器	（万台）House Air Conditioner	(10000 units)	2.41	39.43	63.19	39.25
电话机	（万部）Telephone Sets	(10000 units)	9.30	69.78	65.94	53.63
干电池	（亿只）Dry Cell	(10000 units)	2.70	7.59	7.63	8.35
火　柴	（万件）Match	(10000 units)	157.00	88.81	54.09	60.70
肥　皂	（吨）Soap	(ton)	98788	102597	118637	113112
合成洗涤剂	（吨）Synthetic Detergents	(ton)	25401	59657	122369	157791

7—8 续表 1 continued

产品名称		Item		1990	1995	1997	1998
灯　泡	（亿只）	Light Bulb	(100 million units)	2.09	12.89	5.84	3.33
日用陶瓷器	（万件）	Household Ceramics	(10000 units)	17094	16977	26314	7549
日用精铝制品	（吨）	Fine Aluminum Products for Daily-use	(ton)	9519	23439	38263	16857
机制纸及纸板	（万吨）	Machine-made Paper and Paperboard	(10000 tons)	78.52	225.62	266.72	159.57
原　盐	（万吨）	Salt	(10000 tons)	53.48	60.00	39.00	6.52
软饮料	（万吨）	Soft Drink	(10000 tons)	15.71	62.59	97.70	145.16
卷　烟	（万箱）	Cigarettes	(10000 cases)	81.88	84.52	84.12	92.24
罐　头	（万吨）	Canned Foods	(10000 tons)	19.51	42.80	36.09	19.90
黄酒	（万吨）	Millet Wine	(10000 tons)	52.14	79.45	79.42	56.20
啤　酒	（万吨）	Beer	(10000 tons)	69.69	134.04	141.02	149.52
食用植物油	（万吨）	Edible Vegetable Oil	(10000 tons)	18.77	36.71	26.83	26.76
配混合饲料	（万吨）	Forage	(10000 tons)	112.61	322.94	262.15	187.48
塑料制品	（万吨）	Plastic Products	(10000 tons)	37.54	379.08	213.19	112.36
原　煤	（万吨）	Coal	(10000 tons)	136.99	125.27	114.99	91.5
石　煤	（万吨）	Bone Coal	(10000 tons)	312.12	619.22	271.41	4.18
发电量	（亿千瓦小时）	Electricity	(100 million kwh)	208.66	401.47	485.77	492.11
#水力发电	（亿千瓦小时）	Hydropower	(100 million kwh)	56.00	78.25	61.39	75.90
汽　油	（万吨）	Gasoline	(10000 tons)	59.39	124.15	128.41	137.14
煤　油	（万吨）	Kerosene	(10000 tons)	3.06	32.31	58.00	63.70
柴油	（万吨）	Diesel Oil	(10000 tons)	71.37	201.52	220.31	239.80
燃料油	（万吨）	Fuel Oil	(10000 tons)	78.04	78.33	77.07	75.02
农用化肥	（万吨）	Chemical Fertilizer	(10000 tons)	68.85	81.37	67.90	71.83
#氮　肥	（万吨）	Nitrogen Fertilizer	(10000 tons)	58.42	58.86	59.32	62.11
#磷　肥	（万吨）	Phosphate Fertilizer	(10000 tons)	10.43	22.51	7.81	9.72

7－8 续表 2　continued

产品名称	Item	1990	1995	1997	1998
化学农药（万吨）	Chemical Pesticide (10000 tons)	2.33	4.77	8.37	7.49
纯　苯（吨）	Pure Benzene (ton)	5793	11780	41905	45110
化学原料药（吨）	Chemical Raw Medicine (ton)	13310	27506	40878	36752
中成药（吨）	Traditional Chinese Medicine (ton)	12826	17400	13480	11699
塑料树脂及共聚物（万吨）	Plastic Resin and Copolymer (10000 tons)	4.76	18.62	16.82	21.24
轮胎外胎（万条）	Outer Cover of Tyre (10000 units)	91.00	277.87	326.60	327.42
大中型拖拉机（台）	Large and Medium-sized Tractor (unit)	954	3875	6208	5703
小型拖拉机（台）	Small-sized Tractor (unit)	32748	100423	33307	34171
内燃机(商品量)（万千瓦）	Internal Combustion Engines (commodity) (10000 kw)	218.00	581.00	395.94	323.91
发电设备（500千瓦以上）（万千瓦）	Generating Equipment (above 500 kw) (10000 kw)	32.22	45.69	96.50	100.87
交流电动机（万千瓦）	Alternating Current Motor (10000 kw)	84.00	375.96	456.87	306.04
变压器（万千伏安）	Transformer (10000 kev)	132.00	556.00	531.02	498.28
金属切削机床（万台）	Metal-cutting Machine (10000 units)	2.03	22.79	6.10	2.56
#数控机床（台）	Namerically Controlled Machine Tools (unit)	373	381	643	386
汽　车（辆）	Motor Vehicle (unit)	5302	23032	9177	8773
#载货汽车（辆）	Truck (unit)	1038	5283	1039	802

7—8 续表 3 continued

产品名称		Item		1990	1995	1997	1998
钢	（万吨）	Steel	(10000 tons)	85.9	144.55	152.37	166.60
生　铁	（万吨）	Pig Iron	(10000 tons)	59.72	76.54	77.29	92.29
成品钢材	（万吨）	Steel Products	(10000 tons)	81.35	266.26	271.44	254.22
铁矿石(成品矿)	（万吨）	Iron Ore	(10000 tons)	51.82	54.97	57.32	54.2
铁合金	（万吨）	Ferroalloy	(10000 tons)	11.37	15.40	13.90	12.31
焦　炭	（万吨）	Coke	(10000 tons)	36.56	57.34	53.84	52.00
十种有色金属	（吨）	10 Nonferrous Metal	(ton)	43265	136145	119805	101572
#铜	（吨）	Copper	(ton)	13548	76787	65462	44624
铝	（吨）	Aluminium	(ton)	23597	46251	39176	48020
铅	（吨）	Lead	(ton)	2290	811	1809	920
锌	（吨）	Zinc	(ton)	3370	9867	13346	13460
人造板	（万立方米）	Artificial Plank	(10000 cu. m)	9.49	59.28	83.20	56.82
水　泥	（万吨）	Cement	(10000 tons)	1340	3265	3430	3420
平板玻璃	（万重量箱）	Plate Glass	(10000 wt. cases)	244	386	684	679
硫　酸	（万吨）	Sulphuric Acid	(10000 tons)	28.62	46.26	47.74	44.00
烧　碱	（万吨）	Caustic Soda	(10000 tons)	15.79	26.96	30.76	31.82
纯　碱	（万吨）	Soda Ash	(10000 tons)	9.88	12.30	14.49	11.09
电石(碳化钙)	（万吨）	Calcium Carbide	(10000 tons)	10.39	11.75	13.84	12.11
合成氨	（万吨）	Synthetic Ammonia	(10000 tons)	82.53	87.20	91.70	96.25

注：本表1990—1997年为全社会产量，1998年为限额以上企业。

The data from 1990 to 1997 in this table refer to total industrial enterprises. the data in 1998 refer to industrial industrial enterprises at above-norm.

7—9 人均主要工业产品产量
Per Capita Output of Major Industrial Products

产品名称	Item		1990	1995	1997	1998
钢 （千克）	Steel	(kg)	20.35	33.19	34.54	37.57
生　铁 （千克）	Pig Iron	(kg)	14.15	17.57	17.52	20.80
水　泥 （千克）	Cement	(kg)	317.39	749.64	777.60	771.26
硫　酸 （千克）	Sulphuric Acid	(kg)	6.78	10.62	10.82	9.92
烧　碱 （千克）	Caustic Soda	(kg)	3.74	6.19	6.97	7.18
农用化肥 （千克）	Chemical Fertilizer	(kg)	16.31	18.68	15.39	16.20
化学农药 （千克）	Chemical Pesticide	(kg)	0.55	1.10	1.90	1.69
发电量 （千瓦小时）	Electricity	(kwh)	494.23	921.77	1101.22	1109.71
原　煤 （千克）	Coal	(kg)	32.45	28.76	26.07	20.60
原　盐 （千克）	Salt	(kg)	12.67	13.77	8.84	1.47
黄　酒 （千克）	Millet Wine	(kg)	12.34	18.24	18.01	12.67
罐　头 （千克）	Canned Foods	(kg)	4.62	9.83	8.18	4.49
食用植物油 （千克）	Edible Vegetable Oil	(kg)	4.45	8.42	6.08	6.03
塑料制品 （千克）	Plastic Products	(kg)	8.89	87.04	48.33	25.34
布 （米）	Cloth	(m)	37.09	74.55	84.67	23.65
丝织品 （米）	Silk-knit Goods	(m)	10.52	102.61	106.37	44.78
呢　绒 （米）	Woolen Goods	(m)	0.65	1.10	0.86	0.47
电视机 （台/百人）	TV Sets	(unit/100 persons)	2.97	9.79	9.55	10.34
自行车 （辆/百人）	Bicycles	(unit/100 persons)	4.67	14.60	10.26	7.15
家用电冰箱 （台/百人）	Household Refrigerators	(unit/100 persons)	0.65	1.91	1.17	0.90
家用洗衣机 （台/百人）	Household Washing Machines	(unit/100 persons)	0.92	1.68	3.68	3.22
电风扇 （台/百人）	Electric Fans	(unit/100 persons)	9.50	38.43	29.91	8.6
房间空气调节器 （台/百人）	House Air Conditioner	(unit/100 persons)	0.06	0.91	1.43	0.89
电话机 （部/百人）	Telephone Sets	(unit/100 persons)	0.02	1.60	1.49	1.21

注：本表1990—1997年为全社会产量，1998年为限额以上企业。
The data from 1990 to 1997 in this table refer to total industrial enterprises. the data in 1998 refer to industrial industrial enterprises at above-norm.

7—10 按经济类型分的工业企业主要指标
Principal Indicators of Industrial Enterprises by Ownership

指　　标	Item	
企业单位数	（个）Number of Enterprises	(unit)
#亏损企业单位数	（个） Loss Enterprises	(unit)
工业总产值(当年价)	（亿元）Gross Industrial Output Value(Current Price)	(100 million yuan)
工业增加值	（亿元）Value Added of Industry	(100 million yuan)
全部职工年平均人数	（万人）Average Number of Staff and Workers	(10000 persons)
流动资产合计	（亿元）Circulating Funds	(100 million yuan)
固定资产合计	（亿元）Fixed Assets	(100 million yuan)
流动资产年平均余额	（亿元）Annual Average Balance of Circulating Funds	(100 million yuan)
固定资产原值	（亿元）Original Value of Fixed Assets	(100 million yuan)
固定资产净值年平均余额	（亿元）Annual Average Balance of Net Value of Fixed Assets	(100 million yuan)
资产总计	（亿元）Total Assets	(100 million yuan)
流动负债合计	（亿元）Circulating Liabilities	(100 million yuan)
长期负债合计	（亿元）Long-term Liabilities	(100 million yuan)
所有者权益	（亿元）Creditors' Equity	(100 million yuan)
产品销售收入	（亿元）Sales Revenue	(100 million yuan)
产品销售成本	（亿元）Cost of Sales	(100 million yuan)
产品销售税金及附加	（亿元）Sales Taxes and Extra Charges	(100 million yuan)
利润总额	（亿元）Total Profits	(100 million yuan)
本年应交增值税	（亿元）Value Added Taxes Payable	(100 million yuan)
利税总额	（亿元）Total Profits and Taxes	(100 million yuan)

注：1995、1997 年统计范围为乡及乡以上独立核算工业企业，1998 年统计范围为全部国有及年销售收入 500 万元及以上的非国有工业企业。国有、集体分组按注册登记类型划分。

The data in 1998 refer to state-ownded industrial enterprises and non-state-owned industrial enterprises with an annual sales income over 5 million yuan. The data in 1995 and 1997 refer to independent accounting industrial enterprises at township level and above. The data of state-ownded units and collective-owned units in 1998 are grouped by registered type.

合 计 Total			国有单位 State-owned Units			集体单位 Collective Owned Units		
1995	1997	1998	1995	1997	1998	1995	1997	1998
35156	27207	13475	3271	2496	1753	27636	19866	3791
8984	7396	2640	1059	1073	808	6485	4986	675
3433.85	4058.45	4702.43	916.59	929.29	772.69	1747.74	1926.50	1372.98
778.43	952.10	1098.37	237.41	275.83	239.77	373.89	404.52	279.34
401.48	352.70	314.22	109.39	93.33	6.63	230.59	182.19	88.74
1966.18	2405.23	2653.61	621.7	751.44	697.03	887.75	984.35	649.49
1725.02	2255.68	2492.32	737.45	910.09	792.44	624.29	762.82	566.70
1831.87	2302.53	2540.10	587.65	708.58	673.27	822.04	949.11	634.45
1843.91	2600.39	2997.82	833.12	1066.20	979.97	466.16	893.03	675.35
1207.16	1869.86	2142.87	496.54	731.01	659.83	677.45	660.45	496.34
3932.78	5070.72	5645.41	1441.14	1802.46	1644.9	1613.84	1893.66	1340.09
1937.31	2424.04	2575.16	600.49	739.88	619.24	923.53	1062.11	689.19
576.88	706.71	744.07	308.83	349.08	324.18	182.16	199.31	158.96
1401.16	1939.47	2321.14	529.63	713.01	701.48	500.27	632.23	491.93
3257.24	3892.68	4469.41	919.89	1014.29	881.75	1603.87	1747.70	1242.22
2723.38	3225.62	3739.8	763.95	829.87	731.61	1353.19	1464.22	1050.62
38.23	48.25	58.17	15.28	18.92	22.56	16.63	18.31	11.78
96.52	117.28	170.94	22.73	19.83	23.24	38.71	43.21	46.85
118.82	166.72	178.35	39.87	59.26	44.01	55.18	65.69	43.98
258.82	332.25	407.46	77.90	98.01	89.81	110.78	127.21	102.62

7—11 工业企业主要指标(1998年)

Main Indicators of Industrial Enterprises(1998)

单位:亿元 (100 million yuan)

行 业	Sector	企业单位数(个) Number of Enterprises (unit)	#亏损企业 Loss	工业总产值 Gross Industrial Output Value	工业增加值 Value Added of Industry
总 计	**Total**	**13475**	**2640**	**4702.43**	**1098.37**
在总计中:轻工业	Light Industry	8090	1661	2676.38	570.32
重工业	Heavy Industry	5385	979	2026.06	528.05
按工业行业分	**By Sector**				
煤炭采选业	Coal Mining and Dressing	5	4	4.78	2.01
黑色金属矿采选业	Ferrous Metals Mining and Dressing	3	1	2.25	0.74
有色金属矿采选业	Nonferrous Metals Mining and Dressing	24	7	5.13	1.59
非金属矿采选业	Nonmetal Minerals Mining and Dressing	103	22	12.75	4.31
其他矿采选业	Other Minerals Mining and Dressing	2	1	0.20	0.03
食品加工业	Food Processing	573	180	149.57	18.43
食品制造业	Food Manufacturing	245	91	64.44	15.65
饮料制造业	Beverage Manufacturing	245	86	118.83	34.68
烟草加工业	Tobacco Processing	5	1	37.39	23.01
纺织业	Textile Industry	1769	390	685.89	137.84
服装及其他纤维制品制造业	Garments and Other Fiber Products	947	171	272.64	56.36
皮革、毛皮、羽绒及其制品业	Leather,Furs,Down and Related Products	533	86	175.19	32.10
木材加工及竹、藤、棕、草制品业	Timber Processing,Bamboo, Cane Palm Fiber and Straw Products	131	22	33.25	6.30
家具制造业	Furniture Manufacturing	78	4	22.19	4.35
造纸及纸制品业	Papermaking and Paper Products	356	73	115.95	23.25
印刷业记录媒介的复制	Printing and Record Medium Reproduction	220	48	29.25	7.49
文教体育用品制造业	Cultural,Educational and Sports Goods	195	25	63.44	13.14

注:本表统计范围为全部国有及年销售收入500万元及以上的非国有工业企业。

The data in this table refer to state-owned industrial enterprises and non-state-owned industrial enterprises with annual sales income over 5 million yuan.

7—11 续表 1 continued

单位:亿元 (100 million yuan)

行业	Sector	企业单位数(个) Number of Enterprises (unit)	#亏损企业 Loss	工业总产值 Gross Industrial Output Value	工业增加值 Value Added of Industry
石油加工及炼焦业	Petroleum Processing and Coking	19	6	117.09	28.42
化学原料及化学制品制造业	Raw Chemical Materials and Chemical Products	666	113	302.84	67.60
医药制造业	Medical and Pharmaceutical Products	204	41	102.32	26.18
化学纤维制造业	Chemical Fiber	91	34	100.54	18.50
橡胶制品业	Rubber Products	220	31	59.16	12.75
塑料制品业	Plastic Products	758	106	169.56	35.57
非金属矿物制品业	Nonmetal Mineral Products	575	190	183.01	45.85
黑色金属冶炼及压延加工业	Smelting and Pressing of Ferrous Metals	137	32	85.63	18.18
有色金属冶炼及压延加工业	Smelting and Pressing of Nonferrous Metals	175	24	96.40	12.78
金属制品业	Metal Products	784	115	174.28	35.83
普通机械制造业	Ordinary Machinery	1028	138	264.40	64.57
专用设备制造业	Special Purpose Equipment	472	92	115.60	27.18
交通运输设备制造业	Transport Equipment	587	100	188.43	43.76
电气机械及器材制造业	Electric Equipment and Machinery	959	125	389.10	85.75
电子及通信设备制造业	Electronic and Telecommunications Equipment	368	69	216.09	44.36
仪器仪表及文化、办公用机械制造业	Instruments,Meters,Cultural and Office Machinery	209	38	50.91	13.66
电力、蒸汽、热水的生产和供应业	Electric Power,Steam and Hot Water Production and Supply	220	41	191.97	111.7
煤气生产和供应业	Gas Production and Supply	11	3	4.64	0.47
自来水的生产和供应业	Tap Water Production and Supply	115	50	12.08	5.74

7—11 续表 2 continued

单位:亿元 (100 million yuan)

行 业	Sector	资产总计 Total Assets	流动资产合计 Circulating Funds	流动资产年平均余额 Annual Average Balance of Circulating Funds	固定资产合计 Fixed Assets
总 计	**Total**	**5645.41**	**2653.61**	**2540.10**	**2492.32**
在总计中:轻工业	Light Industry	2767.78	1332.05	1274.02	1200.62
重工业	Heavy Industry	2877.63	1321.55	1266.08	1291.70
按工业行业分	**By Sector**				
煤炭采选业	Coal Mining and Dressing	11.81	3.13	3.37	8.47
黑色金属矿采选业	Ferrous Metals Mining and Dressing	3.43	1.39	1.49	1.86
有色金属矿采选业	Nonferrous Metals Mining and Dressing	10.96	4.13	3.73	5.61
非金属矿采选业	Nonmetal Minerals Mining and Dressing	18.63	8.04	8.02	8.93
其他矿采选业	Other Minerals Mining and Dressing	0.16	0.08	0.08	0.04
食品加工业	Food Processing	128.27	62.00	59.31	56.60
食品制造业	Food Manufacturing	77.98	37.32	34.76	34.93
饮料制造业	Beverage Manufacturing	148.30	66.28	64.01	68.42
烟草加工业	Tobacco Processing	40.70	20.60	18.56	19.32
纺织业	Textile Industry	754.45	302.61	301.75	394.22
服装及其他纤维制品制造业	Garments and Other Fiber Products	222.10	135.45	121.36	65.84
皮革、毛皮、羽绒及其制品业	Leather,Furs,Down and Related Products	126.91	77.88	76.41	36.71
木材加工及竹、藤、棕、草制品业	Timber Processing,Bamboo, Cane Palm Fiber and Straw Products	28.13	14.79	14.66	11.95
家具制造业	Furniture Manufacturing	18.97	11.51	10.29	6.42
造纸及纸制品业	Papermaking and Paper Products	170.29	70.00	67.85	91.12
印刷业记录媒介的复制	Printing and Record Medium Reproduction	33.28	16.63	15.87	14.23
文教体育用品制造业	Cultural,Educational and Sports Goods	53.55	31.74	27.99	15.29

7—11 续表 3 continued

单位:亿元 (100 million yuan)

行　　业	Sector	资产总计 Total Assets	流动资产合计 Circulating Funds	流动资产年平均余额 Annual Average Balance of Circulating Funds	固定资产合计 Fixed Assets
石油加工及炼焦业	Petroleum Processing and Coking	122.70	40.23	45.25	71.78
化学原料及化学制品制造业	Raw Chemical Materials and Chemical Products	329.03	150.92	147.27	147.86
医药制造业	Medical and Pharmaceutical Products	128.43	66.82	61.82	42.5
化学纤维制造业	Chemical Fiber	129.04	34.68	35.50	83.40
橡胶制品业	Rubber Products	60.47	32.09	31.09	20.46
塑料制品业	Plastic Products	141.97	75.76	72.58	57.93
非金属矿物制品业	Nonmetal Mineral Products	276.09	104.00	103.51	147.20
黑色金属冶炼及压延加工业	Smelting and Pressing of Ferrous Metals	124.22	66.53	64.02	48.05
有色金属冶炼及压延加工业	Smelting and Pressing of Nonferrous Metals	72.33	36.00	37.03	31.57
金属制品业	Metal Products	163.48	90.42	86.23	58.81
普通机械制造业	Ordinary Machinery	326.88	186.37	176.41	113.59
专用设备制造业	Special Purpose Equipment	147.26	84.68	79.69	50.28
交通运输设备制造业	Transport Equipment	237.40	124.98	120.72	77.05
电气机械及器材制造业	Electric Equipment and Machinery	393.17	233.46	217.5	120.88
电子及通信设备制造业	Electronic and Telecommunications Equipment	210.65	145.99	132.10	46.74
仪器仪表及文化、办公用机械制造业	Instruments, Meters, Cultural and Office Machinery	56.38	34.47	32.52	16.15
电力、蒸汽、热水的生产和供应业	Electric Power, Steam and Hot Water Production and Supply	727.18	226.96	214.74	435.44
煤气生产和供应业	Gas Production and Supply	13.67	2.58	2.55	9.37
自来水的生产和供应业	Tap Water Production and Supply	76.35	15.94	15.10	54.34

7—11 续表 4 continued

单位:亿元 (100 million yuan)

行　　业	Sector	固定资产原　价 Original Value of Fixed Assets	固定资产净值年平均余额 Annual Average Balance of Net Value of Fixed Assets	年末负债合　计 Total Liabilities	流动负债 Circulating Liabilities
总　　计	**Total**	**2997.82**	**2142.87**	**3324.27**	**2575.16**
在总计中:轻工业	Light Industry	1425.86	1040.74	1711.27	1404.90
重工业	Heavy Industry	1571.96	1102.13	1613.00	1170.26
按工业行业分	**By Sector**				
煤炭采选业	Coal Mining and Dressing	9.15	5.93	6.56	3.96
黑色金属矿采选业	Ferrous Metals Mining and Dressing	2.60	1.58	1.07	0.95
有色金属矿采选业	Nonferrous Metals Mining and Dressing	7.29	4.83	4.06	2.95
非金属矿采选业	Nonmetal Minerals Mining and Dressing	12.14	8.6	10.15	8.47
其他矿采选业	Other Minerals Mining and Dressing	0.04	0.03	0.13	0.11
食品加工业	Food Processing	69.34	50.72	85.58	70.00
食品制造业	Food Manufacturing	43.52	31.46	48.57	41.28
饮料制造业	Beverage Manufacturing	82.83	57.85	80.56	71.54
烟草加工业	Tobacco Processing	16.25	10.68	18.84	17.66
纺织业	Textile Industry	484.97	352.36	500.55	384.15
服装及其他纤维制品制造业	Garments and Other Fiber Products	76.83	57.70	133.36	124.99
皮革、毛皮、羽绒及其制品业	Leather,Furs,Down and Related Products	43.24	33.57	80.65	74.91
木材加工及竹、藤、棕、草制品业	Timber Processing,Bamboo, Cane Palm Fiber and Straw Products	14.27	11.16	16.58	14.76
家具制造业	Furniture Manufacturing	7.66	5.50	11.22	10.75
造纸及纸制品业	Papermaking and Paper Products	99.57	76.70	111.55	81.26
印刷业记录媒介的复制	Printing and Record Medium Reproduction	18.47	13.14	19.23	16.06
文教体育用品制造业	Cultural,Educational and Sports Goods	16.54	12.32	28.65	25.99

7—11 续表 5 continued

单位:亿元 (100 million yuan)

行业	Sector	固定资产原价 Original Value of Fixed Assets	固定资产净值年平均余额 Annual Average Balance of Net Value of Fixed Assets	年末负债合计 Total Liabilities	流动负债 Circulating Liabilities
石油加工及炼焦业	Petroleum Processing and Coking	65.49	48.13	47.57	18.55
化学原料及化学制品制造业	Raw Chemical Materials and Chemical Products	182.37	123.98	198.87	147.96
医药制造业	Medical and Pharmaceutical Products	48.59	35.51	73.95	62.8
化学纤维制造业	Chemical Fiber	95.28	70.33	90.26	53.75
橡胶制品业	Rubber Products	24.13	17.72	36.67	31.77
塑料制品业	Plastic Products	71.98	52.65	85.76	71.09
非金属矿物制品业	Nonmetal Mineral Products	175.22	126.05	174.8	133.99
黑色金属冶炼及压延加工业	Smelting and Pressing of Ferrous Metals	58.54	35.04	64.33	58.46
有色金属冶炼及压延加工业	Smelting and Pressing of Nonferrous Metals	36.33	28.55	46.72	41.22
金属制品业	Metal Products	70.23	52.42	98.96	89.51
普通机械制造业	Ordinary Machinery	143.38	99.32	191.01	163.74
专用设备制造业	Special Purpose Equipment	63.54	42.75	86.44	72.64
交通运输设备制造业	Transport Equipment	92.56	65.05	137.36	116.82
电气机械及器材制造业	Electric Equipment and Machinery	142.74	103.44	229.97	202.56
电子及通信设备制造业	Electronic and Telecommunications Equipment	61.39	42.47	123.13	112.69
仪器仪表及文化、办公用机械制造业	Instruments,Meters,Cultural and Office Machinery	20.65	14.40	33.41	29.38
电力、蒸汽、热水的生产和供应业	Electric Power,Steam and Hot Water Production and Supply	546.49	383.36	377.22	171.64
煤气生产和供应业	Gas Production and Supply	9.71	7.28	6.44	3.01
自来水的生产和供应业	Tap Water Production and Supply	61.34	42.83	28.47	11.90

7—11 续表 6 continued

单位:亿元 (100 million yuan)

行 业	Sector	长期负债 Long-term Liabilities	年末所有者权益合计 Creditors' Equity	产品销售收入 Sales Revenue	产品销售费用 Sales Funds
总 计	**Total**	**744.07**	**2321.14**	**4469.41**	**142.00**
在总计中:轻工业	Light Industry	306.36	1056.51	2492.98	84.95
重工业	Heavy Industry	437.71	1264.23	1976.43	57.05
按工业行业分	**By Sector**				
煤炭采选业	Coal Mining and Dressing	2.60	5.24	5.86	0.10
黑色金属矿采选业	Ferrous Metals Mining and Dressing	0.12	2.36	2.29	0.02
有色金属矿采选业	Nonferrous Metals Mining and Dressing	1.11	6.91	4.97	0.16
非金属矿采选业	Nonmetal Minerals Mining and Dressing	1.68	8.48	12.25	1.61
其他矿采选业	Other Minerals Mining and Dressing	0.02	0.03	0.19	0.01
食品加工业	Food Processing	15.57	42.69	154.57	4.66
食品制造业	Food Manufacturing	7.29	29.4	62.24	4.48
饮料制造业	Beverage Manufacturing	9.02	67.74	110.13	13.34
烟草加工业	Tobacco Processing	1.18	21.86	37.54	0.14
纺织业	Textile Industry	116.40	253.9	640.47	8.05
服装及其他纤维制品制造业	Garments and Other Fiber Products	8.37	88.73	247.46	8.24
皮革、毛皮、羽绒及其制品业	Leather,Furs,Down and Related Products	5.74	46.27	158.76	3.19
木材加工及竹、藤、棕、草制品业	Timber Processing,Bamboo, Cane Palm Fiber and Straw Products	1.83	11.55	32.28	0.93
家具制造业	Furniture Manufacturing	0.47	7.75	22.23	0.85
造纸及纸制品业	Papermaking and Paper Products	30.30	58.73	111.11	3.12
印刷业记录媒介的复制	Printing and Record Medium Reproduction	3.17	14.05	27.66	0.73
文教体育用品制造业	Cultural,Educational and Sports Goods	2.66	24.9	57.13	1.50

7—11 续表 7 continued

单位:亿元 (100 million yuan)

行业	Sector	长期负债 Long-term Liabilities	年末所有者权益合计 Creditors' Equity	产品销售收入 Sales Revenue	产品销售费用 Sales Funds
石油加工及炼焦业	Petroleum Processing and Coking	29.01	75.13	118.15	2.18
化学原料及化学制品制造业	Raw Chemical Materials and Chemical Products	45.87	130.16	281.74	11.04
医药制造业	Medical and Pharmaceutical Products	11.15	54.49	92.57	9.24
化学纤维制造业	Chemical Fiber	36.52	38.78	90.27	0.63
橡胶制品业	Rubber Products	4.99	23.72	55.57	1.55
塑料制品业	Plastic Products	14.67	56.2	156.06	3.93
非金属矿物制品业	Nonmetal Mineral Products	40.81	101.28	171.61	5.18
黑色金属冶炼及压延加工业	Smelting and Pressing of Ferrous Metals	5.87	59.88	82.51	0.84
有色金属冶炼及压延加工业	Smelting and Pressing of Nonferrous Metals	5.50	25.60	82.14	1.04
金属制品业	Metal Products	9.45	64.53	159.72	4.77
普通机械制造业	Ordinary Machinery	27.26	135.87	240.85	9.67
专用设备制造业	Special Purpose Equipment	13.80	60.82	104.14	3.77
交通运输设备制造业	Transport Equipment	20.54	100.05	179.32	4.71
电气机械及器材制造业	Electric Equipment and Machinery	27.41	163.2	346.22	19.45
电子及通信设备制造业	Electronic and Telecommunications Equipment	10.44	87.52	201.70	7.43
仪器仪表及文化、办公用机械制造业	Instruments,Meters,Cultural and Office Machinery	4.03	22.97	46.92	2.08
电力、蒸汽、热水的生产和供应业	Electric Power,Steam and Hot Water Production and Supply	205.09	349.96	274.28	0.77
煤气生产和供应业	Gas Production and Supply	3.42	7.24	5.77	0.25
自来水的生产和供应业	Tap Water Production and Supply	16.57	47.88	11.71	0.24

7—11 续表 8 continued

单位:亿元 (100 million yuan)

行业	Sector	产品销售税金及附加 Sales Taxes and Extra Charges	利润总额 Total Profits	利税总额 Total Profits and Taxes	本年应交增值税 Value Added Taxes Payable
总计	**Total**	**58.17**	**170.94**	**407.46**	**178.35**
在总计中:轻工业	Light Industry	38.52	80.58	209.15	90.05
重工业	Heavy Industry	19.65	90.36	198.31	88.30
按工业行业分	**By Sector**				
煤炭采选业	Coal Mining and Dressing	0.04	−0.17	0.22	0.35
黑色金属矿采选业	Ferrous Metals Mining and Dressing	0.02	0.01	0.13	0.10
有色金属矿采选业	Nonferrous Metals Mining and Dressing	0.10	0.06	0.49	0.33
非金属矿采选业	Nonmetal Minerals Mining and Dressing	0.17	0.21	1.09	0.71
其他矿采选业	Other Minerals Mining and Dressing			0.01	0.01
食品加工业	Food Processing	0.59	0.75	3.03	1.68
食品制造业	Food Manufacturing	0.31	3.40	7.26	3.55
饮料制造业	Beverage Manufacturing	4.53	8.99	20.78	7.27
烟草加工业	Tobacco Processing	16.62	2.00	21.57	2.95
纺织业	Textile Industry	4.52	12.79	38.03	20.72
服装及其他纤维制品制造业	Garments and Other Fiber Products	1.44	10.36	18.9	7.11
皮革、毛皮、羽绒及其制品业	Leather, Furs, Down and Related Products	0.95	3.38	9.31	4.97
木材加工及竹、藤、棕、草制品业	Timber Processing, Bamboo, Cane Palm Fiber and Straw Products	0.21	1.32	2.58	1.05
家具制造业	Furniture Manufacturing	0.12	1.02	1.75	0.61
造纸及纸制品业	Papermaking and Paper Products	0.90	0.48	6.46	5.07
印刷业记录媒介的复制	Printing and Record Medium Reproduction	0.21	1.48	2.98	1.28
文教体育用品制造业	Cultural, Educational and Sports Goods	0.56	2.88	5.20	1.76

7－11 续表 9 continued

单位:亿元 (100 million yuan)

行业	Sector	产品销售税金及附加 Sales Taxes and Extra Charges	利润总额 Total Profits	利税总额 Total Profits and Taxes	本年应交增值税 Value Added Taxes Payable
石油加工及炼焦业	Petroleum Processing and Coking	5.78	6.38	18.10	5.94
化学原料及化学制品制造业	Raw Chemical Materials and Chemical Products	2.62	12.06	26.3	11.63
医药制造业	Medical and Pharmaceutical Products	0.53	7.42	13.20	5.26
化学纤维制造业	Chemical Fiber	0.55	0.44	3.37	2.38
橡胶制品业	Rubber Products	0.74	1.68	4.25	1.84
塑料制品业	Plastic Products	1.24	5.83	12.59	5.51
非金属矿物制品业	Nonmetal Mineral Products	1.59	1.26	10.82	7.96
黑色金属冶炼及压延加工业	Smelting and Pressing of Ferrous Metals	0.45	2.04	5.68	3.20
有色金属冶炼及压延加工业	Smelting and Pressing of Nonferrous Metals	0.43	1.87	4.16	1.86
金属制品业	Metal Products	1.38	5.05	11.82	5.39
普通机械制造业	Ordinary Machinery	2.06	10.46	23.52	11.00
专用设备制造业	Special Purpose Equipment	0.75	4.31	9.53	4.47
交通运输设备制造业	Transport Equipment	2.34	9.01	17.79	6.44
电气机械及器材制造业	Electric Equipment and Machinery	2.49	17.35	34.49	14.65
电子及通信设备制造业	Electronic and Telecommunications Equipment	1.03	10.16	15.86	4.67
仪器仪表及文化、办公用机械制造业	Instruments,Meters,Cultural and Office Machinery	0.30	2.28	4.55	1.98
电力、蒸汽、热水的生产和供应业	Electric Power,Steam and Hot Water Production and Supply	1.85	22.00	44.65	20.80
煤气生产和供应业	Gas Production and Supply	0.01	0.08	0.18	0.09
自来水的生产和供应业	Tap Water Production and Supply	0.17	－0.2	0.66	0.69

7—12 工业企业主要经济效益指标(1998)
Main Economic Beneficial Indicators of Industrial Enterprises(1998)

行　　业	Sector	每百元资金实现利税(元) Pre-tax Profits per 100 Yuan Funds (yuan)	每百元固定资产原值实现利税(元) Pre-tax Profits per 100 Yuan Original Value of Fixed Assets (yuan)	每百元销售收入实现利税(元) Pre-tax Profits per 100 Yuan Sales Revenue (yuan)
总　计	**Total**	**8.70**	**13.59**	**9.12**
在总计中:轻工业	Light Industry	9.04	14.67	8.39
重工业	Heavy Industry	8.37	12.62	10.03
按工业行业分	**By Sector**			
煤炭采选业	Coal Mining and Dressing	2.36	2.40	3.74
黑色金属矿采选业	Ferrous Metals Mining and Dressing	4.18	4.95	5.61
有色金属矿采选业	Nonferrous Metals Mining and Dressing	5.74	6.73	9.88
非金属矿采选业	Nonmetal Minerals Mining and Dressing	6.56	8.98	8.90
其他矿采选业	Other Minerals Mining and Dressing	11.82	29.6	7.14
食品加工业	Food Processing	2.75	4.37	1.96
食品制造业	Food Manufacturing	10.96	16.68	11.66
饮料制造业	Beverage Manufacturing	17.06	25.09	18.87
烟草加工业	Tobacco Processing	73.76	132.74	57.45
纺织业	Textile Industry	5.81	7.84	5.94
服装及其他纤维制品制造业	Garments and Other Fiber Products	10.56	24.61	7.64
皮革、毛皮、羽绒及其制品业	Leather,Furs,Down and Related Products	8.46	21.52	5.86
木材加工及竹、藤、棕、草制品业	Timber Processing,Bamboo, Cane Palm Fiber and Straw Products	9.99	18.08	7.99
家具制造业	Furniture Manufacturing	11.10	22.88	7.88
造纸及纸制品业	Papermaking and Paper Products	4.47	6.48	5.81
印刷业记录媒介的复制	Printing and Record Medium Reproduction	10.26	16.12	10.76

注:劳动生产率按增加值计算。表7—14.7—16.7—18.7—20.同

Labor productivity is calculated at value added of industry. table 7—14,7—16,7—18 and 7—20 are the same.

7—12 续表 1 continued

行 业	Sector	每百元资金实现利税（元）Pre-tax Profits per 100 Yuan Funds (yuan)	每百元固定资产原值实现利税（元）Pre-tax Profits per 100 Yuan Original Value of Fixed Assets (yuan)	每百元销售收入实现利税（元）Pre-tax Profits per 100 Yuan Sales Revenue (yuan)
文教体育用品制造业	Cultural, Educational and Sports Goods	12.89	31.43	9.10
石油加工及炼焦业	Petroleum Processing and Coking	19.38	27.64	15.32
化学原料及化学制品制造业	Raw Chemical Materials and Chemical Products	9.70	14.42	9.34
医药制造业	Medical and Pharmaceutical Products	13.57	27.17	14.26
化学纤维制造业	Chemical Fiber	3.18	3.54	3.73
橡胶制品业	Rubber Products	8.71	17.61	7.65
塑料制品业	Plastic Products	10.05	17.48	8.06
非金属矿物制品业	Nonmetal Mineral Products	4.71	6.17	6.30
黑色金属冶炼及压延加工业	Smelting and Pressing of Ferrous Metals	5.74	9.71	6.89
有色金属冶炼及压延加工业	Smelting and Pressing of Nonferrous Metals	6.35	11.46	5.07
金属制品业	Metal Products	8.52	16.83	7.40
普通机械制造业	Ordinary Machinery	8.53	16.40	9.77
专用设备制造业	Special Purpose Equipment	7.78	14.99	9.15
交通运输设备制造业	Transport Equipment	9.57	19.22	9.92
电气机械及器材制造业	Electric Equipment and Machinery	10.75	24.16	9.96
电子及通信设备制造业	Electronic and Telecommunications Equipment	9.08	25.83	7.86
仪器仪表及文化、办公用机械制造业	Instruments, Meters, Cultural and Office Machinery	9.70	22.05	9.70
电力、蒸汽、热水的生产和供应业	Electric Power, Steam and Hot Water Production and Supply	7.47	8.17	16.28
煤气生产和供应业	Gas Production and Supply	1.84	1.86	3.13
自来水的生产和供应业	Tap Water Production and Supply	1.14	1.08	5.65

7—12 续表 2 continued

行 业	Sector	流动资金周转次数（次）Times of Turn over Circulating Funds (time)	劳动生产率（元/人）Overall Labor Productivity (yuan/person)
总 计	**Total**	**1.76**	**34956**
在总计中:轻工业	Light Industry	1.96	30429
重工业	Heavy Industry	1.56	41648
按工业行业分	**By Sector**		
煤炭采选业	Coal Mining and Dressing	1.74	15261
黑色金属矿采选业	Ferrous Metals Mining and Dressing	1.53	18939
有色金属矿采选业	Nonferrous Metals Mining and Dressing	1.33	17366
非金属矿采选业	Nonmetal Minerals Mining and Dressing	1.53	15237
其他矿采选业	Other Minerals Mining and Dressing	2.36	37038
食品加工业	Food Processing	2.61	30231
食品制造业	Food Manufacturing	1.79	30180
饮料制造业	Beverage Manufacturing	1.72	64661
烟草加工业	Tobacco Processing	2.02	666025
纺织业	Textile Industry	2.12	23324
服装及其他纤维制品制造业	Garments and Other Fiber Products	2.04	25232
皮革、毛皮、羽绒及其制品业	Leather,Furs,Down and Related Products	2.08	28495
木材加工及竹、藤、棕、草制品业	Timber Processing,Bamboo, Cane Palm Fiber and Straw Products	2.20	27740
家具制造业	Furniture Manufacturing	2.16	31977
造纸及纸制品业	Papermaking and Paper Products	1.64	29727
印刷业记录媒介的复制	Printing and Record Medium Reproduction	1.74	33782
文教体育用品制造业	Cultural,Educational and Sports Goods	2.04	28381

7—12 续表 3 continued

行　业	Sector	流动资金周转次数（次）Times of Turn over Circulating Funds (time)	劳动生产率（元/人）Overall Labor Productivity (yuan/person)
石油加工及炼焦业	Petroleum Processing and Coking	2.61	201691
化学原料及化学制品制造业	Raw Chemical Materials and ChemicalProducts	1.91	39010
医药制造业	Medical and Pharmaceutical Products	1.50	46059
化学纤维制造业	Chemical Fiber	2.54	42164
橡胶制品业	Rubber Products	1.79	21591
塑料制品业	Plastic Products	2.15	31925
非金属矿物制品业	Nonmetal Mineral Products	1.66	26586
黑色金属冶炼及压延加工业	Smelting and Pressing of Ferrous Metals	1.29	39416
有色金属冶炼及压延加工业	Smelting and Pressing of Nonferrous Metals	2.22	44964
金属制品业	Metal Products	1.85	26388
普通机械制造业	Ordinary Machinery	1.37	28334
专用设备制造业	Special Purpose Equipment	1.31	26490
交通运输设备制造业	Transport Equipment	1.49	33658
电气机械及器材制造业	Electric Equipment and Machinery	1.59	43215
电子及通信设备制造业	Electronic and Telecommunications Equipment	1.53	47700
仪器仪表及文化、办公用机械制造业	Instruments, Meters, Cultural and Office Machinery	1.44	30134
电力、蒸汽、热水的生产和供应业	Electric Power, Steam and Hot Water Production and Supply	1.28	150440
煤气生产和供应业	Gas Production and Supply	2.27	11338
自来水的生产和供应业	Tap Water Production and Supply	0.78	43766

7-13 国有工业企业主要指标(1998年)

Main Indicators of State-owned Industrial Enterprises(1998)

单位:亿元 (100 million yuan)

行 业	Sector	企业单位数(个) Number of Enterprises (unit)	#亏损企业 Loss	工业总产值 Gross Industrial Output Value	工业增加值 Value Added of Industry
总 计	**Total**	**1753**	**808**	**772.69**	**239.77**
在总计中:轻工业	Light Industry	945	485	357.93	92.20
重工业	Heavy Industry	808	323	414.76	147.58
按工业行业分	**By Sector**				
饮料制造业	Beverage Manufacturing	87	50	52.67	15.66
烟草加工业	Tobacco Processing	4	1	37.31	22.98
纺织业	Textile Industry	132	71	82.71	17.25
服装及其他纤维制品制造业	Garments and Other Fiber Products	19	10	4.39	0.80
皮革、毛皮、羽绒及其制品业	Leather,Furs,Down and Related Products	8	4	0.88	0.10
木材加工及竹、藤、棕、草制品业	Timber Processing,Bamboo, Cane Palm Fiber and Straw Products	11	4	2.08	0.46
家具制造业	Furniture Manufacturing	4	1	0.10	…
造纸及纸制品业	Papermaking and Paper Products	29	17	12.51	2.87
印刷业记录媒介的复制	Printing and Record Medium Reproduction	85	32	5.03	1.37
文教体育用品制造业	Cultural,Educational and Sports Goods	11	4	0.87	0.03
石油加工及炼焦业	Petroleum Processing and Coking	3	0	7.57	1.42
化学原料及化学制品制造业	Raw Chemical Materials and Chemical Products	108	39	48.55	10.40
医药制造业	Medical and Pharmaceutical Products	42	12	22.71	6.51

注:本表国有工业按注册登记类型划分。

The data are grouped by registered type.

7—13 续表 1 continued

单位:亿元 (100 million yuan)

行　业	Sector	企业单位数（个） Number of Enterprises (unit)	#亏损企业 Loss	工业总产值 Gross Industrial Output Value	工业增加值 Value Added of Industry
化学纤维制造业	Chemical Fiber	17	12	9.74	0.98
橡胶制品业	Rubber Products	7	4	1.11	0.22
塑料制品业	Plastic Products	24	12	3.19	0.62
非金属矿物制品业	Nonmetal Mineral Products	73	37	40.27	10.59
黑色金属冶炼及压延加工业	Smelting and Pressing of Ferrous Metals	8	5	34.22	10.48
有色金属冶炼及压延加工业	Smelting and Pressing of Nonferrous Metals	3	1	3.23	0.51
金属制品业	Metal Products	37	22	5.57	1.14
普通机械制造业	Ordinary Machinery	110	51	31.97	9.56
专用设备制造业	Special Purpose Equipment	89	45	20.46	4.83
交通运输设备制造业	Transport Equipment	80	40	16.12	3.12
电气机械及器材制造业	Electric Equipment and Machinery	68	27	41.36	8.88
电子及通信设备制造业	Electronic and Telecommunications Equipment	47	19	81.14	16.23
仪器仪表及文化、办公用机械制造业	Instruments,Meters,Cultural and Office Machinery	46	18	4.59	1.27
电力、蒸汽、热水的生产和供应业	Electric Power,Steam and Hot Water Production and Supply	143	22	120.31	74.10
煤气生产和供应业	Gas Production and Supply	10	3	4.55	0.40
自来水的生产和供应业	Tap Water Production and Supply	106	48	11.13	5.43

7—13 续表 2 continued

单位:亿元 (100 million yuan)

行　业	Sector	资产总计 Total Assets	流动资产合计 Circulating Funds	流动资产年平均余额 Annual Average Balance of Circulating Funds	固定资产合计 Fixed Assets
总　计	**Total**	**1644.90**	**697.03**	**673.27**	**792.44**
在总计中:轻工业	Light Industry	570.91	244.13	242.35	269.54
重工业	Heavy Industry	1073.99	452.89	430.92	522.90
按工业行业分	**By Sector**				
饮料制造业	Beverage Manufacturing	65.49	27.16	27.26	31.60
烟草加工业	Tobacco Processing	40.63	20.59	18.54	19.26
纺织业	Textile Industry	130.42	56.49	58.57	60.93
服装及其他纤维制品制造业	Garments and Other Fiber Products	4.37	2.43	2.44	1.06
皮革、毛皮、羽绒及其制品业	Leather,Furs,Down and Related Products	3.31	1.43	2.09	1.06
木材加工及竹、藤、棕、草制品业	Timber Processing,Bamboo, Cane Palm Fiber and Straw Products	5.61	1.93	2.09	3.53
家具制造业	Furniture Manufacturing	0.18	0.13	0.13	0.04
造纸及纸制品业	Papermaking and Paper Products	29.72	10.91	10.37	16.41
印刷业记录媒介的复制	Printing and Record Medium Reproduction	7.75	3.61	3.58	3.26
文教体育用品制造业	Cultural,Educational and Sports Goods	1.35	0.69	0.69	0.41
石油加工及炼焦业	Petroleum Processing and Coking	7.81	2.92	2.56	4.23
化学原料及化学制品制造业	Raw Chemical Materials and Chemical Products	79.60	32.85	34.37	37.73
医药制造业	Medical and Pharmaceutical Products	38.88	17.94	18.24	12.64

7—13 续表 3 continued

单位:亿元 (100 million yuan)

行 业	Sector	资产总计 Total Assets	流动资产合计 Circulating Funds	流动资产年平均余额 Annual Average Balance of Circulating Funds	固定资产合计 Fixed Assets
化学纤维制造业	Chemical Fiber	20.95	7.07	6.78	12.09
橡胶制品业	Rubber Products	5.59	1.61	1.51	1.21
塑料制品业	Plastic Products	6.73	3.26	3.50	2.82
非金属矿物制品业	Nonmetal Mineral Products	58.8	21.75	22.26	31.93
黑色金属冶炼及压延加工业	Smelting and Pressing of Ferrous Metals	75.22	39.92	37.92	28.94
有色金属冶炼及压延加工业	Smelting and Pressing of Nonferrous Metals	4.49	1.55	1.41	2.89
金属制品业	Metal Products	10.06	5.69	5.78	3.59
普通机械制造业	Ordinary Machinery	78.37	44.44	42.38	27.46
专用设备制造业	Special Purpose Equipment	42.08	21.93	22.98	16.98
交通运输设备制造业	Transport Equipment	36.24	17.83	17.68	14.26
电气机械及器材制造业	Electric Equipment and Machinery	60.80	34.27	32.27	19.36
电子及通信设备制造业	Electronic and Telecommunications Equipment	87.47	66.98	58.15	12.54
仪器仪表及文化、办公用机械制造业	Instruments,Meters,Cultural and Office Machinery	9.34	5.59	5.42	3.17
电力、蒸汽、热水的生产和供应业	Electric Power,Steam and Hot Water Production and Supply	558.54	191.40	180.48	315.18
煤气生产和供应业	Gas Production and Supply	13.09	2.29	2.25	9.13
自来水的生产和供应业	Tap Water Production and Supply	71.98	14.83	14.10	51.62

7—13 续表 4 continued

单位:亿元 (100 million yuan)

行业	Sector	固定资产原价 Original Value of Fixed Assets	固定资产净值年平均余额 Annual Average Balance of Net Value of Fixed Assets	年末负债合计 Total Liabilities	流动负债 Circulating Liabilities
总计	**Total**	**979.97**	**659.83**	**943.42**	**619.24**
在总计中:轻工业	Light Industry	324.40	223.44	351.43	268.31
重工业	Heavy Industry	655.57	436.39	591.99	350.94
按工业行业分	**By Sector**				
饮料制造业	Beverage Manufacturing	37.85	25.84	30.32	26.75
烟草加工业	Tobacco Processing	16.17	10.62	18.83	17.65
纺织业	Textile Industry	82.38	56.45	100.57	73.53
服装及其他纤维制品制造业	Garments and Other Fiber Products	1.52	1.02	2.66	2.55
皮革、毛皮、羽绒及其制品业	Leather,Furs,Down and Related Products	1.48	0.97	2.97	2.38
木材加工及竹、藤、棕、草制品业	Timber Processing,Bamboo, Cane Palm Fiber and Straw Products	4.07	3.24	2.92	2.34
家具制造业	Furniture Manufacturing	0.05	0.01	0.20	0.19
造纸及纸制品业	Papermaking and Paper Products	15.33	10.10	19.26	12.12
印刷业记录媒介的复制	Printing and Record Medium Reproduction	4.76	2.92	4.20	3.53
文教体育用品制造业	Cultural,Educational and Sports Goods	0.48	0.37	1.24	1.17
石油加工及炼焦业	Petroleum Processing and Coking	4.30	3.21	3.16	2.26
化学原料及化学制品制造业	Raw Chemical Materials and Chemical Products	45.40	30.22	48.22	36.22
医药制造业	Medical and Pharmaceutical Products	14.36	10.12	22.39	18.52

7—13 续表 5 continued

单位:亿元 (100 million yuan)

行业	Sector	固定资产原价 Original Value of Fixed Assets	固定资产净值年平均余额 Annual Average Balance of Net Value of Fixed Assets	年末负债合计 Total Liabilities	流动负债 Circulating Liabilities
化学纤维制造业	Chemical Fiber	15.20	10.56	16.71	9.33
橡胶制品业	Rubber Products	1.09	0.79	2.71	1.70
塑料制品业	Plastic Products	4.03	2.48	5.58	4.12
非金属矿物制品业	Nonmetal Mineral Products	34.19	23.85	35.58	25.20
黑色金属冶炼及压延加工业	Smelting and Pressing of Ferrous Metals	36.13	18.05	33.35	31.90
有色金属冶炼及压延加工业	Smelting and Pressing of Nonferrous Metals	3.29	2.81	3.12	1.82
金属制品业	Metal Products	4.73	3.35	7.18	6.22
普通机械制造业	Ordinary Machinery	37.01	22.64	51.58	42.39
专用设备制造业	Special Purpose Equipment	22.88	14.72	27.82	22.78
交通运输设备制造业	Transport Equipment	17.89	11.35	24.11	20.51
电气机械及器材制造业	Electric Equipment and Machinery	25.53	17.27	39.58	34.31
电子及通信设备制造业	Electronic and Telecommunications Equipment	18.15	11.42	52.58	49.83
仪器仪表及文化、办公用机械制造业	Instruments, Meters, Cultural and Office Machinery	4.31	2.75	5.98	4.97
电力、蒸汽、热水的生产和供应业	Electric Power, Steam and Hot Water Production and Supply	399.37	274.25	291.73	106.59
煤气生产和供应业	Gas Production and Supply	9.39	7.05	6.15	2.75
自来水的生产和供应业	Tap Water Production and Supply	58.76	40.69	26.44	11.02

7—13 续表 6 continued

单位:亿元 (100 million yuan)

行业	Sector	长期负债 Long-term Liabilities	年末所有者权益合计 Creditors' Equity	产品销售收入 Sales Revenue	产品销售费用 Sales Funds
总计	**Total**	**324.18**	**701.48**	**881.75**	**26.54**
在总计中:轻工业	Light Industry	83.12	219.48	355.87	18.54
重工业	Heavy Industry	241.06	482.00	525.88	7.99
按工业行业分	**By Sector**				
饮料制造业	Beverage Manufacturing	3.58	35.17	48.37	8.90
烟草加工业	Tobacco Processing	1.18	21.80	37.47	0.14
纺织业	Textile Industry	27.04	29.86	83.19	0.85
服装及其他纤维制品制造业	Garments and Other Fiber Products	0.11	1.71	4.69	0.06
皮革、毛皮、羽绒及其制品业	Leather,Furs,Down and Related Products	0.60	0.33	0.75	0.01
木材加工及竹、藤、棕、草制品业	Timber Processing,Bamboo, Cane Palm Fiber and Straw Products	0.57	2.69	2.81	0.25
家具制造业	Furniture Manufacturing	0.01	−0.01	0.10	0.01
造纸及纸制品业	Papermaking and Paper Products	7.14	10.45	11.55	0.36
印刷业记录媒介的复制	Printing and Record Medium Reproduction	0.68	3.54	4.81	0.13
文教体育用品制造业	Cultural,Educational and Sports Goods	0.07	0.10	0.69	0.02
石油加工及炼焦业	Petroleum Processing and Coking	0.91	4.65	7.67	0.04
化学原料及化学制品制造业	Raw Chemical Materials and Chemical Products	12.00	31.38	48.53	1.32
医药制造业	Medical and Pharmaceutical Products	3.87	16.49	21.68	2.99

7—13 续表 7 continued

单位:亿元 (100 million yuan)

行 业	Sector	长期负债 Long-term Liabilities	年末所有者权益合计 Creditors' Equity	产品销售收入 Sales Revenue	产品销售费用 Sales Funds
化学纤维制造业	Chemical Fiber	7.38	4.24	9.28	0.13
橡胶制品业	Rubber Products	1.01	2.88	1.15	0.08
塑料制品业	Plastic Products	1.46	1.15	3.17	0.09
非金属矿物制品业	Nonmetal Mineral Products	10.38	23.22	38.48	0.57
黑色金属冶炼及压延加工业	Smelting and Pressing of Ferrous Metals	1.45	41.87	33.88	0.24
有色金属冶炼及压延加工业	Smelting and Pressing of Nonferrous Metals	1.30	1.37	3.16	
金属制品业	Metal Products	0.97	2.88	5.27	0.14
普通机械制造业	Ordinary Machinery	9.19	26.79	30.57	0.99
专用设备制造业	Special Purpose Equipment	5.05	14.26	18.74	0.66
交通运输设备制造业	Transport Equipment	3.60	12.13	16.20	0.48
电气机械及器材制造业	Electric Equipment and Machinery	5.27	21.22	39.60	2.50
电子及通信设备制造业	Electronic and Telecommunications Equipment	2.74	34.89	85.01	2.55
仪器仪表及文化、办公用机械制造业	Instruments, Meters, Cultural and Office Machinery	1.01	3.35	4.46	0.23
电力、蒸汽、热水的生产和供应业	Electric Power, Steam and Hot Water Production and Supply	185.14	266.81	236.52	0.45
煤气生产和供应业	Gas Production and Supply	3.40	6.93	4.58	0.21
自来水的生产和供应业	Tap Water Production and Supply	15.43	45.54	10.92	0.23

7—13 续表 8 continued

单位:亿元 (100 million yuan)

行业	Sector	产品销售税金及附加 Sales Taxes and Extra Charges	利润总额 Total Profits	利税总额 Total Profits and Taxes	本年应交增值税 Value Added Taxes Payable
总计	**Total**	**22.56**	**23.24**	**89.81**	**44.01**
在总计中:轻工业	Light Industry	19.23	3.11	39.32	16.99
重工业	Heavy Industry	3.33	20.12	50.49	27.03
按工业行业分	**By Sector**				
饮料制造业	Beverage Manufacturing	1.51	5.88	11.00	3.62
烟草加工业	Tobacco Processing	16.62	1.97	21.54	2.95
纺织业	Textile Industry	0.28	−4.63	−0.8	3.55
服装及其他纤维制品制造业	Garments and Other Fiber Products	0.01		0.09	0.09
皮革、毛皮、羽绒及其制品业	Leather,Furs,Down and Related Products	0.01	−0.17	−0.01	0.16
木材加工及竹、藤、棕、草制品业	Timber Processing,Bamboo, Cane Palm Fiber and Straw Products	0.01	0.01	0.13	0.11
家具制造业	Furniture Manufacturing		−0.02	−0.02	
造纸及纸制品业	Papermaking and Paper Products	0.08	0.21	0.92	0.63
印刷业记录媒介的复制	Printing and Record Medium Reproduction	0.03	0.04	0.29	0.22
文教体育用品制造业	Cultural,Educational and Sports Goods		−0.12	−0.09	0.03
石油加工及炼焦业	Petroleum Processing and Coking	0.45	0.07	0.92	0.40
化学原料及化学制品制造业	Raw Chemical Materials and Chemical Products	0.22	0.54	2.59	1.83
医药制造业	Medical and Pharmaceutical Products	0.13	1.64	3.32	1.55

7—13 续表 9 continued

单位:亿元 (100 million yuan)

行业	Sector	产品销售税金及附加 Sales Taxes and Extra Charges	利润总额 Total Profits	利税总额 Total Profits and Taxes	本年应交增值税 Value Added Taxes Payable
化学纤维制造业	Chemical Fiber	0.02	−0.59	−0.30	0.27
橡胶制品业	Rubber Products	0.01	−0.10	−0.03	0.06
塑料制品业	Plastic Products	0.02	−0.37	−0.20	0.16
非金属矿物制品业	Nonmetal Mineral Products	0.15	−0.26	1.02	1.12
黑色金属冶炼及压延加工业	Smelting and Pressing of Ferrous Metals	0.18	0.96	2.77	1.63
有色金属冶炼及压延加工业	Smelting and Pressing of Nonferrous Metals	0.01	−0.03	0.11	0.13
金属制品业	Metal Products	0.03	−0.16	0.11	0.24
普通机械制造业	Ordinary Machinery	0.18	−0.20	1.73	1.75
专用设备制造业	Special Purpose Equipment	0.09	−0.70	0.16	0.78
交通运输设备制造业	Transport Equipment	0.06	−1.05	−0.32	0.67
电气机械及器材制造业	Electric Equipment and Machinery	0.15	1.11	3.02	1.76
电子及通信设备制造业	Electronic and Telecommunications Equipment	0.29	3.26	4.21	0.67
仪器仪表及文化、办公用机械制造业	Instruments, Meters, Cultural and Office Machinery	0.02	−0.03	0.15	0.16
电力、蒸汽、热水的生产和供应业	Electric Power, Steam and Hot Water Production and Supply	1.57	18.28	36.88	17.03
煤气生产和供应业	Gas Production and Supply	0.01	0.05	0.15	0.08
自来水的生产和供应业	Tap Water Production and Supply	0.16	−0.27	0.54	0.65

7—14 国有工业企业主要经济效益指标(1998年)
Main Economic Beneficial Indicators of State-owned Industrial Enterprises(1998)

行　　业	Sector	每百元资金实现利税(元) Pre-tax Profits per 100 Yuan Funds (yuan)	每百元固定资产原值实现利税(元) Pre-tax Profits per 100 Yuan Original Value of Fixed Assets (yuan)	每百元销售收入实现利税(元) Pre-tax Profits per 100 Yuan Sales Revenue (yuan)
总　　计	**Total**	**6.74**	**9.16**	**10.19**
在总计中:轻工业	Light Industry	8.44	12.12	11.05
重工业	Heavy Industry	5.82	7.70	9.60
按工业行业分	**By Sector**			
饮料制造业	Beverage Manufacturing	20.72	29.08	22.75
烟草加工业	Tobacco Processing	73.89	133.21	57.49
纺织业	Textile Industry	—0.69	—0.97	—0.96
服装及其他纤维制品制造业	Garments and Other Fiber Products	2.73	6.21	2.01
皮革、毛皮、羽绒及其制品业	Leather, Furs, Down and Related Products	—0.30	—0.61	—1.21
木材加工及竹、藤、棕、草制品业	Timber Processing, Bamboo, Cane Palm Fiber and Straw Products	2.41	3.17	4.59
家具制造业	Furniture Manufacturing	—15.25	—42.52	—22.33
造纸及纸制品业	Papermaking and Paper Products	4.50	6.01	7.97
印刷业记录媒介的复制	Printing and Record Medium Reproduction	4.42	6.02	5.97
文教体育用品制造业	Cultural, Educational and Sports Goods	—8.22	—18.27	—12.59
石油加工及炼焦业	Petroleum Processing and Coking	15.97	21.42	12.02
化学原料及化学制品制造业	Raw Chemical Materials and Chemical Products	4.01	5.70	5.33

注:本表国有工业按注册登记类型划分。
The data are grouped by registered type.

7－14 续表 1　continued

行　业	Sector	每百元资金实现利税（元） Pre-tax Profits per 100 Yuan Funds (yuan)	每百元固定资产原值实现利税（元） Pre-tax Profits per 100 Yuan Original Value of Fixed Assets (yuan)	每百元销售收入实现利税（元） Pre-tax Profits per 100 Yuan Sales Revenue (yuan)
医药制造业	Medical and Pharmaceutical Products	11.71	23.12	15.31
化学纤维制造业	Chemical Fiber	－1.71	－1.95	－3.19
橡胶制品业	Rubber Products	－1.24	－2.61	－2.48
塑料制品业	Plastic Products	－3.32	－4.93	－6.27
非金属矿物制品业	Nonmetal Mineral Products	2.20	2.97	2.64
黑色金属冶炼及压延加工业	Smelting and Pressing of Ferrous Metals	4.94	7.66	8.17
有色金属冶炼及压延加工业	Smelting and Pressing of Nonferrous Metals	2.56	3.28	3.41
金属制品业	Metal Products	1.20	2.31	2.08
普通机械制造业	Ordinary Machinery	2.66	4.68	5.67
专用设备制造业	Special Purpose Equipment	0.43	0.71	0.87
交通运输设备制造业	Transport Equipment	－1.12	－1.81	－2.00
电气机械及器材制造业	Electric Equipment and Machinery	6.10	11.83	7.63
电子及通信设备制造业	Electronic and Telecommunications Equipment	6.06	23.21	4.96
仪器仪表及文化、办公用机械制造业	Instruments,Meters,Cultural and Office Machinery	1.88	3.57	3.45
电力、蒸汽、热水的生产和供应业	Electric Power,Steam and Hot Water Production and Supply	8.11	9.24	15.59
煤气生产和供应业	Gas Production and Supply	1.56	1.55	3.17
自来水的生产和供应业	Tap Water Production and Supply	0.98	0.91	4.91

7—14 续表 2 continued

行　业	Sector	流动资金周转次数（次）Times of Turn over Circulating Funds (time)	劳动生产率（元/人）Overall Labor Productivity (yuan/person)
总　计	**Total**	**1.31**	**36181**
在总计中：轻工业	Light Industry	1.47	28890
重工业	Heavy Industry	1.22	42954
按工业行业分	**By Sector**		
饮料制造业	Beverage Manufacturing	1.77	71721
烟草加工业	Tobacco Processing	2.02	687865
纺织业	Textile Industry	1.42	12915
服装及其他纤维制品制造业	Garments and Other Fiber Products	1.92	20751
皮革、毛皮、羽绒及其制品业	Leather,Furs,Down and Related Products	0.36	5471
木材加工及竹、藤、棕、草制品业	Timber Processing,Bamboo, Cane Palm Fiber and Straw Products	1.34	9319
家具制造业	Furniture Manufacturing	0.75	1413
造纸及纸制品业	Papermaking and Paper Products	1.11	18993
印刷业记录媒介的复制	Printing and Record Medium Reproduction	1.34	19811
文教体育用品制造业	Cultural,Educational and Sports Goods	1.00	2576
石油加工及炼焦业	Petroleum Processing and Coking	2.99	80921
化学原料及化学制品制造业	Raw Chemical Materials and Chemical Products	1.41	21711
医药制造业	Medical and Pharmaceutical Products	1.19	38337

7—14 续表 3 continued

行 业	Sector	流动资金周转次数（次）Times of Turn over Circulating Funds (time)	劳动生产率（元/人）Overall Labor Productivity (yuan/person)
化学纤维制造业	Chemical Fiber	1.37	11252
橡胶制品业	Rubber Products	0.76	6833
塑料制品业	Plastic Products	0.91	12827
非金属矿物制品业	Nonmetal Mineral Products	1.73	32765
黑色金属冶炼及压延加工业	Smelting and Pressing of Ferrous Metals	0.89	42806
有色金属冶炼及压延加工业	Smelting and Pressing of Nonferrous Metals	2.24	23065
金属制品业	Metal Products	0.91	12419
普通机械制造业	Ordinary Machinery	0.72	18529
专用设备制造业	Special Purpose Equipment	0.82	13639
交通运输设备制造业	Transport Equipment	0.92	11886
电气机械及器材制造业	Electric Equipment and Machinery	1.23	30074
电子及通信设备制造业	Electronic and Telecommunications Equipment	1.46	101932
仪器仪表及文化、办公用机械制造业	Instruments, Meters, Cultural and Office Machinery	0.82	12136
电力、蒸汽、热水的生产和供应业	Electric Power, Steam and Hot Water Production and Supply	1.31	135444
煤气生产和供应业	Gas Production and Supply	2.03	9843
自来水的生产和供应业	Tap Water Production and Supply	0.77	43834

7—15 集体工业企业主要指标(1998年)

Main Indicators of Collective Owned Industrial Enterprises(1998)

单位:亿元 (100 million yuan)

行　业	Sector	企　业单位数(个) Number of Enterprises (unit)	#亏损企　业 Loss	工　业总产值 Gross Industrial Output Value	工　业增加值 Value Added of Industry
总　计	**Total**	**3791**	**675**	**1372.98**	**279.34**
在总计中:轻工业	Light Industry	2217	419	812.00	161.26
重工业	Heavy Industry	1574	256	560.98	118.08
按工业行业分	**By Sector**				
纺织业	Textile Industry	689	152	311.41	63.41
服装及其他纤维制品制造业	Garments and Other Fiber Products	259	48	55.96	11.00
皮革、毛皮、羽绒及其制品业	Leather,Furs,Down and Related Products	137	28	46.14	8.50
木材加工及竹、藤、棕、草制品业	Timber Processing,Bamboo, Cane Palm Fiber and Straw Products	26	2	5.69	1.02
家具制造业	Furniture Manufacturing	17		6.70	1.14
造纸及纸制品业	Papermaking and Paper Products	128	26	31.40	7.09
印刷业记录媒介的复制	Printing and Record Medium Reproduction	30	4	4.79	1.47
文教体育用品制造业	Cultural,Educational and Sports Goods	48	6	15.57	3.39
石油加工及炼焦业	Petroleum Processing and Coking	7	2	5.64	0.58
化学原料及化学制品制造业	Raw Chemical Materials and Chemical Products	176	18	74.73	15.16
医药制造业	Medical and Pharmaceutical Products	47	7	22.42	3.98

注:本表统计范围为年销售收入500万元以上工业企业,集体工业按注册登记类型划分。

The data in this table refer to industrial enterprises with an annual sales income over 5 million yuan,are grouped by registered type.

7—15 续表 1 continued

单位:亿元 (100 million yuan)

行　　业	Sector	企　业 单位数 (个) Number of Enterprises (unit)	#亏损 企　业 Loss	工　业 总产值 Gross Industrial Output Value	工　业 增加值 Value Added of Industry
化学纤维制造业	Chemical Fiber	31	7	61.50	11.99
橡胶制品业	Rubber Products	48	10	11.77	2.66
塑料制品业	Plastic Products	216	38	53.76	11.38
非金属矿物制品业	Nonmetal Mineral Products	244	77	71.18	16.87
黑色金属冶炼及压延加工业	Smelting and Pressing of Ferrous Metals	59	15	22.91	3.60
有色金属冶炼及压延加工业	Smelting and Pressing of Nonferrous Metals	63	10	48.61	6.24
金属制品业	Metal Products	249	30	55.31	11.76
普通机械制造业	Ordinary Machinery	300	34	91.20	22.02
专用设备制造业	Special Purpose Equipment	120	20	31.93	6.93
交通运输设备制造业	Transport Equipment	123	16	57.81	12.83
电气机械及器材制造业	Electric Equipment and Machinery	299	41	130.53	24.71
电子及通信设备制造业	Electronic and Telecommunications Equipment	80	13	42.93	6.67
仪器仪表及文化、办公用机械制造业	Instruments,Meters,Cultural and Office Machinery	58	7	23.42	5.74
电力、蒸汽、热水的生产和供应业	Electric Power,Steam and Hot Water Production and Supply	21	2	8.23	2.36
自来水的生产和供应业	Tap Water Production and Supply	6	1	0.54	0.17

7—15 续表 2 continued

单位:亿元 (100 million yuan)

行业	Sector	资产总计 Total Assets	流动资产合计 Circulating Funds	流动资产年平均余额 Annual Average Balance of Circulating Funds	固定资产合计 Fixed Assets
总计	**Total**	**1340.09**	**649.49**	**634.45**	**566.70**
在总计中:轻工业	Light Industry	758.28	354.91	348.20	341.31
重工业	Heavy Industry	581.80	294.57	286.25	225.39
按工业行业分	**By Sector**				
纺织业	Textile Industry	317.62	121.98	122.64	174.09
服装及其他纤维制品制造业	Garments and Other Fiber Products	41.47	23.08	22.48	13.68
皮革、毛皮、羽绒及其制品业	Leather, Furs, Down and Related Products	35.76	22.87	21.90	9.19
木材加工及竹、藤、棕、草制品业	Timber Processing, Bamboo, Cane Palm Fiber and Straw Products	5.30	2.99	2.89	1.89
家具制造业	Furniture Manufacturing	3.79	1.92	1.83	1.61
造纸及纸制品业	Papermaking and Paper Products	33.40	17.61	16.45	14.30
印刷业记录媒介的复制	Printing and Record Medium Reproduction	5.04	2.96	2.83	1.94
文教体育用品制造业	Cultural, Educational and Sports Goods	13.18	7.21	6.70	3.56
石油加工及炼焦业	Petroleum Processing and Coking	2.22	1.33	1.36	0.77
化学原料及化学制品制造业	Raw Chemical Materials and Chemical Products	55.35	28.75	27.63	21.58
医药制造业	Medical and Pharmaceutical Products	22.05	10.75	10.65	8.38

7—15 续表 3 continued

单位:亿元 (100 million yuan)

行业	Sector	资产总计 Total Assets	流动资产合计 Circulating Funds	流动资产年平均余额 Annual Average Balance of Circulating Funds	固定资产合计 Fixed Assets
化学纤维制造业	Chemical Fiber	61.33	15.84	16.17	40.41
橡胶制品业	Rubber Products	12.61	7.19	7.20	4.45
塑料制品业	Plastic Products	50.25	26.34	25.36	21.18
非金属矿物制品业	Nonmetal Mineral Products	101.27	36.91	36.80	56.63
黑色金属冶炼及压延加工业	Smelting and Pressing of Ferrous Metals	21.22	11.38	11.03	8.89
有色金属冶炼及压延加工业	Smelting and Pressing of Nonferrous Metals	30.66	14.53	15.93	13.46
金属制品业	Metal Products	46.36	27.69	27.23	14.85
普通机械制造业	Ordinary Machinery	91.21	53.71	50.01	30.40
专用设备制造业	Special Purpose Equipment	35.82	20.90	19.81	11.05
交通运输设备制造业	Transport Equipment	85.19	41.69	41.97	22.67
电气机械及器材制造业	Electric Equipment and Machinery	119.24	70.82	68.60	36.92
电子及通信设备制造业	Electronic and Telecommunications Equipment	37.06	23.61	23.27	10.51
仪器仪表及文化、办公用机械制造业	Instruments, Meters, Cultural and Office Machinery	23.58	13.53	12.46	6.72
电力、蒸汽、热水的生产和供应业	Electric Power, Steam and Hot Water Production and Supply	17.78	4.80	4.55	11.52
自来水的生产和供应业	Tap Water Production and Supply	1.91	0.53	0.57	1.32

7—15 续表 4 continued

单位:亿元 (100 million yuan)

行　业	Sector	固定资产原价 Original Value of Fixed Assets	固定资产净值年平均余额 Annual Average Balance of Net Value of Fixed Assets	年末负债合计 Total Liabilities	流动负债 Circulating Liabilities
总　计	**Total**	**675.35**	**496.34**	**848.15**	**689.19**
在总计中:轻工业	Light Industry	403.91	296.76	493.97	399.54
重工业	Heavy Industry	271.44	199.58	354.18	289.65
按工业行业分	**By Sector**				
纺织业	Textile Industry	209.22	153.14	211.56	159.28
服装及其他纤维制品制造业	Garments and Other Fiber Products	15.66	12.07	26.35	24.28
皮革、毛皮、羽绒及其制品业	Leather,Furs,Down and Related Products	11.24	8.56	24.44	22.87
木材加工及竹、藤、棕、草制品业	Timber Processing,Bamboo, Cane Palm Fiber and Straw Products	2.26	1.75	3.60	3.37
家具制造业	Furniture Manufacturing	2.29	1.40	2.03	1.89
造纸及纸制品业	Papermaking and Paper Products	17.49	12.79	22.08	18.44
印刷业记录媒介的复制	Printing and Record Medium Reproduction	2.54	1.75	2.35	2.10
文教体育用品制造业	Cultural,Educational and Sports Goods	4.39	3.28	7.15	6.21
石油加工及炼焦业	Petroleum Processing and Coking	0.95	0.66	1.37	1.26
化学原料及化学制品制造业	Raw Chemical Materials and Chemical Products	25.05	17.41	33.94	27.80
医药制造业	Medical and Pharmaceutical Products	8.82	7.32	13.69	10.37

7—15 续表 5 continued

单位:亿元 (100 million yuan)

行业	Sector	固定资产原价 Original Value of Fixed Assets	固定资产净值年平均余额 Annual Average Balance of Net Value of Fixed Assets	年末负债合计 Total Liabilities	流动负债 Circulating Liabilities
化学纤维制造业	Chemical Fiber	40.75	32.17	40.40	26.63
橡胶制品业	Rubber Products	5.27	3.73	8.86	7.65
塑料制品业	Plastic Products	26.21	18.98	30.84	25.18
非金属矿物制品业	Nonmetal Mineral Products	67.65	50.69	68.81	51.28
黑色金属冶炼及压延加工业	Smelting and Pressing of Ferrous Metals	10.65	8.04	15.19	12.75
有色金属冶炼及压延加工业	Smelting and Pressing of Nonferrous Metals	15.72	12.30	19.30	16.71
金属制品业	Metal Products	19.37	13.36	29.14	26.46
普通机械制造业	Ordinary Machinery	37.43	26.85	51.25	44.42
专用设备制造业	Special Purpose Equipment	13.46	9.41	21.01	16.78
交通运输设备制造业	Transport Equipment	27.21	18.57	47.60	39.64
电气机械及器材制造业	Electric Equipment and Machinery	43.74	31.66	74.87	65.11
电子及通信设备制造业	Electronic and Telecommunications Equipment	12.71	9.13	22.70	20.49
仪器仪表及文化、办公用机械制造业	Instruments,Meters,Cultural and Office Machinery	8.68	6.17	15.05	12.81
电力、蒸汽、热水的生产和供应业	Electric Power,Steam and Hot Water Production and Supply	14.08	11.77	9.45	6.29
自来水的生产和供应业	Tap Water Production and Supply	1.02	0.75	0.93	0.40

7—15 续表 6 continued

单位:亿元 (100 million yuan)

行业	Sector	长期负债 Long-term Liabilities	年末所有者权益合计 Creditors' Equity	产品销售收入 Sales Revenue	产品销售费用 Sales Funds
总　　计	**Total**	**158.96**	**491.93**	**1242.22**	**33.90**
在总计中:轻工业	Light Industry	94.43	264.31	732.62	16.05
重工业	Heavy Industry	64.53	227.62	509.59	17.85
按工业行业分	**By Sector**				
纺织业	Textile Industry	52.28	106.06	283.40	3.79
服装及其他纤维制品制造业	Garments and Other Fiber Products	2.07	15.12	50.01	0.95
皮革、毛皮、羽绒及其制品业	Leather, Furs, Down and Related Products	1.57	11.32	41.24	0.68
木材加工及竹、藤、棕、草制品业	Timber Processing, Bamboo, Cane Palm Fiber and Straw Products	0.23	1.69	5.17	0.12
家具制造业	Furniture Manufacturing	0.14	1.75	6.81	0.21
造纸及纸制品业	Papermaking and Paper Products	3.64	11.33	28.62	0.67
印刷业记录媒介的复制	Printing and Record Medium Reproduction	0.25	2.69	4.45	0.09
文教体育用品制造业	Cultural, Educational and Sports Goods	0.94	6.03	14.01	0.25
石油加工及炼焦业	Petroleum Processing and Coking	0.11	0.85	5.50	0.07
化学原料及化学制品制造业	Raw Chemical Materials and Chemical Products	6.14	21.41	65.55	1.71
医药制造业	Medical and Pharmaceutical Products	3.32	8.37	18.79	0.53

7－15 续表 7　continued

单位:亿元　　(100 million yuan)

行　业	Sector	长期负债 Long-term Liabilities	年末所有者权益合计 Creditors' Equity	产品销售收入 Sales Revenue	产品销售费用 Sales Funds
化学纤维制造业	Chemical Fiber	13.77	20.93	54.81	0.24
橡胶制品业	Rubber Products	1.21	3.75	10.99	0.31
塑料制品业	Plastic Products	5.67	19.40	50.87	1.33
非金属矿物制品业	Nonmetal Mineral Products	17.53	32.46	64.81	1.58
黑色金属冶炼及压延加工业	Smelting and Pressing of Ferrous Metals	2.44	6.03	21.19	0.25
有色金属冶炼及压延加工业	Smelting and Pressing of Nonferrous Metals	2.59	11.36	39.91	0.68
金属制品业	Metal Products	2.68	17.23	49.85	1.38
普通机械制造业	Ordinary Machinery	6.83	39.96	83.56	4.44
专用设备制造业	Special Purpose Equipment	4.23	14.81	27.23	0.88
交通运输设备制造业	Transport Equipment	7.95	37.59	59.44	1.32
电气机械及器材制造业	Electric Equipment and Machinery	9.76	44.38	112.69	6.59
电子及通信设备制造业	Electronic and Telecommunications Equipment	2.21	14.36	36.13	1.33
仪器仪表及文化、办公用机械制造业	Instruments,Meters,Cultural and Office Machinery	2.24	8.53	22.67	0.91
电力、蒸汽、热水的生产和供应业	Electric Power,Steam and Hot Water Production and Supply	3.16	8.34	8.36	0.19
自来水的生产和供应业	Tap Water Production and Supply	0.53	0.98	0.46	

7—15 续表 8 continued

单位:亿元 (100 million yuan)

行业	Sector	产品销售税金及附加 Sales Taxes and Extra Charges	利润总额 Total Profits	利税总额 Total Profits and Taxes	本年应交增值税 Value Added Taxes Payable
总计	**Total**	**11.78**	**46.85**	**102.62**	**43.98**
在总计中:轻工业	Light Industry	6.88	24.60	55.65	24.17
重工业	Heavy Industry	4.90	22.25	46.97	19.81
按工业行业分	**By Sector**				
纺织业	Textile Industry	2.44	10.04	21.32	8.84
服装及其他纤维制品制造业	Garments and Other Fiber Products	0.42	1.30	3.47	1.75
皮革、毛皮、羽绒及其制品业	Leather,Furs,Down and Related Products	0.34	0.68	2.15	1.13
木材加工及竹、藤、棕、草制品业	Timber Processing,Bamboo, Cane Palm Fiber and Straw Products	0.05	0.14	0.38	0.18
家具制造业	Furniture Manufacturing	0.03	0.30	0.58	0.25
造纸及纸制品业	Papermaking and Paper Products	0.34	0.90	2.67	1.43
印刷业记录媒介的复制	Printing and Record Medium Reproduction	0.06	0.48	0.77	0.23
文教体育用品制造业	Cultural,Educational and Sports Goods	0.09	0.49	1.10	0.51
石油加工及炼焦业	Petroleum Processing and Coking	0.07	0.10	0.44	0.27
化学原料及化学制品制造业	Raw Chemical Materials and Chemical Products	0.71	3.42	6.46	2.32
医药制造业	Medical and Pharmaceutical Products	0.12	0.96	1.69	0.61

7—15 续表 9 continued

单位:亿元 (100 million yuan)

行　业	Sector	产品销售税金及附加 Sales Taxes and Extra Charges	利润总额 Total Profits	利税总额 Total Profits and Taxes	本年应交增值税 Value Added Taxes Payable
化学纤维制造业	Chemical Fiber	0.41	2.41	4.13	1.32
橡胶制品业	Rubber Products	0.08	0.31	0.83	0.45
塑料制品业	Plastic Products	0.54	1.78	4.27	1.95
非金属矿物制品业	Nonmetal Mineral Products	0.86	0.38	4.61	3.36
黑色金属冶炼及压延加工业	Smelting and Pressing of Ferrous Metals	0.12	0.14	0.89	0.63
有色金属冶炼及压延加工业	Smelting and Pressing of Nonferrous Metals	0.21	1.37	2.45	0.87
金属制品业	Metal Products	0.52	1.37	3.56	1.67
普通机械制造业	Ordinary Machinery	0.92	5.46	10.17	3.79
专用设备制造业	Special Purpose Equipment	0.24	1.53	2.90	1.13
交通运输设备制造业	Transport Equipment	0.57	3.65	6.01	1.79
电气机械及器材制造业	Electric Equipment and Machinery	0.97	4.99	10.22	4.26
电子及通信设备制造业	Electronic and Telecommunications Equipment	0.21	1.12	2.37	1.04
仪器仪表及文化、办公用机械制造业	Instruments, Meters, Cultural and Office Machinery	0.17	0.99	1.97	0.80
电力、蒸汽、热水的生产和供应业	Electric Power, Steam and Hot Water Production and Supply	0.08	0.49	1.12	0.55
自来水的生产和供应业	Tap Water Production and Supply	0.01	0.01	0.03	0.02

7—16 集体工业企业主要经济效益指标(1998年)

Main Economic Beneficial Indicators of Collective Owned Industrial Enterprises(1998)

行　业	Sector	每百元资金实现利税(元) Pre-tax Profits per 100 Yuan Funds (yuan)	每百元固定资产原值实现利税(元) Pre-tax Profits per 100 Yuan Original Value of Fixed Assets (yuan)	每百元销售收入实现利税(元) Pre-tax Profits per 100 Yuan Sales Revenue (yuan)
总　计	**Total**	**9.07**	**15.19**	**8.26**
在总计中:轻工业	Light Industry	8.63	13.78	7.60
重工业	Heavy Industry	9.67	17.30	9.22
按工业行业分	**By Sector**			
纺织业	Textile Industry	7.73	10.19	7.52
服装及其他纤维制品制造业	Garments and Other Fiber Products	10.04	22.14	6.93
皮革、毛皮、羽绒及其制品业	Leather, Furs, Down and Related Products	7.06	19.12	5.21
木材加工及竹、藤、棕、草制品业	Timber Processing, Bamboo, Cane Palm Fiber and Straw Products	8.10	16.66	7.27
家具制造业	Furniture Manufacturing	18.05	25.56	8.58
造纸及纸制品业	Papermaking and Paper Products	9.12	15.26	9.32
印刷业记录媒介的复制	Printing and Record Medium Reproduction	16.76	30.23	17.26
文教体育用品制造业	Cultural, Educational and Sports Goods	11.00	24.99	7.83
石油加工及炼焦业	Petroleum Processing and Coking	21.64	45.78	7.94
化学原料及化学制品制造业	Raw Chemical Materials and Chemical Products	14.33	25.78	9.85
医药制造业	Medical and Pharmaceutical Products	9.40	19.16	8.99

注:本表统计范围为年销售收入500万元以上工业企业,集体工业按注册登记类型划分。

The data in this table refer to industrial enterprises with an annual sales income over 5 million yuan, are grouped by registered type.

7—16 续表 1 continued

行　业	Sector	每百元资金实现利税（元） Pre-tax Profits per 100 Yuan Funds (yuan)	每百元固定资产原值实现利税（元） Pre-tax Profits per 100 Yuan Original Value of Fixed Assets (yuan)	每百元销售收入实现利税（元） Pre-tax Profits per 100 Yuan Sales Revenue (yuan)
化学纤维制造业	Chemical Fiber	8.54	10.13	7.53
橡胶制品业	Rubber Products	7.61	15.76	7.56
塑料制品业	Plastic Products	9.63	16.29	8.39
非金属矿物制品业	Nonmetal Mineral Products	5.26	6.81	7.11
黑色金属冶炼及压延加工业	Smelting and Pressing of Ferrous Metals	4.65	8.32	4.18
有色金属冶炼及压延加工业	Smelting and Pressing of Nonferrous Metals	8.69	15.60	6.15
金属制品业	Metal Products	8.78	18.40	7.15
普通机械制造业	Ordinary Machinery	13.23	27.18	12.17
专用设备制造业	Special Purpose Equipment	9.92	21.53	10.64
交通运输设备制造业	Transport Equipment	9.93	22.09	10.11
电气机械及器材制造业	Electric Equipment and Machinery	10.19	23.37	9.07
电子及通信设备制造业	Electronic and Telecommunications Equipment	7.31	18.63	6.55
仪器仪表及文化、办公用机械制造业	Instruments, Meters, Cultural and Office Machinery	10.55	22.63	8.67
电力、蒸汽、热水的生产和供应业	Electric Power, Steam and Hot Water Production and Supply	6.87	7.97	13.42
自来水的生产和供应业	Tap Water Production and Supply	2.25	2.92	6.52

7—16 续表 2 continued

行 业	Sector	流动资金周转次数（次）Times of Turn over Circulating Funds (time)	劳动生产率（元/人）Overall Labor Productivity (yuan/person)
总 计	**Total**	**1.96**	**31477**
在总计中:轻工业	Light Industry	2.10	29435
重工业	Heavy Industry	1.78	34772
按工业行业分	**By Sector**		
纺织业	Textile Industry	2.31	27675
服装及其他纤维制品制造业	Garments and Other Fiber Products	2.22	20273
皮革、毛皮、羽绒及其制品业	Leather,Furs,Down and Related Products	1.88	27822
木材加工及竹、藤、棕、草制品业	Timber Processing,Bamboo, Cane Palm Fiber and Straw Products	1.79	32038
家具制造业	Furniture Manufacturing	3.71	35355
造纸及纸制品业	Papermaking and Paper Products	1.74	30499
印刷业记录媒介的复制	Printing and Record Medium Reproduction	1.57	47818
文教体育用品制造业	Cultural,Educational and Sports Goods	2.09	25022
石油加工及炼焦业	Petroleum Processing and Coking	4.06	78046
化学原料及化学制品制造业	Raw Chemical Materials and Chemical Products	2.37	43828
医药制造业	Medical and Pharmaceutical Products	1.76	34838

7—16 续表 3 continued

行业	Sector	流动资金周转次数（次）Times of Turn over Circulating Funds (time)	劳动生产率（元/人）Overall Labor Productivity (yuan/person)
化学纤维制造业	Chemical Fiber	3.39	61364
橡胶制品业	Rubber Products	1.53	22612
塑料制品业	Plastic Products	2.01	33827
非金属矿物制品业	Nonmetal Mineral Products	1.76	23699
黑色金属冶炼及压延加工业	Smelting and Pressing of Ferrous Metals	1.92	36829
有色金属冶炼及压延加工业	Smelting and Pressing of Nonferrous Metals	2.50	61582
金属制品业	Metal Products	1.83	24768
普通机械制造业	Ordinary Machinery	1.67	33252
专用设备制造业	Special Purpose Equipment	1.37	31006
交通运输设备制造业	Transport Equipment	1.42	37857
电气机械及器材制造业	Electric Equipment and Machinery	1.64	41651
电子及通信设备制造业	Electronic and Telecommunications Equipment	1.55	30314
仪器仪表及文化、办公用机械制造业	Instruments,Meters,Cultural and Office Machinery	1.82	38016
电力、蒸汽、热水的生产和供应业	Electric Power,Steam and Hot Water Production and Supply	1.84	59714
自来水的生产和供应业	Tap Water Production and Supply	0.80	42105

7—17 农村工业企业主要指标(1998)

Main Indicators of Industrial Enterprises in Rural Areas (1998)

单位:亿元 (100 million yuan)

行业	Sector	企业单位数(个) Number of Enterprises (unit)	#亏损企业 Loss	工业总产值 Gross Industrial Output Value	工业增加值 Value Added of Industry
总计	**Total**	**8047**	**1006**	**2553.52**	**524.68**
在总计中:轻工业	Light Industry	4953	663	1574.29	314.75
重工业	Heavy Industry	3094	343	979.23	209.93
按工业行业分	**By Sector**				
非金属矿采选业	Nonmetal Minerals Mining and Dressing	60	4	7.97	2.82
其他矿采选业	Other Minerals Mining and Dressing	2	1	0.20	0.03
食品加工业	Food Processing	238	37	51.85	7.83
食品制造业	Food Manufacturing	88	26	17.29	3.09
饮料制造业	Beverage Manufacturing	81	13	21.00	5.03
纺织业	Textile Industry	1302	224	484.97	98.01
服装及其他纤维制品制造业	Garments and Other Fiber Products	646	91	193.65	39.37
皮革、毛皮、羽绒及其制品业	Leather,Furs,Down and Related Products	328	48	110.04	19.15
木材加工及竹、藤、棕、草制品业	Timber Processing,Bamboo, Cane Palm Fiber and Straw Products	97	11	26.34	4.66
家具制造业	Furniture Manufacturing	56	3	16.12	3.11
造纸及纸制品业	Papermaking and Paper Products	251	35	65.68	14.22
印刷业记录媒介的复制	Printing and Record Medium Reproduction	60	4	11.68	3.18
文教体育用品制造业	Cultural,Educational and Sports Goods	127	8	49.55	10.69

注:本表统计范围为年销售收入500万元及以上的农村工业企业。
The data in this table refer to industrial enterprises in rural areas with an annual sales income over 5 million yuan.

7—17 续表 1 continued

单位:亿元 (100 million yuan)

行　业	Sector	企业单位数(个) Number of Enterprises (unit)	#亏损企业 Loss	工业总产值 Gross Industrial Output Value	工业增加值 Value Added of Industry
石油加工及炼焦业	Petroleum Processing and Coking	8	1	9.49	1.21
化学原料及化学制品制造业	Raw Chemical Materials and Chemical Products	355	40	132.98	26.90
医药制造业	Medical and Pharmaceutical Products	81	12	34.02	6.09
化学纤维制造业	Chemical Fiber	44	7	73.82	14.02
橡胶制品业	Rubber Products	177	22	34.30	7.17
塑料制品业	Plastic Products	447	34	108.17	22.64
非金属矿物制品业	Nonmetal Mineral Products	372	116	99.86	23.96
黑色金属冶炼及压延加工业	Smelting and Pressing of Ferrous Metals	100	16	32.18	5.18
有色金属冶炼及压延加工业	Smelting and Pressing of Nonferrous Metals	133	17	75.02	9.37
金属制品业	Metal Products	532	42	124.52	25.10
普通机械制造业	Ordinary Machinery	625	32	157.40	36.60
专用设备制造业	Special Purpose Equipment	245	21	68.64	15.37
交通运输设备制造业	Transport Equipment	373	30	123.59	26.37
电气机械及器材制造业	Electric Equipment and Machinery	616	45	250.98	54.53
电子及通信设备制造业	Electronic and Telecommunications Equipment	201	17	79.82	17.40
仪器仪表及文化、办公用机械制造业	Instruments,Meters,Cultural and Office Machinery	87	8	22.77	5.37
电力、蒸汽、热水的生产和供应业	Electric Power,Steam and Hot Water Production and Supply	24	7	11.88	4.16
自来水的生产和供应业	Tap Water Production and Supply	4		0.34	0.12

7—17 续表 2 continued

单位:亿元 (100 million yuan)

行 业	Sector	资产总计 Total Assets	流动资产合计 Circulating Funds	流动资产年平均余额 Annual Average Balance of Circulating Funds	固定资产合计 Fixed Assets
总 计	**Total**	**2215.54**	**1127.32**	**1072.97**	**902.47**
在总计中:轻工业	Light Industry	1299.13	643.61	612.20	556.14
重工业	Heavy Industry	916.41	483.71	460.77	346.33
按工业行业分	**By Sector**				
非金属矿采选业	Nonmetal Minerals Mining and Dressing	8.23	3.76	4.04	3.50
其他矿采选业	Other Minerals Mining and Dressing	0.16	0.08	0.08	0.04
食品加工业	Food Processing	35.24	17.08	16.52	14.49
食品制造业	Food Manufacturing	16.71	9.48	8.94	6.32
饮料制造业	Beverage Manufacturing	24.15	12.47	11.38	9.53
纺织业	Textile Industry	460.4	174.42	172.99	255.94
服装及其他纤维制品制造业	Garments and Other Fiber Products	141.25	84.41	77.49	43.20
皮革、毛皮、羽绒及其制品业	Leather,Furs,Down and Related Products	68.98	45.77	44.58	17.70
木材加工及竹、藤、棕、草制品业	Timber Processing,Bamboo, Cane Palm Fiber and Straw Products	17.06	10.26	9.80	6.09
家具制造业	Furniture Manufacturing	11.82	6.80	6.39	4.39
造纸及纸制品业	Papermaking and Paper Products	61.37	32.61	30.63	25.65
印刷业记录媒介的复制	Printing and Record Medium Reproduction	10.65	5.33	5.02	4.87
文教体育用品制造业	Cultural,Educational and Sports Goods	38.23	22.92	19.62	10.23

7—17 续表 3 continued

单位:亿元 (100 million yuan)

行 业	Sector	资产总计 Total Assets	流动资产合计 Circulating Funds	流动资产年平均余额 Annual Average Balance of Circulating Funds	固定资产合计 Fixed Assets
石油加工及炼焦业	Petroleum Processing and Coking	5.55	3.77	3.50	1.36
化学原料及化学制品制造业	Raw Chemical Materials and Chemical Products	93.64	50.89	47.62	35.92
医药制造业	Medical and Pharmaceutical Products	34.39	19.17	17.54	11.44
化学纤维制造业	Chemical Fiber	71.35	19.01	19.23	47.03
橡胶制品业	Rubber Products	26.63	14.49	13.84	10.32
塑料制品业	Plastic Products	75.74	41.22	39.11	31.00
非金属矿物制品业	Nonmetal Mineral Products	133.53	49.18	48.93	76.00
黑色金属冶炼及压延加工业	Smelting and Pressing of Ferrous Metals	26.20	14.64	14.20	10.05
有色金属冶炼及压延加工业	Smelting and Pressing of Nonferrous Metals	46.62	22.70	24.24	20.54
金属制品业	Metal Products	100.34	58.20	54.74	32.31
普通机械制造业	Ordinary Machinery	144.59	85.39	78.84	48.12
专用设备制造业	Special Purpose Equipment	67.80	39.98	36.48	21.48
交通运输设备制造业	Transport Equipment	138.74	71.72	69.81	40.94
电气机械及器材制造业	Electric Equipment and Machinery	204.06	125.27	116.67	60.03
电子及通信设备制造业	Electronic and Telecommunications Equipment	71.07	45.15	41.92	19.59
仪器仪表及文化、办公用机械制造业	Instruments, Meters, Cultural and Office Machinery	19.19	11.50	11.24	6.22
电力、蒸汽、热水的生产和供应业	Electric Power, Steam and Hot Water Production and Supply	26.63	6.24	6.27	18.42
自来水的生产和供应业	Tap Water Production and Supply	1.23	0.42	0.38	0.80

7—17 续表 4 continued

单位:亿元 (100 million yuan)

行 业	Sector	固定资产原价 Original Value of Fixed Assets	固定资产净值年平均余额 Annual Average Balance of Net Value of Fixed Assets	年末负债合计 Total Liabilities	流动负债 Circulating Liabilities
总 计	**Total**	**1060.19**	**794.29**	**1325.59**	**1130.76**
在总计中:轻工业	Light Industry	652.55	489.48	799.37	683.80
重工业	Heavy Industry	407.64	304.81	526.22	446.96
按工业行业分	**By Sector**				
非金属矿采选业	Nonmetal Minerals Mining and Dressing	4.88	3.35	4.28	3.95
其他矿采选业	Other Minerals Mining and Dressing	0.04	0.03	0.13	0.11
食品加工业	Food Processing	16.96	12.98	20.96	18.04
食品制造业	Food Manufacturing	7.39	5.81	11.05	10.35
饮料制造业	Beverage Manufacturing	11.63	8.77	16.23	13.67
纺织业	Textile Industry	307.01	227.32	294.01	231.44
服装及其他纤维制品制造业	Garments and Other Fiber Products	50.11	38.61	81.43	76.99
皮革、毛皮、羽绒及其制品业	Leather,Furs,Down and Related Products	21.39	16.63	44.64	42.83
木材加工及竹、藤、棕、草制品业	Timber Processing,Bamboo, Cane Palm Fiber and Straw Products	7.16	5.70	10.55	9.73
家具制造业	Furniture Manufacturing	5.34	3.90	6.41	6.15
造纸及纸制品业	Papermaking and Paper Products	30.83	22.89	38.95	33.31
印刷业记录媒介的复制	Printing and Record Medium Reproduction	5.90	4.44	5.54	4.85
文教体育用品制造业	Cultural,Educational and Sports Goods	10.62	7.99	19.73	17.91

7—17 续表 5 continued

单位:亿元 (100 million yuan)

行业	Sector	固定资产原价 Original Value of Fixed Assets	固定资产净值年平均余额 Annual Average Balance of Net Value of Fixed Assets	年末负债合计 Total Liabilities	流动负债 Circulating Liabilities
石油加工及炼焦业	Petroleum Processing and Coking	1.70	1.17	3.33	3.02
化学原料及化学制品制造业	Raw Chemical Materials and Chemical Products	41.48	29.71	54.85	47.22
医药制造业	Medical and Pharmaceutical Products	12.63	10.21	21.62	17.80
化学纤维制造业	Chemical Fiber	49.75	37.68	45.10	31.08
橡胶制品业	Rubber Products	12.13	9.30	16.36	14.30
塑料制品业	Plastic Products	36.33	27.70	41.73	37.14
非金属矿物制品业	Nonmetal Mineral Products	90.03	66.86	87.06	67.95
黑色金属冶炼及压延加工业	Smelting and Pressing of Ferrous Metals	11.62	8.90	17.71	15.50
有色金属冶炼及压延加工业	Smelting and Pressing of Nonferrous Metals	23.17	18.24	29.49	25.97
金属制品业	Metal Products	37.95	28.61	61.50	56.95
普通机械制造业	Ordinary Machinery	57.58	42.36	80.19	70.47
专用设备制造业	Special Purpose Equipment	25.31	17.77	38.86	32.26
交通运输设备制造业	Transport Equipment	46.89	34.59	78.26	68.08
电气机械及器材制造业	Electric Equipment and Machinery	70.05	53.04	113.31	101.72
电子及通信设备制造业	Electronic and Telecommunications Equipment	24.43	18.05	38.20	34.77
仪器仪表及文化、办公用机械制造业	Instruments,Meters,Cultural and Office Machinery	6.94	5.24	10.98	9.59
电力、蒸汽、热水的生产和供应业	Electric Power,Steam and Hot Water Production and Supply	21.98	17.80	13.46	9.14
自来水的生产和供应业	Tap Water Production and Supply	0.44	0.33	0.60	0.21

7—17 续表 6 continued

单位:亿元 (100 million yuan)

行业	Sector	长期负债 Long-term Liabilities	年末所有者权益合计 Creditors' Equity	产品销售收入 Sales Revenue	产品销售费用 Sales Funds
总计	**Total**	**194.83**	**889.96**	**2294.55**	**65.26**
在总计中:轻工业	Light Industry	115.57	499.76	1412.83	33.10
重工业	Heavy Industry	79.26	390.20	881.72	32.16
按工业行业分	**By Sector**				
有色金属矿采选业	Nonferrous Metals Mining and Dressing				
非金属矿采选业	Nonmetal Minerals Mining and Dressing	0.34	3.94	7.36	1.10
其他矿采选业	Other Minerals Mining and Dressing	0.02	0.03	0.19	0.01
食品加工业	Food Processing	2.92	14.28	46.41	1.69
食品制造业	Food Manufacturing	0.71	5.66	15.21	0.72
饮料制造业	Beverage Manufacturing	2.56	7.92	19.70	0.98
纺织业	Textile Industry	62.57	166.39	441.50	4.31
服装及其他纤维制品制造业	Garments and Other Fiber Products	4.44	59.82	171.52	5.67
皮革、毛皮、羽绒及其制品业	Leather,Furs,Down and Related Products	1.81	24.35	98.46	1.63
木材加工及竹、藤、棕、草制品业	Timber Processing,Bamboo, Cane Palm Fiber and Straw Products	0.82	6.51	24.84	0.59
家具制造业	Furniture Manufacturing	0.26	5.41	15.60	0.60
造纸及纸制品业	Papermaking and Paper Products	5.64	22.42	60.42	1.22
印刷业记录媒介的复制	Printing and Record Medium Reproduction	0.69	5.11	10.62	0.35
文教体育用品制造业	Cultural,Educational and Sports Goods	1.82	18.51	43.85	1.16

7—17 续表 7 continued

单位:亿元 (100 million yuan)

行　业	Sector	长期负债 Long-term Liabilities	年末所有者权益合计 Creditors' Equity	产品销售收入 Sales Revenue	产品销售费用 Sales Funds
石油加工及炼焦业	Petroleum Processing and Coking	0.31	2.22	9.29	0.22
化学原料及化学制品制造业	Raw Chemical Materials and Chemical Products	7.63	38.79	119.53	4.34
医药制造业	Medical and Pharmaceutical Products	3.82	12.77	29.77	1.03
化学纤维制造业	Chemical Fiber	14.03	26.25	66.10	0.29
橡胶制品业	Rubber Products	2.06	10.27	31.70	0.66
塑料制品业	Plastic Products	4.59	34.01	98.53	2.37
非金属矿物制品业	Nonmetal Mineral Products	19.11	46.47	90.80	2.43
黑色金属冶炼及压延加工业	Smelting and Pressing of Ferrous Metals	2.20	8.49	28.46	0.48
有色金属冶炼及压延加工业	Smelting and Pressing of Nonferrous Metals	3.52	17.12	63.13	0.83
金属制品业	Metal Products	4.56	38.84	113.30	3.10
普通机械制造业	Ordinary Machinery	9.72	64.40	140.81	6.50
专用设备制造业	Special Purpose Equipment	6.60	28.94	60.77	2.17
交通运输设备制造业	Transport Equipment	10.18	60.48	116.56	2.74
电气机械及器材制造业	Electric Equipment and Machinery	11.59	90.76	219.71	13.06
电子及通信设备制造业	Electronic and Telecommunications Equipment	3.43	32.88	66.91	2.93
仪器仪表及文化、办公用机械制造业	Instruments,Meters,Cultural and Office Machinery	1.38	8.22	19.36	0.64
电力、蒸汽、热水的生产和供应业	Electric Power,Steam and Hot Water Production and Supply	4.31	13.17	9.99	0.15
自来水的生产和供应业	Tap Water Production and Supply	0.39	0.64	0.30	

7—17 续表 8 continued

单位：亿元 (100 million yuan)

行业	Sector	产品销售税金及附加 Sales Taxes and Extra Charges	利润总额 Total Profits	利税总额 Total Profits and Taxes	本年应交增值税 Value Added Taxes Payable
总计	**Total**	**21.78**	**103.41**	**204.23**	**79.04**
在总计中：轻工业	Light Industry	13.06	57.24	114.87	44.57
重工业	Heavy Industry	8.72	46.17	89.36	34.47
按工业行业分	**By Sector**				
非金属矿采选业	Nonmetal Minerals Mining and Dressing	0.11	0.30	0.81	0.40
其他矿采选业	Other Minerals Mining and Dressing			0.01	0.01
食品加工业	Food Processing	0.35	1.03	2.14	0.77
食品制造业	Food Manufacturing	0.12	0.35	1.03	0.55
饮料制造业	Beverage Manufacturing	0.78	0.47	2.08	0.84
纺织业	Textile Industry	3.86	17.56	34.49	13.07
服装及其他纤维制品制造业	Garments and Other Fiber Products	1.15	7.73	13.58	4.70
皮革、毛皮、羽绒及其制品业	Leather, Furs, Down and Related Products	0.75	2.06	5.97	3.16
木材加工及竹、藤、棕、草制品业	Timber Processing, Bamboo, Cane Palm Fiber and Straw Products	0.17	0.87	1.84	0.80
家具制造业	Furniture Manufacturing	0.10	0.85	1.40	0.46
造纸及纸制品业	Papermaking and Paper Products	0.74	2.09	5.42	2.59
印刷业记录媒介的复制	Printing and Record Medium Reproduction	0.12	0.90	1.55	0.53
文教体育用品制造业	Cultural, Educational and Sports Goods	0.51	2.56	4.50	1.43

7—17 续表 9 continued

单位:亿元 (100 million yuan)

行 业	Sector	产品销售税金及附加 Sales Taxes and Extra Charges	利润总额 Total Profits	利税总额 Total Profits and Taxes	本年应交增值税 Value Added Taxes Payable
石油加工及炼焦业	Petroleum Processing and Coking	0.12	0.40	0.88	0.36
化学原料及化学制品制造业	Raw Chemical Materials and Chemical Products	1.27	6.59	12.16	4.29
医药制造业	Medical and Pharmaceutical Products	0.20	1.75	2.95	1.00
化学纤维制造业	Chemical Fiber	0.49	2.43	4.49	1.57
橡胶制品业	Rubber Products	0.23	1.00	2.31	1.08
塑料制品业	Plastic Products	0.90	5.42	9.73	3.40
非金属矿物制品业	Nonmetal Mineral Products	1.20	1.18	6.94	4.56
黑色金属冶炼及压延加工业	Smelting and Pressing of Ferrous Metals	0.22	0.56	1.55	0.77
有色金属冶炼及压延加工业	Smelting and Pressing of Nonferrous Metals	0.36	1.74	3.38	1.27
金属制品业	Metal Products	1.14	4.58	9.26	3.54
普通机械制造业	Ordinary Machinery	1.55	8.83	16.47	6.09
专用设备制造业	Special Purpose Equipment	0.51	3.95	6.96	2.49
交通运输设备制造业	Transport Equipment	1.35	6.54	11.55	3.67
电气机械及器材制造业	Electric Equipment and Machinery	2.01	12.65	24.05	9.40
电子及通信设备制造业	Electronic and Telecommunications Equipment	0.64	4.70	7.79	2.46
仪器仪表及文化、办公用机械制造业	Instruments,Meters,Cultural and Office Machinery	0.18	1.13	2.07	0.77
电力、蒸汽、热水的生产和供应业	Electric Power,Steam and Hot Water Production and Supply	0.13	0.77	1.70	0.80
自来水的生产和供应业	Tap Water Production and Supply	0.01	0.02	0.04	0.01

7—18 农村工业企业主要经济效益指标(1998年)

Main Economic Beneficial Indicators of Industrial Enterprises in Rural Areas(1998)

行　业	Sector	每百元资金实现利税(元) Pre-tax Profits per 100 Yuan Funds (yuan)	每百元固定资产原值实现利税(元) Pre-tax Profits per 100 Yuan Original Value of Fixed Assets (yuan)	每百元销售收入实现利税(元) Pre-tax Profits per 100 Yuan Sales Revenue (yuan)
总　计	**Total**	**10.94**	**19.26**	**8.90**
在总计中:轻工业	Light Industry	10.43	17.60	8.13
重工业	Heavy Industry	11.67	21.92	10.13
按工业行业分	**By Sector**			
非金属矿采选业	Nonmetal Minerals Mining and Dressing	11.01	16.67	11.04
其他矿采选业	Other Minerals Mining and Dressing	11.82	29.60	7.14
食品加工业	Food Processing	7.27	12.64	4.62
食品制造业	Food Manufacturing	6.96	13.89	6.75
饮料制造业	Beverage Manufacturing	10.35	17.93	10.58
纺织业	Textile Industry	8.62	11.23	7.81
服装及其他纤维制品制造业	Garments and Other Fiber Products	11.70	27.10	7.92
皮革、毛皮、羽绒及其制品业	Leather,Furs,Down and Related Products	9.76	27.93	6.07
木材加工及竹、藤、棕、草制品业	Timber Processing,Bamboo, Cane Palm Fiber and Straw Products	11.86	25.65	7.40
家具制造业	Furniture Manufacturing	13.62	26.24	8.99
造纸及纸制品业	Papermaking and Paper Products	10.13	17.58	8.97
印刷业记录媒介的复制	Printing and Record Medium Reproduction	16.42	26.32	14.62

7—18 续表 1 continued

行 业	Sector	每百元资金实现利税（元）Pre-tax Profits per 100 Yuan Funds (yuan)	每百元固定资产原值实现利税（元）Pre-tax Profits per 100 Yuan Original Value of Fixed Assets (yuan)	每百元销售收入实现利税（元）Pre-tax Profits per 100 Yuan Sales Revenue (yuan)
文教体育用品制造业	Cultural,Educational and Sports Goods	16.30	42.40	10.26
石油加工及炼焦业	Petroleum Processing and Coking	18.85	51.71	9.47
化学原料及化学制品制造业	Raw Chemical Materials and Chemical Products	15.72	29.31	10.17
医药制造业	Medical and Pharmaceutical Products	10.63	23.37	9.91
化学纤维制造业	Chemical Fiber	7.89	9.03	6.79
橡胶制品业	Rubber Products	9.99	19.05	7.29
塑料制品业	Plastic Products	14.56	26.78	9.87
非金属矿物制品业	Nonmetal Mineral Products	5.99	7.71	7.64
黑色金属冶炼及压延加工业	Smelting and Pressing of Ferrous Metals	6.70	13.31	5.44
有色金属冶炼及压延加工业	Smelting and Pressing of Nonferrous Metals	7.95	14.58	5.35
金属制品业	Metal Products	11.11	24.40	8.17
普通机械制造业	Ordinary Machinery	13.59	28.60	11.69
专用设备制造业	Special Purpose Equipment	12.82	27.48	11.45
交通运输设备制造业	Transport Equipment	11.06	24.63	9.91
电气机械及器材制造业	Electric Equipment and Machinery	14.17	34.33	10.95
电子及通信设备制造业	Electronic and Telecommunications Equipment	13.00	31.90	11.65
仪器仪表及文化、办公用机械制造业	Instruments,Meters,Cultural and Office Machinery	12.57	29.87	10.70
电力、蒸汽、热水的生产和供应业	Electric Power,Steam and Hot Water Production and Supply	7.06	7.73	17.01
自来水的生产和供应业	Tap Water Production and Supply	5.00	8.09	11.97

7—18 续表 2 continued

行业	Sector	流动资金周转次数（次） Times of Turn over Circulating Funds (time)	劳动生产率（元/人） Overall Labor Productivity (yuan/person)
总 计	**Total**	**2.14**	**32808**
在总计中:轻工业	Light Industry	2.31	30232
重工业	Heavy Industry	1.91	37615
按工业行业分	**By Sector**		
非金属矿采选业	Nonmetal Minerals Mining and Dressing	1.82	19602
其他矿采选业	Other Minerals Mining and Dressing	2.36	37038
食品加工业	Food Processing	2.81	40609
食品制造业	Food Manufacturing	1.70	24403
饮料制造业	Beverage Manufacturing	1.73	42423
纺织业	Textile Industry	2.55	27541
服装及其他纤维制品制造业	Garments and Other Fiber Products	2.21	25414
皮革、毛皮、羽绒及其制品业	Leather, Furs, Down and Related Products	2.21	28994
木材加工及竹、藤、棕、草制品业	Timber Processing, Bamboo, Cane Palm Fiber and Straw Products	2.53	33218
家具制造业	Furniture Manufacturing	2.44	32643
造纸及纸制品业	Papermaking and Paper Products	1.97	32742
印刷业记录媒介的复制	Printing and Record Medium Reproduction	2.12	52935
文教体育用品制造业	Cultural, Educational and Sports Goods	2.23	32026

7－18 续表 3 continued

行业	Sector	流动资金周转次数（次）Times of Turn over Circulating Funds (time)	劳动生产率（元/人）Overall Labor Productivity (yuan/person)
石油加工及炼焦业	Petroleum Processing and Coking	2.66	86320
化学原料及化学制品制造业	Raw Chemical Materials and Chemical Products	2.51	49224
医药制造业	Medical and Pharmaceutical Products	1.70	40339
化学纤维制造业	Chemical Fiber	3.44	62503
橡胶制品业	Rubber Products	2.29	19198
塑料制品业	Plastic Products	2.52	35824
非金属矿物制品业	Nonmetal Mineral Products	1.86	24660
黑色金属冶炼及压延加工业	Smelting and Pressing of Ferrous Metals	2.00	44412
有色金属冶炼及压延加工业	Smelting and Pressing of Nonferrous Metals	2.60	57257
金属制品业	Metal Products	2.07	29815
普通机械制造业	Ordinary Machinery	1.79	34111
专用设备制造业	Special Purpose Equipment	1.67	37506
交通运输设备制造业	Transport Equipment	1.67	36497
电气机械及器材制造业	Electric Equipment and Machinery	1.88	47704
电子及通信设备制造业	Electronic and Telecommunications Equipment	1.60	36375
仪器仪表及文化、办公用机械制造业	Instruments,Meters,Cultural and Office Machinery	1.72	33043
电力、蒸汽、热水的生产和供应业	Electric Power,Steam and Hot Water Production and Supply	1.59	70246
自来水的生产和供应业	Tap Water Production and Supply	0.78	42441

7—19 外商投资和港澳台商投资工业企业主要指标(1998 年)

Main Indicators of Foreign Funded Enterprises and Enterprises Funded by Entrepreneurs from HongKong, Macao and Taiwan(1998)

单位:亿元 (100 million yuan)

行业	Sector	企业单位数(个) Number of Enterprises (unit)	#亏损企业 Loss	工业总产值 Gross Industrial Output Value	工业增加值 Value Added of Industry
总计	**Total**	**1869**	**436**	**781.25**	**171.18**
在总计中:轻工业	Light Industry	1288	307	515.52	109.35
重工业	Heavy Industry	581	129	265.73	61.83
按工业行业分	**By Sector**				
饮料制造业	Beverage Manufacturing	20	6	23.89	8.16
纺织业	Textile Industry	221	55	88.40	17.28
服装及其他纤维制品制造业	Garments and Other Fiber Products	299	61	97.01	19.27
皮革、毛皮、羽绒及其制品业	Leather, Furs, Down and Related Products	132	26	55.09	9.25
木材加工及竹、藤、棕、草制品业	Timber Processing, Bamboo, Cane Palm Fiber and Straw Products	29	7	6.16	1.04
家具制造业	Furniture Manufacturing	16		7.23	1.49
造纸及纸制品业	Papermaking and Paper Products	25	10	29.72	4.50
印刷业记录媒介的复制	Printing and Record Medium Reproduction	18	4	3.97	1.18
文教体育用品制造业	Cultural, Educational and Sports Goods	48	11	16.2	2.84
石油加工及炼焦业	Petroleum Processing and Coking	5	4	4.39	0.22
化学原料及化学制品制造业	Raw Chemical Materials and Chemical Products	81	16	41.19	9.94
医药制造业	Medical and Pharmaceutical Products	26	4	11.57	4.70

注:本表统计范围为年销售收入 500 万元以上的外商投资和港澳台商投资工业企业。
The data in this table refer to Foreign Funded Industrial Enterprises and Enterprises Funded by Entrepreneurs from HongKong, Macao and Taiwan with an annual sales income over 5 million yuan.

7—19 续表 1 continued

单位:亿元 (100 million yuan)

行业	Sector	企业单位数（个） Number of Enterprises (unit)	#亏损企业 Loss	工业总产值 Gross Industrial Output Value	工业增加值 Value Added of Industry
化学纤维制造业	Chemical Fiber	16	12	17.02	2.92
橡胶制品业	Rubber Products	8	1	14.74	3.41
塑料制品业	Plastic Products	104	23	31.99	6.93
非金属矿物制品业	Nonmetal Mineral Products	41	13	14.75	4.00
黑色金属冶炼及压延加工业	Smelting and Pressing of Ferrous Metals	4	1	2.64	0.39
有色金属冶炼及压延加工业	Smelting and Pressing of Nonferrous Metals	16	3	11.12	1.2
金属制品业	Metal Products	95	26	28.23	6.23
普通机械制造业	Ordinary Machinery	106	19	41.24	9.25
专用设备制造业	Special Purpose Equipment	50	5	22.97	5.38
交通运输设备制造业	Transport Equipment	38	7	14.28	4.86
电气机械及器材制造业	Electric Equipment and Machinery	118	25	54.93	13.28
电子及通信设备制造业	Electronic and Telecommunications Equipment	94	24	45.86	8.39
仪器仪表及文化、办公用机械制造业	Instruments, Meters, Cultural and Office Machinery	21	1	5.02	1.42
电力、蒸汽、热水的生产和供应业	Electric Power, Steam and Hot Water Production and Supply	27	10	17.18	7.97
煤气生产和供应业	Gas Production and Supply	1		0.09	0.07

7—19 续表 2 continued

单位:亿元 (100 million yuan)

行　业	Sector	资产总计 Total Assets	流动资产合计 Circulating Funds	流动资产年平均余额 Annual Average Balance of Circulating Funds	固定资产合计 Fixed Assets
总　计	**Total**	**934.7**	**448.06**	**423.12**	**410.34**
在总计中:轻工业	Light Industry	572.86	276.40	259.75	253.96
重工业	Heavy Industry	361.84	171.66	163.37	156.38
按工业行业分	**By Sector**				
饮料制造业	Beverage Manufacturing	35.12	14.67	13.21	17.48
纺织业	Textile Industry	107.77	44.21	41.82	53.81
服装及其他纤维制品制造业	Garments and Other Fiber Products	69.27	44.50	41.06	20.50
皮革、毛皮、羽绒及其制品业	Leather,Furs,Down and Related Products	37.15	24.00	23.7	10.40
木材加工及竹、藤、棕、草制品业	Timber Processing,Bamboo, Cane Palm Fiber and Straw Products	5.14	3.15	3.08	1.76
家具制造业	Furniture Manufacturing	6.16	4.11	3.28	1.72
造纸及纸制品业	Papermaking and Paper Products	68.2	20.41	21.38	45.14
印刷业记录媒介的复制	Printing and Record Medium Reproduction	6.32	2.51	2.50	3.18
文教体育用品制造业	Cultural,Educational and Sports Goods	12.47	7.32	6.67	4.26
石油加工及炼焦业	Petroleum Processing and Coking	9.75	3.87	3.52	4.52
化学原料及化学制品制造业	Raw Chemical Materials and Chemical Products	54.2	25.71	24.46	22.79
医药制造业	Medical and Pharmaceutical Products	14.02	8.88	7.74	4.24

7—19 续表 3 continued

单位:亿元 (100 million yuan)

行业	Sector	资产总计 Total Assets	流动资产合计 Circulating Funds	流动资产年平均余额 Annual Average Balance of Circulating Funds	固定资产合计 Fixed Assets
化学纤维制造业	Chemical Fiber	26.29	7.31	6.81	15.55
橡胶制品业	Rubber Products	14.54	8.74	8.42	4.16
塑料制品业	Plastic Products	32.88	16.61	15.75	14.19
非金属矿物制品业	Nonmetal Mineral Products	30.43	10.75	10.73	16.89
黑色金属冶炼及压延加工业	Smelting and Pressing of Ferrous Metals	3.48	2.42	2.40	0.99
有色金属冶炼及压延加工业	Smelting and Pressing of Nonferrous Metals	10.18	5.01	5.37	4.59
金属制品业	Metal Products	36.39	16.37	15.27	17.20
普通机械制造业	Ordinary Machinery	57.63	31.41	30.57	20.60
专用设备制造业	Special Purpose Equipment	25.02	15.03	13.09	8.33
交通运输设备制造业	Transport Equipment	19.11	9.29	8.27	7.87
电气机械及器材制造业	Electric Equipment and Machinery	68.65	40.94	37.27	23.18
电子及通信设备制造业	Electronic and Telecommunications Equipment	36.91	25.07	23.49	9.40
仪器仪表及文化、办公用机械制造业	Instruments,Meters,Cultural and Office Machinery	5.59	3.79	3.64	1.40
电力、蒸汽、热水的生产和供应业	Electric Power,Steam and Hot Water Production and Supply	51.44	9.80	11.24	35.28
煤气生产和供应业	Gas Production and Supply	0.59	0.29	0.29	0.23

7—19 续表 4 continued

单位:亿元 (100 million yuan)

行　　业	Sector	固定资产原　　价 Original Value of Fixed Assets	固定资产净值年平均余额 Annual Average Balance of Net Value of Fixed Assets	年末负债合　　计 Total Liabilities	流动负债 Circulating Liabilities
总　　计	**Total**	**487.2**	**372.52**	**536.53**	**440.52**
在总计中:轻工业	Light Industry	301.35	228.52	341.68	284.21
重工业	Heavy Industry	185.85	144.00	194.85	156.31
按工业行业分	**By Sector**				
饮料制造业	Beverage Manufacturing	19.94	14.51	17.41	15.34
纺织业	Textile Industry	65.94	49.94	62.59	48.65
服装及其他纤维制品制造业	Garments and Other Fiber Products	26.68	19.61	45.24	43.20
皮革、毛皮、羽绒及其制品业	Leather,Furs,Down and Related Products	12.55	9.87	24.81	23.68
木材加工及竹、藤、棕、草制品业	Timber Processing,Bamboo, Cane Palm Fiber and Straw Products	2.37	1.68	3.03	2.85
家具制造业	Furniture Manufacturing	2.20	1.52	4.26	4.16
造纸及纸制品业	Papermaking and Paper Products	48.04	40.22	45.97	30.17
印刷业记录媒介的复制	Printing and Record Medium Reproduction	4.03	3.04	3.01	2.57
文教体育用品制造业	Cultural,Educational and Sports Goods	4.87	3.65	7.20	6.76
石油加工及炼焦业	Petroleum Processing and Coking	5.01	4.51	7.05	1.81
化学原料及化学制品制造业	Raw Chemical Materials and Chemical Products	27.61	21.45	28.16	22.22
医药制造业	Medical and Pharmaceutical Products	5.28	3.80	7.79	7.09

7—19 续表 5 continued

单位:亿元 (100 million yuan)

行　业	Sector	固定资产原价 Original Value of Fixed Assets	固定资产净值年平均余额 Annual Average Balance of Net Value of Fixed Assets	年末负债合计 Total Liabilities	流动负债 Circulating Liabilities
化学纤维制造业	Chemical Fiber	19.62	14.10	15.89	10.68
橡胶制品业	Rubber Products	5.63	3.71	8.35	7.86
塑料制品业	Plastic Products	17.63	13.04	19.36	16.39
非金属矿物制品业	Nonmetal Mineral Products	20.08	14.78	17.26	14.42
黑色金属冶炼及压延加工业	Smelting and Pressing of Ferrous Metals	1.37	1.03	1.96	1.52
有色金属冶炼及压延加工业	Smelting and Pressing of Nonferrous Metals	5.03	4.08	6.58	6.07
金属制品业	Metal Products	20.50	16.45	17.48	15.80
普通机械制造业	Ordinary Machinery	24.89	17.85	30.46	27.25
专用设备制造业	Special Purpose Equipment	10.27	6.42	12.97	11.33
交通运输设备制造业	Transport Equipment	9.92	7.31	8.46	5.36
电气机械及器材制造业	Electric Equipment and Machinery	24.98	16.95	41.71	36.56
电子及通信设备制造业	Electronic and Telecommunications Equipment	12.52	9.03	22.20	20.39
仪器仪表及文化、办公用机械制造业	Instruments,Meters,Cultural and Office Machinery	1.88	1.33	2.85	2.66
电力、蒸汽、热水的生产和供应业	Electric Power,Steam and Hot Water Production and Supply	39.93	34.66	21.92	13.02
煤气生产和供应业	Gas Production and Supply	0.32	0.23	0.29	0.26

7—19 续表 6 continued

单位:亿元 (100 million yuan)

行　业	Sector	长期负债 Long-term Liabilities	年末所有者权益合计 Creditors' Equity	产品销售收入 Sales Revenue	产品销售费用 Sales Funds
总　计	**Total**	**96.01**	**398.17**	**727.46**	**29.33**
在总计中:轻工业	Light Industry	57.47	231.18	483.58	20.44
重工业	Heavy Industry	38.54	166.99	243.88	8.89
按工业行业分	**By Sector**				
饮料制造业	Beverage Manufacturing	2.06	17.72	21.17	2.07
纺织业	Textile Industry	13.94	45.18	81.35	1.49
服装及其他纤维制品制造业	Garments and Other Fiber Products	2.03	24.03	88.97	2.29
皮革、毛皮、羽绒及其制品业	Leather,Furs,Down and Related Products	1.13	12.33	49.16	1.12
木材加工及竹、藤、棕、草制品业	Timber Processing,Bamboo, Cane Palm Fiber and Straw Products	0.18	2.11	5.79	0.20
家具制造业	Furniture Manufacturing	0.10	1.90	6.89	0.32
造纸及纸制品业	Papermaking and Paper Products	15.80	22.23	31.61	1.41
印刷业记录媒介的复制	Printing and Record Medium Reproduction	0.45	3.31	3.89	0.22
文教体育用品制造业	Cultural,Educational and Sports Goods	0.44	5.27	14.51	0.45
石油加工及炼焦业	Petroleum Processing and Coking	5.24	2.70	4.10	0.14
化学原料及化学制品制造业	Raw Chemical Materials and Chemical Products	5.94	26.04	38.18	2.26
医药制造业	Medical and Pharmaceutical Products	0.71	6.23	10.25	2.05

7－19 续表 7 continued

单位:亿元 (100 million yuan)

行 业	Sector	长期负债 Long-term Liabilities	年末所有者权益合计 Creditors' Equity	产品销售收入 Sales Revenue	产品销售费用 Sales Funds
化学纤维制造业	Chemical Fiber	5.22	10.40	16.04	0.12
橡胶制品业	Rubber Products	0.50	6.19	14.26	0.58
塑料制品业	Plastic Products	2.97	13.52	28.99	1.16
非金属矿物制品业	Nonmetal Mineral Products	2.84	13.17	13.35	0.78
黑色金属冶炼及压延加工业	Smelting and Pressing of Ferrous Metals	0.44	1.52	2.91	0.03
有色金属冶炼及压延加工业	Smelting and Pressing of Nonferrous Metals	0.51	3.60	9.79	0.06
金属制品业	Metal Products	1.68	18.91	24.11	0.88
普通机械制造业	Ordinary Machinery	3.21	27.17	37.21	1.46
专用设备制造业	Special Purpose Equipment	1.65	12.04	21.17	0.85
交通运输设备制造业	Transport Equipment	3.10	10.65	13.02	0.35
电气机械及器材制造业	Electric Equipment and Machinery	5.16	26.94	49.01	2.83
电子及通信设备制造业	Electronic and Telecommunications Equipment	1.81	14.72	41.44	1.23
仪器仪表及文化、办公用机械制造业	Instruments,Meters,Cultural and Office Machinery	0.20	2.74	4.35	0.25
电力、蒸汽、热水的生产和供应业	Electric Power,Steam and Hot Water Production and Supply	8.90	29.51	16.29	0.08
煤气生产和供应业	Gas Production and Supply	0.03	0.30	1.20	0.04

7—19 续表 8 continued

单位：亿元 (100 million yuan)

行　业	Sector	产品销售税金及附加 Sales Taxes and Extra Charges	利润总额 Total Profits	利税总额 Total Profits and Taxes	本年应交增值税 Value Added Taxes Payable
总　计	**Total**	**3.39**	**27.01**	**57.16**	**26.76**
在总计中：轻工业	Light Industry	2.54	15.19	34.64	16.91
重工业	Heavy Industry	0.85	11.82	22.52	9.86
按工业行业分	**By Sector**				
饮料制造业	Beverage Manufacturing	1.01	1.89	4.49	1.59
纺织业	Textile Industry	0.26	0.85	3.59	2.48
服装及其他纤维制品制造业	Garments and Other Fiber Products	0.21	3.08	5.24	1.95
皮革、毛皮、羽绒及其制品业	Leather, Furs, Down and Related Products	0.08	0.92	2.15	1.15
木材加工及竹、藤、棕、草制品业	Timber Processing, Bamboo, Cane Palm Fiber and Straw Products	0.02	0.12	0.24	0.11
家具制造业	Furniture Manufacturing	0.01	0.17	0.27	0.09
造纸及纸制品业	Papermaking and Paper Products	0.02	−1.98	−0.54	1.42
印刷业记录媒介的复制	Printing and Record Medium Reproduction		0.38	0.65	0.26
文教体育用品制造业	Cultural, Educational and Sports Goods	0.03	0.55	0.78	0.20
石油加工及炼焦业	Petroleum Processing and Coking	0.01	−0.63	−0.49	0.13
化学原料及化学制品制造业	Raw Chemical Materials and Chemical Products	0.69	2.55	5.10	1.86
医药制造业	Medical and Pharmaceutical Products	0.02	1.74	2.75	0.99

7—19 续表 9 continued

单位:亿元 (100 million yuan)

行 业	Sector	产品销售税金及附加 Sales Taxes and Extra Charges	利润总额 Total Profits	利税总额 Total Profits and Taxes	本年应交增值税 Value Added Taxes Payable
化学纤维制造业	Chemical Fiber	0.04	-0.91	-0.40	0.47
橡胶制品业	Rubber Products	0.45	0.56	1.32	0.31
塑料制品业	Plastic Products	0.02	1.63	2.72	1.07
非金属矿物制品业	Nonmetal Mineral Products	0.03	-0.15	0.64	0.75
黑色金属冶炼及压延加工业	Smelting and Pressing of Ferrous Metals		-0.09	0.14	0.23
有色金属冶炼及压延加工业	Smelting and Pressing of Nonferrous Metals	0.02	0.11	0.26	0.14
金属制品业	Metal Products	0.05	0.9	1.83	0.88
普通机械制造业	Ordinary Machinery	0.05	0.93	2.39	1.41
专用设备制造业	Special Purpose Equipment	0.05	1.74	2.74	0.94
交通运输设备制造业	Transport Equipment	0.03	1.86	2.53	0.64
电气机械及器材制造业	Electric Equipment and Machinery	0.07	2.00	4.18	2.11
电子及通信设备制造业	Electronic and Telecommunications Equipment	0.09	1.89	2.97	0.99
仪器仪表及文化、办公用机械制造业	Instruments, Meters, Cultural and Office Machinery		0.29	0.54	0.25
电力、蒸汽、热水的生产和供应业	Electric Power, Steam and Hot Water Production and Supply	0.03	2.22	3.78	1.53
煤气生产和供应业	Gas Production and Supply		0.03	0.04	0.01

7—20 外商投资和港澳台商投资工业企业主要经济效益指标(1998年)

Main Economic Beneficial Indicators of Foreign Funded Enterprises and Enterprises Funded by Entrepreneurs from HongKong, Macao and Taiwan(1998)

行业	Sector	每百元资金实现利税(元) Pre-tax Profits per 100 Yuan Funds (yuan)	每百元固定资产原值实现利税(元) Pre-tax Profits per 100 Yuan Original Value of Fixed Assets (yuan)	每百元销售收入实现利税(元) Pre-tax Profits per 100 Yuan Sales Revenue (yuan)
总计	**Total**	**7.18**	**11.73**	**7.86**
在总计中:轻工业	Light Industry	7.09	11.49	7.16
重工业	Heavy Industry	7.33	12.12	9.24
按工业行业分	**By Sector**			
饮料制造业	Beverage Manufacturing	16.21	22.52	21.22
纺织业	Textile Industry	3.91	5.44	4.41
服装及其他纤维制品制造业	Garments and Other Fiber Products	8.63	19.63	5.89
皮革、毛皮、羽绒及其制品业	Leather, Furs, Down and Related Products	6.40	17.11	4.37
木材加工及竹、藤、棕、草制品业	Timber Processing, Bamboo, Cane Palm Fiber and Straw Products	5.13	10.31	4.22
家具制造业	Furniture Manufacturing	5.68	12.40	3.96
造纸及纸制品业	Papermaking and Paper Products	−0.87	−1.12	−1.70
印刷业记录媒介的复制	Printing and Record Medium Reproduction	11.67	16.03	16.63
文教体育用品制造业	Cultural, Educational and Sports Goods	7.52	15.95	5.35
石油加工及炼焦业	Petroleum Processing and Coking	−6.14	−9.83	−12.02

注:本表统计范围为年销售收入500万元以上的外商投资和港澳台商投资工业企业。

The data in this table refer to Foreign Funded Industrial Enterprises and Enterprises Funded by Entrepreneurs from HongKong, Macao and Taiwan with an annual sales income over 5 million yuan.

7—20 续表 1 continued

行　业	Sector	每百元资金实现利税（元）Pre-tax Profits per 100 Yuan Funds (yuan)	每百元固定资产原值实现利税（元）Pre-tax Profits per 100 Yuan Original Value of Fixed Assets (yuan)	每百元销售收入实现利税（元）Pre-tax Profits per 100 Yuan Sales Revenue (yuan)
化学原料及化学制品制造业	Raw Chemical Materials and Chemical Products	11.11	18.47	13.36
医药制造业	Medical and Pharmaceutical Products	23.83	52.03	26.82
化学纤维制造业	Chemical Fiber	−1.92	−2.04	−2.50
橡胶制品业	Rubber Products	10.89	23.45	9.26
塑料制品业	Plastic Products	9.45	15.43	9.38
非金属矿物制品业	Nonmetal Mineral Products	2.49	3.17	4.77
黑色金属冶炼及压延加工业	Smelting and Pressing of Ferrous Metals	4.08	10.22	4.81
有色金属冶炼及压延加工业	Smelting and Pressing of Nonferrous Metals	2.79	5.24	2.69
金属制品业	Metal Products	5.76	8.91	7.58
普通机械制造业	Ordinary Machinery	4.94	9.61	6.43
专用设备制造业	Special Purpose Equipment	14.04	26.66	12.93
交通运输设备制造业	Transport Equipment	16.24	25.49	19.44
电气机械及器材制造业	Electric Equipment and Machinery	7.70	16.72	8.52
电子及通信设备制造业	Electronic and Telecommunications Equipment	9.14	23.74	7.17
仪器仪表及文化、办公用机械制造业	Instruments, Meters, Cultural and Office Machinery	10.86	28.80	12.43
电力、蒸汽、热水的生产和供应业	Electric Power, Steam and Hot Water Production and Supply	8.24	9.48	23.23
煤气生产和供应业	Gas Production and Supply	6.78	11.11	2.98

7—20 续表 2 continued

行业	Sector	流动资金周转次数（次）Times of Turn over Circulating Funds (time)	劳动生产率（元/人）Overall Labor Productivity (yuan/person)
总计	**Total**	**1.72**	**39624**
在总计中:轻工业	Light Industry	1.86	35598
重工业	Heavy Industry	1.49	49530
按工业行业分	**By Sector**		
饮料制造业	Beverage Manufacturing	1.60	96024
纺织业	Textile Industry	1.95	30493
服装及其他纤维制品制造业	Garments and Other Fiber Products	2.17	24609
皮革、毛皮、羽绒及其制品业	Leather,Furs,Down and Related Products	2.07	28022
木材加工及竹、藤、棕、草制品业	Timber Processing,Bamboo, Cane Palm Fiber and Straw Products	1.88	27618
家具制造业	Furniture Manufacturing	2.10	46535
造纸及纸制品业	Papermaking and Paper Products	1.48	47143
印刷业记录媒介的复制	Printing and Record Medium Reproduction	1.56	55707
文教体育用品制造业	Cultural,Educational and Sports Goods	2.18	21567
石油加工及炼焦业	Petroleum Processing and Coking	1.17	34461
化学原料及化学制品制造业	Raw Chemical Materials and Chemical Products	1.56	77103
医药制造业	Medical and Pharmaceutical Products	1.32	103697

7—20 续表 3 continued

行　　业	Sector	流动资金周转次数（次）Times of Turn over Circulating Funds (time)	劳动生产率（元/人）Overall Labor Productivity (yuan/person)
化学纤维制造业	Chemical Fiber	2.36	34728
橡胶制品业	Rubber Products	1.69	51343
塑料制品业	Plastic Products	1.84	43902
非金属矿物制品业	Nonmetal Mineral Products	1.24	36183
黑色金属冶炼及压延加工业	Smelting and Pressing of Ferrous Metals	1.21	34214
有色金属冶炼及压延加工业	Smelting and Pressing of Nonferrous Metals	1.82	45068
金属制品业	Metal Products	1.58	38460
普通机械制造业	Ordinary Machinery	1.22	32740
专用设备制造业	Special Purpose Equipment	1.62	52030
交通运输设备制造业	Transport Equipment	1.57	68928
电气机械及器材制造业	Electric Equipment and Machinery	1.31	47950
电子及通信设备制造业	Electronic and Telecommunications Equipment	1.76	42325
仪器仪表及文化、办公用机械制造业	Instruments, Meters, Cultural and Office Machinery	1.19	28726
电力、蒸汽、热水的生产和供应业	Electric Power, Steam and Hot Water Production and Supply	1.45	158444
煤气生产和供应业	Gas Production and Supply	4.10	88835

7—21 大中型工业企业主要指标(1998年)
Main Indicators of Large and Medium-sized Industrial Enterprises(1998)

单位:亿元　　　　(100 million yuan)

行　业	Sector	企业单位数(个) Number of Enterprises (unit)	#亏损企业 Loss	工业总产值 Gross Industrial Output Value	工业增加值 Value Added of Industry
总　计	**Total**	**1429**	**385**	**2114.31**	**549.81**
在总计中:轻工业	Light Industry	842	235	1107.48	255.82
重工业	Heavy Industry	587	150	1006.83	293.99
按工业行业分	**By Sector**				
非金属矿采选业	Nonmetal Minerals Mining and Dressing	6	3	2.48	0.86
食品加工业	Food Processing	32	11	35.70	4.86
食品制造业	Food Manufacturing	27	12	19.09	4.17
饮料制造业	Beverage Manufacturing	44	13	80.71	26.10
烟草加工业	Tobacco Processing	3		37.30	22.98
纺织业	Textile Industry	339	102	327.67	69.61
服装及其他纤维制品制造业	Garments and Other Fiber Products	53	10	78.67	16.53
皮革、毛皮、羽绒及其制品业	Leather,Furs,Down and Related Products	22	7	31.30	6.12
木材加工及竹、藤、棕、草制品业	Timber Processing,Bamboo, Cane Palm Fiber and Straw Products	5		4.51	1.05
家具制造业	Furniture Manufacturing	4		3.34	0.65
造纸及纸制品业	Papermaking and Paper Products	52	14	62.04	11.73
印刷业记录媒介的复制	Printing and Record Medium Reproduction	13	2	6.77	2.56
文教体育用品制造业	Cultural,Educational and Sports Goods	10	1	28.70	6.17
石油加工及炼焦业	Petroleum Processing and Coking	2		101.38	26.83

7－21 续表 1　continued

单位:亿元　　　　　　　　　　　　　　　　　　　　　　　(100 million yuan)

行　业	Sector	企　业单位数(个) Number of Enterprises (unit)	#亏损企　业 Loss	工　业总产值 Gross Industrial Output Value	工　业增加值 Value Added of Industry
化学原料及化学制品制造业	Raw Chemical Materials and Chemical Products	90	12	167.22	38.39
医药制造业	Medical and Pharmaceutical Products	40	6	57.11	16.36
化学纤维制造业	Chemical Fiber	31	13	79.25	14.22
橡胶制品业	Rubber Products	22	7	27.76	5.99
塑料制品业	Plastic Products	44	17	27.78	5.76
非金属矿物制品业	Nonmetal Mineral Products	84	30	96.90	25.62
黑色金属冶炼及压延加工业	Smelting and Pressing of Ferrous Metals	12	5	44.61	12.21
有色金属冶炼及压延加工业	Smelting and Pressing of Nonferrous Metals	23	5	40.79	5.11
金属制品业	Metal Products	41	10	35.50	6.32
普通机械制造业	Ordinary Machinery	112	32	107.48	28.65
专用设备制造业	Special Purpose Equipment	57	19	51.67	11.96
交通运输设备制造业	Transport Equipment	44	13	78.00	18.62
电气机械及器材制造业	Electric Equipment and Machinery	87	15	159.52	32.39
电子及通信设备制造业	Electronic and Telecommunications Equipment	35	7	124.51	24.19
仪器仪表及文化、办公用机械制造业	Instruments, Meters, Cultural and Office Machinery	18	4	23.39	6.38
电力、蒸汽、热水的生产和供应业	Electric Power, Steam and Hot Water Production and Supply	34	1	136.01	87.05
煤气生产和供应业	Gas Production and Supply	3	1	3.14	0.25
自来水的生产和供应业	Tap Water Production and Supply	11	4	5.95	3.19

7—21 续表 2 continued

单位:亿元 (100 million yuan)

行　业	Sector	资产总计 Total Assets	流动资产合计 Circulating Funds	流动资产年平均余额 Annual Average Balance of Circulating Funds	固定资产合计 Fixed Assets
总　计	**Total**	**3129.51**	**1365.72**	**1310.28**	**1463.17**
在总计中:轻工业	Light Industry	1417.37	633.24	607.09	654.17
重工业	Heavy Industry	1712.14	732.48	703.19	809.01
按工业行业分	**By Sector**				
非金属矿采选业	Nonmetal Minerals Mining and Dressing	4.72	2.02	2.12	2.18
食品加工业	Food Processing	44.05	21.18	20.53	18.88
食品制造业	Food Manufacturing	23.43	9.79	9.05	12.00
饮料制造业	Beverage Manufacturing	102.16	43.46	42.42	48.13
烟草加工业	Tobacco Processing	40.61	20.58	18.53	19.26
纺织业	Textile Industry	419.77	162.34	162.48	223.01
服装及其他纤维制品制造业	Garments and Other Fiber Products	79.06	48.89	38.86	22.77
皮革、毛皮、羽绒及其制品业	Leather,Furs,Down and Related Products	44.88	27.07	25.38	13.10
木材加工及竹、藤、棕、草制品业	Timber Processing,Bamboo, Cane Palm Fiber and Straw Products	7.06	3.04	3.29	3.88
家具制造业	Furniture Manufacturing	3.83	1.92	1.88	1.72
造纸及纸制品业	Papermaking and Paper Products	116.77	41.11	41.26	69.06
印刷业记录媒介的复制	Printing and Record Medium Reproduction	11.12	5.47	5.11	5.07
文教体育用品制造业	Cultural,Educational and Sports Goods	24.75	14.64	12.01	5.75
石油加工及炼焦业	Petroleum Processing and Coking	107.06	32.39	38.02	65.79

7—21 续表 3 continued

单位：亿元 (100 million yuan)

行业	Sector	资产总计 Total Assets	流动资产合计 Circulating Funds	流动资产年平均余额 Annual Average Balance of Circulating Funds	固定资产合计 Fixed Assets
化学原料及化学制品制造业	Raw Chemical Materials and Chemical Products	191.69	81.15	79.95	92.71
医药制造业	Medical and Pharmaceutical Products	77.44	39.18	36.25	26.41
化学纤维制造业	Chemical Fiber	97.41	25.62	26.60	62.87
橡胶制品业	Rubber Products	36.40	18.93	18.18	11.25
塑料制品业	Plastic Products	35.66	17.19	16.93	16.34
非金属矿物制品业	Nonmetal Mineral Products	150.19	54.85	54.47	79.37
黑色金属冶炼及压延加工业	Smelting and Pressing of Ferrous Metals	91.10	47.99	46.06	35.23
有色金属冶炼及压延加工业	Smelting and Pressing of Nonferrous Metals	38.31	16.88	17.88	18.83
金属制品业	Metal Products	44.00	21.42	20.92	16.81
普通机械制造业	Ordinary Machinery	169.29	95.59	91.01	58.22
专用设备制造业	Special Purpose Equipment	74.29	42.34	38.99	25.69
交通运输设备制造业	Transport Equipment	129.96	63.78	63.26	40.95
电气机械及器材制造业	Electric Equipment and Machinery	191.16	109.6	103.45	60.35
电子及通信设备制造业	Electronic and Telecommunications Equipment	125.87	90.72	81.13	24.03
仪器仪表及文化、办公用机械制造业	Instruments, Meters, Cultural and Office Machinery	26.81	15.48	14.47	7.83
电力、蒸汽、热水的生产和供应业	Electric Power, Steam and Hot Water Production and Supply	527.73	165.09	153.91	315.14
煤气生产和供应业	Gas Production and Supply	10.01	1.73	1.69	7.61
自来水的生产和供应业	Tap Water Production and Supply	43.19	6.86	7.36	33.02

7—21 续表 4 continued

单位:亿元 (100 million yuan)

行 业	Sector	固定资产原价 Original Value of Fixed Assets	固定资产净值年平均余额 Annual Average Balance of Net Value of Fixed Assets	年末负债合计 Total Liabilities	流动负债 Circulating Liabilities
总 计	**Total**	**1773.60**	**1216.49**	**1794.33**	**1278.80**
在总计中:轻工业	Light Industry	773.80	545.51	857.75	669.41
重工业	Heavy Industry	999.80	670.97	936.58	609.39
按工业行业分	**By Sector**				
非金属矿采选业	Nonmetal Minerals Mining and Dressing	3.31	2.05	3.02	2.46
食品加工业	Food Processing	24.96	16.41	29.65	23.41
食品制造业	Food Manufacturing	15.77	10.82	16.76	13.75
饮料制造业	Beverage Manufacturing	57.85	39.17	48.99	44.57
烟草加工业	Tobacco Processing	16.17	10.61	18.81	17.63
纺织业	Textile Industry	277.87	195.90	280.81	203.16
服装及其他纤维制品制造业	Garments and Other Fiber Products	25.33	17.75	41.34	37.50
皮革、毛皮、羽绒及其制品业	Leather,Furs,Down and Related Products	15.41	11.49	27.38	24.72
木材加工及竹、藤、棕、草制品业	Timber Processing,Bamboo, Cane Palm Fiber and Straw Products	4.41	3.55	3.50	2.96
家具制造业	Furniture Manufacturing	2.25	1.39	2.04	1.91
造纸及纸制品业	Papermaking and Paper Products	73.22	57.34	76.44	51.86
印刷业记录媒介的复制	Printing and Record Medium Reproduction	6.76	4.56	5.47	4.35
文教体育用品制造业	Cultural,Educational and Sports Goods	5.33	3.83	11.19	9.74
石油加工及炼焦业	Petroleum Processing and Coking	58.60	42.34	36.99	13.52

7—21 续表 5 continued

单位：亿元 (100 million yuan)

行业	Sector	固定资产原价 Original Value of Fixed Assets	固定资产净值年平均余额 Annual Average Balance of Net Value of Fixed Assets	年末负债合计 Total Liabilities	流动负债 Circulating Liabilities
化学原料及化学制品制造业	Raw Chemical Materials and Chemical Products	115.76	73.75	114.99	79.04
医药制造业	Medical and Pharmaceutical Products	30.01	21.45	43.87	36.41
化学纤维制造业	Chemical Fiber	71.13	51.60	65.76	42.12
橡胶制品业	Rubber Products	13.57	9.79	21.86	18.59
塑料制品业	Plastic Products	22.65	15.62	21.78	16.30
非金属矿物制品业	Nonmetal Mineral Products	92.79	64.84	87.64	64.24
黑色金属冶炼及压延加工业	Smelting and Pressing of Ferrous Metals	43.62	23.18	41.71	38.66
有色金属冶炼及压延加工业	Smelting and Pressing of Nonferrous Metals	21.69	17.10	25.67	21.41
金属制品业	Metal Products	19.47	14.15	26.97	22.95
普通机械制造业	Ordinary Machinery	75.67	49.27	102.34	83.28
专用设备制造业	Special Purpose Equipment	33.03	22.16	43.59	35.06
交通运输设备制造业	Transport Equipment	50.26	33.41	73.74	60.05
电气机械及器材制造业	Electric Equipment and Machinery	72.18	50.99	114.05	97.65
电子及通信设备制造业	Electronic and Telecommunications Equipment	33.63	22.10	74.71	69.83
仪器仪表及文化、办公用机械制造业	Instruments, Meters, Cultural and Office Machinery	10.53	7.26	16.02	13.98
电力、蒸汽、热水的生产和供应业	Electric Power, Steam and Hot Water Production and Supply	410.07	275.85	278.92	107.30
煤气生产和供应业	Gas Production and Supply	7.64	5.84	4.67	1.64
自来水的生产和供应业	Tap Water Production and Supply	38.26	24.61	13.98	4.20

7—21 续表 6 continued

单位:亿元 (100 million yuan)

行业	Sector	长期负债 Long-term Liabilities	年末所有者权益合计 Creditors' Equity	产品销售收入 Sales Revenue	产品销售费用 Sales Funds
总 计	**Total**	**510.49**	**1335.18**	**2096.62**	**70.67**
在总计中:轻工业	Light Industry	188.34	559.62	1066.83	44.68
重工业	Heavy Industry	322.15	775.56	1029.79	25.99
按工业行业分	**By Sector**				
非金属矿采选业	Nonmetal Minerals Mining and Dressing	0.55	1.70	2.44	0.21
食品加工业	Food Processing	6.24	14.40	45.52	1.77
食品制造业	Food Manufacturing	3.01	6.67	17.82	0.98
饮料制造业	Beverage Manufacturing	4.42	53.17	74.53	11.26
烟草加工业	Tobacco Processing	1.18	21.81	37.46	0.14
纺织业	Textile Industry	77.66	138.96	312.69	4.12
服装及其他纤维制品制造业	Garments and Other Fiber Products	3.84	37.72	72.28	3.39
皮革、毛皮、羽绒及其制品业	Leather, Furs, Down and Related Products	2.66	17.50	29.68	0.79
木材加工及竹、藤、棕、草制品业	Timber Processing, Bamboo, Cane Palm Fiber and Straw Products	0.54	3.56	5.28	0.25
家具制造业	Furniture Manufacturing	0.13	1.79	3.73	0.19
造纸及纸制品业	Papermaking and Paper Products	24.58	40.33	61.45	2.02
印刷业记录媒介的复制	Printing and Record Medium Reproduction	1.12	5.65	6.61	0.19
文教体育用品制造业	Cultural, Educational and Sports Goods	1.44	13.57	25.73	0.58
石油加工及炼焦业	Petroleum Processing and Coking	23.46	70.08	102.93	1.63

7—21 续表 7 continued

单位:亿元 (100 million yuan)

行业	Sector	长期负债 Long-term Liabilities	年末所有者权益合计 Creditors' Equity	产品销售收入 Sales Revenue	产品销售费用 Sales Funds
化学原料及化学制品制造业	Raw Chemical Materials and Chemical Products	30.92	76.70	157.74	5.72
医药制造业	Medical and Pharmaceutical Products	7.45	33.58	52.18	6.28
化学纤维制造业	Chemical Fiber	23.64	31.65	72.89	0.35
橡胶制品业	Rubber Products	3.26	14.54	26.79	1.01
塑料制品业	Plastic Products	5.47	13.88	28.27	0.80
非金属矿物制品业	Nonmetal Mineral Products	23.40	62.54	93.46	2.41
黑色金属冶炼及压延加工业	Smelting and Pressing of Ferrous Metals	3.05	49.39	45.43	0.40
有色金属冶炼及压延加工业	Smelting and Pressing of Nonferrous Metals	4.26	12.64	34.20	0.52
金属制品业	Metal Products	4.02	17.03	34.78	1.31
普通机械制造业	Ordinary Machinery	19.05	66.95	100.72	4.60
专用设备制造业	Special Purpose Equipment	8.53	30.70	46.42	1.59
交通运输设备制造业	Transport Equipment	13.69	56.22	82.46	2.55
电气机械及器材制造业	Electric Equipment and Machinery	16.40	77.11	146.99	9.60
电子及通信设备制造业	Electronic and Telecommunications Equipment	4.88	51.16	119.45	3.84
仪器仪表及文化、办公用机械制造业	Instruments, Meters, Cultural and Office Machinery	2.04	10.78	22.86	1.01
电力、蒸汽、热水的生产和供应业	Electric Power, Steam and Hot Water Production and Supply	171.62	248.81	195.22	0.37
煤气生产和供应业	Gas Production and Supply	3.03	5.34	3.13	0.14
自来水的生产和供应业	Tap Water Production and Supply	9.78	29.21	5.86	0.13

7—21 续表 8 continued

单位:亿元 (100 million yuan)

行业	Sector	产品销售税金及附加 Sales Taxes and Extra Charges	利润总额 Total Profits	利税总额 Total Profits and Taxes	本年应交增值税 Value Added Taxes Payable
总计	**Total**	**38.29**	**90.77**	**220.92**	**91.86**
在总计中:轻工业	Light Industry	26.15	39.71	109.66	43.80
重工业	Heavy Industry	12.13	51.06	111.26	48.06
按工业行业分	**By Sector**				
非金属矿采选业	Nonmetal Minerals Mining and Dressing	0.02	—0.11	0.07	0.16
食品加工业	Food Processing	0.20	—0.06	0.62	0.47
食品制造业	Food Manufacturing	0.08	—0.08	1.05	1.05
饮料制造业	Beverage Manufacturing	3.31	8.46	17.32	5.55
烟草加工业	Tobacco Processing	16.62	1.98	21.54	2.94
纺织业	Textile Industry	1.95	4.79	17.94	11.20
服装及其他纤维制品制造业	Garments and Other Fiber Products	0.29	5.66	8.04	2.10
皮革、毛皮、羽绒及其制品业	Leather,Furs,Down and Related Products	0.13	0.93	2.16	1.10
木材加工及竹、藤、棕、草制品业	Timber Processing,Bamboo, Cane Palm Fiber and Straw Products	0.02	0.18	0.51	0.31
家具制造业	Furniture Manufacturing	0.01	0.14	0.30	0.14
造纸及纸制品业	Papermaking and Paper Products	0.38	—1.00	2.37	3.00
印刷业记录媒介的复制	Printing and Record Medium Reproduction	0.04	0.84	1.30	0.42
文教体育用品制造业	Cultural,Educational and Sports Goods	0.35	1.90	3.14	0.89
石油加工及炼焦业	Petroleum Processing and Coking	5.65	6.59	17.68	5.44

7—21 续表 9 continued

单位:亿元 (100 million yuan)

行业	Sector	产品销售税金及附加 Sales Taxes and Extra Charges	利润总额 Total Profits	利税总额 Total Profits and Taxes	本年应交增值税 Value Added Taxes Payable
化学原料及化学制品制造业	Raw Chemical Materials and Chemical Products	1.01	7.40	14.98	6.57
医药制造业	Medical and Pharmaceutical Products	0.27	5.12	8.81	3.42
化学纤维制造业	Chemical Fiber	0.41	1.40	3.77	1.96
橡胶制品业	Rubber Products	0.54	0.65	2.01	0.82
塑料制品业	Plastic Products	0.25	0.48	1.78	1.05
非金属矿物制品业	Nonmetal Mineral Products	0.73	1.01	5.98	4.23
黑色金属冶炼及压延加工业	Smelting and Pressing of Ferrous Metals	0.23	1.71	4.04	2.09
有色金属冶炼及压延加工业	Smelting and Pressing of Nonferrous Metals	0.16	0.42	1.38	0.80
金属制品业	Metal Products	0.23	0.66	2.09	1.20
普通机械制造业	Ordinary Machinery	0.83	4.90	10.64	4.91
专用设备制造业	Special Purpose Equipment	0.26	1.82	4.03	1.95
交通运输设备制造业	Transport Equipment	1.11	4.07	8.07	2.90
电气机械及器材制造业	Electric Equipment and Machinery	0.95	6.77	13.93	6.22
电子及通信设备制造业	Electronic and Telecommunications Equipment	0.55	4.59	6.83	1.69
仪器仪表及文化、办公用机械制造业	Instruments,Meters,Cultural and Office Machinery	0.11	1.16	2.02	0.75
电力、蒸汽、热水的生产和供应业	Electric Power,Steam and Hot Water Production and Supply	1.34	17.7	34.02	14.98
煤气生产和供应业	Gas Production and Supply	0.01	0.03	0.11	0.07
自来水的生产和供应业	Tap Water Production and Supply	0.10	—0.23	0.25	0.37

7—22 大中型工业企业主要经济效益指标(1998年)

Main Economic Beneficial Indicators of Large and Medium—sized Industrial Enterprises(1998)

行　业	Sector	每百元资金实现利税(元) Pre-tax Profits per 100 Yuan Funds (yuan)	每百元固定资产原值实现利税(元) Pre-tax Profits per 100 Yuan Original Value of Fixed Assets (yuan)	每百元销售收入实现利税(元) Pre-tax Profits per 100 Yuan Sales Revenue (yuan)
总　计	**Total**	**8.74**	**12.46**	**10.54**
在总计中:轻工业	Light Industry	9.51	14.17	10.28
重工业	Heavy Industry	8.10	11.13	10.80
按工业行业分	**By Sector**			
非金属矿采选业	Nonmetal Minerals Mining and Dressing	1.59	2.01	2.72
食品加工业	Food Processing	1.68	2.49	1.37
食品制造业	Food Manufacturing	5.27	6.64	5.88
饮料制造业	Beverage Manufacturing	21.22	29.93	23.23
烟草加工业	Tobacco Processing	73.91	133.26	57.51
纺织业	Textile Industry	5.01	6.46	5.74
服装及其他纤维制品制造业	Garments and Other Fiber Products	14.21	31.76	11.13
皮革、毛皮、羽绒及其制品业	Leather,Furs,Down and Related Products	5.86	14.01	7.28
木材加工及竹、藤、棕、草制品业	Timber Processing,Bamboo, Cane Palm Fiber and Straw Products	7.52	11.66	9.72
家具制造业	Furniture Manufacturing	9.10	13.22	7.98
造纸及纸制品业	Papermaking and Paper Products	2.41	3.24	3.86
印刷业记录媒介的复制	Printing and Record Medium Reproduction	13.40	19.16	19.62
文教体育用品制造业	Cultural,Educational and Sports Goods	19.84	58.97	12.22
石油加工及炼焦业	Petroleum Processing and Coking	22.00	30.17	17.18

7—22 续表 1　continued

行　业	Sector	每百元资金实现利税（元） Pre-tax Profits per 100 Yuan Funds (yuan)	每百元固定资产原值实现利税（元） Pre-tax Profits per 100 Yuan Original Value of Fixed Assets (yuan)	每百元销售收入实现利税（元） Pre-tax Profits per 100 Yuan Sales Revenue (yuan)
化学原料及化学制品制造业	Raw Chemical Materials and Chemical Products	9.75	12.94	9.50
医药制造业	Medical and Pharmaceutical Products	15.26	29.34	16.87
化学纤维制造业	Chemical Fiber	4.82	5.30	5.17
橡胶制品业	Rubber Products	7.19	14.82	7.51
塑料制品业	Plastic Products	5.46	7.84	6.28
非金属矿物制品业	Nonmetal Mineral Products	5.01	6.44	6.39
黑色金属冶炼及压延加工业	Smelting and Pressing of Ferrous Metals	5.83	9.26	8.89
有色金属冶炼及压延加工业	Smelting and Pressing of Nonferrous Metals	3.94	6.35	4.03
金属制品业	Metal Products	5.95	10.73	6.01
普通机械制造业	Ordinary Machinery	7.58	14.06	10.56
专用设备制造业	Special Purpose Equipment	6.59	12.20	8.68
交通运输设备制造业	Transport Equipment	8.35	16.06	9.79
电气机械及器材制造业	Electric Equipment and Machinery	9.02	19.31	9.48
电子及通信设备制造业	Electronic and Telecommunications Equipment	6.62	20.31	5.72
仪器仪表及文化、办公用机械制造业	Instruments, Meters, Cultural and Office Machinery	9.28	19.15	8.82
电力、蒸汽、热水的生产和供应业	Electric Power, Steam and Hot Water Production and Supply	7.92	8.30	17.43
煤气生产和供应业	Gas Production and Supply	1.42	1.40	3.40
自来水的生产和供应业	Tap Water Production and Supply	0.77	0.64	4.20

7—22 续表 2 continued

行 业	Sector	流动资金周转次数（次）Times of Turn over Circulating Funds (time)	劳动生产率（元/人）Overall Labor Productivity (yuan/person)
总 计	**Total**	**1.60**	**44106**
在总计中：轻工业	Light Industry	1.76	36736
重工业	Heavy Industry	1.46	53434
按工业行业分	**By Sector**		
非金属矿采选业	Nonmetal Minerals Mining and Dressing	1.15	11355
食品加工业	Food Processing	2.22	23315
食品制造业	Food Manufacturing	1.97	21884
饮料制造业	Beverage Manufacturing	1.76	88456
烟草加工业	Tobacco Processing	2.02	692271
纺织业	Textile Industry	1.92	23312
服装及其他纤维制品制造业	Garments and Other Fiber Products	1.86	36468
皮革、毛皮、羽绒及其制品业	Leather,Furs,Down and Related Products	1.17	32734
木材加工及竹、藤、棕、草制品业	Timber Processing,Bamboo, Cane Palm Fiber and Straw Products	1.61	21174
家具制造业	Furniture Manufacturing	1.99	39568
造纸及纸制品业	Papermaking and Paper Products	1.49	30822
印刷业记录媒介的复制	Printing and Record Medium Reproduction	1.29	60690
文教体育用品制造业	Cultural,Educational and Sports Goods	2.14	58638
石油加工及炼焦业	Petroleum Processing and Coking	2.71	224748

7—22 续表 3 continued

行 业	Sector	流动资金周转次数（次） Times of Turn over Circulating Funds (time)	劳动生产率（元/人） Overall Labor Productivity (yuan/person)
化学原料及化学制品制造业	Raw Chemical Materials and Chemical Products	1.97	38362
医药制造业	Medical and Pharmaceutical Products	1.44	54916
化学纤维制造业	Chemical Fiber	2.74	43586
橡胶制品业	Rubber Products	1.47	24229
塑料制品业	Plastic Products	1.67	32368
非金属矿物制品业	Nonmetal Mineral Products	1.72	36125
黑色金属冶炼及压延加工业	Smelting and Pressing of Ferrous Metals	0.99	40597
有色金属冶炼及压延加工业	Smelting and Pressing of Nonferrous Metals	1.91	35753
金属制品业	Metal Products	1.66	23171
普通机械制造业	Ordinary Machinery	1.11	29608
专用设备制造业	Special Purpose Equipment	1.19	28629
交通运输设备制造业	Transport Equipment	1.30	37598
电气机械及器材制造业	Electric Equipment and Machinery	1.42	47799
电子及通信设备制造业	Electronic and Telecommunications Equipment	1.47	71872
仪器仪表及文化、办公用机械制造业	Instruments, Meters, Cultural and Office Machinery	1.58	36651
电力、蒸汽、热水的生产和供应业	Electric Power, Steam and Hot Water Production and Supply	1.27	239064
煤气生产和供应业	Gas Production and Supply	1.86	7897
自来水的生产和供应业	Tap Water Production and Supply	0.80	60324

7—23 500万元以下非国有工业企业及全部个体经营主要指标(1998年)

Main Indicators of Non-state-owned Industrial Enterprises with an Annual Sales Income Below 5 million yuan and Individual-owned Industrial Enterprises(1998)

指　标	Sector	企业单位数(个) Number of Enterprises (unit)	现价工业总产值(亿元) Gross Industrial Output Value (100 million yuan)	上交税金(亿元) Taxes Paid (100 million yuan)	实收资本(自有资金)(亿元) Funds Raised Indenpendently (100 million yuan)	年末从业人数(万人) Number of Employed Persons (10000 person)
总　计	**Total**	**692905**	**6636.75**	**153.48**	**1085.08**	**597.64**
按轻重工业分	**by Light and Heavy Industry**					
轻工业	Light Industry	520631	4380.62	100.25	708.15	404.46
重工业	Heavy Industry	172274	2255.13	53.22	376.94	193.18
按注册登记类型分	**by Registered Type**					
集体企业	Collective-owned	37520	1033.62	27.91	233.04	128.21
股份合作企业	Share Cooperative	30586	768.11	27.63	202.50	74.26
联营企业	Joint Owned	1786	26.48	0.88	4.95	2.90
外商及港澳台商投资企业	Foreign Funded Enterprises and Enterprises Funded by Entrepreneurs from Hong Kong, Macao &Taiwan	1312	75.42	2.80	33.42	7.25
私营企业	Private	94764	1916.87	38.29	249.94	152.18
个体工业	Individual	525321	2757.47	53.68	346.66	227.70
其他企业	Others	1616	57.78	2.30	14.57	5.13
在总计中:	**Among Total**					
农村工业	Indutry in Rural Areas	666245	6194.41	140.18	930.72	553.34

7—24 能源生产弹性系数(1990—1998年)
Elasticity Ratio of Energy Production(1990—1998)

年份 Year	能源生产比上年增长% Growth Rate of Energy Production over Preceding Year (%)	电力生产比上年增长% Growth Rate of Electricity Production over Preceding Year (%)	国内生产总值比上年增长% Growth Rate of Gross Domestic Production over Preceding Year (%)	能源生产弹性系数 Elasticity Ratio of Energy Production	电力生产弹性系数 Elasticity Ratio of Electricity Production
1990	10.08	4.15	3.9	2.58	1.06
1991	2.18	16.13	17.8	0.12	0.91
1992	9.71	17.29	19.0	0.51	0.91
1993	9.35	8.58	22.0	0.43	0.39
1994	3.53	10.50	20.0	0.18	0.53
1995	14.45	25.73	16.7	0.87	1.54
1996	17.70	25.62	12.7	1.39	2.02
1997	3.42	8.34	11.1	0.31	0.75
1998	25.02	10.11	10.1	2.48	1.00

7—25 能源消费弹性系数(1990—1998年)
Elasticity Ratio of Energy Consumption(1990—1998)

年份 Year	能源消费比上年增长% Growth Rate of Energy Consumption over Preceding Year (%)	电力消费比上年增长% Growth Rate of Electricity Consumption over Preceding Year (%)	国内生产总值比上年增长% Growth Rate of Gross Domestic Production over Preceding Year (%)	能源消费弹性系数 Elasticity Ratio of Energy Consumption	电力消费弹性系数 Elasticity Ratio of Electricity Consumption
1990	4.54	8.46	3.9	1.16	2.17
1991	14.28	14.23	17.8	0.80	0.80
1992	11.56	15.28	19.0	0.61	0.80
1993	16.07	14.33	22.0	0.73	0.65
1994	11.19	14.42	20.0	0.56	0.72
1995	7.81	10.80	16.7	0.47	0.65
1996	5.95	9.04	12.7	0.47	0.71
1997	4.44	6.70	11.1	0.40	0.60
1998	3.04	7.10	10.1	0.30	0.70

主要统计指标解释

工业总产值 是以货币表现的工业企业在一定时期内生产的已出售或可供出售工业产品总量，它反映一定时间内工业生产的总规模和总水平。它包括：在本企业 内不再进行加工，经检验、包装入库(规定不需包装的产品除外)的成品价值，工业性作业价值，自制半成品、在产品期末初差额价值。工业总产值采用“工厂法”计算，即以工业企业作为一个整体，按企业工业生产活动的最终成果来计算，企业内部不允许重复计算，不能把企业内部各个车间(分厂)生产的成果相加。但在企业之间、行业之间、地区之间存在着重复计算。

轻重工业总产值的划分也是按“工厂法”计算的，即一个工业企业在正常情况下生产的主要产品的性质属轻工业，则该企业 的全部总产值作为轻工业总产值；一个工业企业生产的主要产品的性质属于重工业，则该企业的全部总产值作为重工业总产值。

工业增加值 是指工业行业在报告期内以货币表现的工业生产活动的最终成果。

固定资产原价 固定资产原值指企业在建造、购置、安装、改建、扩建、技术改造某项固定资产时所支出的全部货币总额。它一般包括买价、包装费、运杂费和安装费等。

固定资产净值 是指固定资产原价减去历年已提折旧额后的净额。

流动资产 流动资产是指可以在一年或者超过一年的一个营业周期内变现或者耗用的资产，包括现金及各种存款、短期投资、应收及预付货款、存货等。

利税总额 指企业利润总额、产品销售税金及附加和应交增值税之和。

产品销售收入 指企业销售产品的销售收入和提供劳务等主要经营业务取得的业务总额。

产品销售成本 指企业销售产品和提供劳务等主要经营业务的实际成本。

产品销售税金及附加 指企业销售产品和提供工业性劳务等主要经营业务应负担的城市维护建设税、消费税、资源税和教育费附加。

产品销售利润 指企业销售产品和提供工业性劳务等主要经营业务收入扣除其成本、费用、税金后的利润。

利润总额 指企业实现的利润。

应交增值税 指企业在报告期内应交纳的增值税额。

资本金 指企业在工商行政管理部门登记的注册资金合计。企业资本金按投资主体可分为国家资本金、法人资本金、个人资本金和外商资本金等。资本金合计包括企业各种投资主体注册的全部资本金。

总资产 指企业拥有或控制的全部资产。包括流动资产、长期投资、固定资产、无形及递延资产、其他长期资产、递延税项等，即为企业资产负债表的资产总计项。

(1) 流动资产 指企业可以在一年内或者超过一年的一个生产周期内变现或耗用的资产合计。包括现金及各种存款、短期投资、应收及预付款项、存货等。

(2) 固定资产 指企业固定资产净值、固定资产清理、在建工程、待处理固定资产损失所占用的资金合计。

(3) 无形资产 指企业长期使用而没有实物形态的资产。包括专利权、非专利技术、商标权、著作权、土地使用权、商誉等。

总负债 指企业承担并需要偿还的全部债务。包括流动负债和长期负债、递延税项等，即为企业资产负债表的负债合计项。

(1) 流动负债 指企业在一年内或者超过一年的一个营业周期内需要偿还的债务合计，其中包括短期借款、应付及预收款项、应付工资、应交税金和应交利润等。

(2) 长期负债 指企业在一年以上或者超过一年的一个生产周期以上需要偿还的债务合计，其中包括长期借款、应付债务、长期应付款项等。

所有者权益 指企业投资人对企业净资产的所有权。企业净资产等于企业全部资产减去全部负债后的余额，其中包括投资者对企业的最初投入，以及资本公积金、盈余公积金和未分配利润，对股份制企业即为股东权益。

Explanatory Notes on Main Statistical Indicator

Gross Industrial Output Value is the total volume of industrial products sold or available for sale in value terms which reflects the total achievements and overall scale of industrial production during a given period. It includes the value of the finished products, which are not to be further processed in the enterprises and have been inspected, packed and put in storage, the value of industrial services rendered to other units and the changes in the value of the semi-finished products and products in process between the beginning and closing of the period (only the enterprises with long production cycle are required to calculate the changes). The gross industrial output value is calculated with "factory method". No double calculations are to be made within the same enterprise. However, double counting does occur among different enterprises.

Output value of light and heavy industries is also classified with the "factory method". Under normal conditions, if the major products of an industrial enterprise belong to light industry products, the gross output value of that enterprise is classified wholly into light industry; the same principle applies to heavy industry.

Value Added of Industry refers to the final results of industrial production of the industrial trade in money terms during the reference period.

Original Value of Fixed Assets refers to the original value of all fixed assets owned by industrial enterprises, calculated at the cost paid at the time of purchase, installation, reconstruction, expansion, and technical innovation and transformation of the said assets, which includes expenses on purchase, package, transportation, and installation, etc.

Net Value of Fixed Assets is obtained by deducting depreciation over years from the original value of fixed assets.

Working Capital (Circulating Assets) refers to assets which can be cashed in or spent or consumed in an operating cycle of one year or over one year, which includes cash, various deposits, short term investment, and receivable payments, and advance payments, stock, etc.

Total Value of Profit and Tax (Pre-tax Profits) refers to the sum of the total profits, products sales tax and surcharges and the value added tax payable of industrial enterprises. It is also called pre-tax profits.

Sales Revenue of Industrial Products refers to the revenue from the sales of products by industrial enterprises and the revenue from services provided and etc.

Sales Cost of Industrial Products refers to the actual cost of products of industrial enterprises and industrial services provided, etc.

Tax and Extra Charges on Sales of Products refer to the tax on city maintenance and construction, consumption tax, resources tax and extra charges for education, which should be borne by the enterprises in selling products and providing industrial services.

Sales Profit of Products refers to the profit gained by the enterprises by deducting cost, charges and taxes from the business income of the enterprises obtained in selling products and providing industrial services.

Total Profits refer to the profits gained by the enterprises.

Value Added Tax Payable refers to the amount of the value added tax which should be paid by the enterprises in the reporting period.

Capital refers to the corporation's capital registered in the departments of administration for industry and commerce. According to the different nature of investors, corporations' capital can be divided into state capital, legal person's capital, personal capital, foreign capital, etc. Total capital includes total registered capital of all investors in the corporation.

Total Assets refer to all assets which are owned or controlled by enterprises, including circulating assets, long-term investment, fixed assets, intangible assets and deferred assets, other long-term assets, and deferred taxes, etc. The summation of above items is equal to total assets shown in the balance sheets of the enterprises.

(1) Circulating assets (working capital) refer to assets which can be cashed in or spent or consumed in an operating cycle of one year or over one year, including cash, all kinds of deposits, short term investment, receivables, advance payment, stock, etc.

(2) Fixed assets refer to the net value of fixed assets, clearance of fixed assets, project under construction, fixed assets losses in suspense. These are corporations' fund holdings.

(3) Intangible assets refer to the assets without material form used by enterprises over a long time, such as patents, non-patent technologies, trade marks, copyright, land use right, business reputation, etc.

Total liabilities refer to the debts that enterprises are responsible for repayment, including liquid liabilities, long-term liabilities and deferred taxes, etc. Total liabilities correspond to the summation item of liabilities shown in the balance sheets of the enterprises.

(1) Liquid liabilities (also called quick liabilities or immediate liabilities) refer to enterprises total debt payable within an operating cycle of one year or over one year, including short term loans, payables and advance payments, wages payables, taxes payable and profit payable, etc.

(2)Long-term liabilities refers to total debt payable within an operating cycle of one year or over one year, including long-term loans, payable liabilities, long-term payables, etc.

Creditors' Equity refers to investors' ownership of net assets of thc enterprise. It is equal to the total assets of the enterprise minus its total liabilities, including the primary input from investors, capital accumulation fund, surplus accumulation fund and undistributed profit. It is the stock holders' equity in stock companies.

建筑业和地质勘查

CONSTRUCTION & GEOLOGICAL PROSPECTING

8

8—1 建筑业企业概况
Major Indicators of Construction Enterprises

年份 Year	总计 Total	国有施工企业 State-owned Construction Enterprises	集体施工企业 Collective-owned Construction Enterprises	其他经济类型施工企业 Others
企业单位数(个) Number of Enterprises(unit)				
1990	2550	109	2441	
1991	2503	120	2383	
1992	2458	112	2322	24
1993	2921	160	2741	20
1994	3488	215	3223	50
1995	3549	218	3216	115
1996	3691	354	2671	666
1997	3937	399	2569	969
1998	3540	341	1572	1627
从业人员(万人) Number of Employed Persons (10000 Persons)				
1990	67.37	10.79	56.58	
1991	70.46	11.05	59.40	
1992	75.40	10.67	64.05	0.68
1993	97.69	10.07	87.12	0.50
1994	126.78	14.71	110.96	1.11
1995	144.21	17.24	121.80	5.17
1996	145.32	21.76	105.32	18.24
1997	141.22	19.85	97.16	24.21
1998	142.51	19.89	77.45	45.17
总产值(亿元) Gross Output Value (100 million yuan)				
1990	78.98	20.10	58.88	
1991	92.83	21.11	71.72	
1992	134.26	26.01	106.45	1.80
1993	264.31	35.97	226.72	1.62
1994	466.22	73.47	388.17	4.58
1995	710.23	113.69	560.75	35.79
1996	845.68	149.81	591.41	104.46
1997	883.33	157.11	572.15	154.07
1998	942.53	172.12	463.79	306.62

8—2 国有经济建筑企业主要经济指标

Major Economic Indicators of State-owned Construction Enterprises

指 标	Item	1997	1998
建筑业总产值 (亿元)	Gross Output Value of Construction (100 million yuan)	157.1	172.1
#施工产值 (亿元)	Output Value Under Construction (100 million yuan)	157.1	172.1
增加值 (亿元)	Added Value (100 million yuan)	28.7	31.6
实现利润总额 (亿元)	Total Profits (100 million yuan)	1.8	2.5
上缴税金 (亿元)	Taxes Turned over to State (100 million yuan)	4.1	4.7
房屋建筑施工面积(万平方米)	Floor Space of Buildings under Construction (10000 sq. m)	1414.0	1279.1
房屋建筑竣工面积(万平方米)	Floor Space of Buildings Completed (10000 sq. m)	589.2	501.1
房屋竣工率 (%)	Percentage of Buildings Completed (%)	41.7	39.2
全部职工平均人数 (万人)	Average Number of Staff and Workers (10000 persons)	19.85	18.97
年末拥有固定资产原值 (亿元)	Original Value of Fixed Assets Owned (year-end) (100 million yuan)	48.6	51.2
年末拥有固定资产净值 (亿元)	Net Value of Fixed Assets Owned (year-end) (100 million yuan)	34.3	36.2
年末拥有机械设备总台数 (万台)	Number of Machinery and Equipment Owned (year-end) (10000 units)	6.11	5.33
年末拥有机械设备总功率 (万千瓦)	Total Power of Machinery and Equipment Owned (year-end) (10000 kw)	114.1	108.4
全员劳动生产率	Overall Labor Productivity		
按总产值计算 (元/人)	Calculated by Gross Output Value (yuan/person)	79150	90731
按增加值计算 (元/人)	Calculated by Added-Value (yuan/person)	14458	16667
技术装备率 (元/人)	Value of Machinery per Labourer (yuan/person)	8643	9146
动力装备率 (千瓦/人)	Power of Machinery Per Labourer (kw/person)	5.7	5.7
产值利润率 (%)	Ratio of Profit to Gross Output Value (%)	1.1	1.5
优良品率	Rate of High Quality Projects		
按单位工程个数计算 (%)	Calculated by Number of Projects (%)	32.7	38.1
按房屋竣工面积计算 (%)	Calculated by Floor Space of Buildings Completed (%)	42.2	48.6

8—3 集体经济建筑企业主要经济指标

Major Economic Indicators of Collective Owned Construction Enterprises

指　标		Item		1997	1998
建筑业总产值	(亿元)	Gross Output Value of Construction	(100 million yuan)	566.2	463.8
#施工产值	(亿元)	Output Value under Construction	(100 million yuan)	566.2	463.8
增加值	(亿元)	Added Value	(100 million yuan)	122.7	103.8
实现利润总额	(亿元)	Total Profits	(100 million yuan)	10.3	8.6
上缴税金	(亿元)	Taxes Turned over to State	(100 million yuan)	17.0	14.4
房屋建筑施工面积	(万平方米)	Floor Space of Buildings under Construction	(10000 sq. m)	8604.4	6654.2
房屋建筑竣工面积	(万平方米)	Floor Space of Buildings Completed	(10000 sq. m)	4051.8	3031.9
房屋竣工率	(%)	Percentage of Buildings Completed	(%)	47.1	45.6
全部职工平均人数	(万人)	Average Number of Staff and Workers	(10000 person)	95.39	75.81
年末拥有固定资产原值	(亿元)	Original Value of Fixed Assets Owned (year-end)	(100 million yuan)	124.1	103.6
年末拥有固定资产净值	(亿元)	Net Value of Fixed Assets Owned (year-end)	(100 million yuan)	96.0	80.4
年末拥有机械设备总台数	(万台)	Number of Machinery and Equipment Owned (year-end)	(10000 units)	30.66	25.70
年末拥有机械设备总功率	(万千瓦)	Total Power of Machinery and Equipment Owned (year-end)	(10000 kw)	314.6	237.3
年末拥有机械设备净值	(亿元)	Net Value of Machinery and Equipment Owned (year-end)	(100 million yuan)	55.1	45.9
全员劳动生产率		Overall Labor Productivity			
按总产值计算	(元/人)	Calculated by Gross Output Value	(yuan/person)	59353	61182
按增加值计算	(元/人)	Calculated by Added-Value	(yuan/person)	12863	13669
技术装备率	(元/人)	Value of Machinery per Labourer	(yuan/person)	5776	5930
动力装备率	(千瓦/人)	Power of Machinery per Labourer	(kw/person)	3.3	3.1
产值利润率	(%)	Ratio of Profit to Gross Output Value	(%)	1.8	1.9
优良品率		Rate of High Quality Projects	(%)		
按单位工程个数计算	(%)	Calculated by Number of Projects	(%)	23.9	27.1
按房屋竣工面积计算	(%)	Calculated by Floor Space of Buildings Completed	(%)	39.0	45.3

8—4 建筑业总产值构成(1998年)
Total Construction Output Value(1998)

单位:万元 (10000 yuan)

地 区	Region	建筑业总产值 Gross output Value of Construction	建筑工程产值 Output Value of Construction	安装工程产值 Output Value of Installation	房屋、建筑物修理产值 Output Value of Building Repair and Maintenance	非标准设备制造产值 Output Value of Non-standard Equipment Manufacturing
全省	Total	**9425292**	**8265869**	**997169**	**119664**	**42590**
杭州市	Hangzhou	1951691	1584928	329872	19248	17642
宁波市	Ningbo	1402423	1198412	177996	10444	15571
温州市	Wenzhou	707690	614198	77859	13573	2060
加兴市	Jiaxing	274187	246764	20458	6964	
湖州市	Huzhou	236030	210907	22003	2685	434
绍兴市	Shaoxing	2458602	2185513	226326	42361	4402
金华市	Jinhua	1229395	1147793	70274	10013	1315
衢州市	Quzhou	157201	143684	9170	3215	1130
舟山市	Zhoushan	141334	130049	9986	1299	
台州市	Taizhou	765676	714501	42686	8488	
丽水地区	Lishui	101063	89118	10538	1371	35

8—5 按登记注册类型分的建筑业总产值(1998年)

Total Construction Output Value by Registration(1998)

单位:万元

(10000 yuan)

地区 Region		建筑业总产值 Gross Output Value of Construction	内资企业 Domestic Capital Enterprises	国有企业 State-owned Enterprises	集体企业 Collective Owned Enterprises	股份合作企业 Share Holdings Enterprises	私营企业 Private Enterprises	港澳台商投资企业 Enterprises Funded by Entrepreneurs from Hong Kong Macao and Taiwan	外商投资企业 Foreign Funded Enterprises
全　省	**Total**	**9425292**	**9312533**	**1721249**	**4637913**	**429310**	**583724**	**66751**	**46007**
杭州市	Hangzhou	1951691	1902574	890606	372976	75487	76556	34545	14573
宁波市	Ningbo	1402423	1372227	343849	414175	75201	58899	18156	12039
温州市	Wenzhou	707690	706595	89657	351190	140954	11183		1096
加兴市	Jiaxing	274187	268984	22364	120551	15185	19563	5203	
湖州市	Huzhou	236030	232803	68651	99670	28480	5210	3126	101
绍兴市	Shaoxing	2458602	2441990	98360	2093580	16773	36615		16613
金华市	Jinhua	1229395	1228893	98556	567719	14972	135259	502	
衢州市	Quzhou	157201	157201	53396	65438	15003	7362		
舟山市	Zhoushan	141334	141334	12124	48673	1747	38480		
台州市	Taizhou	765676	758870	18791	447396	43050	190721	5220	1586
丽水地区	Lishui	101063	101063	24895	56547	2460	3875		

8—6 按所含专业分的建筑业总产值(1998年)

Total Construction Output Value by Sector(1998)

单位:万元 (10000 yuan)

地　区 Region		建筑业总产值 Gross Output Value of Construction	土木工程建筑业 Civil Engineering	房屋建筑业 Building	铁路、隧道公路、桥梁建筑业 Railways, Tunnels, Highways and Bridges	堤坝、电站码头建筑业 Dykes and dams, Electric station and wharf	线路管道设备安装业 Output Value of Line and Equipment Installation	#线路管道安装业 Line Installation	建筑物装修装饰业 Output Value of Building Decoration
全　省	**Total**	**9425292**	**8375126**	**6716566**	**1039756**	**224744**	**657926**	**366930**	**392240**
杭州市	Hangzhou	1951691	1528928	1004059	279540	108834	299933	146736	122829
宁波市	Ningbo	1402423	1206213	888998	221772	53704	130453	90032	65756
温州市	Wenzhou	707690	616357	462997	82464	11655	57991	48485	33342
加兴市	Jiaxing	274187	236130	174334	48050	2155	16709	4397	21348
湖州市	Huzhou	236063	200894	148474	37608	832	23964	17992	11173
绍兴市	Shaoxing	2458602	2333317	2136948	118190	14699	48626	11604	76659
金华市	Jinhua	1229395	1163640	1056199	83442	11885	30844	14195	34911
衢州市	Quzhou	157201	144161	114754	25206	2327	11588	5278	1452
舟山市	Zhoushan	141334	127194	97774	11737	10516	8152	3851	5989
台州市	Taizhou	765676	730165	579189	109194	3609	20263	18521	15248
丽水地区	Lishui	101063	88128	52841	22554	4529	9403	5841	3532

8—7 建筑业企业房屋建筑面积(1998年)
Floor Space of Building Construction(1998)

单位:万平方米 (10000 sq. m)

地区 Region		房屋建筑面积 Floor Space of Building Construction		国有企业 State-owned Construction Enterprises		集体企业 Collective Owned Construction Enterprises	
		施工面积 Floor Space under Construction	竣工面积 Floor Space Completed	施工面积 Floor Space under Construction	竣工面积 Floor Space Completed	施工面积 Floor Space under Construction	竣工面积 Floor Space Completed
全省	**Total**	**11830.18**	**5267.03**	**1279.05**	**501.09**	**6654.21**	**3031.87**
杭州市	Hangzhou	1832.58	779.00	606.24	232.31	516.93	235.27
宁波市	Ningbo	1721.35	747.00	266.12	105.52	608.21	305.01
温州市	Wenzhou	1018.27	473.59	133.14	44.11	614.14	301.68
加兴市	Jiaxing	467.85	250.57	3.53	2.15	257.81	133.31
湖州市	Huzhou	305.71	174.51	39.66	22.16	195.66	109.93
绍兴市	Shaoxing	3041.12	1302.82	75.69	25.58	2568.46	1099.75
金华市	Jinhua	1833.09	799.46	98.06	43.00	876.76	386.27
衢州市	Quzhou	248.24	130.93	43.57	20.18	126.93	71.60
舟山市	Zhoushan	175.82	82.56	5.89	2.30	78.79	35.19
台州市	Taizhou	1036.70	459.70	0.60	0.60	693.80	303.59
丽水地区	Lishui	149.45	66.89	6.53	3.16	116.72	50.29

8—8 建筑业企业劳动生产率(1998年)
Labor Productivity of Construction(1998)

单位:元/人 (yuan/person)

地区 Region		按建筑业总产值计算的劳动生产率 Overall Labor Productivity Calculated by Gross Output Value of Construction	国有企业 State-owned Enterprises	集体企业 Collective Owned Enterprises	按增加值计算的劳动生产率 Overall Labor Productivity Calculated by Added Value	国有企业 State-owned Enterprises	集体企业 Collective Owned Enterprises
全省	**Total**	**66137**	**90731**	**61182**	**14351**	**16667**	**13699**
杭州市	Hangzhou	77264	111230	55085	14668	18821	11609
宁波市	Ningbo	76964	104212	58012	16254	20229	13335
温州市	Wenzhou	60517	63831	61694	13170	14841	13149
加兴市	Jiaxing	47008	70616	41800	11254	17254	9739
湖州市	Huzhou	46374	60342	39333	11104	11604	9693
绍兴市	Shaoxing	71428	89029	72000	15464	14263	15729
金华市	Jinhua	61272	55606	58645	14465	11351	13830
衢州市	Quzhou	42701	65516	34109	8710	11756	7256
舟山市	Zhoushan	50829	43991	49535	12448	12851	10880
台州市	Taizhou	58692	60056	58580	14756	14151	14380
丽水地区	Lishui	41739	47445	37999	8541	10610	7678

8—9 建筑业企业工程质量(1998年)
Project Quality of Construction(1998)

地区 Region		验收鉴定的单位工程竣工个数(个) Number of Completed Projects (unit)	#优良品 High Quality	单位工程优良品率(%) Percentage of High Quality Projects (%)	验收鉴定的房屋建筑竣工面积(万平方米) Floor Space of Buildings Completed (10000 sq. m)	#优良品 High Quality	房屋竣工面积优良品率(%) Percentage of Floor Space of High Quality Buildings (%)
全省	**Total**	**26572**	**7247**	**27.3**	**4868.35**	**2241.28**	**46.0**
杭州市	Hangzhou	4644	1284	27.6	630.24	276.95	43.9
宁波市	Ningbo	3998	953	23.8	702.17	316.05	45.0
温州市	Wenzhou	2559	689	26.9	482.34	188.20	39.0
加兴市	Jiaxing	2178	507	23.3	234.33	115.62	49.3
湖州市	Huzhou	2324	337	14.5	161.58	62.51	38.7
绍兴市	Shaoxing	4040	1325	32.8	1250.73	636.31	50.9
金华市	Jinhua	2825	1197	42.4	731.32	373.71	51.1
衢州市	Quzhou	922	197	21.4	119.94	45.64	38.1
舟山市	Zhoushan	544	114	21.0	75.10	23.21	30.9
台州市	Taizhou	1751	533	30.4	418.30	190.71	45.6
丽水地区	Lishui	787	111	14.1	62.30	12.37	19.8

8—10 建筑业企业技术装备情况(1998年)
Machinery of Construction Enterprises(1998)

地 区 Region		自有机械设备总台数(台) Number of Machinery and Equipment Owned (unit)	自有机械设备总功率(万千瓦) Total Power of Machinery and Equipment Owned (10000 kw)	#施工机械功率 Power of Construction Machinery	自有机械设备净值(万元) Net Value of Machinery and Equipment Owned (10000 yuan)	技术装备率(元/人) Value of Machinery per Labourer (yuan/person)	动力装备率(千瓦/人) Power of Machinery per Labourer (kw/person)
全 省	**Total**	**461451**	**503.86**	**413.26**	**970409**	**6809**	**3.54**
杭州市	Hangzhou	82416	101.52	76.72	194054	7682	4.02
宁波市	Ningbo	55866	66.83	53.33	130867	7182	3.67
温州市	Wenzhou	41357	52.78	41.95	93421	7989	4.51
加兴市	Jiaxing	28237	19.67	17.10	36036	6178	3.37
湖州市	Huzhou	18550	17.57	14.30	31017	6094	3.45
绍兴市	Shaoxing	102241	97.83	84.28	214308	6226	2.84
金华市	Jinhua	55405	58.09	47.79	119737	5968	2.90
衢州市	Quzhou	12968	14.35	11.57	16845	4576	3.90
舟山市	Zhoushan	9740	10.32	9.48	19948	7174	3.71
台州市	Taizhou	46819	52.38	47.56	99548	7631	4.02
丽水地区	Lishui	7852	12.53	9.19	14626	6040	5.18

8－11 建筑业企业资产与负债(1998年)

Assets and Liabilities of Construction Enterprises(1998)

单位:万元 (10000 yuan)

地区	Region	资产合计 Total Assets	#流动资产 Circulating Funds	#固定资产 Fixed Assets	#流动负债 Liquid Liabilities	#长期负债 Long-term Liabilities	所有者权益 Creditors' Equity
全省	**Total**	**8238710**	**6102211**	**1740141**	**5415139**	**168922**	**2654649**
杭州市	Hangzhou	2049785	1524362	398227	1416164	33077	600544
宁波市	Ningbo	1347721	1025510	249329	919616	47961	380143
温州市	Wenzhou	853567	676803	149463	631054	6557	215955
加兴市	Jiaxing	417654	333060	69342	315365	4941	97348
湖州市	Huzhou	359730	271700	70217	261627	3497	94606
绍兴市	Shaoxing	1247505	846109	336652	673067	33614	540824
金华市	Jinhua	857813	616762	206301	492365	15340	350107
衢州市	Quzhou	170229	117031	45728	110302	6084	53843
舟山市	Zhoushan	189484	144669	36793	136041	2011	51433
台州市	Taizhou	611867	451142	145688	373470	10566	227831
丽水地区	Lishui	133354	95062	32401	86067	5273	42014

8—12 建筑业企业总收入(1998 年)
Total Income of Construction Enterprises(1998)

单位:万元 (10000 yuan)

地 区 Region		企业总收入 Total Income	工程结算收入 Revenue of Project Settled Accounts	#工程结算成本 Costs of Project Settled Accounts	#工程结算利润 Profits of Project Settled Accounts	其他业务收入 Other Revenue from Business	#其他业务利润 Other Profit from Business
全 省	**Total**	**7837413**	**7589193**	**6739792**	**579574**	**248220**	**38010**
杭州市	Hangzhou	1654092	1590023	1394534	142952	64069	11162
宁波市	Ningbo	1137122	1075887	943697	95405	61235	7504
温州市	Wenzhou	584209	570089	515297	35119	14120	3709
加兴市	Jiaxing	251422	229743	203136	18611	21679	3198
湖州市	Huzhou	214703	199098	174193	18569	15606	2363
绍兴市	Shaoxing	1941893	1911062	1717629	119315	30831	3374
金华市	Jinhua	1115272	1108547	991297	75985	6724	2863
衢州市	Quzhou	120314	108550	93978	10985	11765	1666
舟山市	Zhoushan	122534	118917	104757	10317	3617	346
台州市	Taizhou	608676	594533	528506	45235	14144	1207
丽水地区	Lishui	87175	82745	72766	7080	4430	618

8－13 建筑业企业利税总额(1998年)
Profits and Taxes of Construction Enterprises(1998)

地　区 Region		利税总额(万元) Total Pre-tax Profits (10000 yaun)	利润总额 Total Profits	工程结算税金及附加 Taxes and Extra Charges on Project Settle Accounts	税　金 Taxes	产值利税率(%) Ratio of Pre-tax Profits to Output Value	资产利税率(%) Ratio of Pre-tax Profits to Assets
全　省	**Total**	**476540**	**194607**	**269827**	**12105**	**5.1**	**5.8**
杭州市	Hangzhou	95092	40775	52536	1781	4.9	4.6
宁波市	Ningbo	71552	32702	36784	2066	5.1	5.3
温州市	Wenzhou	31177	10244	19673	1260	4.4	3.7
加兴市	Jiaxing	12672	4335	7996	341	4.6	3.0
湖州市	Huzhou	11480	4831	6336	313	4.9	3.2
绍兴市	Shaoxing	132971	56546	74118	2307	5.4	10.7
金华市	Jinhua	65207	21931	41266	2011	5.3	7.6
衢州市	Quzhou	5163	1318	3587	258	3.3	3.0
舟山市	Zhoushan	5966	1998	3842	127	4.2	3.1
台州市	Taizhou	40638	18623	20792	1223	5.3	6.6
丽水地区	Lishui	4619	1304	2898	418	4.6	3.5

8－14 建筑业企业财务状况(1998 年)

Financial Indicators of Construction Enterprises(1998)

单位:万元 (10000 yuan)

指标	Item	资产合计 Total Assets	流动资产小计 Liquid Assets	长期投资 Long-Term Investment	固定资产小计 Fixed Assets	无形及递延资产小计 Intangible and Deferred Assets	流动负债小计 Total Liquid Liabilities
总计	**Total**	**8238710**	**6102211**	**209825**	**1740141**	**72750**	**5415139**
#一、二级企业	The First and Second Grade Construction Enterprises	5107607	3830529	135630	1031369	41820	3436676
#国有及国有控股	State-owned Enterprises and Joint-ownership Enterprises where State Held the Controlling Share	2048620	1501662	73963	417877	17707	1453771
按登记注册类型分组	**by Registration**						
内资企业	Domestic Capital Enterprises	8106250	6000307	207382	1714992	71498	5327031
国有企业	State-owned	1742927	1292613	41727	362040	14123	1257513
集体企业	Collective owned	3766863	2825307	75134	803513	25753	2474434
股份合作企业	Share Holding	430525	297779	9785	103793	7405	256253
私营企业	Private	509366	360570	7541	126512	9806	286787
港、澳、台商投资企业	Funede by Entrepreneurs from Hong Kong, Macao and Taiwan	88249	71674	569	13555	967	62034
外商投资企业	Foreign Funded	44210	30230	1874	11594	285	26074
按国民经济行业分组	**by Sector**						
土木工程建筑业	Civil Egnineering	7050873	5219684	157362	1516531	62426	4669068
线路管道设备安装业	Line and Equipment Installation	791922	577490	45280	149995	5806	516737
装修装饰业	Building Decoration	395914	305036	7183	73616	4518	229334

8—14 续表 1 continued

单位:万元 (10000 yuan)

指标	Item	长期负债 Long-Term Liabilities	负债合计 Total Liabilities	所有者权益合计 Creditors' Equity	工程结算收入 Revenue of Project Settled Accounts	工程结算成本 Costs of Project Settled Accounts	工程结算税金及附加 Taxes and Extra Charges on Project Settle Accounts
总计	**Total**	**168922**	**5584061**	**2654649**	**7589193**	**6739792**	**269827**
#一、二级企业	The First and Second Grade Construction Enterprises	105852	3542529	1565078	5343824	4784203	184713
#国有及国有控股	State-owned Enterprises and Joint-ownership Enterprises where State Held the Controlling Share	58334	1512105	536515	1659811	1470541	49863
按登记注册类型分组	**by Registration**						
内资企业	Domestic Capital Enterprises	166708	5493740	2612511	7495190	6656118	266960
国有企业	State-owned	47078	1304591	438336	1488695	1324422	44852
集体企业	Collective owned	67700	2542134	1224729	3706203	3319951	138561
股份合作企业	Share Holding	7974	264227	166298	321382	279439	12264
私营企业	Private	9209	295995	213371	458769	397293	16723
港、澳、台商投资企业	Funede by Entrepreneurs from Hong Kong, Macao and Taiwan	1469	63502	24747	52983	46653	1787
外商投资企业	Foreign Funded	745	26819	17392	41020	37021	1080
按国民经济行业分组	**by Sector**						
土木工程建筑业	Civil Egnineering	145144	4814211	2236662	6639925	5956990	236752
线路管道设备安装业	Line and Equipment Installation	16294	533032	258891	625093	512602	20480
装修装饰业	Building Decoration	7484	236818	159097	324175	270200	12595

8－14 续表 2 continued

单位:万元 (10000 yuan)

指标	Item	管理费用 Management Expenses	财务费用 Financial Expenses	营业利润 Business Profits	利润总额 Total Profits	应交所得税 Income Tax Payable	本年应付工资总额 Total Wages Payable
总计	**Total**	**371132**	**52800**	**193652**	**194607**	**51798**	**1351458**
＃一、二级企业	The First and Second Grade Construction Enterprises	229473	34158	135974	132523	31090	915958
＃国有及国有控股	State-owned Enterprises and Joint-ownership Enterprises where State Held the Controlling Share	110040	9390	36513	32298	9626	211774
按登记注册类型分组	**by Registration**						
内资企业	Domestic Capital Enterprises	365916	52004	191885	192603	51344	1336114
国有企业	State-owned	95833	8141	30163	24957	7293	183095
集体企业	Collective owned	148071	27357	82786	85666	22357	718787
股份合作企业	Share Holding	19388	3403	9889	10198	3045	64525
私营企业	Private	25499	4260	15739	15513	4649	93408
港、澳、台商投资企业	Funede by Entrepreneurs from Hong Kong, Macao and Taiwan	3147	432	1041	1013	311	8019
外商投资企业	Foreign Funded	2069	364	725	991	143	7325
按国民经济行业分组	**by Sector**						
土木工程建筑业	Civil Egnineering	279669	47224	144242	147729	35591	1223390
线路管道设备安装业	Line and Equipment Installation	64026	893	38627	35942	12558	82102
装修装饰业	Building Decoration	27438	4683	10783	10936	3649	45965

8—15 地质勘查基本情况

Basic Statistics on Geological Prospecting

项　　目		Item		1995	1997	1998
机构单位数	**(个)**	**Number of Institutions**	**(unit)**	**46**	**44**	**44**
#野外队(大队级)		Field Groups		20	19	20
局实验室		Laboratories of Bureau		1	2	1
科研单位		Scientific Research Institutions		1	1	2
工业企业		Industry Enterprises		8	8	8
地质院校		Geological Colleges		2	2	2
新发现或新证实的主要矿产地	**(处)**	**Main Mining Areas Newly Discovered and Proved**	**(unit)**	**4**	**3**	**4**
取得重大新进展的勘查矿区	**(处)**	**Geological Prospecting Mining Areas Achieved Significant Progress**	**(unit)**	**1**		
年末职工人数	**(人)**	**Number of Staff and Workers (year-end)**	**(person)**	**11570**	**11382**	**11437**
工人及学徒		Workers and Apprentices		5394	4733	
管理人员		Administrative Personnel		1609	1508	
工程技术人员		Engineers and Technicians		2215	2147	2506
#地质技术人员		Geological Technicians		935	721	1051
服务人员		Servers		1139	966	
大学、中专、中技教员		Teachers in Universities,Secondary Specialized Schools and Technical Schools		79	105	
其他人员		Others		1134	1875	
在年末职工人数中		**Among Staff and Workers at Year-end**				
地质市场	(人)	Geological Market	(person)	5082	4690	5774
多种经营	(人)	Various Management	(person)	3001	3729	3490
平均人数	**(人)**	**Average Number of Staff and Workers**	**(person)**	**11626**	**11420**	**11439**
工资总额	**(万元)**	**Total Wages**	**(10000 yuan)**	**8607**	**9334**	**10023**
#各种奖金		Various Bonus		1063	654	
预算内地质勘查费用	**(万元)**	**Budgetary Expense of Geological Prospecting**	**(10000 yuan)**	**11126**	**14323**	**14202**
#地勘费		Geological Prospecting Expense		10154	12255	13555
机械岩心钻探	**(米)**	**Dring Completed**	**(metre)**	**206510**	**140228**	**24972**
预算内		Budgetary		11519	6678	8633
地质市场		Geological Market		194991	133550	16159
机械岩心钻探台月效率		**Rate of Drilling Completed**				
预算内	(米/台月)	Budgetary	(meter/unit)	**351**	**480**	**314**
地质市场	(米/台月)	Geological Market	(meter/unit)	**1251**	**2906**	**634**
最高开动钻机		**Drilling Machines Started Highestly**				
预算内	(台)	Budgetary	(unit)	9	7	7
地质市场	(台)	Geological Market	(unit)	88	31	5
基本建设投资	**(万元)**	**Investment in Capital Construction**	**(10000 yuan)**	**3428**	**1664**	**2327**
地质市场		**Geological Market**				
结算收入	(万元)	Revenue of Settled Accouts	(10000 yuan)	39346	41641	46905
净收入	(万元)	Net Revenue	(10000 yuan)	69	－238	352
多种经营		**Various Management**				
总收入	(万元)	Total Income	(10000 yuan)	16294	21039	18721
净收入	(万元)	Net Income	(10000 yuan)	570	33	170

注:本资料来自地质矿产厅。
The data in this table are provided by the Bureau of Geology and Mineral Resources.

主要统计指标解释

建筑业统计单位 指从事房屋、构筑物建造和设备安装活动的生产单位。根据不同的组织方式，建筑业统计的调查单位可分为法人建筑业企业和附营建筑施工单位。法人建筑业企业是指专门组织的独立核算的法人建筑业企业。它应同时具备的条件是：①依法成立，有自己的名称、组织机构和场所，能够承担民事责任；②独立拥有和使用资产，承担负债，有权与其他单位签订合同；③独立核算盈亏，能够编制资产负债表。附营建筑施工单位是指建筑业以外行业的企业、事业单位为完成本单位固定资产建造任务而自行组织的建筑施工单位。它应同时具备的条件是：①具有一个场所，从事或主要从事建筑安装活动；②单独组织生产经营活动；③在企业内部单独核算收支。

建筑业总产值(即自行完成施工产值) 指建筑业企业或附营建筑施工单位自行完成的按工程进度计算的建筑安装生产总值。建筑业产值包括：

①建筑工程产值：指列入建筑工程预算内的各种工程价值。

②设备安装工程产值：指设备安装工程价值。

③房屋、构筑物修理产值：指房屋、构筑物修理所完成的价值，但不包括被修理房屋、构筑物本身的价值和生产设备的修理价值。

④非标准设备制造产值：指加工制造没有定型的、非标准的生产设备的加工费和原材料价值，不论是现场还是附属加工厂为本单位承建工程制造的非标准设备的价值，都应计算产值。

建筑业增加值 指建筑业企业在报告期内以货币表现的建筑业生产经营活动的最终成果。目前建筑业增加值采用分配法计算，即从收入的角度出发，根据生产要素在生产过程中应得的收入份额计算。具体计算公式为：

建筑业增加值＝本年提取的固定资产折旧＋应付工资＋应付福利费＋管理费用中的劳动待业保险金、税金＋工程结算税金及附加＋工程结算利润－转作奖金的利润。

房屋建筑施工面积 指在报告期内施工的全部房屋建筑面积。包括本期内新开工的、上期施工跨入本期继续施工、上期停建本期复工的房屋建筑面积；不包括上期开工后又停工，本期未施工的房屋建筑面积。

房屋建筑竣工面积 指在报告期内，按照设计所规定的工程内容全部完成，达到了设计规定的交工条件，经有关部门检查验收鉴定合格的房屋建筑面积。

自有机械设备年末总台数 指归本企业(或单位)所有，属于本企业固定资产的生产性机械设备年末总台数。包括施工机械、生产设备、运输设备以及其他设备。

自有机械设备年末总功率 指本企业(或单位)自有施工机械、生产设备、运输设备以及其他设备等列为在册固定资产的生产性机械设备年末总功率，按设定能力或查定能力计算。包括机械本身的动力和为该机械服务的单独动力设备，如电动机等。计算单位用千瓦，动力换算可按1马力＝0.735千瓦折合成千瓦数。电焊机、变压器、锅炉不计算动力。

工程结算收入 指企业(或单位)按工程的分部分项自行完成的建筑产品价值并已与甲方在报告期内办理结算手续的工程价款收入，以及向甲方收取的除工程价款以外的按规定列作营业收入的各种款项，如临时设施费、劳动保险费、施工机械调迁费等以及向甲方收取的各种索赔款。

工程结算利润 指已结算工程实现的利润。如为亏损以"－"号表示。其计算公式为：

工程结算利润＝工程结算收入－工程结算成本－工程结算税金及附加

企业总收入 指与企业生产经营直接有关的各项收入，包括工程结算收入和其他业务收入，即：

企业总收入＝工程结算收入＋其他业务收入

Explanatory Notes on Main Statistical Indicators

Statistical Unit in Construction refers to the establishment engaged in the construction of buildings and structures and in the installation of equipment. They can be divided into two categories: corporate construction enterprises and affiliated construction units, depending upon their way of organization. A corporate construction enterprise is a legal entity with independent accounting system, especially set up to undertake construction activities. It should meet the following 3 requirements: ①being set up in line with relevant legal basis, having its full name, organization and location, and capable of taking civil liabilities; ②independently possessing and using its assets and assuming its liabilities, and entitled to sign contracts with other institutions; and ③ making independent accounts of its profits and losses, and capable of compiling its own balance sheet. On the other hand, the affiliated construction units are subsidiary constructing units that are established by enterprises or institutions in other industries to take construction projects to build up their fixed assets. They should also meet 3 requirements: ① engaged exclusively or mainly in construction and installation activities with a fixed site; ② organizing independently their production/management; and ③ with independent accounting capability in the enterprises to which they are attached.

Gross Output Value of Construction (Output Value of Projects Under Construction) refers to the gross output value of construction and installation projects that are undertaken by construction enterprises or affiliated constructing units, calculated in line with the planned schedule. It includes:

(1)Output value of construction projects, that is the value of projects covered by the project budgets;

(2)Output value of installation projects, that is the value of the installation of equipment;

(3)Output value of repair of buildings and structures, that is the value created through the repairs of buildings or structures, but does not include the value of buildings or structures being repaired and the value of the repair of production equipment;

(4)Output value of manufactured non-standard equipment, that is the value of non-standard production equipment(including raw materials and manufacturing cost) made for the construction project, irrespective of whether the equipment is manufactured on the construction site or by subsidiary workshops.

Value Added of Construction refers to the final result of the activities of production and management of construction in monetary terms in the reference period. At present, the value added of construction is calculated with the method of distribution. In other words, it is the sum of incomes of various production factors in the production process. The formula is as follows:

Value added of construction=depreciation of fixed assets in the year+wages payable+welfare expenses payable+insurance premium and tax for waiting for employment in the administrative expenses+taxes and surcharges on project settlement+profit gained from project settlement-profit used as bonus.

Floor Space of Buildings Under Construction refers to floor space of buildings under construction during the reference period, including newly started buildings, buildings started earlier and continued during the reference period, and buildings suspended earlier but restarted during the reference period. Excluded are buildings started and then suspended earlier that have not been restarted during the reference time.

Floor Space of Buildings Completed refers to the floor space of buildings that are completed in the reference period in accordance with the requirements of the design, up to the standard for putting them into use, and have been checked and accepted by concerned departments as qualified ones.

Total Number of Machinery and Equipment Owned by the Construction Enterprises(or Units) by the End of Year refers to the number of machines and equipment owned by the enterprises (or units, and listed as the fixed assets of the enterprises(or units) by the end of the year, including machinery and equipment for construction, production and transportation.

Total Power of Machinery and Equipment Owned by the Construction Enterprises(or Units) by the End of Year refer to the total power of machinery and equipment owned by the enterprises(or units), and listed as the fixed assets of the enterprises (or units) by the end of the year, including machinery and equipment for construction, production and transportation. The power of the machinery is calculated on basis of the designed or verified capacity, covering the power of the machinery/equipment and the separate power equipment serving the machinery/equipment (such as electric motors), but excluding welders, transformers and boilers. The unit use for the calculation of power is kilowatt, with horsepower converted to kilowatt by 1 horsepower=0.735 kilowatt.

Income from Settlement of Projects refers to the income received by the construction enterprise/unit from the completed portion of the project through settlement procedures with the contractee during the reference period, and other charges to the contractee as operational costs, such as facility fee, labour insurance premium, moving cost of construction unit, as well as various types of claims to the contractee.

Profit from Settlement of Projects refers to profit realized through settled projects. It is calculated with the following formula:

$$\text{Profit from Settlement of Projects} = \text{Income from Settlement of Projects} - \text{Settled Cost} - \text{Settled Taxes and Other Cost}$$

Total Revenue of Enterprises refers to the sum of income from production and operation of enterprises, including income from settlement of projects and other operational income, namely:

$$\text{Total Revenue of Enterprises} = \text{Income from Settlement of Projects} + \text{Other Operational Income}$$

交通运输和邮电通信业

TRANSPORT, POSTS & TELECOMMUNICATIONS

9

9.交通运输和邮电通信业
Transport, Posts and Telecommunications

1998 年客运量	Passenger Traffic	118329	万人	(10000 persons)
1998 年货运量	Freight Traffic	60369	万吨	(10000 tons)
1998 年邮电业务总量	Business Volume of Posts and Telecommunications	157.72	亿元	(100 million yuan)
1998 年函件数	Number of Letters	33133	万件	(10000 cases)
1998 年订销报刊数	Newspapers and Magazines Subscribed	102761	万份	(10000 copies)
1998 年年末电话用户数	Telephone Subscribers	502.34	万户	(10000 users)
1998 年年末电话普及率	Telephone Sets Owned per 100 persons	20.5	部/百人	(Set/100 persons)
1998 年年末移动电话用户	Mobile Telephone Subscribers	163	万户	(10000 users)

客运量和货运量

Passenger Traffic and Freight Traffic

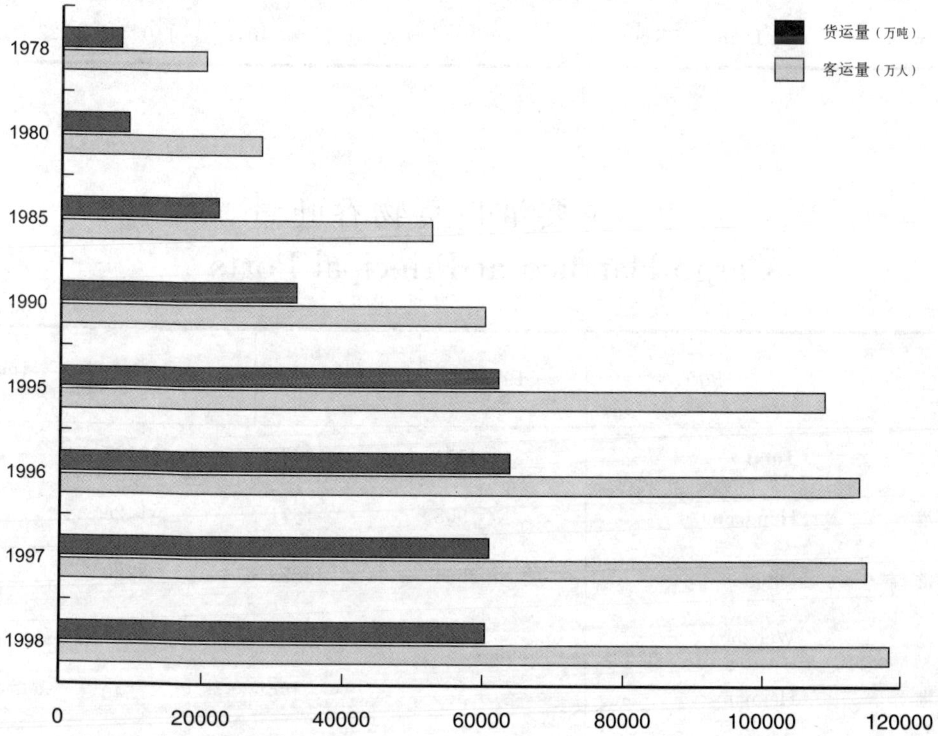

9—1 运输线路长度
Length of Transportation Routes

单位:公里 (km)

指　标	Item	1990	1995	1997	1998
铁路线路长度	**Length of Railways**				
营业里程	In Operation	832	921	1051	1196
#复线里程	Double-tracking Length	221	407	440	473
公路通车里程	**Length of Highways**	**30195**	**34329**	**36127**	**38900**
#汽车专用一级公路	First Class Highways		110	414	669
#汽车专用二级公路	Second Class Highways			3266	3686
#高速公路	Expressway		94	168	344
内河通航里程	**Length of Navigable Inland Waterways**	**10617**	**10592**	**10592**	**10408**
#水深一米以上	Depths of One Meter and Over	3965	3967	4439	5948
民用航空航线(条)	**Number of Civil Aviation Routes(line)**	**41**	**114**	**127**	**164**
#国内航线	Domestic Routes	40	110	122	158

9—2 主要港口货物吞吐量
Cargo Handled at Principal Ports

单位:万吨 (10000 tons)

港口名称	Port	1990	1995	1997	1998
合　计	**Total**	**4321**	**10483**	**12187**	**13487**
杭州港	Hangzhou	908	1671	1426	1821
宁波港	Ningbo	2554	6853	8220	8709
温州港	Wenzhou	307	601	617	621
海门港	Haimen	360	475	540	680
舟山港	Zhoushan	192	883	1384	1656

9—3 交通运输工具实有数(1998年底)
Number of Means of Transportation(End of 1998)

指标		Item		合计 Total	#交通部门 Transportation Department	#私人 Individuals
公路		**Highway**				
民用汽车	(辆)	Civil Motor Vehicles	(unit)	478297	33749	116773
普通载货汽车	(辆)	Ordinary Trucks	(unit)	251859	11882	63244
#大型	(辆)	Large	(unit)	100645	6112	20479
载客车	(辆)	Buses and Cars	(unit)	209074	21141	53376
#大型	(辆)	Large	(unit)	15349	4115	472
专用载货汽车	(辆)	Trucks for Special Use	(unit)	6222	726	76
其他专用汽车	(辆)	Other Motor Vehicles for Special Use	(unit)	5965		52
特种汽车	(辆)	Special Motor Vehicles	(unit)	5177		25
轮胎式拖拉机	(辆)	Wheeled Tractors	(unit)	419376	395	386651
摩托车	(辆)	Motorcycles	(unit)	1160167		782855
其他机动车	(辆)	Other Motor Vehicles	(unit)	70226	155	32312
载货挂车	(辆)	Trailer	(unit)	6402		909
航运		**Shipping**				
机动船	(艘)	Motor Vessels	(unit)	45486	1287	42948
净载重量	(吨位)	Dead Weight Tonnage	(ton)	2827761	800875	1791466
载客量	(客位)	Passenger Capacity	(seat)	85363	35432	
货船	(艘)	Cargo Ships	(unit)	43059	630	41506
净载重量	(吨位)	Dead Weight Tonnage	(ton)	2825788	799946	1791466
客货船	(艘)	Passenger-cargo Vessels	(unit)	17	8	
净载重量	(吨位)	Dead Weight Tonnage	(ton)	1973	929	
载客量	(客位)	Passenger Capacity	(seat)	5284	3359	
客船	(艘)	Passenger Ships	(unit)	1864	199	1420
载客量	(客位)	Passenger Capacity	(seat)	80079	32073	21800
拖船	(艘)	Tugboats	(unit)	546	450	22
驳船	(艘)	Barges	(unit)	4716	3764	295
净载重量	(吨位)	Dead Weight Tonnage	(ton)	365782	309283	10641
载客量	(客位)	Passenger Capacity	(seat)	2594	2594	

9—4 历 年 客 运 量

Passenger Traffic Over the Years

单位:万人　　　　(10000 persons)

年 份 Year	合 计 Total	铁 路 Railway	公 路 Highway	#交通部门 Transportation Department	水 运 Waterway	#交通部门 Transportation Department	民用航空 Civil Aviation
1970	11238	1347	6122	6122	3769	3769	
1971	11566	1284	6702	6702	3580	3580	
1972	13425	1401	7749	7749	4275	4275	
1973	14818	1514	8453	8453	4850	4850	1
1974	15013	1731	8567	8567	4714	4714	1
1975	14859	1804	7782	7782	5271	5271	2
1976	14961	1934	7741	7741	5284	5284	2
1977	16474	1865	9043	9043	5564	5564	2
1978	20535	1889	12815	12815	5828	5828	3
1979	23781	2068	15543	15543	6166	6166	4
1980	28454	2421	19326	19326	6702	6702	5
1981	32458	2677	22864	22864	6909	6909	8
1982	35988	2735	26150	26150	7094	7094	9
1983	37856	2919	28468	28468	6461	6461	8
1984	40827	3252	30882	30882	6683	6683	10
1985	52776	3225	39375	33405	10163	6177	13
1986	57973	3126	45759	33631	9066	4981	22
1987	61403	3258	49589	31671	8526	4189	30
1988	64571	3505	52560	26931	8382	3825	34
1989	59477	3453	48726	23923	7275	3195	23
1990	60347	3018	51083	25384	6214	2747	32
1991	64906	3040	56495	27596	5286	2637	85
1992	71017	3051	62767	26694	5087	2464	112
1993	91553	3249	83606	21145	4560	2069	138
1994	100068	3559	92090	21618	4269	2082	150
1995	109139	3566	101370	23671	3968	1611	235
1996	114098	3071	107317	28186	3446	1462	264
1997	115141	2990	108654	31422	3231	1434	266
1998	118329	3169	111847	34844	3034	1324	279

9—5 历年旅客周转量

Turnover Volume of Passenger Traffic Over the Years

单位:亿人公里　　　　(100 million person. km)

年 份 Year	合 计 Total	铁 路 Railway	公 路 Highway	#交通部门 Transportation Department	水 运 Waterway	#交通部门 Transportation Department
1970	20.13		14.47	14.47	5.66	5.66
1971	20.55		15.08	15.08	5.47	5.47
1972	23.32		17.00	17.00	6.32	6.32
1973	25.86		18.74	18.74	7.12	7.12
1974	26.64		19.49	19.49	7.15	7.15
1975	25.79		17.67	17.67	8.12	8.12
1976	26.76		17.88	17.88	8.88	8.88
1977	29.52		20.39	20.39	9.13	9.13
1978	66.68	29.75	27.60	27.60	9.33	9.33
1979	78.22	24.77	33.26	33.26	10.19	10.19
1980	96.74	43.55	41.70	41.70	11.49	11.49
1981	111.40	49.05	50.25	50.25	12.10	12.10
1982	120.63	50.73	57.28	57.25	12.65	12.65
1983	134.73	57.46	64.54	64.54	12.73	12.73
1984	157.81	66.74	76.86	76.86	14.21	14.21
1985	201.33	75.26	107.23	93.49	18.86	14.60
1986	220.38	78.43	124.91	100.19	17.04	13.08
1987	246.98	83.94	145.85	101.97	17.19	12.85
1988	239.43	93.12	158.81	95.55	17.50	13.02
1989	257.28	87.63	153.87	88.85	15.78	11.53
1990	257.29	75.94	166.87	98.68	14.48	10.50
1991	285.85	80.91	190.95	114.63	13.99	10.90
1992	322.40	87.83	220.68	12.79	13.89	10.66
1993	398.87	98.05	288.10	112.99	12.72	9.57
1994	435.17	108.35	314.95	109.59	11.85	9.10
1995	483.06	109.80	360.09	119.77	13.17	8.84
1996	500.98	98.11	391.65	133.00	11.22	7.74
1997	529.79	101.20	417.77	158.52	10.82	6.98
1998	552.35	106.57	436.34	160.67	9.44	6.08

9—6 全社会旅客运输量
Passenger Traffic

项　　目	Item	1990	1995	1997	1998
客运量合计(万人)	**Total Passenger Traffic(10000 persons)**	**60347**	**109139**	**115141**	**118329**
交通系统小计	**Transportation System**	**31181**	**29083**	**36112**	**39616**
铁　路	Railway	3018	3566	2990	3169
公　路	Highway	25384	23671	31422	34844
水　运	Waterway	2747	1611	1434	1324
民　航	Civil Aviation	32	235	266	279
非交通系统小计	**Non-Transportation System**	**29166**	**80056**	**79029**	**78713**
工矿企事业	Industrial & Mineral Enterprises and Institutions	4739	30506	36382	38623
公　路	Highway	4088	29634	35485	37832
水　运	Waterway	651	872	897	791
个体运输	Individual Transportation	24427	49550	42647	40090
公　路	Highway	21611	48065	41747	39171
水　运	Waterway	2816	1485	900	919
旅客周转量合计(亿人公里)	**Total Turnover Volume of Passenger Traffic (100 million person. km)**	**257.29**	**483.06**	**529.79**	**552.35**
交通系统小计	**Transportation System**	**185.12**	**238.40**	**266.70**	**273.32**
铁　路	Railway	75.94	109.80	101.20	106.57
公　路	Highway	98.68	119.76	158.52	160.67
水　运	Waterway	10.50	8.84	6.98	6.08
非交通系统小计	**Non-Transportation System**	**72.17**	**244.66**	**263.09**	**279.03**
工矿企事业	Industrial & Mineral Enterprises and Institutions	16.21	116.40	144.87	165.91
公　路	Highway	15.38	114.91	142.17	163.89
水　运	Waterway	.83	1.49	2.70	2.02
个体运输	Individual Transportation	55.96	128.26	118.22	113.12
公　路	Highway	52.81	125.42	117.08	111.78
水　运	Waterway	3.15	2.84	1.14	1.34

9—7 历年货运量
Freight Traffic Over the Years

单位:万吨 (10000 tons)

年份 Year	合计 Total	铁路 Railway	公路 Highway	#交通部门 Transportation Department	水运 Waterway	#交通部门 Transportation Department
1970	5258	982	1871	1871	2415	2415
1971	5258	972	1871	1871	2415	2415
1972	5862	1082	2059	2059	2721	2721
1973	5611	1176	1788	1788	2647	2647
1974	5039	1127	1508	1508	2040	2040
1975	5459	1019	1399	1399	3014	3014
1976	5903	1121	1683	1683	3099	3099
1977	6988	1244	2152	2152	3592	3592
1978	8460	1415	2690	2690	4355	4355
1979	9202	1461	2998	2998	4743	4743
1980	9577	1523	3012	3012	5042	5042
1981	9608	1495	3042	3042	5071	5071
1982	10746	1609	3616	1616	5521	5521
1983	10895	1681	3728	3728	5468	5468
1984	11781	1736	3988	3988	6057	6057
1985	22385	1781	9397	2367	11207	4525
1986	30775	1893	17680	2386	12202	4848
1987	32346	1924	19426	2404	10996	4896
1988	37503	1877	24128	2198	11497	5105
1989	36358	1911	24354	1926	10093	4602
1990	33474	1691	22879	1790	8904	3959
1991	35198	1773	24162	1993	9263	4218
1992	14115	1915	28957	2101	10243	4676
1993	49777	1989	36439	2132	11439	4678
1994	54765	1841	40593	4105	12331	4499
1995	62287	1914	45052	2250	15321	4519
1996	63875	1928	47400	2411	14547	4510
1997	60956	1721	45224	2257	14011	4457
1998	60369	1726	45338	2472	13305	3932

9—8 历年货运周转量

Turnover Volume of Freight Traffic Over the Years

单位:亿吨公里 (100 million ton. km)

年 份 Year	合 计 Total	铁 路 Railway	公 路 Highway	#交通部门 Transportation Department	水 运 Waterway	#交通部门 Transportation Department
1970	28.57		3.53	3.53	25.04	25.04
1971	29.73		4.22	4.22	25.51	25.51
1972	32.44		4.78	4.78	27.66	27.66
1973	32.30		4.70	4.70	28.23	28.23
1974	28.38		4.00	4.00	24.38	24.38
1975	30.39		3.39	3.39	27.00	27.00
1976	30.95		3.54	3.54	27.41	27.41
1977	39.68		4.98	4.98	34.70	34.70
1978	164.19	112.77	3.69	6.69	44.73	44.73
1979	181.29	121.50	7.62	7.62	52.17	52.17
1980	190.76	126.23	8.25	8.25	56.28	56.28
1981	192.29	121.27	9.25	9.25	61.77	61.77
1982	201.82	120.49	11.49	11.49	69.85	69.85
1983	212.49	123.02	13.58	13.58	75.89	75.89
1984	232.67	127.59	16.67	16.67	88.41	88.41
1985	293.54	132.54	33.45	15.04	127.55	88.63
1986	341.20	135.18	68.14	15.91	137.88	99.71
1987	369.21	138.07	82.52	16.42	148.62	112.14
1988	403.96	136.50	96.25	15.76	171.21	128.55
1989	408.99	146.51	92.75	13.85	169.73	132.10
1990	400.65	144.43	100.75	13.26	155.47	120.01
1991	456.00	144.95	136.25	14.45	183.80	146.17
1992	546.81	167.52	158.83	15.29	220.46	178.22
1993	617.69	179.58	160.48	14.50	277.63	216.22
1994	685.41	181.55	171.63	15.95	32.23	251.58
1995	874.29	186.75	245.16	14.72	442.38	289.91
1996	900.80	178.92	266.22	15.50	455.66	317.88
1997	914.54	172.22	262.32	14.39	480.00	320.96
1998	897.88	173.28	257.11	15.00	467.49	303.96

9—9 全社会货物运输量
Freight Traffic

项　目	Item	1990	1995	1997	1998
货运量合计(万吨)	**Total Freight Traffic(10000 tons)**	**33474**	**62287**	**60956**	**60369**
交通系统小计	**Transportation System**	**7440**	**8683**	**8435**	**8130**
铁　路	Railway	1691	1914	1721	1726
公　路	Highway	1790	2250	2257	2472
水　运	Waterway	3959	4519	4457	3932
非交通系统小计	**Non-Transportation System**	**26034**	**53604**	**52521**	**52239**
工矿企事业	Industrial & Mineral Enterprises and Institutions	11043	13869	17368	17101
公　路	Highway	10316	12713	16415	16083
水　运	Waterway	727	1156	953	1018
个体运输	Individual Transportation	14991	39735	35153	35138
公　路	Highway	10773	30089	26552	26783
水　运	Waterway	4218	9646	8601	8355
货物周转量合计(亿吨公里)	**Total Turnover Volumn of Freight Traffic (100 million tons. km)**	**400**	**874**	**914**	**898**
交通系统小计	**Transportation System**	**277**	**491**	**507**	**492**
铁　路	Railway	144	186	172	173
公　路	Highway	13	14	14	15
水　运	Waterway	120	289	320	304
非交通系统小计	**Non-Transportation System**	**122**	**382**	**406**	**406**
工矿企事业	Industrial & Mineral Enterprises and Institutions	70	166	181	181
公　路	Highway	95	130	135	125
水　运	Waterway	10	36	45	56
个体运输	Individual Transportation	52	216	225	225
公　路	Highway	28	100	112	117
水　运	Waterway	24	115	113	108

9—10 按经济类型分的独立核算运输企业财务状况(1998年)
Principal Financial Indicators of Independent Accounting Transport Enterprises by Ownership(1998)

单位:万元　　(10000 yuan)

指标	Item	总计 Total	国有经济 State-owned Economy	集体经济 Collective Economy	其它经济 Others
企业单位数(个)	Number of Enterprises(unit)	523	198	270	55
#亏损企业(个)	Loss-making Enterprises(unit)	185	56	108	21
资本金合计	Total Capital	1081424	705306	177015	199104
流动资产合计	Total Circulating Funds	1433258	1005550	247912	179796
#存货	Goods in Stock	94979	73664	13381	7934
固定资产合计	Total Fixed Assets	1909148	1485968	222842	200337
长期投资	Long-term Investment	215443	146091	33606	35747
固定资产原价	Original Value of Fixed Assets	2776802	2038743	389031	349028
#生产经营用	for Productive Business	2195404	1650913	312042	232448
累计折旧	Accumulative Total of Depreciation	1098053	759186	183249	155618
#本年折旧	Depreciation in the Year	154194	108056	21070	25067
无形及递延资产合计	Intangible and Increased Assets	83804	58433	4113	21258
#无形资产	Intangible Assets	72474	52496	3186	16792
资产合计	Total Assets	3716322	2730552	520843	464927
流动负债合计	Total Liquid Liabilities	1646413	1148900	305041	192472
长期负债合计	Total Long-term Liabilities	610720	476157	69471	65092
负债合计	Total Liabilities	2259458	1626303	374730	258424
所有者权益合计	Total Creditors' Equity	1443877	1092476	145017	206384
#股本	Stocks	147225	51394	5052	90779
营运业务收入	Operating Business Revenue	1672568	1231938	283347	157283
营运成本	Operating Costs	1264340	915122	236247	112972
营运费用	Operating Expenses	20361	15629	2752	1980
营业税金及附加	Tax and Extra Charges on Business	47448	33148	9110	5190
营运业务利润	Operating Business Profits	337315	267603	33757	35955
管理费用	Management Expense	409065	306610	63456	38999
#税金	Taxes	6513	5344	754	415
财产保险费	Property Insurance	13292	10951	529	1812
劳动、待业保险费	Labor and Unemployed Insurance	73297	56522	13265	3511
财务费用	Financiad Expense	31451	17936	7155	6360
利息支出	Interest Expenditure	32234	18477	6657	7100
营业利润	Business Profits	−51206	−21185	−32128	2107
利润总额	Total Profits	−5874	16087	−26582	4620
应交所得税	Income Taxes Payable	16641	14848	1067	726
转作奖金的利润	Profits Changed to Bonus	292	111	182	
应付利润	Profits Payable	4669	2464	1044	1160
#已分配股利	Dividend Distributed	674	83	14	578
本年应付工资	Wages Payable	350202	253764	67479	28960
本年应付福利费	Welfare Funds Payable	69395	54328	10473	4594

9—11 按经济类型分的独立核算运输企业主要运输工具及设备(1998年)

Tools and Equipment of Independent Accounting Transport Enterprises by Ownership(1998)

指标		Item		总计 Total	国有经济 State-owned Economy	集体经济 Collective Economy	其它经济 Others
运输车辆		**Transport Vehicles**					
营运汽车	(辆)	Vehicles in Operation	(unit)	25624	16504	6869	2251
载客汽车	(辆)	Buses and Cars	(unit)	16033	12010	2444	1579
#大型	(辆)	Large	(unit)	4468	3608	575	285
载客量	(客位)	Passenger Capacity	(seat)	334757	263854	45485	25418
#大型	(客位)	Large	(seat)	170395	141228	20240	8927
普通载货汽车	(辆)	Ordinary Trucks	(unit)	8918	4174	4277	467
#大型	(辆)	Large	(unit)	4944	2238	2499	207
载重量	(吨位)	Load Capacity	(ton)	44193	20914	21123	2156
#大型	(吨位)	Large	(ton)	34974	17517	16176	1281
专用载货汽车	(辆)	Trucks for Special Use	(unit)	673	320	148	205
载重量	(吨位)	Load Capacity	(ton)	10465	4226	1875	4364
载货挂车	(辆)	Trailer Cargo	(unit)	128	46	75	7
运输船舶		**Transport Vessels**					
机动船	(艘)	Motor Vessels	(unit)	1312	402	698	212
载客量	(客位)	Passenger Capacity	(seat)	49889	25105	10059	14725
净载重量	(吨位)	Dead Weight Tonnage	(ton)	720338	260631	155473	304234
总功率	(千瓦)	Total Power	(kw)	482347	184932	127798	169617
客船	(艘)	Passenger Ship	(unit)	192	108	43	41
载客量	(客位)	Passenger Capacity	(seat)	40962	22757	8335	9870
功率	(千瓦)	Power	(kw)	81116	23551	9257	48308
客货船	(艘)	Passenger-cargo Vessels	(unit)	25	6	7	12
载客量	(客位)	Passenger Capacity	(seat)	8927	2348	1724	4855
净载重量	(吨位)	Dead Weight Tonnage	(ton)	4188	748	1263	2177
功率	(千瓦)	Power	(kw)	23447	3720	4508	15219
货船	(艘)	Cargo Ship	(unit)	652	157	362	133
净载重量	(吨位)	Dead Weight Tonnage	(ton)	716150	259883	154210	302057
功率	(千瓦)	Power	(kw)	329314	138984	86928	103403
拖船	(艘)	Tugboat	(unit)	443	131	286	26
功率	(千瓦)	Power	(kw)	48469	18677	27105	2687
驳船	(艘)	Barges	(unit)	3690	1050	2430	210
载客量	(客位)	Passenger Capacity	(seat)	21325	410	20915	
净载重量	(吨位)	Dead Weight Tonnage	(ton)	285181	105080	168262	11839
港口设备		**Port Facilities**					
码头长度	(米)	Length of Quay Line	(meter)	42910	42710	200	
#生产用	(米)	for Productive Purpose	(meter)	34534	34334	200	
泊位个数	(个)	Number of Berths	(unit)	353	352	1	
#生产用	(个)	for Productive Purpose	(unit)	322	321	1	
#万吨级	(个)	1000 Ton Class	(unit)	73	72	1	
仓库总面积	(平方米)	Total Area of Warehouse	(sq. m)	588116	588116		
容量	(吨)	Capacity	(ton)	612222	612222		
堆场总面积	(平方米)	Total Area of Stacking Place	(sq. m)	3074052	3074052		
容量	(吨)	Capacity	(ton)	6426532	6426532		

9—12 邮电业务基本情况
Post and Telecommunications Services

年份 Year	邮电业务总量（万元）Business Volume of Post and Telecommunications	函件（万件）Number of Letters (10000 cases)	订销报刊累计份数（万份）Total Number of Newspaper and Magazine Subscribed (10000 copies)	电报份数（万份）Number of Telegrams (10000 sheets)	长途电话张数（万张）Number of Long-distance Calls (10000 sheets)	市话年末户数（户）Number of Urban Telephone Subscribers at Year-end (Subscriber)	农话年末户数（户）Number of Rural Telephone Subscribers at Year-end (Subscriber)
1970	4107	8957	30999	188	382	27041	22761
1971	4488	9388	40827	228	446	28698	23882
1972	4957	9753	1598	301	561	30382	24956
1973	5385	10433	35925	336	658	32348	26706
1974	5457	10338	38925	354	671	34045	27910
1975	5603	10799	39790	415	642	34890	28751
1976	5850	10899	42805	414	628	36303	29745
1977	6116	11064	45369	456	680	38313	31056
1978	6851	11663	52264	472	832	42043	32919
1979	7832	14236	52264	561	973	46141	34120
1980	8991	16466	58538	707	1120	51230	36838
1981	9970	18039	64945	793	1236	57610	38749
1982	10834	19123	67993	776	1363	65931	41513
1983	12477	23155	7373	916	1597	75314	44677
1984	14879	28517	89384	933	2016	89805	50487
1985	18837	33742	101657	1281	2561	104430	58012
1986	20564	34729	103759	1232	2926	121240	62935
1987	24878	39847	116953	1559	39901	145987	72806
1988	31300	42035	116694	2012	5235	188547	88729
1989	37020	36577	64557	1875	6010	234081	106895
1990	45396	34879	67183	1689	8145	280232	125783
1991	114607	32219	68849	1689	11760	355000	156500
1992	165815	33649	80349	1661	18800	486400	222100
1993	275148	39190	77457	1275	32762	782464	346685
1994	429179	38617	81515	821	47362	1188163	585589
1995	630167	38678	85226	565	56317	1666979	936297
1996	865336	37785	90955	386	72177	1997814	1219930
1997	1129657	34186	98207	251	90759	2392544	1631650
1998	1577157	33133	102761	205	109989	2809491	2213890

9—13 邮电企业主要指标

Principal Indicators of Post and Telecommunications Enterprises

指 标		Item		1990	1995	1997	1998
邮电局、所总数	(个)	**Total Number of Post and Telecommunications Offices**	(unit)	**3426**	**3149**	**3123**	**3979**
邮电线路长度		**Length of Postal Routes**					
邮路及农村投递线路长度	(万公里)	Length of Postal Routes and Rural Delivery Routes	(10000 km)	16	19	21	21
长途电话电路总数	(路)	Total Long-distance Telephone Circuits	(line)	9638	46979	77831	115036
电报电路总数	(路)	Total Telegram Circuits	(line)	850	1011	956	858
邮运通信工具		**Telecommunications Facilities**					
火车邮厢	(辆)	Postal Railway Carriage	(unit)	14	16	17	13
邮运汽车	(辆)	Postal Cars	(unit)	607	1067	1290	1451
电话机	(万部)	Number of Telephone Sets	(10000 units)	69	372	602	751
#农村电话	(万部)	Rural Areas	(10000 units)	24	144	254	346
长途自动交换机	(路端)	Long distance Switchboard	(terminal circuit)	12838	216915	227010	243553
市话交换机	(万门)	Urban Switchboard	(10000 lines)	44	268	388	449
农话交换机	(万门)	Rural Switchboard	(10000 lines)	40	201	317	386
移动电话交换机	(万门)	Mobile Switchboard	(10000 lines)		62	190	447
移动电话	(万户)	Mobile Telephone	(10000 users)		25	94	163
无线寻呼机	(万户)	Radio Pager	(10000 users)		132	392	287
数据通迅用户	(户)	User of Data Communication Services	(user)		831	6357	18105
国际互联网用户	(户)	Users of International Computer Network	(user)		225	8276	37729
帧中继用户	(户)	User of Zhengzhongji	(user)			475	1106
长途光缆长度	(皮长公里)	Length of Long Distance Optical fibre Cable	(km)	421	4671	5248	5374
主要财务指标		**Main Financial Indicators**					
业务收入	(万元)	Income	(10000 yuan)	69366	549008	1079126	1509192
业务支出	(万元)	Expenditure	(10000 yuan)	39446	388199	811843	995690
收支差额	(万元)	Balance of Revenue and Expenditure	(10000 yuan)	26079	71996	101575	321668

9—14 邮电通信水平

Level of Post and Telecommunications Services

指　标	Item	1995	1996	1997	1998
邮电通信水平	**Level of Postal and Telecommunications Services**				
每局所服务面积（平方公里）	Service Area per Postal Office (sq. km)	32.3	32.5	32.5	25.6
每百人平均函件量（件/百人）	Average Number of Letters Mailed per 100 Persons (pieces/100 persons)	882.7	857.6	773.0	743.0
每百人平均订阅报刊量（份/百人）	Average Number of Newspaper Subscribed per 100 Persons (copies/100 persons)	18.9	20.2	23.2	23.0
每百人平均包件（件/百人）	Average Number of Parcels per 100 Persons (pieces/100 persons)	16.3	16.7	11.8	11.8
每百人平均汇票量（张/百人）	Average Number of Money Order per 100 Persons (pieces/100 persons)	22.6	22.9	23.0	23.7
每百人平均电报量（份/百人）	Average Number of Telegram Per 100 Persons (pieces/100 persons)	12.9	8.7	5.6	4.6
每百人长话量（张/百人）	Number of Long-distance Telephone per 100 Persons (pieces/100 persons)	1283.1	1635.6	2052.0	2466.0
电话普及率（部/百人）	Number of Telephone Sets Owned Per 100 Persons (set/100 persons)	9.1	11.9	15.6	20.5
#市话普及率	Urban Areas	30.7	38.8	48.6	60.2
农话普及率	Rural Areas	4.1	5.4	7.2	9.9
人均用邮量（按合计总量算）（元/人）	Business Volume per Capita (yuan/person)	143.6	196.1	255.0	353.0
开通无线寻呼的市县（个）	Number of Cities and Counties with Pageing Services (unit)	73	74	74	74
开通移动电话的市县（个）	Number of Cities and Counties with Mobile Telephone (unit)	73	74	74	74
设有局所的乡（镇）比重（%）	Percentage of Townships with Postal Offices (%)	93.5	93.2	92.8	92.8
通邮路的乡（镇）比重（%）	Percentage of Townships with Postal Routes (%)	99.9	99.9	99.9	99.8
开办特快专递业务的市县（个）	Cities and Counties with Express Mail Services (unit)	64	65	68	71
按固定班期投递邮件的乡镇（个）	Townships with Regularly Delivering Letters (unit)			1838	1837

主要统计指标解释

铁路营业里程　又称营业长度，指办理客货运输业务的铁路正线总长度。凡是全线或部分建成双线及以上的线路，以第一线的实际长度计算；复线、站线、段管线、岔线和特殊用途线以及不计算运费的联络线都不计算营业里程。铁路营业里程是反映铁路运输业基础设施发展水平的重要指标，也是计算客货周转量、运输密度和机车车辆运用效率等指标的基础资料。

公路里程　指在一定时期内实际达到《公路工程技术标准 JTJ01-88》规定的等级公路，并经公路主管部门正式验收交付使用的公路里程数。其计算单位为：km。它包括大中城市的郊区公路以及通过小城镇街道部分的公路里程，也包括桥梁、渡口的长度，但不包括大中城市的街道、厂矿、林区生产用道和农业生产用道的里程。两条或多条公路共同经由同一路段，只计算一次，不得重复计算里程长度。公路里程是反映公路建设发展规模的重要指标，也是计算运输网密度等指标的基础资料。

内河航道里程　也称"内河通航里程"，是反映内河水运网规模、水平和发展情况的主要指标；是指在一定时期内，能通航运输船舶及排筏的天然河流、湖泊水库、运河及通航渠道的长度。包括全年季节性通航累计三个月以上的航道，但不包括仅供零散流放竹、木排的河道。

民用航空航线里程　指民航运输定期班机飞行的航线长度的总和。航线长度按机场之间的距离计算，通常有两种计算方法：将每条航线长度相加称为重复计算航线里程；如将两线或两条以上航线经过同一区段里程，只计算一次航线长度称为不重复计算航线里程。一般常用的是后者，它能确切反映民航运输网的规模，表明民航事业为国民经济服务和方便人民生活程度的主要指标。

货(客)运量　指在一定时期内，各种运输工具实际运送的货物(旅客)数量。是反映运输业为国民经济和人民生活服务的数量指标，也是制定和检查运输生产计划，研究运输发展规模和速度的重要指标。货运按吨计算，客运按人计算。货物不论运输距离长短，货物类别，均按实际重量统计；旅客不论行程远近或票价多少，均按一人一次作为客运量统计。半价票、小孩票也按一人统计。

货物(旅客)周转量　指在一定时期内，由各种运输工具运送的货物(旅客)数量与其相应运输距离的乘积之总和，是反映运输业生产总成果的重要指标，也是编制和检查运输生产计划，计算运输效率、劳动生产率以及核算运输单位成本的主要基础资料。通常以吨公里和人公里为计算单位。计算货物周转量通常按发出站与到达站之间的最短距离，也就是计费距离计算。

沿海主要港口货物吞吐量　指由水运进出沿海主要港区范围，并经过装卸的货物数量，包括邮件及办理托运手续的行李、包裹以及补给运输船舶的燃、物料和淡水。其计量单位为吨。货物吞吐量的货种分类及其主要流向流量，反映了港口在国内外物资交流和对外贸易运输中的地位和作用。吞吐量可以分为进口、出口，又可以分为国内贸易和对外贸易。

邮电业务总量　指以货币表现的邮电部门用于传递信息和提供其他邮电服务的总数量。它综合反映了一定时期邮电工作的总成果，是研究邮电业务量构成和发展趋势的重要指标。根据邮电管理体制不同，分为中央国营业务总量和地方国营业务总量。它用各种邮电分类业务量，如函件件数、电报份数、长话张数、市内电话和农村电话的年均户数、订销报刊累计份数等，分别乘以相应的平均单价(不变价)，加总后再加上出租电路和设备的收入、代用户维护电话交换机和线路等设备的收入、其他业务收入求得。

Explanatory Notes on Main Statistical Indicators

Length of Railways in Operation refers to the total length of the trunk line under passenger and freight transportation. The calculation is based on the actual length of the first line even if this line has a full or partial double track or more tracks, excluding double tracks, stationsidings, tracks under the charge of stations,, branch lines, specialpurpose lines and the non-payable connecting lines. The length of railways in operation is an important indicator to show the development of the intra-structure for the railway transport, and also the essential data to calculate volume of passenger freight transport, traffic density and utilization efficiency of the locomotives and carriages.

Length of Highways refers to the length of highways which are built in conformity with the grades specified by the highway engineering standard formulated by the Ministry of Communications, and have been formally checked and accepted by the departments of highways and put into use. The length of highways includes that of the suburb highways at large and medium-sized cities, highways passing through streets at small cities and towns, and also the length of bridges and ferries. It does not include the length of streets in big and medium-sized cities and highways built for the production purpose at factories, mines, forest areas and agricultural areas. If two or more highways go the same section of the way, the length of the section is only calculated for once and no duplication is allowed. The length of highways is an important indicator to show the development of the highway construction and to provide essential information to calculate the transport network density.

Length of Navigable Inland Waterways refers to the length of the natural rivers, lakes, reservoirs, canals, and ditches open to navigation during a given period, which enables the transport by ships and rafts. It includes the channels open to navigation for over 3 months accumulatively in a year, yet this does not include the river courses which are only used to float odd logs and bamboo rafts.

Length of Civil Aviation Routes refers to the length of all routes for regular civil aviation flights. There are usually two ways to calculate the distance between airports connected by the route length: One is to put the length of all air routes together, called duplicated calculation of the length of the routes; the other is not to allow the duplication in calculation when two or more routes passing the same section. The latter is usually used, as it can precisely show the size of the civil aviation network and indicate the extent of civil aviation serving the national economy and the people.

Freight (Passenger) Traffic refers to the volume of freight (passenger) transported with various means. Freight transport is calculated in tons and passenger traffic is calculated in the number of persons. Despite the type of freight and travelling distance, the freight transport is calculated by the principle that one person can be counted only once in one travel. The passenger who travel with a half-price ticket or a child ticket is also calculated as one person. The freight (passenger) traffic provides a quantitative measure to show how the transport industry serves the national economy and people, and is also an important indicator for planning the transport industry and for studying the development scale and speed of the transport industry.

Freight Ton-kilometers (Passenger-kilometers) refer to the sum of the products of the volume of transported cargo(passengers) multiplying by the transport distance, usually using ton-kilometre and passenger-kilometre as units for measurement. Normally, the shortest distance between the departure station and the destination station (i. e., the payable distance) is the basis to calculate the freight ton-kilometres. This is an important indicator to show the total results of the transport industry, to prepare and examine the transport plan and to measure the efficiency, the labour productivity and the unit cost of transport.

Volume of Freight Handled in Major Coastal Ports refers to the volume of cargo passing in and out the harbor area of the major coastal ports and having been loaded and unloaded. The volume includes that of the postal matters, registered luggages and fuels, materials and fresh water as supplies of the ships. The volume of freight handled may be classfied as import, export, or as domestic trade and foreign trade. The volume of freight handled by type of cargo and by main flow direction reflects the position and function of the ports in the inflow of Chinese and foreign commodities and in the transportation for foreign trade.

Business Volume of Post and Telecommunications refers to the total amount of the imformation delivered and other post and telecommunications services provided by the post and telecommunications departments for the customers. It is derived by first multiplying the business volume of different types, such as number of letters, telegrams, long distance calls, city and rural telephone subscribers and accumulated number of newspapers and journals subscribed and sold, etc. by their respective average unit price (fixed price) and then adding these products together: plus the income from maintenance of telephone exchanges and lines, and the income from other business operations. The business volume of post and telecommunications indicates the total achievements made by the post and telecommunications department during a given period of time in a comprehensive way, and is an important indicator to study the composition and development of the post and telecommunications business.

批发、零售贸易和餐饮业

WHOLESALE & RETAIL SALE TRADE & CATERING TRADE

10

10. 批发、零售贸易和餐饮业
Wholesale and Retail Sale Trade and Catering Trade

1998 年社会消费品零售总额	Total Retail Sales of Consumer Goods	1909.14	亿元	(100 million yuan)
国有经济	State-owned Units	228.24	亿元	(100 million yuan)
集体经济	Collective-owned Units	216.25	亿元	(100 million yuan)
联营经济	Joint-owned Units	8.35	亿元	(100 million yuan)
私营与个体	Private	1070.68	亿元	(100 million yuan)
其他经济	Others	385.62	亿元	(100 million yuan)

社会消费品零售总额（亿元）
Retail Sales of Consumer Goods (100 million yuan)

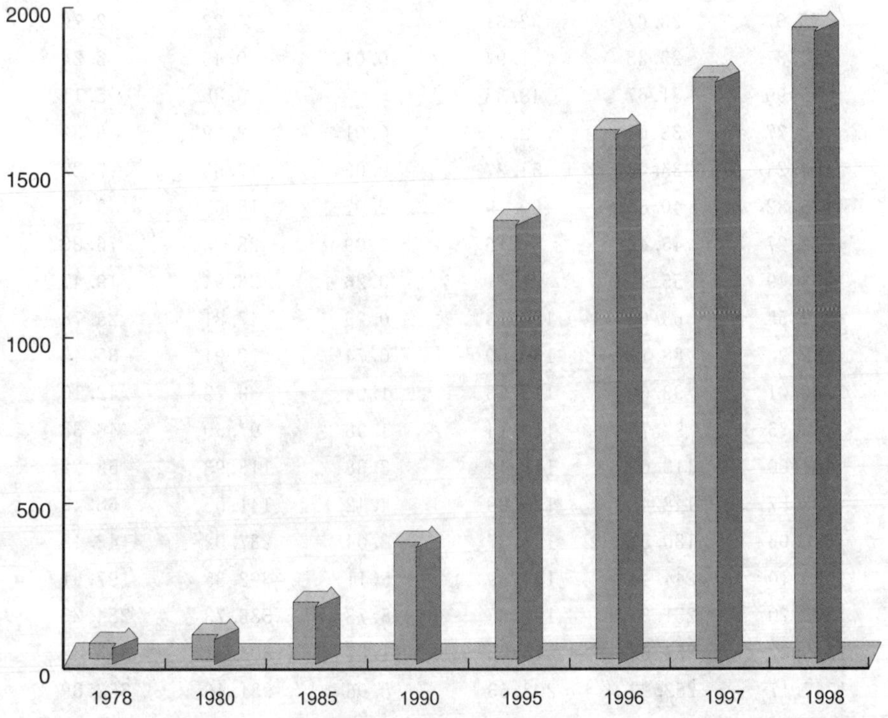

10—1 按经济类型分的社会消费品零售总额
Total Retail Sales of Consumer Goods by Ownership

单位:亿元 (100 million yuan)

年份 Year	社会消费品零售总额 Total Retail Sales of Consumer Goods	国有经济 State-owned	集体经济 Collective Owned	联营 Joint Owned	私营和个体 Private and Individual	其他经济 Others	#农民对非农业居民零售额 Total Retail Sales of Agricultural Residents Saling to Non-agricultural Residents
1970	28.84	13.45	14.15		0.24	1.00	1.00
1971	30.67	14.57	14.82		0.18	1.10	1.10
1972	33.55	16.28	15.88		0.19	1.20	1.20
1973	36.48	17.52	17.40		0.18	1.38	1.38
1974	37.33	17.54	18.12		0.19	1.48	1.48
1975	38.73	18.88	17.53		0.19	2.13	2.13
1976	39.66	17.25	19.81		0.20	2.40	2.40
1977	42.16	17.49	21.72		0.44	2.51	2.51
1978	46.86	19.33	25.08		0.19	2.26	2.26
1979	58.97	23.67	32.31		0.23	2.76	2.76
1980	74.87	29.25	41.94	0.01	0.43	3.24	3.24
1981	85.99	31.67	48.33		0.88	5.11	5.11
1982	93.77	33.01	52.14	0.01	2.29	6.32	6.32
1983	104.24	35.03	54.27	0.02	7.63	7.29	7.29
1984	125.82	40.80	60.19	0.07	15.52	9.24	9.24
1985	172.27	45.49	81.16	0.09	28.73	16.80	16.80
1986	203.49	55.41	91.41	0.26	36.94	19.47	19.47
1987	242.58	63.63	105.13	0.23	47.81	25.78	25.78
1988	325.88	88.17	130.60	0.74	70.91	35.46	35.46
1989	346.01	93.60	119.53	1.06	89.72	42.10	42.10
1990	353.75	97.75	110.14	1.98	97.50	46.38	46.38
1991	404.00	113.03	118.44	3.38	113.93	55.22	55.22
1992	493.87	148.42	130.99	4.42	141.55	68.49	68.49
1993	695.06	180.51	133.37	2.04	237.02	142.12	110.68
1994	1020.10	244.44	180.59	5.11	392.35	197.61	152.83
1995	1325.70	251.31	197.65	5.78	586.73	284.23	209.45
1996	1599.37	254.62	216.05	11.07	804.31	313.32	224.16
1997	1757.17	252.23	202.53	8.06	931.46	362.89	250.69
1998	1909.14	228.24	216.25	8.35	1070.68	385.62	258.60

10—2 按地区分的社会消费品零售总额

Total Retail Sales of Consumer Goods by Region

单位:亿元　　　　(100 million yuan)

年份 Year	社会消费品零售总额 Total Retail Sales of Consumer Goods	市 City	县 County	县以下 Under County Level
1975	38.73	7.63	11.75	19.35
1976	39.66	7.96	11.72	19.98
1977	42.16	8.64	13.01	20.51
1978	46.86	9.75	14.46	22.65
1979	58.97	11.56	17.68	29.73
1980	74.87	14.99	21.68	38.20
1981	85.99	23.76	17.59	44.64
1982	93.77	25.01	19.57	49.19
1983	104.24	28.06	23.10	53.08
1984	125.82	35.66	27.96	62.20
1985	172.27	55.99	40.74	75.54
1986	203.49	67.15	44.71	91.63
1987	242.58	87.80	45.29	109.49
1988	325.88	132.28	51.23	142.37
1989	346.01	141.80	51.91	152.30
1990	353.75	153.27	48.55	151.93
1991	404.00	184.56	55.79	163.65
1992	493.87	230.23	73.72	189.92
1993	695.06	334.51	101.47	259.08
1994	1020.10	553.99	103.66	362.45
1995	1325.70	712.47	128.49	484.74
1996	1599.37	855.92	163.55	579.90
1997	1757.17	949.63	174.10	633.44
1998	1909.14	1035.97	183.57	689.59

注:1995—1997年已扣除居民购买房。

The total retail sales of consumer goods have excluded the houses purchased by residents from 1995 to 1997.

10—3 按行业分的社会消费品零售总额
Total Retail Sales of Consumer Goods by Region

单位:亿元 (100 million yuan)

年份 Year	社会消费品零售总额 Total Retail Sales of Consumer Goods	批发零售贸易业 Wholesale and Retail Sale Trade	餐饮业 Catering Trade	制造业 Manufacturing	其他 Others
1975	38.73	31.83	1.55	2.17	3.18
1976	39.66	32.18	1.57	2.37	3.54
1977	42.16	33.91	1.61	3.03	3.61
1978	46.86	37.93	1.84	3.38	3.71
1979	58.97	47.53	2.28	4.77	4.39
1980	74.87	58.72	2.86	7.67	5.63
1981	85.99	64.64	3.21	10.23	7.91
1982	93.77	69.18	3.45	11.28	9.86
1983	104.24	77.02	3.87	12.62	10.73
1984	125.82	90.53	4.98	16.60	13.71
1985	172.27	115.86	6.56	24.78	25.07
1986	203.49	136.47	7.90	29.32	29.80
1987	242.58	160.35	9.73	34.27	38.23
1988	325.88	221.57	12.55	41.16	50.60
1989	346.01	235.20	14.06	39.41	57.34
1990	353.75	238.14	15.90	36.93	62.78
1991	404.00	271.03	19.07	40.40	73.50
1992	493.87	327.64	25.04	46.51	94.68
1993	695.06	477.75	36.09	62.25	118.97
1994	1020.10	680.67	49.73	78.57	211.13
1995	1325.70	909.76	77.35	105.08	233.51
1996	1599.37	1106.91	103.54	119.10	269.81
1997	1757.17	1213.64	116.92	119.92	306.69
1998	1909.14	1319.27	134.43	129.75	325.68

10—4 批发零售贸易业商品购进总额
Total Purchases in Wholesale and Retail Sale Trades

单位:亿元 (100 million yuan)

项目	Item	1995	1997	1998
总计	**Total**	**2885.41**	**2988.37**	**2173.62**
按经济类型分:	**Grouped by Ownership**			
国有经济	State-Owned	1787.23	1662.27	1400.14
集体经济	Collective Owned	809.41	708.60	367.27
私营经济	Private	29.50	263.71	30.03
联营经济	Joint Owned	29.79	28.26	17.48
股份制经济	Share Holding	215.15	309.58	349.26
外商投资经济	Foreign Funded	5.43	2.12	0.06
港澳台投资经济	Funded by Entrepreneurs from Hong Kong, Macao and Taiwan	4.75	7.65	9.29
其他经济	Others	4.15	6.18	0.09

注:本表1995、1997年为全部贸易企业,1998年为限额以上贸易企业。
Figures in 1995,1997 refered to statistics of all trade enterprises. Figures in 1998 refered to trade enterprises at above-norm.

10—5 批发零售贸易业商品销售总额
Total Sales in Wholesale and Retail Sale Trades

单位:亿元 (100 million yuan)

项目	Item	1995	1997	1998
总计	**Total**	**3063.82**	**3352.71**	**2357.83**
按经济类型分:	**Grouped by Ownership**			
国有经济	State-Owned	1890.69	1790.28	1525.73
集体经济	Collective Owned	854.98	772.75	395.97
私营经济	Private	32.17	379.28	31.71
联营经济	Joint Owned	32.04	31.06	18.41
股份制经济	Share Holding	237.44	359.56	372.48
外商投资经济	Foreign Funded	7.91	2.32	0.07
港澳台投资经济	Funded by Entrepreneurs from Hong Kong, Macao and Taiwan	4.59	10.85	13.37
其他经济	Others	4.00	6.61	0.09

注:本表1995、1997年为全部贸易企业,1998年为限额以上贸易企业。
Figures in 1995,1997 refered to statistics of all trade enterprises. Figures in 1998 refered to trade enterprises at above-norm.

10—6 限额以下批发零售贸易业商品销售总额(1998年)
Total Sales in Wholesale and Retail Sale Trades at below-norm(1998)

单位:亿元 (100 million yuan)

总计	Item	销售总额 Total Sales	批发 Wholesale	零售 Retail
总计	**Total**	**2679.74**	**1690.33**	**989.41**
限额以下企业	at below-norm Trade Enterprises	948.12	716.40	231.72
个体商业	Individual Trade Enterprises	1731.63	973.93	757.69

10—7 限额以上批发零售贸易业商品销售和库存类值(1998年)
Total Sales and Inventory in Wholesale and Retail Sale Trades by Category of Commodities at above-norm(1998)

单位:亿元 (100 million yuan)

商品分类	Commodity	销售 Sales	库存 Inventory
合　计	**Total**	**2356.69**	**196.00**
食品、饮料、烟酒类	Food,Beverage,Tobacco and Liquor	552.97	51.12
针、纺织品类	Knit and Textile Goods	128.83	12.15
服装、鞋帽类	Garments,Shoes and Hats	149.03	8.79
化妆品类	Cosmetics	16.50	2.26
钟表、眼镜类	Watches and Glasses	9.51	1.61
日用品类	Articles For Daily Use	56.05	5.71
五金、电工器具类	The Five Metals and Electrical Appliances	24.52	2.08
生活电器类	Household Electric Products	83.83	9.17
音像器材类	Audiovisual Products	27.02	2.36
自行车、摩托车类	Bicycle and Motorcycle	34.49	2.93
体育、娱乐用品类	Sports and Entertainment Articles	5.91	1.07
文化、办公用品类	Culture and Administrative Articles	21.97	2.06
金银珠宝类	Jewelry	15.91	3.68
家具类	Furniture	2.15	0.21
中西药品类	Medicines	138.93	17.64
书报杂志类	Books and Newspapers	32.63	5.83
汽车类	Motor Vehicle	73.07	2.59
建筑材料类	Building Materials	14.95	1.60
木材类	Timber	3.80	0.67
化工材料及制品类	Chemical Materials and Products	163.48	11.00
黑色金属材料类	Ferrous Metal Materials	158.79	9.98
有色金属材料类	Nonferrous Metal Materials	32.01	1.33
机电设备类	Mechanical and Electrical Products	76.46	4.44
煤炭及制品类	Coal and Related Products	68.49	3.78
石油及制品类	Petroleum and Related Products	249.06	10.36
种子饲料类	Seed and Forage	8.76	2.49
棉麻、土畜产品类	Cotton,Gunny and Local Products	36.31	9.08
再生资源类	Reproduction of Resources	17.14	0.53
其他类	Others	154.14	9.50

10—8 限额以上批发零售贸易业商品销售类值(1998年)
Total Sales in Wholesale and Retail Sale Trades at above-norm(1998)

单位:亿元 (100 million yuan)

商品分类	Commodity	批发额 Value in Wholesale Trade	零售额 Value in Retail Sale Trade
合　计	**Total**	**2006.02**	**350.67**
食品、饮料、烟酒类	Food,Beverage,Tobacco and Liquor	487.77	74.20
针、纺织品类	Knit and Textile Goods	116.77	12.06
服装、鞋帽类	Garments,Shoes and Hats	118.98	30.05
化妆品类	Cosmetics	8.97	7.53
钟表、眼镜类	Watches and Glasses	6.00	3.51
日用品类	Articles For Daily use	37.68	18.37
五金、电工器具类	The Five Metals and Electrical Appliances	20.49	4.03
生活电器类	Household Electric Products	49.63	34.19
音像器材类	Audiovisual Products	12.56	14.45
自行车、摩托车类	Bicycle and Motorcycle	21.30	13.19
体育、娱乐用品类	Sports and Entertainment Articles	3.72	2.19
文化、办公用品类	Culture and Administrative Articles	13.88	8.09
金银珠宝类	Jewelry	7.80	8.11
家具类	Furniture	1.34	0.81
中西药品类	Medicines	75.61	63.32
书报杂志类	Books and Newspapers	22.76	9.86
汽车类	Motor Vehicle	56.71	16.36
建筑材料类	Building Materials	12.92	2.03
木材类	Timber	3.36	0.44
化工材料及制品类	Chemical Materials and Products	161.70	1.78
黑色金属材料类	Ferrous Metal Materials	157.37	1.43
有色金属材料类	Nonferrous Metal Materials	30.83	1.18
机电设备类	Mechanical and Electrical Products	74.86	1.60
煤炭及制品类	Coal and Related Products	67.83	0.66
石油及制品类	Petroleum and Related Products	239.53	9.53
种子饲料类	Seed and Forage	8.72	0.03
棉麻、土畜产品类	Cotton,Gunny and Local Products	36.01	0.31
再生资源类	Reproduction of Resources	16.87	0.27
其他类	Others	143.06	11.08

10—9 批发零售贸易企业商品销售数量
Sales of Wholesale and Retail Sale Trades

名　称		Item		1997 批发 Value in Wholesale Trade	1997 零售额 Value in Retail Sale Trade	1998 批发 Value in Wholesale Trade	1998 零售额 Value in Retail Sale Trade
布	（百米）	Cloth	(100 m)	3525129	117079	2633232	114688
#棉布		Cotton Cloth		1426528	68519	1105976	61559
呢绒	（百米）	Woolen Fabric	(100 m)	52852	11109	20338	15538
绸缎	（百米）	Silk and Satin	(100 m)	518993	28172	302736	26806
各种服装	（百件）	Garments	(100 PCs)	2476699	133183	2396345	183374
鞋	（百双）	Shoes	(100 pairs)	672184	236739	577223	207904
#皮鞋		Leather Shoes		66168	114573	60199	68538
黄金饰品	（千元）	Golden Jewelry	(1000 yuan)	83421	682812	82228	565106
照相机	（架）	Camera	(unit)	18237	90465	18324	83970
自行车	（辆）	Bicycle	(unit)	1367622	643644	912738	561923
摩托车	（辆）	Motorcycle	(unit)	218242	109258	207616	109006
电视机	（台）	TV Set	(unit)	853234	469235	959209	533124
#彩色电视机	（台）	Color TV Set	(unit)	604584	424411	671045	505724

10－9 续表 1 continued

名　称		Item		1997		1998	
				批发 Value in Wholesale Trade	零售额 Value in Retail Sale Trade	批发 Value in Wholesale Trade	零售额 Value in Retail Sale Trade
录音机	（台）	Recorder	(unit)	479573	209808	330214	144593
录像机	（台）	Video	(unit)	20295	36114	5359	12548
家用电风扇	（台）	Electric Fan	(unit)	1207783	472687	841257	435055
家用洗衣机	（台）	Washing Machine	(unit)	609357	232236	475609	254198
家用电冰箱	（台）	Refrigerator	(unit)	466863	244099	412810	254132
房间空调器	（台）	Air Conditioner	(unit)	264420	145524	323697	183194
抽油烟机	（台）	Range Hoods	(unit)	174372	138005	101999	133960
化学肥料	（吨）	Chemical Fertilizer	(ton)	5095729		5528684	
化学农药	（吨）	Chemical Pesticide	(ton)	141855		99910	
农用塑料薄膜	（吨）	Plastic Film	(ton)	108113		110508	
汽　车	（辆）	Motor Vehicle	(unit)	60848	9614	61087	13908
轿　车		Car		19909	5955	21504	9379
生　铁	（吨）	Pig Iron	(ton)	476246		479127	
钢　材	（吨）	Steel Products	(ton)	5150889	22832	4646088	28397
#普通中型钢材		Ordinary Rolled-Steel,Medium		433178	342	461240	1974
普通小型钢材		Ordinary Rolled-Steel ,Small		1370266	4813	1319825	7356
钢　带		Steel Belt		80407		75472	
线　材		Wire Rod		1145911	17026	865408	14134
中厚钢板		Medium Steel Plate		712914	71	657733	649
薄钢板		Steel Sheet		912889	418	869709	714
硅钢片		Silicon Steel Sheet		56704		63995	

10—9 续表 2 continued

名　称		Item		1997 批发 Value in Wholesale Trade	1997 零售额 Value in Retail Sale Trade	1998 批发 Value in Wholesale Trade	1998 零售额 Value in Retail Sale Trade
铜	（吨）	Copper	(ton)	88971		57691	
铝	（吨）	Aluminum	(ton)	91582		42636	
铅	（吨）	Lead	(ton)	5091		3853	
锌	（吨）	Zinc	(ton)	49466		35952	
锡	（吨）	Tin	(ton)	330		883	
铜材	（吨）	Copper Products	(ton)	5284		11760	
铝材	（吨）	Aluminum Products	(ton)	5533		4482	
硫酸	（吨）	Sulfuric Acid	(ton)	6417		4487	
烧碱	（吨）	Caustic Soda	(ton)	16401		15975	
纯碱	（吨）	Soda Ash	(ton)	52588		30381	
天然橡胶	（吨）	Natural Rubber	(ton)	22615		18864	
合成橡胶	（吨）	Synthetic Rubber	(ton)	22586		29494	
水泥	（吨）	Cement	(ton)	1954585	853	1668977	4939
原木	（立方米）	Logs	(cu. m)	195696	8593	125711	4475
锯材	（立方米）	Lumber	(cu. m)	30904	3199	36286	2902
煤炭	（万吨）	Coal	(10000 tons)	2505	25	2674	4
焦炭	（吨）	Coke	(ton)	108359		142019	
原油	（吨）	Crude Oil	(ton)	44509		34128	
汽油	（吨）	Gasoline	(ton)	2972779	102665	2910641	134053
柴油	（吨）	Diesel Oil	(ton)	7328474	60152	7282057	85547
煤油	（吨）	Kerosene	(ton)	155809	2581	128726	2293
燃料油	（吨）	Fuel Oil	(ton)	197764	25	277161	837

10—10 批发零售贸易企业年末库存数量
Inventory of Wholesale and Retail Sale Trades (year-end)

名　称		Item		1995	1997	1998
呢绒	（百米）	Woolen Fabric	(100 m)	23495	16272	16129
绸缎	（百米）	Silk and Satin	(100 m)	89793	99223	88643
各种服装	（百件）	Garments	(100 PCs)	133123	74047	76878
鞋	（百双）	Shoes	(100 pairs)	250165	136196	100335
#皮鞋		Leather Shoes		51786	31946	26925
黄金饰品	（千元）	Golden Jewelry	(1000 yuan)	386770	316992	245006
照相机	（架）	Camera	(unit)	24538	33924	25797
自行车	（辆）	Bicycle	(unit)	416770	269911	114330
摩托车	（辆）	Motorcycle	(unit)	37792	36245	29136
电视机	（台）	TV Set	(unit)	170577	116201	105265
#彩色电视机		Color TV Set		129057	102919	94442
录音机	（台）	Recorder	(unit)	179486	136634	187653
录像机	（台）	Video	(unit)	26320	16167	5299
家用电风扇	（台）	Electric Fan	(unit)	557195	432951	297140
家用洗衣机	（台）	Washing Machine	(unit)	69850	89549	93526
家用电冰箱	（台）	Refrigerator	(unit)	93938	90096	83434
房间空调器	（台）	Air Conditioner	(unit)	50604	48158	45376

10—10 续表 1 continued

名 称		Item		1995	1997	1998
抽油烟机	(台)	Range Hoods	(unit)	77686	43942	29517
化学肥料	(吨)	Chemical Fertilizer	(ton)	420288	539367	494036
化学农药	(吨)	Chemical Pesticide	(ton)	29795	23929	15168
农用塑料薄膜	(吨)	Plastic Film	(ton)	19038	12375	12827
汽 车	(辆)	Motor Vehicle	(unit)	4293	3668	3870
轿 车		Car		875	673	538
生 铁	(吨)	Pig Iron	(ton)	60249	11546	5673
钢 材	(吨)	Steel Products	(ton)	530218	363947	385320
普通中型钢材		Ordinary Rolled-Steel, Medium		45455	30705	33708
普通小型钢材		Ordinary Rolled-Steel, Small		110904	102702	150831
钢 带		Steel Belt		2495	6082	3359
线 材		Wire Rod		44001	47522	68523
中厚钢板		Medium Steel Plate		40230	27111	20405
薄钢板		Steel Sheet		34654	87275	48502
硅钢片		Silicon Steel sheet		5344	20430	9915
焊接钢管		Welded Steel Pipe		10266	2047	1779

10—10 续表 2 continued

名　称	Item	1995	1997	1998
铜　（吨）	Copper (ton)	2861	5044	1854
铝　（吨）	Aluminum (ton)	1199	3068	5699
铅　（吨）	Lead (ton)	294	1368	540
锌　（吨）	Zinc (ton)	1219	1459	2509
锡　（吨）	Tin (ton)	54	46	46
铜材　（吨）	Copper Products (ton)	369	752	547
铝材　（吨）	Aluminum Products (ton)	702	758	1038
硫酸　（吨）	Sulfuric Acid (ton)	644	64	35
烧碱　（吨）	Caustic Soda (ton)	2943	730	558
纯碱　（吨）	Soda Ash (ton)	11762	4510	1836
天然橡胶　（吨）	Natural Rubber (ton)	2755	4822	1715
合成橡胶　（吨）	Synthetic Rubber (ton)	1320	4160	1851
水泥　（吨）	Cement (ton)	67630	174897	90511
原木　（立方米）	Logs (cu. m)	129612	40054	49735
锯材　（立方米）	Lumber (cu. m)	11883	7763	7216
煤炭　（万吨）	Coal (10000 tons)	94	204	133
焦炭　（吨）	Coke (ton)	7247	11640	11299
原油　（吨）	Crude Oil (ton)	165882	4160	4643
汽油　（吨）	Gasoline (ton)	95993	187098	150980
柴油　（吨）	Diesel Oil (ton)	214219	433457	298226
煤油　（吨）	Kerosene (ton)	7669	12586	10657
燃料油　（吨）	Fuel Oil (ton)	10323	7262	10092

10—11 大中型批发零售贸易企业商品销售数量(1998 年)
Sales of Large and Medium-sized Enterprises in Wholesale and Retail Sale Trades(1998)

名　称	Item		批发额 Total Wholesale	#对生产经营单位批发 To Uints of Production Management	零售 Total Retail Sales
布	(百米) Cloth	(100 meters)	2633232	358157	114688
#棉布	Cotton Cloth		1105976	160400	61559
呢绒	(百米) Woolen Fabric	(100 meters)	20338	11021	15538
绸缎	(百米) Silk and Satin	(100 meters)	302736	53001	26806
各种服装	(百件) Garments	(100 PCs)	2396345	4471	183374
鞋	(百双) Shoes	(100 pairs)	577228	3830	207904
#皮鞋	Leather Shoes		60199	110	68538
黄金饰品	(千元) Golden Jewelry	(1000 yuan)	82228	0	565106
照相机	(架) Camera	(unit)	18324	162	83970
自行车	(辆) Bicycle	(unit)	912738	3572	561923
摩托车	(辆) Motorcycle	(unit)	207616	9643	109006
电视机	(台) TV Set	(unit)	959209	4676	533124
#彩色电视机	Color TV Set		671045	3498	505724
录音机	(台) Recorder	(unit)	33021	2	144593

10—11 续表 1 continued

名　称		Item		批发额 Total Wholesale	#对生产经营单位批发 To Uints of Production Management	零售 Total Retail Sales
摄像机	（台）	Video Camera	(unit)	3596		2418
录像机	（台）	Video	(unit)	5359	332	12548
家用电脑	（台）	Personal Computer	(unit)	7220	620	5186
家用电风扇	（台）	Electric Fan	(unit)	841257	13026	435055
家用洗衣机	（台）	Washing Machine	(unit)	475609	1761	254198
家用电冰	（台）	Refrigerator	(unit)	412810	2679	254132
房间空调器	（台）	Air Conditioner	(unit)	323697	43303	183194
抽油烟机	（台）	Hange Hoods	(unit)	101999	6946	133960
化学肥料	（吨）	Chemical Fertilizer	(ton)	5528684	1644575	
化学农药	（吨）	Chemical Pesticide	(ton)	99910	38141	
农用塑料薄膜	（吨）	Plastic Film	(ton)	110508	67747	
汽　车	（辆）	Motor Vehicle	(unit)	61087	26154	13908
轿　车	（辆）	Car	(unit)	21504	6191	9379
生　铁	（吨）	Pig Iron	(ton)	479127	354889	
钢　材	（吨）	Steel	(ton)	4646088	2179897	28156
普通中型钢材		Ordinary Rolled-Steel, Medium		461240	148979	1974
普通小型钢材		Ordinary Rolled-Steel, Small		1319825	782353	7356
钢　带		Steel Belt		75472	30710	
线　材		Wire Rod		865408	363291	14134
中厚钢板		Medium Steel Plate		657733	435031	649
薄钢板		Steel Sheet		869709	247955	714
硅钢片		Silicon Steel Sheet		63995	34409	

10—11 续表 2 continued

名　称		Item		批发额 Total Wholesale	#对生产经营单位批发 To Uints of Production Management	零售 Total Retail Sales
铜	（吨）	Copper	(ton)	57691	32566	
铝	（吨）	Aluminum	(ton)	42636	22766	
铅	（吨）	Lead	(ton)	3853	2483	
锌	（吨）	Zinc	(ton)	35952	19430	
锡	（吨）	Tin	(ton)	883	534	
铜材	（吨）	Copper Products	(ton)	11760	10334	
铝材	（吨）	Aluminum Products	(ton)	4482	3850	
硫酸	（吨）	Sulfuric Acid	(ton)	4487	3634	
烧碱	（吨）	Caustic Soda	(ton)	15975	11758	
纯碱	（吨）	Soda Ash	(ton)	30381	21855	
天然橡胶	（吨）	Natural Rubber	(ton)	18864	7779	
合成橡胶	（吨）	Synthetic Rubber	(ton)	29494	21052	
水泥	（吨）	Cement	(ton)	1668977	1480937	4939
原木	（立方米）	Logs	(cu. m)	125711	48114	4475
锯材	（立方米）	Lumber	(cu. m)	36286	27660	2902
煤炭	（万吨）	Coal	(10000 tons)	2674	1600	4
焦炭	（吨）	Coke	(ton)	142019	48035	
原油	（吨）	Crude Oil	(ton)	34128	23787	
汽油	（吨）	Gasoline	(ton)	2910641	650022	134053
柴油	（吨）	Diesel Oil	(ton)	7282057	1465851	85547
煤油	（吨）	Kerosene	(ton)	128726	49095	2293
燃料油	（吨）	Fuel Oil	(ton)	277161	227991	837

10—12 批发零售贸易企业财务状况
Financial Conditions of Wholesale and Retail Sale Trade

单位:亿元 (100 million yuan)

指 标	Item	1995	1997	1998
流动资产合计	Total Circulating Assets	669.55	727.15	718.53
固定资产合计	Total Fixed Assets	185.45	249.94	252.74
资产总计	Total Assets	938.22	1085.58	1077.20
流动负债合计	Total Liquid Liabilities	636.94	690.76	694.89
负债合计	Total Liabilities	694.96	766.24	761.27
商品销售收入净额	Net Value of Sales Revenue	2041.97	2105.71	2048.66
商品销售成本	Cost of Sales	1899.53	1965.19	1907.72
经营费用	Business Expenses	58.92	63.21	62.83
商品销售税金及附加费	Tax and Extra Charges on Goods Sales	3.47	2.73	2.89
主营业务利润	Profits of Major Management	81.31	75.80	76.44
管理费用	Management Expenses	51.91	57.87	58.90
财务费用	Financial Expenses	31.11	25.36	20.13
利润总额	Total Profits	20.31	18.88	21.32
本年应付工资总额	Total Wages Payable in the Year	23.36	26.72	28.79
本年应付福利费总额	Total Welfare Expenses Payable in the Year	3.79	3.99	4.10

10—13 大中型餐饮企业财务状况
Financial Conditions of Catering Trade

单位:亿元　　　　(100 million yuan)

指　　标	Item	1995	1997	1998
流动资产合计	Total Circulating Assets	3.45	4.97	7.99
固定资产合计	Total Fixed Assets	6.62	14.34	23.20
资产总计	Total Assets	11.35	22.35	36.84
流动资产负债合计	Total Liquid Liabilities	4.26	10.41	19.24
负债合计	Total Liabilities	5.97	13.83	23.69
营业收入	Business Income	9.11	13.98	19.62
营业成本	Business Cost	4.95	6.92	9.59
营业费用	Business Expenses	2.15	3.96	5.85
商品销售税及附加费	Tax and Extra Charges on Goods Sales	0.43	0.66	1.03
主营业务利润	Profits of Major Management	1.56	2.25	3.16
管理费用	Management Expenses	1.05	1.67	3.08
财务费用	Financial Expenses	0.21	0.54	1.17
利润总额	Total Profits	0.62	0.26	—0.54
本年应付工资总额	Total Wages Payable in the Year	0.77	1.34	2.21
本年应付福利费总额	Total Welfare Expenses Payable in the Year	0.11	0.18	0.27

10—14 个体经济发展情况(1998年)

Developments in Individual Economy(1998)

项　　目	Item	全省 Total	城镇 Urban Area	农村 Rural Area
户数(户)	**Number of Households (household)**	**1583991**	**410500**	**1173491**
农林牧渔业	Farming, Forestry, Animal Husbandry and Fishery	4431	260	4171
工业和手工业	Industry and Handicraft Industry	304834	43808	261026
建筑业	Construction	1042	380	662
运输业	Transportation	179772	21275	158497
商业	Trade	782000	239960	542040
饮食业	Catering Services	104155	35757	68398
服务业	Services	177581	64586	112995
修理业	Repairing Trades	48005	12144	35861
其他行业	Others	3925	1149	2776
从业人员(人)	**Number of Employed Persons (person)**	**2678408**	**646236**	**2032172**
农林牧渔业	Farming, Forestry, Animal Husbandry and Fishery	11118	633	10485
工业和手工业	Industry and Handicraft Industry	825527	120772	704755
建筑业	Construction	3181	1215	1966
运输业	Transportation	234709	26959	207750
商业	Trade	1124502	331152	793350
饮食业	Catering Services	191384	67768	123616
服务业	Services	257240	96213	161027
修理业	Repairing Trades	62465	15895	46570
其他行业	Others	6972	1790	5182
总产值或营业额(亿元)	**Total Output Value (Volume of Business) (100 million yuan)**			
农林牧渔业	Farming, Forestry, Animal Husbandry and Fishery	7.03	0.68	6.35
工业和手工业	Industry and Handicraft Industry	1612.34	233.25	1379.09
建筑业	Construction	8.22	1.95	6.27
运输业	Transportation	202.82	33.80	169.02
商业	Trade	1790.01	828.70	961.31
饮食业	Catering Services	98.29	53.12	45.17
服务业	Services	144.45	66.19	78.26
修理业	Repairing Trades	26.92	9.42	17.50
其他行业	Others	6.20	2.52	3.68

主要统计指标解释

社会消费品零售额 指各种经济类型的批发零售贸易业、餐饮业、制造业和其他行业对城乡居民和社会集团的消费品零售额。这个指标反映通过各种商品流通渠道向居民和社会集团供应的生活消费品来满足他们生活需要，是研究人民生活，社会消费品购买力、货币流通等问题的重要指标。社会消费品零售额包括：(1)售给城乡居民作为生活用的商品和修建房屋用的建筑材料；(2)售给机关、团体、学校、部队、企业、事业单位的职工食堂和旅店(招待所)附设专门供本店旅客食用，不对外营业的食堂的各种食品、燃料；企业、单位和国营农场直接售给本单位职工和职工食堂的自己生产的产品；(3)售给部队干部、战士生活用的粮食、副食品、衣着品、日用品、燃料；(4)售给来华的外国人、华侨、港澳台同胞的消费品；(5)居民自费购买的中、西药品、中药材及医疗用品；(6)报社、出版社直接售给居民和社会集团的报纸、图书、杂志、集邮公司出售的新、旧纪念邮票、特种邮票、首日封、集邮册、集邮工具等；(7)旧货寄售商店自购、自销部分的商品；(8)煤气公司、液化石油气站售给居民和社会集团的煤气灶具和罐装液化石油气；(9)农民售给非农业居民和社会集团的商品。不包括售给国民经济各部门企业、事业单位(包括国有经济的农场)生产经营用的各种原材料、燃料、设备、工具等和售给批发零售贸易业、餐饮业作为转卖用的商品、旧货寄售商店受托寄售卖出的商品、服务业的营业收入、邮局出售邮票的收入、自来水、电力、煤气生产(供应)单位的产品供应收入，也不包括农民之间的商品销售。

批发零售贸易业商品购、销、存总额 指以各种经济类型的批发、零售贸易业(不包括个体)为总体的商品购、销、存。

商品购进总额 指从本企业(单位)以外的单位和个人购进(包括从国外直接进口)作为转卖或加工后转卖的商品。这个指标反映批发零售贸易业从国内、国外市场上购进商品的总量。商品购进总额包括：(1)从工农业生产者购进的商品；(2)从出版社、报社的出版发行部门购进的图书、杂志和报纸；(3)从各种经济类型的批发零售贸易企业(单位)购进的商品；(4)从其他单位购进的商品，如从机关、团体、企业单位购进的剩余物资，从餐饮业、服务业购进的商品，从海关、市场管理部门购进的缉私和没收的商品，从居民收购的废旧商品等；(5)从国(境)外直接进口的商品。不包括企业(单位)为自身经营用，和未通过买卖行为而收入的商品以及销售退回、商品升溢等。

商品销售总额 指对本企业(单位)以外的单位和个人出售(包括对国(境)外直接出口)的商品。这个指标反映批发零售贸易业在国内市场上销售商品以及出口商品的总量。商品销售总额包括：(1)售给城乡居民和社会集团消费用的商品；(2)售给工业、农业、建筑业、运输邮电业、批发零售贸易业、餐饮业、服务业等作为生产、经营使用的商品；(3)售给批发零售贸易业作为转卖或加工后转卖的商品；(4)对国(境)外直接出口的商品。不包括：出售本企业(单位)自用的废旧包装用品，未通过买卖行为付出的商品，经本单位介绍，由买卖双方直接结算，本单位只收取手续费的业务，购货退出的商品以及商品损耗和损失等。

Explanatory Notes on Main Statistical Indicators

Total Retail Sales of Consumer Goods refer to the sum of retail sales of consumer goods by the establishments in wholesale trade, retail sale trade, catering trade, manufacturing industry and other industries of different types of ownership, to urban and rural residents and social groups. This indicator is used to show the supply of consumers goods through various channels to households and institutions to meet their demands, and is therefore very important for the study of the issues on people's livelihood, on the purchasing power of consumer goods and on the circulation of money. The retail sales of consumer goods include: (1) commodities sold to urban and rural residents for residential use and building materials sold to them for the construction or repair of houses; (2) food and fuels sold to canteens of institutions, enterprises, schools, military units and to canteens of hotels and hostels that only serve their guests, and commodities produced by enterprises, institutions or state farms and sold directly to their employees or their canteens; (3) grain and non-staple food, clothing, daily articles and fuels sold to military personnel; (4) consumer goods sold to foreigners, overseas Chinese, and Chinese compatriots from Taiwan, Hong Kong and Macao during their stay in the mainland of China; (5) Chinese and western medicines, herbs and medical facilities purchased by residents; (6) newspapers, books and magazines directly sold to residents and social groups by publishers, new and old commemorative stamps, special stamps, first-day covers, stamp albums and other stamp-collection articles sold by stamp companies; (7) consumer goods purchased and then sold by second-hand shops; (8) stoves and other heating facilities and liquified gas sold by gas companies to households and institutions; and (9) commodities sold by farmers to non-agricultural residents and social groups. Excluded under this heading are: raw materials, fuels, equipment, tools sold to enterprises, institutions and state farms for production purpose; commodities sold to trade establishments for re-selling; commissioned sales at second-hand shops; operational income of urban public utilities; stamps sold at post offices; income of water, power, gas production and supply establishments from the supply of their products; and sales of commodities among farmers.

Purchase, Sales and Stock of Commodities by Wholesale and Retail Trade refer to the purchase, sales and stock of commodities by wholesale and retail establishments of different ownership (excluding individual sellers).

Total Purchases of Commodities refer to the purchases of commodities by the establishments from other establishments or individuals (including direct import from abroad) for the purpose of re-selling, either with or without further processing of the commodities purchased. This indicator is used to show the total value of purchases of commodities by wholesale and retail establishments from domestic and overseas markets. The total purchases include: (1) agricultural and industrial products purchased from producers; (2) books, magazines and newspapers purchased from distribution departments of the publishers; (3) commodities purchased from wholesale and retail establishments; (4) commodities purchased from other units, such as surplus materials purchased from government agencies, enterprises or institutions, commodities purchased from catering and service establishments, confiscated goods purchased from customs authorities or market management agencies, second-hand goods and wastes purchased from residents; and (5) commodities directly imported from abroad. Excluded are commodities purchased by establishments (units) for use in their own business operation, commodities obtained without buying or selling procedures, rejected commodities, etc.

Total Sales of Commodities refer to selling of commodities by the establishments to other establishments and individuals (including direct export). This indicator is used to show the total value of sales of commodities at domestic markets and export. The total sales include: (1) commodities sold to urban and rural residents and social groups for their consumption; (2) commodities sold to establishments in industry, agriculture, construction, transportation, post and telecommunications, wholesale and retail trades, catering trade and public utility for their production and operation; (3) commodities sold to wholesale and retail establishments for re-selling, with or without further processing; and (4) commodities for direct export to other countries. Excluded are selling of waste packaging materials used by the establishments (units) themselves, commodities transferred without buying or selling procedures, commission income from brokerage in transactions whose settlement is directly handled by buyers and sellers, rejected commodities in the purchase, loss in commodities, etc.

对外经济贸易和旅游

FOREIGN ECONOMY & TRADE, TOURISM

11

11.对外经济贸易和旅游
Foreign Economy and Trade, Tourism

1998 年外贸部门进出口总值	Total Value of Imports and Exports in Foreign Trade Department	159.97 亿美元(USD 100 million)
#自营出口总值	Exports	120.09 亿美元(USD 100 million)
1998 年利用外资协议金额	Amount of Utilization of Foreign Capital Through Signed Contracts	22.58 亿美元(USD 100 million)
#外商直接投资	Foreign Direct Investment	18.34 亿美元(USD 100 million)
1998 年实际利用外资金额	Amount of Foreign Capital Through Signed Contracts	24.17 亿美元(USD 100 million)
#外商直接投资	Foreign Direct Investment	13.18 亿美元(USD 100 million)
1998 年接待国际旅游人数	International Tourists	81.96 万人 (10000 Persons)
1998 年国际旅游业创汇收入	Total Foreign Exchange From International Tourism	3.61 亿美元(USD 100 million)

外贸出口总值（亿美元）

Total Value of Imports and Exports in Foreign Trade Department (USD 100 Million)

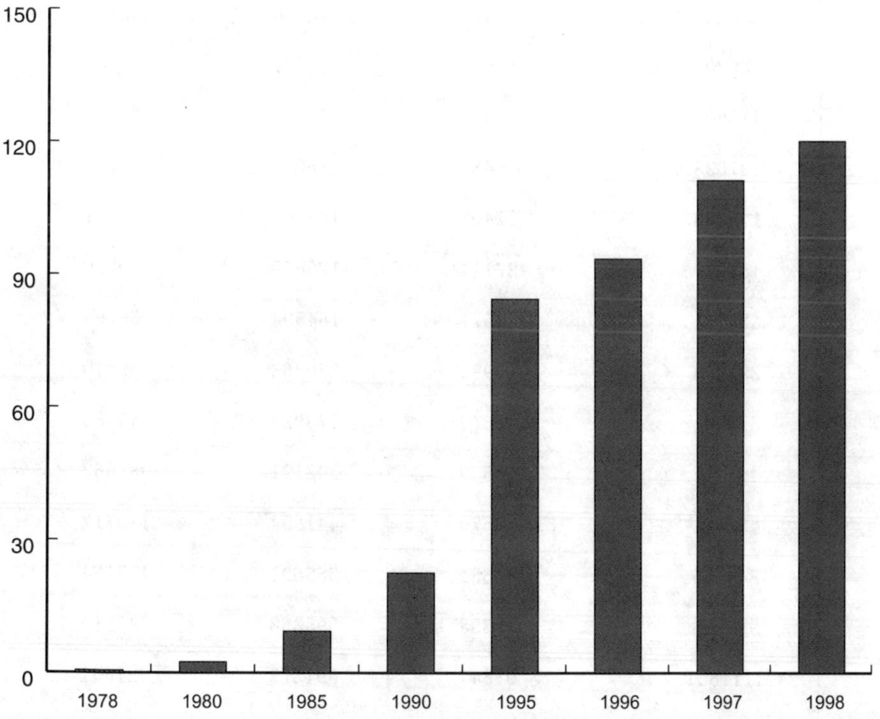

11—1 外贸部门出口和进口总值

Total Value of Imports and Exports in ForeignTrade Department

年 份 Year	外贸出口总值（万美元） Total Exports (USD 10000)	#农副产品 Agricultural and Sideline Products	#轻工业品 Products of Light Industry	#重工业品 Products of Heavy Industry	外贸进口总值（万美元） Total Imports (USD 10000)
1970	504				269
1975	1068				1283
1976	1827				1143
1977	3783				1287
1978	5240				1771
1979	9075				1715
1980	24273	8667	9031	6575	1811
1981	44062	10141	26045	7876	3314
1982	55696	9927	35470	10299	3127
1983	65201	12508	41135	11558	2645
1984	73689	12663	48850	12176	5546
1985	93768	13946	52601	27221	18554
1986	115608	18911	69935	26762	13365
1987	137028	23636	86634	26758	21347
1988	162023	27402	104700	29921	39955
1989	187919	27114	129879	30926	45012
1990	225934	30571	164594	30769	29081
1991	291258	30985	220363	39910	53503
1992	370268	40360	279923	49985	95318
1993	444412	50559	309191	84662	169023
1994	631941	70670	441554	119717	213884
1995	844496	93681	565691	185124	308066
1996	935025	92338	595368	247319	411812
1997	1111821	98847	691373	321601	440541
1998	1200938	99112	759390	342436	368904

11—2 外贸部门出口贸易总值
Total Value of Exports in Foreign Trade Departments

单位：万美元 (USD 10000)

项　目	Item	1990	1995	1997	1998
出口总值	**Total Value of Exports**	**225934**	**844496**	**1111821**	**1200938**
按工农业产品划分	**By Industrial and Agricultural Products**				
工矿产品	Industrial and Mineral Products	66246	405113	630922	701193
农副产品加工品	Processed Agricultural and Sideline Products	129117	345702	382052	400633
农副产品	Agricultural and Sideline Products	30571	93681	98847	99112
按农轻重划分	By Agriculture,Light and Heavy Industry				
农副产品	Agricultural and Sideline Products	30571	93681	98847	99112
轻工业品	Products of Light Industry	164594	565691	691373	759390
重工业品	Products of Heavy Industry	30769	185124	321601	342436
在总值中	**Among Total**				
省级进出口公司	Import-export Company at Provincial Level	170081	279285	287437	295052
市、县外贸公司	Import-export Company at City and County Level	32645	291502	389526	394287
自营出口生产企业	Export Enterprises Operated by Self-Management	8338	114607	146706	176926
外商投资企业	Enterprise Foreign-Funded	14867	155270	282802	327152
其　它	Others	3	3832	5350	7521

11—3 进出口货物分主要国别总值表
Total Value of Imports and Exports by Country and Region

单位:万美元 (USD 10000)

国别(地区)	Country(Region)	出口 Exports 1997	出口 Exports 1998	进口 Imports 1997	进口 Imports 1998
总值	**Total**	**1011113**	**1086623**	**416619**	**398759**
#亚太经济合作组织	Organization for Asia and Pacific Co-operation	625366	612802	284436	293403
亚洲	**Asia**	**479732**	**432464**	**222729**	**229982**
#中国香港	Hong kong,China	124126	92575	10616	9972
日本	Japan	195780	184293	91577	92656
中国台湾	Taiwan,China	13979	14291	31964	31600
韩国	Korea Rep	32310	29606	53436	51851
东南亚联盟	The Association of Southeast Asian Nations	53435	43098	21516	28393
非洲	**Africa**	**29560**	**42905**	**22889**	**3044**
欧洲	**Europe**	**259659**	**317375**	**78874**	**76087**
#欧洲联盟	European Free Trade Association	189959	240474	66703	70320
#英国	United Kingdom	26111	32422	10109	14455
德国	Germany	47752	54632	15402	17757
意大利	Italy	28442	34389	19243	17655
法国	France	17954	25458	7701	8703
比利时	Belgium	9132	12941	3460	3007
#俄罗斯	Russia	27066	20836	7744	3045
拉丁美洲	**Latin America**	**41575**	**52663**	**19174**	**13256**
北美洲	**North America**	**179857**	**216570**	**54877**	**61973**
#美国	United States	169202	204036	50349	49508
加拿大	Canada	10654	12531	4528	12465
大洋洲	**Oceania**	**20730**	**24646**	**18075**	**14416**
#澳大利亚	Australia	17126	20762	13455	11234

注:本表根据海关统计,表11—4至11—7同.
The Data in this table were obtained from the Customs Statistics,Table from 11—4 to 11—7 were the same.

11—4 进出口总值分类表
Total Value of Imports and Exports by Category

单位:万美元 (USD 10000)

项目	Item	出口 Exports 1997	出口 Exports 1998	进口 Imports 1997	进口 Imports 1998
总值	**Total**	**1011113**	**1086623**	**416619**	**298759**
#机电产品	Mechanical and Electrical Products	254819	286891	156772	150525
总值中:	**Among Total**				
国有企业	State-owned Enterprises	697703	722078	170759	176780
三资企业	Joint Ventures,Cooperatives Enterprises and Enterprises Exclusively Funded Form Abroad	246640	268295	224934	202419
集体企业	Collective Owned Enterprises	66056	93404	20768	18806
私营企业	Private Enterprises	706	2824	22	325
其他	Others	8	22	136	429
总值中:	**Among Total**				
工业制成品	Manufactured Goods	861460	951388	302605	298689
初级产品	Primary Goods	149653	135235	114014	100070

11—5 进出口货物分贸易方式总值表
Total Value of Imports and Exports by Type

单位:万美元 (USD 10000)

贸易方式	Type	出口 Exports		进口 Imports	
		1997	1998	1997	1998
总　值	**Total**	**1011113**	**1086623**	**416619**	**398759**
一般贸易	Original Trade	739172	820244	106496	148712
补偿贸易	Compensation Trade	1007	5		
来料加工装配贸易	Processing and Assembling Raw Material Supplied by Foreign Firms	52956	69082	40853	46410
进料加工贸易	Processing Imported Raw Materials	209939	189043	133305	105035
外商投资企业作为投资进口的设备	Imported Commodities as Investment of Foreign Enterprises			96539	63417
出料加工贸易	Processing Exported Raw Materials	37	109	18	20
易货贸易	Barter	9	24		
保税仓库进出境货物	Import & Export Commodities in Protective Tariff Zone	3430	5858	8930	14119
保税区仓储转口货物	Transit Goods in Protective Tariff Zone	2775	1360	29980	19603
国家间、国际组织无偿援助和赠送物资	Assistant Goods From International Organization	10	39	19	346
华侨、港澳台同胞、外籍华人捐赠物资	Assistant Goods From Overseas Chinese, Compatriots from Hogn Kong, Macao and Taiwan			19	182
来料加工装配进口的设备	Assembling Imported Equipment			102	117
对外承包工程出口货物	Exported Commodities	5	76		
其他	Others	1773	783	358	798

11—6 主要出口商品
Major Export Goods

商品名称	Item		数量 Volume		金额(万美元) Value (USD 10000)	
			1997	1998	1997	1998
活猪(种猪除外)	Live Hogs	头(Head)	295033	289716	3904	3549
水海产品	Seawater Aquatic Products	吨(ton)	94863	91991	31471	26935
蔬菜	Vegetables	吨(ton)	94034	112001	12745	13609
茶叶	Tea	吨(ton)	48270	54104	7810	8743
成品油	Petroleum Products Refined	吨(ton)	1269781	1312974	25264	18351
合成有机染料	Synthetic Organic Dyestuffs	吨(ton)	25862	34696	10096	11316
医药品	Medical and Pharmaceutical Products	吨(ton)	10286	12995	13603	17787
丝绸	Silk	万米 (10000 m)	3785	3110	11903	9766
纺织纱线、织物及制品	Textiles				102782	107133
棉机织物	Cotton Textiles	万米 (10000 m)	15600	16056	18318	19439
手用或机用工具	Hand Tools and Tools for Machines	吨(ton)	63583	77122	14407	16705
床垫、寝具及类似品	Bedding				12259	11888
灯具、照明装置及类似品	Lighting Installation	吨(ton)	65214	92281	13101	16693
旅行用品及箱包	Travelling Articles				14384	18915
服装及衣着附件	Garments				282899	302488
鞋类	Shoes				30444	36585

11—7 主要进口商品
Major Import Goods

商品名称	Item		数量 Volume		金额(万美元) Value (USD 10000)	
			1997	1998	1997	1998
纸浆	Paper Pulp	吨(ton)	212007	301161	10110	12946
羊毛(包括羊毛条)	Wool and Wool Tops	吨(ton)	17552	16567	8384	6302
纺织用合成纤维	Synthetic Fibers Suitable for Spinning	吨(ton)	48357	52147	6764	5906
原油	Crude Oil	吨(ton)	2299474	1649657	37407	20495
初级形状塑料	Primary Plastics	吨(ton)	128554	344975	12380	24023
纸及纸板	Paper and Paperboard	吨(ton)	132814	144983	7175	7468
合成纤维纱线	Synthetic Fiber Yarn	吨(ton)	67833	48694	11245	7060
棉机织物	Cotton Textiles	万米 (10000 m)	3057	3099	7733	6676
合成纤维长丝机织物	Synthetic Fiber Silk Knit Goods	万米 (10000 m)	4723	4136	9916	7852
铜材	Rolled Copper	吨(ton)	352073	282603	17117	14837
纺织机械	Textile Machinery				38537	27172
金属加工机床	Machine Tools	台(set)	2639	1348	5232	4008
橡胶或塑料加工机械	Processing Rubber and Plastic Machinery				6840	6735
电视、收音机及无线电讯	TV Set,Radio Sets and Radio Communication	吨(ton)	5251	6151	22253	31949

11－8 利用外资情况
Utilization of Foreign Capital

项 目 Item	利用外资协议（合同）Signed Contracts(Agreements) for Utilization of Foreign Capital 项 目（个）Projects (unit)			金 额（万美元）Value (USD 10000)			实际利用外资金额（万美元）Amount of Foreign Capital Actually Used (USD 10000)		
	1998 年止累计 Accumu-lation until 1998	1997	1998	1998 年止累计 Accumu-lation until 1998	1997	1998	1998 年止累计 Accumu-lation until 1998	1997	1998
总 计 Total	**15873**	**888**	**1013**	**2780390**	**486522**	**225795**	**1349950**	**306641**	**241656**
对外借款 Foreign Loans	**289**	**36**	**48**	**700595**	**294123**	**41999**	**424705**	**84905**	**109448**
外国政府贷款 Foreign Government Loans	62	4	1	30432	1565	12	28345	657	1034
国际金融组织贷款 Loans from International Financial Organizations	56	1	2	134482	496	723	99727	10027	27883
外国银行商业贷款 Commercial Loans from Foreign Banks	149	26	45	295542	65397	41264	202075	42363	26826
出口信贷 Credit of Export	22	5		215721	205552		39048	10745	21389
其 它 Others				24418	21113		55510	21113	32316
外商直接投资 Foreign Direct Investment	**15584**	**852**	**965**	**1980345**	**121008**	**183390**	**835462**	**150345**	**131802**
合资企业 Joint Enterprises	12137	514	581	1144123	56542	72335	516684	77848	60149
合作企业 Cooperative Enterprises	686	44	42	184922	21947	48758	71486	16584	25212
独资企业 Foreign Enterprises	2760	294	342	650914	42519	62297	247292	55913	46441
股份制企业 Share-system Enterprises	1			386					
外商其它投资 Other Foreign Investment				**99450**	**71391**	**406**	**89783**	**71391**	**406**
补偿贸易 Compensation Trade				12189	30	30	8724	30	30
加工装配 Processing and Assembling				7555		376	1353		376
对外发行股票 Stocks to Foreign Countries				79361	71361		79361	71361	
其 它 Others				345			345		

11—9 按国别(地区)分的外商直接投资
Foreign Direct Investment by Country(Region)

国别(地区)	Country (Region)	1998年末实有企业 Number of Enterprises at the End of 1998		项目(个) Number of Projects (unit)		协议外资金额(万美元) Agreements of Foreign Capital (USD 10000)		实际利用外资(万美元) Foreign Capital Actually Used (USD 10000)	
		个数 Number	外方注册资本(万美元) Foreign Registered Capital (USD 10000)	1997	1998	1997	1998	1997	1998
总　计	**Total**	**10106**	**961903**	**852**	**965**	**121008**	**183390**	**150345**	**131802**
#香　港	Hong Kong	4607	418958	277	306	43716	36692	70631	43691
台　湾	Taiwan	1557	86435	151	170	7287	18233	8106	10540
日　本	Japan	767	80166	62	69	7716	6181	17812	11841
新加坡	Singapore	254	62964	25	17	5614	7865	6773	5214
韩　国	Korea Rep	162	26171	22	37	9758	12399	6808	13805
英　国	United Kingdom	110	48469	15	14	7861	6300	6296	6011
法　国	France	164	11548	15	20	1375	1265	1196	1344
意大利	Italy	162	8532	15	19	234	172	960	438
美　国	United States	1142	92953	125	146	9279	40928	12795	9650
加拿大	Canada	94	5922	9	16	593	1920	103	151
澳大利亚	Australia	138	5127	19	29	861	2205	342	997

注:年末实有企业指在工商行政管理部门登记注册的企业.

The number of enterprises at year-end refer to the enterprises registered at Industry and Commerce Administrative Department.

11—10 对外劳务合作和承包工程情况
Labour Services Cooperation and Contracted Projects with Foreign Countries and Regions

项　目	Item	1990	1995	1997	1998
新签合同 (个)	Number of Newly Signed Contracts (unit)	664	664	672	625
新签合同额 (万美元)	Amount of Newly Signed Contracts (USD 10000)	1774	21587	16561	25205
营业额 (万美元)	Business Income (USD 10000)	1131	12902	23168	30027
年底在外人数 (人)	Population in Abroad (person)	1165	9110	15100	18833

11—11 国际旅游事业发展情况
Development of International Tourism

项　　目	Item	1995	1997	1998
人数合计(人)	**Total International Tourists(person)**	**672717**	**811468**	**819615**
外国人	Foreigner	366491	453449	414273
华侨	Overseas Chinese	22873	29589	41268
港澳同胞	Compatriots from Hong Kong and Macao	132822	135765	165016
台湾同胞	Compatriots from Taiwan	150531	192665	199058
人天数合计(人天)	**Total International Person-day (person-day)**	**1484091**	**1927735**	**1945681**
外国人	Foreigner	804657	1073305	1003836
华侨	Overseas Chinese	69020	129618	176865
港澳同胞	Compatriots from Hong Kong,Macao	290645	282614	351403
台湾同胞	Compatriots from Taiwan	319769	442198	413577
旅游创汇收入合计(万美元)	**Total Foreign Exchange Earnings from International Tourism(USD 10000)**	**23591**	**34495**	**36122**
商品性创汇收入	Foreign Exchange from Commodities	9342	9361	11998
劳务性创汇收入	Foreign Exchange from Services	14249	25134	24124
#宿费	Accommodation	4647	6368	5440
长途交通费	Long-distance Traffic	4176	11452	10101

11—12 外国旅游人数
Number of Foreign Tourists

单位:人　　　　(person)

国　　别	Country	1990	1995	1997	1998
总　　计	**Total**	**107657**	**366491**	**453449**	**414273**
#日　本	Japan	38767	104955	122262	125124
菲律宾	Philippines	4132	15274	15446	10565
新加坡	Singapore	4887	39211	47281	30393
泰　国	Thailand	3616	18878	15807	12056
印　尼	Indonesia	1072	14395	12572	4020
美　国	United States	11904	30422	38087	40426
加拿大	Canada	2184	5821	7951	9667
英　国	United Kingdom	2062	6535	9251	11403
法　国	France	3633	9848	12016	11951
德　国	Germany	4613	13501	17066	17447
意大利	Italy	2690	7564	8258	10598
俄罗斯	Russia	248	1079	1824	2765
澳大利亚	Australia	1716	4042	9257	13145
新西兰	New Zealand	219	773	1407	1996

11－13 旅游部门接待能力和经营情况
Reception and Management of Tourism Departments

项　　目	Item	1990	1995	1997	1998
旅游部门职工人数　（人）	**Number of Staff and Workers in Tourism Departments　(person)**	**13980**	**44017**	**68020**	**87713**
旅游涉外饭店情况	**Conditions of Tourist Hotels**				
饭店个数　（座）	Number of Hotels　(unit)	37	167	288	355
房间数　（间）	Number of Rooms　(room)	6014	21631	35731	45230
床位数　（张）	Number of Beds　(bed)	12573	42750	69518	88233
旅游部门汽车车辆情况	**Conditions of Vehicles of Tourism Departments**				
总　　计　（辆）	Total　(unit)	576	1193	1521	2015
大型客车　（辆）	Large-size Buses　(unit)	95	198	205	258
中型客车　（辆）	Medium-sized Buses　(unit)	124	235	322	333
小型客车　（辆）	Small-sized Buses　(unit)	260	760	611	915
其它车辆　（辆）	Others　(unit)	97	286	383	509
旅游部门经营情况	**Conditions of Tourism Departments Management**				
营业收入　（万元）	Business Income　(10000 yuan)	39462	359631	660427	6707635
营业成本　（万元）	Business Cost　(10000 yuan)	16348	181688	304671	5264393
税　　金　（万元）	Taxes　(10000 yuan)	1642	14437	24874	84695
利润总额　（万元）	Total Profits　(10000 yuan)	3402	39589	－1047	44267
利润率　（%）	Profits Rate　(%)	9	11		1

主要统计指标解释

利用外资 指我国各级政府、部门、企业和其他经济组织通过对外借款、吸收外商直接投资以及用其他方式筹措的境外现汇、设备、技术等。

对外借款 是我国利用外资的主要部分。包括我国通过外国政府贷款，国际金融组织贷款，外国银行商业贷款，出口信贷以及对外发行债券，股票等方式，从境外筹措的资金。

外商直接投资 是指外国企业和经济组织或个人(包括华侨、港澳台胞以及我国在境外注册的企业)按我国有关政策、法规，用现汇、实物、技术等在我国境内开办外商独资企业、与我国境内的企业或经济组织共同举办中外合资经营企业、合作经营企业或作合作开发资源的投资(包括外商投资收益的再投资)以及经政府有关部门批准的项目投资总额内，企业从境外借入的资金。

对外承包工程 包括各对外承包公司以招标议标承包方式承揽的下列业务 (1) 承包国外工程建设项目；(2)承包我国对外经援项目；(3) 承包我国驻外机构的工程建设项目；(4) 承包我国境内利用外资进行建设的工程项目；(5) 与外国承包公司合营或联合承包工程项目时我国公司分包部分；(6) 以服务成果向业主收费的技术服务项目(包括承担地形地貌测绘；地质资源勘探与普查；建设区域规划；提供设计文件、图纸、生产工艺技术资料和工程技术经济咨询；工程项目的可行性考察、研究和评估；进行技术指导和培训人员等)；(7) 对外承包兼营的房屋开发业务。对外承包工程的营业额是以货币表现的本期内完成的对外承包工程的工作量，包括以前年度签订的合同和本年度新签订的合同在报告期完成的工作量。

对外劳务合作 指以收取工资的形式向业主或承包商提供技术和劳动服务的活动。我国对外承包公司在境外开办的合营企业，中国公司同时又提供劳务的，其劳务部分也纳入劳务合作统计。劳务合作营业额按报告期内向雇主提交的结算数(包括工资、加班费和奖金等)统计。

旅游人数 指来我国参观、访问、旅行、探亲、访友、休养、考察、参加会议和从事经济、科技、文化、教育、体育、宗教等活动的外国人、华侨、港澳和台湾同胞的人数。不包括外国在我国的常住机构，如使领馆、通讯社、企业办事处的工作人员；来我国常驻的外国专家、留学生以及在岸逗留不过夜人员。

国际旅游(外汇)收入 指入境旅游的外国人、华侨、港澳台同胞在中国大陆旅游过程中发生的一切旅游支出，对国家来说就是国际旅游(外汇)收入。

Explanatory Notes on Main Statistical Indicators

Utilization of Foreign Capital refers to remittance, equipment and technology financed from abroad, by loans, foreign direct investment and other forms undertaken by the Chinese governments at all levels, by various departments, enterprises and other economic units.

Foreign Loans a major part of China's utilization of foreign capital, refer to funds borrowed from abroad, including loans of foreign governments, loans of international financial institutions, commercial loans of foreign banks, export credit, and funds raised by Chinese bonds and shares issued abroad.

Direct Investment by Foreign Entrepreneurs refers to the investments inside China by foreign enterprises and economic organizations or individuals (including overseas Chinese, compatriots from Hong Kong and Macao, and Chinese enterprises registered abroad), following the relevant policies and laws of China, for the establishment of ventures exclusively with foreign own investment, Sino-foreign joint ventures and cooperative enterprises or for co-operative exploration of resources with enterprises or economic organizations in China. It includes the re-investment of the foreign entrepreneurs with the profits gained from the investment and the funds that enterprises borrow from abroad in the total investment of projects which are approved by the relevant department of the government.

Contracted Projects with Foreign Countries refer to projects undertaken by Chinese contractors (project contracting companies) through bidding process. They include: (1) overseas civil engineering construction projects financed by foreign investors; (2) overseas projects financed by the Chinese government through its foreign-aid programs; (3) construction projects of Chinese diplomatic missions, trade offices and other institutions stationed abroad; (4) construction projects in China financed by foreign investment; (5) sub-contracted projects to be taken by Chinese contractors through a joint umbrella project with foreign contractor (s); (6) technical assistance projects in the form of service results and chargeable to the owners (such as topographic surveying, geological prospecting, development zone programming, provision of designing documents, blueprint, materials on production process, technical consultation, project feasibility studies and evaluation, personnel training, etc.); and (7) housing development projects. The business income from international contracted projects is the work volume of contracted projects completed during the reference period, expressed in monetary terms, including completed work on projects signed in previous years.

Service Co-operation with Foreign Countries refers to the activities of providing technology and labour services to employers or contractors in the forms of receiving salaries and wages. Labour services providing by contractual joint ventures of Chinese international contracting corporations should be included in the statistics of service co-operation with foreign countries. The business income of labour service co-operation is the income in the form of wages and salaries, overtime pay, bonuses and other remuneration received from the employers during the reference period.

Number of Tourists refers to the number of foreigners, overseas Chinese, and compatriots from Hong Kong, Macao and Taiwan coming to China for sightseeing, visits, tours, family reunions, vacations, study tours and other activities of an economic, scientific and technological, cultural, physical culture and religious nature. This does not include the number of employees of foreign organizations stationed in China such as embassies, consulates, news agencies, the offices of corporations and enterprises and foreign experts and students residing in China and the persons staying briefly in China but not for passing the night.

Foreign Exchange Earnings from International Tourism refer to the total expenditures of the foreigners, overseas Chinese, compatriots from Hong Kong, Macao and Taiwan in the process of their tourism in the mainland of

China. Their expenditures mentioned above are foreign exchange earnings to China.

财政和金融

PUBLIC FINANCE & BANKING

12

12.财政和金融
Public Finance and Banking

1998 年财政总收入	Total Financial Revenue	401.80	亿元	(100 million yuan)
#地方财政收入	Financial Revenue of the Local Government	198.10	亿元	(100 million yuan)
1998 年地方财政支出	Financial Expenditure of the Local Government	286.81	亿元	(100 million yuan)
#基本建设支出	Expenditure for Capital Construction	15.81	亿元	(100 million yuan)
1998 年金融机构各项存款年末余额	Deposits of Financial System	5264.21	亿元	(100 million yuan)
1998 年金融机构各项贷款年末余额	Loans of Financial System	3897.12	万人	(10000 Persons)
1998 年城乡居民储蓄存款年末余额	Residents' Savings Deposits in Urban and Rural Areas	2847.29	亿元	(100 million yuan)

城乡居民储蓄存款年末余额（亿元）

Residents' Saving Deposits in Urban and Rural Areas (100 million yuan)

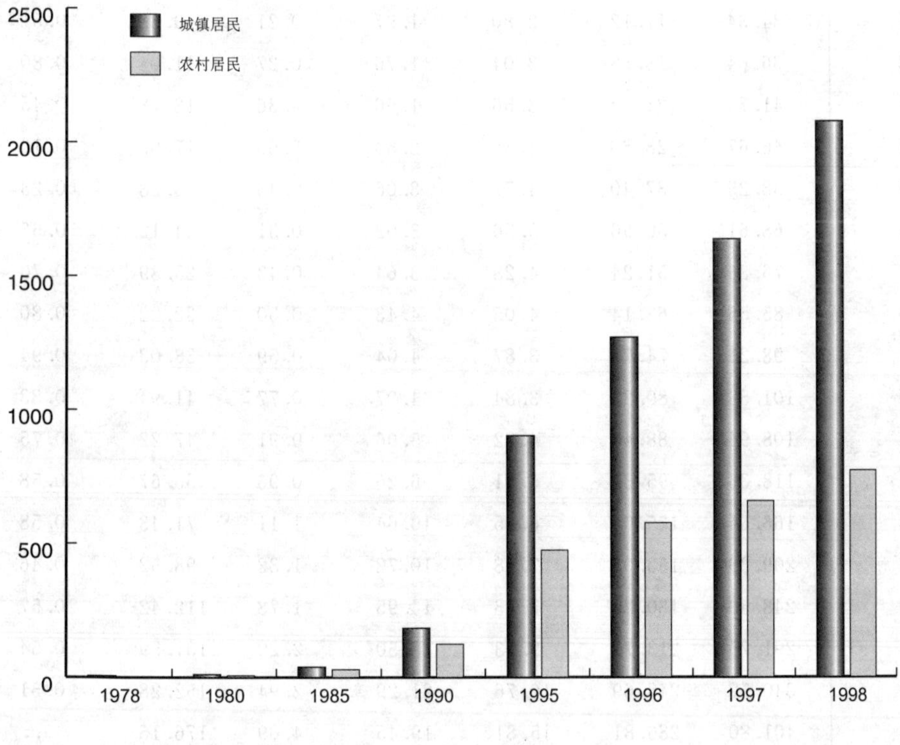

12—1 财政总收入和总支出

Total Financial Revenue and Expenditure

单位:亿元 (100 million yuan)

年份 Year	总收入 Total Revenue	总支出 Total Expenditure	#基本建设支出 Expenditure for Capital Construction	企业挖潜改造资金 Innovation Funds in Enterprises	科技三项费用 Science and Technology Promotion Funds	行政事业费 Expenditure for Operating Expenses for Government	流动资金 Expenditure for Circulating Funds	城市维护费 Expenditure for City Maintenance
1970	15.42	7.21	2.81		0.26	2.92	0.53	0.07
1971	15.94	7.96	3.10	0.22	0.22	3.29	0.37	0.10
1972	17.90	9.12	3.81	0.18	0.26	3.72	0.38	0.11
1973	20.81	9.53	3.31	0.12	0.35	4.14	0.56	0.13
1974	15.43	10.75	3.61	0.15	0.54	4.40	0.73	0.13
1975	13.37	9.98	3.10	0.13	0.35	4.58	0.46	0.12
1976	13.72	10.96	3.35	0.38	0.23	4.85	0.61	0.14
1977	19.64	12.24	3.71	0.58	0.23	5.13	0.89	0.15
1978	27.45	17.43	6.07	1.40	0.23	6.33	1.08	0.22
1979	25.87	17.74	5.26	1.30	0.28	7.44	0.75	0.37
1980	31.13	17.34	3.81	1.71	0.30	8.85	0.74	0.50
1981	34.34	17.12	2.80	1.97	0.21	9.62	0.51	0.63
1982	36.64	18.88	3.04	1.76	0.27	11.04	0.80	0.71
1983	41.79	21.94	3.56	1.96	0.36	12.78	0.45	1.25
1984	46.67	28.80	4.38	2.54	0.60	17.03	0.10	1.79
1985	58.25	37.40	4.77	3.06	0.46	20.28	0.23	2.88
1986	68.61	50.96	5.56	3.03	0.51	24.12	0.63	4.21
1987	76.36	51.24	4.28	3.64	0.43	25.39	0.70	3.40
1988	85.55	63.14	4.05	4.43	0.50	32.22	0.80	4.76
1989	98.21	74.77	3.87	4.04	0.59	38.03	0.94	5.19
1990	101.59	80.23	3.84	4.07	0.77	41.94	0.83	5.48
1991	108.94	88.43	4.22	5.06	0.91	47.22	0.75	5.58
1992	118.36	95.31	5.41	6.26	0.96	55.67	0.58	6.32
1993	166.64	125.04	6.85	10.64	1.11	71.43	0.58	8.49
1994	209.39	153.03	7.18	10.72	1.32	98.52	0.46	11.06
1995	248.50	180.29	7.83	14.95	1.78	112.42	0.57	13.10
1996	291.75	213.71	9.53	18.50	2.20	131.59	0.54	16.01
1997	340.52	248.69	10.76	21.29	2.94	152.28	0.51	19.60
1998	401.80	286.81	15.81	19.45	4.09	176.15	…	22.97

12—2 地方财政收入
Financial Revenue of the Local Government

单位:亿元 (100 million yuan)

项目	Item	1995	1996	1997	1998
地方财政收入	**Financial Revenue of the Local Government**	**116.82**	**139.63**	**166.01**	**198.10**
#工商税收	Industrial and Commercial Taxes	102.37	127.55	149.92	175.93
#增值税	Value Added Taxes	39.25	45.75	51.77	58.43
营业税	Business Taxes	36.18	47.85	56.02	66.07
城市维护建设税	City Maintenance Taxes	9.89	11.58	13.67	16.16
农牧业税和耕地占用税	Agriculture and Animal Husbandry Taxes and Taxes on the Use of Cultivated Land	8.73	9.90	10.09	12.50
企业所得税	Enterprises' Income Tax	25.67	24.66	32.23	32.50
国有企业上缴利润	Profits of State-owned Enterprises Handed over to the High Authorities	−0.25	−0.12	...	...
国有企业亏损补贴	Subsidies to Loss-making State-owned Enterprises	−25.06	−30.11	−34.80	−37.86
专项收入	Special Income	5.71	6.94	8.68	10.23

12—3 地方财政支出
Financial Expenditure of the Local Government

单位:亿元 (100 million yuan)

项　　目	Item	1995	1996	1997	1998
地方财政支出	**Financial Expenditure of the Local Government**	**180.29**	**213.71**	**248.74**	**286.81**
#基本建设支出	Expenditure for Capital Construction	7.83	9.53	10.76	15.81
企业挖潜改造资金	Enterprises' Innovation Funds	14.95	18.50	21.29	19.45
简易建筑费	Expenditure for Simple Construction	0.13	0.14	0.22	0.14
科技三项费用	Science and Technology Promotion Funds	1.78	2.20	2.94	4.09
流动资金	Expenditure for Circulating Funds	0.57	0.54	0.51	…
支援农村生产支出	Expenditure for supporting Agricultural production	8.71	10.56	11.43	11.90
行政事业费	Expenditure for Operating Expenses of Governments	112.42	131.59	152.28	176.15
#工业交通商业部门事业费	Expenditure for Operating Expenses of Departments of Industry,Commerce & Transportation	4.46	4.85	5.07	5.18
农林水利气象等部门事业费	Expenditure for Operating Expenses of Departments of Agriculture,Forestry,Water Conservancy and Meteorology	6.11	7.35	8.79	11.28
文教科学卫生事业费	Expenditure for Operating Expenses of Departments of Culture,Education,Science and Public Health	56.16	65.34	76.23	88.53
抚恤和社会福利救济费	Expenditure for Pensions and Relief Funds of Social Welfare	4.62	5.46	6.26	6.11
行政管理费	Expenditure for Government Administration	22.93	26.87	31.13	34.82
城市维护费	Expenditure for City Maintenance	13.10	16.01	19.60	22.97
价格补贴支出	Expenditure for Price Subsidies	4.34	6.69	6.88	7.70
专项支出	Special Expenditure	5.68	6.52	8.58	9.73

12—4 金融机构存款和贷款年末余额
Deposits and Loans of Financial System

单位:亿元 (100 million yuan)

项　　目	Item	1990	1995	1997	1998
各项存款余额	**Balance of Deposits**	**606.01**	**2623.60**	**4297.07**	**5264.21**
#企业存款	Deposits of Enterprises	153.68	972.55	1587.63	1948.93
财政性存款	Treasury Deposits	44.43	67.41	95.24	63.96
城乡储蓄存款	Urban and Rural Savings Deposits	306.74	1377.22	2293.55	2847.29
农村存款	Agricultural Deposits	27.50	7.75	145.84	162.09
各项贷款余额	**Balance of Loans**	**618.14**	**2103.65**	**3273.73**	**3897.12**
#短期贷款	Short-term Loans	510.25	1570.89	2643.19	3068.51
#工业贷款	Loans to Industry	171.92	421.93	647.14	738.32
商业贷款	Loans to Commerce	193.32	488.73	674.85	741.97
乡镇企业贷款	Loans to Township Enterprises	100.02	352.11	569.50	650.21
农业贷款	Agricultural Loans	32.28	53.28	96.53	135.10
中长期贷款	Middle and Long-term Loans	57.90	275.93	415.04	556.71

12—5 银行存款和贷款年末余额
Deposites and Loans of Banking System (End of year)

单位:亿元 (100 million yuan)

项　　目	Item	1990	1995	1997	1998
各项存款余额	**Balance of Deposits**				
#企业存款	Deposits of Enterprises	149.09	732.95	1295.20	1839.71
财政性存款	Treasury Deposits	44.43	66.90	94.08	63.95
城镇储蓄存款	Urban Savings Deposits	178.62	821.04	1468.03	1994.15
#定期储蓄存款	Fixed Savings Deposits	158.80	665.09	1183.12	1590.25
农村存款	Agricultural Deposits	5.90	7.74	10.86	11.29
各项贷款余额	**Balance of Loans**				
#短期贷款	Short-term Loans	416.47	1051.77	1832.26	2311.99
#工业贷款	Loans to Industry	168.73	373.87	602.09	718.64
商业贷款	Loans to Commerce	191.22	433.14	629.52	728.76
乡镇企业贷款	Loans to Township Enterprises	34.32	65.69	133.03	179.53
农业贷款	Agricultural Loans	12.76	22.16	42.48	46.86
中长期贷款	Middle and Long-term Loans	57.90	254.58	392.04	528.73

注:本表1998年统计范围与以前年份不可比。
The figures in 1998 are not comparable with that in 1990,1995,1997.

12—6 农村信用合作社存款和贷款
Deposits and Loans of Rural Credit Cooperatives

单位:亿元 (100 million yuan)

项　　目	Item	1997	1998
各项存款	**Deposits**	818.75	960.15
#企业存款	Deposits of Enterprises	23.29	29.31
储蓄存款	Savings Deposits	657.43	771.22
#定期	Fixed Term	565.34	656.31
农业存款	Agricultural Loans	134.95	150.80
各项贷款	**Loans**	**614.23**	**697.94**
#短期贷款	Short-term Loans	596.67	670.97
#农业贷款	Agricultural Loans	53.45	88.23
乡镇企业贷款	Loans to Township Enterprises	421.40	467.58
其他贷款	Other Loans	119.15	111.73
中长期贷款	Medium & Long-term Loans	17.56	26.97

12—7 城乡居民储蓄存款年末余额
Residents' Savings Deposits in Urban and Rural Areas

单位:亿元 (100 million yuan)

项　　目	Item	1997	1998
合　计	**Total**	2293.55	2847.29
城镇居民储蓄存款	**Savings Deposits of Urban Residents**	1636.08	2076.07
#定期储蓄	**Fixed Deposits**	1304.77	1644.73
农村居民储蓄存款	**Savings Deposits of Rural Residents**	657.47	771.22

主要统计指标解释

财政收入 包括:(1) 各项税收 包括增值税、营业税、消费税、土地增值税、城市维护建设税、资源税、城市土地使用税、印花税、固定资产投资方向调节税、个人所得税、企业所得税、关税、农牧业税和耕地占用税等。

(2) 专项收入 包括征收排污费、征收城市水资源费收入,教育费附加收入等。

(3) 其他收入 包括基本建设贷款归还收入、国家能源交通重点建设基金收入、国家预算调节基金等。

(4) 国有企业计划亏损补贴 这项为负收入,冲减财政收入。

财政支出 国家财政将筹集起来的资金进行分配使用,以满足经济建设和各项事业的需要,主要包括:

(1) 基本建设支出

(2) 企业挖潜改造资金

(3) 地质勘探费用

(4) 科技三项费用

(5) 支援农村生产支出

(6) 农林水利气象等部门的事业费用

(7) 工业交通商业等部门的事业费

(8) 文教科学卫生事业费

(9) 抚恤和社会福利救济费

(10)国防支出

(11)行政管理费

(12)价格补贴支出

存款 企业、机关、团体或居民根据可以收回的原则,把货币资金存入银行或其他信用机构保管并取得一定利息的一种信用活动形式。根据存款对象的不同可划分为企业存款、财政存款、机关团体存款、基本建设存款、城镇储蓄存款、农村存款等科目。它是银行信贷资金的主要来源。

贷款 银行或其他信用机构根据必须归还的原则,按一定利率,为企业、个人等提供资金的一种信用活动形式。我国银行贷款分为流动资金贷款、固定资产贷款、城乡个体工商户贷款以及农业贷款等科目。

Explanatory Notes on Main Statistical Indicators

Government Revenue It includes the following main items:

(1) Various tax revenues, including value added tax, business tax, consumption tax, land value added tax, tax on city maintenance and construction, resources tax, tax on use of urban land, stamp tax, tax on adjustment of the orientation of investment in fixed assets, personal income tax, enterprise income tax, tariff, tax on agriculture and animal husbandry and tax on occupancy of cultivated land, etc.

(2) Special revenues, including revenue collected from imposing fee on sewage treatment, revenue collected from imposing fee on urban water resources, and extra-charges for education, etc.

(3) Other revenues, including revenue from the repayment of capital construction loan, the funds for the state key construction projects in energy industry and transportation, and the funds for state budget adjustment, etc.

(4)Planned subsidies for the losses of the state-owned enterprises. This is an item of negative revenue, used to eat up part of the government revenue.

Government Expenditure refers to the distribution and use of the funds the government finance has raised, so as to meet the needs of economic construction and various causes. It includes the following main items:

(1) Expenditure for capital construction

(2) Innovation funds of the enterprises

(3) Geological prospecting expenses

(4) Expenditures for science and technology promotion

(5) Expenditure for supporting rural production

(6) Operating expenses of the departments of farming, forestry, water conservancy and meteorology etc.

(7) Operating expenses of the departments of industry, transport and commerce

(8) Operating expenses of the departments of culture, education, science and public health

(9) Pension for the disabled or for the families of the bereaved and relief funds for social welfare

(10)Expenditures for national defence

(11)Administrative expenses

(12)Expenditure for price subsidies

Deposit is a form of credit by which enterprises, institutions, organizations or residents can put money into banks and other credit institutions for safekeeping and interest earning under the principle of free withdrawal. According to different depositors, deposits are divided into enterprise deposits, treasury deposits, deposits of government agencies and organizations, capital construction deposits, urban savings deposits, rural deposits and other deposits. Deposits are major sources of the credit funds of banks.

Loan is a form of credit by which banks and other credit institutions provide funds at certain interest rate to enterprises and individuals in the light of the principle of unconditional repayment. Loans from Chinese banks include circulating capital loans, fixed assets loans, loans to urban and rural individuals engaged in industrial and commercial business and agricultural loans.

城市建设和环境保护

CITY CONSTRUCTION & ENVIRONMENT PROTECTION

13

13—1 城市公用事业
Urban Public Utilities

项　　目	Item	1990	1995	1997	1998
自来水全年供水总量(万吨)	**Annual Supply of Tap Water (10000 tons)**	**136210**	**195123**	**181528**	**180329**
#生活用水量	Water Consumption for Residential Use	36721	66845	69897	71808
平均每人每日生活用水量(升)	Daily Water Consumption for Residential Use Per Capita (Litres)	157	146	195	198
用水普及率 (%)	Percentage of Population with Access to Tap Water (%)	92.0	97.0	98.0	99.7
公共车辆总数 (辆)	**Number of Public Transportation Vehicles (unit)**	**1437**	**6095**	**7433**	**8020**
平均每万人拥有量 (辆)	Number of Public Transportation Vehicles Owned Per 10000 Population (unit)	3	9	11	12
铺设道路面积 (万平方米)	**Area of Paved Roads (10000 sq. m)**	**4698**	**7419**	**6622**	**6386**
平均每人拥有面积 (平方米)	Area of Paved Roads Per Capita (sq. m)	11	13	12	13
下水道长度 (公里)	**Length of Sewer Pipelines (km)**	**2466**	**5557**	**5477**	**6230**
平均每万人拥有长度 (公里)	Length of Sewer Pipelines Per 10000 Population (km)	6	10	10	11
液化石油气 (吨)	**LPG (ton)**	**61640**	**362553**	**517437**	**577797**
液化石油气家庭用量(吨)	Consumption of LPG for Residential Use (ton)	61640	362553	438882	452605
用气率 (%)	Percentage of Population with Access to LPG (%)	36	82	95	96
城市绿化 (公顷)	**Afforestation in Cities (hectare)**	**4656**	**23422**	**26873**	**29533**
园林绿地面积 (公顷)	Green Areas in Gardens (hectare)	4656	23422	21926	23473
公共绿地面积 (公顷)	Public Green Areas (hectare)	1415	3552	3510	3922.27
平均每人占有公共绿地 (平方米)	Public Green Areas Per Capita (sq. m)	3	6	6	7
公园个数 (个)	Number of Parks (unit)	165	332	278	300
公园面积 (公顷)	Area of Parks (hectare)	912	2707	1844	2009
环境卫生	**Environmental Sanitation**				
生活垃圾清运量 (万吨)	Volume of Living Garbage Disposal (10000 tons)	251	490	373	402
清运粪便 (万吨)	Volume of Disposal of Excrement and Urine (10 000 tons)	184	241	122	120

13—2 环境保护机构和人员情况(1998年)
Institutions and Personnel on Environmental Protection (1998)

项目	Item	合计 Total	环保局 Environment Protection Bureau	监测站 Monitoring Station	监理站 Control Station	科研所 Research Institutions	其他 Others
机构数(个)	**Number of Institutions**	**285**	**95**	**89**	**72**	**11**	**18**
年末实有人数(人)	**Number of Personnel**	**3523**	**802**	**1841**	**556**	**235**	**89**
#科技人员	Scientific and Technical Personnel	2194	96	1498	356	203	41
#高级职称	Senior Titles	195	5	125	13	49	3
中级职称	Medium Titles	867	33	600	118	102	14

13—3 废水排放和处理情况
Waste Water Discharging and Processing

项目	Item	1990	1995	1997	1998
废水排放总量 (万吨)	**Waste Water Discharged (10000 tons)**	**142717**	**173589**	**169420**	**180938**
#工业废水排放量 (万吨)	Industrial Waste Water Discharged (10000 tons)	130229	102807	108553	113018
符合排放标准的 (万吨)	Reaching Discharged Standard (10000 tons)	59671	73542	65830	76288
工业废水处理率 (%)	**Treating Rate of Industrial Waste Water (%)**	**52.40**	**76.00**	**81.25**	**84.68**
工业废水排放达标率(%)	**Reaching Standard Rate of Industrial Waste Water Discharged (%)**	**57.80**	**71.50**	**60.64**	**73.79**

注:1997、1998年不包括非重点调查乡镇企业。

The data in 1997 and 1998 didn't included non-key township enterprises investigated.

13—4 废气排放和处理情况
Waste Gas Discharging and Processing

项　目	Item	1990	1995	1997	1998
废气排放量(亿标立方米)	**Waste Gas Discharged (100 million cu. m)**	**2595**	**3108**	**4884**	**5016**
生产工艺过程中废气排放量	Waste Gas Discharged in the Process of Production	1034	1171	2005	1973
#经过净化处理的	Gas Purified	405	692	1445	1538
燃料燃烧过程中废气排放量	Waste Gas Discharged in the Process of Fuel Burning	1561	1937	2879	3044
#经过消烟除尘的	Soot and Dust Removed	1167	1809	2494	2663
废气中：	**Among Waste Gas Discharged**				
二氧化硫排放量(万吨)	Sulplhurous Oxide Discharged (10000 tons)	51	41	63	62
烟尘排放量　(万吨)	Soot Discharged (10000 tons)	29	15	33	35
粉尘排放量　(万吨)	Dust Discharged (10000 tons)	29	19	80	71

13—5 工业固体废物排放和处理情况
Industrial Solid Wastes Discharging and Processing

项　目	Item	1990	1995	1997	1998
工业固体废物物产生量(万吨)	**Industrial Solid Waste Produced (10000 tons)**	**847**	**1018**	**1326**	**1390**
工业固体废物排放量(万吨)	Industrial Solid Waste Discharged (10000 tons)	58	12	28	33
工业固体废物综合利用量(万吨)	Induatrial Solid Waste Used (10000 tons)	354	711	923	950
工业固体废物堆存总量(万吨)	Industrial Solid Waste Accumulated (10000 tons)	3599	6811	6436	6437

13—6 企事业污染治理情况
Treatment of Pollution in Enterprises and Institutions

项　　目	Item	1990	1995	1997	1998
排污费交纳单位　　（个）	**Units of Paying Funds for Pollution Treatment (unit)**	**8157**	**22861**	**39688**	**50936**
排污费征收额　（万元）	Funds Collected for Pollution Treatment (10000 yuan)	5905	19717	28826	34237
企事业单位污染治理	**Pollution Treatment in Enterprises and Institutions**				
资金合计　　（万元）	**Total Funds (10000 yuan)**	**16917**	**36318**	**40067**	**69036**
治理废水	Treatment of Waste Water	9181	19067	25248	53953
治理废气	Treatment of Waste Gas	5182	12031	11463	9513
治理废渣	Treatment of Solid Waste	1893	2455	675	1904
治理噪声	Treatment of Noice Pollution	321	632	194	261
其它	Others	340	2133	2487	3405
当年安排治理项目　（个）	**Projects Arranged for Treatment (unit)**	**1352**	**984**	**587**	**1072**
当年竣工项目　　（个）	**Projects Completed (unit)**	**1175**	**887**	**661**	**815**

13—7 “三废”综合利用和污染事故处理情况
Utilization and Treatment of Waste Water, Waste Gas and Waste Residue

项　　目	Item	1990	1995	1997	1998
“三废”综合利用产品产值（万元）	Output Value of Products Obtained from Utilization (10000 yuan)	13461	39308	96678	91022
“三废”综合利用利润（万元）	Profits Obtained from Utilization (10000 yuan)	4187	13177	13041	23935
污染事故　　（次）	Pollution Accidents (times)	177	274	192	178
污染赔款总额　（万元）	Reparations of Pollution Accidents (10000 yuan)	324	548	507	175
污染罚款总额　（万元）	Forfeit of PollutionAccidents (10000 yuan)	53	78	59	39

主要统计指标解释

工业废水排放量　指经过企业厂区所有排放口排到企业外部的工业废水量。包括生产废水、外排的直接冷却水、超标排放的矿井地下水和与工业废水混排的厂区生活污水，不包括外排的间接冷却水(清污不分流的间按冷却水应计算在内)。

工业废水排放达标量　指各项指标都达到国家或地方排放标准的外排工业废水量，包括未经处理外排达标的和经过处理后外排达标的和两部分。国家排放标准见GB8978-88。

工业废水处理量　指报告期内各种水治理设施实际处理的工业废水量，包括处理后外排的和处理后回用的工业废水量。虽经处理但未达到国家或地方排放标准的废水量也应计算在内。计算时，如遇有车间和厂排放口均有治理设施，并对同一废水分级处理时，不应重复计算工业废水处理量。

工业废气排放量　指企业厂区内燃料燃烧和生产工艺过程中产生的各种排入空气的含有污染物的气体的总量，以标准状态(273K,101325Pa)计。

工业固体废物产生量　指企业在生产过程中产生的固体状、半固体状和高浓度液体状废弃物的总量，包括危险废物、冶炼废渣、粉煤灰、炉渣、煤矸石、尾矿、放射性废物和其他废物等；不包括矿山开采的剥离废石和掘进废石(煤矸石和呈酸性或碱性的废石除外)。酸性或碱性废石是指采掘的废石其流经水、雨淋水的pH值小于4或pH值大于10.5者。

工业固体废物综合利用量　指通过回收、加工、循环、交换等方式，从固体废物中提取或者使其转化为可以利用的资源、能源和其他原材料的固体废物量(包括当年利用往年的工业固体废物累计贮存量)。如用作农业肥料、生产建筑材料、筑路等。综合利用量由原产生固体废物的单位统计。

“三废”综合利用产品产值　指利用“三废”(废液、废气、废渣)作为主要原料生产的产品产值(现行价)，已经销售或准备销售的，应计算产品产值；但留作生产上自用的，不应计算产品产值。

Explanatory Notes on Main Statistical Indicators

Volume of Industrial Waste Water Discharged refers to the volume of industrial waste water discharged, through all outlets, to the outside of industrial enterprises, including waste water produced, direct-cooling water, underground water from mines that does not meet the standard of discharge, and the domestic sewage mixed up with industrial waste water when discharged, but excluding discharged indirect-cooling water.

Volume of Waste Water up to the Standard for Discharge refers to the volume of discharged industrial waste water that, with or without treatment, has come up to the national or local standards for discharge.

Volume of Treated Industrial Waste Water refers to the volume of industrial waste water after being treated and purified through various water treatment facilities in the reference period, including the volume discharged or recovered after being treated. The volume of waste water that fails to meet the national or local standards after treatment is also included. If there are treatment facilities both at the outlets of workshops and at the outlets of the factory, and the same volume of waste water has been treated twice, duplication should be avoided in the calculation of the volume of treated industrial waste water.

Volume of Waste Gas Emission refers to waste gas emitted from burning of fuels and from production process in the area of the factory, and is measured by 10000 standard cubic metres each year under normal condition.

Volume of Industrial Solid Wastes Produced refers to the total volume of solid, semi-solid or highconcentration liquid residue produced by industrial enterprises in their production process, including dangerous wastes, residues from melting, slag, powdered coal ash, gangue, chemical residues, tailings, radioactive residues and other residues, but excluding stripped or dug stones in mining (except gangue and acid or alkali stones which are stones washed or soaked by water with a pH value smaller than 4 or larger than 10. 5.)

Volume of Industrial Solid Wastes Utilized in a Comprehensive Way refers to the volume of solid wastes from which useful materials can be extracted or which can be changed to be utilizable resources, energy or other materials, including the volume of industrial solid wastes stored up in the previous years and utilized in the current year, such as the solid wastes utilized as fertilizers, building materials, for making roads or for other purpose. Statistical data on utilization of industrial solid wastes are collected by solid wastes producing units.

Output Value of Products Made from Utilization of Waste Gas, Waste Water and Industrial Solid Wastes refer to the value of products (calculated at current prices) made by industrial enterprises using recovered waste water, waste gas or solid wastes as main raw materials. Only the value of the products which have been sold or are ready to be sold should by included. The value of the products which will be used in the production of the enterprises should not be included.

教育、科技、专利、测绘和标准计量

EDUCATION , SCIENCE , PATENT , SURVEYING & MAPPING & STANDARD CALCULATING

14

14.教育、科技、专利、测绘和标准计量

Education,Science,Patent,Surveying and Mapping and Standard Calculating

1998 年高等学校毕业学生数	Graduates in Institutions of Higher Education	2.43	万人	(10000 persons)
1998 年中等专业学校毕业学生数	Graduates in Secondary Specialized Schools	4.58	万人	(10000 persons)
1998 年每万人口在校大学生数	University and College Students Enrollment Per 10000 Population	25.52	人	(persons)
1998 年小学学龄儿童入学率	Percentage of School-age Children Enrolled	99.9	%	
1998 年地方企事业单位各位专业技术人员数	Specialized Technical Personnel in Local Enterprises and Institutions	77.09	万人	(10000 persons)
1998 年专利申请批准量	Patent Applications Approved	4470	项	(Item)
1998 年测绘部门完成地形图测图	Maps Completed by Surveying and Mapping Departments	22247	幅	(map)

每万人口在校大学生数（人）

University and College Students Enrollment Per 10000 Population (person)

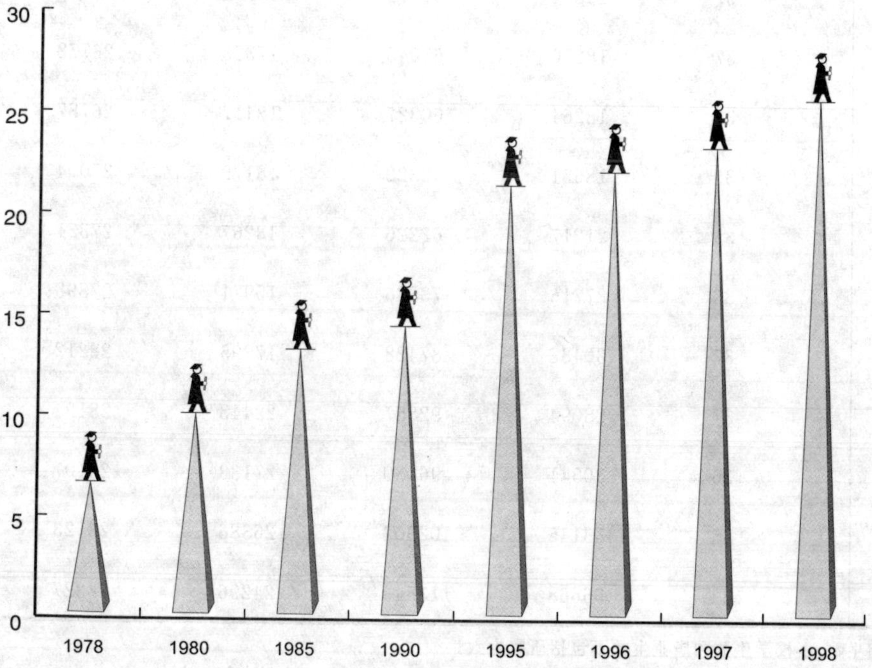

14—1 高等学校基本情况

Basic Statistics on Institutions of Higher Education

年份 Year	学校数 (所) Number of Schools (unit)	招生数 (人) New Students Enrollment (person)	在校学生数 (人) Students Enrollment (person)	毕业生数 (人) Graduates (person)	教职员工数 (人) Number of School Staff and Workers (person)	#专任教师 Teachers
1978	20	14241	24223	3743	11961	5389
1979	20	9498	32227	1013	13889	6275
1980	22	9387	37815	3710	15619	6886
1981	22	9208	41020	5852	16365	6933
1982	22	10162	36088	14968	18181	7701
1983	24	12750	39008	10411	19274	8219
1984	27	15030	44883	9002	20431	8690
1985	35	19026	52688	11044	22497	9908
1986	37	17877	57352	13027	24723	10804
1987	37	18190	60072	15017	25620	11223
1988	37	19364	60419	18712	26472	11578
1989	37	18270	61045	17323	26772	11574
1990	37	18264	60327	18417	26787	11578
1991	36	18651	59822	18175	27004	11208
1992	35	21217	62226	18267	27821	11105
1993	36	27716	73586	15971	27898	11148
1994	37	30482	87428	17895	28212	11345
1995	37	28094	92857	22443	28194	11491
1996	36	30541	96480	27133	28107	11530
1997	35	33145	102302	26386	28123	11595
1998	32	36668	113543	24296	28327	11816

注：本表招生数、在校学生数和毕业生数不包括研究生数。

The new students enrollment, students enrollment and graduates in this table didn't include postgraduates enrollment.

14—2 高等学校分类情况(1998年)
Institutions of Higher Education by Type(1998)

分类	Item	学校数(所) Number of Institutions of Higher Education (unit)	在校研究生数(人) Postgraduates Enrollment (person)	本、专科学生(人) Regular College Course and Specialized Subject (person)			教职员工数(人) Number of Staff and Workers (person)	
				毕业生数 Graduates	招生数 New Students Enrollment	在校学生数 Students Enrollment		#专任教师 Teachers
合计	**Total**	**32**	**5991**	**24296**	**36668**	**113543**	**28327**	**11816**
#女性	Female		1557	9866	15261	45455	9378	3816
综合院校	Comprehensive Universities	3	5420	8726	11777	39236	12376	4917
理工院校	Science and Engineering Universities	6	265	4453	7293	22574	4940	2071
农业院校	Agriculture Universities	1		449	778	2086	439	210
林业院校	Forestry Universities	1		368	466	1240	431	166
医药院校	Medicine Universities	3	88	1212	1450	5187	1603	659
师范院校	Teacher Training Universities	7	52	4424	7200	21760	4237	2031
语文院校	Linguistics and Literacy Universities	1		96	259	783	154	67
财政院校	Economics and Finance Universities	3	75	2394	3157	10491	2064	765
政法院校	Politics and Law Universities	1		343	548	1300	224	85
艺术院校	Art Universities	1	67	101	170	523	412	189
短期职业大学	Short-term Professional Universities	3		1430	2450	6482	1073	478
民办高校	Institutions of Higher Education Run by the Local People	2		300	1120	1881	374	178

14－3 中等专业学校基本情况
Basic Statistics on Secondary Specialized Schools

年份 Year	学校数（所）Number of Schools (unit)	招生数（万人）New Student Enrollment (10000 persons)	在校学生数（万人）Student Enrollment (10000 persons)	毕业生数（万人）Graduates (10000 persons)	教职员工数（万人）Number of Staff and Workers (10000 persons)	#专任教师 Teachers
1978	73	1.29	2.79	0.14	0.54	0.24
1979	75	1.24	3.42	0.61	0.55	0.30
1980	81	1.13	3.10	1.44	0.67	0.33
1981	83	1.16	2.67	1.59	0.75	0.35
1982	92	1.19	2.77	1.08	0.85	0.39
1983	96	1.30	3.07	0.98	0.87	0.41
1984	104	1.64	3.66	1.16	0.96	0.44
1985	119	1.99	4.36	1.29	1.12	0.49
1986	130	2.14	5.22	1.27	1.25	0.58
1987	134	2.26	5.79	1.66	1.34	0.65
1988	136	2.31	6.31	1.81	1.40	0.70
1989	140	2.31	6.61	2.02	1.49	0.72
1990	141	2.23	6.67	2.12	1.50	0.73
1991	141	2.41	6.77	2.29	1.52	0.72
1992	142	2.72	7.20	2.27	1.54	0.72
1993	144	3.59	8.48	2.28	1.55	0.72
1994	155	4.92	10.87	2.32	1.58	0.74
1995	158	6.00	13.91	2.90	1.61	0.78
1996	161	7.30	17.72	3.44	1.63	0.80
1997	151	5.68	15.74	3.99	1.64	0.81
1998	150	5.65	16.70	4.58	1.60	0.79

14－4 中等专业学校分类情况(1998年)
Secondary Specialized Schools by Type(1998)

类别	Item	学校数（所）Number of Specialized Secondary Schools	毕业生数（人）Graduates (person)	招生数（人）New Students Enrollment (person)	在校学生数（人）Student Enrollment (person)	教职员工数（人）Number of Staff and Workers (person)	#专任教师 Teachers
全省总计	**Total**	**150**	**45809**	**56507**	**167049**	**15991**	**7947**
中等技术学校	Secondary Technical Schools	121	35059	50135	139874	12950	6280
工业学校	Industry	37	11720	16840	50991	4937	2251
农业学校	Agriculture	11	4429	5918	17021	1086	589
林业学校	Forestry	2	871	1351	3579	289	169
医药学校	Health	18	4399	5265	15524	2099	1050
财经学校	Economics and Finance	25	7714	11737	28979	2525	1168
政法学校	Politics and Law	8	1459	1651	3994	587	222
体育学校	Physical Culture	5	302	411	1081	358	164
艺术学校	Art	6	451	1165	2772	448	285
其它学校	Others	9	3714	5797	15983	621	382
中等师范学校	Secondary Teacher Training Schools	29	10750	6372	27175	3041	1667
#幼儿师范	Infant Teacher Training	3	860	662	2273	351	160

14—5 中等专业学校分科在校学生数和毕业生数
Students Enrollment and Graduates of Secondary Specialized Schools by Field of Study

单位:人　　　　(person)

科别	Item	1990	1995	1997	1998
中等专业学校在校学生	**Students Enrollment of Specialized Secondary Schools**	**66710**	**139062**	**157353**	**167409**
工科	Industry	16194	36581	49520	56867
农科	Agriculture	2834	2658	3114	4103
林科	Forestry	759	726	945	1143
医药	Health	11761	13164	14356	14579
师范	Secondary Teacher Training Schools	18940	32323	32828	27914
财经	Economics and Finance	11552	25158	21430	19847
政法	Politics and Law	2012	2951	3795	4266
体育	Physical Culture	492	580	629	1002
艺术	Art	1130	5407	5914	7877
其他	Others	1036	19514	24822	29451
中等专业学校毕业生数	**Graduates of Specialized Secondary Schools**	**21229**	**29023**	**39865**	**45809**
工科	Industry	4792	6485	8863	11344
农科	Agriculture	1005	897	849	774
林科	Forestry	196	250	417	156
医药	Health	3506	3106	3773	4110
师范	Secondary Teacher Training Schools	4750	8579	11579	11014
财经	Economics and Finance	5198	4964	6957	7815
政法	Politics and Law	1064	1216	1416	1445
体育	Physical Culture	119	83	162	280
艺术	Art	121	401	1243	1586
其他	Others	478	3042	4606	7285

14－6 各级成人教育基本情况
Adult Education by Level

类别	Item	学校数(所) Schools (unit)		毕业生数(万人) Graduates (10000 persons)		在校学生数(万人) Students Enrollment (10000 persons)	
		1997	1998	1997	1998	1997	1998
成人高等学历教育	**Adult Higher Education**	**31**	**28**	**2.73**	**2.82**	**10.40**	**11.33**
广播电视大学	Radio and TV Universities	2	2	1.07	0.95	3.03	2.84
职工高等学校	Schools of Higher Education for Staff and Workers	21	18	0.08	0.09	0.41	0.50
管理干部学院	Colleges for Management Cadres	2	2	0.05	0.03	0.07	0.07
教育学院	Pedagogical Colleges	6	6	0.19	0.23	1.00	1.22
函授大学夜大学	Correspondence Department and Evening Universities			1.34	1.52	5.89	6.70
成人中等学历教育	**Secondary Education for Adults**	**149**	**151**	**2.78**	**3.31**	**10.87**	**10.80**
广播电视中专	Specialized Secondary Schools	16	16	0.67	0.92	2.84	2.88
职工中专	Specialized Secondary Schools for Staff and Workers	71	73	1.27	1.54	4.65	4.86
干部中专	Specialized Secondary Schools for Cadres	1	1	0.05	0.08	0.21	0.05
农民中专	Specialized Secondary Schools for Peasants	3	3	0.04	0.02	0.17	0.13
函授中专	Specialized Correspondence Secondary Schools	6	6	0.30	0.43	1.20	1.07
教师进修学校	Teacher Training Schools for Adults	52	52				
普通中学举办成人中等学校	Secondary Schools for Adults Run By Regular Secondary Schools			0.45	0.32	1.8	1.77
成人中学	**Secondary Schools for Adults**	**395**	**343**	**2.41**	**2.36**	**5.39**	**4.44**
成人技术培训学校	**Technical Training Schools for Adults**	**24338**	**24690**	**269.52**		**208.87**	**246.44**
成人初等学校	**Primary Schools for Adults**	**4500**	**3978**	**13.52**	**11.66**	**10.32**	**11.10**

14－7 职工教育情况(1998年)
Staff and Workers Education(1998)

类别	Item	职工人数 Number of Staff and Workers	学习 Students	毕结业 Students Completed Studies
合　计(人)	**Total(person)**	**3542230**	**1292691**	**1024147**
干　部	Cadres	1225341	635005	456602
#党政干部	Cadres in Party and Government Organizations	244499	135696	109561
企业管理干部	Cadres in Enterprises	147362	95306	60508
工　人	Workers	2316889	657686	567545
#技术工人	Skilled Workers	1522138	465215	401937

14—8 技工学校基本情况
Basic Statistics on Technical Schools

年份 Year	学校数（所） Number of Schools (unit)	在校学生数（人） Students Enrollment (person)	毕业生数（人） Graduates (person)	招生数（人） New Students Enrollment (person)	教职员工数（人） Staff and Workers (person)
1980	140	17093	5895	5139	2709
1981	139	12180	8718	4115	4462
1982	141	9386	5798	3813	3987
1983	142	8536	3935	4260	4266
1984	101	11152	2696	6110	4673
1985	94	14065	4138	6790	5146
1986	94	17122	3529	6717	5936
1987	92	19006	4663	6907	5960
1988	91	18243	6121	6125	5881
1989	94	17323	6377	6060	4464
1990	96	16365	5815	6176	5826
1991	94	18230	5083	7489	6131
1992	98	21663	5414	9480	6373
1993	99	31998	7523	14204	6541
1994	102	38658	10523	17603	6993
1995	104	15149	12140	20852	7273
1996	107	49246	15415	20438	7335
1997	107	56633	13709	24026	6758
1998	106	62052	17268	23916	6560

14—9 特殊教育情况
Basic Statistics on Special Education

年份 Year	学校数（所） Number of Schools (unit)	在校学生数（人） Students Enrollment (person)	毕业生数（人） Graduates (person)	招生数（人） New Students Enrollment (person)	教职员工数（人） Staff and Workers (person)	#专任教师 Teacher
1980	7	1293	73	203	174	116
1981	7	1347	109	204	177	117
1982	7	1407	118	224	186	136
1983	8	1478	129	271	225	162
1984	11	1668	81	340	258	186
1985	13	1784	150	380	311	231
1986	15	1979	125	412	334	242
1987	18	2303	128	553	410	294
1988	24	2621	201	641	507	370
1989	32	2985	135	594	600	435
1990	43	3443	222	832	729	555
1991	46	3963	142	784	847	639
1992	47	6907	346	918	963	735
1993	53	13202	548	4288	1081	824
1994	55	18038	1172	2774	1291	1003
1995	56	23690	1791	2831	1433	1130
1996	60	22691	1778	2261	1462	1169
1997	61	23919	2190	2306	1419	1154
1998	63	22812	3086	2486	1453	1172

14—10 普通中学基本情况
Basic Statistics on Regular Secondary Schools

年份 Year	学校数（所）Number of Schools (unit)	招生数（万人）New Students Enrollment (10000 persons)	在校学生数（万人）Students Enrollment (10000 persons)	毕业生数（万人）Graduates (10000 persons)	教职员工数（万人）Workers and Staff (10000 persons)	#专任教师 Teachers
1978	4097	83.92	214.65	83.59	12.29	9.94
1979	3680	72.29	181.12	80.45	11.04	9.04
1980	3391	64.67	170.04	49.05	11.45	8.53
1981	3243	61.03	155.75	50.75	10.88	8.07
1982	3115	59.93	151.08	44.01	10.34	7.89
1983	3161	61.28	154.91	39.43	10.44	7.90
1984	3199	61.95	166.13	39.50	10.56	7.87
1985	3235	63.29	177.46	41.84	10.94	8.24
1986	3296	65.09	184.04	47.49	11.14	8.41
1987	3346	62.41	182.95	50.19	11.26	8.56
1988	3389	54.34	169.74	52.04	11.53	8.83
1989	3384	58.19	163.34	52.09	11.76	8.95
1990	3353	64.78	169.62	49.92	11.59	8.98
1991	3381	66.01	180.75	46.02	11.87	9.24
1992	3283	66.14	188.38	49.55	12.17	9.53
1993	3259	63.08	185.02	55.67	12.36	9.73
1994	3315	72.82	194.02	56.88	12.72	10.12
1995	3255	80.67	210.54	58.84	13.37	10.77
1996	3240	75.03	223.64	57.41	14.15	11.55
1997	3186	71.92	222.74	68.10	14.74	12.19
1998	3128	76.23	217.67	75.49	15.11	12.52

14－11 小学基本情况

Basic Statistics on Primary Schools

年份 Year	学校数 （万所） Number of Schools （10000 unit）	招生数 （万人） New Students Enrollment （10000 persons）	在校学生数 （万人） Students Enrollment （10000 persons）	毕业生数 （万人） Graduates （10000 persons）	教职员工数 （万人） Workers and Staff （10000 persons）	＃专任教师 Teachers
1978	4.45	104.85	501.43	81.56	18.07	17.35
1979	4.26	86.44	486.77	72.47	18.38	17.54
1980	4.17	83.58	482.42	71.07	18.45	17.26
1981	4.10	74.19	459.83	78.66	17.66	16.50
1982	3.94	70.63	430.59	81.06	17.09	15.94
1983	3.82	70.20	407.20	83.03	16.44	15.25
1984	3.75	70.10	395.46	76.47	16.08	14.82
1985	3.65	67.78	384.91	75.34	16.09	14.62
1986	3.56	69.38	378.09	72.15	15.84	14.42
1987	3.45	57.33	365.15	67.32	15.55	14.16
1988	3.36	63.19	366.04	58.54	15.78	14.39
1989	3.27	72.30	375.73	60.16	16.11	14.65
1990	3.18	64.60	372.43	65.81	14.88	13.46
1991	2.97	57.85	362.64	65.64	14.97	13.50
1992	2.73	57.90	355.21	63.74	15.10	13.63
1993	2.53	64.74	359.23	59.33	15.23	13.77
1994	2.37	72.71	366.15	66.20	15.46	13.98
1995	2.26	66.19	362.98	70.01	15.84	14.34
1996	2.14	63.84	363.80	63.90	16.30	14.85
1997	1.97	61.39	368.57	57.72	16.84	15.40
1998	1.60	56.19	365.23	59.59	17.17	15.69

14—12 小学学龄儿童入学率和巩固率
Percentage of School-Age Children Enrolled and Percentage of Primary School Students Consolidated

年份 Year	学龄儿童数 (万人) School-age Children (10000 persons)	已入学学龄儿童数 (万人) School-age Children Enrolled in Schools (10000 persons)	入学率 (%) Enrollment Rate	巩固率 (%) Consolidation Rate
1978	457.50	446.51	97.60	94.20
1979	455.10	443.28	97.40	94.30
1980	437.95	424.77	97.00	96.50
1981	418.90	407.28	97.20	96.20
1982	389.78	378.28	97.00	97.50
1983	367.53	358.01	97.40	98.70
1984	356.60	348.85	97.80	99.30
1985	343.07	336.54	98.10	99.20
1986	339.00	333.24	98.30	98.90
1987	314.42	310.03	98.60	99.40
1988	302.91	299.46	98.90	99.10
1989	311.49	308.58	99.10	99.40
1990	312.18	309.86	99.30	99.50
1991	345.41	342.99	99.30	99.50
1992	337.16	335.20	99.40	99.60
1993	336.74	335.06	99.50	99.60
1994	348.46	347.42	99.70	99.90
1995	346.50	345.62	99.70	100.00
1996	347.43	346.84	99.80	99.90
1997	356.06	355.63	99.88	99.99
1998	356.16	355.87	99.92	99.96

14—13 幼儿园基本情况
Basic Statistics on Kindergartens

年份 Year	园数 (所) Number of Kindergartens (unit)	班数 (个) Number of Classes (unit)	在园幼儿数 (万人) Number of Children Enrollment (10000 persons)	教职员工数 (人) Staff and Workers (person)	#教师 Teachers
1979	3100	8908	28.34	13400	10095
1980	7067	14951	43.39	20601	17473
1981	5235	14605	41.97	20737	17473
1982	6409	14916	44.52	22209	18212
1983	6120	15440	47.19	23198	18839
1984	11511	20043	60.65	28735	24074
1985	12468	21902	65.41	30801	26180
1986	12375	24286	71.90	34210	29012
1987	13366	25980	81.25	37548	31680
1988	12590	26048	80.32	38205	32261
1989	12153	26277	74.85	38955	32703
1990	11824	26684	75.16	39859	33556
1991	11242	28308	85.72	41706	34425
1992	9860	29035	94.30	41052	34024
1993	9179	29396	97.63	43522	35887
1994	11705	31178	99.33	48006	39453
1995	11794	31530	99.43	49377	40220
1996	11915	32654	98.95	50389	40678
1997	12920	34637	100.21	54459	43503
1998	14068	37270	105.90	58867	46500

14—14 各级学校女学生和女教师数

Female Students and Teachers by Level of Schools

单位:万人 (10000 person)

类别	Item	1990	1995	1997	1998
女学生数	**Number of Female Students**	**260.55**	**289.80**	**302.61**	**301.48**
高等学校	Institutions of Higher Education	1.99	3.60	4.06	4.55
中等专业学校	Specialized Secondary Schools	2.91	7.44	9.18	10.32
普通中学	Regular Secondary Schools	74.77	97.40	103.01	100.19
农业、职业中学	Agricultural and Vocational Secondary Schools	4.32	9.32	11.59	13.40
小学	Primary Schools	176.56	172.13	174.77	173.02
女学生占学生总数%	**Percentage of Female Students to Total Students**	**46.70**	**47.10**	**47.26**	**47.27**
高等学校	Institutions of Higher Education	33.00	38.80	39.72	40.09
中等专业学校	Specialized Secondary Schools	43.60	51.30	58.35	61.80
普通中学	Regular Secondary Schools	44.10	46.30	46.25	46.03
农业、职业中学	Agricultural and Vocational Secondary Schools	44.60	51.30	50.30	49.87
小学	Primary Schools	47.40	47.40	47.42	47.37
女教师数	**Number of Female Teachers**	**10.32**	**12.66**	**14.78**	**15.57**
高等学校	Institutions of Higher Education	0.29	0.33	0.36	0.38
中等专业学校	Specialized Secondary Schools	0.27	0.32	0.35	0.35
普通中学	Regular Secondary Schools	2.68	3.85	4.89	5.21
农业、职业中学	Agricultural and Vocational Secondary Schools	0.17	0.35	0.46	0.55
小学	Primary Schools	6.91	7.81	8.72	9.08
女教师占教师总数%	**Percentage of Female Teachers to Total Teachers**	**41.30**	**45.10**	**46.80**	**49.38**
高等学校	Institutions of Higher Education	25.00	29.20	30.90	32.20
中等专业学校	Specialized Secondary Schools	37.00	41.00	42.97	44.30
普通中学	Regular Secondary Schools	29.80	35.70	40.08	41.61
农业、职业中学	Agricultural and Vocational Secondary Schools	25.90	34.30	38.46	40.74
小学	Primary Schools	51.30	54.50	56.64	57.87

14—15 每万人口中在校学生数和构成
Student Enrollment Per 10 Thousand Population and Its Composition

年份 Year	各级学校在校学生占全省人口(%) Students Enrollment as Percentage of Total Population	平均每万人口中 Number of Students Per 10000 Population			大、中、小学生占学生总数% Students of Different Level as Percentage of Total Students		
		大学生(人) University and College Students (person)	中学生(人) Secondary School Students (person)	小学生(人) Primary School Students (person)	大学生(人) University and College Students (person)	中学生(人) Secondary School Students (person)	小学生(人) Primary School Students (person)
1979	17.79	8.50	486.60	1283.56	0.5	27.4	72.2
1980	17.27	9.88	456.50	1260.71	0.6	26.4	73.0
1981	16.11	10.60	412.65	1187.73	0.7	25.6	73.7
1982	15.01	9.20	394.84	1097.23	0.6	26.3	73.1
1983	14.43	9.84	405.18	1027.48	0.7	28.1	71.2
1984	14.38	11.24	436.36	990.36	0.8	30.3	68.9
1985	14.37	13.08	469.11	955.22	0.9	32.6	66.5
1986	14.29	14.09	486.19	928.95	1.0	34.0	65.0
1987	13.80	14.58	479.78	886.03	1.1	34.8	64.2
1988	13.36	14.49	443.83	877.83	1.1	33.2	65.7
1989	13.32	14.50	424.92	892.71	1.1	31.9	67.0
1990	13.33	14.25	439.14	879.43	1.1	32.9	66.0
1991	13.29	14.04	463.63	850.99	1.1	34.9	64.0
1992	13.25	14.52	481.58	828.79	1.1	36.3	62.6
1993	13.28	17.06	477.71	832.84	1.3	36.0	62.7
1994	13.72	20.14	508.46	843.42	1.5	37.0	61.5
1995	14.07	21.25	554.97	830.70	1.5	39.5	59.0
1996	14.37	21.93	588.29	826.80	1.5	41.0	57.5
1997	14.48	23.13	591.39	833.44	1.6	40.8	57.6
1998	14.34	25.52	587.47	821.32	1.8	41.0	57.3

14－16 学校教师负担学生数
Students-Teachers Ratio by Level of Schools

年份 Year	高等学校 Institutions of Higher Education		中等学校 Secondary Schools		小学 Primary Schools	
	教师数（万人） Number of Teachers (10000 persons)	平均每个教师负担学生（人） Student-Teacher Ratio (person)	教师数（万人） Number of Teachers (10000 persons)	平均每个教师负担学生（人） Student-Teacher Ratio (person)	教师数（万人） Number of Teachers (10000 persons)	平均每个教师负担学生（人） Student-Teacher Ratio (person)
1978	0.54	4.5	10.18	21.4	17.35	28.9
1979	0.63	5.1	9.34	19.8	17.54	27.8
1980	0.69	5.5	8.95	19.5	17.26	28.0
1981	0.69	5.9	8.51	18.8	16.50	27.9
1982	0.77	4.7	8.35	18.6	15.94	27.0
1983	0.82	4.7	8.45	19.0	15.25	26.7
1984	0.87	5.2	8.54	20.4	14.82	26.7
1985	0.99	5.3	9.12	20.7	14.62	26.3
1986	1.08	5.3	9.45	20.9	14.42	26.2
1987	1.12	5.4	9.71	20.4	14.16	25.8
1988	1.16	5.2	10.12	18.3	14.39	25.4
1989	1.16	5.3	10.28	17.4	14.65	25.6
1990	1.16	5.2	10.36	18.0	13.46	27.7
1991	1.12	5.3	10.62	18.6	13.50	26.9
1992	1.11	5.6	10.97	18.8	13.63	26.1
1993	1.11	6.6	11.27	18.3	13.77	26.1
1994	1.13	7.7	11.75	18.8	13.98	26.2
1995	1.15	8.1	12.57	19.3	14.34	25.3
1996	1.15	8.4	13.43	19.3	14.85	24.5
1997	1.16	8.8	13.46	19.4	15.40	23.9
1998	1.18	9.6	14.66	17.8	15.69	23.3

14—17 地方企事业单位各类专业技术人员(1998年)

Specialized Technical Personnel in Local Enterprises and Institutions(1998)

分类	Item	总数 Total	农、林、牧、渔水利业 Farming, Forestry, Animal Husbandry and Fishery	采掘业 Mining and Quarrying	制造业 Manufacturing	电力煤气及水的生产和供应业 Electricity, Gas and Water Production and Supply
总　计(人)	**Total**	**770929**	**35310**	**3578**	**92841**	**5399**
工程技术人员	Engineering	128201	9650	1151	46977	3049
农业科技人员	Agriculture	18767	17169		124	1
科学研究人员	Scientific Research	3894	21		88	
卫生技术人员	Health Care	108782	276	557	4101	83
教学人员	Teaching	344290	315	337	2159	36
船舶技术人员	Shipping	1602	130		1	
经济人员	Economics	61114	3128	487	15647	762
会计人员	Accounting	54034	3284	442	11620	852
统计人员	Statistics	9501	430	93	4093	155
翻译人员	Translating	791	6		170	2
图书档案文博人员	Archives	11300	171	37	1116	85
新闻出版人员	Publishing	5943	13	1	23	3
律师公证人员	Lawyer	875	12	1	21	0
播音人员	Broadcasting	1016	4	2	7	0
工艺美术人员	Craft	1107	5		455	2
体育人员	Physical Culture	779				
艺术人员	Art	3520			5	
政工人员	Political Workers	15413	696	470	6252	369

14—17 续表 1 continued

分类	Item	建筑业 Construction	交通运输、邮电通讯业 Transportation, Postal and Telecommunications Services	地质勘察业、水利管理业 Geological Prospecting and Water Conservancy	批发和零售贸易餐饮业 Wholesale and Retail Trade and Catering Services	金融、保险业 Banking and Insurance
总　计	**Total**	**14089**	**21444**	**7067**	**46790**	**3606**
工程技术人员	Engineering	8755	7437	5511	6146	379
农业科技人员	Agriculture	1	19	138	354	1
科学研究人员	Scientific Research			1	2	
卫生技术人员	Health Care	317	533	24	3111	12
教学人员	Teaching	113	450	6	181	7
船舶技术人员	Shipping		1455	8	8	
经济人员	Economics	1891	4820	339	19753	1745
会计人员	Accounting	1818	3643	698	13258	1353
统计人员	Statistics	216	805	58	1743	32
翻译人员	Translating	20	24	5	109	3
图书档案文博人员	Archives	96	260	70	332	14
新闻出版人员	Publishing	1	4	1	15	3
律师公证人员	Lawyer	1	5	4	8	1
播音人员	Broadcasting					
工艺美术人员	Craft	7	4		151	3
体育人员	Physical Culture				2	
艺术人员	Art		3	1	3	
政工人员	Political Workers	853	1982	203	1614	53

14—17 续表 2 continued

分类	Item	房地产业 Real Estate Trade	社会服务业 Social Services	卫生、体育和社会福利事业 Health Care, Sports and Social Welfare	教育、文化艺术和广播电视事业 Educution, Culture and Arts, Radio, Film and Television	科学研究与综合技术服务业 Scientific Research and Poly-technical Services	其他 Others
总　　计	**Total**	**2834**	**28618**	**106355**	**373873**	**19733**	**9392**
工程技术人员	Engineering	1579	13094	1304	6274	12825	4070
农业科技人员	Agriculture	2	150	22	104	615	67
科学研究人员	Scientific Research	1	13	33	1903	1818	14
卫生技术人员	Health Care		453	97365	1604	205	141
教学人员	Teaching	10	389	707	339410	83	87
船舶技术人员	Shipping						
经济人员	Economics	541	5869	674	1989	1429	2040
会计人员	Accounting	564	5505	4151	3762	1505	1597
统计人员	Statistics	36	637	482	178	175	368
翻译人员	Translating	3	323	8	24	48	46
图书档案文博人员	Archives	26	469	384	7430	536	274
新闻出版人员	Publishing	1	38	22	5634	105	79
律师公证人员	Lawyer	2	687	1	1	40	91
播音人员	Broadcasting	0	2		996		5
工艺美术人员	Craft	3	84	20	268	89	16
体育人员	Physical Culture			680	96		1
艺术人员	Art	1	73	1	3430	2	1
政工人员	Political Workers	65	832	501	770	258	495

14－18　县级以上政府部门属研究与开发机构情况

Basic Statistics on R & D Organizations Attached to Government at County Level and Above

年份 Year	机构数（个）Institutions (unit)	职工（人）Staff and Workers (person)	科学家工程师 Scientists and Engineers	经费收入（千元）Income (1000 yuan)	政府拨款 Government Appropriations	经费支出（千元）Expenditures (1000 yuan)	人员费用 Service Charge
1986	153	18639	6667	140148	88770	125802	30666
1987	152	17963	7383	177214	104314	152343	30005
1988	156	18194	8129	189204	140729	277151	40648
1989	161	18175	8385	248889	119742	250700	40260
1990	163	18184	8564	338007	158013	291691	51227
1991	164	15424	7388	296226	93295	264937	50007
1992	165	15323	7464	405123	144095	370174	61555
1993	162	14845	7414	471386	142887	452064	90007
1994	161	14103	7175	530694	182509	480253	139932
1995	161	12668	6896	620206	117842	592478	155887
1996	161	13179	8920	721721	251104	634071	181889
1997	162	12696	6315	915027	317945	834341	208055
1998	164	13889	6572	1267040	479189	1075799	230175

14－19　县级以上政府部门属自然科学研究与开发机构情况（1998年）

Basic Statistics on Natural Science R & D Organizations Attached to Government at County Level and Above (1998)

项目	Item	机构数（个）Institutions (unit)	职工（人）Staff and Workers (person)	科学家和工程师 Scientists and Engineers	经费收入（千元）Income (1000 yuan)	政府拨款 Government Appropriations	经费支出（千元）Expenditures (1000 yuan)	人员费用 Service Charge
总计	**Total**	**147**	**13332**	**6231**	**1225003**	**445090**	**1036206**	**220717**
按隶属关系分	**By Relationship of Subordination**							
国务院部门属	Institutions Run by Central Government	22	4575	2305	376575	184206	329040	72650
省属	Institutions Run by Provincial Government	43	5319	2565	656896	180288	540777	96944
市、地属	Institutions Run by Prefectural Government	82	3438	1361	191532	80596	166389	51123
按机构地域分	**By Region**							
杭州市	Hangzhou	73	9748	4623	1000145	299207	842889	158492
宁波市	Ningbo	15	586	239	36960	13766	35010	7448
温州市	Wenzhou	19	714	302	46621	22926	38385	12209
加兴市	Jiaxing	5	1231	595	87640	76199	75018	23632
湖州市	Huzhou	5	165	74	12393	6239	10166	3081
绍兴市	Shaoxing	4	111	66	3997	2171	3648	2100
金华市	Jinhua	7	225	102	6084	4643	5234	3703
衢州市	Quzhou	5	49	22	2579	2140	2331	759
舟山市	Zhoushan	7	240	100	16591	10122	12957	4430
台州市	Taizhou	4	177	67	7722	5504	6421	3478
丽水地区	Lishui	3	86	41	4271	2173	4147	1385

14—20 大中型工业企业技术开发情况
Basic Statistics on Technological Development in Large and Medium-sized Industrial Enterprises

年份 Year	企业办技术开发机构(个) Institutions of Technical Development (unit)	企业技术开发人员数(人) Personnel of Technical Development (person)	科学家工程师 Scientists and Engineers	经费筹集总额(千元) Funds (1000 yuan)	上级拨款 Appropriations from Higher Authorities	经费支出总额(千元) Expenditures (1000 yuan)	开发新产品 Expenditure for New Product Development
1987	134	12180	3492	173540	12120	134750	71460
1988	158	12917	4493	268540	9800	219690	67520
1989	187	12491	4804	224710	11872	159592	71252
1990	313	14384	5586	328939	12461	247413	98082
1991	420	19768	7261	703789	10614	450117	161035
1992	467	23567	8847	1082833	20400	853734	355938
1993							
1994	506	26605	10343	822722	9080	857469	402435
1995	632	35879	11827	1882665	27004	1683728	599335
1996	583	27812	16542	1607650	30357	1415956	870270
1997	618	31359	19103	1875876	62164	1610496	864513
1998	599	27689	14705	2170324	68253	1793470	981614

14—21 大中型工业企业技术开发情况(1998年)
Basic Statistics on Technological Development in Large and Medium-sized Industrial Enterprises(1998)

项目	Item	企业办技术开发机构(个) Institutions of Technical Development (unit)	企业技术开发人员数(人) Personnel of Technical Development	科学家工程师 Scientists and Engineers	经费筹集总额(千元) Funds (1000 yuan)	上级拨款 Appropriations from Higher Authorities	经费支出总额(千元) Expenditures (1000 yuan)	开发新产品 Expenditure for New Product Development
总　计	**Total**	**599**	**27689**	**14705**	**2170324**	**68253**	**1793470**	**981614**
按企业规模分	**By Size of Enterprises**							
大型企业	Large-sized	252	15582	9364	1343186	45715	1143703	583558
中型企业	Medium-sized	347	12107	831	827138	22538	649767	398056
按经济类型分	**By Ownership**							
独资企业	State-owned Units	358	17596	9364	1306864	49344	1066816	626121
合作合伙企业	Collective Owned Units	46	1727	831	127266	970	100373	66102
股份有限公司	Other Owership	70	2841	1484	353332	12240	302832	100690
有限责任公司	Other Owership	70	2841	1484	353332	12240	302832	100690
按隶属关系分	**By Relationship of Subordination**	125	5525	3026	382862	5699	323449	188701
中央属企业	Enterprises Run by Central Government	25	2774	1541	310452	42010	298479	162169
省属企业	Enterprises Run by Provincial Government	22	1141	630	42672	735	38705	12581
市地属企业	Enterprises Run by Prefectural City Government	184	8587	5015	474037	14039	426576	293027
县及县以下	Enterprises Run by at and Below County Level	368	15187	7519	1343163	11469	1029710	513837

14—22 高等学校科学研究与发展情况
Basic Statistics on Scientific R & D in Institutions of Higher Education

年份 Year	研究与发展机构数（个） Institutions (unit)	学校科技活动人员（人） Persons Engaged in Scientific and Technological Activities (person)	科学家工程师 Scientists and Engineers	经费拨入总额（千元） Funds (1000 yuan)	政府拨款 Government Appropriations	经费支出总额（千元） Expenditures (1000 yuan)	仪器设备费 for Instrument and Equipment
1986	31	16086	11910	27599	20612	21913	9429
1987	32	15363	12803	29541	18361	25565	8228
1988	45	19874	16864	31673	17889	27570	6393
1989	44	20166	17087	45137	20386	39258	8838
1990	45	20267	17278	53201	27725	40683	8810
1991	43	20251	17397	64415	32343	55050	11006
1992	58	20597	17468	110828	52504	99963	21281
1993	234	20940	17769	269737	91292	265632	49170
1994	262	20933	17179	257660	89649	248301	34492
1995	259	21098	18584	287312	75220	248052	30671
1996	259	22111	19026	323407	74044	295162	34166
1997	295	22247	20129	383266	107911	345380	44971
1998	267	23092	20848	440597	114376	435804	43791

14—23 县级以上政府部门属研究与开发机构课题情况
Basic Statistics on Programmes in R & D Organizations Attached to Government at County Level and Above

年份 Year	课题数（项） Number of Topics (topic)	投入人员（人） Persons (person)	科学家工程师 Scientists and Engineers	投入经费（千元） Funds (1000 yuan)	人均经费（千元/人） Funds per Capita (1000 yuan/person)	课题平均经费（千元/项） Funds per Topic (1000 yuan/person)
1986	2568	6506		35897	6	14
1987	3272	6892		44674	7	14
1988	3066	7053	5232	51797	7	17
1989	3134	7405	5765	56436	8	18
1990	3120	6276	4669	55513	9	18
1991	3457	5506	4256	47204	9	14
1992	3452	5533	4274	67720	12	20
1993	2941	4948	3955	74178	15	25
1994	2540	4401	3623	92615	21	37
1995	2453	4301	3414	100583	23	41
1996	2315	4331	3451	127916	30	55
1997	2440	4390	3475	177984	41	73
1998	2531	5568	4106	251941	45	99

14—24 县级以上政府部门属自然科学研究与开发机构课题情况
Basic Statistics on Programmes in Natural Science R & D Organizations Attached to Government at County Level and Above

分类	Item	投入人员(人) Persons (person)	#科学家工程师 Scientists and Engineers	投入经费(千元) Funds (1000 yuan)
总　计	**Total**	**5366**	**3927**	**245471**
按活动类型分	**by Type of Activity**			
基础研究	Foundational Research	166	125	3034
应用研究	Applied Research	998	739	68496
试验发展	Experimental Development	1461	1064	48798
R&D 成果应用	Application of R&D Result	1462	1118	44827
科技服务	Scientific and Technological Services	908	729	52358
生产性活动	Productive Activities	371	152	27958

14—25 高等学校自然科学领域研究与发展课题情况
Basic Statistics on Programmes of Natural Scientific R & D in Institutions of Higher Education

年份 Year	课题数(项) Number of Topics (topic)	投入人员(人) Persons (person)	研究生 Postgraduates	投入经费(千元) Funds (1000 yuan)	人均经费(千元) Funds per Capita (1000 yuan)	课题平均经费(千元) Funds per Topic (1000 yuan)
1986	1684	3125	784	22954	7	14
1987	1849	3500	1010	26813	8	15
1988	2163	3907	1219	26164	7	12
1989	2285	3973	1000	38481	10	17
1990	2925	3810	772	46674	12	16
1991	3400	4264	739	50526	12	15
1992	4083	4469	772	79051	18	19
1993	4263	4801	853	129614	27	30
1994	4398	4708	1071	170816	36	39
1995	4264	4864	1159	162110	33	38
1996	4415	5100	1328	179000	35	41
1997	4713	5163	1424	239010	46	51
1998	5173	5162	1542	249120	48	48

14—26 高等学校自然科学领域研究与发展课题情况(1998 年)

Basic Statistics on Programmes of Natural Scientific of R & D in Institutions of Higher Education(1998)

学科类别	Item	课题数(项) Number of Topics (topic)	投入人员(人) Persons (person)	研究生 Postgraduates	投入经费(千元) Funds (1000 yuan)	人均经费(千元) Funds per Capita (1000 yuan)	课题平均经费(千元) Funds per Topic (1000 yuan)
总　计	**Total**	**5173**	**5162**	**1542**	**249120**	**48**	**48**
按学科领域分	**By Field of Sciences**						
自然科学	Natural Sciences	1041	1069	397	18818	18	18
工程科学与技术	Engineering and Technology	2244	2494	834	206879	83	92
农业科学	Agricultural Sciences	1324	1163	219	11900	10	9
医学科学	Medical Sciences	564	436	92	11523	26	20
按活动类型分	**By type of Activities**						
基础研学	Fundational Research	1343	1458	664	24378	17	18
应用研究	Applied Research	2405	2604	664	74940	29	31
试验发展	Experimental Development	1425	1100	214	149802	136	105

14—27 高等学校自然科学领域研究与发展机构科技著作(1998 年)

Scientific and Technical Works of R & D Organizations in Institutions of Higher Education(1998)

项目	Item	出版科技专著(部) Science and Technology Workers Published (work)	发表学术论文(篇) Academic Papers Published (paper)	国外学术刊物 Published in Foreign Academic Publications	全国性学术刊物 Pulished in State Academic Publications	地方性学术刊物 Published in Local Academic Publication
合计	**Total**	**87**	**8796**	**995**	**5422**	**2379**
自然科学	Natural Sciences	21	2330	368	1193	769
工程与技术	Engieering and Technology	21	3953	479	3071	403
农业科学	Agricultural Sciences	34	752	95	393	264
医学科学	Medical Sciences	11	1761	53	765	943

14—28 县级以上政府部门属自然科学研究与开发机构科学论文和科技著作
Scientific and Technical Works of R&D Organizations Attached to Government at County Level and Above

项目	Item	科学论文(篇) Science Papers (paper)		#国外发表 Published in Foreign Publications		科技著作(种) Science-technology Works(kind)	
		1997	1998	1997	1998	1997	1998
合计	**Total**	**1683**	**1959**	**100**	**145**	**37**	**39**
国务院部门属	Institutions Attached to Central Government	562	670	52	87	15	16
省属	Institutions Attached to Provincial Government	816	973	32	47	15	21
市、地属	Institutions Attached to Prefectural (city) Government	305	316	16	11	7	2

14—29 "星火"计划项目情况
Basic Statistics on "Sparkle Plan" Programmes

单位:项 (Item)

年份 Year	国家级 Country Level			省级 Province Level			地县级 Prefectures and County Level		
	立项 Progra-mmes	完成 Completed	验收 Checked and Accepted	立项 Progra-mmes	完成 Completed	验收 Checked and Accepted	立项 Progra-mmes	完成 Completed	验收 Checked and Accepted
1986	29	11	7	70	22	188	203	45	44
1987	33	13	3	71	26	11	191	41	21
1988	38	2		66	7	2	185	13	2
1989	10			71	10	3	208	31	6
1990	28	8	8	79	44	44	298	102	102
1991	37	9	9	81	66	66	343	159	159
1992	37	26	26	89	65	65	413	161	161
1993	44	40	40	149	78	78	246	124	124
1994	43	14	14	152	100	34	302	100	100
1995	45	19	19	165	54	54	379	175	175
1996	58	17	17	119	38	38	509	165	165
1997	74	26	26	144	37	37	587	193	193
1998	82	35	35	144	35	35	636	200	200

14－30 "星火"计划项目情况(1998年)
Basic Statistics on "Sparkle Plan" Programmes(1998)

项目	Item	项目数(项) Programmes (Item)	已通过项数 Completed	新增经济效益(万元) Newly Added Economic Efficiency (10000 yuan)		
				新增产值 Newly Added Output Value	新增利税 Newly Added Profits and Taxes	新创(节)汇 Newly Earned Foreign Exchange
合计	**Total**	**270**	**270**	**364425**	**66915**	**33239**
国家级	Country Level	35	35	156971	29348	14401
省级	Province Level	35	35	100072	19128	7550
市、地县级	Prefecture and County Level	200	200	107382	18439	11288

14－31 技术市场成交情况
Business of Technological Markets

项目	Item	成交项目(项) Transaction Projects (Item)		成交金额(万元) Transaction Value (10000 yuan)	
		1997	1998	1997	1998
总　计	**Total**	**19808**	**21774**	**133232**	**162274**
按卖方分	**By Selling Party**				
工业企业	Industrial Enterprises	2360	2806	24777	31440
科研机构	Institutions of Scientific Research	1204	1298	12945	14364
技术贸易机构	Institutions of Technological Trade	13087	13709	76189	73371
大中专院校	Universities, Colleges and Specialized Secondary Schools	175	135	1046	1511
个人及合伙	Individuals and Partnership	148	512	802	2125
其他	Others	2834	3314	17473	39463
按买方分	**By Buying Party**				
工业企业	Industrial Enterprises	12951	12439	75955	61210
科研机构	Institutions of Scientific Research	578	492	4518	8651
各级管理部门	Administrative Departments	1332	1163	9409	17986
技术贸易机构	Institutions of Technological Trade	355	265	1517	1780
个人及合伙	Individuals and Partnership	338	581	1079	3158
其他	Others	4254	6834	40753	69489

14—32 科协系统科技活动情况(1998 年)
Basic Statistics on Scientific and Technological Activities(1998)

项目	Item	科协合计 Total Associations for Science and Technology	省科协 Provincial Associations	地(市)科协 Prefectural (city) Associations	县级科协 At county Level Associations
机构数 (个)	**Institutions (unit)**	**95**	**1**	**11**	**83**
人员数 (人)	**Personnel (person)**	**703**	**36**	**129**	**538**
学术活动	**Academic Activities**				
国内学术会议	**Domestic Academic Meetings**				
次数 (次)	Number (times)	1343	5	314	1024
参加人数 (人)	Participants (person-time)	62199	850	25925	35424
交流论文数 (篇)	Papers Presented (paper)	13648	650	3399	9599
科技培训	**Training**				
培训人次 (人)	Persons Trained (person-time)	129804	7306	30049	92449
外派研修生人数 (人次)	Trainees Sent Abroad (person)	9	7	1	1
科普活动	**Activities for Popular Science**				
讲座次数 (次)	Lectures (times)	3888	5	175	3708
参观人数 (人次)	Participants (person-time)	749466	3700	46126	699640
展览次数 (次)	Exhibitions (times)	826	8	28	790
参观人数 (人)	Participants (person-time)	1254550	273	149230	1105047
青少年科技竞赛次数(次)	Teenagers Participating in Science-technology Competitions (times)	423	4	23	396
咨询活动	**Consultative Activities**				
完成技术咨询合同 (项)	Consultative Contracts Completed (kind)	5157	949	2615	1593
决策咨询 (项)	Consultation for Decision-making (kind)	289	12	18	259
咨询合同实现金额(万元)	Revenue for Fulfillment of Consultative Contracts (10000 yuan)	19984	7284	8819	3881
出版	**Publications**				
科技期刊总数 (种)	Academic Journals (kind)	74	3	3	68
论文集种数 (种)	Collections of Articles (kind)	57	0	2	55
发行量 (册)	Copies Published (copy)	68110	0	600	67510
科技报纸种数 (种)	Scientific &Technological Newspapers (kind)	6	0	1	5

14—32 续表 continued

项目		Item		学会合计 Total Learned Societies	省学会 Provincial Learned Societies	地市学会 Prefectural (city) Learned Societies
机构数	(个)	**Institutions**	(unit)	**717**	**143**	**574**
人员数	(人)	**Personnel**	(person)	**302945**	**149931**	**153014**
学术活动		**Academic Activities**				
国内学术会议		**Domestic Academic Meetings**				
次数	(次)	Number	(times)	1365	575	790
参加人数	(人)	Participants	(person-time)	98768	36868	61900
交流论文数	(篇)	Papers Presented	(paper)	21651	10105	11546
科技培训		**Training**				
培训人次	(人)	Persons Trained	(person-time)	83962	21592	62370
外派研修生人数	(人)	Trainees Sent Abroad(person)		18	14	4
科普活动		**Activities for Popular Science**				
讲座次数	(次)	Lectures	(times)	2848	328	2520
参观人数	(人次)	Participants	(person-time)	351969	71093	280876
展览次数	(次)	Exhibitions	(times)	486	64	422
参观人数	(人次)	Participants	(person-time)	801253	385963	415290
青少年科技竞赛次数	(次)	Teenagers Participating in Science-technology Competitions	(unit)	120	17	103
咨询活动		**Consultative Activities**				
完成技术咨询合同	(项)	Consultative Contracts Completed	(kind)	1206	246	960
决策咨询	(项)	Consultation for Decision-making	(kind)	443	116	327
合同实现金额	(万元)	Revenue for Fulfillment of Consultative Contracts	(10000 yuan)	2088	1169	919
出版		**Publications**				
科技期刊总数	(种)	Academic Journals	(kind)	104	45	59
论文集种数	(种)	Collections of Articles	(kind)	271	142	129
发行量	(册)	Copies Published	(copy)	638907	49760	589147
科技报纸种数	(种)	Scientific &Technological Newspapers	(kind)	13	4	9

14—33 专利申请受理量和批准量
Patent Applications Accepted and Approved

单位:项 (Item)

项目	Item	1990	1995	1997	1998
申请受理量合计	**Number of Patent Applications Accepted**	**2243**	**4042**	**6261**	**7074**
发明	Inventions	256	357	492	571
实用新型	Utility Models	1754	2323	3062	3309
外观设计	Designs	233	1362	2707	3194
批准量合计	**Number of Patent Applications Approved**	**989**	**2131**	**3167**	**4470**
发明	Inventions	43	54	64	47
实用新型	Utility Models	882	1455	1487	1967
外观设计	Designs	64	622	1616	2456

14—34 测绘部门主要指标完成情况
Major Indicators of Surveying and Mapping Departments

项目	Item	1990	1995	1997	1998
测绘工作产值 (万元)	Gross Output Value (10000 yuan)	1362	8636	1137	12845
年末测绘人数 (人)	Personnel (person)	3560	5334	4636	4907
劳动生产率 (元/人)	Overall Labor Productivity (yuan/person)	3826	16191	24022	26177
地形图测图 (幅)	Mapping (map)	4510	15853	17855	22247
各等级三角测量 (点)	Trigonometrical Survey (point)	258	1558	1002	1677
各等级水准测量 (公里)	Level Survey (km)	2824	4176	6323	6776
编制各种专题图 (幅)	Maps of Special Subject (map)	1326	3202	1063	1820
地图印刷 (令)	Map Printing (piece)	14750	17667	9668	22657
提供各种比例尺地形图 (张)	Topographic Maps of All Kinds (piece)	56029	7789	28377	15047
提供航摄照片 (片)	Aerial Photograph (piece)	18159	1786	838	2351
提供大地控制点成果(点)	Geodetic Results (point)	1064	1151	467	1160

14—35 标准计量、质量监督机构和人员数
Institutions and Personnel Engaged in Standard Measuring and Quality Supervising

项　　目	Item	1995	1996	1997	1998
标准计量行政部门和计量技术机构 （个）	**Number of Institutions Engaged in Standard Measuring (unit)**	**138**	**142**	**142**	**143**
省级机构数 （个）	Institutions at Province Level (unit)	9	9	10	11
市(地)级机构数 （个）	Institutions at City Level (unit)	31	37	41	41
县(市、区)级机构数 （个）	Institutions at County Level (unit)	98	96	91	91
产品质量监督检验机构数 （个）	**Number of Institutions Engaged in Quality Supervising (unit)**	**139**	**149**	**152**	**175**
省级质检所(站) （个）	Institutions at Province Level (unit)	64	64	61	67
市(地)级质检所(站) （个）	Institution at City Level (unit)	34	39	44	47
县级质检所(站) （个）	Institutions at County Level (unit)	41	46	47	61
年末职工总数 （人）	**Number of Staff anf Workers(year-end) (person)**	**2715**	**2937**	**3247**	**3596**
专业技术人员 （人）	Specialized Technological Personnel (person)	1442	1506	1543	1483
业务管理人员 （人）	Professional Management Personnel (person)	438	533	600	777
行政人员 （人）	Administrative Personnel (person)	389	404	472	595
工人 （人）	Workers (person)	446	494	632	741

14—35 续表 continued

项目	Item	1995	1996	1997	1998
已建省级社会公用计量标准 （类）	**Socail Public Measurement Standard Established at Province Level （kind）**	**10**	**10**	**10**	**10**
已建市（地）级社会公用计量标准 （类）	**Socail Public Measurement Standard Established at City Level （kind）**	**10**	**10**	**10**	**10**
已开展强制检定工作计量器具 （项）	**Measurement Implement Tested Compulsively （kind）**	**37**	**43**	**45**	**44**
强制检定计量器具实际检出数 （万台件）	**Actual Quantity Checked by Measurement Implement Tested Compulsively （10000 piece）**	**32**	**36**	**34**	**39.50**
计量仪器检定 （万台件）	**Quantity Checked by Mesurement Implement （10000 piece）**	**64**	**75**	**71**	**78.20**
产品质量监督检验受检企业数 （个）	**Number of Enterprises Passed Quality Check （unit）**	**17770**	**19829**	**19583**	**21059**
本年度财政拨款 （万元）	**Financial Allocations （10000 yuan）**	**2978**	**3562**	**4558**	**6999**
#省级机构拨款（万元）	Province Level （10000 yuan）	450	410	749	444
市级机构拨款 （万元）	City Level （10 000 yuan）	623	760	1026	1458
县级机构拨款 （万元）	County Level （10000 yuan）	1284	1543	1618	2419
固定资产总值 （万元）	**Total Value of Fixed Assets （10000 yuan）**	**11613**	**12827**	**16214**	**19992**
省级固定资产 （万元）	Provincel Level （10000 yuan）	2933	3295	3820	4186
市级固定资产 （万元）	Ciy Level （10000 yuan）	4518	5039	6048	7379
县级固定资产 （万元）	County Level （10000 yuan）	4162	4493	6346	8426
现有工作用房 （平方米）	**Floor Space of Working Houses （sq. m）**	**174200**	**123700**	**138900**	**150800**
标准馆藏总量 （万件）	**Volume of Standard Measurement Implement Collected （10000 units）**	**14**	**15**	**12**	**13**
国内标准 （万件）	Domestic Standard （10000 units）	6	6	6	6
国外标准 （万件）	Foreign Standard （10000 units）	8	8	6	7

主要统计指标解释

普通高等学校 指按照国家规定的设置标准和审批程序批准举办，通过国家统一招生考试，招收高中毕业生为主要培养对象，实施高等教育的全日制大学、独立设置的学院和高等专科学校、短期职业大学。

成人高等学校 指按照国家有关规定审批，招收通过全国成人高教统一招生考试的具有高中毕业或同等学历的在职从业人员利用脱产、半脱产、业余或函授等多种形式对其实施高等学历教育，培养高等教育专科或本科毕业水平的专门人才，修业年限、课程设置和总学时数均按高等学历教育要求付诸实施的学校。包括广播电视大学、职工高等学校、农民高等学校、管理干部学院、教育学院、独立设置的函授学院等。

小学学龄儿童入学率 指调查范围内已入小学学习的学龄儿童占校内外学龄儿童总数(包括弱智儿童在内，但不包括盲聋哑儿童)的比重。计算公式：

$$小学学龄儿童入学率=\frac{已入学的小学学龄儿童数}{校内外小学学龄儿童总数}*100\%$$

独立研究与开发机构 指有明确的任务和研究方向，有一定学术水平的业务骨干和一定数量的研究人员，具有研究、开发、开展学术工作的基本条件，主要进行科学研究与技术开发活动，并且在行政上有独立的组织形式，财务上独立核算盈亏，有权与其他单位签订合同，在银行有单独户头的单位。包括国务院各部门、中国科学院、中国社会科学院和各省、自治区、直辖市以及地(市)以上(含地，市)各部门所属的国有独立的科学研究与技术开发机构。

科学家和工程师 指具有大学本科及以上学历的和不具备上述学历但有高、中级职称的人员。

Explanatory Notes on Main Statistical Indicators

Regular Institutions of Higher Learning refer to educational establishments set up according to the government evaluation and approval procedures, enrolling graduates from senior secondary schools and providing higher education courses and training for senior professionals. They include full-time universities, colleges, high professional schools and short-term professional universities.

Institutions of Higher Learning for Adults refer to educational establishments, set up in line with relevant rules approved by the government, enrolling staff and workers with senior secondary school or equivalent education, and providing higher education courses in many forms of full-time, part-time, spare-time, or correspondence for adults. Professionals thus trained receive a qualification equivalent to graduates studying regular courses at regular universities, colleges and professional colleges. Institutions of higher learning for adults include Radio and TV universities, schools of high education for staff and workers and peasants, colleges for management cadres, pedagogical colleges, independent correspondence colleges.

Enrollment Rate of Primary School-age Children refers to the proportion of school-age children enrolled at schools to the total number of school-age children both in and outside schools (including retarded children, but excluding blind, deaf and mute children). The formula is:

$$\text{Enrollment Rate of Primary School-age Children} = \frac{\text{Total Primary School—age Children at Schools}}{\text{Total Primary School—age Children Both at and Outside Schools}} * 100\%$$

Independent Research and Development Institutions refer to the state-owned insitutions which have direct mission and research purpose, a certain number of core member with higher research level and a certain number of research personnel, favorable conditions for R & D and engaging in scientific research and technological development. The institutions also have their own independent organization and finance, authority to sign contracts with other units, with their own accounts in banks. Independent research and development institutions include the institutions attached to central government agencies, Chinese Academy of Sciences. Chinese Academy of Social Sciences and the institutions attached to local governments.

Scientists and Engineers refer to persons who have completed university or higher education or obtained titles of senior and middle-level professional positions.

文化、体育和卫生

CULTURE , SPORTS & PUBLIC HEALTH

15

15－1 文化、艺术、文物事业单位数

Number of Institutions for Culture, Art and Cultural Relic

单位：个　　　　　　　　　　　　　　　　　　　　　　　　　　　　(unit)

年份 Year	电影放映单位 Film Projection Units	艺术表演团体 Art Performance Troups	文化馆、站 Cultural Centers Stations	#文化馆 Cultural Centers	公共图书馆 Public Libraries	博物馆 Museums
1952	65	110	254	90	3	2
1957	274	129	232	94	31	3
1965	598	122	230	83	35	8
1970	801	83	210	68	35	7
1978	4375	128	372	76	63	19
1979	4320	161	1332	79	69	17
1980	4218	170	1659	79	69	19
1981	4126	147	1753	79	70	20
1982	4095	135	2124	82	73	20
1983	4625	131	2954	86	73	20
1984	5242	133	3607	91	74	21
1985	5592	126	3598	93	76	21
1986	5375	122	3617	95	78	35
1987	5089	112	3619	93	80	40
1988	4896	98	3501	87	80	45
1989	4673	90	3547	87	80	47
1990	4580	90	3554	85	80	51
1991	4436	91	3695	85	80	55
1992	4050	89	2065	84	80	55
1993	3600	89	2033	84	81	58
1994	3327	87	2010	84	82	58
1995	3029	83	1974	83	81	59
1996	2817	85	2114	83	81	61
1997	2766	86	2014	83	81	63
1998	2723	82	2016	83	82	68

15－2 文化事业机构和人员数(1998年)

Number of Cultural Institutions and Persons(1998)

单位：个、人　　　　　　　　　　　　　　　　　　　　　　　　　　(unit, person)

类别	Category	总计 Total		#文化部门 Cultural Department			
				国有单位 State-owned Units		集体单位 Collective Units	
		机构数 Institutions	人数 Persons	机构数 Institutions	人数 Persons	机构数 Institutions	人数 Persons
总计	**Total**	**2357**	**15545**	**2327**	**14771**	**26**	**643**
艺术事业	Art Institutions	180	5586	163	5353	17	233
公共图书馆事业	Public Libraries	82	1767	81	1710		
群众文化事业	Mass Culture	2028	6225	2028	6225		
艺术教育事业	Art and Education	8	424	8	424		
文艺科研	Culture, Art and Science Research	10	299	10	299		
其他文化事业	Other Cultural Institutions	49	1244	37	760	9	410

15—3 群众艺术馆、文化馆(站)业务活动和经费情况(1998年)

Basic Statistics on Activities and Expenditures of Mass Art Centers and Cultural Centers(1998)

项　目		Item		总计 Total	群众艺术馆 Mass Art Centers	文化馆 Cultural Centers	国办文化站 Cultural Stations Run by State-Owned
单位数	**(个)**	**Number of Units**	**(unit)**	**2028**	**12**	**83**	**1933**
举办展览	(个)	Number of Exhibitions	(unit)	7421	111	709	6601
组织文艺活动	(次)	Entertainment Activities	(times)	19132	260	2490	16382
举办训练班班次	(次)	Number of Training Classes	(times)	10632	593	1596	8443
结业人次	(万人次)	Number of Persons Completing Courses	(10000 person-times)	28	2	5	21
录相放映场次	(万场)	Number of Videotape Projection	(10000 shows)	45	1	4	40
观众人次	(万人次)	Number of Audiences	(10000 person-times)	2261	28	129	2103
群众艺术馆、文化馆负责指导单位		**Units Responsible for Guiding Mass Art Centers and Cultural Centers**					
农村集镇文化中心	(个)	Cultural Centers in Towns	(unit)	698	75	623	
文化俱乐部(室)	(个)	Cultural Clubs	(unit)	3678	357	3321	
文化户	(户)	Households Specializing in Cultural Activities	(household)	4787	1062	3725	
群众业余演出团(队)	(个)	Part-time Art Groups	(unit)	898	268	630	
总支出	**(万元)**	**Total Expenditures**	**(10000 yuan)**	**12862**	**1847**	**4253**	**6762**
#事业支出	(万元)	Operating Expenditures	(10000 yuan)	11936	1792	4087	6057

15—4 电影放映情况

Conditions of Film Projection

项　目		Item		1990	1995	1997	1998
放映单位	**(个)**	**Projection Units**	**(unit)**	**4580**	**3029**	**2766**	**2723**
放映场次	(万场)	Number of Projection	(10000 shows)	154	66	51	36
观众人数	(万人次)	Number of Audiences	(10000 person-times)	69761	17080	9750	5640
放映收入	(万元)	Projection Income	(10000 yuan)	13044	14165	17786	14609
发行收入	(万元)	Income from Publishing	(10000 yuan)	5872	5741	8435	7245

15—5 博物馆、文物保护管理单位基本情况(1998年)

Basic Statistics on Museums and Cultural Relic Protection & Management Agencies(1998)

项 目		Item		博物馆 Museums	文物保护管理单位 Protection & Management Agencies
单位数	**(个)**	**Number of Units**	**(unit)**	**68**	**86**
藏 品	**(件)**	**Number of Collections**	**(case)**	**346577**	**109492**
#一级品	(件)	Grade One	(case)	1012	363
业务活动		**Vocational Activities**			
陈 列	(个)	Number of Displays	(unit)	107	
展 览	(个)	Number of Exhibitions	(unit)	286	
参观人数	(万人次)	Number of Visitors	(10000 person times)	578	472
本年收入	**(万元)**	**Total Income**	**(10000 yuan)**	**3842**	**4511**
经费支出	**(万元)**	**Total Expenditure**	**(10000 yuan)**	**3605**	**4369**
#业务费	(万元)	Professional Expenditures	(10000 yuan)	1269	
#考古发掘费	(万元)	Archaeology and Excavation Expenses	(10000 yuan)	9	152
维修费	(万元)	Maintenance Expenses	(10000 yuan)	110	498
固定资产原值	**(万元)**	**Original Value of Fixed Assets**	**(10000 yuan)**	**8065**	**4172**

15—6 公共图书馆基本情况

Basic Statistics on Public Libraries

项 目		Item		1997	1998
单位数	**(个)**	**Number of Units**	**(unit)**	**81**	**82**
工作人员	(人)	Staff and Workers	(person)	1596	1767
藏 书	**(万册)**	**Total Collections**	**(10000 volumes)**	**1529**	**1583**
发放借书证数	(万个)	Number of Library Cards Distributed	(10000 units)	23	25
书刊外借人次	(万人次)	Number of Persons Borrowing Books	(10000 person-times)	406	374
书刊外借册次	(万册次)	Number of Books Borrowed by the Reads	(10 000 volume-times)	681	640
经费总支出	**(万元)**	**Total Expenditure**	**(10000 yuan)**	**4920**	**6576**
本年新购图书	(万册)	Number of Books Purchased During the Year	(10000 volumns)	30	39
固定资产原值	**(万元)**	**Original Value of Fixed Assets**	**(10000 yuan)**	**14923**	**51525**
建筑面积	**(万平方米)**	**Floor Space of Buildings**	**(10000 sq. m)**	**17**	**20**
阅览室座席数	(万个)	Seating Capacity of Reading Rooms	(10000 seats)	1	1

15—7 报纸和杂志出版数量(1998年)
Number of Newspapers and Magazines Published(1998)

项　目	Item	种数(种) Number of Publications (kind)	总印量 (万册、万份) Total Printed Copies (10000 Copies)	总印张 (千印张) Total Printed Sheets (1000 sheets)
报　纸	**Newspaper**	**83**	**149302**	**2155610**
综合报	Synthetical Newspapers	48	117691	1845069
专业报	Special Newspapers	35	31611	310541
杂　志	**Magazines**	**177**	**8358**	**201998**
综　合	Synthesis	1	33	1923
哲学、社会科学	Philosophy and Social Science	41	1786	48457
自然科学技术	Natural Science and Technology	96	519	14543
文化教育	Culture and Education	23	5035	114330
文学艺术	Literature and Arts	13	593	17910
少年儿童读物	Books for Children	2	391	4782
画　刊	Pictorial	1	2	52

15—8 图书出版数量(1998年)
Number of Books Published(1998)

项　目	Item	本版图书种数(种) Number of Publications (kind)	租型图书种数(种) Number of Publications for Lease (kind)	总印数 (万册、万份) Total Printed Copies(10000 copies)	总印张 (千印张) Total Printed Sheets(1000 Sheets)
图书总计	**Total**	**3459**	**120**	**26647**	**1370256**
书　籍	Books	2811	28	13904	786845
哲学、社会科学	Philosophy and Social Science	233	8	312	24201
文化教育	Culture and Education	1425	20	12271	657602
文学艺术	Literature and Arts	675		686	67298
自然科学技术	Natural Science and Technology	306		210	23339
少年儿童读物	Books for Children	172		425	14405
课　本	Textbooks	524	90	12338	557529
图　片	Pictures	124	2	404	25449

15—9 文化部门艺术事业机构和人员数(1998 年)
Number of Art Institutions and Persons in Cultural Department(1998)

项　目	Item	总　计 Total		国有单位 State-owned Units		集体单位 Collective Units	
		机构数（个）Instit-utions (unit)	人数（人）persons (person)	机构数（个）Instit-utions (unit)	人数（人）Persons (person)	机构数（个）Instit-utions (unit)	人数（人）Persons (person)
总　计	**Total**	**180**	**5586**	**163**	**5353**	**17**	**233**
艺术表演团体	**Art Performance Troupes**	**82**	**3808**	**69**	**3587**	**13**	**221**
话剧、儿童剧、滑稽剧团	Drama,Children's Play and Comedy Troupes	3	141	2	81	1	60
歌剧、舞剧、歌舞剧	Opera,Ballet and Dance Troupes	1	3	1	3		
歌舞团、轻音乐团	Song and Dance Troupe, Light Music Troupes	6	531	6	531		
戏曲剧团	Local Opera Troupes	58	2862	56	2749	2	113
其他	Others	14	271	4	223	10	48
艺术表演场所	**Art Performance Sites**	**98**	**1778**	**94**	**1766**	**4**	**12**
剧场、影剧院	Theaters and Music Halls	91	1711	88	1700	3	11
其　他	Others	7	67	6	66	1	1

15—10 文化部门艺术表演团体情况(1998 年)
Basic Statistics on Art Performance Troupes in Cultural Department(1998)

项　目	Item	剧团数（个）Number of Troupes (unit)	演出场数（千场）Number of Performances (1000 shows)	观众人数（万人次）Number of Audiences (10000 person-times)	收入（万元）Income (10000 yuan)	支出（万元）Expenditure (10000 yuan)
总　计	**Total**	**82**	**12**	**1226**	**10687**	**10571**
按所有制分	**by Ownership**					
国有剧团	State-owned Units	69	9	1090	10124	10017
集体剧团	Collective Units	13	3	136	563	554
按剧种分	**by Type**					
话剧、儿童剧、滑稽剧团	Drama,Children's Play and Comedy Troupes	3	2	87	929	960
歌剧、舞剧、歌舞剧团	Opera,Ballet and Dance Troupes	1		2	12	12
歌舞团、轻音乐团	Song and Dance Troupes, Light Music Troupes	6	1	62	1990	1926
戏曲剧团	Local Opera Troupes	58	7	979	6736	6668
其　他	Others	14	2	96	1020	1005

15－11 电视节目制作情况
Production of Television Programs

项　目		Item		1990	1995	1997	1998
基本情况		**Basic Statistics**					
电视台	(座)	Television Station	(set)	39	66	68	63
一千瓦以上电视发射台及转播台	(座)	Number of TV Transmission Stations and Relaying Stations at 1 kw and Higher Level	(set)	30	38	41	41
平均每周播出时间	(小时)	Broadcasting Hours Per Week	(hour)	1867	3933	5224	5435
电视人口覆盖率	(%)	Viewer Rating	(%)				
中央电视台		CCTV		69	89	83	88
浙江电视台		ZJTV		78	89	90	90
自办节目情况	**(小时)**	**Conditions of Self-Producing Programs**	**(hour)**				
自办节目时间合计		**Total Time of Self-Producing Programs**		**375**	**3218**	**4357**	**4525**
新闻节目		News Programs		56	349	391	433
专题节目		Special Subject Programs		33	207	286	283
文艺节目		Programs of Entertainment		238	2387	2897	3013
教育节目		Educational Programs		11	49	133	140
服务性节目		Service Programs		37	326	6	656

15－12 广播节目制作情况
Production of Broadcasting Programs

项　目		Item		1990	1995	1997	1998
基本情况		**Basic Statistics**					
广播电台	(座)	Broadcasting Stations	(set)	10	47	46	12
广播发射台和转播台	(座)	Number of Broacasting Transmission Stations and Relaying Stations	(set)	41	37	37	37
县及县以上广播站	(个)	Number of Broadcast Stations at County and Higher Level	(unit)	84	76	77	64
乡(镇)县属区广播站	(个)	Number of Broadcast Stations under County (Township)	(unit)	3340	1892	1839	1840
广播人口覆盖率		Listener Rating					
浙江第一套节目	(%)	Zhejiang Channel 1	(%)	70	71	75	84
广播专用线路	(万公里)	Special Routes for Broadcasting	(10000 km)	11	12	10	8
广播喇叭数	(万只)	Number of Broadcast Loudspeaker	(10000 units)	655	698	711	677
平均每日播出时间	(小时)	Broadcasting Hours Per Day	(hour)	176	901	936	960
自办节目时间合计	**(小时)**	**Total Time of Self-Producing Programs**	**(hour)**	**153**	**738**	**752**	**762**
新闻节目		News Programs		14	86	98	97
专题节目		Special Subject Programs		21	145	150	152
文艺节目		Programs of Entertainment		84	337	317	313
教育节目		Educational Programs		7	44	44	43
服务性节目		Service Programs		27	126	143	157

15－13 体委系统职工人数(1998 年)
Number of Staff and Workers in Sports Commissions(1998)

单位:人 (person)

类　别	Category	总计 Total	优秀运动队 Excellent Sports Teams	体育运动学校 Physical Education and Sports Schools	业余体校 Sparetime Sports Schools	体委机关 Sports Commission Organizations	公共体育场所 Public Sports Places
总计	**Total**	**4175**	**960**	**378**	**956**	**873**	**549**
专职教练员	Full-Time Coaches	738	136	106	488		
运动员	Athletes	507	507				
管理人员	Administrative Personnel	1466	105	55	161	704	307
专职教师	Full-Time Teachers	348	17	127	145		
科技人员	Scientific and Technical Personnel	11		2			
医务人员	Medical Personnel	43	27	8	5		
其他人员	Others	1062	168	80	157	169	242

15－14 等级运动员、裁判员人数
Number of Athletes and Referees in Grades

单位:人 (person)

项　目	Item	1990	1995	1997	1998
等级运动员	**Number of Athletes in Grades**	**6802**	**3771**	**3672**	**2770**
国际级健将	International Master of Sports		6	2	5
运动健将	Master of Sports		34	15	39
一级	First Grade Sportsmen		35	47	82
二级	Second Grade Sportsmen	634	304	240	252
三级	Third Grade Sportsmen	2736	1391	1600	1079
少年级	Juvenile Grade Sportsmem	3432	2001	1768	1313
等级裁判员	**Number of Referees in Grades**	**1483**	**1269**	**1700**	**1263**
国际裁判	International Referees		1	2	
国家级	National Referees		14	16	11
一级	First Grade Referees	187	108	120	220
二级	Second Grade Referees	390	245	415	419
二级	Third Grade Referees	906	901	1147	613

15—15 新建体育场地

Number of Newly-built Stadiums and Gymnasiums

单位:个 (unit)

项　目	Item	1990	1995	1997	1998
体育场	Stadiums		6	4	
体育馆	Gymnasias	3	10	6	1
游泳池	Swimming Pools	5	21	7	
#室内游泳池	Indoor	1	4	5	
有固定看台灯光球场	Illuminated Fields with Fixed Seating	8	6		1

15—16 群众体育活动

Activities of Mass Sports

单位:万人 (10000 persons)

项　目	Item	1990	1995	1997	1998
参加《国家级体育锻炼标准》活动的学生人数	Number of Students who Take Part in the State Physical Training Standards		502	462	480
《国家级体育锻炼标准》达标人数	Number of Persons Who Have Come up to the State Physical Training Standards	316	486	449	467
优秀级	Excellect	53	115	127	138
良好级	Good	128	180	171	178
及格级	Pass	135	191	151	151
体委系统举办运动会次数(次)	Number of Sports Meets Held by Sports Commissions(times)	1614	1456	1608	1517
参加运动会的运动员人数	Number of Athletes Attending Sports Meets	51	44	61	59

15—17 少年儿童业余体校基本情况

Basic Statistics on Sparetime Sports Schools for Children

单位:人 (person)

项　目	Item	1990	1995	1997	1998
学校数(所)	Number of Schools(unit)	173	81	87	86
在校学生数	Number of Students Enrollment	12297	9513	10813	10651
体委系统输送到优秀运动队人数	Number of Persons of Excellent Sports Teams Provided by Sports Commissions	97	113	49	56
体委系统输送到运动学校人数	Number of Persons of Sports Schools Provided by Sports Commissions		348	382	330
专职教练员	Full-Time Coaches	493	527	491	502
考入高等院校人数	Number of Persons Admitted to Institutions of Higher Education		161	158	213

15—18 卫生机构各类人员数
Persons Engaged in Health Care Institutions by Type

单位:人 (person)

项　目	Item	1990	1995	1997	1998
合　计	**Total**	**160927**	**181160**	**191356**	**194224**
卫生技术人员	Medical Technical Personnel	130928	144050	153315	155865
#医生	Doctors	59072	66838	72242	70298
其他技术人员	Other Technical Personnel	2098	1670	1871	4033
管理人员	Management Personnel	14823	23318	24070	18310
工勤人员	Logistics Workers	13078	12122	12100	16016
在卫生技术人员中:	**Medical Technical Personnel**				
中医师	Doctors of Traditional Chinese Medicine	7218	7666	7722	7474
西医师	Doctors of Western Medicine	32719	39724	43587	42623
中西医结合高级医师	Senior Doctors Who Integrate Traditional Chinese Therapeutics with Western Therapeutics in Practice	78	183	232	421
护师	Senior Nurses	10973	16605	19665	22800
中药师	Pharmacists of Chinese Medicine	1598	2376	2666	2936
西药师	Pharmacists of Western Medicine	3015	4127	4531	5018
检验师	Laboratory Technicians	2679	2979	3270	4287
其他技师	Other Technicians	1402	2335	2569	3029
中医士	Paramedics of Chinese Medicine	2584	1708	1687	1880
西医士	Paramedics of Western Medicine	13850	15684	17444	16783
护士	Junior Nurses	16514	16096	16480	15707
助产士	Midwives	3110	3070	2916	3082
中药剂士	Junior Pharmacists of Chinese Medicine	3273	2784	2672	2525
西药剂士	Junior Pharmacists of Western Medicine	3521	3175	3274	3318
检验士	Junior Laboratory Technicians	2508	2240	2425	2481
其他技士	Other Junior Technicians	1729	1615	1443	2214
其他中医	Other Doctors of Chinese Medicine	2623	1837	1570	1117
护理员	Assistant Nurses	3134	2129	1955	2043
中药剂员	Assistant Pharmacists of Chinese Medicine	1903	1039	984	969
西药剂员	Assistant Pharmacists of Western Medicine	1575	1182	1070	971
检验员	Assistant Laboratory Technicians	478	409	366	504
其他初级卫生技术人员	Other Junior Medical Technical Personnel	14444	15087	14787	13683
平均每千人口拥有卫生技术人员(人)	**Number of Medical Technical Personnel Per 1000 Population**	**2.71**	**2.30**	**3.47**	**3.51**
#医生	Doctors	1.39	1.53	1.63	1.58

15—19 卫生机构和床位数
Number of Health Institutions and Beds

类 别	Category	1990	1995	1997	1998
卫生机构数合计(个)	**Total Number of Health Institutions (unit)**	**8917**	**8723**	**8415**	**7524**
医院	Hospitals	3351	3437	3403	3341
#县及县以上医院	Hospitals at and above County Level	315	354	365	387
疗养院、所	Sanatoriums	20	21	19	19
门诊部、所	Clinics	5073	4814	4499	3675
专科防治所、站	Specialized Prevention Stations	32	23	24	23
卫生防疫机构	Sanitation and Antiepidemic Institutions	102	104	103	100
妇幼保健机构	Maternity and Child Care Institutions	90	80	73	70
药品检验机构	Medicines and Chemical Reagent Test Institutions	77	76	76	76
医学科学研究机构	Research Institutions of Medical Science	5	20	20	20
高等医学教育机构	Medical Institutions of Higher Education	3	4	4	4
中等医药卫生学校	Secondary Schools of Medicines and Health	19	87	86	84
其他卫生事业机构	Others	145	57	108	112
床位数合计(张)	**Total Number of Beds(bed)**	**97114**	**106421**	**107732**	**110590**
医院	Hospitals	88055	97159	101239	103579
#县及县以上医院	Hospitals at and above County Level	58610	68541	73468	76033
疗养院、所	Sanatoriums	4373	4556	4281	4348
门诊部、所	Clinics	2310	2197	60	60
专科防治所、站	Specialized Prevention Stations	790	694	521	573
卫生防疫机构	Sanitation and Antiepidemic Institutions	40	30	35	20
妇幼保健机构	Maternity and Child Care Institutions	278	326	467	443
其他卫生事业机构	Other Health Care Institutions	1268	1351	1129	1487
个体开业	Individual-Run		108		

15—20 医院诊疗次数和入院人数(1998年)
Number of Hospital Patients(1998)

类 别	Type	机构数(个) Number of Institutions (unit)	诊疗人次数(万人次) Total Number of Patients Treated (10000 person-times)	#门、急诊 Out-Patients and Emergency Patients	入院人数(万人) Hospital Admissions (10000 persons)	每百诊次入院人数(人) Hospital Admissions Per 100 Patient-times (person)
县及县以上医院合计	**Hospitals at and Above County Level**	**377**	**5971.73**	**5744.32**	**136.54**	**2.38**
卫生部门	Health Department	314	5375.93	5284.48	132.72	2.51
综合医院	General Hospitals	177	3422.60	3369.04	96.85	2.87
中医医院	Hospitals of Chinese Medicine	77	1034.07	1011.05	13.99	1.38
医学院校附属医院	Hospitals Attached to Medical Colleges	8	514.99	513.42	11.09	2.16
传染病院	Hospitals for Infectious Diseases	3	16.38	16.25	0.68	4.16
精神病院	Mental Hospitals	21	64.60	60.57	1.90	3.14
结核病院	Tuberculosis Hospitals	1	3.11	3.11	0.05	1.69
妇幼保健院	Hospitals for Meternity and Child Care	21	257.30	248.63	6.60	2.65
肿瘤医院	Tumor Hospitals	2	13.77	13.52	0.83	6.16
眼科病院	Ophthalmology Hospitals	1	3.46	3.46	0.11	3.25
整形医院	Plastic Hospitals	1	2.08	2.08	0.20	9.45
中西医结合医院	Hospitals which Integrate Traditional Chinese Therapeutics with Western Therapeutics	2	43.47	43.34	0.42	0.97
工业及其他部门	Industrial and Other Departments	58	563.07	427.15	8.63	0.85
集体单位	Collective Owned Units	3	25.80	25.77	0.18	0.68
卫生院	**Rural Hospitals**	**2833**	**5058.45**	**4816.17**	**45.10**	**0.94**
其他医院	**Other Hospitals**	**25**	**165.24**	**156.39**	**1.53**	**0.98**

15—21 县及县以上医院病床使用情况(1998年)
Utilization of Hospital Beds at and Above County Level(1998)

类　别	Type	病床周转次数(次) Turnover of Beds (times)	病床工作日(日) Days Per Bed in Use (days)	病床使用率(%) Utilization Rate of Beds	出院者平均住院日(日) Average Hospitalization Period (days)
合计	**Total**	**19.04**	**264.54**	**72.48**	**14.26**
卫生部门	Health Departments	19.70	269.03	73.71	14.09
工业及其他部门	Industrial and Other Departments	8.56	196.32	53.78	20.85
集体单位	Collective Owned Units	16.12	213.60	58.52	12.79

15—22 农村医疗卫生事业
Medical and Health Institutions in Rural Area

项　目		Item		1990	1995	1997	1998
村总数	(个)	**Total Villages**	(unit)	**43286**	**42537**	**42399**	**42668**
村设置的医疗点数	(个)	**Number of Medical Points Set up by Villages**	(unit)	**2994**	**27774**	**22727**	**22725**
村或群众集体办	(个)	Set up by Villages or the Masses	(unit)	4979	10285	12371	12302
乡村医生或卫生员联合办	(个)	Set up by Doctors or Medic in Rural Areas	(unit)	2053	1630	1455	1255
乡卫生院设点	(个)	Set up by Township Hospitals	(unit)	1334	1976	1171	1596
个体办	(个)	Set up by Individuals	(unit)	20389	12999	8675	7230
其他	(个)	Others	(unit)	1189	884	1055	342
乡村医生和卫生人员	(人)	**Doctors or Health Workers in Rural Areas**	(person)	**37226**	**34939**	**33942**	**31544**
农村接生员人数	(人)	**Number of Rural Midwives**	(person)	**11587**	**7843**	**4389**	**2759**

15—23 城市和农村前十位疾病死亡原因和构成(1998年)
Main 10 Diseases of Death in Urban and Rural Areas(1998)

位次 No.	城市死因	Cause of Death in Urban Areas	占死亡总数(%) As % of Total Deaths
1	恶性肿瘤	Malignant Tumour	26.52
2	呼吸系病	Respiratory Disease	19.63
3	脑血管病	Cerebrovasular Disease	16.82
4	心脏病	Heart Trouble	12.77
5	损伤和中毒	Trauma and Toxicosis	7.88
6	消化系病	Digestive Disease	3.12
7	内分泌、营养和代谢及免疫疾病	Internal System, Nutrition, Metabolite and Immunity Disease	2.89
8	精神病	Mental Disease	2.31
9	泌尿、生殖系病	Urinary Disease	1.91
10	传染病和寄生虫病	Infections Disease and Parasitic Disease	1.42
总计			95.27

位次 No.	农村死因	Cause of Death in Rural	
1	呼吸系病	Respiratory Disease	25.52
2	恶性肿瘤	Malignant Tumour	22.65
3	脑血管病	Cerebrovasular Disease	15.50
4	损伤和中毒	Trauma and Toxicosis	11.48
5	心脏病	Heart Trouble	6.85
6	消化系病	Digestive Disease	3.91
7	传染病和寄生病	Infections Disease and Parasitic Disease	1.69
8	精神病	Mental Disease	1.37
9	泌尿、生殖系病	Urinary Disease	1.34
10	新生儿病	Newborn Baby Disease	1.27
总计			91.60

主要统计指标解释

文化事业机构　指从事专业文化工作和为专业文化工作服务的独立建制的单独核算的单位。不包括这些单位另外举办独立核算的其他机构和各部门的业余文化组织。

艺术表演团体　指从事戏曲、音乐、舞蹈、杂技等专业艺术表演，有独立帐户，实行单独核算的团体。不包括半工半艺、半农半艺和民间职业剧团。

电影放映单位　指具有放映机器设备、固定或不固定的放映场所与专职或兼职的放映技术人员，经有关部门登记批准，经常为一定的观众对象放映电影的机构。包括经批准对外开放进行营业，并与电影发行放映管理机构分帐的专用放映单位和军委系统租片单位。

等级运动员人数　指经考核正式批准授予等级运动员称号的人数。运动员等级分为国际级运动健将、运动健将、一级运动员、二级运动员、三级运动员、少年级运动员。

等级裁判员人数　指经考核正式批准授予等级裁判员称号的人数。裁判员等级分为国际裁判、国家级裁判、一级裁判、二级裁判、三级裁判。

医院　指名称为医院，设有固定床位能收容病人住院并能为病人提供医疗、护理服务的医疗机构。包括县及县以上医院、农村乡卫生院、其他医院三部分。按所属性质分为卫生部门、工业及其他部门，集体经济单位三类。其中县及县以上医院按业务性质分为综合医院和专科医院。

卫生技术人员　指卫生事业机构支付工资的全部固定职工和合同制职工中现任职务为卫生技术工作的专业人员。包括中医师、西医师、中西医结合高级医师、护师、中药师、西药师、检验师、其他技师、中医士、西医士、护士、助产士、中药剂士、西药剂士、检验士、其他技士、其他中医、护理员、中药剂员、西药剂员、检验员，其他初级卫生技术人员。

医生　指经卫生部门审查合格，从事医疗工作的专业人员。分为中医医生和西医医生。包括卫生技术人员中的中医师、西医师、中西结合高级医师、中医士、西医士和其他中医。

Explanatory Notes on Main Statistical Indicators

Cultural Institutions refer to units which have their own organizational system and independent accounting system and specialize in or serve cultural development. They exclude other establishments run by these cultural institutions and amateur cultural groups established by various departments.

Art Troupe refers to the troupe which is engaged in drama, opera, music, dance, acrobatics or other art performance, opens independent accounts with banks and has self-supporting accounting system; excluding the troupes which are engaged partly in industrial or agricultural activities, partly in art performance and the professional troupes organized by the people.

Film Projection Units refer to units with film projection equipment, full or part-time projectionists, permanent or non-permanent places, approved by related administrative departments to show films regularly for certain groups of audience, including those film projection units which have been approved to give commercial shows and run business with independent accounting system as well as those film-renting units of the military system.

Number of Athletes in Grades refers to the number of at athletes who have been given titles through examination. The titles of athletes include international masters of sports, masters of sports, first-grade, second-grade and third-grade sportsmen and young athletes.

Number of Referees in Grades refers to the number of referees who have been given titles after examination. They are classified as international referees, national referees and referees of the first, second and third grades.

Hospitals refer to medical institutions named as "hospital" with permanent hospital beds, which are able to take in patients and provide them with medical and nursing services. Hospitals are classified into three categories: hospitals at or above the county level, hospitals of rural townships, and other hospitals. According to their ownership, hospitals can be classified into three categories: hospitals under the public health departments, hospitals under industrial and other departments and collective-owned hospitals. Hospitals at or above county level are divided into comprehensive and specialized hospitals.

Medical Technical Personnel refers to all permanent medical staff and workers employed by medical institutions, including doctors of Chinese and Western medicine, senior doctors who integrate traditional Chinese thrapeutics with Western thrapeutics in practice, senior nurses, pharmacists of Chinese and Western medicine, laboratory specialists, other specialists, paramedics of Chinese and Western medicine, nurses, midwives, druggists in Chinese and Western medicine, laboratory technicians, other technicians, other practitioners of Chinese medicine, nursing attendants, pharmacological workers of Chinese and Western medicine, laboratory workers, and other primary medical personnel.

Doctors refer to qualified professional medical workers approved to practice by public health departments. They are classified into doctors of Chinese medicine, doctors of Western medicine, senior doctors who integrate traditional Chinese thrapeutics with Western thrapeutics in practice, paramedics of Chinese medicine and Western medicine, and other specialists of Chinese medicine.

档案、司法、社会福利和工会组织

ARCHIVES, JUDICATURE, SOCIAL WELFARE & LABOUR UNION

16

16—1 档案事业机构和人员数(1998 年)
Number of Persons and Institutions of Archives(1998)

项目	Item	机构数(个) Number of Institutions (unit)	专职人员数(人) Full-Time Persons (person)	#女性 Female	#大专以上文化程度 College and Higher Level
总计	**Total**	**348**	**2068**	**1197**	
档案行政管理部门	Administrative Department of Archives	95	374	157	229
档案馆	Archives	111	996	532	640
档案室(处、科)	Archive Offices(Sections)	143	698	508	331

16—2 档案馆档案资料馆藏和利用情况
Conditions of Files Stored and Used in the Archives

项目	Item	1990	1995	1997	1998
馆藏档案	**Archives Stored**				
全宗 (个)	Whole Volume (unit)	10918	11990	15830	14181
案卷 (万卷)	Files (10000 volumes)	285	355	451	401
录音录像影片 (盘)	Records,Films on Videotape (copy)	4209	5873	8586	6538
照片 (万张)	Pictures (10000 pieces)	30	25	44	29
馆藏资料册数 (万册)	**Number of Material Stored (10000 volumes)**	**66**	**104**	**92**	**84**
档案馆面积 (平方米)	**Areas of Archives (sq. m)**	**96420**	**106699**	**133876**	**107942**
#库房面积 (平方米)	Areas of Storerooms (sq. m)	61181	66614	80041	62906
档案资料利用	**Use of Material**				
利用人次 (万人次)	Number of Persons Using Material (10 000 person-times)	26	6	25	4
利用档案 (万卷、件次)	Number of Archives Used (10000 volume-times)	80	23	24	17
利用资料 (万册、份次)	Number of Material Used (10000 volume-times)	7	2	4	3
复制 (万页)	Copies (10000 pages)	30	16	39	15
开放档案	**Opening Archives**				
全宗 (个)	Whole Volume (unit)		5171	8159	7540
案卷 (万卷)	Files (10000 volumes)		143	120	112

16－3 律师、公证及调解工作基本情况
Basic Statistics on Lawyers, Notarization and Mediation

项　目	Item	1990	1995	1997	1998
律师工作	**Lawyers**				
律师事务所 （个）	Number of Law Offices (unit)	116	275	332	368
律师工作人员 （人）	Number of Lawyers (person)	2172	1386	4195	4605
聘请担任常年法律顾问单位 （处）	Number of Units with Permanent Legal Advisors (unit)	7092	21290	17508	16705
民事诉讼代理 （件）	Agent of Civil Cases (case)	18918	17552	25579	31031
刑事辩护 （件）	Defending of Criminal Cases (case)	15849	14682	17649	20000
非诉讼法律事务 （件）	Agent of Non-Litigious Legal Affairs (case)	2779	16355	16240	18803
解答法律咨询 （人次）	Legal Advisory Services (person-times)	157121	64580	159831	191760
代写法律事务文书（件）	Agent of Legal Document Written on Behalf of Clients (case)	30031	29228	32343	34941
公证工作	**Notarization**				
公证处 （个）	Number of Notary Offices (unit)	95	96	98	98
公证人员 （人）	Notarial Personnel (person)	555	567	551	561
#公证员 （人）	Notaries (person)	301	409	387	389
助理公证员 （人）	Assistant Notaries (person)	124	75	56	38
办理国内公证文书（件）	Number of Domestic Notarized Documents (case)	276014	217021	295096	290708
#经济合同公证（件）	Notarized Business Contracts (case)	48100	94083	92169	85745
人民调解工作	**People's Mediation**				
专职司法助理员 （人）	Number of Full-Time Judicial Assistants (person)	1888	2135	2323	
人民调解委员会 （个）	Number of People's Mediation Committees (unit)	57164	54780	54764	54231
调解人员 （人）	Number of Mediators (person)	182136	219015	243420	227868
调解民事纠纷 （件）	Number of Civil Disputes Mediated (case)	420900	235746	212527	192518

16—4 涉外公证文书分类
Foreign-Related Notarial Documents by Type

单位:件 (case)

分类	Item	1990	1995	1997	1998
合　　计	**Total**	**50605**	**83598**	**102399**	**141018**
出　　生	Births	19090	22601	29869	39304
学　　历	Schooling	2335	3192	3878	4711
经　　历	Personal Histories	1298	2507	1863	1994
生存、居住	Survival and Residence	206	2483	350	3770
死　　亡	Deaths	119	425	238	339
收养子女	Children Adoption	139	632	300	449
亲属关系	Kinship	11066	9458	14791	12611
婚姻状况	Marriages	6461	8668	12768	18291
继 承 权	Rights of Inheritance	33	53	60	2260
遗　　嘱	Testaments	64	11	82	3
委 托 书	Trust Deeds	188	615	338	526
声 明 书	Declarations	588	1060	3735	2472
受、未受刑事处分	Criminal Records & Uncriminal Records	4352	16823	16088	31693
副本等与原本相符	Confirmation of Copies and Photo-Offset Copies to Originals	2213	5932	6266	6115
其　　他	Others	2453	9138	11773	16420

16—5 调解民间纠纷分类
Civil Disputes Mediated by Type

单位:件 (case)

分类	Item	1990	1995	1997	1998
合　　计	**Total**	**420900**	**223507**	**212527**	**192518**
婚　　姻	Marriages	53667	39201	34317	30015
继　　承	Rights of Inheritance	13397	7773	7621	6344
赡、抚、扶养	Family Fostering	28063	15182	15844	13434
房屋、宅基地	Housing and Housing Sites	68851	31199	26065	24638
邻　　里	Neighbor Disputes	58512	36499	36394	34606
债　　务	Debts	23984	13725	15865	13320
生产经营	Business	31407	16675	15378	13363
损害赔偿	Compensation for Damages	50457	28323	24420	13320
其　　他	Others	92562	34930	36623	30255

16—6 国内公证文书分类
Domestic Notarial Documents by Type

单位:件 (case)

分　　类	Item	1996	1997	1998
总　　计	**Total**	**218417**	**295096**	**298790**
经济公证	**Notarized Documents on Economic Affairs**	**80868**	**92169**	**93827**
购　　销	Purchases and Sales of Products	185	318	588
联　　营	Joint Business	648	130	78
拍　　卖	Auctions	3679	1481	2553
贷　　款	Loans	28078	31552	28895
担　　保	Guarantees	3083	2359	2149
招标、投标	Bidding	3185	4742	4291
科技协作	Coordination of Science and Technology	2	3	269
供用电	Supply and Use of Electric Power	3	6805	4268
劳务合同	Labor Contracts	8283	6805	4268
建筑工程承包	Construction Project Contracts	1364	1604	1519
工商服务业承包	Industrial and Commercial Service Contracts	654	996	746
农林牧副渔业承包	Farming,Forestry,Animal Husbandry,Sideline Production and Fishery Contracts	1687	3265	4136
财产租赁	Property Leases	2234	1221	3322
企业租赁	Enterprise Leases	626	298	306
资产经营责任制	System of Asset Business Responsibility	440	174	176
其他经济合同	Other Business Contracts	7543	14524	8404
法人(代表人)资格	Legal Person (agent) Identification	122	302	228
法人委托书	Legal Person Trust Deeds	675	808	749
公司章程	Corporation Constitutions	46	110	889
执行许可证明	Operating Permits	208	411	307

16－6 续表 continued

单位:件 (case)

分类	Item	1996	1997	1998
其　　他	Others	17523	14261	25686
民事公证	**Notarized Documents on Civil Relations**	**137549**	**202927**	**204963**
收　　养	Child Adoption	471	662	549
解除收养	Adoption Renouncements	29	168	62
继承权	Rights of Inheritance	2482	2322	3709
遗　　嘱	Testaments	1455	1506	1971
产　　权	Property Rights	1223	514	846
亲属关系	Kinship	400	611	1120
死　　亡	Death Certificates	46	79	98
房屋买卖	Purchases and Sales of Houses	9329	5070	10385
房屋租赁	House Leases	1817	737	1286
留学协议	Foreign Study Contracts	301	342	296
遗赠扶养协议	Donations and Family Fostering	238	438	177
其他民事协议	Other Civil Agreements	19806	24406	4765
委托书	Trust Deeds	3260	3711	3100
赠与书	Presentation Documents	1999	1980	2135
声明书	Declarations	1498	1683	14430
现场监督	Field Supervision	12091	12608	295
副本等与原本相符	Confirmation of Copies and Photo-Offset Copies to Originals	295	357	127
宅基地使用权	Rights to Housing Site	344	654	578
证据保全	Evidence Preservation	359	404	81002
计划生育协议	Birth Control Contracts	20246	20404	31601
其　　他	Others	59860	124271	46431

16—7 社会福利事业单位基本情况
Basic Statiatics on Social Welfare Institutions

项　目	Item	1995	1997	1998
机构数　（个）	**Number of Institutions　(unit)**			
优抚休(疗)养院数	Number of Convalescent Homes	20	20	20
国家举办的社会福利事业单位	Social Welfare Institutions Run by Government	52	60	67
社会福利院	Social Welfare Homes	44	51	58
儿童福利院	Welfare Homes for Children	6	6	6
精神病人福利院	Welfare Homes for Mental Patients	2	2	2
其他收养单位	Others		1	1
社会办敬老院数	Number of Homes for the Elderly Run by Communities	1539	1961	2005
非收养性事业单位	Number of Non-Adoption Institutions	145	162	173
#殡葬事业	Funeral and Interment Institutions	63	71	77
社会福利企事业单位	Number of Social Welfare Enterprises and Institutions	6714	6856	6756
#直属福利企业	Welfare Enterprises	316	362	335
收养人数　（人）	**Number of Persons Adopted　(person)**	**22268**	**25853**	**26845**
优抚休(疗)养院	Persons of Convalscent Homes	360	266	303
国家举办的社会福利事业单位	Persons of Social Welfare Institutions Run by Government			
收养人数	Persons Adopted	4518	4967	5300
社会福利院	Persons of Social Welfare Homes	3377	3821	4163
儿童福利院	Persons of Welfare Homes for Children	708	742	793
精神病人福利院	Persons of Welfare Homes for Mental Patients	397	357	317
其他收养单位	Others	36	47	27
社会办敬老院人数	Persons of Homes for the Elderly Run by Communities	17390	20620	21242
社会福利企事业单位全部职工人数　（万人）	**Total Number of Staff and Workers Engaged in Social Welfare Institutions　(10000 persons)**	**24**	**24**	**23**
#残疾人数	Number of Disabled Persons	10	10	9.7

16—8　自然灾害救济情况
Relief for Natural Disaster

项　目	Item	1995	1997	1998
遭受自然灾害成灾人口　（万人）	Number of Persons Affected by Natural Disasters　(10000 persons)	1141	1831	1227
得到国家救济成灾人口　（万人）	Number of Affected Persons Receiving Government Relief　(10000 persons)	166	639	239
占成灾人口比重　（%）	As % to Persons Affected　(%)	15	35	20
自然灾害救济支出（万元）	Number of Relief Funds for Natural Disasters　(10000 yuan)	5023	12465	8880

16－9 享受国家抚恤、补助及救济人员情况
Persons Enjoying Subsidy and Commiseration of Country

单位：人、人次、户 (person, person-times, household)

项目	Item	1995	1997	1998
享受定期抚恤人数	Number of Persons Receiving Periodical Commiseration	7433	7127	6903
革命伤残人员抚恤人数	Number of Persons Receiving Disability Commiseration	22489	22499	22460
享受定期补助优抚对象数	Number of Persons Receiving Periodical Subsidies	88636	88732	88745
#在乡复员军人	Rural Demobilized Soldier	65996	63298	60363
在乡退伍军人	Rural Veteran	20143	22655	25337
社会困难户得到国家临时救济人次数	Number of Persons in Poor Households Receiving Temporary Government Relief Funds	1008060	685053	735321
社会困难户得到国家定期定量救济人数	Number of Persons in Poor Households Receiving Periodical and Fixed Government Relief Funds	28067	18738	18060
精减退职老弱残职工得到救济人数	Number of Laid-Off, Retired, Elderly and Disabled Staff and Workers Receiving Relief Funds	18160	17886	17714
享受原工资40%救济人数	Persons Receiving 40% of Their Original Wages	4056	3774	3668
享受定期定量救济人数	Persons Receiving Periodical and fixed Government	14104	14112	14046
社会孤老残幼享受定期定量救济人数	Number of Orphans, Disabled, Elderly and Children Persons in Society Receiving Periodical and Fixed Relief Funds	11267	9792	8803
本年新增扶贫户数	Number of Increased Poor Households Supported	18007	20299	14690
本年新增脱贫户数	Number of Increased Households Leaving the Poor	15478	30495	30971
年末在扶户数	Number of Households Supported in the Year-end	81955	68098	51765

16－10 婚姻登记情况
Conditions of Marriages

项目		Item		1995	1997	1998
准予登记结婚数	(对)	**Registered Marriages**	**(couple)**	**357218**	**333802**	**386478**
初婚数	(人)	First Marriages	(person)	689316	637182	738564
恢复结婚人数	(人)	Resume Marriages	(person)	1536	1360	1646
再婚数	(人)	Remarriages	(person)	25120	30422	34392
男	(人)	Male	(person)	11816	13794	15448
女	(人)	Female	(person)	13304	16628	18944
申请离婚数	(对)	**Apply for Divorces**	**(couple)**	**19080**	**25345**	**26035**
#准予登记离婚数	(对)	Divorces	(couple)	13449	17894	18551

16—11 工会工作情况
Basic Statistics on Unions

项目		Item		1995	1997	1998
工会情况		**Basic Statistics on Unions**				
基层工会组织数	**(个)**	**Number of Grassroots Unions**	**(unit)**	**25624**	**25858**	**26498**
全省已建立工会组织的基层单位职工和会员人数		**Membership and Number of Staff and Workers in Grassroots Unions**				
职工人数	(万人)	Number of Staff and Workers	(10000 persons)	410.3	365.1	357.1
#女职工	(万人)	Female	(10000 persons)	167.6	153.4	151.6
会员人数	(万人)	Membership	(10000 persons)	356.9	326.2	317.3
#女会员	(万人)	Female	(10000 persons)	146.6	134.1	132.3
工会专职工作人员	**(万人)**	**Number of Full-Time Personnel of Unions**	**(10000 persons)**	**0.87**	**0.99**	
#专职干部	(万人)	Full-Time Cadres	(10000 persons)	0.70	0.91	0.85
工会积极分子人数	**(万人)**	**Number of Activists in Unions**	**(10000 persons)**		**27.9**	
开展合理化建议的基层工会数	**(个)**	**Number of Grassroots Unions Developing Rationalization Proposals**	**(unit)**	**3790**	**5215**	
提出合理化建议	(万件)	Advanced Rationalization Proposals	(10000 cases)	43.7	26.2	
已采纳建议	(万件)	Suggestions Accepted	(10000 cases)	19.1	11.2	
已实施建议	(万件)	Suggestions Carried Out	(10000 cases)	5.8	7.3	
开展劳动竞赛单位	**(个)**	**Developing Labour Emulation**	**(unit)**	**2922**	**3446**	
妇联工作情况		**Condition of the Women Federation**				
妇女脱盲人数	(万人)	Number of Women Leaving Illiterate	(10000 persons)	14.16	7.00	5.39
参加技术培训人数	(万人)	Number of Women Participating in Technical Traning	(10000 persons)	124.35	129.57	125.92
妇联干部数	(人)	Number of Cadres of the Women Federation		3136	3113	3067

主要统计指标解释

社会福利事业单位　指集中收养社会孤老,残,幼的机构。包括由民政部门管理的社会福利院、儿童福利院、精神病人福利院和城镇集体办的福利院,以及农村集体举办的敬老院。

社会福利事业单位收养人数　包括民政部门管理和城镇及农村集体举办的社会福利事业单位中收养的老人,少年儿童,缺乏生活自理能力的残疾人员和精神病人。

社会福利企业单位　指以安置城镇有一定劳动能力的盲,聋,哑和肢体残疾人员就业为目的,享受国家减免税待遇的国有或集体经济性质的企业。包括福利工厂、福利商业服务业、假肢厂和安置农场等单位。

律师　指受聘参加法律顾问处工作,提任法律顾问、刑(民)事代理人、刑事辩护人、办理非诉讼事件、解答法律询问、代定法律事务文书等主要从事律师业务的专职法律工作者和兼职律师。

公证人员　指在国家公证机关依法办理公证事务的司法人员。包括公证员、助理公证员和在公证员和在公证处工作的其他人员。

办理公证文书　指公证处在一定时期内办结的公证文书件数。公证文书系按司法部规定或批准的格式制作。包括国内公证和涉外公证两部分。其中国内公证分为经济合同公证和民事法律关系公证两大类。

调解人员　在人民调解委员会担负调解民间一般民事纠纷和轻微违法行为所引起和纠纷的工作人员。包括调解委员会的委员和调解小组的调解员。

调解民间纠纷　指调解委员会依照法律规定,根据自愿原则,用说服教育的方法调解民间发生的有关民事权利和义务的争执,促成当事双方达到协议和谅解,解决纠纷。包括婚姻家庭纠纷,财产权益纠纷等。不包括法院受理调解的民事案件数。

受理劳动争议案件数　是指劳动争议仲裁委员会根据国家有关规定,对劳动争议当事人的申请予以审查,符合受理条件而正式立案,准备处理的劳动争议案件数。

离休、退休、通职人员　指正式办理了离休、退休、退职手续,并享受相应的离休、退休、退职待遇的人员。

保险福利费用　指企业,事业,机关单位在工资以外实际支付给职工和离休、退休、退职人员个人以及用于集体的劳动保险和福利费用。

Explanatory Notes on Main Statistical Indicators

Social Welfare Institutions refer to institutions taking care of old people without children, handicapped people and orphans. They include social welfare institutions run by civil affairs departments, children's welfare institutions soical welfare institutions for mental patients, and collective-owned old people's homes in tual areas.

Number of People Taken in by Social Welfare Institutions refers to the number of old people, children, totally dependent handicapped people and mental patiens taken in by scoial welfare institutions run by civil affairsdepartments and those run by collective units in urban and rural aress.

Social Welfare Enterprises are collective-owned enterprises which employ the blind, deaf-mute, and other handicapped people who are able to work in cities and towns and enjoy exemption from state taxes, including welfare plants, welfare commercial services, artificial limb plants and farms, etc.

Lawyers are legal workers who are employed full-time by legal counseling firms to act as legal advisres, agents in criminal or civil lawsuits, or defenders in criminal lawsuits, or to handle non-litigious legal affairs, to advise on matters of law or to write legal papers for others. Both full-time and part-time lawyers are included.

Notary Personnel refers to judicial workers of the state notary offices handing notarization work according to law. They include notaries, assistant notaries, and other people working for notary offices.

Notarized Documents refer to the documents settled by notary offices in a year. The notarial documents are drawn up in accordance with the regulations of the Ministry of Justice, including domestic documents and foreign-related documents. Domestic documents are divided into two major categoriees, documents on economic contracts and documents on civil legal relations.

Mediators refer to workers on people's mediation committees responsible for mediating in civil dispites and cases of slight infraction of the law. They include members of the mediation committees and mediators of mediation groups.

Medliation of Civil Disputes refers to mediation committees' work in mediating in civi ldisputes concerning civil rights and duties through persuasion and education in accordance with the provisions of law on a voluntary basis, so as to solve disputes by helping the parties involved come to an agreement and understanding. These disputes include divorce cases and disputes over property ownership, but exclude the civil cases to be handled by the court.

Number of Labour Dispute Cases Accepted refers to the number of cases of labour dispute submitted that, after being reviewed by the labour dispute arbitration committees in line with the relevant state regulations, are accepted and registered for trearment.

Retired or Resigned Personnel refers to the persons who have formally gone through the formalities for their retorement or quitting work and enjoy the corresponding treatments.

Insurance and welfare funds refers to labour insurance and welfare fund paid by enterprises, organizations and institutions to their staff and workers as well as retired and resigned in addition to their wages and salaries.

各地、市、县国民经济主要指标

MAJOR INDICATORS OF NATIONAL ECONOMY BY CITY, PREFECTURE & COUNTY

17

17—1 各市、地土地面积和行政区划(1998年)
Land Area and Administrative Divisions by City and Prefecture(1998)

市地名称 City and Prefecture		土地面积(平方公里) Land Area (sq. km)	市辖区(个) Districts Under City Administration (unit)	县(县级市)(个) Counties (Cities) (unit)	建制镇(个) Towns (unit)	乡(个) Townships (unit)	村(个) Villages (unit)
浙东北	**Eastern and Northern Region**	**44965**	**16**	**14**	**528**	**305**	**19088**
杭州市	Hangzhou	16596	6	5	139	95	4659
宁波市	Ningbo	9365	5	3	122	27	4982
嘉兴市	Jiaxing	3915	2	3	73	54	1761
湖州市	Huzhou	5817			63	61	1744
绍兴市	Shaoxing	7901	1	3	102	34	5145
舟山市	Zhoushan	1371	2		29	34	797
浙西南	**Western and Southern Region**	**58247**	**8**	**11**	**478**	**521**	**24020**
温州市	Wenzhou	11784	3	2	146	168	6261
金华市	Jinhua	10918	1	4	109	81	5937
衢州市	Quzhou	8836	1	1	55	84	2594
台州市	Taizhou	9411	3	2	103	59	5566
丽水地区	Lishui	17298		2	65	129	3662

17—2 各市、地国民经济主要指标(1998年)
Main Indicators of National Economy by City and Prefecture(1998)

市地名称 City and Prefecture		总人口(万人) Total Population (10000 persons)	国内生产总值(亿元) Gross Domestic Product (100 million yuan)	第一产业 Primary Industry	第二产业 Secondary Industry	#工业 Industry	第三产业 Tertiary Industry
浙东北	**Eastern and Northern Region**	**2260.21**	**3622.72**	**398.28**	**2004.19**	**1786.47**	**1220.24**
杭州市	Hangzhou	611.64	1134.88	96.05	587.95	511.12	450.87
宁波市	Ningbo	535.27	973.44	88.83	542.97	492.34	341.62
嘉兴市	Jiaxing	329.91	445.03	59.70	264.49	238.28	120.83
湖州市	Huzhou	254.81	324.54	50.11	183.63	161.74	90.79
绍兴市	Shaoxing	430.04	651.25	72.84	397.60	361.48	180.80
舟山市	Zhoushan	98.54	93.56	30.72	27.52	21.50	35.31
浙西南	**Western and Southern Region**	**2186.80**	**1973.18**	**265.20**	**1088.14**	**1041.16**	**619.83**
温州市	Wenzhou	718.04	677.18	54.03	394.05	339.61	229.09
金华市	Jinhua	442.96	484.48	50.43	279.97	250.36	154.07
衢州市	Quzhou	240.13	140.82	35.15	62.05	135.11	43.61
台州市	Taizhou	539.51	554.63	91.00	310.07	281.88	153.55
丽水地区	Lishui	246.16	116.05	34.58	41.97	34.20	39.49

17—2 续表 1 continued

市地名称 City and Prefecture		人均国内生产总值（元）Per Capita GDP (yuan)	工、农、林、牧、渔业总产值（亿元）Gross Output Value of Industry and Agriculture (100 million yuan)	农林牧渔业产值 Gross Output Value of Agriculture	工业总产值 Gross Output Value of Industry
浙东北	**Eastern and Northern Region**		**8269.08**	**612.64**	**7656.44**
杭州市	Hangzhou	18611	1959.47	136.76	1822.70
宁波市	Ningbo	18219	2373.04	136.36	2236.68
嘉兴市	Jiaxing	13502	1096.77	87.13	1009.64
湖州市	Huzhou	12742	819.03	79.18	739.84
绍兴市	Shaoxing	15164	1871.91	108.50	1763.40
舟山市	Zhoushan	9493	148.86	64.71	84.15
浙西南	**Western and Southern Region**		**4617.60**	**432.91**	**4184.69**
温州市	Wenzhou	9495	1477.31	92.71	1384.59
金华市	Jinhua	10968	1232.09	80.62	1151.46
衢州市	Quzhou	5879	242.17	51.71	190.46
台州市	Taizhou	10314	1480.90	156.83	1324.07
丽水地区	Lishui	4718	185.13	51.04	134.08

17—2 续表 2 continued

市地名称 City and Prefecture		全社会固定资产投资（亿元）Total Investment in Fixed Assets (100 million yuan)	社会消费品零售总额（亿元）Total Retail Sales of Consumer Goods (100 million yuan)	财政总收入（亿元）Total Financial Revenue (100 million yuan)	地方财政收入（亿元）Local Financial Revenue (100 million yuan)
浙东北	**Eastern and Northern Region**	**1141.51**	**1156.78**	**252.89**	**114.04**
杭州市	Hangzhou	363.66	327.70	86.98	36.85
宁波市	Ningbo	309.81	313.36	87.64	41.76
嘉兴市	Jiaxing	172.69	168.31	26.32	11.43
湖州市	Huzhou	94.18	123.76	14.25	5.81
绍兴市	Shaoxing	170.18	174.13	30.61	14.20
舟山市	Zhoushan	31.00	49.51	7.10	3.99
浙西南	**Western and Southern Region**	**501.60**	**742.36**	**115.01**	**62.06**
温州市	Wenzhou	201.20	345.04	45.99	26.57
金华市	Jinhua	121.65	140.29	22.32	10.79
衢州市	Quzhou	32.14	63.49	7.66	3.73
台州市	Taizhou	125.16	148.59	30.96	16.26
丽水地区	Lishui	21.46	44.94	8.08	4.72

17－2 续表 3 continued

市地名称 City and Prefecture		地方财政支出（亿元）Local Financial Expenditure (100 million yuan)	城乡居民储蓄存款年末余额（亿元）Savings Deposits of Urban and Rural Residents (100 million yuan)	城镇居民人均可支配收入（元）Per Capita Disposable Income of Urban Residents (yuan)	农村居民人均纯收入（元）Per Capita Net Income of Rural Residents (yuan)
浙东北	**Eastern and Northern Region**	**148.79**	**1935.95**		
杭州市	Hangzhou	42.45	670.12	8465	4006
宁波市	Ningbo	60.73	459.63	9193	4697
嘉兴市	Jiaxing	12.73	261.33	7921	4120
湖州市	Huzhou	8.44	135.03	7652	3865
绍兴市	Shaoxing	16.44	341.31	8087	4408
舟山市	Zhoushan	8.00	68.53	7735	3954
浙西南	**Western and Southern Region**	**86.36**	**910.17**		
温州市	Wenzhou	28.28	322.94	8968	3833
金华市	Jinhua	16.12	234.00	7595	
衢州市	Quzhou	8.07	80.75	6388	2660
台州市	Taizhou	22.35	193.92	8418	
丽水地区	Lishui	11.54	78.56	7637	2348

17—3 各市、地年末单位从业人员数(1998年)
Employed Persons by City and Prefecture(1998)

单位:万人 (10000 persons)

市地名称 City and Prefecture		年末单位从业人员数 Total Employed Persons	农、林、牧、渔业 Agriculture	采掘业 Mining and Quarrying	制造业 Manufacturing	电力、煤气及水的生产和供应业 Electricity, Gas and Water Production and Supply	建筑业 Construction
浙东北	**Eastern and Northern Region**	**286.27**	**3.73**	**2.36**	**102.97**	**5.63**	**24.99**
杭州市	Hangzhou	106.48	1.38	0.52	41.02	1.82	5.18
宁波市	Ningbo	68.92	1.00	0.03	22.68	1.24	8.86
嘉兴市	Jiaxing	35.06	0.62	0.14	14.59	0.90	1.62
湖州市	Huzhou	22.22	0.26	1.15	7.92	0.51	0.75
绍兴市	Shaoxing	40.93	0.30	0.51	12.98	0.81	7.76
舟山市	Zhoushan	12.66	0.17	0.01	3.78	0.35	0.82
浙西南	**Western and Southern Region**	**145.56**	**2.44**	**1.01**	**40.77**	**3.54**	**18.47**
温州市	Wenzhou	49.91	0.44	0.23	14.87	0.99	7.03
金华市	Jinhua	31.81	0.44	0.20	8.71	0.63	4.49
衢州市	Quzhou	17.40	0.50	0.14	6.85	0.39	1.20
台州市	Taizhou	32.62	0.62	0.15	7.83	0.98	5.10
丽水地区	Lishui	13.82	0.44	0.29	2.51	0.55	0.65

17—3 续表 1 continued

单位:万人 (10000 persons)

市 地 名 称 City and Prefecture		地质勘探业、水利管理业 Geological Prospecting and Water Conservancy	交通运输仓储及邮电通信业 Transport, Storage, Post & Telecommunication	批发和零售贸易餐饮业 Wholesale and Retail Sale Trade & Catering Services	金融保险业 Banking and Insurance	房地产业 Real Estate Trade	社会服务业 Social Services
浙东北	**Eastern and Northern Region**	**1.34**	**17.24**	**36.30**	**9.19**	**2.61**	**14.95**
杭州市	Hangzhou	0.61	6.39	12.50	3.17	1.00	7.90
宁波市	Ningbo	0.40	4.25	9.64	2.24	0.85	3.54
嘉兴市	Jiaxing	0.09	1.65	5.26	1.19	0.24	1.15
湖州市	Huzhou	0.08	1.70	2.82	0.73	0.15	0.45
绍兴市	Shaoxing	0.15	1.94	4.66	1.38	0.25	1.23
舟山市	Zhoushan	0.01	1.31	1.42	0.48	0.12	0.68
浙西南	**Western and Southern Region**	**0.67**	**7.78**	**13.07**	**5.29**	**1.09**	**4.30**
温州市	Wenzhou	0.10	2.58	4.06	1.53	0.51	1.71
金华市	Jinhua	0.28	1.91	2.86	1.22	0.15	1.01
衢州市	Quzhou	0.08	0.87	1.62	0.54	0.12	0.35
台州市	Taizhou	0.13	1.59	3.26	1.37	0.21	0.92
丽水地区	Lishui	0.08	0.83	1.27	0.63	0.10	0.31

17—3 续表 2 continued

单位:万人 (10000 persons)

市地名称 City and Prefecture		卫生、体育和社会福利业 Health Care, Sports & Social Welfare	教育文化艺术和广播电视业 Education, Culture and Art, Radio, Film and Television	科学研究和综合技术服务业 Scientific Research and Polytechnical Services	国家机关政党机关和社会团体 Grovernment Agencies, Party Agencies and Sicial Organizations	其他行业 Others
浙东北	**Eastern and Northern Region**	**12.62**	**28.04**	**3.76**	**18.62**	**1.92**
杭州市	Hangzhou	4.77	10.74	2.58	6.37	0.53
宁波市	Ningbo	2.83	6.11	0.54	4.21	0.50
嘉兴市	Jiaxing	1.57	3.38	0.26	2.13	0.27
湖州市	Huzhou	1.10	2.35	0.11	1.99	0.15
绍兴市	Shaoxing	1.73	4.11	0.19	2.59	0.34
舟山市	Zhoushan	0.62	1.35	0.08	1.33	0.13
浙西南	**Western and Southern Region**	**8.04**	**21.64**	**0.83**	**15.86**	**0.76**
温州市	Wenzhou	2.57	7.55	0.31	5.25	0.18
金华市	Jinhua	1.80	4.39	0.21	3.28	0.23
衢州市	Quzhou	0.81	2.03	0.07	1.74	0.09
台州市	Taizhou	1.88	4.90	0.18	3.38	0.12
丽水地区	Lishui	0.98	2.77	0.06	2.21	0.14

17－4　各市、地农、林、牧、渔业总产值(1998年)
Gross Output Value of Farming, Forestry, Animal Husbandry and Fishery by City and Prefecture(1998)

单位:亿元　　(100 million yuan)

市地名称	City and Prefecture	农、林、牧、渔业总产值 Total Output Value	农业产值 Farming	#种植业产值 Planting	林业产值 Forestry	牧业产值 Animal Husbandry	渔业产值 Fishery
浙东北	**Eastern and Northern Region**	**612.64**	**334.95**	**280.30**	**31.46**	**110.23**	**136.00**
杭州市	Hangzhou	136.76	84.51	70.19	12.12	28.91	11.22
宁波市	Ningbo	136.36	71.92	63.99	4.09	20.53	39.82
嘉兴市	Jiaxing	87.13	53.48	48.43	0.35	25.82	7.48
湖州市	Huzhou	79.18	47.76	34.01	7.07	13.38	10.97
绍兴市	Shaoxing	108.50	69.94	58.18	7.59	19.62	11.35
舟山市	Zhoushan	64.71	7.34	5.50	0.24	1.97	55.16
浙西南	**Western and Southern Region**	**432.91**	**213.58**	**173.64**	**28.08**	**69.35**	**121.90**
温州市	Wenzhou	92.71	43.30	34.34	1.68	13.24	34.49
金华市	Jinhua	80.62	54.47	47.90	4.24	17.56	4.35
衢州市	Quzhou	51.71	31.91	26.96	3.55	15.12	1.13
台州市	Taizhou	156.83	58.40	44.27	1.94	15.47	81.02
丽水地区	Lishui	51.04	25.50	20.17	16.67	7.96	0.91

17—5 各市、地耕地面积和播种面积(1998年)
Cultivated Area and Sown Area by City and Prefecture(1998)

市地名称 City and Prefecture		年末耕地面积(千公顷) Cultivated Area (year-end) (1000 hectare)	人均耕地面积(公顷) Per Capita Cultivated Area (hectare)	农作物播种面积(千公顷) Sown Area of Farm Crop (1000 hectare)	#粮食 Grain	#谷物 Cereal	#油料 Oilbearing Crops	#棉花 Cotton	#蔬菜瓜类 Vegetable and Melon
浙东北	**Eastern and Northern Region**	**930.20**	**0.04**	**2207.84**	**1511.12**	**1354.21**	**210.06**	**46.49**	**270.31**
杭州市	Hangzhou	190.00	0.03	490.02	351.87	301.56	38.67	5.68	72.92
宁波市	Ningbo	216.30	0.04	510.73	317.76	274.18	34.21	25.81	70.50
嘉兴市	Jiaxing	207.77	0.06	421.00	287.38	274.35	58.34	4.60	58.96
湖州市	Huzhou	129.96	0.05	294.91	212.39	193.60	51.09		26.96
绍兴市	Shaoxing	167.37	0.03	452.01	316.25	293.15	24.12	9.29	32.30
舟山市	Zhoushan	18.80	0.01	39.17	25.47	17.37	3.63	1.11	8.67
浙西南	**Western and Southern Region**	**683.24**	**0.03**	**1711.19**	**1287.82**	**1084.01**	**71.83**	**16.35**	**152.89**
温州市	Wenzhou	169.83	0.02	372.73	285.34	227.28	6.85	0.61	52.30
金华市	Jinhua	168.39	0.03	437.94	319.32	283.59	23.74	7.24	28.72
衢州市	Quzhou	97.81	0.04	268.48	194.58	168.79	29.98	4.00	18.29
台州市	Taizhou	151.76	0.02	408.21	319.63	278.60	2.51	4.36	32.09
丽水地区	Lishui	95.45	0.03	223.83	168.95	125.75	8.75	0.14	21.49

17—6 各市、地主要农产品产量(1998年)

Output of Major Farm Products by City and Prefecture(1998)

单位:吨 (ton)

市地名称	City and Prefecture	粮食 Grain	#谷物 Cereal	油菜籽 Rapeseeds	棉花 Cotton	水果 Fruits	#柑桔 Citrus	茶叶 Tea	蚕茧 Silkworm Cocoons
浙东北	**Eastern and Northern Region**	**8505822**	**8008376**	**265038**	**47522**	**492969**	**204778**	**78789**	**97323**
杭州市	Hangzhou	1767390	1623681	47550	5747	83977	46243	21953	8601
宁波市	Ningbo	1803891	1670104	50500	26935	267672	131581	19426	252
嘉兴市	Jiaxing	1717410	1676211	64201	4579	28167	4455	151	52559
湖州市	Huzhou	1272181	1197792	63524		19916	274	6475	27735
绍兴市	Shaoxing	1820846	1742915	33528	9191	79124	15173	30609	8151
舟山市	Zhoushan	124104	97673	5735	1070	14113	7052	175	25
浙西南	**Western and Southern Region**	**6484443**	**5805806**	**90423**	**17368**	**1571186**	**1292094**	**34432**	**6878**
温州市	Wenzhou	1481682	1258770	8287	703	113380	63163	2764	2
金华市	Jinhua	1617441	1513146	31525	7463	243386	150391	15575	3256
衢州市	Quzhou	944385	866289	35010	4448	502365	490104	6253	1084
台州市	Taizhou	1668180	1506501	3863	4616	515846	413770	3668	776
丽水地区	Lishui	772755	661100	11738	138	196209	174666	6172	1760

17—6 续表 continued

市地名称 City and Prefecture		生猪年末存栏头数（万头）Year-end Hogs (10000 heads)	牛年末存栏头数（头）Year-end Cattle (head)	羊年末存栏只数（万只）Year-end Sheep and Goats (10000 heads)	肉产量（吨）Output of Meat (ton)	#猪肉 Pork	禽蛋产量（吨）Poultry Eggs (ton)	牛羊奶产量（吨）Cow and Sheep Milk (ton)	水产品产量（吨）Output of Aquatic Products (ton)
浙东北	**Eastern and Northern Region**	**679.39**	**120381**	**166.41**	**670778**	**510553**	**217835**	**42871**	**2327811**
杭州市	Hangzhou	151.20	45863	20.68	210759	162378	45319	32608	81426
宁波市	Ningbo	82.16	34919	12.69	115372	86140	93444	5930	657326
嘉兴市	Jiaxing	291.58	820	81.04	143701	114542	20821	2276	84067
湖州市	Huzhou	68.76	8518	32.63	75961	59175	27739	806	124636
绍兴市	Shaoxing	76.51	28710	17.99	114089	79754	24130	625	54996
舟山市	Zhoushan	9.18	1551	1.38	10896	8564	6382	626	1325360
浙西南	**Western and Southern Region**	**516.39**	**314847**	**41.17**	**490766**	**425234**	**99133**	**37261**	**1887006**
温州市	Wenzhou	72.47	55646	11.28	85712	70443	23794	8927	512439
金华市	Jinhua	124.26	69375	16.62	120374	100243	26661	23241	39852
衢州市	Quzhou	125.95	52120	2.35	108510	99193	12748	872	16849
台州市	Taizhou	105.65	48828	5.24	104986	91653	30205	3922	1309819
丽水地区	Lishui	88.06	88878	5.68	71184	63702	5725	299	8047

17—7 各市、地农业现代化情况(1998年)
Agricultural Modernization by City and Prefecture(1998)

市地名称	City and Prefecture	农业机械总动力(万千瓦) Total Power of Agricultural Machinery (10000 kw)	农村用电量(亿千瓦小时) Electricity Consumed in Rural Area (100 million kwh)	农用化肥施用量(折标)(万吨) Consumption of Chemical Fertilizers (standard) (10000 ton)	农用化肥施用量(折纯)(万吨) Consumption of Chemical Fertilizers (pure) (10000 ton)	机耕面积(千公顷) Area Ploughed by Tractors (1000 hectares)	有效灌溉面积(千公顷) Irrigated Area (1000 hectares)	旱涝保收面积(千公顷) Stable Yields Ensured Despite Disasters (1000 hectares)
浙东北	**Eastern and Northern Region**	**1148.97**	**145.50**	**240.00**	**49.82**	**708.01**	**827.83**	**632.50**
杭州市	Hangzhou	245.79	32.56	54.83	11.53	152.56	172.75	133.95
宁波市	Ningbo	241.03	30.69	58.08	11.89	146.17	179.60	118.12
嘉兴市	Jiaxing	188.74	23.84	59.45	12.32	161.92	194.22	167.97
湖州市	Huzhou	155.00	15.50	20.13	4.18	117.93	116.10	95.51
绍兴市	Shaoxing	163.59	40.28	44.93	9.36	117.47	151.55	106.99
舟山市	Zhoushan	154.80	2.61	2.55	0.52	11.96	13.61	9.96
浙西南	**Western and Southern Region**	**649.40**	**55.40**	**195.98**	**40.95**	**372.48**	**573.48**	**363.12**
温州市	Wenzhou	161.57	20.47	41.33	8.55	96.37	129.17	61.86
金华市	Jinhua	143.71	11.82	47.44	9.83	108.66	154.25	117.75
衢州市	Quzhou	54.22	4.07	34.26	7.13	37.18	87.06	62.60
台州市	Taizhou	225.20	16.78	51.74	11.00	102.37	121.67	73.95
丽水地区	Lishui	64.68	2.23	21.19	4.42	27.90	81.33	46.96

17—8 各市、地全部工业企业单位数(1998年)
Number of Industrial Enterprises by City and Prefecture(1998)

市地名称 City and Prefecture		全部工业企业单位数(个) Number of Enterprises (unit)	国有经济 State-owned Industry	集体经济 Collective owned Industry	股份合作企业 Stock Cooperative Enterprises	联营企业 Joint Owned Enterprises	有限责任公司 Limited Liability Company
浙东北	**Eastern and Northern Region**	**383278**	**1119**	**29390**	**5244**	**1328**	**757**
杭州市	Hangzhou	68275	457	5625	852	126	336
宁波市	Ningbo	81132	199	10811	2088	268	140
嘉兴市	Jiaxing	91832	132	3987	1139	52	136
湖州市	Huzhou	61218	153	2846	351	29	69
绍兴市	Shaoxing	75775	143	5591	665	839	48
舟山市	Zhoushan	5046	35	530	149	14	28
浙西南	**Western and Southern Region**	**323154**	**636**	**11957**	**27530**	**663**	**378**
温州市	Wenzhou	127980	168	3835	16022	4	233
金华市	Jinhua	60874	118	1453	824	434	26
衢州市	Quzhou	26852	73	4445	135	4	25
台州市	Taizhou	87564	159	1565	10427	156	83
丽水地区	Lishui	19884	118	659	122	65	11

17—8 续表 continued

市地名称 City and Prefecture		股份有限公司 Stock Limited Company	私营企业 Enterprises Run by Private	其它企业 Others	港澳台商投资企业 Enterprises Funded by Entrepreneurs From Hong Kong, Macao and Taiwan	外商投资企业 Foreign Funded Enterprises
浙东北	**Eastern and Northern Region**	**156**	**56243**	**286508**	**1417**	**1116**
杭州市	Hangzhou	57	16015	44085	381	341
宁波市	Ningbo	47	14671	51892	607	409
嘉兴市	Jiaxing	20	5308	80620	214	224
湖州市	Huzhou	11	5373	52307	49	30
绍兴市	Shaoxing	20	13605	54618	144	102
舟山市	Zhoushan	1	1271	2986	22	10
浙西南	**Western and Southern Region**	**106**	**40771**	**240452**	**435**	**226**
温州市	Wenzhou	28	8315	99095	199	81
金华市	Jinhua	26	16388	41517	61	27
衢州市	Quzhou	10	2653	19451	43	13
台州市	Taizhou	31	9851	65085	129	78
丽水地区	Lishui	11	3564	15304	3	27

17—9 各市、地全部工业总产值(1998年)

Gross Output Value of Industry by City and Prefecture(1998)

单位:亿元 (100 million yuan)

市地名称 City and Prefecture		全部工业总产值 Gross Output Value of Industry	国有经济 State-owned Industry	集体经济 Collective Owned Industry	股份合作企业 Stock Cooperative Enterprises	联营企业 Joint Owned Enterprises
浙东北	**Eastern and Northern Region**	**7656**	**640**	**2024**	**357**	**57**
杭州市	Hangzhou	1823	339	379	61	12
宁波市	Ningbo	2237	99	596	136	19
嘉兴市	Jiaxing	1010	63	253	55	4
湖州市	Huzhou	740	57	202	32	4
绍兴市	Shaoxing	1763	70	581	70	17
舟山市	Zhoushan	84	12	12	4	1
浙西南	**Western and Southern Region**	**4185**	**131**	**385**	**883**	**19**
温州市	Wenzhou	1385	54	168	462	1
金华市	Jinhua	1151	24	99	62	7
衢州市	Quzhou	190	13	36	6	1
台州市	Taizhou	1324	28	68	348	9
丽水地区	Lishui	134	12	15	5	1

17—9 续表 continued

单位:亿元 (100 million yuan)

市地名称 City and Prefecture		有限责任公司 Limited Liability Company	股份有限公司 Stock Limited Company	私有经济 Individual Industry	其它企业 Others	港澳台商投资企业 Enterprises Funded by Entrepreneurs from Hong Kong, Macao & Taiwan	外商投资企业 Foreign Funded Enterprises
浙东北	**Eastern and Northern Region**	**281**	**300**	**1501**	**1751**	**452**	**293**
杭州市	Hangzhou	123	34	375	237	156	105
宁波市	Ningbo	50	190	450	445	166	84
嘉兴市	Jiaxing	47	15	147	316	47	63
湖州市	Huzhou	26	15	88	293	13	10
绍兴市	Shaoxing	22	42	423	447	66	26
舟山市	Zhoushan	13	4	18	12	3	5
浙西南	**Western and Southern Region**	**136**	**94**	**851**	**1569**	**61**	**54**
温州市	Wenzhou	63	12	102	470	27	25
金华市	Jinhua	8	24	461	445	10	11
衢州市	Quzhou	26	10	37	53	5	2
台州市	Taizhou	36	36	204	562	18	13
丽水地区	Lishui	2	11	47	38	1	1

17—10 各市、地工业企业经济指标(1998年)
Main Indicators of Industrial Enterprises by City and Prefecture(1998)

单位:亿元 (100 million yuan)

市地名称	City and Prefecture	工业增加值 Value Added of Industry	流动资产年平均余额 Annual Average Balance of Circulating Assets	固定资产原价 Original Value of Fixed Assets	固定资产净值年平均余额 Annual Average Balance of Net Value of Fixed Assets
浙东北	**Eastern and Northern Region**	**828**	**1907**	**2339**	**1663**
杭州市	Hangzhou	275	704	750	515
宁波市	Ningbo	215	497	567	405
嘉兴市	Jiaxing	108	238	313	226
湖州市	Huzhou	59	141	168	120
绍兴市	Shaoxing	160	287	493	364
舟山市	Zhoushan	11	39	49	33
浙西南	**Western and Southern Region**	**271**	**566**	**658**	**480**
温州市	Wenzhou	106	203	185	146
金华市	Jinhua	44	133	158	120
衢州市	Quzhou	24	53	88	56
台州市	Taizhou	84	152	183	129
丽水地区	Lishui	13	26	44	30

17—10 续表 continued

单位:亿元 (100 million yuan)

市地名称	City and Prefecture	产品销售收入 Sales Revenue	#产品销售税金及附加 Sales Tax and Extra Charges	本年应交增值税 Tax Payable of Value Added	利润总额 Total Profits
浙东北	**Eastern and Northern Region**	**3317**	**48**	**133**	**123**
杭州市	Hangzhou	1036	19	44	38
宁波市	Ningbo	835	17	34	38
嘉兴市	Jiaxing	412	3	18	8
湖州市	Huzhou	254	2	10	6
绍兴市	Shaoxing	722	7	25	33
舟山市	Zhoushan	57		2	
浙西南	**Western and Southern Region**	**1000**	**9**	**43**	**34**
温州市	Wenzhou	393	3	16	16
金华市	Jinhua	201	2	8	4
衢州市	Quzhou	70	1	4	1
台州市	Taizhou	292	3	12	11
丽水地区	Lishui	44	1	3	1

17－11 各市、地客运量和货运量(1998 年)

Passenger Traffic and Freight Traffic by City and Prefecture(1998)

市地名称 City and Prefecture		客运量(万人) Passenger Traffic (10000 persons)				货运量(万吨) Freight Traffic (10000 tons)		
		铁路 Railways	公路 Highways	水运 Waterways	航空 Civil Aviation	铁路 Railways	公路 Highways	水运 Waterways
浙东北	**Eastern and Northern Region**	**2194.28**	**63516**	**1768.99**	**253.08**	**1366**	**29154**	**10742**
杭州市	Hangzhou	1117.96	15925	234.89	183.98	419	8196	2713
宁波市	Ningbo	303.86	21737	182.41	54.95	573	10006	1228
嘉兴市	Jiaxing	379.04	4920	20.89		48	2231	2177
湖州市	Huzhou	87.34	6043	17.00		207	3150	2343
绍兴市	Shaoxing	306.08	9406	9.80		119	4489	1006
舟山市	Zhoushan		5485	1304	14.15		1082	1275
浙西南	**Western and Southern Region**	**1210.32**	**46733**	**1258.16**	**109.00**	**389**	**18257**	**2285**
温州市	Wenzhou	110.14	17254	1012.24	89.83		3521	910
金华市	Jinhua	826.25	11995	30.37	7.14	199	6310	79
衢州市	Quzhou	214.75	2927	50.55	2.13	190	3396	2
台州市	Taizhou		12007	147.00	9.90		3153	1132
丽水地区	Lishui	59.18	2550	18.00			1877	162

17—12 各市、地邮电业务量和用电量情况(1998 年)
Posts and Telecommunications, Electricity Consumption by City and Prefecture(1998)

市地名称	City and Prefecture	年末邮电局所数(处) Number of Post and Telecommunications Offices (unit)	邮电业务总量(万元) Business Value of Post and Telecommunications (10000 yuan)	电话交换机装机总容量(万门) Capacity of Telephone Exchanges (10000 lines)	#程控 Program-controlled Telephone	年末电话机数(万部) Number of Telephone Subscribers (10000 subscribers)
浙东北	**Eastern and Northern Region**	**2112**	**901824**	**500.19**	**499.78**	**514.65**
杭州市	Hangzhou	552	313762	155.73	155.73	154.07
宁波市	Ningbo	505	244263	144.68	144.68	158.29
嘉兴市	Jiaxing	283	117267	69.77	69.77	83.95
湖州市	Huzhou	168	68978	34.24	34.24	34.17
绍兴市	Shaoxing	492	122479	76.03	75.62	65.74
舟山市	Zhoushan	112	35075	19.74	19.74	18.44
浙西南	**Western and Southern Region**	**1929**	**650313**	**346.95**	**344.84**	**382.48**
温州市	Wenzhou	718	299027	142.63	142.63	174.40
金华市	Jinhua	374	115796	76.71	75.44	61.39
衢州市	Quzhou	174	31603	21.56	21.56	18.82
台州市	Taizhou	368	164086	80.19	79.36	107.67
丽水地区	Lishui	295	39801	25.85	25.85	20.20

17—12 续表 continued

市地名称 City and Prefecture		年末无线寻呼用户数（万户） Number of Subscribers Pageing Services (10000 subscriber)	年末移动电话用户数（万户） Number of Mobile Telephones Subscribers (10000 subscriber)	全年用电量（亿千瓦小时） Total Electricity Consumption (100 million kwh)	#工业用电 Industrial Consumption	#城乡居民生活用电 Residential Consumption
浙东北	**Eastern and Northern Region**	**276**	**96**	**343**	**250**	**46**
杭州市	Hangzhou	113	33	113	79	15
宁波市	Ningbo	82	30	80	56	13
嘉兴市	Jiaxing	24	12	49	37	6
湖州市	Huzhou	21	7	33	24	4
绍兴市	Shaoxing	25	11	62	50	6
舟山市	Zhoushan	11	3	7	4	1
浙西南	**Western and Southern Region**	**196**	**72**	**165**	**114**	**32**
温州市	Wenzhou	78	40	56	35	12
金华市	Jinhua	41	11	39	28	6
衢州市	Quzhou	9	2	28	25	2
台州市	Taizhou	57	16	32	20	9
丽水地区	Lishui	11	3	11	7	3

17—13 各市、地固定资产投资(1998年)
Total Investment in Fixed Assets by City and Prefecture(1998)

市地名称	City and Prefecture	全社会固定资产投资总额(亿元) Total Investment in Fixed Assets (100 million yuan)	#基建投资 Capital Construction	#更新改造 Innovation	#住宅建设 Residential Buildings	#房地产开发投资额 Real Estate Development	#商品住宅 Commercial Residential Buildings
浙东北	**Eastern and Northern Region**	**1142**	**434**	**92**	**193**	**158**	**99**
杭州市	Hangzhou	364	124	49	75	67	42
宁波市	Ningbo	310	130	20	44	44	24
嘉兴市	Jiaxing	173	94	7	29	13	9
湖州市	Huzhou	94	43	5	7	8	6
绍兴市	Shaoxing	170	32	9	30	18	13
舟山市	Zhoushan	31	11	3	7	8	5
浙西南	**Western and Southern Region**	**502**	**165**	**35**	**118**	**69**	**42**
温州市	Wenzhou	201	67	13	81	39	22
金华市	Jinhua	122	38	8	22	11	6
衢州市	Quzhou	32	11	4	12	5	3
台州市	Taizhou	125	40	8	28	12	9
丽水地区	Lishui	21	9	2	6	2	2

17—13　续表　continued

市　地　名　称 City and Prefecture		全年新增固定资产（亿元） Newly Increased Fixed Assets (100 million yuan)	施工住宅建筑面积（万平方米） Floor Space of Residential Buildings Under Construction (10000 sq. m)	竣工住宅建筑面积（万平方米） Floor Space of Residential Buildings Completed (10000 sq. m)	商品房销售建筑面积（万平方米） Floor Space of Commercial Houses Sold (10000 sq. m)	商品房销售额（亿元） Total Sales of Commercial Houses (100 million yuan)
浙东北	**Eastern and Northern Region**	**645**	**2296.24**	**1276.44**	**796.26**	**149**
杭州市	Hangzhou	176	743.59	271.91	216.35	54
宁波市	Ningbo	251	857.78	621.66	284.12	53
嘉兴市	Jiaxing	72	212.69	107.84	74.30	9
湖州市	Huzhou	66	117.46	76.65	61.29	8
绍兴市	Shaoxing	52	252.88	134.57	108.39	16
舟山市	Zhoushan	27	111.84	63.81	51.81	9
浙西南	**Western and Southern Region**	**270**	**1043.90**	**466.86**	**396.10**	**66**
温州市	Wenzhou	146	466.96	207.91	208.07	45
金华市	Jinhua	43	179.85	89.35	72.17	7
衢州市	Quzhou	26	128.53	44.43	29.31	3
台州市	Taizhou	44	188.82	87.27	53.25	7
丽水地区	Lishui	11	79.74	37.90	33.30	3

17—14 各市、地批发、零售贸易业情况(1998年)
Wholesale and Retail Sale Trade by City and Prefecture(1998)

市地名称 City and Prefecture		批发、零售贸易业商品销售总额(亿元) Total Sales of Wholesale and Retailsale Trade (100 million yuan)	社会消费品零售总额(亿元) Total Retail Sales of Consumer Goods (100 million yuan)	粮食出售量(吨) Grain Sales (ton)	棉花出售量(吨) Cotton Sales (ton)	肉类出售量(吨) Meat Sales (ton)
浙东北	**Eastern and Northern Region**	**3210**	**1157**	**3128579**	**39070**	**539829**
杭州市	Hangzhou	1366	328	479680	5108	145939
宁波市	Ningbo	831	313	878385	19854	116356
嘉兴市	Jiaxing	383	168	737113	4339	129572
湖州市	Huzhou	132	124	448425		61204
绍兴市	Shaoxing	424	174	554868	8833	78738
舟山市	Zhoushan	75	50	30108	936	8020
浙西南	**Western and Southern Region**	**1489**	**742**	**1382616**	**12239**	**383878**
温州市	Wenzhou	691	345	278789	584	85575
金华市	Jinhua	505	140	384968	4985	89714
衢州市	Quzhou	119	63	157291	3241	83744
台州市	Taizhou	94	149	396205	3425	71896
丽水地区	Lishui	80	45	165363	4	52949

17—15 各市、地对外贸易和利用外资情况(1998年)
Foreign Trade and Utilization of Foreign Capital by City and Prefecture(1998)

市地名称 City and Prefecture		自营出口总额(万美元) Total Exports (USD10000)	外国和港澳台地区在华直接投资 Forengn Funded Enterprises and Enterprises Funded by Entrepreneurs from Hong Kong,Macao & Taiwan				
			新签项目(合同)数(个) Newly Signed Contracts (unit)	合同外资金额(万美元) Value for Utilization of Foreign Capital (USD 10000)	实际使用外资金额(万美元) Amount of Foreign Capital Actually Used (USD10000)	已投产企业个数(个) Enterprises Put into Operation (unit)	从业人员总数(人) Employed Persons (person)
浙东北	**Eastern and Northern Region**	**684063**	**809**	**140698**	**118369**	**5428**	**633172**
杭州市	Hangzhou	169598	216	51400	38425	1643	193675
宁波市	Ningbo	345253	281	51198	50329	1677	195381
嘉兴市	Jiaxing	54518	77	14683	12128	710	93858
湖州市	Huzhou	37552	148	8112	5040	452	36780
绍兴市	Shaoxing	58904	75	12877	11789	823	101154
舟山市	Zhoushan	18238	12	2428	658	123	12324
浙西南	**Western and Southern Region**	**155527**	**369**	**64202**	**14718**	**1212**	**115815**
温州市	Wenzhou	68329	95	24439	3702	534	43233
金华市	Jinhua	33089	53	26836	4520	231	28060
衢州市	Quzhou	4510	119	2014	1633	100	8226
台州市	Taizhou	40483	91	9994	3849	230	31333
丽水地区	Lishui	9116	11	919	1014	117	4963

17—16 各市、地旅游事业情况(1998年)
Development of Tourism by City and Prefecture(1998)

市地名称 City and Prefecture		旅游者人数(人) Total Number of Tourists (person)	#外国人 Foreigners	#华侨 Overseas Chinese	#港澳台同胞 Chinese Compatriots from Hongkong, Macao and Taiwan	国际旅游收入(万美元) International Total Income From Tourism (USD 10000)
浙东北	**Eastern and Northern Region**	**722605**	**373678**	**22823**	**326104**	**31197**
杭州市	Hangzhou	507243	261353	14281	231609	21002
宁波市	Ningbo	100042	47299	3465	49278	4400
嘉兴市	Jiaxing	22319	13233		9086	1453
湖州市	Huzhou	9600	6265	529	2806	435
绍兴市	Shaoxing	36083	20901	3268	11914	1557
舟山市	Zhoushan	47318	24627	1280	21411	2350
浙西南	**Western and Southern Region**	**107589**	**30592**	**39625**	**38125**	**6406**
温州市	Wenzhou	48000	5712	33216	9072	2780
金华市	Jinhua	34000	16900	800	16300	1510
衢州市	Quzhou	2520	20	25	2475	130
台州市	Taizhou	16269	7326	94	8849	649
丽水地区	Lishui	6800	634	5490	1429	1337

17—17 各市、地财政收支情况(1998年)

Total Financial Revenue and Expenditure by City and Prefecture(1998)

单位:万元　　(10000 yuan)

市地名称	City and Prefecture	中央财政预算内收入 Total Central Government Budgetary Financial Revenue	地方财政预算内收入 Total Local Government Budgetary Financial Revenue	#工商税收 Industrial and Commercial Taxes	地方财政预算内支出 Total Local Government Financial Expenditures	#基建支出 Expenditure for Capital Construction	#文教科卫事业费 Expenses for Culture, Education, Science & Health Care
浙东北	**Eastern and Northern Region**	**1388491**	**1140441**	**1075168**	**1487898**	**63484**	**429845**
杭州市	Hangzhou	501340	368484	345545	424478	13061	129932
宁波市	Ningbo	458777	417575	365716	607332	34048	133810
嘉兴市	Jiaxing	148869	114298	119910	127319	1851	45677
湖州市	Huzhou	84372	58094	60563	84380	2814	33339
绍兴市	Shaoxing	164091	142046	143830	164393	5463	59142
舟山市	Zhoushan	31042	39944	39604	79996	6247	27945
浙西南	**Western and Southern Region**	**529385**	**620643**	**516384**	**863593**	**25119**	**322617**
温州市	Wenzhou	194172	265692	229408	282791	5060	109239
金华市	Jinhua	115345	107862	89735	161204	1282	66683
衢州市	Quzhou	39349	37260	34266	80670	710	27794
台州市	Taizhou	146949	162619	128622	223500	17107	77574
丽水地区	Lishui	33570	47210	34353	115428	960	41327

17—18 各市、地金融保险情况(1998年)
Finance and Insurance by City and Prefecture(1998)

市地名称 City and Prefecture		金融机构数(个) Insititutions of Finance and Insurance (unit)	#保险机构数 Insurance	金融机构年末存款余额(亿元) Balance of Deposits (100 million yuan)	城乡居民储蓄年末余额(亿元) Residents' Savings Deposits (100 million yuan)
浙东北	**Eastern and Northern Region**	**1802**	**142**	**3591**	**1936**
杭州市	Hangzhou	445	34	1495	670
宁波市	Ningbo	360	31	855	460
嘉兴市	Jiaxing	218	23	409	261
湖州市	Huzhou	472	28	216	135
绍兴市	Shaoxing	194	15	506	341
舟山市	Zhoushan	113	11	111	69
浙西南	**Western and Southern Region**	**2481**	**164**	**1591**	**910**
温州市	Wenzhou	1409	59	624	323
金华市	Jinhua	178	20	382	234
衢州市	Quzhou	317	43	126	81
台州市	Taizhou	348	23	339	194
丽水地区	Lishui	229	19	119	79

17—18 续表 continued

单位:亿元 (100 million yuan)

市地名称 City and Prefecture		金融机构年末贷款余额 Loans in Financial Institutions	#农业贷款 Agricultural Loans	承保额 Amount Insured	保费 Premium	已决赔款 Settled Claim
浙东北	**Eastern and Northern Region**	**2769**	**80.53**	**9370**	**55**	**19**
杭州市	Hangzhou	1162	23.01	2872	20	6
宁波市	Ningbo	670	21.17	3011	14	6
嘉兴市	Jiaxing	302	11.11	1379	7	2
湖州市	Huzhou	182	7.35	979	4	1
绍兴市	Shaoxing	377	10.72	770	7	4
舟山市	Zhoushan	76	7.18	359	2	1
浙西南	**Western and Southern Region**	**1047**	**54.57**	**4238**	**27**	**7**
温州市	Wenzhou	369	8.68	1639	10	2
金华市	Jinhua	294	17.06	1041	7	2
衢州市	Quzhou	99	7.38	408	2	1
台州市	Taizhou	213	16.63	924	6	2
丽水地区	Lishui	72	4.88	225	2	1

17—19 各市、地职工保险福利情况(1998 年)
Basic Statistics on Insurance & Welfare of Staff and Workers by City and Prefecture(1998)

市地名称 City and Prefecture		职工保险福利费用总额(万元) Insuance and Welfare Funds of Staff and Workers (10000 persons)	年末离休退休退职人员数(万人) Retired and Resigned Persons (10000 persons)	离休退休退职人员保险福利费用总额(万元) Insurance and Welfare Funds of Retired and Resigned Persons (10000 yuan)	社会福利院数(个) Social Welfare Homes (unit)	社会福利院床位数(张) Beds of Social Welfare Homes (unit)
浙东北	**Eastern and Northern Region**	**363359**	**81**	**697626**	**1001**	**22448**
杭州市	Hangzhou	156377	36	321306	296	5681
宁波市	Ningbo	82914	16	138744	210	7689
嘉兴市	Jiaxing	44460	11	91880	142	3455
湖州市	Huzhou	26431	7	56661	127	2325
绍兴市	Shaoxing	37941	8	63752	164	2537
舟山市	Zhoushan	15236	3	25283	62	761
浙西南	**Western and Southern Region**	**139274**	**37**	**287350**	**1050**	**15907**
温州市	Wenzhou	47317	13	92569	323	5618
金华市	Jinhua	33255	8	69608	213	3618
衢州市	Quzhou	16778	5	38946	154	1763
台州市	Taizhou	29895	7	56824	191	3167
丽水地区	Lishui	12029	4	29403	169	1741

17—20 各市、地各类学校在校学生数(1998年)

Student Enrollment by Type of School, City and Prefecture(1998)

市地名称 City and Prefecture		高等学校(人) Institutions of Higher Education (person)	中等专业学校(人) Specialized Secondary Schools (person)	普通中学(万人) Regular Secondary Schools (10000 person)	职业中学(人) Vocational Secondary Schools (person)	小学(万人) Primary Schools (10000 person)	成人高等教育学校(人) Adult Higher Education Schools (person)	成人中等教育学校(人) Adult Secondary Schools (person)
浙东北	**Eastern and Northern Region**	**98885**	**117194**	**98**	**141692**	**193**	**84691**	**1257113**
杭州市	Hangzhou	76546	55796	28	34622	53	65165	425211
宁波市	Ningbo	12473	25497	25	42599	44	11236	583746
嘉兴市	Jiaxing	3511	10332	12	14599	28	2608	8529
湖州市	Huzhou	1633	9942	10	13323	23	1356	4581
绍兴市	Shaoxing	2716	11991	18	31131	37	2326	232810
舟山市	Zhoushan	2006	3636	5	5418	8	2000	2236
浙西南	**Western and Southern Region**	**17954**	**49855**	**121**	**127029**	**173**	**19633**	**157330**
温州市	Wenzhou	7586	11400	44	40125	62	10168	17693
金华市	Jinhua	7228	15835	23	38244	34	3841	3052
衢州市	Quzhou	400	2337	12	12940	17	1117	876
台州市	Taizhou	1674	8574	30	26808	42	2500	132209
丽水地区	Lishui	1066	11709	12	8912	18	2007	3500

17－21 各市、地科学和技术主要指标(1998 年)
Science and Technology by City and Prefecture(1998)

单位:人 (person)

市地名称	City and Prefecture	各类专业技术人员数 Number of Scientific and Technological Personnel	中级技术职称以上人员数 Persons with Intermediate Technical Title Level and Above	农业技术人员数 Agricultural Technical Persons	从事科技活动人员数 Persons Engaged in Scientific and Technological Activities
浙东北	**Eastern and Northern Region**	**630293**	**184873**	**50494**	**38798**
杭州市	Hangzhou	249407	84613	12651	23363
宁波市	Ningbo	187878	45550	11718	4162
嘉兴市	Jiaxing	68253	19838	10686	2381
湖州市	Huzhou	36392	11695	5898	1215
绍兴市	Shaoxing	67944	17075	5874	6575
舟山市	Zhoushan	20419	6102	3667	1102
浙西南	**Western and Southern Region**	**322127**	**82102**	**50338**	**8960**
温州市	Wenzhou	81695	20119	4710	2263
金华市	Jinhua	69839	21816	5039	1581
衢州市	Quzhou	50751	11265	5232	1727
台州市	Taizhou	78589	18097	25712	2804
丽水地区	Lishui	41253	10805	9645	585

17—22 各市、地文化和卫生事业主要指标(1998 年)
Main Indicators of Culture and Public Health by City and Prefecture(1998)

市地名称 City and Prefecture		剧场、影剧院数(个) Number of Theaters and Music Halls (unit)	公共图书馆图书藏量(千册件) Total Collections of Books in Public Libraries (1000 copies)	医院卫生院数(个) Number of Health Institutions (unit)	医院卫生院床位数(张) Number of Beds in Health Institutions (bed)	医院、卫生院技术人员数(人) Number of Medical Technical Personnel in Health Institutions (person)	#医生数 Doctors
浙东北	**Eastern and Northern Region**	**393**	**10794**	**1436**	**69898**	**85051**	**38860**
杭州市	Hangzhou	134	5899	419	27327	35857	16022
宁波市	Ningbo	66	1598	296	13689	18645	9069
嘉兴市	Jiaxing	15	1344	174	8696	9134	3895
湖州市	Huzhou	52	580	155	7962	7403	3261
绍兴市	Shaoxing	76	987	292	8884	10523	5018
舟山市	Zhoushan	50	386	100	3340	3489	1595
浙西南	**Western and Southern Region**	**417**	**5042**	**1963**	**40294**	**52915**	**22064**
温州市	Wenzhou	129	1563	593	12661	17084	6283
金华市	Jinhua	52	1184	362	9302	11731	5301
衢州市	Quzhou	139	401	260	4542	6075	2911
台州市	Taizhou	79	1016	387	8559	11676	4670
丽水地区	Lishui	18	878	361	5230	6349	2899

17—23 各市、县国民经济主要指标(1998年)
Main Indicators of National Economy by City and County(1998)

市县名称 City and County	国内生产总值(亿元) Gross Domestic Product (100 million yuan)	第一产业 Primary Industry	第二产业 Secondary Industry	第三产业 Tertiary Industry	人均国内生产总值(元) Per-capita GDP (yuan)	农、林、牧、渔业总产值(亿元) Gross Output Value of Agriculture (100 million yuan)	工业总产值(亿元) Gross Output of Industry (100 million yuan)	总人口(万人) Total Population (10000 persons)
杭州市区 Hangzhou District	568.74	13.43	267.87	287.43	33340	20.71	721.84	171.89
萧山市 Xiaoshan	173.72	18.18	98.94	56.59	15352	25.45	378.00	113.41
建德市 Jiande	60.15	10.04	34.93	15.17	11907	13.29	86.86	50.54
富阳市 Fuyang	82.45	11.31	49.18	21.95	13383	18.76	185.77	61.71
余杭市 Yuhang	109.46	16.77	61.57	31.11	13938	14.55	202.12	78.58
临安市 Linan	69.04	11.51	39.64	17.88	13549	24.13	143.31	51.03
桐庐县 Tonglu	44.18	6.37	25.73	12.08	11189	8.92	80.12	39.51
淳安县 Chunan	27.12	8.42	10.07	8.62	6035	10.94	24.64	44.97
宁波市区 Ningbo District	352.58	12.17	166.37	174.03	29684	18.46	573.03	119.69
余姚市 Yuyao	122.44	17.44	71.12	33.88	14736	24.73	392.29	83.05
慈溪市 Cixi	129.14	14.01	78.16	36.97	12890	19.65	435.27	100.35
奉化市 Fenghua	46.52	8.12	24.72	13.67	9535	12.01	119.26	48.84
象山县 Xiangshan	62.35	16.02	31.30	15.02	11728	31.17	168.15	53.16
宁海县 Ninghai	51.37	9.23	31.82	10.32	8913	13.32	171.65	57.66
鄞县 Yinxian	122.49	11.79	81.64	29.06	16868	17.02	377.00	72.52
温州市区 Wenzhou District	261.33	5.98	159.79	95.55	17385	10.63	549.68	116.48
瑞安市 Ruian	135.84	9.51	84.75	41.57	11597	17.28	275.47	117.76
乐清市 Yueqing	123.20	11.65	73.55	38.00	10987	18.34	239.37	112.90
洞头县 Dongtou	7.59	2.73	2.47	2.38	6077	5.84	8.09	12.50
永嘉县 Yongjia	53.05	4.47	31.78	16.79	6136	7.29	97.56	87.43
平阳县 Pingyang	56.47	5.91	33.42	17.12	7086	10.46	121.66	80.48
苍南县 Cangnan	61.24	8.72	32.44	20.07	5177	15.62	130.38	119.16
文成县 Wencheng	10.01	2.30	2.78	4.91	2700	3.58	5.90	37.00
泰顺县 Taishun	9.99	2.74	2.80	4.44	2941	3.68	4.44	34.33
嘉兴市区 Jiaxing District	98.34	12.77	56.38	29.18	12623	20.65	192.93	78.06
海宁市 Haining	94.11	10.81	57.83	25.46	14722	15.21	232.23	63.95
平湖市 Pinghu	57.54	8.91	33.47	15.16	11967	13.03	124.84	48.11
桐乡市 Tongxiang	91.00	10.79	55.49	24.71	13950	14.27	219.25	65.27
海盐县 Haiyan	52.05	7.67	33.24	11.13	14296	11.10	103	36.45
嘉善县 Jiashan	56.35	8.83	32.70	14.81	14819	12.87	137.36	38.07
湖州市区 Huzhou District	151.38	20.11	87.31	43.95	14240	33.82	390.92	106.37
德清县 Deqing	51.63	7.96	30.49	13.16	12261	12.88	100.82	42.19
长兴县 Changxing	74.25	12.53	41.09	20.62	12073	19.25	147.68	61.53
安吉县 Anji	50.05	9.60	27.43	13.01	11194	13.23	100.40	44.72
绍兴市区 Shaoxing District	70.68	2.74	32.88	35.05	21977	3.92	105.59	32.43

17—23 续表 1 continued

市县名称 City and County		国内生产总值（亿元）Gross Domestic Product (100 million yuan)	第一产业 Primary Industry	第二产业 Secondary Industry	第三产业 Tertiary Industry	人均国内生产总值（元）Per-capita GDP (yuan)	农、林、牧、渔业总产值（亿元）Gross Output Value of Agriculture (100 million yuan)	工业总产值（亿元）Gross Output of Industry (100 million yuan)	总人口（万人）Total Population (10000 persons)
诸暨市	Zhuji	138.25	18.69	82.06	37.49	13099	28.21	385.56	105.69
上虞市	Shangyu	134.56	17.02	88.69	28.84	17396	25.98	384.69	77.43
嵊州市	Shengzhou	75.62	14.01	45.88	15.72	10246	19.59	249.41	73.78
绍兴县	Shaoxing	188.50	14.86	121.32	52.31	19380	21.25	451.68	97.33
新昌县	Xinchang	56.22	6.49	37.66	12.05	12970	9.56	186.43	43.38
金华市区	Jinhua District	47.18	3.00	22.43	21.73	14097	4.92	67.86	33.81
兰溪市	Lanxi	60.05	6.72	33.32	20.00	9112	12.06	131.25	66.07
东阳市	Dongyang	91.52	7.83	64.27	19.41	11700	11.89	253.19	78.38
义乌市	Yiwu	116.39	6.62	59.03	50.73	17776	10.26	249.57	65.76
永康市	Yongkang	59.82	4.08	42.13	13.60	11400	6.17	191.04	52.63
金华县	Jinhua	39.34	10.28	18.56	10.49	6827	18.11	74.07	55.20
武义县	Wuyi	25.15	4.77	13.37	7.00	7656	7.22	41.86	32.89
浦江县	Pujiang	31.61	2.77	23.02	5.80	8391	5.29	123.93	37.78
磐安县	Panan	9.93	3.13	4.44	2.34	4860	4.70	18.66	20.43
衢州市区	Quzhou District	33.70	2.15	18.39	13.15	13008	3.23	52.23	26.12
江山市	Jiangshan	30.04	8.69	12.56	8.78	5356	13.15	35.13	56.17
衢　县	Quxian	21.40	8.57	7.35	5.47	4104	13.06	20.44	52.20
常山县	Changshan	16.80	4.94	6.13	5.72	5318	6.43	18.96	31.68
开化县	Kaihua	16.29	5.51	6.55	4.22	4829	7.34	26.45	33.78
龙游县	Longyou	22.40	5.30	10.93	6.15	5593	8.49	37.22	40.18
舟山市区	Zhoushan District	63.62	17.24	21.36	25.02	9227	38.63	67.80	68.37
岱山县	Daishan	17.98	8.59	4.09	5.29	8297	16.68	11.44	21.61
嵊泗县	Shengsi	11.95	4.88	2.06	4.99	13919	9.40	4.90	8.56
台州市区	Taizhou District	202.67	20.34	125.11	57.20	14451	33.62	598.66	140.83
临海市	Linhai	63.10	12.70	31.18	19.20	5834	20.74	136.02	108.39
温岭市	Wenling	144.33	26.53	72.59	45.20	12826	47.69	359.58	112.83
仙居县	Xianju	20.73	4.83	8.60	7.30	4669	7.04	31.74	44.56
天台县	Tiantai	23.53	6.04	8.95	8.53	4341	8.86	32.83	54.52
三门县	Sanmen	17.56	7.10	5.79	4.66	4424	12.55	23.09	39.80
玉环县	Yuhuan	60.22	14.99	30.16	15.07	15653	26.33	142.12	38.58
丽水市	Lishui	23.52	6.55	8.96	8.00	6909	9.82	35.04	34.21
龙泉市	LongQuan	13.65	4.65	4.18	4.81	5069	6.98	12.91	27.00
青田县	Qingtian	15	3.41	6.17	5.41	3072	4.84	15.01	48.66
庆元县	Qingyuan	10.05	3.54	2.89	3.61	5269	5.25	8.53	19.16
缙云县	Jinyun	18	4.31	7.10	6.58	4164	6.55	21.44	43.28
遂昌县	Shunchang	10.78	3.31	4.39	3.07	4784	5.10	14.68	22.53
松阳县	Shongyang	10.12	4.39	2.89	2.83	4459	6.95	9.14	22.88
云和县	Yunhe	6.72	1.90	2.95	1.86	6150	2.98	9.43	10.95
景宁自治县	Jingning	6.60	2.49	2.10	2.00	3778	3.87	7.86	17.49

17—23 续表 2 continued

市县名称 City and County		全社会固定资产投资（亿元）Total Investment in Fixed Assets (100 million yuan)	社会消费品零售总额（亿元）Total Retail Sales of Consumer Goods (100 million yuan)	财政总收入（亿元）Total Financial Revenue (100 million yuan)	地方财政收入（亿元）Local Financial Revenue (100 million yuan)	地方财政支出（亿元）Local Financial Expenditure (100 million yuan)	城乡居民储蓄存款年末余额（亿元）Savings Deposits of Urban and Rural Residents (100 million yuan)	城镇居民人均可支配收入（元）Per Capita Disposable Income of Urban Residents (yuan)	农村居民人均纯收入（元）Per Capita Net Income of Rural Residents (yuan)
杭州市区	Hangzhou District	226.09	192.61	58.56	23.62	23.72	390.56	8465	5522
萧山市	Xiaoshan	53.23	42.25	10.65	4.95	6.17	107.00	7989	5510
建德市	Jiande	9.94	9.01	2.29	1.21	1.70	22.84	6774	3002
富阳市	Fuyang	17.47	21.57	3.74	1.67	2.34	30.07	7042	4216
余杭市	Yuhang	30.06	29.13	6.56	2.89	3.72	63.80	7017	4620
临安市	Linan	13.77	13.77	2.25	0.96	1.83	23.89	7364	4199
桐庐县	Tonglu	6.49	12.33	1.89	0.89	1.38	20.62	6728	3710
淳安县	Chunan	6.58	7.00	1.00	0.62	1.56	11.30		1919
宁波市区	Ningbo District	179.89	121.10	57.22	26.60	40.00	199.04	9193	5009
余姚市	Yuyao	26.30	42.00	6.26	3.26	3.58	52.94	7487	4451
慈溪市	Cixi	33.94	54.09	7.21	3.39	3.88	72.44	9059	4980
奉化市	Fenghua	9.08	14.38	2.66	1.33	2.19	25.20	7840	4088
象山县	Xiangshan	15.51	28.66	2.84	1.55	2.73	16.91	8457	4120
宁海县	Ninghai	11.46	22.31	2.85	1.33	3.00	15.96		4010
鄞　县	Yinxian	33.60	30.79	8.56	4.26	5.33	77.10		5137
温州市区	Wenzhou District	100.05	168.29	21.86	14.08	9.13	176.43	8968	6147
瑞安市	Ruian	31.09	51.39	6.04	3.13	3.81	44.06	8820	4472
乐清市	Yueqing	18.33	38.46	6.51	3.23	4.03	34.75	9933	5071
洞头县	Dongtou	1.83	1.90	0.62	0.37	0.83	2.79		2935
永嘉县	Yongjia	15.69	18.58	2.98	1.57	2.36	17.59		2833
平阳县	Pingyang	10.82	21.98	3.35	1.62	2.48	16.16		3318
苍南县	Cangnan	14.71	37.07	3.58	1.85	2.85	18.46		3314
文成县	Wencheng	3.79	4.77	0.48	0.32	1.38	6.00		2090
泰顺县	Taishun	4.84	2.56	0.53	0.36	1.36	6.66		1659
嘉兴市区	Jiaxing District	96.26	43.06	8.12	3.78	4.19	74.22	7921	4236
海宁市	Haining	22.87	41.15	5.58	2.25	2.48	54.20	7784	4218
平湖市	Pinghu	12.66	17.50	2.86	1.18	1.43	31.75		4130
桐乡市	Tongxiang	17.56	38.11	5.11	2.05	2.11	48.36		4122
海盐县	Haiyan	10.39	14.51	2.16	1.04	1.30	27.41		4122
嘉善县	Jiashan	12.91	13.94	2.46	1.10	1.19	25.35		
湖州市区	Huzhou District	42.22	63.92	8.47	3.36	4.38	68.52	7652	3981
德清县	Deqing	11.83	17.59	2.36	0.95	1.37	26.27		3863
长兴县	Changxing	12.40	25.02	1.94	0.83	1.38	24.21		3839
安吉县	Anji	27.71	17.21	1.46	0.65	1.29	16.01	7430	3666
绍兴市区	Shaoxing District	30.39	32.61	8.11	4.02	4.10	61.52	8087	5153
诸暨市	Zhuji	36.45	35.70	3.84	2.25	2.56	45.99	8803	4807
上虞市	Shangyu	30.16	29.11	4.13	1.73	2.63	58.58		4326

17—23 续表 3 continued

市县名称 City and County		全社会固定资产投资（亿元） Total Investment in Fixed Assets (100 million yuan)	社会消费品零售总额（亿元） Total Retail Sales of Consumer Goods (100 million yuan)	财政总收入（亿元） Total Financial Revenue (100 million yuan)	地方财政收入（亿元） Local Financial Revenue (100 million yuan)	地方财政支出（亿元） Local Financial Expenditure (100 million yuan)	城乡居民储蓄存款年末余额（亿元） Savings Deposits of Urban and Rural Residents (100 million yuan)	城镇居民人均可支配收入（元） Per Capita Disposable Income of Urban Residents (yuan)	农村居民人均纯收入（元） Per Capita Net Income of Rural Residents (yuan)
嵊州市	Shengzhou	14.74	28.02	2.54	1.11	1.52	35.70		3801
绍兴县	Shaoxing	44.02	31.66	9.80	4.05	4.08	120.07		5153
新昌县	Xinchang	14.39	17.01	2.17	1.01	1.53	19.43	7745	3520
金华市区	Jinhua District	21.06	24.88	4.23	1.76	2.85	36.58	7595	
兰溪市	Lanxi	12.71	17.25	2.72	1.23	1.75	17.80	6565	
东阳市	Dongyang	25.52	21.61	3.28	1.50	2.11	44.54		4234
义乌市	Yiwu	26.91	32.26	4.70	2.62	2.74	62.61		4573
永康市	Yongkang	12.07	15.27	3.04	1.48	1.89	31.80		
金华县	Jinhua	9.50	10.50	1.17	0.61	1.46	15.25		3302
武义县	Wuyi	5.42	6.06	1.32	0.71	1.23	10.13		
浦江县	Pujiang	6.17	8.85	1.21	0.54	1.09	10.99	6495	
磐安县	Panan	2.25	3.58	0.62	0.30	0.96	4.25		
衢州市区	Quzhou District	12.11	13.27	3.30	1.25	2.36	25.56	6388	3568
江山市	Jiangshan	5.88	13.97	1.58	0.84	1.37	17.56	6333	2943
衢　县	Quxian	3.37	7.52	0.56	0.38	0.98	8.75		2650
常山县	Changshan	2.79	8.05	0.57	0.31	1.08	7.07		2509
开化县	Kaihua	3.00	7.57	0.74	0.40	1.14	8.11		2426
龙游县	Longyou	4.97	13.08	0.89	0.52	1.11	13.67		2865
舟山市区	Zhoushan District	23.66	37.48	5.36	2.93	5.69	52.64	7735	
岱山县	Daishan	3.94	7.24	1.10	0.63	1.38	10.64		
嵊泗县	Shengsi	3.38	4.78	0.63	0.42	0.92	5.24		
台州市区	Taizhou District	48.45	56.75	13.42	7.22	9.27	83.07	8418	
临海市	Linhai	22.68	15.74	4.04	2.10	2.80	24.41	6985	3081
温岭市	Wenling	28.31	45.64	6.13	3.40	3.53	42.63		5035
仙居县	Xianju	3.82	6.99	1.66	0.76	1.61	10.72		2493
天台县	Tiantai	5.53	10.27	1.66	0.71	1.37	12.31		
三门县	Sanmen	3.49	3.90	0.84	0.44	1.31	6.04		
玉环县	Yuhuan	12.84	9.27	3.18	1.60	2.43	14.72		
丽水市	Lishui	4.68	10.02	1.95	1.01	1.36	20.55	7637	3005
龙泉市	LongQuan	1.76	4.41	0.68	0.43	0.99	8.42	6573	2432
青田县	Qingtian	3.97	7.62	0.85	0.56	1.46	14.66		1472
庆元县	Qingyuan	1.43	3.35	0.38	0.27	0.96	4.76		
缙云县	Jinyun	1.75	6.34	1.07	0.54	1.44	11.66		2458
遂昌县	Shunchang	2.19	3.98	0.88	0.53	1.00	5.72		
松阳县	Shongyang	2.10	4.09	0.56	0.34	0.97	6.01		
云和县	Yunhe	1.80	2.27	0.40	0.28	0.87	3.68		
景宁自治县	Jingning	1.73	2.80	0.73	0.36	1.21	3.04		

17—24 各市、县年末从业人员数(1998年)

Employed Persons by City and County(1998)

单位:万人 (10000 persons)

市县名称 City and County		年末单位从业人员数 Total Employed Persons	农、林、牧、渔业 Agriculture	采掘业 Mining and Quarrying	制造业 Manufacturing	电力、煤气及水的生产和供应业 Electricity, Gas and Water Production and Supply
杭州市区	Hangzhou District	70.89	0.34		27.09	1.10
萧山市	Xiaoshan	9.46	0.32	0.01	4.27	0.21
建德市	Jiande	3.99	0.10	0.16	1.44	0.11
富阳市	Fuyang	5.34	0.05		1.96	0.09
余杭市	Yuhang	7.58	0.36	0.25	3.46	0.06
临安市	Linan	3.59	0.03	0.06	1.23	0.06
桐庐县	Tonglu	2.73	0.04		0.80	0.15
淳安县	Chunan	2.90	0.14	0.04	0.77	0.04
宁波市区	Ningbo District	34.84	0.42	0.02	12.76	0.82
余姚市	Yuyao	6.63	0.11		2.43	0.10
慈溪市	Cixi	6.16	0.12		2.21	0.09
奉化市	Fenghua	4.02	0.06		1.25	0.07
象山县	Xiangshan	8.54	0.04	0.01	1.20	0.06
宁海县	Ninghai	3.23	0.05		0.71	0.06
鄞　县	Yinxian	5.50	0.20		2.12	0.04
温州市区	Wenzhou District	23.91	0.09	0.01	9.57	0.42
瑞安市	Ruian	5.77	0.14		1.76	0.09
乐清市	Yueqing	4.18	0.03	0.01	0.59	0.21
洞头县	Dongtou	0.90	0.01		0.14	0.02
永嘉县	Yongjia	2.74	0.05		0.26	0.07
平阳县	Pingyang	5.33	0.04		1.64	0.03
苍南县	Cangnan	4.41	0.02	0.21	0.76	0.03
文成县	Wencheng	1.41	0.03		0.12	0.07
泰顺县	Taishun	1.26	0.03		0.03	0.05
嘉兴市区	Jiaxing District	12.39	0.13		5.57	0.30
海宁市	Haining	6.05	0.14	0.04	2.68	0.05
平湖市	Pinghu	4.17	0.08	0.02	1.51	0.11
桐乡市	Tongxiang	4.79	0.08		1.89	0.04
海盐县	Haiyan	3.98	0.12	0.08	1.41	0.34
嘉善县	Jiashan	3.68	0.07		1.53	0.06
湖州市区	Huzhou District	10.22	0.07		4.02	0.26
德清县	Deqing	3.62	0.05	0.03	1.76	0.04
长兴县	Changxing	5.41	0.10	1.12	1.18	0.16
安吉县	Anji	2.97	0.04		0.96	0.05
绍兴市区	Shaoxing District	11.46		0.39	4.47	0.31
诸暨市	Zhuji	10.05	0.07	0.06	1.78	0.17

17—24 续表 1 continued

单位:万人 (10000 persons)

市县名称 City and County		年末单位从业人员数 Total Employed Persons	农、林、牧、渔业 Agriculture	采掘业 Mining and Quarrying	制造业 Manufacturing	电力、煤气及水的生产和供应业 Electricity, Gas and Water Production and Supply
上虞市	Shangyu	5.61	0.08	0.01	1.47	0.09
嵊州市	Shengzhou	4.67	0.04	0.04	1.93	0.11
绍兴县	Shaoxing	5.07	0.10	0.01	1.26	0.02
新昌县	Xinchang	4.07	0.01		2.07	0.11
金华市区	Jinhua District	7.07	0.10		2.54	0.29
兰溪市	Lanxi	5.02	0.03		2.55	0.09
东阳市	Dongyang	6.91	0.05	0.02	1.16	0.04
义乌市	Yiwu	3.64	0.02		0.57	0.05
永康市	Yongkang	2.59	0.02	0.01	0.77	0.04
金华县	Jinhua	2.12	0.16		0.27	0.01
武义县	Wuyi	2.07	0.04	0.17	0.64	0.06
浦江县	Pujiang	1.25	0.01		0.07	0.02
磐安县	Panan	1.14	0.01		0.15	0.03
衢州市区	Quzhou District	7.63	0.17	0.04	4.25	0.20
江山市	Jiangshan	2.64	0.03	0.05	0.87	0.04
衢县	Quxian	1.32	0.03		0.13	
常山县	Changshan	1.49	0.04		0.29	0.06
开化县	Kaihua	2.03	0.08	0.05	0.55	0.08
龙游县	Longyou	2.29	0.15		0.76	0.01
舟山市区	Zhoushan District	10.11	0.16	0.01	3.37	0.21
岱山县	Daishan	1.61	0.01		0.28	0.09
嵊泗县	Shengsi	0.94			0.13	0.05
台州市区	Taizhou District	12.35	0.15	0.04	3.81	0.48
临海市	Linhai	5.72	0.09		1.08	0.17
温岭市	Wenling	5.61	0.12		1.15	0.08
仙居县	Xianju	2.18	0.04	0.01	0.62	0.09
天台县	Tiantai	2.32	0.08	0.02	0.26	0.07
三门县	Sanmen	1.93	0.04	0.08	0.19	0.04
玉环县	Yuhuan	2.51	0.10		0.72	0.05
丽水市	Lishui	3.58	0.06		0.81	0.11
龙泉市	LongQuan	1.48	0.06	0.05	0.32	0.06
青田县	Qingtian	1.66	0.02	0.07	0.10	0.05
庆元县	Qingyuan	0.99	0.07	0.01	0.09	0.05
缙云县	Jinyun	1.56	0.02		0.30	0.05
遂昌县	Shunchang	1.65	0.07	0.10	0.56	0.04
松阳县	Shongyang	1.28	0.03	0.04	0.18	0.04
云和县	Yunhe	0.78	0.04		0.10	0.10
景宁自治县	Jingning	0.84	0.07	0.02	0.05	0.05

17－24 续表 2 continued

单位：万人　　　　(10000 persons)

市县名称 City and County		建筑业 Construction	地质勘探业、水利管理业 Geological Prospecting and Water Conservancy	交通运输、仓储及邮电通讯业 Transport, Storage, Post & Telecommunications	批发和零售贸易、餐饮业 Wholesale and Retail Sale Trade & Catering Services	金融保险业 Banking and Insurance	房地产业 Real Estate Trade
杭州市区	Hangzhou District	4.03	0.39	5.16	8.54	1.97	0.79
萧山市	Xiaoshan	0.34	0.04	0.26	0.97	0.30	0.06
建德市	Jiande	0.09	0.01	0.16	0.47	0.12	0.03
富阳市	Fuyang	0.38	0.01	0.18	0.54	0.16	0.03
余杭市	Yuhang	0.13	0.15	0.22	0.84	0.24	0.04
临安市	Linan	0.04	0.01	0.13	0.48	0.15	0.02
桐庐县	Tonglu	0.06		0.14	0.30	0.12	0.01
淳安县	Chunan	0.11		0.14	0.36	0.11	0.02
宁波市区	Ningbo District	2.73	0.21	3.01	5.17	1.08	0.62
余姚市	Yuyao	0.20	0.03	0.27	1.16	0.21	0.06
慈溪市	Cixi	0.05	0.04	0.24	1.11	0.26	0.08
奉化市	Fenghua	0.36	0.04	0.21	0.60	0.16	0.03
象山县	Xiangshan	5.02	0.02	0.24	0.50	0.16	0.02
宁海县	Ninghai	0.40	0.02	0.18	0.44	0.11	0.01
鄞　县	Yinxian	0.10	0.04	0.10	0.66	0.26	0.03
温州市区	Wenzhou District	3.54	0.06	1.34	2.33	0.66	0.33
瑞安市	Ruian	0.57		0.26	0.47	0.19	0.05
乐清市	Yueqing	0.26		0.21	0.32	0.16	0.04
洞头县	Dongtou	0.15		0.06	0.09	0.03	
永嘉县	Yongjia	0.41	0.01	0.15	0.18	0.11	0.02
平阳县	Pingyang	1.37		0.19	0.19	0.13	0.05
苍南县	Cangnan	0.44	0.03	0.26	0.33	0.14	0.02
文成县	Wencheng	0.23		0.05	0.07	0.06	
泰顺县	Taishun	0.06		0.06	0.08	0.05	
嘉兴市区	Jiaxing District	0.52	0.03	0.80	1.79	0.39	0.10
海宁市	Haining	0.23	0.02	0.22	0.87	0.17	0.04
平湖市	Pinghu	0.07	0.02	0.18	0.74	0.16	0.02
桐乡市	Tongxiang	0.17		0.14	0.88	0.21	0.02
海盐县	Haiyan	0.46	0.02	0.12	0.42	0.14	0.02
嘉善县	Jiashan	0.17		0.19	0.56	0.12	0.04
湖州市区	Huzhou District	0.37	0.03	0.85	1.29	0.37	0.11
德清县	Deqing	0.09	0.02	0.16	0.48	0.11	0.01
长兴县	Changxing	0.24		0.51	0.60	0.15	0.02
安吉县	Anji	0.05	0.03	0.18	0.45	0.10	0.01
绍兴市区	Shaoxing District	1.39	0.04	0.77	1.36	0.45	0.12
诸暨市	Zhuji	4.45	0.03	0.31	0.94	0.20	0.01
上虞市	Shangyu	1.21	0.01	0.38	0.67	0.19	0.04

17—24 续表 3 continued

单位:万人 (10000 persons)

市县名称 City and County		建筑业 Construction	地质勘探业、水利管理业 Geological Prospecting and Water Conservancy	交通运输、仓储及邮电通讯业 Transport, Storage, Post & Telecommunications	批发和零售贸易、餐饮业 Wholesale and Retail Sale Trade & Catering Services	金融保险业 Banking and Insurance	房地产业 Real Estate Trade
嵊州市	Shengzhou	0.14	0.03	0.23	0.66	0.15	0.01
绍兴县	Shaoxing	0.36	0.02	0.17	0.71	0.28	0.06
新昌县	Xinchang	0.21	0.02	0.08	0.32	0.11	0.01
金华市区	Jinhua District	0.41	0.09	0.98	0.55	0.24	0.03
兰溪市	Lanxi	0.13	0.01	0.15	0.58	0.12	
东阳市	Dongyang	3.35	0.05	0.18	0.38	0.21	0.02
义乌市	Yiwu	0.07	0.02	0.25	0.30	0.27	0.07
永康市	Yongkang	0.03	0.02	0.13	0.26	0.12	0.01
金华县	Jinhua	0.19	0.04	0.04	0.31	0.08	0.01
武义县	Wuyi	0.02	0.02	0.07	0.19	0.07	0.01
浦江县	Pujiang	0.01	0.02	0.06	0.16	0.08	
磐安县	Panan	0.27		0.04	0.13	0.04	
衢州市区	Quzhou District	0.65	0.03	0.48	0.47	0.18	0.04
江山市	Jiangshan	0.08	0.02	0.10	0.28	0.09	0.02
衢　县	Quxian	0.18		0.01	0.14	0.06	0.01
常山县	Changshan	0.11	0.01	0.06	0.17	0.06	0.02
开化县	Kaihua	0.06	0.01	0.10	0.28	0.07	0.01
龙游县	Longyou	0.12	0.01	0.12	0.28	0.08	0.02
舟山市区	Zhoushan District	0.75	0.01	1.04	1.09	0.35	0.10
岱山县	Daishan	0.05		0.20	0.17	0.08	0.01
嵊泗县	Shengsi	0.02		0.07	0.16	0.05	0.01
台州市区	Taizhou District	1.58	0.05	0.72	1.24	0.60	0.07
临海市	Linhai	1.13	0.03	0.32	0.60	0.19	0.05
温岭市	Wenling	1.42	0.02	0.22	0.55	0.21	0.03
仙居县	Xianju	0.15		0.08	0.19	0.08	0.01
天台县	Tiantai	0.22	0.03	0.09	0.25	0.12	0.02
三门县	Sanmen	0.45		0.06	0.17	0.07	
玉环县	Yuhuan	0.15		0.10	0.26	0.10	0.03
丽水市	Lishui	0.28	0.05	0.38	0.28	0.18	0.02
龙泉市	LongQuan		0.01	0.08	0.14	0.07	0.01
青田县	Qingtian	0.20		0.08	0.09	0.08	0.03
庆元县	Qingyuan			0.03	0.12	0.05	
缙云县	Jinyun	0.03		0.06	0.17	0.07	0.01
遂昌县	Shunchang	0.02	0.01	0.06	0.16	0.06	0.01
松阳县	Shongyang	0.11		0.05	0.16	0.05	0.01
云和县	Yunhe	0.01		0.05	0.07	0.04	0.01
景宁自治县	Jingning		0.01	0.04	0.08	0.03	

17－24 续表 4 continued

单位:万人 (10000 persons)

市县名称 City and County		社会服务业 Social Services	卫生、体育和社会福利业 Health Care, Sports & Social Welfare	教育、文化和广播电影电视业 Education, Culture and Art, Radio, Film and Television	科学研究和综合技术服务业 Scientific Research and Polytechnical Services	国家机关、政党机关和社会团体 Government Agencies, Party Agencies and Social Organizations	其他行业 Others
杭州市区	Hangzhou District	6.50	2.83	6.23	2.34	3.33	0.25
萧山市	Xiaoshan	0.44	0.56	1.10	0.04	0.49	0.05
建德市	Jiande	0.19	0.24	0.52	0.02	0.32	0.01
富阳市	Fuyang	0.15	0.30	0.76	0.12	0.55	0.06
余杭市	Yuhang	0.20	0.32	0.68	0.03	0.59	0.01
临安市	Linan	0.12	0.23	0.57	0.01	0.44	0.01
桐庐县	Tonglu	0.10	0.15	0.45	0.01	0.32	0.08
淳安县	Chunan	0.20	0.14	0.43	0.01	0.33	0.06
宁波市区	Ningbo District	2.38	1.17	2.15	0.38	1.69	0.23
余姚市	Yuyao	0.23	0.30	0.83	0.05	0.59	0.06
慈溪市	Cixi	0.30	0.34	0.85	0.04	0.37	0.06
奉化市	Fenghua	0.19	0.17	0.50	0.01	0.33	0.04
象山县	Xiangshan	0.16	0.16	0.55	0.01	0.35	0.04
宁海县	Ninghai	0.09	0.17	0.54	0.02	0.39	0.04
鄞县	Yinxian	0.19	0.52	0.69	0.03	0.49	0.03
温州市区	Wenzhou District	1.27	0.88	1.75	0.20	1.38	0.08
瑞安市	Ruian	0.12	0.38	1.05	0.02	0.64	0.03
乐清市	Yueqing	0.12	0.39	1.13	0.01	0.69	0.01
洞头县	Dongtou	0.04	0.05	0.15	0.01	0.14	0.01
永嘉县	Yongjia	0.05	0.17	0.75	0.03	0.48	0.03
平阳县	Pingyang	0.04	0.25	0.82	0.02	0.55	0.01
苍南县	Cangnan	0.03	0.26	1.17	0.01	0.69	0.01
文成县	Wencheng	0.02	0.10	0.35		0.30	0.01
泰顺县	Taishun	0.02	0.09	0.38	0.01	0.38	0.02
嘉兴市区	Jiaxing District	0.41	0.52	0.92	0.20	0.62	0.09
海宁市	Haining	0.28	0.26	0.65	0.02	0.33	0.05
平湖市	Pinghu	0.18	0.23	0.50	0.01	0.30	0.04
桐乡市	Tongxiang	0.10	0.25	0.60	0.01	0.36	0.04
海盐县	Haiyan	0.12	0.12	0.34	0.01	0.24	0.02
嘉善县	Jiashan	0.06	0.19	0.37	0.01	0.28	0.03
湖州市区	Huzhou District	0.20	0.54	1.08	0.07	0.91	0.05
德清县	Deqing	0.05	0.20	0.33	0.01	0.26	0.02
长兴县	Changxing	0.16	0.17	0.52	0.02	0.39	0.07
安吉县	Anji	0.04	0.19	0.42	0.01	0.43	0.01
绍兴市区	Shaoxing District	0.51	0.41	0.63	0.09	0.48	0.04
诸暨市	Zhuji	0.17	0.38	0.84	0.02	0.51	0.11
上虞市	Shangyu	0.07	0.24	0.69	0.02	0.42	0.02

17—24 续表 5 continued

单位:万人 (10000 persons)

市县名称 City and County		社会服务业 Social Services	卫生、体育和社会福利业 Health Care, Sports & Social Welfare	教育、文化和广播电影电视业 Education, Culture and Art, Radio, Film and Television	科学研究和综合技术服务业 Scientific Research and Polytechnical Services	国家机关、政党机关和社会团体 Government Agencies, Party Agencies and Social Organizations	其他行业 Others
嵊州市	Shengzhou	0.09	0.22	0.61	0.01	0.39	0.01
绍兴县	Shaoxing	0.28	0.34	0.90	0.04	0.48	0.04
新昌县	Xinchang	0.11	0.14	0.44	0.01	0.31	0.12
金华市区	Jinhua District	0.34	0.32	0.70	0.07	0.35	0.06
兰溪市	Lanxi	0.09	0.26	0.60	0.01	0.34	0.05
东阳市	Dongyang	0.09	0.27	0.64	0.03	0.42	
义乌市	Yiwu	0.32	0.29	0.65	0.05	0.68	0.03
永康市	Yongkang	0.06	0.18	0.53	0.02	0.39	0.01
金华县	Jinhua	0.02	0.19	0.43	0.01	0.35	0.01
武义县	Wuyi	0.05	0.13	0.30	0.01	0.26	0.02
浦江县	Pujiang	0.03	0.11	0.35	0.02	0.28	0.02
磐安县	Panan	0.01	0.05	0.18		0.22	0.01
衢州市区	Quzhou District	0.20	0.18	0.32	0.04	0.34	0.04
江山市	Jiangshan	0.03	0.18	0.49	0.01	0.34	0.01
衢县	Quxian	0.01	0.09	0.37		0.27	0.02
常山县	Changshan	0.03	0.10	0.26	0.01	0.26	0.01
开化县	Kaihua	0.04	0.13	0.29	0.01	0.26	0.01
龙游县	Longyou	0.04	0.13	0.30		0.27	
舟山市区	Zhoushan District	0.59	0.43	0.94	0.08	0.88	0.10
岱山县	Daishan	0.02	0.13	0.28		0.28	0.01
嵊泗县	Shengsi	0.07	0.06	0.13		0.17	0.02
台州市区	Taizhou District	0.39	0.54	1.31	0.08	1.21	0.08
临海市	Linhai	0.19	0.33	1.10	0.03	0.41	
温岭市	Wenling	0.10	0.34	0.83	0.02	0.51	0.01
仙居县	Xianju	0.05	0.16	0.37	0.01	0.31	0.01
天台县	Tiantai	0.12	0.20	0.53	0.01	0.29	0.01
三门县	Sanmen	0.03	0.12	0.39	0.01	0.28	
玉环县	Yuhuan	0.04	0.19	0.37	0.02	0.37	0.01
丽水市	Lishui	0.10	0.29	0.52	0.04	0.43	0.03
龙泉市	LongQuan	0.05	0.10	0.28	0.01	0.23	0.01
青田县	Qingtian	0.05	0.12	0.43		0.28	0.06
庆元县	Qingyuan	0.02	0.08	0.24		0.22	0.01
缙云县	Jinyun	0.02	0.10	0.41	0.01	0.30	0.01
遂昌县	Shunchang	0.02	0.09	0.26		0.19	
松阳县	Shongyang	0.03	0.08	0.27		0.22	0.01
云和县	Yunhe	0.01	0.05	0.15		0.15	
景宁自治县	Jingning	0.01	0.07	0.21		0.19	0.01

17—25 各市、县农、林、牧、渔业总产值(1998年)
Gross Output Value of Farming, Forestry, Animal Husbandry and Fishery by City and County(1998)

单位:万元 (10000 yuan)

市县名称 City and County		农、林、牧、渔业总产值 Total Output Value of Agriculture	农业产值 Farming	#种植业 Planting	林业产值 Forestry	牧业产值 Animal Husbandry	渔业产值 Fishery
杭州市区	Hangzhou District	207120	119224	111396	801	59368	27727
萧山市	Xiaoshan	254467	174532	167925	4641	49925	25369
建德市	Jiande	132933	86693	67011	6967	34169	5104
富阳市	Fuyang	187642	142207	80974	11808	29197	4430
余杭市	Yuhang	145468	58786	48974	58375	26428	1879
临安市	Linan	241335	142813	126638	12828	45123	40571
桐庐县	Tonglu	89247	56260	46045	6721	24371	1895
淳安县	Chunan	109366	64591	52887	19056	20504	5215
宁波市区	Ningbo District	184633	104376	97568	3958	46134	30165
余姚市	Yuyao	247347	180286	145918	8718	39557	18786
慈溪市	Cixi	196492	139388	129368	1013	30239	25852
奉化市	Fenghua	120053	62320	54767	6060	17604	34069
象山县	Xiangshan	311699	64368	61839	5120	20777	221434
宁海县	Ninghai	133185	50017	46985	10252	20378	52538
鄞县	Yinxian	170170	118438	103419	5742	30634	15356
温州市区	Wenzhou District	106257	59602	42938	605	30964	15086
瑞安市	Ruian	172761	84681	68109	1106	16366	70608
乐清市	Yueqing	183424	71025	56610	1476	13163	97760
洞头县	Dongtou	58419	1581	1401	34	1893	54911
永嘉县	Yongjia	72943	48922	39533	2772	17790	3459
平阳县	Pingyang	104605	58181	43891	1962	22165	22297
苍南县	Cangnan	156161	61903	53003	1199	12805	80254
文成县	Wencheng	35766	23217	19312	3361	8932	256
泰顺县	Taishun	36753	23876	18624	4281	8368	228
嘉兴市区	Jiaxing District	206538	127423	115103	131	64176	14808
海宁市	Haining	152051	84937	71575	254	50841	16019
平湖市	Pinghu	130251	90363	86098	591	25698	13599
桐乡市	Tongxiang	142726	78459	69797	155	60997	3115
海盐县	Haiyan	111046	70873	61635	1692	29618	8863
嘉善县	Jiashan	128690	82757	80110	650	26910	18373
湖州市区	Huzhou District	338150	206885	134826	4872	64192	62201
德清县	Deqing	128790	59023	41084	20523	29146	20098
长兴县	Changxing	192548	138473	111793	12500	17670	23905
安吉县	Anji	132287	73183	52436	32853	22781	3470
绍兴市区	Shaoxing District	39194	16609	15092	244	12084	10257
诸暨市	Zhuji	282068	170245	140495	26112	63394	22317

17—25 续表 1 continued

单位:万元 (10000 yuan)

市县名称	City and County	农、林、牧、渔业总产值 Total Output Value of Agriculture	农业产值 Farming	#种植业 Planting	林业产值 Forestry	牧业产值 Animal Husbandry	渔业产值 Fishery
上虞市	Shangyu	259760	166015	133068	16284	37970	39491
嵊州市	Shengzhou	195859	152174	113695	11092	30536	2057
绍兴县	Shaoxing	212501	123563	119878	13572	37422	37944
新昌县	Xinchang	95576	70793	59544	8617	14809	1357
金华市区	Jinhua District	49245	30630	29482	320	15044	3251
兰溪市	Lanxi	120592	78700	70789	2800	30535	8557
东阳市	Dongyang	118900	92076	80467	2768	19670	4386
义乌市	Yiwu	102636	68952	58752	3079	22566	8039
永康市	Yongkang	61678	44742	38134	2095	10887	3954
金华县	Jinhua	181068	119226	103237	5546	45115	11181
武义县	Wuyi	72155	45510	39061	9560	15880	1205
浦江县	Pujiang	52938	36907	33115	1516	11682	2833
磐安县	Panan	46992	27927	25990	14755	4225	85
衢州市区	Quzhou District	32334	22566	20114	145	8582	1041
江山市	Jiangshan	131532	72232	65153	7000	49822	2478
衢　县	Quxian	130602	73610	67722	11019	42596	3377
常山县	Changshan	64278	48729	40002	2854	11487	1208
开化县	Kaihua	73396	50339	37300	9229	13395	433
龙游县	Longyou	84914	51586	39354	5212	25355	2761
舟山市区	Zhoushan District	386257	61625	47779	2061	16077	306494
岱山县	Daishan	166809	8559	6597	323	3049	154878
嵊泗县	Shengsi	94030	3247	625	54	526	90203
台州市区	Taizhou District	336174	180783	134674	1789	38483	115119
临海市	Linhai	207443	102727	86106	6703	32306	65707
温岭市	Wenling	476865	102833	91487	280	31301	342451
仙居县	Xianju	70433	48734	32777	4407	14300	2992
天台县	Tiantai	88559	61264	39661	2924	18561	5810
三门县	Sanmen	125527	53441	35248	3220	12560	56306
玉环县	Yuhuan	263316	34260	22701	122	7146	221788
丽水市	Lishui	98183	52242	44013	26982	16829	2130
龙泉市	LongQuan	69840	26734	19449	31886	10645	575
青田县	Qingtian	48377	33149	25089	3944	8744	2540
庆元县	Qingyuan	52472	20450	12997	26842	3725	1455
缙云县	Jinyun	65504	36940	26977	10762	17138	664
遂昌县	Shunchang	50990	25383	19872	14941	10331	335
松阳县	Shongyang	69505	37098	31346	17652	13991	764
云和县	Yunhe	29873	10987	8164	16190	2387	309
景宁自治县	Jingning	38687	17240	13840	17554	3572	321

17－26　各市、县耕地面积和播种面积（1998 年）
Cultivated Area and Sown Area by City and County（1998）

市县名称 City and County		年末耕地面积（千公顷）Cultivated Area (year-end) (1000 hectares)	人均耕地面积（公顷）Per-capita Cultivated Area (hectares)	农作物播种面积（千公顷）Sown Area of Farm Crops (1000 hectares)	#粮食 Grain	#谷物 Cereal	#油料 Oilbearing Crops	#棉花 Cotton	#蔬菜、瓜果 Vegetable and Melon
杭州市区	Hangzhou District	15.94	0.01	44.47	21.21	19.80	1.62	0.60	19.39
萧山市	Xiaoshan	52.59	0.04	122.09	85.64	70.69	5.91	4.95	19.51
建德市	Jiande	17.59	0.03	48.36	38.68	32.60	3.21	0.02	3.68
富阳市	Fuyang	21.80	0.03	57.38	46.32	41.60	4.49		4.33
余杭市	Yuhang	19.10	0.03	42.43	32.01	26.37	3.95		4.78
临安市	Linan	35.41	0.04	83.39	56.53	53.91	8.48	0.05	14.19
桐庐县	Tonglu	14.91	0.03	41.83	30.49	26.14	6.01	0.01	3.80
淳安县	Chunan	12.66	0.02	50.07	40.99	30.45	5	0.05	3.25
宁波市区	Ningbo District	34.13	0.02	81.57	52.55	48.60	5.60	0.66	10.65
余姚市	Yuyao	39.13	0.04	95.97	58.39	53.61	7.81	5.74	14.50
慈溪市	Cixi	43.85	0.04	94.85	39.90	25.70	10.50	14.29	23.63
奉化市	Fenghua	21.37	0.04	48.32	34.69	31.98	0.96	0.02	3.62
象山县	Xiangshan	18.92	0.03	48.31	36.21	28.98	2.16	1.74	5.52
宁海县	Ninghai	23.16	0.04	47.42	34.78	26.35	3.10	3.04	2.96
鄞县	Yinxian	35.75	0.04	94.29	61.25	58.97	4.09	0.34	9.61
温州市区	Wenzhou District	16.84	0.01	38.59	27.37	24.36	0.76	0.33	7.06
瑞安市	Ruian	31.70	0.02	73.75	52.05	42.12	2.54	0.14	13.80
乐清市	Yueqing	24.88	0.02	59.23	45.22	39.32	0.41	0.07	6.01
洞头县	Dongtou	0.89	0.01	1.78	1.37	0.19	0.19		0.21
永嘉县	Yongjia	22.44	0.02	46.10	38.69	31.67	0.58	0.04	4.95
平阳县	Pingyang	24.14	0.03	48.29	38.95	31.69	0.53		6.52
苍南县	Cangnan	28.93	0.02	60.85	49.23	40.44	0.71		8.08
文成县	Wencheng	9.87	0.02	21.48	15.67	8.39	0.23		3.67
泰顺县	Taishun	10.15	0.03	22.66	16.79	9.09	0.89	0.02	2.00
嘉兴市区	Jiaxing District	53.10	0.06	108.91	78.21	76.31	12.49	0.03	15.86
海宁市	Haining	32.58	0.05	62.11	42.25	38.47	8.20	0.50	8.13
平湖市	Pinghu	31.37	0.06	75.08	46.23	44.91	16.75	2.29	9.16
桐乡市	Tongxiang	36.37	0.05	58.26	39.48	37.69	6.40		7.59
海盐县	Haiyan	23.80	0.06	53.42	34.55	32.37	10.39	1.79	6.46
嘉善县	Jiashan	30.55	0.08	63.22	46.67	44.61	4.11		11.77
湖州市区	Huzhou District	50.07	0.04	111.69	86.42	79.74	15.84		8.49
德清县	Deqing	19.39	0.04	39.46	32.95	31.14	4.80		1.28
长兴县	Changxing	39.58	0.06	96.79	59.80	53.15	24.14		12.14
安吉县	Anji	20.94	0.04	46.97	33.22	29.57	6.31		5.05
绍兴市区	Shaoxing District	3.23	0.01	9.40	5.98	5.88	0.21		1.64
诸暨市	Zhuji	43.65	0.04	125.52	86.94	81.33	2.93	0.08	8.87

17－26 续表 1 continued

市县名称 City and County		年末耕地面积(千公顷) Cultivated Area (year-end) (1000 hectares)	人均耕地面积(公顷) Per-capita Cultivated Area (hectares)	农作物播种面积(千公顷) Sown Area of Farm Crops (1000 hectares)	#粮食 Grain	#谷物 Cereal	#油料 Oilbearing Crops	#棉花 Cotton	#蔬菜、瓜果 Vegetable and Melon
上虞市	Shangyu	38.49	0.05	96.19	60.78	53.96	11.20	8.54	8.57
嵊州市	Shengzhou	28.99	0.03	77.66	59.65	55.27	2.71	0.18	4.36
绍兴县	Shaoxing	37.76	0.03	105.71	77.77	75.49	3.91	0.32	5.21
新昌县	Xinchang	15.25	0.03	37.53	25.13	21.21	3.17	0.17	3.65
金华市区	Jinhua District	7.53	0.02	16.28	9.88	8.94	0.77	0.05	3.83
兰溪市	Lanxi	28.50	0.04	72.47	51.48	47.90	7.48	3.25	4.10
东阳市	Dongyang	25.36	0.03	69.27	53.53	46.09	1.11	0.10	4.01
义乌市	Yiwu	22.81	0.03	60.09	46.67	40.73	1.83	0.10	2.78
永康市	Yongkang	18.14	0.03	48.70	34.67	31.56	1.50	0.02	1.65
金华县	Jinhua	31.38	0.05	78.21	55.28	51.18	5.31	2.69	6.14
武义县	Wuyi	15.87	0.04	41.62	30.46	26.27	3.44	0.07	3.05
浦江县	Pujiang	12.07	0.03	32.82	25.11	22.37	1.82	0.96	1.33
磐安县	Panan	6.74	0.03	18.48	12.22	8.54	0.47	0.01	1.84
衢州市区	Quzhou District	6.61	0.02	12.41	8.93	8.27	0.63	0.01	2.06
江山市	Jiangshan	23.56	0.04	69.30	45.93	39.21	7.72	1.99	3.99
衢　县	Quxian	20.62	0.04	56.93	42.58	36.31	6.29	0.31	3.18
常山县	Changshan	11.36	0.03	30.93	24.11	22.05	2.80	0.23	2.15
开化县	Kaihua	12.89	0.03	40.40	30.57	23.59	5.36	0.15	3.95
龙游县	Longyou	22.77	0.05	58.51	42.46	39.36	7.19	1.31	2.97
舟山市区	Zhoushan District	16.29	0.02	34.31	22.35	15.49	3.06	1.10	7.51
岱山县	Daishan	2.43	0.01	4.65	3.09	1.88	0.57	0.01	0.98
嵊泗县	Shengsi	0.08		0.21	0.03				0.18
台州市区	Taizhou District	37.15	0.02	97.21	70.83	64.11	0.12	0.76	7.48
临海市	Linhai	28.41	0.02	77.24	69.28	62.56	0.08	0.32	3.79
温岭市	Wenling	33.09	0.02	91.92	62.38	54.27	0.18	0.57	11.28
仙居县	Xianju	15.25	0.03	43.76	35.76	30.69	1.10	0.03	2.88
天台县	Tiantai	15.84	0.02	43.29	37.89	33.22	0.43	0.04	2.49
三门县	Sanmen	14.50	0.03	38.50	29.79	24.24	0.42	2.21	2.82
玉环县	Yuhuan	7.53	0.02	16.30	13.70	9.51	0.20	0.43	1.36
丽水市	Lishui	11.92	0.03	33.17	22.35	15.88	1.82	0.02	6.69
龙泉市	LongQuan	16.71	0.06	31.62	24.23	18.55	0.52		1.57
青田县	Qingtian	11.71	0.02	21.22	18.53	14.30	0.31	0.04	1.91
庆元县	Qingyuan	10.55	0.05	16.05	13.91	10.47	0.01		1.08
缙云县	Jinyun	11.64	0.02	28.58	22.48	19.59	1.44	0.03	1.92
遂昌县	Shunchang	10.44	0.04	31.99	22.51	15.53	2.05	0.02	2.50
松阳县	Shongyang	10.78	0.04	31.97	23.83	18.56	2.05	0.01	2.53
云和县	Yunhe	4.77	0.04	11.46	8.66	5.96	0.26	0.01	1.08
景宁自治县	Jingning	6.93	0.04	17.76	12.45	6.90	0.31	0.03	2.20

17－27　各市、县主要农产品产量(1998年)

Output of Major Farm Products by City and County(1998)

单位:吨　　　　(ton)

市县名称 City and County	粮食 Grain	#谷物 Cereal	油菜籽 Rapeseeds	棉花 Cotton	水果 Fruits	#柑桔 Citrus	茶叶 Tea	蚕茧 Silkworm Cocoons
杭州市区 Hangzhou District	118423	114941	2054	503	1890	125	1051	10
萧山市 Xiaoshan	441880	412495	7978	5116	3228	601	1785	70
建德市 Jiande	166453	146554	3811	34	36782	29891	2165	333
富阳市 Fuyang	235063	214703	6355		11199	3107	2615	614
余杭市 Yuhang	175017	154174	4456		2380	199	2655	2440
临安市 Linan	329847	321385	9029	50	5637	265	3948	1114
桐庐县 Tonglu	163215	145448	8270	5	9140	3061	1654	1675
淳安县 Chunan	137492	113981	5597	39	13721	8994	6080	2345
宁波市区 Ningbo District	308789	297893	7377	587	29125	19922	2891	
余姚市 Yuyao	358415	343786	5939	6345	30234	1134	5206	5
慈溪市 Cixi	195880	152256	18499	14262	62890	3219	308	
奉化市 Fenghua	195879	188768	1400	13	32562	12018	2861	45
象山县 Xiangshan	187969	163133	4394	1791	56030	48181	1500	9
宁海县 Ninghai	161886	137987	4759	3641	34117	30089	2739	192
鄞　县 Yinxian	395073	386281	8132	296	22714	17018	3921	1
温州市区 Wenzhou District	147966	136460	799	417	25273	21824	32	
瑞安市 Ruian	281538	244820	2672	140	7719	3936	106	
乐清市 Yueqing	259129	233450	501	105	34665	22606	65	
洞头县 Dongtou	4611	943	182		28	7		
永嘉县 Yongjia	180429	144604	914	26	18842	8084	303	
平阳县 Pingyang	195784	170725	745		6655	1279	256	
苍南县 Cangnan	252177	225325	862		10214	2084	687	
文成县 Wencheng	78335	48856	297	1	7805	2304	77	2
泰顺县 Taishun	81713	53587	1315	14	2179	1039	1238	
嘉兴市区 Jiaxing District	486263	479417	14607	14	9180			9106
海宁市 Haining	230125	218725	7291	574	5021	827	3	15193
平湖市 Pinghu	286451	280662	18120	2201	467	64	1	680
桐乡市 Tongxiang	241917	237696	6698		1317	8		20898
海盐县 Haiyan	211750	204942	13125	1790	6483	3129	147	5936
嘉善县 Jiashan	260904	254769	4360		5699	427		746
湖州市区 Huzhou District	545423	518483	22348		3592	40	299	16956
德清县 Deqing	193459	187476	5356		1889	37	911	7984
长兴县 Changxing	363246	331082	30708		10632	160	2296	1548
安吉县 Anji	170053	160751	5112		3803	37	2969	1247
绍兴市区 Shaoxing District	43154	42856	298		361		200	
诸暨市 Zhuji	510445	487572	4681	72	14780	2386	4005	1271

17－27 续表 1 continued

单位:吨 (ton)

市县名称 City and County		粮食 Grain	#谷物 Cereal	油菜籽 Rapeseeds	棉花 Cotton	水果 Fruits	#柑桔 Citrus	茶叶 Tea	蚕茧 Silkworm Cocoons
上虞市	Shangyu	345433	325579	13802	8417	25083	438	4188	2085
嵊州市	Shengzhou	315204	302328	3932	203	29055	11163	9158	2485
绍兴县	Shaoxing	480929	472433	5016	283	1595	201	8124	186
新昌县	Xinchang	125681	112147	5799	216	8250	985	4934	2124
金华市区	Jinhua District	54927	51295	1300	45	19090	11363	1187	39
兰溪市	Lanxi	242633	230468	8387	2912	35913	23789	921	1772
东阳市	Dongyang	265813	249516	1609	104	13568	6134	1711	96
义乌市	Yiwu	268538	247243	3010	173	21756	13532	1006	139
永康市	Yongkang	175928	168949	1752	17	31041	22886	497	40
金华县	Jinhua	280938	265312	7931	3271	93584	61903	3774	150
武义县	Wuyi	153581	141935	4485	61	10777	7297	3763	580
浦江县	Pujiang	129732	120438	2320	874	16996	3336	1189	287
磐安县	Panan	45351	37990	731	6	661	151	1527	153
衢州市区	Quzhou District	40812	38824	702	9	62548	62436	632	4
江山市	Jiangshan	245818	220054	9644	2253	29878	24341	1536	96
衢　县	Quxian	200531	185288	7250	306	230825	229945	319	44
常山县	Changshan	118189	111396	2939	183	106525	104491	173	74
开化县	Kaihua	117826	100934	5593	112	12162	10308	1721	781
龙游县	Longyou	221209	209793	8882	1585	60427	58583	1872	85
舟山市区	Zhoushan District	108604	86279	4727	1054	13026	6530	103	19
岱山县	Daishan	15350	11394	1008	16	1031	476	72	6
嵊泗县	Shengsi	150				56	46		
台州市区	Taizhou District	405091	386111	181	913	200671	161243	184	3
临海市	Linhai	342308	316621	143	371	129937	114290	1105	148
温岭市	Wenling	355249	317480	252	607	68984	47890	52	1
仙居县	Xianju	163636	146291	1615	42	28564	21012	600	321
天台县	Tiantai	179191	161717	790	31	19353	13114	951	303
三门县	Sanmen	145108	125380	587	2127	31041	28171	773	
玉环县	Yuhuan	77597	52901	295	525	37296	28050	3	
丽水市	Lishui	99769	80231	2792	13	125890	118660	448	
龙泉市	LongQuan	114912	103911	616		5483	4132	793	8
青田县	Qingtian	78184	63927	380	32	17314	15487	91	5
庆元县	Qingyuan	70123	62795	8		3956	2963	389	
缙云县	Jinyun	106624	95143	1984	34	6727	3834	684	1446
遂昌县	Shunchang	95060	81328	2381	16	4680	3374	1245	5
松阳县	Shongyang	110689	96373	2973	15	25299	21707	2080	263
云和县	Yunhe	39222	32667	315	7	2156	1644	114	4
景宁自治县	Jingning	58172	44725	289	21	4704	2865	328	29

17—27 续表 2 continued

单位：吨 (ton)

市县名称 City and County		生猪年末存栏头数（万头）Year-end Hogs (10000 heads)	牛年末存栏头数（头）Year-end Cattle (head)	羊年末存栏只数（万只）Year-end Sheep and Goats (10000 heads)	肉产量（吨）Output of Meat (ton)	#猪肉 Pork	禽蛋产量（吨）Poultry Eggs (ton)	牛羊奶产量（吨）Cow and Sheep Milk (ton)	水产品产量（吨）Output of Aquatic Products (ton)
杭州市区	Hangzhou District	22.77	7671	1.10	39627	26813	6053	26533	19410
萧山市	Xiaoshan	27.84	1001	2.10	60903	44070	4115	1945	20542
建德市	Jiande	14.03	4743	0.79	15964	13156	20122	92	5749
富阳市	Fuyang	20.25	4342	2.61	22450	19075	4075	148	3512
余杭市	Yuhang	17.18	10264	2.80	16946	15706	1175	2090	2463
临安市	Linan	16.02	1869	9.83	29687	20057	6395	1800	23859
桐庐县	Tonglu	13.73	4991	1.07	12166	10904	1351		2140
淳安县	Chunan	19.38	10982	0.38	13016	12597	2033		3751
宁波市区	Ningbo District	17.58	4153	1.04	26483	21292	19196	4627	49762
余姚市	Yuyao	18.43	2424	3.98	25560	16858	9842	117	15730
慈溪市	Cixi	7.95	1790	1.03	15372	11167	7228	24	32238
奉化市	Fenghua	7.57	5285	1.70	9809	7252	12665	435	45214
象山县	Xiangshan	6.97	4388	1.86	9350	7312	14200	10	438715
宁海县	Ninghai	6.70	13858	1.88	8876	6069	15878	95	61243
鄞县	Yinxian	16.96	3021	1.20	19922	16190	14435	622	14424
温州市区	Wenzhou District	14.35	3597	1.10	18484	14464	3813	3413	11844
瑞安市	Ruian	7.71	6133	1.19	11449	8562	3321	1054	105008
乐清市	Yueqing	7.45	4127	0.77	8587	7218	4431	1897	72859
洞头县	Dongtou	0.92	39	0.35	1207	1064	279		138245
永嘉县	Yongjia	11.52	18565	2.43	10723	9512	2366	648	2953
平阳县	Pingyang	8.39	5139	1.10	11581	9675	4820	1081	34486
苍南县	Cangnan	8.71	5749	1.14	10706	9274	3316	829	146494
文成县	Wencheng	6.61	6266	1.46	6620	5149	984	5	290
泰顺县	Taishun	6.81	6031	1.74	6355	5525	464		260
嘉兴市区	Jiaxing District	63.11	607	10.33	46945	38904	2148	1960	21000
海宁市	Haining	24.46	10	25.03	22978	17182	2622	10	12986
平湖市	Pinghu	63.55	58	1.80	19311	17655	1972	124	18576
桐乡市	Tongxiang	16.77		35.51	20548	12284	6836		6269
海盐县	Haiyan	62.71		7.76	13919	11847	1828		6590
嘉善县	Jiashan	60.98	145	0.61	20000	16670	5415	182	18646
湖州市区	Huzhou District	26.80	545	19.20	34165	27713	10665	251	69719
德清县	Deqing	13.68	356	4.20	13637	10461	7193	30	27139
长兴县	Changxing	16.01	2011	6.42	12966	9463	4857	525	22530
安吉县	Anji	12.27	5606	2.81	15193	11538	5024		5248
绍兴市区	Shaoxing District	3.59	183	0.04	9694	5751	1460	471	4810
诸暨市	Zhuji	21.58	7859	4.98	37976	29130	7239	10	7250
上虞市	Shangyu	13.85	3266	4.36	20547	11598	3328	36	19317

17—27 续表 3 continued

单位:吨 (ton)

市县名称 City and County		生猪年末存栏头数(万头) Year-end Hogs (10000 heads)	牛年末存栏头数(头) Year-end Cattle (head)	羊年末存栏只数(万只) Year-end Sheep and Goats (10000 heads)	肉产量(吨) Output of Meat (ton)	#猪肉 Pork	禽蛋产量(吨) Poultry Eggs (ton)	牛羊奶产量(吨) Cow and Sheep Milk (ton)	水产品产量(吨) Output of Aquatic Products (ton)
嵊州市	Shengzhou	13.09	9418	5.74	13221	10546	2078	15	2885
绍兴县	Shaoxing	17.66	994	1.41	25301	16750	9329	3	18908
新昌县	Xinchang	6.74	6990	1.46	7350	5979	696	90	1826
金华市区	Jinhua District	9.17	8798	0.89	10066	8080	2600	8729	3685
兰溪市	Lanxi	16.87	12919	2.94	18283	15527	7001	261	7866
东阳市	Dongyang	15.74	4757	2.67	14271	13111	2900	53	5368
义乌市	Yiwu	13.92	1704	3.28	16672	12891	3680	187	6050
永康市	Yongkang	11.57	1371	1.10	9954	8909	2742	10	4828
金华县	Jinhua	22.16	23317	3.44	25964	19044	4900	13941	7739
武义县	Wuyi	15.14	9330	0.85	10689	9367	1184	49	1805
浦江县	Pujiang	15.07	1856	0.48	10393	9450	1501	11	2399
磐安县	Panan	4.62	5323	0.97	4082	3864	153		112
衢州市区	Quzhou District	7.68	4076	0.13	9782	9232	706	773	1777
江山市	Jiangshan	32.24	13454	0.34	29636	24491	7119	43	4105
衢县	Quxian	35.92	12576	0.66	26038	24817	1673	14	4407
常山县	Changshan	9.87	5507	0.24	8874	8276	618	8	1380
开化县	Kaihua	13.22	5822	0.16	8880	8384	687	4	701
龙游县	Longyou	27.02	10685	0.82	25300	23993	1945	30	4479
舟山市区	Zhoushan District	7.89	1203	0.96	8972	7116	5777	610	731260
岱山县	Daishan	1.07	332	0.36	1529	1155	479	14	356633
嵊泗县	Shengsi	0.22	16	0.06	395	293	126	2	237467
台州市区	Taizhou District	21.68	4394	0.66	24140	21797	12130	2615	291898
临海市	Linhai	23.55	8232	1.22	20271	19386	4022	435	103047
温岭市	Wenling	18.92	1462	0.15	25378	18945	6648	457	505452
仙居县	Xianju	12.98	12372	0.48	10937	10360	1643	194	1831
天台县	Tiantai	18.18	13194	0.86	11831	11314	1182	170	2435
三门县	Sanmen	7.31	8179	0.99	7266	6465	2078	51	76848
玉环县	Yuhuan	3.03	995	0.88	5163	3386	2502		328308
丽水市	Lishui	15.82	11462	0.31	16325	13769	1837	232	1990
龙泉市	LongQuan	11.03	7554	0.59	5917	5500	564	25	761
青田县	Qingtian	9.58	15822	1.26	8223	7667	374		1867
庆元县	Qingyuan	4.69	2786	0.29	3678	3499	233		313
缙云县	Jinyun	10.27	6834	1.77	10080	8710	1037	18	900
遂昌县	Shunchang	14.65	15302	0.51	11050	10271	324		451
松阳县	Shongyang	13.46	11306	0.04	10159	9363	833	24	1058
云和县	Yunhe	3.21	6111	0.05	1855	1637	188		395
景宁自治县	Jingning	5.35	11701	0.86	3897	3286	335		312

17—28 各市、县农业现代化情况(1998年)

Agricultural Modernization by City and County(1998)

市县名称 City and County		农业机械总动力(千瓦) Total Power of Agricultural Machinery (kw)	农村用电量(万千瓦小时) Electricity Consumed in Rural Areas (10000 kwh)	农用化肥施用量(折标)(吨) Consumption of Chemical Fertilizers (standard) (ton)	农用化肥施用量(折纯)(吨) Consumption of Chemical Fertilizers (pure) (ton)	机耕面积(千公顷) Area Ploughed by Tractors (1000 hectares)	有效灌溉面积(千公顷) Irrigated Area (1000 hectares)	旱涝保收面积(千公顷) Stable Yields Ensured Despite Disasters (1000 hectares)
杭州市区	Hangzhou District	527801	70474	41023	8666	11.83	12.82	9.44
萧山市	Xiaoshan	528273	120974	159785	33836	44.15	52.49	41.70
建德市	Jiande	151481	12885	59904	12488	14.21	14.67	11.19
富阳市	Fuyang	365380	42992	53622	11297	18.31	20.01	15.57
余杭市	Yuhang	262620	21562	57231	11976	16.35	15.62	9.84
临安市	Linan	352017	41689	101591	21191	30.51	33.75	32.77
桐庐县	Tonglu	147380	10325	41026	8538	11.94	14.04	9.25
淳安县	Chunan	122969	4793	34186	7368	5.27	9.35	4.19
宁波市区	Ningbo District	316926	45663	110824	22454	27.79	30.81	16.82
余姚市	Yuyao	362291	55506	86305	17645	31.50	36.65	24.68
慈溪市	Cixi	336118	87633	105311	21593	11.63	31.55	25.39
奉化市	Fenghua	242703	16474	45944	9475	17.30	18.80	10.96
象山县	Xiangshan	623014	13160	70364	14431	15.20	15.86	8.81
宁海县	Ninghai	185737	24707	37698	7757	9.21	11.90	6.50
鄞县	Yinxian	343592	63842	124402	25567	33.54	34.03	24.96
温州市区	Wenzhou District	220771	61861	52331	10711	12.21	14.48	8.20
瑞安市	Ruian	398070	47388	54567	11372	19.98	21.28	15.56
乐清市	Yueqing	141844	43258	83430	17279	20.07	20.82	10.10
洞头县	Dongtou	116620	790	1320	282	0.07	0.11	0.03
永嘉县	Yongjia	123485	14483	46173	9493	6.03	16.51	6.23
平阳县	Pingyang	138637	12658	60872	12541	15.10	18.99	10.49
苍南县	Cangnan	344422	14196	57731	12038	17.99	23.93	6.23
文成县	Wencheng	51733	6115	30383	6306	1.70	4.99	1.64
泰顺县	Taishun	80157	4025	26532	5524	3.21	8.06	3.38
嘉兴市区	Jiaxing District	474364	50278	143963	29815	41.04	45.44	33.59
海宁市	Haining	214086	37523	70577	14781	20.47	31.23	26.80
平湖市	Pinghu	265632	29377	117080	24045	26.95	31.32	30.91
桐乡市	Tongxiang	295146	62148	99044	20603	26.71	33.51	28.85
海盐县	Haiyan	196501	38620	96006	19889	18.46	23.66	22.92
嘉善县	Jiashan	441692	20480	67927	14079	28.29	29.06	24.90
湖州市区	Huzhou District	705509	83821	80414	16726	44.67	45.41	44.34
德清县	Deqing	323333	31920	27058	5681	17.69	17.72	17.30
长兴县	Changxing	342984	23110	65304	13533	36.99	34.89	21.75
安吉县	Anji	178270	16167	28547	5919	18.58	18.08	12.12
绍兴市区	Shaoxing District	31153	9366	11430	2387	2.99	2.99	1.76
诸暨市	Zhuji	158899	84082	145172	30203	35.09	38.98	29.30

17—28 续表 continued

市县名称 City and County		农业机械总动力（千瓦）Total Power of Agricultural Machinery (kw)	农村用电量（万千瓦小时）Electricity Consumed in Rural Areas (10000 kwh)	农用化肥施用量（折标）（吨）Consumption of Chemical Fertilizers (standard) (ton)	农用化肥施用量（折纯）（吨）Consumption of Chemical Fertilizers (pure) (ton)	机耕面积（千公顷）Area Ploughed by Tractors (1000 hectares)	有效灌溉面积（千公顷）Irrigated Area (1000 hectares)	旱涝保收面积（千公顷）Stable Yields Ensured Despite Disasters (1000 hectares)
上虞市	Shangyu	329736	38660	101795	21233	24.21	38.45	22.79
嵊州市	Shengzhou	239649	21059	65363	13624	15.38	24.74	18.13
绍兴县	Shaoxing	462857	236288	84729	17684	35.55	35.58	27.48
新昌县	Xinchang	113660	12445	40859	8524	4.25	10.81	7.53
金华市区	Jinhua District	59316	6487	21284	4492	3.95	7.40	6.70
兰溪市	Lanxi	185332	13540	78963	16399	17.81	27.73	15.00
东阳市	Dongyang	304515	19113	62089	12877	18.67	22.27	20.08
义乌市	Yiwu	219987	32807	69640	14388	15.81	21.15	15.87
永康市	Yongkang	208258	10156	48120	9794	14.95	16.94	13.53
金华县	Jinhua	213564	16465	82328	17120	18.69	29.39	26.11
武义县	Wuyi	97539	7498	63971	13139	10.28	14.29	9.55
浦江县	Pujiang	98830	9747	33634	7168	7.19	11.02	9.15
磐安县	Panan	49825	2453	14398	2941	1.31	4.06	1.76
衢州市区	Quzhou District	55705	2779	25517	5261	2.01	5.70	5.07
江山市	Jiangshan	118057	12682	67302	13917	9.65	20.44	12.90
衢　县	Quxian	105030	9315	85701	17756	5.73	18.67	14.95
常山县	Changshan	64012	3725	43198	8944	3.25	10.20	5.63
开化县	Kaihua	81107	8229	39683	8316	6.94	10.39	8.00
龙游县	Longyou	118291	4001	81266	17181	9.60	21.66	16.05
舟山市区	Zhoushan District	928024	22442	23275	4787	10.39	11.96	9.11
岱山县	Daishan	390231	1815	2147	453	1.57	1.62	0.82
嵊泗县	Shengsi	229770	1849	110	26		0.03	0.03
台州市区	Taizhou District	490827	58287	131957	28550	27.80	35.79	20.81
临海市	Linhai	331868	15405	116814	24660	21.93	21.91	16.38
温岭市	Wenling	821857	52750	118031	24715	27	30.05	16.85
仙居县	Xianju	94119	6119	53142	10994	9.12	9.80	6.21
天台县	Tiantai	114681	8160	35526	7618	6.89	12.20	10.00
三门县	Sanmen	124462	4142	39956	8667	5.31	7.72	2.50
玉环县	Yuhuan	274235	23017	22039	4851	4.33	4.20	1.20
丽水市	Lishui	92137	3083	49738	10459	5.40	11.11	7.68
龙泉市	LongQuan	94162	3050	17220	3544	4.87	12.70	9.01
青田县	Qingtian	79195	2817	18808	3933	1.69	9.87	3.27
庆元县	Qingyuan	107793	1919	27068	5640	2.83	9.56	5.06
缙云县	Jinyun	94346	4046	25551	5252	6.71	10.43	7.93
遂昌县	Shunchang	56359	1232	27662	5769	2.53	8.33	2.45
松阳县	Shongyang	52986	3304	28795	6007	2.25	10.41	7.60
云和县	Yunhe	36382	848	5973	1248	1.31	3.97	2.25
景宁自治县	Jingning	33520	2087	11148	2417	0.30	4.95	1.71

17－29　各市、县全部工业企业单位数(1998年)

Number of Industrial Enterprises by City and County(1998)

单位:个　　(unit)

市县名称 City and County		全部工业企业单位数 Number of Enterprises	国有经济 State-owned Industry	集体经济 Collective Owned Industry	股份合作企业 Stock Cooperative Enterprises	联营企业 Joint Owned Enterprises	有限责任公司 Limited Liability Company
杭州市区	Hangzhou District	4005	309	1961	213	80	66
萧山市	Xiaoshan	8659	17	973	41	4	142
建德市	Jiande	4754	17	220	39	2	15
富阳市	Fuyang	6329	36	272	100	3	9
余杭市	Yuhang	15010	37	489	414	33	56
临安市	Linan	20896	18	599	23	1	21
桐庐县	Tonglu	5795	10	379	8	1	9
淳安县	Chunan	2827	13	732	14	2	18
宁波市区	Ningbo District	14459	83	3757	605	77	38
余姚市	Yuyao	16273	19	2017	649	6	22
慈溪市	Cixi	25306	25	1948	138	8	44
奉化市	Fenghua	3948	13	666	181	47	2
象山县	Xiangshan	3723	23	265	69	103	
宁海县	Ninghai	3916	13	171	169	6	4
鄞　县	Yinxian	13507	23	1987	277	21	30
温州市区	Wenzhou District	27341	65	2298	6663	3	194
瑞安市	Ruian	24884	17	481	1869		2
乐清市	Yueqing	15114	21	47	3425	1	28
洞头县	Dongtou	525	6	112	160		
永嘉县	Yongjia	6178	11	283	2305		2
平阳县	Pingyang	16454	16	117	409		4
苍南县	Cangnan	35363	9	417	1055		2
文成县	Wencheng	1263	11	38	71		
泰顺县	Taishun	858	12	42	65		1
嘉兴市区	Jiaxing District	36002	35	339	667	8	13
海宁市	Haining	22120	13	1063	211	17	81
平湖市	Pinghu	3383	16	393	37	14	22
桐乡市	Tongxiang	15852	31	710	173	4	10
海盐县	Haiyan	3104	26	271	27	3	6
嘉善县	Jiashan	11371	11	1211	24	6	4
湖州市区	Huzhou District	29414	73	988	144	24	39
德清县	Deqing	4461	26	491	7		13
长兴县	Changxing	21859	27	697	174	3	16
安吉县	Anji	5484	27	670	26	2	1
绍兴市区	Shaoxing District	980	30	255	78	4	10
诸暨市	Zhuji	44706	22	2049	16	7	10

17—29 续表 1 continued

单位：个 (unit)

市县名称 City and County		全部工业企业单位数 Number of Enterprises	国有经济 State-owned Industry	集体经济 Collective Owned Industry	股份合作企业 Stock Cooperative Enterprises	联营企业 Joint Owned Enterprises	有限责任公司 Limited Liability Company
上虞市	Shangyu	6034	22	401	62	4	16
嵊州市	Shengzhou	12932	26	945	401	730	5
绍兴县	Shaoxing	3970	22	1699	87	93	3
新昌县	Xinchang	7153	21	242	21	1	4
金华市区	Jinhua District	1454	17	114	38	1	10
兰溪市	Lanxi	6868	20	224	20	5	3
东阳市	Dongyang	16264	20	168	19	413	6
义乌市	Yiwu	11366	3	154	307	11	4
永康市	Yongkang	9404	17	133	338	3	
金华县	Jinhua	3857	4	279	60		2
武义县	Wuyi	4661	25	108	7	1	1
浦江县	Pujiang	4666	6	232	28		
磐安县	Panan	2334	6	41	7		
衢州市区	Quzhou District	1801	23	251	27	2	13
江山市	Jiangshan	5945	11	1420	24	1	3
衢　县	Quxian	3974	3	638	18		
常山县	Changshan	3786	9	414	37		
开化县	Kaihua	6808	18	1244	6		6
龙游县	Longyou	4538	9	478	23	1	3
舟山市区	Zhoushan District	3287	26	371	101	14	26
岱山县	Daishan	1282	7	118	11		2
嵊泗县	Shengsi	477	2	41	37		
台州市区	Taizhou District	45497	47	1143	1758	28	36
临海市	Linhai	6700	29	72	2285		9
温岭市	Wenling	24502	26	47	2469		4
仙居县	Xianju	1091	19	101	29	128	
天台县	Tiantai	2189	20	114	232		4
三门县	Sanmen	1369	9	42	218		
玉环县	Yuhuan	6216	9	46	3436		30
丽水市	Lishui	2363	19	238	12	1	2
龙泉市	LongQuan	2733	16	111		3	4
青田县	Qingtian	3711	11	36	30		1
庆元县	Qingyuan	632	11	17	2	56	
缙云县	Jinyun	1739	11	40	2		
遂昌县	Shunchang	4051	16	40	7		2
松阳县	Shongyang	837	14	66	9	1	2
云和县	Yunhe	1056	12	34	20		
景宁自治县	Jingning	2762	8	77	40	4	

17—29 续表 2 continued

单位:个 (unit)

市县名称	City and County	股份有限公司 Stock Limited Company	私营企业 Enterprises Run by Private	其它企业 Others	港澳台商投资企业 Enterprises Funded by Entrepreneurs From Hong Kong, Macao and Taiwan	外商投资企业 Foreign Funded Enterprises
杭州市区	Hangzhou District	19	409	564	201	183
萧山市	Xiaoshan	24	4623	2712	65	58
建德市	Jiande	1	1560	2892	5	3
富阳市	Fuyang	8	3419	2437	14	31
余杭市	Yuhang	1	3077	10790	68	45
临安市	Linan	2	1137	19078	7	10
桐庐县	Tonglu	2	1475	3888	17	6
淳安县	Chunan		315	1724	4	5
宁波市区	Ningbo District	20	1554	7988	203	134
余姚市	Yuyao	13	610	12734	130	73
慈溪市	Cixi		4791	18129	133	90
奉化市	Fenghua	2	2166	819	24	28
象山县	Xiangshan	3	1333	1900	17	10
宁海县	Ninghai	3	1067	2451	14	18
鄞　县	Yinxian	6	3150	7871	86	56
温州市区	Wenzhou District	8	1934	16001	131	44
瑞安市	Ruian	1	1570	20918	12	14
乐清市	Yueqing		519	11040	22	11
洞头县	Dongtou		62	184	1	
永嘉县	Yongjia	1	1533	2022	14	7
平阳县	Pingyang	9	1416	14469	9	5
苍南县	Cangnan	8	427	33436	9	
文成县	Wencheng		741	402		
泰顺县	Taishun	1	113	623	1	
嘉兴市区	Jiaxing District	7	702	34099	60	72
海宁市	Haining	3	782	19885	41	24
平湖市	Pinghu	1	867	1943	33	57
桐乡市	Tongxiang	5	1474	13378	36	31
海盐县	Haiyan	4	1150	1586	21	10
嘉善县	Jiashan		333	9729	23	30
湖州市区	Huzhou District	6	3047	25057	25	11
德清县	Deqing	4	1656	2243	11	10
长兴县	Changxing	1	1	20931	6	3
安吉县	Anji		669	4076	7	6
绍兴市区	Shaoxing District	4	309	242	27	21
诸暨市	Zhuji	1	5706	36876	12	7

17－29 续表 3 continued

单位:个 (unit)

市 县 名 称	City and County	股份有限公司 Stock Limited Company	私营企业 Enterprises Run by Private	其它企业 Others	港澳台商投资企业 Enterprises Funded by Entrepreneurs From Hong Kong, Macao and Taiwan	外商投资企业 Foreign Funded Enterprises
上虞市	Shangyu	7	2570	2908	28	16
嵊州市	Shengzhou	2	1760	9039	16	8
绍兴县	Shaoxing	1	902	1069	56	38
新昌县	Xinchang	5	2358	4484	5	12
金华市区	Jinhua District	5	827	425	11	6
兰溪市	Lanxi	9	1234	5342	8	3
东阳市	Dongyang	3	3463	12166	2	4
义乌市	Yiwu	2	1955	8898	28	4
永康市	Yongkang	2	3123	5782	1	5
金华县	Jinhua	2	1194	2311	4	1
武义县	Wuyi		769	3748		2
浦江县	Pujiang		3183	1210	5	2
磐安县	Panan	3	640	1635	2	
衢州市区	Quzhou District	5	78	1391	10	1
江山市	Jiangshan	2	450	4018	5	11
衢 县	Quxian		423	2886	6	
常山县	Changshan		395	2926	4	1
开化县	Kaihua		445	5085	4	
龙游县	Longyou	3	862	3145	14	
舟山市区	Zhoushan District	1	793	1932	14	9
岱山县	Daishan		437	701	5	1
嵊泗县	Shengsi		41	353	3	
台州市区	Taizhou District	17	3443	38998	14	13
临海市	Linhai	10	820	3458	8	9
温岭市	Wenling		3987	17862	69	38
仙居县	Xianju	4	280	497	23	10
天台县	Tiantai		839	975	3	2
三门县	Sanmen		477	619	3	1
玉环县	Yuhuan		5	2676	9	5
丽水市	Lishui	5	579	1506	1	
龙泉市	LongQuan	1	234	2364		
青田县	Qingtian	2	608	2997		26
庆元县	Qingyuan	3	419	124		
缙云县	Jinyun		615	1069	1	1
遂昌县	Shunchang		384	3602		
松阳县	Shongyang		234	511		
云和县	Yunhe		290	699	1	
景宁自治县	Jingning		201	2432		

17－30 各市、县工业总产值(1998年)

Gross Output Value of Industry by City and County(1998)

单位:万元 (10000 yuan)

市县名称 City and County		全部工业总产值 Gross Output Value of Industry	国有企业 State-owned Industry	集体企业 Collective Owned Industry	股份合作企业 Stock Cooperative Enterprises	联营企业 Joint Owned Enterprises
杭州市区	Hangzhou District	7218424	2958348	1681987	204615	84191
萧山市	Xiaoshan	3780035	55380	886676	59048	9379
建德市	Jiande	868695	116185	71834	38807	1353
富阳市	Fuyang	1857760	76664	203825	49601	10968
余杭市	Yuhang	2021298	109603	313276	222316	15745
临安市	Linan	1433187	11742	387709	22304	768
桐庐县	Tonglu	801238	52830	198871	6322	607
淳安县	Chunan	246430	8476	49701	4225	585
宁波市区	Ningbo District	5730340	750670	1172697	197873	62215
余姚市	Yuyao	3922950	64568	950080	619656	16592
慈溪市	Cixi	4352709	61220	2471699	56125	10627
奉化市	Fenghua	1192642	14156	215532	93772	9994
象山县	Xiangshan	1681551	20311	116828	71435	51139
宁海县	Ninghai	1716573	39534	133983	121629	3687
鄞　县	Yinxian	3770075	42446	903268	199052	33524
温州市区	Wenzhou District	5496834	404038	981848	1874448	10930
瑞安市	Ruian	2754704	15589	255607	818765	
乐清市	Yueqing	2393797	64681	22565	1037331	1740
洞头县	Dongtou	80936	3142	38309	26144	
永嘉县	Yongjia	975688	19523	135991	423905	2653
平阳县	Pingyang	1216693	12925	97310	302869	
苍南县	Cangnan	1303873	5452	127090	491312	
文成县	Wencheng	59003	6991	7943	14012	
泰顺县	Taishun	44439	3740	9310	12816	
嘉兴市区	Jiaxing District	1929375	248945	172424	238091	9778
海宁市	Haining	2322372	51629	420741	121867	11966
平湖市	Pinghu	1248461	148799	273013	50701	7482
桐乡市	Tongxiang	2192593	72975	854349	84539	3026
海盐县	Haiyan	1030025	91641	292834	5645	5123
嘉善县	Jiashan	1373620	20300	519173	46369	6973
湖州市区	Huzhou District	3909228	208236	1160134	220255	29640
德清县	Deqing	1008284	116162	372841	13882	
长兴县	Changxing	1476881	158872	262467	65951	5131
安吉县	Anji	1004057	82469	225580	18988	2174
绍兴市区	Shaoxing District	1055994	268451	225622	66702	4319
诸暨市	Zhuji	3855660	123072	969305	43654	22936

17—30 续表 1 continued

单位:万元 (10000 yuan)

市县名称 City and County		全部工业总产值 Gross Output Value of Industry	国有企业 State-owned Industry	集体企业 Collective Owned Industry	股份合作企业 Stock Cooperative Enterprises	联营企业 Joint Owned Enterprises
上虞市	Shangyu	3846993	103635	990194	125665	11760
嵊州市	Shengzhou	2494176	82520	449528	251353	54229
绍兴县	Shaoxing	4516879	39349	2932656	207422	75789
新昌县	Xinchang	1864365	84958	247164	2771	1406
金华市区	Jinhua District	678691	35444	53866	111183	3119
兰溪市	Lanxi	1312504	59252	114295	16877	19628
东阳市	Dongyang	2531980	27355	309111	7910	33578
义乌市	Yiwu	2495744	6205	89815	134558	2849
永康市	Yongkang	1910440	58651	120837	229357	7678
金华县	Jinhua	740758	9373	64476	18878	
武义县	Wuyi	418631	30462	42820	8808	1594
浦江县	Pujiang	1239313	3737	183900	85782	
磐安县	Panan	186628	6671	12653	3112	
衢州市区	Quzhou District	522369	71877	80728	5438	3601
江山市	Jiangshan	351365	4975	93709	11206	4347
衢　县	Quxian	204400	1157	38361	12575	
常山县	Changshan	189690	23691	22645	9381	
开化县	Kaihua	264512	21649	48183	2837	
龙游县	Longyou	372292	11436	74211	18955	2842
舟山市区	Zhoushan District	678060	93501	89279	25385	8833
岱山县	Daishan	114416	22619	22124	1346	
嵊泗县	Shengsi	49063	3398	7584	16079	
台州市区	Taizhou District	5986668	136427	478877	531997	55471
临海市	Linhai	1360243	49934	47845	768061	
温岭市	Wenling	3595818	21563	22470	1062502	
仙居县	Xianju	317472	25067	42083	48550	31043
天台县	Tiantai	328338	24618	51381	47729	
三门县	Sanmen	230952	19421	12212	63857	
玉环县	Yuhuan	1421249	6542	26949	958634	
丽水市	Lishui	350493	15349	43109	3860	786
龙泉市	LongQuan	129193	8637	11988		1261
青田县	Qingtian	150125	11381	9948	1135	
庆元县	Qingyuan	85329	6851	3184	1689	10099
缙云县	Jinyun	214434	13832	17357	2192	
遂昌县	Shunchang	146841	24103	35425	20271	
松阳县	Shongyang	91490	9966	9868	6223	16
云和县	Yunhe	94336	27947	2497	3777	
景宁自治县	Jingning	78652	5050	14117	8297	204

17—30 续表 2 continued

单位:万元 (10000 yuan)

市县名称 City and County	有限责任公司 Limited Liability Company	股份有限公司 Stock Limited Company	私有经济 Individual Industry	其它企业 Others	港澳台商投资企业 Enterprises Funded by Entrepreneurs from Hong Kong, Macao & Taiwan	外商投资企业 Enterprises Funded by Foreign
杭州市区 Hangzhou District	263276	81962	180282	199291	959576	604896
萧山市 Xiaoshan	640700	150349	1134193	347906	271003	225401
建德市 Jiande	66136	40572	253747	240752	18786	20523
富阳市 Fuyang	28982	31633	1068745	239469	64960	82913
余杭市 Yuhang	129901	9738	554431	405263	193083	67942
临安市 Linan	39208	19338	201534	703917	18354	28313
桐庐县 Tonglu	27861	4582	297694	168401	28332	15738
淳安县 Chunan	37353		59490	69890	8564	8146
宁波市区 Ningbo District	108639	1128578	384871	784217	778223	362357
余姚市 Yuyao	83345	177239	183097	1341232	340670	146471
慈溪市 Cixi	172724		1159405	149065	178869	92975
奉化市 Fenghua	4656	11993	614275	138990	43679	45595
象山县 Xiangshan		105730	700028	517460	80588	18032
宁海县 Ninghai	12099	44750	488738	781218	29102	61833
鄞县 Yinxian	121725	428323	972571	742004	212816	114346
温州市区 Wenzhou District	472147	24123	209158	1162935	204580	152627
瑞安市 Ruian	12180	1820	245285	1341706	22934	40818
乐清市 Yueqing	125902		105369	981473	11829	42907
洞头县 Dongtou			2578	9003	1760	
永嘉县 Yongjia		37802	180838	159260	602	15114
平阳县 Pingyang	15225	43455	246746	474964	16004	7195
苍南县 Cangnan	3108	16503	89254	547080	24074	
文成县 Wencheng			27255	2802		
泰顺县 Taishun	1772	938	10192	5121	550	
嘉兴市区 Jiaxing District	67115	76980	175092	652614	116531	171805
海宁市 Haining	236876	18606	274018	1037167	95810	53692
平湖市 Pinghu	53760	5503	306570	105771	49128	247734
桐乡市 Tongxiang	61687	35408	244409	703297	80959	51944
海盐县 Haiyan	43437	15067	357375	152082	32111	34710
嘉善县 Jiashan	4774		109101	508490	93215	65225
湖州市区 Huzhou District	183615	82472	443829	1442992	100122	37933
德清县 Deqing	30104	44732	240143	158579	12409	19432
长兴县 Changxing	43892	22124	585	885929	9374	22556
安吉县 Anji	1989		197878	444038	10857	20084
绍兴市区 Shaoxing District	32814	115147	171951	40767	78399	51822
诸暨市 Zhuji	35252	1867	926035	1683264	35961	14314
上虞市 Shangyu	83058	175621	1355204	786174	199823	15859

17—30 续表 3 continued

单位:万元 (10000 yuan)

市县名称	City and County	有限责任公司 Limited Liability Company	股份有限公司 Stock Limited Company	私有经济 Individual Industry	其它企业 Others	港澳台商投资企业 Enterprises Funded by Entrepreneurs from Hong Kong, Macao & Taiwan	外商投资企业 Enterprises Funded by Foreign
嵊州市	Shengzhou	13105	15426	304917	1285100	21144	16854
绍兴县	Shaoxing	46736	11687	580305	185064	304644	133227
新昌县	Xinchang	6706	103034	887207	486914	17229	26976
金华市区	Jinhua District	32533	77696	299878	41017	8026	15930
兰溪市	Lanxi	14166	130669	443482	482066	19026	13042
东阳市	Dongyang	23220	4834	923367	1169366	5536	27704
义乌市	Yiwu	6595	2696	642868	1546844	54611	8702
永康市	Yongkang		9171	920878	542169	5023	16677
金华县	Jinhua	4803	2649	324052	312363	2654	1511
武义县	Wuyi	486		175212	155211		4039
浦江县	Pujiang			783200	150667	7252	24775
磐安县	Panan		14714	96850	52293	334	
衢州市区	Quzhou District	204803	47413	18814	64349	9984	15362
江山市	Jiangshan	26580	32192	43465	121107	5974	7810
衢　县	Quxian			110559	40305	1443	
常山县	Changshan			50532	76109	6152	1180
开化县	Kaihua	24346		41552	125227	718	
龙游县	Longyou	4858	22769	106376	104270	26575	
舟山市区	Zhoushan District	122045	42291	138159	95491	18916	44160
岱山县	Daishan	3222		34948	20964	6594	2599
嵊泗县	Shengsi			7125	7719	7158	
台州市区	Taizhou District	124545	302309	843187	3463564	33738	16553
临海市	Linhai	8992	20489	147232	252567	37880	27243
温岭市	Wenling	137910		742911	1478302	59475	70685
仙居县	Xianju		36250	58471	36600	29762	9646
天台县	Tiantai	12561		110759	77644	1047	2599
三门县	Sanmen			129735	1877	1376	2474
玉环县	Yuhuan	80529		7918	313993	21010	5674
丽水市	Lishui	7968	105355	86389	84930	2747	
龙泉市	LongQuan	5562	2490	25574	73681		
青田县	Qingtian	2410	1899	55334	56551		11467
庆元县	Qingyuan		2379	49872	11255		
缙云县	Jinyun			140246	37485	2668	654
遂昌县	Shunchang	4331		27269	35442		
松阳县	Shongyang	3481		41910	20026		
云和县	Yunhe			40356	17885	1874	
景宁自治县	Jingning			6522	44462		

17－31 各市、县工业企业经济指标(1998年)
Main Indicators of Industrial Enterprises by City and County(1998)

单位:万元 (10000 yuan)

市县名称 City and County		工业增加值 Value Added of Industry	流动资产年平均余额 Annual Average Balance of Circulating Assets	固定资产原价 Original Value of Fixed Assets	固定资产净值年平均余额 Annual Average Balance of Net Value of Fixed Assets	产品销售收入 Sales Revenue	产品销售税金及附加 Sales Taxes and Extra Charges	本年应交增值税 Taxes Payable of Value Added	利润总额 Total Profits
杭州市区	Hangzhou District	1516627	4300960	4184189	2842815	5962796	142344	254519	240984
萧山市	Xiaoshan	527894	1199262	1556149	1103076	1992744	23254	75919	79238
建德市	Jiande	136997	173520	257953	142891	228554	1697	12522	983
富阳市	Fuyang	143074	378247	340933	247463	612382	6803	31857	22748
余杭市	Yuhang	227026	551931	587702	404456	858109	7147	37076	20358
临安市	Linan	83396	270729	353227	263469	397398	4029	15754	13564
桐庐县	Tonglu	91402	121746	159543	97300	235257	1549	10146	3073
淳安县	Chunan	20609	45972	61330	45684	73651	794	3852	3428
宁波市区	Ningbo District	989575	2101591	3531204	2499009	3388742	121898	155218	123418
余姚市	Yuyao	279686	577660	457222	340037	1059746	8914	37597	53162
慈溪市	Cixi	266489	809599	586697	418394	1159227	9419	36434	37736
奉化市	Fenghua	69616	170214	192885	146237	264898	2513	10394	10744
象山县	Xiangshan	91834	205943	150235	106187	376708	3271	18474	19755
宁海县	Ninghai	100773	244408	184968	138162	425859	6548	19250	20222
鄞县	Yinxian	355673	856836	567658	400831	1677264	15463	59400	110189
温州市区	Wenzhou District	458931	947141	975170	757826	1664460	11143	64943	55674
瑞安市	Ruian	181384	295701	209923	171303	652075	3882	21471	27413
乐清市	Yueqing	198574	416203	313608	241234	684717	5551	36300	48928
洞头县	Dongtou	9816	12473	11674	8943	41453	555	1163	2140
永嘉县	Yongjia	55465	99878	81543	68571	187430	1899	9255	14973
平阳县	Pingyang	83914	127351	126237	101759	372950	3642	19436	3597
苍南县	Cangnan	62609	111962	102475	82006	297303	2902	9797	5866
文成县	Wencheng	4308	11096	16964	15332	18667	145	1018	489
泰顺县	Taishun	3863	6804	10554	8153	8282	299	763	91
嘉兴市区	Jiaxing District	288070	644060	836029	575466	857091	3688	63155	－853
海宁市	Haining	159243	422850	399970	272555	704223	3798	28230	19023
平湖市	Pinghu	198542	360574	612144	478759	760448	6941	20366	42029
桐乡市	Tongxiang	239181	455736	582759	420496	967180	8930	37628	19995
海盐县	Haiyan	124486	300479	485787	362459	461001	4576	20811	－6201
嘉善县	Jiashan	74068	198754	212547	155101	368539	3441	11550	5513
湖州市区	Huzhou District	329286	837253	880506	640886	1580809	10460	57826	43089
德清县	Deqing	108004	245235	288589	216101	445070	4025	17328	12029
长兴县	Changxing	108635	234916	370667	237525	333287	3074	17973	5609
安吉县	Anji	46364	95501	138864	108784	179019	1371	7444	884
绍兴市区	Shaoxing District	192549	567368	1087031	788042	828823	6588	38099	－916
诸暨市	Zhuji	221950	364654	502096	396433	952362	10355	33977	46569

17—31 续表 continued

单位:万元 (10000 yuan)

市县名称 City and County		工业增加值 Value Added of Industry	流动资产年平均余额 Annual Average Balance of Circulating Funds	固定资产原价 Original Value of Fixed Assets	固定资产净值年平均余额 Annual Average Balance of Net Value of Fixed Assets	产品销售收入 Sales Revenue	产品销售税金及附加 Sales Taxes and Extra Charges	本年应交增值税 Value Added Taxes Payable	利润总额 Total Profits
上虞市	Shangyu	350650	454778	522290	383041	1622534	20010	67186	105121
嵊州市	Shengzhou	93475	173134	178541	130142	428425	4307	14058	11110
绍兴县	Shaoxing	626247	1045446	2447682	1813820	3023876	26481	79370	144688
新昌县	Xinchang	115401	265020	188216	124536	365525	1582	13407	19498
金华市区	Jinhua District	90918	278013	457790	297504	328561	2122	21272	13264
兰溪市	Lanxi	68364	283528	298091	223665	352303	3025	18979	—8313
东阳市	Dongyang	89259	228730	247478	201331	388098	4232	12827	19958
义乌市	Yiwu	56715	139230	169214	149159	239280	1537	8193	6282
永康市	Yongkang	61474	187523	154565	117832	349317	3942	8726	13462
金华县	Jinhua	15884	39277	40020	30053	74465	871	3047	1300
武义县	Wuyi	19624	73682	94553	68993	94422	1043	4959	—5415
浦江县	Pujiang	29602	62968	80137	71537	141591	1449	3577	5367
磐安县	Panan	7763	35457	41350	35897	46776	478	1888	—1735
衢州市区	Quzhou District	152239	293482	226430	350292	334830	2043	23164	5720
江山市	Jiangshan	35786	82961	118133	70986	134409	1697	7449	2092
衢县	Quxian	7515	19691	20566	14213	37104	226	1064	767
常山县	Changshan	10046	29109	378103	30399	43900	676	1941	191
开化县	Kaihua	13300	39696	68628	47542	62868	640	3267	—755
龙游县	Longyou	24624	63423	71734	48426	90548	1081	5146	503
舟山市区	Zhoushan District	87626	344309	435023	295082	502712	4260	18468	—95
岱山县	Daishan	12268	28587	34026	24764	46429	307	2610	1389
嵊泗县	Shengsi	6323	21240	19984	12880	24903	82	856	449
台州市区	Taizhou District	432705	698524	1044646	708192	1159305	9650	47515	30691
临海市	Linhai	73987	181523	214433	158123	315300	3484	18142	8371
温岭市	Wenling	201152	297979	286072	220414	943865	12134	24008	64938
仙居县	Xianju	28674	82175	82831	61428	142140	847	7823	—350
天台县	Tiantai	26086	66630	69335	48322	86734	2347	5334	2331
三门县	Sanmen	15398	39400	47296	33099	56701	496	3054	2028
玉环县	Yuhuan	57984	154104	88124	58896	215319	2445	9477	6963
丽水市	Lishui	40685	84701	94824	47464	185271	1809	10660	7614
龙泉市	LongQuan	7914	18599	36601	24805	27139	385	1843	—1649
青田县	Qingtian	7801	15302	18750	12831	30783	940	2646	1381
庆元县	Qingyuan	3069	9958	17444	11536	10495	115	912	—151
缙云县	Jinyun	12644	32790	40104	29342	50873	1478	2746	—1049
遂昌县	Shunchang	22993	43456	73794	53860	79785	386	5262	3418
松阳县	Shongyang	8973	15887	21102	16087	23190	244	1212	56
云和县	Yunhe	19950	22620	118502	86883	12941	69	1117	—115
景宁自治县	Jingning	4385	12806	15831	12331	17002	166	918	275

17—32 各市、县客运量和货运量(1998年)
Passenger Traffic and Freight Traffic by City and County(1998)

市县名称 City and County	客运量(万人) Passenger Traffic (10000 persons)			货运量(万吨) Freight Traffic (10000 tons)		
	铁路 Railway	公路 Highway	水运 Waterway	铁路 Railway	公路 Highway	水运 Waterway
杭州市区 Hangzhou District	974	9303	30	236	3974	572
萧山市 Xiaoshan	94	2476		84	1580	450
建德市 Jiande	31	442	19	71	205	16
富阳市 Fuyang		958	2		556	660
余杭市 Yuhang	19	138		28	217	817
临安市 Linan		1719			992	10
桐庐县 Tonglu		249	7		420	151
淳安县 Chunan		640	176		252	37
宁波市区 Ningbo District	232	10320	76	545	5056	884
余姚市 Yuyao	71	2180		28	945	2
慈溪市 Cixi		2236	5		1082	29
奉化市 Fenghua		1755			698	77
象山县 Xiangshan		1304	59		365	81
宁海县 Ninghai		1530	1		450	79
鄞县 Yinxian		2412	41		1410	76
温州市区 Wenzhou District	110	4559	120		851	343
瑞安市 Ruian		3682	53		1404	69
乐清市 Yueqing		2211	107		195	111
洞头县 Dongtou		336	58		100	73
永嘉县 Yongjia		1658	18		130	45
平阳县 Pingyang		1858	3		343	6
苍南县 Cangnan		2473	654		387	263
文成县 Wencheng		312			71	
泰顺县 Taishun		164			40	
嘉兴市区 Jiaxing District	172	1168	5	23	551	397
海宁市 Haining	158	593	3	13	433	242
平湖市 Pinghu		1126	8		405	334
桐乡市 Tongxiang		694			334	251
海盐县 Haiyan		616	1		341	295
嘉善县 Jiashan	50	723	4	12	167	658
湖州市区 Huzhou District	9	3123	6	25	1053	797
德清县 Deqing	8	991		15	645	187
长兴县 Changxing	70	999	11	167	769	960
安吉县 Anji		930			683	399
绍兴市区 Shaoxing District	84	1506		74	289	154
诸暨市 Zhuji	150	2240	4	22	1840	103

17—32 续表 continued

市县名称 City and County		客运量（万人） Passenger Traffic (10000 persons)			货运量（万吨） Freight Traffic (10000 tons)		
		铁路 Railway	公路 Highway	水运 Waterway	铁路 Railway	公路 Highway	水运 Waterway
上虞市	Shangyu	68	1517		18	489	357
嵊州市	Shengzhou		1321			715	22
绍兴县	Shaoxing	4	1881	6	5	698	370
新昌县	Xinchang		941			458	
金华市区	Jinhua District	446	895		102	795	
兰溪市	Lanxi	69	709	10	17	652	78
东阳市	Dongyang		1790	20		678	1
义乌市	Yiwu	253	5089		43	905	
永康市	Yongkang	11	1472			984	
金华县	Jinhua	15	821		33	1018	
武义县	Wuyi	8	402			522	
浦江县	Pujiang	25	512		3	546	
磐安县	Panan		305			212	
衢州市区	Quzhou District	120	498		80	607	
江山市	Jiangshan	49	920	5	85	757	
衢　县	Quxian	2	417	46	3	754	
常山县	Changshan		300			376	
开化县	Kaihua		307			395	
龙游县	Longyou	45	485		22	507	2
舟山市区	Zhoushan District		4529	1090		858	978
岱山县	Daishan		775	122		151	244
嵊泗县	Shengsi		181	92		73	53
台州市区	Taizhou District		4322	8		1178	646
临海市	Linhai		1354			434	161
温岭市	Wenling		3629	74		453	274
仙居县	Xianju		573			265	
天台县	Tiantai		632			276	
三门县	Sanmen		575			215	
玉环县	Yuhuan		922	65		332	51
丽水市	Lishui	35	303			281	5
龙泉市	LongQuan		483			265	5
青田县	Qingtian	15	310	18		224	137
庆元县	Qingyuan		283			135	
缙云县	Jinyun	9	439			102	
遂昌县	Shunchang		213			195	
松阳县	Shongyang		146			198	
云和县	Yunhe		140			147	2
景宁自治县	Jingning		102			73	13

17—33 各市、县邮电业务量和用电量情况(1998年)
Posts and Telecommunications, Electricity Consumption by City and County(1998)

市县名称	City and County	年末邮电局(所)数(处) Number of Posts and Telecommunications Offices (unit)	邮电业务总量(万元) Business Value of Posts and Telecommunications (10000 yuan)	电话交换机装机总容量(门) Capacity of Telephone Exchanges (line)	#程控 Program Controlled Telephone	年末电话机数(部) Number of Telephone Subscribers (subscriber)
杭州市区	Hangzhou District	138	223852	868256	868256	926441
萧山市	Xiaoshan	73	34064	241844	241844	219982
建德市	Jiande	53	6448	55296	55296	46925
富阳市	Fuyang	62	13078	95040	95040	73720
余杭市	Yuhang	59	16855	139264	139264	147684
临安市	Linan	54	9260	75616	75616	61240
桐庐县	Tonglu	45	6953	51112	51082	41053
淳安县	Chunan	68	3252	30852	30852	23613
宁波市区	Ningbo District	174	137491	748830	748830	554320
余姚市	Yuyao	75	27383	157356	157356	224709
慈溪市	Cixi	78	44690	263093	263093	375393
奉化市	Fenghua	62	11842	109850	109850	86844
象山县	Xiangshan	51	105040	84217	84217	83688
宁海县	Ninghai	65	12353	83496	83496	93255
鄞县	Yinxian					
温州市区	Wenzhou District	99	139451	536500	536500	861435
瑞安市	Ruian	69	41893	203536	203536	236178
乐清市	Yueqing	121	42621	240978	240978	263952
洞头县	Dongtou	24	3614	22000	22000	21859
永嘉县	Yongjia	74	18092	104320	104320	87809
平阳县	Pingyang	77	24994	104040	104040	102909
苍南县	Cangnan	87	19683	161840	161840	122522
文成县	Wencheng	105	5840	27600	27600	26388
泰顺县	Taishun	62	2839	25500	25500	20982
嘉兴市区	Jiaxing District	72	36582	188516	188516	206355
海宁市	Haining	45	24079	149264	149264	193243
平湖市	Pinghu	45	12266	83500	83500	91878
桐乡市	Tongxiang	50	20065	109352	109352	132363
海盐县	Haiyan	25	10524	77936	77936	101381
嘉善县	Jiashan	46	13751	89160	89160	114261
湖州市区	Huzhou District	59	40210	182072	182072	204440
德清县	Deqing	26	9758	62610	62610	59336
长兴县	Changxing	41	10660	54866	54866	50908
安吉县	Anji	42	8350	42852	42852	27016
绍兴市区	Shaoxing District	126	67638	347212	344232	312678
诸暨市	Zhuji	144	21405	157969	157960	133427

17—33 续表 1 continued

市县名称 City and County		年末邮电局(所)数(处) Number of Posts and Telecommunications Offices (unit)	邮电业务总量(万元) Business Value of Posts and Telecommunications (10000 yuan)	电话交换机装机总容量(门) Capacity of Telephone Exchanges (line)	#程控 Program Controlled Telephone	年末电话机数(部) Number of Telephone Subscribers (subscriber)
上虞市	Shangyu	110	14224	108904	108664	82951
嵊州市	Shengzhou	73	11669	92264	91774	83343
绍兴县	Shaoxing					
新昌县	Xinchang	39	7543	53959	53559	44960
金华市区	Jinhua District	77	32162	216301	210031	120145
兰溪市	Lanxi	19	8826	76052	76052	60285
东阳市	Dongyang	83	16124	105284	100124	132389
义乌市	Yiwu	63	30292	182991	182991	142789
永康市	Yongkang	26	14856	83437	83437	69593
金华县	Jinhua					
武义县	Wuyi	43	4483	36407	36407	29533
浦江县	Pujiang	32	6311	47408	46080	41145
磐安县	Panan	31	2741	19264	19264	17971
衢州市区	Quzhou District	53	14279	75096	75096	79254
江山市	Jiangshan	36	6261	47920	47920	43891
衢　县	Quxian					
常山县	Changshan	23	3197	29488	29488	17548
开化县	Kaihua	22	3143	29880	29880	18516
龙游县	Longyou	40	4723	33264	33264	28955
舟山市区	Zhoushan District	75	28523	153800	153800	143657
岱山县	Daishan	20	4023	27600	27600	26809
嵊泗县	Shengsi	17	2529	15968	15968	13960
台州市区	Taizhou District	100	65942	269515	264971	369099
临海市	Linhai	72	22891	133768	133168	166705
温岭市	Wenling	71	36134	180931	180929	278564
仙居县	Xianju	46	7927	51526	50096	49806
天台县	Tiantai	22	8495	60668	60668	72602
三门县	Sanmen	28	4920	33306	31560	39602
玉环县	Yuhuan	29	17777	72174	72174	100354
丽水市	Lishui	39	12456	59296	59296	45060
龙泉市	LongQuan	53	3830	28448	28448	19241
青田县	Qingtian	22	6228	36082	36082	36749
庆元县	Qingyuan	36	2704	18688	18688	13003
缙云县	Jinyun	35	5239	38944	38944	31248
遂昌县	Shunchang	30	2988	24768	24768	16587
松阳县	Shongyang	14	2335	23120	23120	16166
云和县	Yunhe	23	2102	13752	13752	12102
景宁自治县	Jingning	43	1919	15360	15360	11866

17－33 续表 2 continued

市县名称 City and County		年末无线寻呼用户数（户）Number of Subscribers of Pageing Services	年末移动电话用户数（户）Number of Mobile Telephones Subscribers	全年用电量（万千瓦小时）Total Electricity Consumption (10000 kwh)	#工业用电 Industrial Consumption	#城乡居民生活用电 Residential Consumption
杭州市区	Hangzhou District	855463	221031	523411	324601	76695
萧山市	Xiaoshan	68153	46620	261114	218793	23027
建德市	Jiande	23428	5558	66269	54736	5975
富阳市	Fuyang	27317	18625	80592	59378	12875
余杭市	Yuhang	75194	17106	108708	77240	16088
临安市	Linan	40363	10687	48363	31423	9566
桐庐县	Tonglu	25683	7297	26074	15744	6115
淳安县	Chunan	10701	2509	16669	11285	2759
宁波市区	Ningbo District	619830	164667	378929	270431	40223
余姚市	Yuyao	49904	33407	88874	60814	17990
慈溪市	Cixi	58222	62759	140241	110514	25007
奉化市	Fenghua	33658	11674	33099	18703	9089
象山县	Xiangshan	38006	17810	27224	14893	7459
宁海县	Ninghai	23437	14451	37015	21963	10488
鄞　县	Yinxian			93918	63306	21207
温州市区	Wenzhou District	298720	194481	273024	186455	46534
瑞安市	Ruian	140112	54578	83470	54134	13805
乐清市	Yueqing	75807	39763	59744	34804	21280
洞头县	Dongtou	9188	3890	3064	1180	1384
永嘉县	Yongjia	63547	17499	36498	18622	11809
平阳县	Pingyang	59996	31915	35774	19486	9293
苍南县	Cangnan	111912	39958	51784	27095	13674
文成县	Wencheng	12683	8800	7415	2973	2972
泰顺县	Taishun	10090	5072	5965	3006	2025
嘉兴市区	Jiaxing District	74857	37137	137311	99889	14965
海宁市	Haining	46583	26683	82885	60740	13796
平湖市	Pinghu	30000	10947	51963	38104	8175
桐乡市	Tongxiang	32324	22959	114640	93829	10727
海盐县	Haiyan	18379	10814	59636	45378	6444
嘉善县	Jiashan	32889	12899	41973	30156	6593
湖州市区	Huzhou District	131221	36543	155651	104004	17750
德清县	Deqing	24416	10250	56871	44631	6661
长兴县	Changxing	30993	11383	83954	66083	7310
安吉县	Anji	20917	8246	30354	21297	5095
绍兴市区	Shaoxing District	125141	59445	90563	70530	7118
诸暨市	Zhuji	48916	20059	103564	75196	16864
上虞市	Shangyu	26872	12751	56064	39984	9165

17—33 续表 3 continued

市县名称 City and County		年末无线寻呼用户数（户）Number of Subscribers of Pageing Services (Subscriber)	年末移动电话用户数（户）Number of Mobile Telephones Subscribers (Subscriber)	全年用电量（万千瓦小时）Total Electricity Consumption (10000 kwh)	#工业用电 Industrial Consumption	#城乡居民生活用电 Residential Consumption
嵊州市	Shengzhou	27810	10094	39965	26490	8400
绍兴县	Shaoxing			289370	260955	15567
新昌县	Xinchang	24919	6992	36385	25710	6255
金华市区	Jinhua District	178280	24481	76352	52352	10696
兰溪市	Lanxi	21505	9642	107574	95912	6333
东阳市	Dongyang	45200	15986	50355	35044	10013
义乌市	Yiwu	84500	32562	61251	35070	14021
永康市	Yongkang	43618	18916	37719	25646	7830
金华县	Jinhua					
武义县	Wuyi	13199	3919	19941	13348	4050
浦江县	Pujiang	17391	6539	19599	11932	5634
磐安县	Panan	6601	2626	5417	2783	1645
衢州市区	Quzhou District	42119	11152	174508	167891	5076
江山市	Jiangshan	21505	3904	41929	35857	4099
衢　县	Quxian			17141	10946	3219
常山县	Changshan	7568	1985	9995	6986	2059
开化县	Kaihua	8969	2132	19391	14689	2873
龙游县	Longyou	13186	3760	20476	14348	3893
舟山市区	Zhoushan District	96228	25758	52896	32905	10010
岱山县	Daishan	11039	3516	8673	6015	1591
嵊泗县	Shengsi	5085	2023	3652	2068	878
台州市区	Taizhou District	224958	67884	140977	94969	29391
临海市	Linhai	88704	16626	35461	17513	11636
温岭市	Wenling	150176	43538	66170	38739	20941
仙居县	Xianju	18641	5779	14142	8102	4353
天台县	Tiantai	26336	6063	16361	8666	5775
三门县	Sanmen	10615	3227	10391	5478	3303
玉环县	Yuhuan	48863	18801	35435	22282	11015
丽水市	Lishui	29230	9326	19468	8648	5925
龙泉市	LongQuan	14359	2437	11219	6841	3343
青田县	Qingtian	13209	4419	11290	5822	4347
庆元县	Qingyuan	10020	1539	5506	2861	1849
缙云县	Jinyun	14389	4452	14460	9630	3574
遂昌县	Shunchang	6999	1737	9276	6539	1977
松阳县	Shongyang	7248	1586	6338	3540	1935
云和县	Yunhe	6465	1528	5784	3813	1620
景宁自治县	Jingning	7948	1141	8346	5969	1915

17—34 各市、县固定资产投资(1998年)

Total Investment in Fixed Assets by City and County(1998)

单位:万元 (10000 yuan)

市县名称	City and County	全社会固定资产投资总额 Total Investment in Fixed Assets	#基建投资 Capital Construction	#更新改造 Innovation	#房地产开发投资额 Real Estate Development	#商品住宅 Commercial Houses	#住宅建设 Residential Buildings
杭州市区	Hangzhou District	2260918	939373	407351	538499	345961	481462
萧山市	Xiaoshan	532314	83140	24629	59136	28615	95969
建德市	Jiande	99400	46376	14168	4079	2529	19537
富阳市	Fuyang	174777	36201	14314	16543	12989	43552
余杭市	Yuhang	300675	67894	12532	26169	11084	52169
临安市	Linan	137725	11613	8741	4755	3414	27480
桐庐县	Tonglu	64948	21782	6651	8886	6664	18078
淳安县	Chunan	65850	34361	4428	8177	4162	15106
宁波市区	Ningbo District	1798927	1095886	150469	313503	152630	191521
余姚市	Yuyao	263085	30522	13040	36694	27644	67841
慈溪市	Cixi	339446	89505	119513	29439	19654	73962
奉化市	Fenghua	90820	18444	200	8239	5019	16217
象山县	Xiangshan	155139	46201	3500	2881	2866	25813
宁海县	Ninghai	114639	37177	2134	2994	2650	17926
鄞　县	Yinxian	336030	24338	14457	44938	31098	49412
温州市区	Wenzhou District	1000580	425079	95003	308243	171814	232302
瑞安市	Ruian	310940	46645	8069	46761	30573	141354
乐清市	Yueqing	183393	59625	1010	10148	4129	68213
洞头县	Dongtou	18313	7921	238	1302	776	3795
永嘉县	Yongjia	156968	16943	8771	8438	6162	82987
平阳县	Pingyang	108200	28341	3769	12459	8317	37075
苍南县	Cangnan	147136	39958	12055	3200	2600	58825
文成县	Wencheng	37969	19871	2406	310	190	13438
泰顺县	Taishun	48454	21242				24747
嘉兴市区	Jiaxing District	962699	738298	32584	75265	48938	85888
海宁市	Haining	228744	63494	17651	20174	17005	66657
平湖市	Pinghu	126694	33475	708	8977	5636	41181
桐乡市	Tongxiang	175669	25338	10386	6679	4321	54593
海盐县	Haiyan	103984	38427	4217	4195	3349	22725
嘉善县	Jiashan	129103	41919	3122	15290	8086	22827
湖州市区	Huzhou District	422213	173390	12114	52740	43510	45687
德清县	Deqing	118365	22497	6125	11347	7430	9413
长兴县	Changxing	124038	30341	21861	12096	8858	11551
安吉县	Anji	277137	205114	5915	5300	3186	3665
绍兴市区	Shaoxing District	303936	144534	47717	70338	47579	73208
诸暨市	Zhuji	364521	23758	18521	17745	13720	46341

17—34 续表 1 continued

单位:万元 (10000 yuan)

市县名称 City and County		全社会固定资产投资总额 Total Investment in Fixed Assets	#基建投资 Capital Construction	#更新改造 Innovation	#房地产开发投资额 Real Estate Development	#商品住宅 Commercial Houses	#住宅建设 Residential Buildings
上虞市	Shangyu	301621	45128	4038	25536	17593	46668
嵊州市	Shengzhou	147485	31879	7062	9588	6783	47211
绍兴县	Shaoxing	440282	31475	413	50510	38802	68175
新昌县	Xinchang	143930	39416	11738	8596	6824	19451
金华市区	Jinhua District	210651	130801	14880	33272	17716	34049
兰溪市	Lanxi	127108	23233	14198	27248	14304	34242
东阳市	Dongyang	255282	36541	11369	11467	8020	41351
义乌市	Yiwu	269180	83130	13078	26366	10436	45606
永康市	Yongkang	120751	35687	8025	4764	3186	22390
金华县	Jinhua	95052	33663	1351	2593	1589	23094
武义县	Wuyi	54209	16869	10570	3960	1435	8908
浦江县	Pujiang	61726	5416	4974			4710
磐安县	Panan	22543	13477	1860			4521
衢州市区	Quzhou District	121145	53581	16619	33795	21550	35408
江山市	Jiangshan	58811	15488	8208	5993	4352	23069
衢　县	Quxian	33720	9979	283			14404
常山县	Changshan	27909	6741	2666	2169	1883	15001
开化县	Kaihua	30079	4052	4311	1400	947	12386
龙游县	Longyou	49704	21288	3836	3512	3134	16595
舟山市区	Zhoushan District	236670	78454	24240	74084	48582	58687
岱山县	Daishan	39452	13918	3500	2595	2296	6201
嵊泗县	Shengsi	33840	18239	2865	3022	2281	3190
台州市区	Taizhou District	484542	187133	36876	54248	42349	105333
临海市	Linhai	226814	103350	12307	19341	11431	49350
温岭市	Wenling	283185	38434	15531	34744	24821	63616
仙居县	Xianju	38284	9842	4641	291	73	6609
天台县	Tiantai	55370	18582	2670	1425	802	12833
三门县	Sanmen	34915	12141	2303			10508
玉环县	Yuhuan	128486	31588	816	7731	6141	30554
丽水市	Lishui	46836	22645	4992	11023	7376	10411
龙泉市	LongQuan	17604	8272	2943	2169	1091	4018
青田县	Qingtian	39764	14978	5192	4275	4109	14547
庆元县	Qingyuan	14377	8040	507	295	81	4617
缙云县	Jinyun	17582	9079		1436	1147	6264
遂昌县	Shunchang	21989	6132	4366	992	983	4032
松阳县	Shongyang	21028	7260	2481	378	318	4979
云和县	Yunhe	18054	9780	975	1235	1025	3810
景宁自治县	Jingning	17378	7857	2623	850	560	2641

17—34 续表 2 continued

市 县 名 称 City and County		全年新增固定资产（万元） Newly Increased Fixed Assets (10000 yuan)	施工住宅建筑面积（万平方米） Floor Space of Residential Buildings under Construction (10000 sq. m)	竣工住宅建筑面积（万平方米） Floor Space of Residential Buildings Completed (10 000 sq. m)	商品房屋销售建筑面积（万平方米） Floor Space of Commerical Houses Sold (10000 sq. m)	商品房屋销售额（万元） Total Sales of Commercial Houses (10000 yuan)
杭州市区	Hangzhou District	1227122	541.41	184.17	133.85	429676
萧山市	Xiaoshan	222840	69.93	31.33	34.27	52545
建德市	Jiande	40547	11.76	5.99	6.13	7005
富阳市	Fuyang	53764	28.15	12.85	9.39	12786
余杭市	Yuhang	97845	36.54	10.58	17.33	24587
临安市	Linan	70618	16.97	10.40	6.78	6207
桐庐县	Tonglu	15798	18.40	4.62	4.81	4870
淳安县	Chunan	32396	20.43	11.97	3.79	3771
宁波市区	Ningbo District	1361943	345.93	167.46	140.84	322779
余姚市	Yuyao	249095	135.82	123.33	43.81	62132
慈溪市	Cixi	297845	155.31	147.68	30.78	43584
奉化市	Fenghua	82980	35.42	32.23	8.45	9778
象山县	Xiangshan	125589	50.92	46.24	9.45	9453
宁海县	Ninghai	86729	50.19	47.66	4.06	3487
鄞　县	Yinxian	306381	84.19	57.07	46.73	78968
温州市区	Wenzhou District	630967	313.12	148.58	152.38	372028
瑞安市	Ruian	237164	74.29	23.05	25.62	37863
乐清市	Yueqing	173448	19.13	14.05	9.28	11347
洞头县	Dongtou	10065	1.91	0.84	0.42	696
永嘉县	Yongjia	149261	17.02	9.25	8.18	11175
平阳县	Pingyang	62865	26.47	6.99	8.35	10441
苍南县	Cangnan	136817	10.06	4.15	3.50	2700
文成县	Wencheng	18518	1.84	0.34	0.34	395
泰顺县	Taishun	45881	3.12	0.66		
嘉兴市区	Jiaxing District	437575	96.99	45.64	36.57	52451
海宁市	Haining	94588	35.84	20.27	13.54	15942
平湖市	Pinghu	35748	17.19	6.85	5.60	5699
桐乡市	Tongxiang	77854	24.56	15.32	3.40	3081
海盐县	Haiyan	30987	17	8.42	3.84	3243
嘉善县	Jiashan	46718	21.11	11.34	11.35	11334
湖州市区	Huzhou District	206942	68.51	43.37	37.07	57006
德清县	Deqing	43116	21.07	13.83	10.22	9052
长兴县	Changxing	65927	21.68	14.35	8.64	11060
安吉县	Anji	348347	6.20	5.10	5.36	4929
绍兴市区	Shaoxing District	242519	104.57	46.13	29.15	62916
诸暨市	Zhuji	65968	18.36	13.11	13.18	14867
上虞市	Shangyu	39828	35.99	18.22	19.28	18218

17—34 续表 3 continued

市县名称 City and County		全年新增固定资产（万元）Newly Increased Fixed Assets (10000 yuan)	施工住宅建筑面积（万平方米）Floor Space of Residential Buildings under Construction (10000 sq. m)	竣工住宅建筑面积（万平方米）Floor Space of Residential Buildings Completed (10 000 sq. m)	商品房屋销售建筑面积（万平方米）Floor Space of Commerical Houses Sold (10000 sq. m)	商品房屋销售额（万元）Total Sales of Commercial Houses (10000 yuan)
嵊州市	Shengzhou	45194	21.93	10.17	9.54	10525
绍兴县	Shaoxing	83428	50.67	32.21	25.01	39635
新昌县	Xinchang	46695	21.36	14.73	12.23	10760
金华市区	Jinhua District	110707	71.12	31.28	31.61	32633
兰溪市	Lanxi	31027	22.98	8.22	10.75	13218
东阳市	Dongyang	31132	18.47	10.99	5.29	3133
义乌市	Yiwu	127200	23.84	16.04	11.74	14906
永康市	Yongkang	49303	16.86	7.78	5.06	4219
金华县	Jinhua	22567	15.69	8.55	1.69	1957
武义县	Wuyi	35368	9.50	5.79	6.04	4505
浦江县	Pujiang	12410	0.68	0.39		
磐安县	Panan	12390	0.72	0.31		
衢州市区	Quzhou District	90440	86.70	28.74	18.80	22499
江山市	Jiangshan	48165	13.47	3.66	5.23	5607
衢　县	Quxian	26009	1.50	1.03	0.11	163
常山县	Changshan	31101	8.48	2.35	1.16	910
开化县	Kaihua	27443	4.90	1.70	0.95	800
龙游县	Longyou	36566	13.48	6.95	3.06	3355
舟山市区	Zhoushan District	202978	94.33	49.55	46.44	83404
岱山县	Daishan	45631	13.32	10.42	2.88	3935
嵊泗县	Shengsi	22703	4.19	3.84	2.49	4013
台州市区	Taizhou District	242499	110.92	40.19	18.80	25073
临海市	Linhai	40045	24.28	10.50	9.70	10487
温岭市	Wenling	81222	37.56	28.54	18.35	30075
仙居县	Xianju	15684	0.43	0.36	0.17	143
天台县	Tiantai	7520	3.87	2.03	1.18	1230
三门县	Sanmen	6888	1.68	0.43		
玉环县	Yuhuan	41341	10.08	5.22	5.05	6513
丽水市	Lishui	32035	32.17	15.61	18.68	18464
龙泉市	LongQuan	12694	4.08	2.56	2.63	3035
青田县	Qingtian	26016	19.23	9.42	2.53	4453
庆元县	Qingyuan	7093	1.88	1.24	0.20	133
缙云县	Jinyun	3828	6.78	1.21	5.44	1520
遂昌县	Shunchang	8783	7.02	3.01	1.64	947
松阳县	Shongyang	8383	1.47	0.94	0.44	251
云和县	Yunhe	3237	3.96	0.82	0.93	610
景宁自治县	Jingning	7476	3.15	3.09	0.81	586

17—35 各市、县批发、零售贸易业(1998年)

Wholesale and Retail Sale Trade by City and County(1998)

市县名称	City and County	批发零售贸易业商品销售总额(万元) Total Sales of Wholesale and Retail Sale Trade (10000 yuan)	社会消费品零售总额(万元) Total Retail Sales of Consumer Goods (10000 yuan)	粮食出售量(吨) Grain Sales (ton)	棉花出售量(吨) Cotton Sales (ton)	肉类出售量(吨) Meat Sales (ton)
杭州市区	Hangzhou District	9343668	1926102	34368	428	32615
萧山市	Xiaoshan	415203	422548	126345	4605	41615
建德市	Jiande	54307	90118	90694	25	10935
富阳市	Fuyang	146029	215759	65201		16831
余杭市	Yuhang	222965	291335	104938	50	23595
临安市	Linan	71388	137733	23389		8065
桐庐县	Tonglu	38634	123374	27579		8733
淳安县	Chunan	42750	70023	7166		3550
宁波市区	Ningbo District	2695632	1211018	178490	557	21130
余姚市	Yuyao	330813	420041	215100	5711	23039
慈溪市	Cixi	399342	540960	76354	9803	13952
奉化市	Fenghua	65611	143840	81027		9233
象山县	Xiangshan	116506	286603	37454	152	8415
宁海县	Ninghai	58593	223147	31500	3335	8432
鄞县	Yinxian	377064	307999	258460	296	19436
温州市区	Wenzhou District	4141065	1682968	59288	417	18426
瑞安市	Ruian	1120523	513945	46594	140	9845
乐清市	Yueqing	401176	384645	71516		7986
洞头县	Dongtou	50099	19012			886
永嘉县	Yongjia	227799	185843	20000	26	9650
平阳县	Pingyang	228341	219823	38500		11349
苍南县	Cangnan	625756	370754	27313		10385
文成县	Wencheng	73679	47755	10967	1	5627
泰顺县	Taishun	43509	25686	4611		4607
嘉兴市区	Jiaxing District	1147661	430607	247022		42783
海宁市	Haining	699946	411541	61203	482	21710
平湖市	Pinghu	345516	175096	121970	2201	18598
桐乡市	Tongxiang	993669	381192	96767		18803
海盐县	Haiyan	212768	145182	42229	1656	11255
嘉善县	Jiashan	496441	139453	167922		16431
湖州市区	Huzhou District	546354	639230	164196		23916
德清县	Deqing	127153	175960	58349		9546
长兴县	Changxing	98376	250258	139680		9929
安吉县	Anji	51778	172197	86200		11500
绍兴市区	Shaoxing District	493471	326165	10654		8700
诸暨市	Zhuji	498492	357050	154534	65	22951

17—35 续表 continued

市县名称 City and County		批发零售贸易业商品销售总额（万元）Total Sales of Wholesale and Retail Sale Trade (10000 yuan)	社会消费品零售总额（万元）Total Retail Sales of Consumer Goods (10000 yuan)	粮食出售量（吨）Grain Sales (ton)	棉花出售量（吨）Cotton Sales (ton)	肉类出售量（吨）Meat Sales (ton)
上虞市	Shangyu	247944	291166	154753	8249	9046
嵊州市	Shengzhou	117486	280201	76285	130	10308
绍兴县	Shaoxing	493471	316628	151239	269	21485
新昌县	Xinchang	67529	170105	7403	120	6248
金华市区	Jinhua District	408670	248830			
兰溪市	Lanxi	84277	172567	79740	2544	16455
东阳市	Dongyang	119849	216115	60180	8	8946
义乌市	Yiwu	138977	322667	67135	170	15000
永康市	Yongkang	91606	152738	34096	17	8112
金华县	Jinhua	75074	105047	93700	1500	25290
武义县	Wuyi	29938	60622	34420	6	10083
浦江县	Pujiang	32411	88539	13677	690	4860
磐安县	Panan	24664	35819	2020		968
衢州市区	Quzhou District	235862	132777	11043	9	6014
江山市	Jiangshan	201141	139704	28569	1920	24940
衢　县	Quxian	161245	75234	36121	153	19747
常山县	Changshan	66831	80585	8208	49	7543
开化县	Kaihua	101882	75765	5350		5500
龙游县	Longyou	280482	130828	68000	1110	20000
舟山市区	Zhoushan District	610182	374886	28831	920	6532
岱山县	Daishan	80944	72423	1277	16	1148
嵊泗县	Shengsi	55769	47835			340
台州市区	Taizhou District	509485	567548	89727	809	21307
临海市	Linhai	100864	157484	40550	330	6107
温岭市	Wenling	214852	456405	170426	593	21571
仙居县	Xianju	24773	69921	35415	20	7655
天台县	Tiantai	19258	102744	16435	20	5197
三门县	Sanmen	16668	39086	16493	1128	5410
玉环县	Yuhuan	50262	92732	27159	525	4649
丽水市	Lishui	270940	100245	24941	2	10285
龙泉市	LongQuan	71995	44199	23120		3886
青田县	Qingtian	58636	76267	22500	2	7730
庆元县	Qingyuan	79928	33590	5542		2855
缙云县	Jinyun	99333	63443	26719		8064
遂昌县	Shunchang	59321	39843	13604		8640
松阳县	Shongyang	58038	40996	38740		7674
云和县	Yunhe	42069	22793	7250		1484
景宁自治县	Jingning	42349	28018	2947		2331

17—36 各市、县的外国和港澳台地区在华直接情况(1998年)
Foreign Funded Enterprises and Enterprises Funded by Entrepreneurs from Hong Kong, Macao & Taiwan by City and County(1998)

市县名称	City and County	新签协议(合同)数(个) Number of Agreements & Contracts Newly Signed (unit)	合同外资金额(万美元) Value for Utilization of Foreign Capital (USD 10000)	实际使用外资金额(万美元) Amount of Foreign Capital Actually Used (USD 10000)	已投产(开业)企业(个) Enterprises Put into Operation (unit)	从业人员数(人) Employed Persons (person)
杭州市区	Hangzhou District	126	28619	26353	966	105734
萧山市	Xiaoshan	37	8284	5623	285	41988
建德市	Jiande	3	315	185	30	2628
富阳市	Fuyang	15	4587	1330	73	9334
余杭市	Yuhang	21	7555	4026	111	16393
临安市	Linan	7	1767	564	88	6543
桐庐县	Tonglu	6	75	102	63	9198
淳安县	Chunan	1	198	242	27	1857
宁波市区	Ningbo District	137	34263	35591	723	77892
余姚市	Yuyao	31	3138	3510	244	24859
慈溪市	Cixi	37	3188	3250	229	24903
奉化市	Fenghua	9	4792	2422	78	8036
象山县	Xiangshan	6	131	752	84	16952
宁海县	Ninghai	21	1411	914	74	12506
鄞县	Yinxian	40	4275	3890	245	30233
温州市区	Wenzhou District	45	20973	2648	316	27159
瑞安市	Ruian	17	1383	402	61	4443
乐清市	Yueqing	12	1027	309	82	6299
洞头县	Dongtou	1	9	16	2	35
永嘉县	Yongjia	5	24	100	49	3501
平阳县	Pingyang	6	148	56	19	1699
苍南县	Cangnan	5	219	171	5	97
文成县	Wencheng	4	656			
泰顺县	Taishun					
嘉兴市区	Jiaxing District	18	5326	8624	134	28237
海宁市	Haining	17	1439	351	132	12425
平湖市	Pinghu	6	495	345	197	21350
桐乡市	Tongxiang	11	1445	493	83	14419
海盐县	Haiyan	3	345	38	77	9083
嘉善县	Jiashan	22	5633	2277	87	8344
湖州市区	Huzhou District	125	2917	2252	252	22100
德清县	Deqing	10	3503	2607	88	6983
长兴县	Changxing	6	373	81	49	3741
安吉县	Anji	7	1319	100	63	3956

17—36 续表 continued

市县名称 City and County		新签协议(合同)数(个) Number of Agreements & Contracts Newly Signed (unit)	合同外资金额(万美元) Value for Utilization of Foreign Capital (USD 10000)	实际使用外资金额(万美元) Amount of Foreign Capital Actually Used (USD 10000)	已投产(开工)企业(个) Enterprises Put into Operation (unit)	从业人员数(人) Employed Persons (person)
绍兴市区	Shaoxing District	10	3807	4064	127	16139
诸暨市	Zhuji	11	710	205	108	11387
上虞市	Shangyu	10	1996	2061	130	8214
嵊州市	Shengzhou	7	152	816	104	7318
绍兴县	Shaoxing	34	6176	4587	311	52262
新昌县	Xinchang	3	36	56	43	5834
金华市区	Jinhua District	19	7921	1741	61	5455
兰溪市	Lanxi	8	5058	117	37	6878
东阳市	Dongyang	13	4408	2079	29	3278
义乌市	Yiwu	4	4911	260	44	5652
永康市	Yongkang	3	1133	12	15	1949
金华县	Jinhua	2	897	122	13	1547
武义县	Wuyi	1	450	103	13	1017
浦江县	Pujiang	2	1014	81	14	2020
磐安县	Panan	1	1044	5	5	264
衢州市区	Quzhou District	6	1661	498	24	2215
江山市	Jiangshan	2	57	502	23	2289
衢　县	Quxian	8	249	150	12	1067
常山县	Changshan	1	31	31	11	754
开化县	Kaihua	2	12	50	9	465
龙游县	Longyou	1	4	402	21	1436
舟山市区	Zhoushan District	9	1980	473	108	10964
岱山县	Daishan	2	380	185	9	1002
嵊泗县	Shengsi	1	68		6	358
台州市区	Taizhou District	33	3772	1990	58	7334
临海市	Linhai	15	997	487	33	4442
温岭市	Wenling	21	2461	1003	79	14226
仙居县	Xianju	5	126	80	35	2655
天台县	Tiantai	2	58	38	6	334
三门县	Sanmen	2	555	10	4	244
玉环县	Yuhuan	13	2025	241	15	2098
丽水市	Lishui	4	203	166	23	1268
龙泉市	LongQuan		—11	7	5	
青田县	Qingtian	4	74	119	54	2252
庆元县	Qingyuan	1	14	5	6	
缙云县	Jinyun		636	656	8	1018
遂昌县	Shunchang	1	—22		8	400
松阳县	Shongyang				2	25
云和县	Yunhe	1	30	30	2	
景宁自治县	Jingning				2	

17—37 各市、县财政收支情况(1998年)

Total Financial Revenue and Expenditure by City and County(1998)

单位:万元 (10000 yuan)

市县名称 City and County		中央财政预算内收入 Total Central Government Budgetary Financial Revenue	地方财政预算内收入 Total Local Government Budgetary Financial Revenue	#工商税收 Industrial and Commercial Taxes	地方财政预算内支出 Total Local Government Financial Expenditure	#基建支出 Expenditure for Capital Construction	#文教科卫事业费 Expenses for Culture, Education, Science & Health Care
杭州市区	Hangzhou District	349346	236269	223891	237221	9755	54104
萧山市	Xiaoshan	57082	49502	41400	61787	1354	23423
建德市	Jiande	10899	12100	10349	17009	139	7204
富阳市	Fuyang	20675	16737	17876	23424	587	10475
余杭市	Yuhang	36676	28995	27501	37205	578	14546
临安市	Linan	12849	9677	11225	18335	47	7506
桐庐县	Tonglu	9944	8980	8813	13857	33	6484
淳安县	Chunan	3869	6224	4490	15640	568	6190
宁波市区	Ningbo District	306188	266035	241644	400024	32175	54218
余姚市	Yuyao	30010	32621	24509	35873	487	17032
慈溪市	Cixi	38194	33986	29991	38800	100	15562
奉化市	Fenghua	13293	13361	11722	21928	662	8863
象山县	Xiangshan	12864	15554	13232	27317	831	9581
宁海县	Ninghai	15210	13362	12247	30068	66	9390
鄞　县	Yinxian	43018	42656	32371	53322	32	19164
温州市区	Wenzhou District	77728	140883	126944	91367	2544	33821
瑞安市	Ruian	29145	31340	26764	38152	383	16574
乐清市	Yueqing	32835	32323	25753	40391	645	16072
洞头县	Dongtou	2494	3757	3051	8364	172	2222
永嘉县	Yongjia	14105	15758	12359	23600		10386
平阳县	Pingyang	17270	16230	16168	24813	305	9898
苍南县	Cangnan	17319	18545	14054	28578	396	10987
文成县	Wencheng	1576	3252	2286	13857	346	4390
泰顺县	Taishun	1700	3604	2029	13669	269	4889
嘉兴市区	Jiaxing District	43318	37887	39687	41911	1271	14515
海宁市	Haining	33276	22577	23718	24848	207	8956
平湖市	Pinghu	16831	11800	13493	14344	105	4820
桐乡市	Tongxiang	30614	20552	20554	21199	37	8162
海盐县	Haiyan	11252	10432	11746	13066	228	4290
嘉善县	Jiashan	13578	11050	10712	11951	3	4934
湖州市区	Huzhou District	51105	33686	32485	43859	2515	16817
德清县	Deqing	14114	9508	10690	13770	62	5527
长兴县	Changxing	11130	8319	10072	13813	186	5415
安吉县	Anji	8023	6581	7316	12938	51	5580
绍兴市区	Shaoxing District	40962	40236	83806	41096	2738	12193
诸暨市	Zhuji	15861	22556	37461	25604	69	11088

17－37 续表 continued

单位:万元 (10000 yuan)

市县名称 City and County		中央财政预算内收入 Total Central Government Budgetary Financial Revenue	地方财政预算内收入 Total Local Government Budgetary Financial Revenue	#工商税收 Industrial and Commercial Taxes	地方财政预算内支出 Total Local Government Financial Expenditure	#基建支出 Expenditure for Capital Construction	#文教科卫事业费 Expenses for Culture, Education, Science & Health Care
上虞市	Shangyu	23984	17321	1779	26318	2054	9106
嵊州市	Shengzhou	14209	11197	10411	15204	238	7784
绍兴县	Shaoxing	57432	40580	41470	40845	325	13618
新昌县	Xinchang	11643	10156	9715	15326	39	5353
金华市区	Jinhua District	24684	17618	15623	28539	659	11224
兰溪市	Lanxi	14974	12322	10337	17580	23	7530
东阳市	Dongyang	17752	15086	12975	21124	210	9075
义乌市	Yiwu	20769	26249	22319	27488	42	12582
永康市	Yongkang	15593	14830	12070	18938	63	8557
金华县	Jinhua	5636	6114	4536	14655	35	5671
武义县	Wuyi	6094	7157	4998	12336	49	4867
浦江县	Pujiang	6680	5446	4722	10928	57	4012
磐安县	Panan	3163	3040	2155	9616	144	3165
衢州市区	Quzhou District	20487	12522	15964	23629	197	6267
江山市	Jiangshan	7365	8457	6558	13719	190	5759
衢县	Quxian	1740	3887	2031	9822	81	3173
常山县	Changshan	2557	3180	2572	10852	57	4046
开化县	Kaihua	3474	4012	3082	11480	48	4114
龙游县	Longyou	3726	5202	4059	11168	137	4435
舟山市区	Zhoushan District	24273	29343	32535	56913	5251	19921
岱山县	Daishan	4646	6395	4641	13880	690	4915
嵊泗县	Shengsi	2123	4206	2428	9203	306	3109
台州市区	Taizhou District	61975	72242	57928	92734	11500	26078
临海市	Linhai	19457	21029	17043	28017	182	11128
温岭市	Wenling	27288	34018	27530	35353	1140	14868
仙居县	Xianju	8997	7668	5839	16161	101	6509
天台县	Tiantai	9437	7170	5983	13720	21	6242
三门县	Sanmen	3992	4459	3413	13137	1471	4471
玉环县	Yuhuan	15803	16033	10886	24378	2692	8278
丽水市	Lishui	9421	10130	9584	13681	99	5568
龙泉市	LongQuan	2530	4324	3005	9932	24	3707
青田县	Qingtian	2953	5640	4068	14682	121	5923
庆元县	Qingyuan	1079	2777	1492	9641	109	3196
缙云县	Jinyun	5326	5470	4276	14487	12	6289
遂昌县	Shunchang	3529	5302	2984	10009	80	3623
松阳县	Shongyang	2160	3481	1885	9729	82	3445
云和县	Yunhe	1169	2897	1841	8759	45	2509
景宁自治县	Jingning	3689	3681	2840	12178	181	2941

17—38 各市、县金融和保险业(1998年)

Finance and Insurance by City and County(1998)

单位:万元 (10000 yuan)

市县名称	City and County	金融机构数(个) Institutions of Finance and Insurance (unit)	#保险机构数 Insurance	金融机构年末存款余额 Deposits in Financial Institutions	#城乡居民储蓄存款年末余额 Savings Deposits of Urban and Rural Residents
杭州市区	Hangzhou District	163	17	10785066	3905602
萧山市	Xiaoshan	44	4	1599267	1070016
建德市	Jiande	38	2	328460	228464
富阳市	Fuyang	42	2	461336	300753
余杭市	Yuhang	42	3	964158	638077
临安市	Linan	48	2	345009	238941
桐庐县	Tonglu	29	2	284741	206220
淳安县	Chunan	39	2	180188	113085
宁波市区	Ningbo District	164	16	4668209	1990430
余姚市	Yuyao	36	3	802148	529421
慈溪市	Cixi	38	3	1049550	724462
奉化市	Fenghua	29	2	342802	252099
象山县	Xiangshan	33	2	269076	169188
宁海县	Ninghai	47	2	270216	159695
鄞县	Yinxian	13	3	1150753	771048
温州市区	Wenzhou District	767	31	3626270	1764311
瑞安市	Ruian	30	3	774394	440605
乐清市	Yueqing	155	9	702140	347528
洞头县	Dongtou	18	2	51314	27999
永嘉县	Yongjia	78	2	308108	175995
平阳县	Pingyang	28	2	261513	161616
苍南县	Cangnan	183	6	317017	184677
文成县	Wencheng	84	2	97752	60041
泰顺县	Taishun	66	2	101092	66628
嘉兴市区	Jiaxing District	56	8	1392429	742260
海宁市	Haining	43	6	769421	542080
平湖市	Pinghu	29	2	456682	317578
桐乡市	Tongxiang	32	3	663609	483631
海盐县	Haiyan	28	2	442664	274194
嘉善县	Jiashan	30	2	361847	253599
湖州市区	Huzhou District	221	9	1171113	685240
德清县	Deqing	77	4	362237	262747
长兴县	Changxing	101	8	393972	242172
安吉县	Anji	73	7	228979	160142
绍兴市区	Shaoxing District	36	6	1265054	615278

17－38 续表 1 continued

单位:万元 (10000 yuan)

市县名称	City and County	金融机构数(个) Institutions of Finance and Insurance (unit)	#保险机构数 Insurance	金融机构年末存款余额 Deposits in Financial Institutions	#城乡居民储蓄存款年末余额 Savings Deposits of Urban and Rural Residents
上虞市	Shangyu	32	2	754066	585811
嵊州市	Shengzhou	30	2	464469	357066
绍兴县	Shaoxing	33		1609336	1200716
新昌县	Xinchang	23	2	291418	194366
金华市区	Jinhua District	33	4	732548	365879
兰溪市	Lanxi	16	2	255238	178063
东阳市	Dongyang	18	2	573794	445455
义乌市	Yiwu	33	2	1204524	626132
永康市	Yongkang	20	2	471258	318001
金华县	Jinhua	17	2	205377	152544
武义县	Wuyi	16	2	137778	101377
浦江县	Pujiang	12	2	172683	109991
磐安县	Panan	13	2	68032	42520
衢州市区	Quzhou District	46	8	468975	255689
江山市	Jiangshan	50	7	243346	175607
衢　县	Quxian	94	10	124538	87518
常山县	Changshan	35	3	103274	70732
开化县	Kaihua	38	6	118214	81182
龙游县	Longyou	54	9	203993	136767
舟山市区	Zhoushan District	74	7	884106	526419
岱山县	Daishan	20	2	140432	106427
嵊泗县	Shengsi	19	2	82384	52423
台州市区	Taizhou District	140	11	1627395	830769
临海市	Linhai	45	2	444417	244103
温岭市	Wenling	51	2	661781	426385
仙居县	Xianju	30	2	156897	107233
天台县	Tiantai	30	2	179988	123150
三门县	Sanmen	26	2	92860	60400
玉环县	Yuhuan	26	2	231189	147201
丽水市	Lishui	17	2	336618	205594
龙泉市	LongQuan	21	1	116425	84295
青田县	Qingtian	23	2	198162	146602
庆元县	Qingyuan	16	2	65646	47690
缙云县	Jinyun	81	4	163965	116688
遂昌县	Shunchang	31	3	102107	57286
松阳县	Shongyang	8	1	84637	60122
云和县	Yunhe	17	2	72999	36867
景宁自治县	Jingning	15	2	52834	30463

17—38 续表 2 continued

单位:万元 (10000 yuan)

市县名称 City and County		金融机构年末贷款余额 Loans in Financial Institutions	#农业贷款 Agriculture Loans	承保额 Amount Insured	保费 Premium	已决赔款 Settled Claim
杭州市区	Hangzhou District	8615412	47457	21399007	136604	33702
萧山市	Xiaoshan	1073673	69840	3577795	23407	7736
建德市	Jiande	217677	12412	1065414	5354	1485
富阳市	Fuyang	355590	14532	452993	7630	2615
余杭市	Yuhang	650472	42354	886950	11680	3651
临安市	Linan	363316	24037	688055	6340	2544
桐庐县	Tonglu	208391	7861	276626	6088	1655
淳安县	Chunan	136006	11634	371612	4533	1686
宁波市区	Ningbo District	4030673	65560	21622436	95697	28954
余姚市	Yuyao	543127	16505	2078105	10624	7225
慈溪市	Cixi	595622	22402	1742177	12153	8978
奉化市	Fenghua	306683	15338	1004415	5712	3457
象山县	Xiangshan	213263	15725	1121071	4698	3044
宁海县	Ninghai	224055	13508	763321	4047	2956
鄞县	Yinxian	787394	62677	1780131	9606	6592
温州市区	Wenzhou District	2114255	22986	7343701	45551	9932
瑞安市	Ruian	426775	6354	2561726	11020	2552
乐清市	Yueqing	405424	9646	3888007	11547	3110
洞头县	Dongtou	37227	2362	56837	897	227
永嘉县	Yongjia	190869	9497	1155396	7805	2228
平阳县	Pingyang	169082	7138	593425	8690	2408
苍南县	Cangnan	219298	7863	650092	6944	2341
文成县	Wencheng	65913	8670	93779	1694	531
泰顺县	Taishun	64757	12284	46785	1103	334
嘉兴市区	Jiaxing District	1055092	19083	6127639	22736	4729
海宁市	Haining	484222	23816	2377768	11455	3336
平湖市	Pinghu	365694	16321	1433276	9741	2310
桐乡市	Tongxiang	535385	19708	1993116	11877	3400
海盐县	Haiyan	307346	8964	817400	9577	2026
嘉善县	Jiashan	272981	23202	1038153	5886	1517
湖州市区	Huzhou District	1016296	33018	6188820	23710	6239
德清县	Deqing	342297	14532	714622	8177	1904
长兴县	Changxing	282779	12779	1436001	7686	2008
安吉县	Anji	174173	13126	1453597	5114	1338
绍兴市区	Shaoxing District	1064557	9771	5111478	39251	21318

17—38 续表 3 continued

单位:万元 (10000 yuan)

市县名称 City and County		金融机构年末贷款余额 Loans in Financial Institutions	#农业贷款 Agricultural Loans	承保额 Amount Insured	保费 Premium	已决赔款 Settled Claim
上虞市	Shangyu	551658	20628	812840	6707	3714
嵊州市	Shengzhou	320730	23736	523508	6664	3453
绍兴县	Shaoxing	1172760	31025			
新昌县	Xinchang	198132	3156	419368	4033	2192
金华市区	Jinhua District	802116	8730	1986771	17813	2619
兰溪市	Lanxi	261149	15199	1468723	6867	2470
东阳市	Dongyang	424800	56778	932621	12225	2615
义乌市	Yiwu	637716	29723	2295656	16966	3848
永康市	Yongkang	317804	21026	1298306	6006	1173
金华县	Jinhua	167982	18952	823736	4417	1750
武义县	Wuyi	144095	9837	724495	3512	993
浦江县	Pujiang	118555	4680	557438	4549	1151
磐安县	Panan	67230	5081	322398	1371	516
衢州市区	Quzhou District	437951	16970	1298836	7726	2088
江山市	Jiangshan	162206	23229	823895	4878	1790
衢县	Quxian	84870	10682	496388	2470	964
常山县	Changshan	65977	4189	363072	2385	1713
开化县	Kaihua	76737	3984	405482	2419	1247
龙游县	Longyou	160560	14751	695718	3747	1065
舟山市区	Zhoushan District	627380	47272	3184028	17173	4494
岱山县	Daishan	81351	11547	276711	1971	655
嵊泗县	Shengsi	56229	12975	127832	970	288
台州市区	Taizhou District	1010485	48179	4814371	28159	5639
临海市	Linhai	325923	25747	1326118	6934	2363
温岭市	Wenling	344765	50260	608171	9289	2515
仙居县	Xianju	137563	7412	423224	4241	1248
天台县	Tiantai	109322	16700	194068	3763	1119
三门县	Sanmen	71490	6016	429687	2580	810
玉环县	Yuhuan	126642	11982	639883	5110	1390
丽水市	Lishui	233135	5297	422181	5160	1986
龙泉市	LongQuan	69372	2384	300000	1352	685
青田县	Qingtian	82506	3210	401775	1792	593
庆元县	Qingyuan	50491	8208	133306	588	276
缙云县	Jinyun	78469	7545	180441	1255	770
遂昌县	Shunchang	74112	4171	264200	1201	572
松阳县	Shongyang	52188	7751	173147	812	443
云和县	Yunhe	44018	2461	280293	702	357
景宁自治县	Jingning	32658	7750	116687	602	504

17—39 各市、县工资和保险福利事业基本情况(1998年)
Basic Statistics on Wages and Social Insurance and Welfare by City and County(1998)

市县名称 City and County		职工保险福利费用总额(万元) Social Insurance and Welfare Funds (10000 yuan)	年末离休退休退职人员数(万人) Number of Retired and Resigned Persons (10000 persons)	离休退休退职人员保险福利费用总额(万元) Social Insurance and Welfare Funds for Retired and Resigned Persons (10000 yuan)	社会福利院数(个) Social Welfare Homes (unit)	社会福利院床位数(张) Beds of Social Welfare Homes (unit)
杭州市区	Hangzhou District	118924	26.64	247626	52	2232
萧山市	Xiaoshan	12806	2.50	18792	38	778
建德市	Jiande	3525	1.13	6863	44	470
富阳市	Fuyang	1839	0.84	5794	27	325
余杭市	Yuhang	10112	2.57	19455	36	690
临安市	Linan	3797	0.89	7797	39	566
桐庐县	Tonglu	3376	1.00	9616	25	288
淳安县	Chunan	1998	0.55	5363	35	332
宁波市区	Ningbo District	48768	9.53	88623	43	2726
余姚市	Yuyao	6105	1.68	12485	37	1060
慈溪市	Cixi	9857	1.53	11907	36	1100
奉化市	Fenghua	4108	0.83	6003	20	417
象山县	Xiangshan	1901	0.41	2985	23	301
宁海县	Ninghai	3282	0.70	5104	20	504
鄞　县	yin	8893	1.55	11637	31	1581
温州市区	Wenzhou District	24113	7.24	48859	52	2126
瑞安市	Ruian	6751	1.51	10204	48	854
乐清市	Yueqing	3692	0.99	7433	19	382
洞头县	Dongtou	958	0.17	1235	9	89
永嘉县	Yongjia	2167	0.51	4044	41	341
平阳县	Pingyang	3879	0.94	9663	38	391
苍南县	Cangnan	4470	1.17	6914	44	730
文成县	Wencheng	923	0.44	2964	36	325
泰顺县	Taishun	364	0.32	1253	36	380
嘉兴市区	Jiaxing District	16346	4.32	34056	30	708
海宁市	Haining	6514	1.82	19219	25	634
平湖市	Pinghu	4329	1.08	8272	20	421
桐乡市	Tongxiang	5148	1.25	9320	30	735
海盐县	Haiyan	4984	0.84	6889	17	429
嘉善县	Jiashan	7139	1.25	14124	20	528
湖州市区	Huzhou District	17232	3.92	34029	46	1013
德清县	Deqing	4218	1.18	8695	22	458
长兴县	Changxing	2719	1.27	5916	30	359
安吉县	Anji	2262	0.92	8021	29	495
绍兴市区	Shaoxing District	12599	2.52	18792	17	510

17－39 续表 continued

市县名称 City and County		职工保险福利费用总额（万元） Social Insurance and Welfare Funds (10000 yuan)	年末离休退休退职人员数（万人） Number of Retired and Resigned Persons (10000 persons)	离休退休退职人员保险福利费用总额（万元） Social Insurance and Welfare Funds for Retired and Resigned Persons (10000 yuan)	社会福利院数（个） Social Welfare Homes (unit)	社会福利院床位数（张） Beds of Social welfare Homes (unit)
诸暨市	Zhuji	4628	1.64	12528	39	466
上虞市	Shangyu	5346	1.10	9545	27	329
嵊州市	Shengzhou	4629	1.21	9160	32	347
绍兴县	Shaoxing	6965	1.15	8412	31	721
新昌县	Xinchang	3774	0.58	5315	18	165
金华市区	Jinhua District	8342	2.26	18700	12	333
兰溪市	Lanxi	4611	1.38	10099	31	746
东阳市	Dongyang	4437	1.10	9446	30	443
义乌市	Yiwu	3420	1.04	9234	25	508
永康市	Yongkang	3825	0.75	6153	25	296
金华县	Jinhua	2148	0.62	6440	29	685
武义县	Wuyi	3131	0.69	5068	23	223
浦江县	Pujiang	2172	0.45	3068	18	228
磐安县	Panan	1170	0.19	1402	20	156
衢州市区	Quzhou District	8243	2.14	19772	10	170
江山市	Jiangshan	2172	0.81	6003	38	364
衢　县	Quxian	1122	0.23	2012	30	395
常山县	Changshan	1211	0.44	3253	24	185
开化县	Kaihua	1981	0.43	3376	30	344
龙游县	Longyou	2049	0.61	4530	22	305
舟山市区	Zhoushan District	12563	2.54	21224	39	541
岱山县	Daishan	1254	0.33	2383	12	95
嵊泗县	Shengsi	1419	0.20	1676	11	125
台州市区	Taizhou District	13462	2.50	20504	40	990
临海市	Linhai	4787	1.30	10228	35	372
温岭市	Wenling	5017	0.83	7451	41	970
仙居县	Xianju	1691	0.58	5328	20	294
天台县	Tiantai	1206	0.62	4897	19	130
三门县	Sanmen	1229	0.41	2946	17	84
玉环县	Yuhuan	2503	0.62	5470	19	327
丽水市	Lishui	1726	0.72	5278	22	195
龙泉市	LongQuan	1223	0.49	3609	18	172
青田县	Qingtian	1391	0.52	3295	1	45
庆元县	Qingyuan	225	0.18	1051	22	397
缙云县	Jinyun	1578	0.46	4319	25	200
遂昌县	Shunchang	1794	0.43	3243	20	329
松阳县	Shongyang	1302	0.25	2032	20	155
云和县	Yunhe	953	0.24	1920	16	88
景宁自治县	Jingning	415	0.19	1532	25	160

17－40　各市、县各类学校在校学生数(1998年)

Student Enrollment by Type of School ,City and County(1998)

市县名称 City and County		高等学校(人) Institutions of Higher Education (person)	中等专业学校(人) Specialized Secondary Schools (person)	普通中学(人) Regular Secondary Schools (person)	职业中学(人) Vocational Secondary Schools (person)	小学(人) Primary Schools (person)	成人高等教育学校(人) Adult Higher Education Schools (person)	成人中等教育学校(人) Adult Secondary Schools (person)
杭州市区	Hangzhou District	75306	49334	8	13315	13	62318	154367
萧山市	Xiaoshan		3046	5	5770	10	613	116521
建德市	Jiande		1286	2	2795	5	155	38932
富阳市	Fuyang			3	2672	6	258	51087
余杭市	Yuhang		2130	3	4294	6	516	16846
临安市	Linan	1240		2	2251	5	809	5789
桐庐县	Tonglu			2	1727	4	358	8227
淳安县	Chunan			2	1798	4	138	33442
宁波市区	Ningbo District	11254	21353	6	11666	10	11096	124613
余姚市	Yuyao			3	5891	7		204646
慈溪市	Cixi		239	4	6736	9		28668
奉化市	Fenghua		2212	2	4166	4		21527
象山县	Xiangshan			3	3797	4		93640
宁海县	Ninghai			3	3670	5		64948
鄞　县	Yinxian	1219	1693	3	6673	6	140	47704
温州市区	Wenzhou District	7586	8283	8	13064	11	5996	5810
瑞安市	Ruian		1352	7	7664	10	1080	3736
乐清市	Yueqing		1025	8	9120	11	776	550
洞头县	Dongtou			1	562	1	267	138
永嘉县	Yongjia			5	3527	6	658	847
平阳县	Pingyang		740	5	2459	7	266	2750
苍南县	Cangnan			8	3113	11	412	2820
文成县	Wencheng			2	414	3	598	412
泰顺县	Taishun			2	202	3	115	630
嘉兴市区	Jiaxing District	3511	7923	3	4842	7	2608	6892
海宁市	Haining		1111	2	3035	6		1637
平湖市	Pinghu		1298	2	1964	4		
桐乡市	Tongxiang			2	2270	6		
海盐县	Haiyan			1	1317	3		
嘉善县	Jiashan			1	1171	3		
湖州市区	Huzhou District	1633	9706	4	7308	10	1356	2215
德清县	Deqing			2	1713	4		237
长兴县	Changxing			2	2302	5		1432
安吉县	Anji		236	2	2000	4		697
绍兴市区	Shaoxing District	2716	4613	2	11545	3	2326	10074
诸暨市	Zhuji		4178	5	6068	9		35274

17—40 续表 continued

市县名称 City and County		高等学校（人）Institutions of Higher Education (person)	中等专业学校（人）Specialized Secondary Schools (person)	普通中学（人）Regular Secondary Schools (person)	职业中学（人）Vocational Secondary Schools (person)	小学（人）Primary Schools (person)	成人高等教育学校（人）Adult Higher Education Schools (person)	成人中等教育学校（人）Adult Secondary Schools (person)
上虞市	Shangyu		1412	3	4832	7		12019
嵊州市	Shengzhou		496	3	1929	6		67580
绍兴县	Shaoxing		1292	3	3798	9		49824
新昌县	Xinchang			2	2941	4		58039
金华市区	Jinhua District	7228	14061	2	7778	3	3841	2826
兰溪市	Lanxi			3	2435	6		
东阳市	Dongyang		835	4	5829	6		
义乌市	Yiwu		939	4	5947	5		
永康市	Yongkang			3	3631	5		
金华县	Jinhua			2	7041	4		
武义县	Wuyi			2	2294	3		
浦江县	Pujiang			2	1344	3		226
磐安县	Panan			1	1945	1		
衢州市区	Quzhou District	400	2337	1	3806	2	1117	876
江山市	Jiangshan			3	3100	4		
衢　县	Quxian			3	2551	3		
常山县	Changshan			2	1037	2		
开化县	Kaihua			1	898	2		
龙游县	Longyou			2	1548	3		
舟山市区	Zhoushan District	2006	3636	4	4512	6	1493	2061
岱山县	Daishan			1	756	2	209	135
嵊泗县	Shengsi				150	1	298	40
台州市区	Taizhou District		3990	7	12209	12	1242	27660
临海市	Linhai	1674	3759	6	2898	8	465	12420
温岭市	Wenling		825	7	4743	9	383	91434
仙居县	Xianju			2	1255	3	153	428
天台县	Tiantai			3	973	4	121	
三门县	Sanmen			3	1769	3	31	
玉环县	Yuhuan			3	2961	3	105	267
丽水市	Lishui	1066	10012	2	3016	3	2007	2411
龙泉市	LongQuan		547	1	443	2		
青田县	Qingtian			2	513	3		
庆元县	Qingyuan			1	275	1		
缙云县	Jinyun			2	2380	3		581
遂昌县	Shunchang			1	807	1		328
松阳县	Shongyang		1150	1	771	2		180
云和县	Yunhe			1	462	1		
景宁自治县	Jingning			1	245	1		

17—41 各市、县科学和技术主要指标(1998年)

Science and Culture by City and County(1998)

单位:人 (person)

市县名称 City and County		各类专业技术人员数 Scientific and technological Personnel	中级技术职称以上人员数 Persons with Intermediate Technical Title Level and above	农业技术人员数 Agricultural Technical Persons	从事科技活动人员数 Persons Engaged in Scientific and Technological Activities
杭州市区	Hangzhou District	158036	56049	3171	18529
萧山市	Xiaoshan	24986	8857	2772	2836
建德市	Jiande	8851	2382	703	331
富阳市	Fuyang	9924	3150	1035	125
余杭市	Yuhang	16190	4755	1497	523
临安市	Linan	13797	3830	1501	649
桐庐县	Tonglu	8239	3340	708	255
淳安县	Chunan	9384	2250	1264	115
宁波市区	Ningbo District	103503	26736	2482	2386
余姚市	Yuyao	14388	4242	969	256
慈溪市	Cixi	16319	3230	306	517
奉化市	Fenghua	11087	3062	2363	21
象山县	Xiangshan	15328	2150	256	581
宁海县	Ninghai	14367	2737	2624	37
鄞　县	Yinxian	12886	3393	2798	364
温州市区	Wenzhou District	24172	8113	806	1722
瑞安市	Ruian	10023	2448	866	92
乐清市	Yueqing	12159	2135	509	331
洞头县	Dongtou	1947	456	236	17
永嘉县	Yongjia	7197	1791	308	35
平阳县	Pingyang	7652	1640	450	35
苍南县	Cangnan	11268	1938	609	31
文成县	Wencheng	3967	880	460	
泰顺县	Taishun	3310	718	466	
嘉兴市区	Jiaxing District	25268	8127	1690	1375
海宁市	Haining	10475	2732	2104	378
平湖市	Pinghu	8319	2175	1325	122
桐乡市	Tongxiang	9773	2349	2488	364
海盐县	Haiyan	7648	2558	1087	77
嘉善县	Jiashan	6770	1897	1992	65
湖州市区	Huzhou District	18622	6469	1671	662
德清县	Deqing	6278	1736	1940	341
长兴县	Changxing	5808	1961	1237	76
安吉县	Anji	5684	1529	1050	136
绍兴市区	Shaoxing District	16561	5019	121	1530
诸暨市	Zhuji	12240	3113	2350	875

市县名称 City and County		各类专业技术人员数(人) Scientific and technological Personnel (person)	中级技术职称以上人员数 Persons with Intermediate Technical Title and above	农业技术人员数 Agricultural Technical Persons	从事科技活动人员数 Persons Engaged in Scientific and Technological Activities
上虞市	Shangyu	9938	2345	1020	849
嵊州市	Shengzhou	9641	2404	531	445
绍兴县	Shaoxing	16561	5019	814	2224
新昌县	Xinchang	8166	1924	1038	652
金华市区	Jinhua District	14100	5529		654
兰溪市	Lanxi	9341	3068	802	399
东阳市	Dongyang	9293	2986	433	253
义乌市	Yiwu	9459	2876	1112	36
永康市	Yongkang	7918	2366	221	168
金华县	Jinhua	6296	1776	1500	29
武义县	Wuyi	5329	1167	361	24
浦江县	Pujiang	5055	1340	265	11
磐安县	Panan	3048	708	345	7
衢州市区	Quzhou District	16264	4338	90	1244
江山市	Jiangshan	11405	2505	1261	138
衢　县	Quxian	4600	871	1294	72
常山县	Changshan	6896	1022	1236	98
开化县	Kaihua	4990	1152	614	48
龙游县	Longyou	6596	1377	737	127
舟山市区	Zhoushan District	15122	4888	2977	1066
岱山县	Daishan	3613	844	118	36
嵊泗县	Shengsi	1684	370	572	
台州市区	Taizhou District	20729	5629	4817	796
临海市	Linhai	12062	3420	2664	408
温岭市	Wenling	21532	3076	11382	1265
仙居县	Xianju	7020	1977	7655	139
天台县	Tiantai	7143	1952	5197	30
三门县	Sanmen	5418	1090	1529	41
玉环县	Yuhuan	4685	953	2261	125
丽水市	Lishui	6053	2110	578	245
龙泉市	LongQuan	4586	849	450	67
青田县	Qingtian	4850	945	762	2
庆元县	Qingyuan	3698	784	1848	34
缙云县	Jinyun	5552	1425	1533	51
遂昌县	Shunchang	4138	917	1327	169
松阳县	Shongyang	3710	880	1849	4
云和县	Yunhe	1838	506	786	13
景宁自治县	Jingning	3087	592	512	

17—42 各市、县文化和卫生事业主要指标(1998年)
Public Health by City and County(1998)

市县名称 City and County	剧场和影剧院数(个) Number of Theaters and Music Halls (unit)	公共图书馆图书藏量(千册) Total Collections of Books in Public Libraries (1000 copies)	医院卫生院数(个) Number of Health Institutions (unit)	医院卫生院床位数(张) Number of Beds in Health Institutions (bed)	医院卫生院技术人员数(人) Number of Medical Technical Personnel in Health Institutions (person)	#医生数 Doctor
杭州市区 Hangzhou District	21	4999	89	15530	21035	9452
萧山市 Xiaoshan	17	230	64	2986	4270	1887
建德市 Jiande	22	110	41	1560	2106	918
富阳市 Fuyang	8	90	51	2196	2089	911
余杭市 Yuhang	29	170	49	2051	2461	1059
临安市 Linan	14	120	45	1319	1678	809
桐庐县 Tonglu	21	100	40	883	1185	487
淳安县 Chunan	2	80	40	802	1033	499
宁波市区 Ningbo District	24	786	64	6457	9326	4528
余姚市 Yuyao	6	194	26	1563	1836	904
慈溪市 Cixi	5	157	27	1473	1788	858
奉化市 Fenghua	10	91	33	1293	1244	561
象山县 Xiangshan	2	114	43	920	1222	637
宁海县 Ninghai	3	125	51	878	1456	642
鄞县 Yinxian	16	131	52	1105	1773	939
温州市区 Wenzhou District	13	768	68	4486	5043	1980
瑞安市 Ruian	45	141	69	1704	2311	778
乐清市 Yueqing	15	126	66	1467	2203	745
洞头县 Dongtou	3	59	15	149	276	91
永嘉县 Yongjia	18	156	53	703	1151	414
平阳县 Pingyang	7	106	85	1079	1682	477
苍南县 Cangnan	19	130	99	2126	3080	1320
文成县 Wencheng	3	40	69	484	628	225
泰顺县 Taishun	6	37	69	463	710	253
嘉兴市区 Jiaxing District	5	452	44	2507	2759	1115
海宁市 Haining	2	238	30	1488	1463	658
平湖市 Pinghu	2	247	22	866	1241	542
桐乡市 Tongxiang	4	110	32	1664	1555	640
海盐县 Haiyan	1	154	22	1028	948	459
嘉善县 Jiashan	1	143	24	1143	1168	481
湖州市区 Huzhou District	24	304	53	3543	3466	1485
德清县 Deqing	12	101	26	1664	1225	564
长兴县 Changxing	14	93	39	1506	1532	691
安吉县 Anji	2	82	37	1249	1180	521
绍兴市区 Shaoxing District	5	379	18	1852	2154	921
诸暨市 Zhuji	11	148	38	1762	2422	1205

17—42 续表 continued

市县名称 City and County		剧场和影剧院数（个）Number of Theaters and Music Halls (unit)	公共图书馆图书藏量（千册）Total Collections of Books in Public Libraries (1000 copies)	医院卫生院数（个）Number of Health Institutions (unit)	医院卫生院床位数（张）Number of Beds in Health Institutions (bed)	医院卫生院技术人员数（人）Number of Medical Technical Personnel in Health Institutions (person)	#医生数 Doctor
上虞市	Shangyu	15	153	57	1055	1458	645
嵊州市	Shengzhou	18	158	65	1248	1437	728
绍兴县	Shaoxing	21	2082	64	2082	2063	984
新昌县	Xinchang	6	149	50	885	989	485
金华市区	Jinhua District	6	505	25	1957	2152	932
兰溪市	Lanxi	3	67	57	979	1291	614
东阳市	Dongyang	17	137	60	1327	1793	880
义乌市	Yiwu	6	133	52	1539	2021	786
永康市	Yongkang	5	87	43	962	1115	545
金华县	Jinhua	1	13	34	880	1292	591
武义县	Wuyi	2	81	41	768	841	386
浦江县	Pujiang	10	134	23	520	794	361
磐安县	Panan	2	26	27	370	432	206
衢州市区	Quzhou District	13	139	15	1377	1399	616
江山市	Jiangshan	5	98	54	374	1211	704
衢　县	Quxian	47	6	98	886	1248	534
常山县	Changshan	15	65	27	573	558	266
开化县	Kaihua	33	56	34	656	797	443
龙游县	Longyou	26	37	32	676	862	348
舟山市区	Zhoushan District	38	235	65	2250	2454	1209
岱山县	Daishan	5	94	21	752	697	256
嵊泗县	Shengsi	7	57	14	338	338	130
台州市区	Taizhou District	41	215	91	2057	3412	1383
临海市	Linhai	11	298	82	1870	2212	851
温岭市	Wenling	8	165	67	1955	2469	1008
仙居县	Xianju	8	122	42	731	978	482
天台县	Tiantai	4	69	55	882	1078	389
三门县	Sanmen	3	61	35	470	640	265
玉环县	Yuhuan	4	86	15	594	887	292
丽水市	Lishui	3	130	36	1827	1798	748
龙泉市	LongQuan	3	160	46	551	719	411
青田县	Qingtian	1	110	65	617	686	254
庆元县	Qingyuan	1	89	43	340	510	257
缙云县	Jinyun	2	84	47	466	804	415
遂昌县	Shunchang	2	99	35	512	568	279
松阳县	Shongyang	3	46	30	396	547	222
云和县	Yunhe	2	121	21	220	309	128
景宁自治县	Jingning	1	39	38	301	408	185

附　　录

APPENDIX

浙江省科技进步先进县

（1997 年度）

西湖区	萧山市	鄞　县	乐清市	嘉善县
桐乡市	诸暨市	新昌县	上虞市	绍兴县
温岭市				

（1998 年度）

上城区	拱墅区	江干区	余杭市	镇海区
江东区	海曙区	瑞安市	平湖市	海盐县
嵊州市	玉环县			

全国科技工作先进县

（1998 年度）

桐庐县	临安县	鹿城区	龙湾区	瓯海区
德清县	兰溪市	武义县	磐安县	柯城区
常山县	路桥区	临海市	仙居县	缙云县
遂昌县	松阳县			

浙江省部分省批企业集团名录

企业集团名称	法人代表	电话号码	邮政编码
浙江双龙集团公司	李阿水	0576－7551446	317602
浙江绍兴中国轻纺城开发集团公司	金伟森	0575－4116888	312030
浙江中国轻纺城集团发展有限公司	沈祥星	0575－4115082	312030
浙江中国轻纺城集团股份有限公司	谢方员	0575－4116158	312030
横店集团	徐文荣	0579－6651888	322118
浙江富春江通信集团有限公司	孙庆炎	0571－3371408	311400
红蜻蜓集团有限公司	钱金波	0577－7353228	325102
浙江化纤联合集团股份有限公司	王　斌	0575－8064167	312000
西湖电子集团有限公司	陈焕新	0571－8271001	310012
浙江水晶电子集团有限公司	郑寿松	0576－8881211	318000
浙江大梁山啤酒集团公司	王林根	0574－5572829	315600
浙江温州医药商业集团有限公司	朱永筱	0577－8222197	325000
浙江精工集团	金良顺	0575－4068877	312028
浙江万马集团公司	张德生	0571－3711828	311300
浙江海正集团有限公司	白　骅	0576－8881356	318000
浙江三江实业集团公司	吴肖根	0575－3032151	312400
浙江康恩贝集团	胡季强	0571－7223755	310003
杭州钢铁集团公司	童云芳	0571－8144301	310022
杭州钱潮建材集团有限公司	俞从钧	0571－8681401	311122
浙江龙盛集团股份有限公司	阮水龙	0575－2042743	312368
浙江亚太机电集团公司	黄来兴	0571－2761888	311203
浙江华威实业集团有限公司	童志华	0571－6010716	310021
浙江吉恩仕服装集团公司	张利法	0573－7231275	314400
精益电器集团有限公司	郑元忠	0577－2787871	325604
人本集团有限公司	张童生	0577－6552251	325027
浙江金三塔丝针织集团公司	郑　瑜	0573－2210498	314001
方方集团有限公司	方培敏	0577－3858688	325405
吉利集团有限公司	李书福	0576－2448000	318050
杭州娃哈哈集团公司	宗庆后	0571－6032866	310016
浙江景芳集团有限公司	高掌连	0571－6095656	310016
浙江三变集团有限公司	沈民干	0576－3332130	317100
西子电梯集团公司	王水福	0571－5141595	310021
浙江华鑫集团公司	黄春富	0570－3088810	324002
浙江巨化股份有限公司兰溪农药厂	许康林	0579－8822466	321100
浙江之俊集团有限公司	何志军	0571－3319779	311400
杭州华东医药集团有限公司	李邦良	0571－8173388	310011
万向集团公司	鲁冠球	0571－2716888	311215
浙江漓铁集团公司	魏仕校	0575－4011007	312041
浙江金洲集团	俞锦云	0572－2072542	313000

1998 年部分建筑业企业基本情况

企 业 名 称	法人代表	资质等级	联系电话	邮政编码	建筑业总产值（万 元）
杭 州 市					
浙江省第四建筑工程公司	徐经佩	一级	5173616	310014	106646
浙江省第三建筑工程公司	葛相校	一级	6064163	310008	110182
浙江天乔装饰成套有限公司	史忠汉	二级	7018032	310002	2048
杭州杭信建筑工程有限公司	钱国兴	二级	7993609	310007	6008
浙江省钱塘江水利建筑工程公司	柯斌梁	二级	6999551	310016	11632
宁 波 市					
宁波市建筑安装集团总公司	王宇凌	一级	7889898	315040	96090
第三航务工程局第四工程公司	顾锡恩	一级	6272934	315200	26544
宁波和太幕墙工程有限公司	王和平	二级	7218548	315016	3160
浙江省鄞县交通工程公司	周行春	二级	7411730	315192	6350
宁波宏海建设有限公司	陈忠成	二级	5566748	315600	6092
宁波经济技术开发区天海建设公司	周绍弟	二级	6905688	315807	7763
温 州 市					
温州交通建设集团有限公司(原路桥公司)	高广尘	一级	8627130	325003	10709
温州交通工程有限公司	朱国燕	二级	8625247	325028	3556
温州市设备安装公司	王建国	二级	8820687	325027	4258
温州市瓯海建筑工程公司	腾东立	二级	8527338	325005	12021
温州东瓯建设集团有限公司	何金弟	二级	8528882	325005	12200
永嘉县瓯北建筑工程有限公司	林华	二级	7352749	325102	6105
浙江省苍南矿建公司	李敏励	二级	4651173	325807	2130
嘉 兴 市					
浙江嘉建建筑安装股份有限公司	章一川	一级	2083973	314001	16445
嘉兴市桥梁工程队	张锦浩	二级	2072582	314000	3480
海宁市丁桥建筑工程有限公司	黄建根	二级	7666035	314413	7518
桐乡市建筑安装工程公司	张建初	二级	8022646	314500	3143

企 业 名 称	法人代表	资质等级	联系电话	邮政编码	建筑业总产值（万 元）
湖 州 市					
浙江省水利疏浚工程处	王吉茂	二级	2023307	313000	4912
湖州市住宅公司	张宏保	二级	2038385	313000	6060
浙江天力建筑有限公司	杨虎麟	二级	2055889	313000	6725
绍 兴 市					
浙江诸暨市建筑安装工程公司	来连毛	一级	7013745	311800	60180
绍兴市第三建筑安装工程公司	周水林	一级	5132708	312000	23232
浙江樟塘建筑集团有限公司	王水鑫	一级	2165588	312300	25448
上虞市第五建筑工程公司	陈志樟	一级	2011803	312300	59675
绍兴市双保路桥工程建设有限公司（原第一地基）	陈德根	二级	5136759	312000	1908
绍兴县华宇建筑工程公司	王敏华	二级	4092121	312032	8096
绍兴县第十二建筑安装工程公司	陈忠安	二级	5181338	312065	10512
上虞市舜江建筑工程公司	李金奎	二级	2012932	312300	30170
上虞市丰惠建筑工程有限公司	祝信标	二级	2081232	312361	20472
上虞市谢塘建筑工程公司	沈卫星	二级	2076104	312369	14138
上虞市交通工程实业总公司	项俞泽	二级	2053026	312352	11078
上虞市工业设备安装公司	蒋永富	二级	2016158	312300	5044

1998年部分房地产企业基本情况

企 业 名 称	法人代表	主要开发项目	联系电话	邮政编码
浙江省房地产开发公司	朱澜平	天福花园、春丰苑、美政花苑、青泰南苑、普陀新城花园、涌金广场、广利·庆春苑、广利·流水苑	7051496	310007
浙江兴财房地产发展公司	洪吉根	南中国新城	5101959	310006
中房集团绍兴房地产开发公司	洪纪法	商品房	5134646	312000
浙江华门房地产开发有限公司	徐 群	房地产开发经营、建筑装饰材料销售	8841254	310012
浙江省荣信实业开发有限公司	杨荣泉	中北苑住宅小区	5302566	310014

1998年各类外贸企业出口额前50名

位次	企业名称	出口额（万美元）
1	浙江省土产畜产进出口公司	29509
2	浙江省丝绸进出口公司	29416
3	浙江中大集团股份有限公司	24876
4	嘉兴市进出口公司	22791
5	浙江省粮油食品进出口股份有限公司	21809
6	浙江省纺织品进出口公司	19494
7	浙江东方集团股份有限公司	17520
8	镇海炼油化工股份有限公司	14621
9	宁波市慈溪进出口公司	13780
10	浙江省畜产进出口公司	12730
11	浙江省工艺品进出口公司	11506
12	绍兴市进出口公司	11275
13	中化宁波进出口公司	10839
14	杭州西湖电子进出口有限公司	10563
15	中国土产畜产浙江茶叶进出口公司	10181
16	苿织华实业(集团)有限公司	10125
17	湖州市进出口公司	10079
18	温州市进出口公司	10022
19	宁波市工艺品进出口公司	9443
20	浙江省萧山市进出口公司	9345
21	宁波宁兴公司	8402
22	宁波经济技术开发区进出口公司	8185
23	浙江远大贸易公司	8168
24	浙江省医药保健品进出口公司	8107
25	浙江省轻工业品进出口公司	7436

位次	企业名称	出口额（万美元）
26	浙江省化工进出口公司	7388
27	杭州市轻工工艺纺织品进出口公司	7210
28	浙江省对外贸易公司	6619
29	浙江省绍兴县进出口公司	6244
30	宁波市纺织品进出口公司	5818
31	宁波五矿机械进出口公司	5795
32	宁波鄞县进出口公司	5788
33	中国电子进出口宁波公司	5627
34	温州经济技术开发区经济技术开发总公司	5548
35	海宁市进出口公司	5504
36	宁波天地集团股份有限公司	5486
37	浙江物资产业(集团)总公司	4981
38	浙江省机械设备进出口公司	4907
39	浙江桐乡外贸集团股份有限公司	4718
40	浙江省黄岩进出口公司	4630
41	浙江省五金矿产进出口公司	4622
42	浙江省国兴进出口公司	4584
43	浙江省技术进出口有限责任公司	4552
44	浙江省机械进出口公司	4539
45	宁波市粮油食品进出口公司	4462
46	中国电子进出口浙江公司	4400
47	浙江庆丰纺织印染有限公司	4390
48	宁波鄞县对外贸易有限责任公司	4346
49	浙江省兴合(集团)实业公司	4315
50	金华市进出口公司	4284

部分企业简介(索引)

浙江东南发电股份有限公司

地　　址：浙江省杭州市凤起路451号
董 事 长：陈积民
邮政编码：310006
电话号码：（0571）7029486
传　　真：7077321

浙江东南发电股份有限公司成立于1997年5月，它是由浙江省电力公司、浙江省电力开发公司将其在台州发电厂的资产进行重组，并联同另外三家发起人以发起设立方式组建的股份有限公司。

浙江东南发电股份有限公司拥有独特的经营优势。浙江省电力公司是浙江省规模最大的工业企业，主管全省电力网的营运，同时还负责浙江省新建电力项目的规划和报批；浙江省电力开发公司是浙江省政府全资拥有，主管省内电力投资与开发的主要公司，在省内众多已建成或建设中的电力开发项目中拥有权益。因此，浙江东南发电股份有限公司得到省政府与强大的母公司鼎立支持，为其进一步发展提供了有利条件。

1997年9月，公司发行境内上市外资股（B股）及全球存托凭证（GDR）69000万股，并分别在上海证券交易所和伦敦证券交易所上市交易。目前公司总股本达到201000万股。

公司自成立以来，以"购建并举"为发展战略。截至1998年底，公司的装机容量为166万千瓦，资产总值达76亿元。公司今后将继续致力于电力的投资、开发及经营，努力提高公司的发电能力，力争使公司逐步发展成为国际一流的发电企业。

浙江省邮电印刷厂

地　　址：浙江省杭州市清泰街夕照新村碑亭路8号
厂　　长：张鹤鸣
邮政编码：310016
电话号码：（0571）6047631
传　　真：6045869

浙江省邮电印刷厂是国家新闻出版总署审查批准的国家书刊印刷定点企业，直属于浙江省邮政局。曾连续多年被评为浙江省行业最大工业企业和行业最佳经济效益企业，杭州市文明单位，杭州市文明印刷示范单位。是全国6500家大中型企业之一。

该厂与香港海洋电脑制版公司合资兴办的杭州海洋电脑制版公司，在制版技术和设备上属世界先进、国内领先水平，拥有日本、德国进口的打稿机、输出机、电分机，以及日本三菱四色、五色胶印机，美国苹果电脑20余台。该厂生产的主要产品，印刷类有：有奖邮资明信片、风光邮资明信片，省内外电话号簿，各类画册．精美广告、书刊、报纸、挂历；邮政用品产品有：邮政袋牌、条形码签、邮政专用袋、邮袋封扎带、手携扎袋钳、塑料封志、塑料夹钳、棉蜡绳等。

1998年是该厂较大规模地、有序地生产邮资明信片的一年。共计完成邮电部邮政司下达的邮资明信片1．3亿枚。其中有风光邮资明信片、邮政广告邮资明信片和有奖贺年邮资明信片等，其产品质量和服务质量受到邮电部的好评。

该厂系信息产业部人民邮电出版社浙江印刷厂，是该社书刊、杂志的定点印刷厂家，同时也是邮电部邮政司定点生产四只邮政用品的唯一厂家，是国家邮政速递局定点生产速递单册（国内、国际详情单）的三家企业之一，是国家邮政局国际业务处生产国际包裹详单和国际单册的唯一厂家，也是原浙江省邮电管理局定点生产印刷品（电话号簿、挂历、画册）等和邮政用品的唯一邮电工厂。1998年该厂的《云和号簿》荣获国家新闻出版署署优产品。

该厂全体员工将以一贯的质量和服务取信于用户，通过自身的努力，不断地扩大物质和精神文明建设成果。

杭州康桥造纸厂

地　　址：杭州市拱墅区拱康路 88 号

法人代表：严志泉

邮政编码：310015

电话号码：（0571）8041688

杭州康桥造纸厂创建于 1979 年，属国家中型企业。占地面积 3 万余平方米，拥有固定资产 1800 万元，现有职工 480 人，年产箱板纸 2 万吨。

该厂主要产品有：A 级箱板纸
C 级箱板纸
D 级箱板纸
3#箱板纸

1997 年产品荣获“浙江省消费者首选品牌”称号。以“金鸡牌”为注册商标。

浙江省肿瘤医院

地　　址：浙江省杭州市半山广济路 38 号

法人代表：吕桂泉

邮政编码：310022

电话号码：（0571）8144401　8144402

浙江省肿瘤医院创建于 1963 年。是一所集医疗、科研、教学、预防、信息为一体的现代化省级肿瘤专科医院和肿瘤防治科研及教学机构。《中国肿瘤》《浙江肿瘤》杂志社、浙江省肿瘤防治办公室、浙江省临床病理质控中心、浙江省肿瘤诊治质控中心挂靠在该院。

医院现有职工 850 人，其中正副主任医师（教授、研究员）55 人，初、中级医、技、护人员 500 余人。医院占地面积 67180 平方米，建筑面积 52000 平方米。设有 11 个病区 700 张病床，其中第 11 病区（分院）在杭州机场路城东桥堍，床位 100 张。医院临床科室配置全、技术力量雄厚。

医院放射治疗以人才、技术、设备先进而居全省首位；肿瘤的手术治疗积累了丰富的临床经验，对宫颈癌、头颈部癌、食管癌、大肠癌等恶性肿瘤有自己的手术特色，在省内率先开展的术中放疗、手术大面积缺损修复等取得了较好的效果，化疗及综合治疗亦颇具特色。

在对该院治疗的 17544 例病例调查中发现，医院治疗的癌症五年、十年生存率达到国内先进水平。生存率分别是：甲状腺癌 86. 18%，宫颈癌 70. 58%，乳腺癌 60. 09%，鼻咽癌 53. 58%，大肠癌 45. 48%，胃癌 34. 20%，食管癌 23. 56%，贲门癌 20. 17%，肺癌 12. 78%，肝癌最低仅 2. 7%，十年生存率分别为：甲状腺癌 81. 33%，宫颈癌 55. 03%，乳腺癌 48. 82%，鼻咽癌 35. 49%，大肠癌 35%，胃癌 23. 61%，贲门癌 12. 70%，食管癌 9. 36%，肺癌 7. 79%，二十年生存率：甲状腺癌达 61. 43%，乳腺癌达 30. 98%。

医院设备先进，拥有西门子直线加速器、模拟定位机、三维水箱、加拿大 T780C 钴 60 机、全身 CT、ECT、螺旋 CT、奥林巴斯超声内窥镜高效液相色谱仪等大型医疗仪器设备近百台。

医院在科研方面也取得较好的成果：“人盲肠未分化腺癌体外培养细胞系的建立”、“宫颈癌盆腔撕剥式淋巴清扫术”等十余项科研成果获省级以上奖励。最新研究“食管癌肿瘤抑癌基因 P53、P16 的基因表达的地域性差异及其临床意义研究”通过省级鉴定。

1989 年至 1997 年先后被省卫生厅授予“省级文明医院”、思想政治工作先进单位、先进基层党组织、示范文明医院等荣誉称号。

富阳市富春江第一大桥管理所

地　　址：浙江省富阳市大桥路1号

所长、书记：钱志晖

邮政编码：311400

电话号码：(0571) 3325847

传　　真：3322431

"一桥飞架南北，天堑变通途。"1992年7月1日，富阳人民梦寐以求的夙愿终于变为现实——富春江第一大桥胜利建成通车。大桥全长1014.46米，宽13米，按汽20、挂100设计，总投资4000余万元。它如一条彩虹，沟通春江两岸，连接横樟线、萧金线省道，并成为320国道、104国道的"纽带"，调整了富阳乃至浙西南的交通布局，对促进富阳的对外开放、繁荣经济和社会发展发挥重要的作用。

建所以来，认真贯彻市委、市政府"以桥养桥，以桥带路、路桥结合、滚动发展"的良性循环思路，经省政府批准，对机动车辆收取过桥通行费。全所干部职工立足本职，团结奋斗，真抓实干，勇于进取；按照"安全、文明、快速、畅通"和"应征不漏"的收费工作要求，坚持"两手抓，两手都要硬"的方针；坚持"讲学习、讲政治、讲正气"；进行职业道德、职业纪律和社会公德的学习教育，倡导爱岗敬业，服务群众，奉献社会的崇高道德风尚；狠抓征费管理的各项基础工作，严格制度管理，完善收费设施，强化服务意识，规范收费行为，积极引进竞争机制，深入开展行风建设评议活动。为营造一个良好的收费环境，树立交通窗口的文明服务形象。通车六年多来，为振兴富阳经济和交通事业的发展，作出了不懈的努力。

近两年来，认真贯彻执行各级政府和行业主管部门关于开展"优质服务，文明执法，塑造交通新形象，树立行业新风"和以"政务公开"为主题的行风评议工作，强化规范管理，广泛接受社会监督，加大整改力度，取得阶段性成果，使文明窗口建设年年上台阶。1997年大桥收费站被评为首批"市级文明建设示范点"，同时评为"富阳市交通系统行风建设先进集体"，1998年又获得"杭州市文明收费站"称号。建所以来，连续授予"富阳市文明单位"、"杭州市文明单位"、"杭州市军民共建先进单位"及"标兵单位"、"浙江省车辆通行费十佳征费所"等荣誉称号。大桥1996年被命名为"富阳市爱国主义教育基地"；1998年被评选为富阳市改革开放20年"十件大事"之一。

浙江建德建业有机化工有限公司

地　　址：浙江省建德市梅城工农路28号

法人代表、总经理：冯　烈

副总经理：罗　伟

邮政编码：311604

电话号码：(0571) 4141051 (总机)

传　　真：4144048

浙江建德建业有机化工有限公司，创建于1958年，座落在风景秀丽的新安江畔。

公司现有资产5500万元。年产值和销售额均逾亿元。生产的主要产品：低碳脂肪胺系列产品有一乙胺(MEA)、二乙胺(DEA)、三乙胺(TEA)、异丙胺(MIPA)、二异丙胺(DIPA)、一正丁胺(MNBA)、二正丁胺(DNBA)、三正丁胺(TNBA)等，其中乙基胺类产品在全国的市场占有率达60%；增塑剂系列产品有邻苯二甲酸二丁酯(DBP)、邻苯二甲酸二辛酯(DOP)、邻苯二甲酸二异丁酯(DIBP)、顺丁烯二酸二丁酯(DBM)等；醋酸酯系列产品有醋酸丁酯、醋酸乙酯、醋酸异丁酯等。产品质量得到国内外用户的一致好评。

公司的经营方针：以人为本、经营先导、安全生产，科技兴企。公司已成为国内技术最先进、规模最大的低碳脂肪胺生产厂家，1996—1998连续三年被评为市技术进步先进企业。1997年被评为建德市优秀新产品(新技术)一等奖；杭州市优秀新产品(新技术)一等奖；浙江省石化厅优秀新产品(新技术)二等奖；浙江省新产品(新技术)二等奖；1998年被评为浙江省新产品(新技术)二等奖。

杭州吉华化工有限公司

地　　址：浙江省萧山市红山农场

董事长兼总经理：邵百金

副总经理：徐春田　徐远程　杨泉明

销售处处长：杨再生

外贸科科长：应海军

邮政编码：311234

电话号码：（0571）2699158　2600691

传　　真：2699134

杭州吉华化工有限公司是由浙江红山集团、吉林化学工业公司染料厂和杭州钱江投资区萧然工贸有限公司三家于1991年合资组建的。现有总资产2亿元，占地面积13万平方米，员工1200人，具有高、中级技术人员120人，拥有自行进出口权。年销售额5亿元，其中出口创汇3亿元。

几年来公司实施"管理与技术并举，规模与效益齐步"的机制。管理科学，设施先进，检测手段齐全，配有测色仪、气相、液相色谱仪、紫外分光计等一大批先进的检测仪器，确保了产品质量的稳定。使生产连续多年以超过50%的增幅发展。公司以生产聚氨酯泡沫、染料及相关的化工产品为主。年产聚氨酯软质泡沫3000吨，商品染料20000吨，原染料（滤饼）15000吨，其它化工产品（中间体）22000吨，万吨污水处理厂等。生产的聚氨酯泡沫有普通系列、扬声器专用系列、阻燃型系列。染料主要生产的分散染料系列、PP拼色染料系列和部分直接、酸性系列染料。

公司以稳定的质量、良好的服务，合理的价格及诚实的经营与客户携手合作。该公司推出的各类产品饮誉中外，已与亚洲、欧洲、美洲等30多个国家和地区有贸易关系。

公司座落在驰名中外的钱塘江之滨，与风景旖旎的杭州隔江相望，南依沪杭甬高速公路，北临钱塘江，东靠在建的杭州萧山国际机场，西邻钱塘江二桥。地理优势得天独厚，交通运输极为便捷。

浙江省淳安机床有限责任公司
（淳安机床厂）

地　　址：浙江省淳安县姜家镇姜公路17号

经　　理：金胜平

副 经 理：徐荣琪　王小华

经理助理：吴金田

邮政编码：311722

电话号码：（0571）4861440　4861490

传　　真：4861485

浙江省淳安机床厂于1997年9月组建浙江省淳安机床有限责任公司，同年12月加入了中国机械工业质量管理协会。早在1988年就是中国机床工具工业协会成员，是锯床专业协会常务理事单位，是浙江省机械工业厅定点生产液压弓锯床的厂家。现有公司员工203人，拥有资产1478万元，1998年完成工业总产值706.33万元，实现利税49万元。

该公司主要产品有：X6325型摇臂万能铣床，C0630型、C0630A型普通车床，G7030型、G7025型、G7025B型、G7022型等系列液压弓锯床，其中X6325型摇臂万能铣床获1995年度杭州市职工技协科技成果奖，填补了省内空白；C0630型普通车床，1996年经机械工业部国家机床质量监督检验测试中心抽样通检，各项性能指标均达到要求，受到行业主管部门的一致好评；1997年度，该产品还顺利通过了浙江省技术监督局的检验。系列锯床产品曾多次获得行业测评一等品。1998年12月份，企业取得了中华人民共和国对外贸易经济合作部自营进出口《资格证书》。企业自1991年以来已连续七年获一级信用企业，1996年、1997年、1998年连续三年被评为淳安县文明单位。目前，该公司已成为全省锯床行业中产品规格最全，品种最多，技术最先进的厂家。

上海汽车电器总厂白金分厂

地　　址：浙江省余姚市低塘镇镇南路
厂　　长：郑剑敏
邮政编码：315490
电话号码：（0574）2260114　2260157

上海汽车电器总厂白金分厂，创建于1985年10月，专业生产汽车、摩托车用断电器（俗称白金），汽车用有触点、无触点分电器总成，摩托车用电子点火器，三大系列近百个品种。生产的“地球牌”产品的美誉度已产生一种名牌效应，企业在全国汽车零配件双百推展活动中，被推荐为首批推展企业，产品列入第一批推展24个品牌的名牌汽配产品之列。产品销往全国二十九个省、市、自治区，产销量是全国同行业之首，该厂年生产白金1700万付，产品销售市场覆盖率达70%以上，在同行业中，影响较大。

随着高新技术的不断推广应用，新一代替代产品不断问世，为适应市场，已研制出无触点分电器总成FDW491Q，并与沈阳新光机械厂配套，现又与国外汽车发动机厂达成配套协议。

企业占地11000m^2，拥有职工380名，技术人员54名，固定资产达1000多万元，拥有各类先进设备300多台，技术力量雄厚，生产设备检测仪器齐全，产品质量达到国内外先进水平。企业内部设有技术新产品开发部、质量保证部。目前，企业严格按照ISO9002国际标准组织实施，努力把企业的管理和产品质量提高到一个新的层次。在企业取得一定的社会效益和经济效益的同时，获得了省重点骨干企业、省“重合同守信用”企业，宁波市明星企业、宁波市三星级企业、“AAA”级信用企业、宁波市综合经济效益百强乡镇企业，余姚市特级工业规模企业、文明单位等荣誉称号。

奉化热电厂

地　　址：浙江省奉化市大桥镇南山路大成桥
厂长、书记：陈奇勋
副 厂 长：谢贤军王强华
副 书 记：管国仁
邮政编码：315500
电话号码：（0574）85266318523482

奉化热电厂第一台机组于1989年8月发电，第二台机组于1994年12月发电，第三台机组于1996年1月发电。形成总装机1. 8万千瓦的规模。

全厂占地3. 86万平方米，其中煤场15000平方米，拥有固定资产1. 25亿元。全厂职工242人，其中工程技术人员31名。

企业主营发电兼营供热。年发电量12960万度，年供热能力约10万吨。拥有热风管道二公里，现已向远东织物印染有限公司、爱伊美、汀园宾馆等十多家单位供热。

该厂系重点工业企业。

1991年被评为市级先进企业；

1992年被评为全国地方火（热）电厂节能降耗先进单位和特级信用企业；

1993年被评为市级先进企业和AAA级资信企业；

1994年被评为市重点保护企业、市级先进企业和市文明单位；

1995年被评为宁波市节能先进企业、市级先进企业和AAA级资信企业；

1996年被评为市级先进企业；

1997年被评为省行业最佳经济效益工业企业和市重点工业企业；

1998年被宁波市热电行业协会评为宁波市地方电厂目标管理竞赛三等奖。

慈溪市建筑设备安装公司

地　　址：浙江省慈溪市慈百路 326 号

法人代表：孙焕良

邮政编码：315300

电话号码：（0574）3180304　3814238

传　　真：3810407

慈溪市建筑设备安装公司 1998 年完成建筑业总产值为 4288 万元，增加值 1219 万元。

现有职称的工程技术人员 145 人，有职称的经济管理人员 19 人，期末从业人数 605 人，自有机械设备总台数 340 台，总功率 2813 千瓦。

该公司 1998 年度获宁波 QC 小组优秀奖。

宁波伏龙同步带有限公司

地　　址：浙江省慈溪市龙山镇

法人代表：林鹏飞

邮政编码：315311

电话号码：（0574）3781858（销售部）

传　　真：3780109

上海办事处电话：（021）61374691

北京办事处电话：（010）64012837

E－mail：fldb@mail.nbnet.com.cn

宁波伏龙同步带有限公司（原宁波同步带总厂）专业生产“伏龙”牌橡胶同步带、无级变速带、多楔带、平带、双面齿同步带、汽车同步带等橡胶传动带及配套带轮系列产品。是国内最早开发同步带传动产品的专业生产厂家。

公司下设三个分厂，两个办事处，经营一家伏龙宾馆，并在北仑宁波经济技术开发区注册开办一家伏龙贸易公司。

厂区占地面积 25000 平方米，固定资产 3500 万元，现有员工 318 名，其中专业技术人员 26 名，外聘技术专家 8 名，拥有胶带生产设备 48 台，带轮加工机械设备 38 台，各种检测设备、仪器 26 台。

1993 年与美国合资后，从德国引进了最新的胶带生产设备 6 台，大大提高了生产能力和产品质量。

该公司生产的像胶同步带和带轮系列产品，采用国际标准生产，现有 26 种型号 1000 多种规格，分别通过省级、国家级鉴定。荣获“浙江省科技进步奖”，国家科委“星火产品交易会金奖”，并荣获“省优”、“部优”和“国家级新产品”等称号。

该公司产品品种齐全，能满足用户的各种需要，广泛应用于化工、纺织、机床、烟草、食品加工、仪表仪器、石油等行业的机械传动中，填补国内空白，替代了进口产品，行销全国 30 个省、市、自治区三千多家用户单位，并出口日本、东南亚和欧美各国。

该公司是浙江省重点骨干企业，连年被评为市先进企业、省技术进步优秀企业、省星火示范企业，并通过 ISO9002 质量体系认证，标准化整顿验收，采用国际标准和二级计量验收合格。档案管理也为国家二级。

近几年，公司加快了改革步伐，以市场需求为导向，努力调整产业结构和转换经营机制，继续保持在国内的领先地位，并不断拓宽国际市场。

温州五交化（集团）公司

地　　址：浙江省温州市黎明西路13号
法人代表（总经理）：陈建中
邮政编码：325000
电话号码：（0577）8340409
传　　真：8340403

温州五交化（集团）公司前身是温州五交化采购供应站，始建于1954年。1997年12月经温州市人民政府批准，组建了商业企业集团。现有员工1200余人，有下属企业40余家，是浙江省商业系统最大的企业集团之一，年销售额达4亿多元。

集团公司主要经营范围：五金交电、化工原料、金属材料、油漆染料、石腊、摩托车、家用电器；经营本系统商品进出口业务、委托代理进出口业务、技术进出口业务、承办中外合资经营、合作生产来样加工、来件装配、补偿贸易、易货贸易及转口业务、建筑材料、小轿车销售等；兼营百货、其他食品，文化办公机械、机电设备、陶瓷制品、装饰材料、通迅器材（不含发射设备）、仪器仪表、计算机网络工程开发服务和电子产品销售等。

集团公司通过锐意改革和转换经营机制，摆脱了原有的模式，逐步形成了“集团搭台、专业细分、责任到人”的经营路子，大力拓展经营新领域。

集团公司在搞好五交化商品经营的同时，开辟了饮食服务、医疗及房地产、国外贸易、实业和售后服务的多元化、多门类的经营格局。1993年，创办了中外合资的温州浙南心血管中心医院，开创了商业办医院的先河；1995年国有股份企业——温州花园大酒店开业，是温州市首屈一指的花园式高级宾馆。同年还合资创办了国安出租车公司；1997年合资创建了浙南地区最大的旧货调剂市场——温州旧货调剂市场，同年元旦，经过风雨洗礼的温州商界巨轮——温州华联商厦重新开张。

集团公司还获得直接进出口经营权、轿车销售权、房地产开发权，形成了以本业为主、多种产业并举、内外贸相结合的经营格局，为集团公司的整体发展提供了良好的基础。集团公司本着“顾客第一、质量第一、市场第一”和“价格合理”的宗旨，谒诚欢迎国内外朋友、港澳台同胞前来洽谈业务。

乐清市仪表元件厂

地　　址：浙江省乐清市虹桥幸福西路114号
法人代表：叶金荣
邮政编码：325608
电话号码：（0577）2312418　2312448
传　　真：2315357

乐清市仪表元件厂南临温州市，北靠旅游胜地雁荡山，104国道线横贯厂区。占地5690平方米，建筑面积6950平方米，有职工270人，其中工程技术人员24人。

该厂创办于1966年，经过25年的努力，已成为专业生产冶金炼钢测试探头的重点厂家，在国内同行中处于领先地位。先后荣获浙江省200家最佳经济效益工业企业、省明星企业、温州市技术进步优秀企业，省市重合同守信用和“AAA”级信用优等企业等光荣称号。

1985年投资200万美元从日本引进大型探头生产技术和关键设备，大大促进了企业的发展。1997年通过了GB/TI9002－1994idtISO9002：1994质量体系认证。生产的产品有四大系列、40多个品种：快速热电偶（KS、KR、KB－600系列）；测温取样复合探头（BYG－F01、BYG－F02、BYG－F03、BYT－01、BYT－F02）；转炉副抢复合探头（TCS－2000、TCSS－2000、TOS－2000）；RH定氧探头（LQJ—OP）。产品行销上海宝山钢铁集团公司等国内40多家大中型钢铁企业；还出口到日本、东南亚和台湾等国家和地区。1985－1995年十年间产值翻了4番，利润翻了5．3番，税利翻了6番。1998年完成产值4598万元，利税1321万元。

该厂十分重视新技术的研究和新产品开发，先后开发成功新产品26种，其中10项填补国内空白，13项取代进口，4项获冶金部和省科技进步三等奖。

浙江华东矿山建筑有限公司

地　　址：浙江省温州市水头镇建设大厦

董 事 长：黄兆允

总 经 理：陈　杏

邮政编码：325405

电话号码：(0577) 3851764　3856568

传　　真：3856568

电报挂号：浙江省平阳县 6399

浙江华东矿山建筑有限公司是集矿山建筑安装、工业与民用建筑、建筑装饰工程施工和工程设计、预制构件、钢、铝门窗生产、房地产开发为一体的国家壹级矿山建筑安装施工企业。

公司注册资本 3888 万元，职工 3800 人，其中：主要工种的高、中级技工占 65%，拥有各种国内外先进的大中型土石方开采、运输装卸、钻井机械、土建施工等施工设备 1020 多台，机械总功率达 24750 千瓦。

该公司经过几十年的发展，拥有一套完整的管理机构、科学的管理制度和完善的质量安全保证体系，技术精良，装备完善，实力雄厚。能配套承建各类型矿山、国防、交通、水利、水电等项目的地下、地面建筑安装工程及市政道路、隧道、桥梁、土石方工程。在承建的工程中，合格率达 100%，优良工程达 70%以上。曾先后参加了"江西井岗山罗浮电站"、"内蒙古 782 粮仓洞库"、"795 军用火洞库"、"京九铁路赣龙段"、"山西万家寨引黄工程"、"北京木城涧煤矿"、"甘肃省 109 国道"、"大连金窑线铁路"、"山西大同焦煤矿"、"甘肃省宝积山煤矿"、"深圳东部引水工程"、"三峡工程"等一大批国家重点的设施项目建设，工程质量全部达到国家验收标准，获得了多项部级优良工程和十几项省级优质工程，在全国、全省享有盛誉。公司连年被评为温州市级先进企业，市级文明单位、重合同守信用单位、质量信得过单位、浙江省建行"AAA"级信用企业等荣誉称号。

在未来的创业中，公司决心本着"团结、务实、高效、创新"的企业精神，积极开拓、拼搏，不断深化企业改革。以"质量第一，信誉至上"为宗旨，竭诚为国内外业主提供一流服务。

温州莎普电器有限公司

地　　址：浙江省乐清市柳市镇西仁宕工业区

法人代表：黄存金

邮政编码：325604

电话号码：(0577) 2780093　2775093

温州莎普电器有限公司座落于温州市试验区，距温州港 15 公里，温州机场 43 公里，温州火车站 30 公里。依山傍水，风景秀丽，104 国道线穿境而过，水陆交通便利。

公司创办于 1992 年，属股份合作制企业，专业生产引进国外先进低压电器。几年来，公司已发展成初具规模，集工贸结合的综合型公司，公司生产工艺先进，检测设备齐全。拥有总资产 1500 多万元，其中固定资产 1000 万元。现有员工 200 多人，其中高级工程师 2 人，技术人员 3 人，管理人员 20 人，大专文化程度占总人数 18%。公司特别注重内部科学管理，注重人才，狠抓产品质量，历年来先后被政府部门评为"先进企业"、"优秀企业"、中国乡镇"明星企业"、"出口创汇先进企业"、"重合同、守信用"单位、"AAA 级资信企业"等荣誉称号。是中国产品质量监督协会法人会员，机械工业部低压电器行业协会成员企业，中国机电一体化成员企业。该公司生产的"振电牌"交流接触器被中国国内贸易部科学技术信息研究所录用"电器名优产品"，同时该公司生产的漏电开关和小型断路器已经中国电工委员会安全认证，所有产品荣获机械工业部生产许可证。

公司以"质量第一，信誉第一，服务周到，用户至上"为宗旨，产品远销东南亚、中东、欧美等国家和地区，深受中外客商的青睐和信赖。

主要生产经营 CJX2、CJX5、CJX6 系列交流接触器，QCX5 系列磁力起动器，JRS5 系列热过载继电器，DZ47 系列高分断小型断路器，DZ47LE 系列漏电开关，WTC 保险插座，LAY3、KS 系列按钮及各种信号灯等 200 多个品种规格的产品。

温州华威电器公司

地　　址：浙江省温州市灰桥路52号

法人代表：曾宪光

邮政编码：325000

电话号码：(0577) 8369881　8338113　8316776（传真）

华威电器公司是以生产、销售“华威”系列家用制冷电器及配件著称的大中型现代化企业。现有员工800人，高中级科技人员128人，占地面积35亩，建筑面积4．5万平方米，拥有资产1．2亿万元，是温州市重点企业。公司下属冰箱厂、饮水机厂、水处理设备元件厂、空调器厂、压缩机厂、制冷配件厂。主要生产电冰箱（冷柜）、饮水机、水处理机、空调器、压缩机、干燥过滤器（贮液筒）、电机、增压泵等系列产品。年生产规模：电冰箱10万台、饮水机70万台、水处理机10万台、空调器10万台、压缩机50万台、干燥过滤器600万套（贮液筒），年规模产值达10亿元人民币。公司兼营、自产产品自营出口、自用材、设备、技术进口业务，“三来一补”业务。

公司遵循“现代管理、科技领先、质量第一、用户至上”的宗旨。下设科技开发中心和一个国家级质量检测中心，产品按照国家标准及国际IEC标准组织生产、检验。产品已通过电工产品安全认证、ISO9002质量体系认证、以及UL、CB、CE国际认证，保证华威产品有优良品质，各项指标领先国家标准，并处于国内先进水平。产品遍销全国，远销东南亚、欧美、中东、南非等国家和地区。华威电器整机产品过硬，配件更负盛名，例如冰箱压缩机，制冷快、噪声低、耗电省，除自给外还供应冰箱名牌生产厂家配套。干燥过滤器关键工艺属国内首创，获国家专利，现供应青岛“海尔”的过滤器，几年无一只不合格产品，被该集团评为A级配套件、免检产品，并定为定点配套单位。公司坚持“科技兴厂”，不断研制开拓新产品满足市场的需求，为首向全国和国外市场推出冰热饮水机、带冰箱饮水机、带消毒柜饮水机、带水处理机饮水机等新产品、新品种，深受国内外客户的青睐，同时也增强了企业发展后劲。公司先后被评为省、市级文明单位，连续14年评为省、市级重合同守信用单位、“AAA”守信用单位、省科技进步奖、市级先进单位、明星企业、先进党组织，连续5年评为鹿城区纳税光荣户。经省计经委、省体改委、省统计局、省企业评价中心，评价该公司在1995～1998年度，连续四年均以突出的经营业绩，进入全省最佳经济效益工业企业评价序列。市政府多次授予领导班子集体功。

浙江宝龙集团有限公司

地　　址：浙江省乐清市宁康东路宝龙工业园

法人代表：吴宝发（任董事长）

公司经理：吴宝玉　**副总经理**：金耀青　卓　群

邮政编码：325600

电话号码：(0577) 2578888　2582288　2574808（传真）

浙江宝龙集团系全国大型乡镇企业之一，是一个以浙江宝龙集团有限公司为核心层企业，以乐清市宝龙通讯设备有限公司、浙江宝龙集团好护士生物工程有限公司等11家公司为紧密层企业，集科、工、贸、医药为一体的跨国、跨地区、跨行业的综合性经济实体。公司创建于1986年，前身为乐清市南岳无线电声元件厂。现有员工850人，各类专业工程技术人员占总人数的25%，厂房建筑面积2万平方米，拥有固定资产3350万元，注册资金7030万元。公司技术力量雄厚，生产设备先进，实行电脑网络化管理；1995年9月，公司顺利通过ISO9002国际质量体系认证；98年创产值近亿元，利税950多万元。

公司及紧密层企业专业生产程控电话机系列、BLHT系列红外线耳机、KFX程控电话复位开关系列、DM—2000电键开关、SP、ST微动开关、JH9440B智能化电声测试仪、VL、BL系列摩托车锁、汽车锁、CL系列家用锁、SL系列机械电子锁等，其中8项获得国家专利，产品国内市场覆盖率达80%以上，被解放军总参通讯部指定为定点产品，并被国家科委列入“八·五”星火计划及新产品重点项目，1996年5月，集团公司与天津市科研单位成功研制了荣获国家专利产品称号的好护士消毒杀菌系列产品——性康栓、康洁露、阴洁灵；企业荣获全国大型乡镇企业、浙江省重点民营企业、浙江省专利百强企业、“AAA”资信企业等52项荣誉称号。

浙江求精仪表有限公司

地　　址：浙江省乐清市柳市东风工业区
总经理（法人代表）：陈若愚
副总经理：卓亦民　徐顺旦
邮政编码：325604
电话号码：（0577）2776199　2776299
传　　真：2776199　2778099

浙江求精仪表有限公司是专业生产全电子 IC 卡 DDY999 预付费电度表和 DD28、DD862、DT8、DT862 常规电度表、44L1、6L2、85L17 电流表等系列产品，已有十多年的历史。由于公司全体员工坚持发扬超越自我，追求卓越的创业精神，以质量求发展，用信誉谋合作，使得产品销路越来越好，在全国各主要城市设有销售网点，产品广销海内外。企业总资产逾 2000 万元，厂房占地面积 2000 平方米，建筑面积 4000 平方米左右，在职员工 360 人，其中工程技术人员中专以上文化程度有 55 人。拥有先进的设备，标准化的现代厂房，电视监控。电脑联网，科学的检测手段以及质量信息反馈系统等完善的质量把关工序等。

企业从通过 ISO9002 质量体系认证以来，对企业规模的发展和社会知名度的提高明显增强，为实现企业管理规范化创造了先决的条件。在社会各界人士和各有关单位热情关爱支持下，秉着实施“精益求精”的质量方针及“才学所其，才适所其”的用人宗旨，积极发挥人本素能，在市场经济大潮中，不断输入新技术、新工艺、新材料、使制造的产品具有质量好，性能高，化样多，型号全等有特色的产品参与市场竞争。

展望 21 世纪，浙江求精仪表有限公司的全体同仁将继续发扬“精益求精”的精神，努力探索发展道路，决心在世界经济舞台上创“求仪”品牌；扬“求仪”人声誉，以振兴民族工业为己任，自信会走向更加灿烂的明天。

中国·新艺集团公司

地　　址：浙江省乐清市北白象电器工业区
董 事 长：黄松荣
邮政编码：325603
电话号码：（0577）2898888
传　　真：2897777

中国·新艺集团有限公司创办于一九八四年，是农业部确认的国家级大型企业集团。中国新艺集团现拥有 48 家成员企业，在全国各省、市、自治区的 100 多个城市设立销售分公司及 200 多个国内外销售网点。现有员工 2500 余人，占地面积 32000m^2，注册资金 1. 01 亿元。主要产品：各种漏电断路器、万能式断路器、交流接触器、塑壳式断路器、稳压器、调压器、高低压成套装置等 50 大系列、2000 余种规格的高低压电器元件。新艺电器性能完善、品质卓越，畅销国内外并出口东南亚、欧美等国家和地区。新艺集团产品被国家建设部中国工程建设标准化协会评审委员会评定为工程建设推荐使用产品；该公司及其产品被中国百家知名企业产品介绍组委会、中国百家知名企业产品质量承诺组委会评为“中国百家知名企业”、“中国名牌产品”。

该公司通过国际标准 ISO9002 质量体系认证，全部产品取得 CCEE 安全认证和国家机械部生产许可证。

公司的主导产品 DZ15LE、DZ20L、DZL25、DZL18 等漏电断路器系列和 DW17、DW15 万能式断路器系列以及 DZ20 塑壳式断路器系列和 CJ20 交流接触器系列，多次获得省、市科技进步奖和科技成果奖，部分产品取得国家专利。新艺人一直致力于追求卓越的民族电器设备工业，为创造适合中国未来城乡电网建设的最佳配套产品而不懈的努力，为国家提出的城乡电网改造提供我们最优秀的产品和服务。我们坚信，凭着我们的努力和孜孜不倦的追求，一定会把新艺建设成为管理科学、技术先进、规模宏大、效益一流的现代化企业集团，为民族电器工业的发展作出我们应有的贡献。

电子信箱索取语言传真，欢迎访问新艺主页

网　址：http://www.chinaxinyi.com
E－mail:xinyi@mail.wzptt.zj.cn

浙江省苍南矿建公司

地　　址：浙江省苍南县矾山镇人民东街 23 号
经　　理：李敏励
副 经 理：肖若早
邮政编码：325807
电话号码：(0577) 4651173
该公司主要业务项目：矿山井巷建筑、交通、水利隧道以及大型土石方开挖。
一九九八年主要经济、技术指标如下：
产值：2130 万元；增加值：1044 万元
上缴利税：76 万元
全部职工年平均人数：560 人
年末拥有固定资产原值：997 万元
年末拥有固定资产净值：558 万元
年末拥有机械设备总台数：155 台
年末拥有机械设备总功率：2440（千瓦）
全员劳动生产率：
按总产值计算：3. 8/人（万元）；按增加值计算：1. 8/人（万元）
技术装备率：7920/人（元）；动力装备率：4. 1/人（千瓦）
工程质量优良品率：按单位工程个数计算 50%。

交通银行嘉兴分行

地　　址：浙江省嘉兴市禾兴北路 497 号
行　　长：徐　明
副 行 长：朱　进
纪委书记：朱晓菱
邮政编码：314000
电话号码：(0573) 2078096

交通银行嘉兴分行始终认真贯彻国家的金融方针政策，严格自觉地执行中央银行的政策法规及上级行的制度规定，坚持“三个一流”的办行宗旨，坚持“艰苦奋斗、争创一流”的交行企业精神，坚持依法管理、合法经营、从严治行的工作方针，坚持“开拓创新求发展、稳健经营保质量、强化管理增效益”的经营指导思想。围绕“支持经济建设、防范金融风险”两大工作主题，全体行员内强素质、外树形象，各项经营业务保持持续，稳健、高效的发展态势，精神文明建设也取得了长足发展。1998 年底，全行资产总额已达 13. 46 亿元，人民币存款比上年底增长 30. 74%，贷款余额比上年底增长 34. 70%；全年完成国际业务结算量为 8160 万美元，增幅达 136. 6%，完成结售汇 6226 万美元，同比增长 151. 6%；太平洋信用卡业务从无到有，实现较快发展，累计发卡突破一万张；信贷资产质量继续保持较高水平，至年末利息回收率达到 97. 84%，不良贷款占比为 2. 96%，人均创利达到 13. 4 万元，在交通银行全辖位居前列；机构网点建设稳步推进，1997 年支行升格分行之后，率先成为市五大银行中唯一一家无单设储蓄机构的银行。在交通银行总行的 1998 年度综合业绩考评中首次获得并列第一名和经营管理一等行的优异成绩。

在新世纪来临之际，交通银行嘉兴分行将以强化管理、确保质量、增加效益，更新手段，提升形象的工作主题，振奋精神、迎难而上，紧密依托地方经济发展，坚持以传统资产负债业务为主业，积极开展金融业务创新，加快发展以信用卡业务为依托的私人金融业务，加大市场营销力度，努力催生新的业务增长点，继续实施信贷结构调整战略，全面推行本外币一体化经营，提高市场占有率，强化风险管理，依法合规经营，提高资产质量和经营效益，加快人才和业务电子化工程建设，增强业务发展后劲。

加西贝拉压缩机有限公司

地　　址：浙江省嘉兴市王店镇

总 经 理：朱金松

副总经理：汪文俊　汪文元　陈凤奎　刘世远　陈文西

邮政编码：314011

电话号码：(0573) 3244917

传　　真：2088752

加西贝拉压缩机有限公司是国家定点制冷压缩机专业生产企业，浙江省“七五”规划的重点工程之一。公司总投资5000万美元，全套引进意大利阿斯贝拉公司具有九十年代初国际先进水平的生产设备和软件技术，生产“B”系列全封闭冰箱（冷柜）压缩机，设计能力为年产100万台。

公司以“科技领先、质量第一”为宗旨，产品质量持续稳定，经国家家用电器质量监督检测中心多次检验抽查，各项指标均符合国家标准。1995年7月，在全国压缩机行业率先通过ISO9002认证，1998年6月通过SAC复评。

加西贝拉公司的压缩机产品在CFC（无氟）替代研究上始终处于国内领先地位。1993年研制无氟压缩机，经联合国工发组织向“蒙特利尔”执委会申报列项批准，1995年获“蒙特利尔”赞助基金179万美元，建成我国唯一的碳氢无氟压缩机示范生产线。1997年6月，公司成功地生产出首批碳氢无氟压缩机，产品性能各项指标均达到国际水平，成为我国第一家能够批量生产和销售碳氢无氟压缩机的企业。B系列碳氢压缩机推荐为“浙江省名优科技产品”、“浙江省高质量科技产品”、“浙江省优秀高新技术产品”。

公司先后荣获省卫生先进单位；1995、1998年浙江省委、省政府授予省治安综合治理先进集体；荣获浙江省“八五”期间职工教育先进单位；1996年获省设备管理先进单位；1995、1997、1998年获省治安安全单位称号；1997年获浙江省技术进步优秀企业。

1998年生产压缩机108．16万台，销售109．51万台，创历史最高水平，名列全国同行第四。

加西贝拉压缩机有限公司新增150万台/年碳氢无氟压缩机生产线，经国经贸（1997）642号《关于下达技术改造第一批重点工业产品结构调整导向性计划的通知》批复，总投资3．3亿元，项目建成后，可达到250—300万台/年产碳氢无氟压缩机生产能力，成为全国碳氢无氟压缩机生产基地。

浙江嘉春毛纺有限公司

地　　址：浙江省嘉兴市南湖路200号

总 经 理：戴　平

邮政编码：314000

电话号码：(0573) 2022904（总机）　2075308（总经理室）

浙江嘉春毛纺有限公司是1993年成立的中外合资企业，公司全套引进意大利、英国、日本等世界上最先进的纺纱、染色设备，专业生产各种规格的山羊绒纱、丝羊绒纱。公司现有固定资产5000余万元，是目前华东地区最大、质量最好的羊绒纱生产基地，产品百分之八十远销世界各地。

公司主要产品有：15－42公支粗纺羊绒纱、丝绒纱、牦牛纱、驼绒纱、混纺羊绒纱、羊绒衫、羊绒围巾、羊绒呢及服装制品等。

公司以市场为导向，以满足客户需求为己任，利用一流的生产设备，不断改进工艺，优化产品结构，试制生产出粗纺高支羊绒纱，受到了客户的信赖和青睐，1997年被列为浙江省综合经济效益百强之一。为进一步扩大生产规模，增加产品的科技含量，提高产品质量，企业十分注重技改投入，今年投资4000余万元进行技术改造，引进意大利先进纺纱设备并已安装调试，四季度可投入生产，届时年生产羊绒及其他各类毛纱可达800－1000吨。

公司坚持质量第一、信誉至上的原则，竭诚与海内外各界朋友、贸易人士进一步建立和促进友谊，加强合作。

浙江省嘉兴橡胶厂

地　　址：浙江省嘉兴二环北路 4119 号
厂　　长：高奎荣
邮政编码：314003
电话号码：（0573）2213740　2213743
　　　　　　2200061　2200060

嘉兴橡胶厂是专业生产橡胶制品的企业，拥有固定资产（净值）1644 万元，现有员工 350 人。

主要产品有普通三角带、汽车风扇带、窄型带、切边式 V 带、普通运输带。

年生产能力：输送带 45 万 m^2，普通 V 带 2200 万 Am，汽车 V 带 62 万条。

产品质量性能优，1998 年输送带、普通 V 带、汽车 V 带合格率分别达到 99．69％、99．50％和 99．81％。

该企业 1998 年完成工业总产值（现价）2240．4 万元；

实现产品销售收入 2263．7 万元；

创税利 195 万元。

海宁海橡集团有限公司

地　　址：浙江省海宁市硖石镇东立交路北
董事长兼总经理：王周林
常务副总经理：鲁国强
副总经理：沈财兴　陈建良
邮政编码：314400
电话号码：（0573）72748227274116
传　　真：7279999

海宁海橡集团有限公司（原海宁橡塑制品厂）始建于 1976 年，目前是国内最大的鞋材专业生产单位之一。公司地处“观潮胜地”——海宁市，地理位置得天独厚，交通通讯极为便利。

企业现有职工 370 人，固定资产原值达 2108．86 万元，占地 59211．3 平方米，建筑面积 19770 平方米。

生产设备齐全：拥有各类密炼机、开炼机、平板硫化机、挤出机、进口全自动鞋底射出成型机、喷涂流水线等设备 200 余台套。同时具有较为完整的质量保证体系和产品检测手段。年产能力为各类仿底片 700 万片、各类成型底 450 万双、TPR 鞋底 100 万双、TPR 料 1500 吨及其他橡胶杂件。

主导产品“海橡”牌仿底片，1993 年通过了浙江省新产品鉴定，并荣获 1994 中国新技术、新产品博览会金奖及浙江省产品监督检验所推荐产品。“海橡”牌产品在温州、广州、沈阳、成都、青岛等地市场具有很高的知名度和销售潜力，受到了全国十大鞋王如森达、上皮二厂、南京万里、金猴、杭州特丽雅和温州几个大客商的一致好评。

企业长期以来本着“以信为本、以质取胜、开拓进取、争创一流”的宗旨，不断加强内部管理，优化和调整产业结构，注重产品质量，以技改促发展，取得了一定的社会和经济效益。自 1993 年起企业已连续多年被各级部门评为浙江省信用特级企业，海宁市明星企业，嘉兴市百强乡镇企业，嘉兴市文明单位，中二型工业企业等称号。

海橡集团将进一步解放思想、更新观念、加大找商引资力度，抓住机遇、大胆实践、开拓创新、努力向实业化、多元化、集团化、国际化方向发展，力争在五年内成为集科、工、贸于一体的中型集团企业。

公司热诚欢迎海内外新老客商友好合作、共图发展！

桐乡市城东制革厂

地　　址：浙江省桐乡市梧桐镇东门320国道旁
厂　　长：杨锦松
邮政编码：314500
电话号码：(0573) 8023528 (厂长室)　8021178 (供销科)

桐乡市城东制革厂创建于1987年，现有固定资产2100万元，占地面积32200平方米，建筑面积15800平方米，年产绵羊服装革150万张以上，是目前桐乡市规模最大的羊皮制革专业厂之一。先后被列入浙江省重点骨干乡镇企业和嘉兴市百强乡镇企业行列；1997年又被农业部乡镇企业局评为行业经营规模百强乡镇企业第46位；1998年被列入桐乡市优势工程企业。

该厂生产的“一舟”牌绵羊服装革，经国家和省皮革质量监督检验中心测试，各项理化指标连续多年全部合格，名列前茅。1997年以来，“一舟”牌绵羊服装革经批准使用国家皮革质量监督检验中心监制标志。

1995～1998四年，企业实现两个突破，产值和销售收入均超过3亿元，取得了较好的经济效益和社会效益。

今年以来，继续从扩大科技投入和引进国际先进设备及一流的皮化材料着手，保证产品质量的持续提高，努力增加产品附加值。投资100多万元的皮革实验室投入使用后，进一步扩大了与外国皮革专家的交流与合作，加快了新技术、新产品的应用和开发，同时也增强了对皮革质量的检测和自控手段。

在品种上，根据近年来皮衣时装化，色彩多样化的新潮流，大力开发花色品种，从早几年的10几个，迅速增加到目前的150多个，基本做到客户需要什么，就生产什么。并逐步满足了不少顾客以国产皮取代进口皮的愿望。“质量好，品种全，要买皮，到城东”已成为广大客户普遍认同。“一舟”皮革在上海、北京、温州、深圳等市场，以其独特的风格、高档的品味，过硬的质量，树立了良好的形象。在海宁市场更是家喻户晓。四年来，持续出现了产销两旺、客户争购和当天产品当天销售的强劲势头。

厂长杨锦松竭诚欢迎广大新老客户光临惠顾。

湖州市建筑安装工程总公司

地　　址：浙江省湖州市劳动路127号
总 经 理：王仲元
邮政编码：313000
电话号码：(0572) 2022066

湖州市建筑安装工程总公司成立于1953年，在46年的实践中，积累了极其丰富的施工经验和实力，具有独立承建各类大中型工业建设项目、高级高层民用建筑、工业和民用设备安装、大型土石方、深地基施工、打桩、吊装、滑模、钢结构、高强预应力混凝土构件、室内外装璜、市政道路等综合配套施工能力。是一家专业技术齐全、管理制度健全、多种经营发展为一体的一级资质的国有施工企业。

公司下辖土建、安装、装璜、构配件预制、机施、市政、房地产开发等16个基层公司，现有职工3000余人，有各类专业技术人员380余名，其中高中级职称73名；拥有总资产1．5亿元，注册资金3313万元，各类机械设备1052台件，从而，满足了日益发展的高层建筑和高新技术的需要。

公司坚持“以质量求生存、以质量求发展”的方针。“八五”以来，共创优良工程百余项，获市“十佳”、“飞英杯”工程20余项，获部优和省“钱江杯”工程5项，获国家“鲁班奖”参建工程1项，年工程优良率50%以上。1998年工程优良率达到88．79%。按ISO9002标准建立了一整套严格的质量保证体系，完善了严密的管理、监控、检测手段，坚持深化改革，推进技术进步。连续3年获得了省施工企业管理优秀奖，连续11年被市府命名为“重合同、守信用”单位，连续6年获省级信用企业(AAA)，并先后被授予建设部“设备管理优秀单位”，“浙江省先进建筑施工企业”，“浙江省思想政治工作优秀企业”，“市红旗企业”等荣誉称号。

总公司的企业精神——团结进取、务实守信、优质高效、争创一流。

总公司的企业宗旨——质量为本、信誉取胜、创一流产品、求最佳效益。

总公司的质量方针——科学管理、精心施工、真诚承诺、争创一流。

浙江久立集团股份有限公司

地　　址：浙江省湖州市镇西镇
法人代表：周志江
邮政编码：313012
电话号码：(0572) 3620999
传　　真：3620789

浙江久立集团股份有限公司创建于1987年，是全国第二批现代企业制度试点单位和浙江省“五个一批”重点骨干企业。以生产不锈钢管，防耐火电缆为主，金属、化工材料为辅，是化工部定点的浙江省最大规模冷拔不锈钢管生产企业，也是全国最大的矿物绝缘电缆生产企业和浙江省首批区外高新技术企业之一，曾连续六年获得“浙江省科技进步优秀企业”称号。1996年被省人民政府评为“八五时期规模经济效益显著企业”。主导产品不锈钢和防耐火电缆分别通过了国家方圆认证委员会“方圆标志”及中国电工产品认证委员会“长城标志”的质量认证和ISO9002质量体系认证。被省科委评为“省级星火示范企业”。1998年公司完成销售收入2.5亿元，创利税1786万元。

公司下属有8家有限责任公司（生产型企业）以及上海、杭州、宁波三个销售公司和深圳、广州、北京、南京、武汉、济宁等多个驻外办事机构。

“久立”始终以市场为导向，紧紧依靠科技进步，年年搞技改，年年有项目。引进消化、吸收了一大批先进的生产、检测设备和工艺装备，建立了计算机管理网络和较完善的质量保证体系。全面推行ISO9000质量体系，并得到了有效实施且运行正常。企业具备了较强的产品开发设计能力，确定了企业科技水平在国内同行业的领先地位。最近，“久立”又兼并了浙江省大型国有企业——湖州钢铁股份有限公司，预计1999年7月可全面恢复生产。使久立集团得到进一步发展壮大，取得更好的规模效益。

久立自创建以来，坚持两个文明一起抓，使企业在党的建设、班子建设、队伍建设、思想政治工作等方面都取得了明显的成绩，两个文明建设得到了协调的发展，成为湖州市文明单位和利税大户。

浙江华能长兴电厂

地　　址：浙江省湖州市长兴县雉城镇五里桥
厂　　长：姚永林
生产副厂长：陈国雄
经营副厂长：翁家驹
邮政编码：313100
电话号码：(0572) 6022358—23442343

浙江华能长兴电厂坐落在美丽的太湖之滨，现有装机容量250MW，职工1162人。截止1998年底，两台125MW国产超高压高温火电机组自1992年相继投产以来已累计发电100.98亿千瓦时，安全生产日达1592天。作为浙北地区的主力火电厂之一，长兴电厂给浙江电网源源不断地输送着安全、优质、经济、可靠的电能，为浙江经济的腾飞无私地奉献了她的光和热。

近两年来，随着电力体制改革的深入，长兴电厂面对着电力走向市场的新形势，发扬“团结、进取、求实、拼搏”的企业精神，在厂网分开，竞价上网渐成趋势的情况下，积极迎接挑战，抓住机遇，使全厂职工牢固树立优患意识，主动适应社会主义市场经济的要求，以无愧于“安全文明生产双达标企业”和“一流火力发电厂”的光荣称号。

长兴电厂在抓好物质文明建设的同时，精神文明建设也获得了丰收。在1994、1995、1996连续三年被浙江省电力局评为“文明单位”后，1997年又被华东电力集团和国家电力公司分别授于“双文明单位”称号，1998年又通过了省级文明单位的考评验收。

目前，长兴电厂的浙江省火电机组技改项目两台30万千瓦四期扩建工程的前期工作正紧锣密鼓地开展着，我们有理由相信长兴电厂的明天会更美好。

浙江铁鹰电缆集团公司

地　　址：浙江省长兴县环城北路
董 事 长：李百英
总 经 理：傅根富
邮政编码：313100
电话号码：(0572) 6026402

浙江铁鹰集团公司是以通信电缆、光纤光缆为主的线缆生产厂家。公司成立于1985年，占地10万平方米，员工682人，拥有总资产2.2个亿。年生产能力：通信电缆180万对公里，光纤光缆1万公里。公司拥有奥地利产先进的进口生产设备及瑞士、英国、美国产先进的检测设备。产品技术性能指标分别能满足邮电部YD/T322－1996和YD/T20197标准及有关国家标准。1997年通过ISO9002质量体系认证，1998年取得邮电部通信设备进网质量认证证书和国防通信网设备器材进网许可证。

目前公司产品已在浙江、安徽、辽宁、吉林、河南、天津、上海、河北、重庆等省市定点，深受广大用户好评。

公司以“先进的技术、健全的法规、严密的管理、提供顾客满意的产品和服务，力争行业领先地位”为质量方针，真诚欢迎新老客户前来洽谈合作，携手共进。

浙江长广（集团）有限责任公司

地　　址：浙江省湖州市长兴县城金陵南路2号
董事长、总经理：徐　林
副董事长：姚炳甫　鱼万隆
副总经理：虞岳明　吕德曼　尤锦江　杨志豪
邮政编码：313100
电话号码：(0572) 6043369
传　　真：6043361

长广集团公司是浙江省直属国有大型企业；是一家以煤（炭）、电（力）、建（水泥）、化（火工品）为主，三产经营为辅，集全民、股份、集体多种经济成份的多行业、多产品、多元结构的综合性国家独资企业；公司有煤有电，具有十分明显的能源优势。

长广集团公司（原长广煤矿公司）始建于1958年，经过40年创业建设，公司已从初创时的单一煤炭生产，发展成为今天的综合性国家大型企业。特别是改革开放以来，公司遵循“发展是硬道理”，在不断深化内部改革，转换经营机制的同时，坚持从实际出发，充分利用本企业优势；坚持以建设发展为根本，大力调整产业结构，走综合发展道路，使企业面貌发生了根本性变化，生产经营规模迅速扩大，综合实力和发展后劲不断增强。集团公司现有下属子（分）公司二级单位27家，职工11000人，拥有资产11亿元。1998年销售收入5.6亿元。1997年，经省政府批准，企业改制为国家独资有限责任公司。

主要产品及经营范围：煤炭、电力、水泥、炸药、雷管、电焊条、机械产品制造加工、建筑及工程安装、汽车修理及运输、照明电器、蓄电池、轻工、针织、商业、物资贸易。主要产品年生产能力：煤炭100万吨，发电100MW，水泥61万吨，炸药5000吨，雷管500万发，电焊条7000吨，机械加工2000吨，建筑企业具有国家二级施工资质。

长广牌425＃普通硅酸盐水泥在1990年获省优质产品称号；

长广牌E4303碳钢焊条在1990年获省优质产品称号；

长广牌525＃普通硅酸盐水泥在1995年被推荐为“中华水泥精品”。

安吉丰牧兽药有限公司
安吉兽药厂

地　　址：浙江省安吉县孝丰镇
法人代表：于德秦
邮政编码：313301
电话号码：（0572）5052289　5052547（传真）

安吉兽药厂是浙江省农业厅批准定点的兽药生产厂，创建于1991年，正值农业部颁布实施兽药“GMP”制度，在农牧行政部门高标准、严要求的审核把关下，奠定了该厂规范化、正规化的基础，专业化的技术人员、标准化的厂房设施、现代化的设备仪器、完善的质量保证体系，为生产优质产品提供了可靠保证。拥有固定资产200万元，设有片剂、水剂、预混剂、油剂四条流水线。年生产能力1000吨。

该厂以科技为先导，注重与大专院校、科研单位合作，共同开发新产品，已开发成功的新产品有：国家级三类新兽药新一代广谱抗菌素“速安康”（甲砜霉素散、片剂），该药不易产生耐药性、杀菌力强、无毒副作用，抗菌效果比氯霉素强2.5—5倍，系畜禽肠道病、呼吸道病的首选药；国家级水产新药“鱼病清”，系广谱抗菌素，可有效防治各种名特优水生生物的细菌性暴发疾病；省级新产品“强力呼喘净”，系复方广谱抗菌素，是畜禽呼吸道疾病的首选药物；省级新产品母服仔猪白痢散、黄痢宁、喘平、囊炎康、蛋禽乐等均为纯中草药制剂，是根据祖国中医学“扶正驱邪”理论针对特征性病症，配伍科学，立方精当，适口性好、无毒、无残留。并开发出具有一定特色的畜禽用复合预混料“肥猪宝”、“蛋禽宝”，使用后能明显提高饲料转化率，降低成本，增强畜禽抗病能力，促进生长，提高产蛋率，增加效益。1998年新兽药“速安康”和纯中药制剂“母服仔猪白痢散”被评为“浙江市场名优兽药产品”。同时该厂荣获“浙江市场十佳兽药企业”称号。

该厂地处上海经济区腹地，座落在“川原五十里，修竹半其间”的全国著名“中国竹乡”安吉孝丰镇，中国二十四孝典故之一孟宗哭竹冬生笋，就出自孝丰镇。唐朝诗人白居易有诗云“此洲乃竹乡，春笋满山谷”是其真实的写照。交通十分便利，湖州至安徽省际公路傍厂而过，距湖州、杭州、宁国均只有七、八十公里，至上海、南京、苏州可当天往返。竭诚欢迎新老客户莅临指导、洽谈业务。

该厂目标：团结、实干、优质、高效。

该厂方针：以质量求生存、以品种求发展、以管理创效益、以服务创市场。

该厂宗旨：产品质量保证、价格合理、服务周到、用户满意。

浙江华能轻型建筑工程有限公司

地　　址：浙江省绍兴县柯西工业区
法人代表：高国水
邮政编码：312030
电话号码：（0575）4079318　4079377（传真）

浙江华能轻型建筑工程有限公司是一家具有国家二级施工资质的轻型钢结构和生产轻质板材大型建筑建材企业。公司拥有员工787人，各类专业技术人员占15%以上。公司1998年度完成产值1.5亿元，实现销售1.37亿元，创利润1577万元，创优良率45.71%。

公司历年被建设银行绍兴县支行评为“AAA”信用企业和浙江省墙改办评为“浙江省墙改功臣单位”。1998年12月公司实施的“建筑轻型钢结构的开发与生产”通过国家级星火计划项目验收和ISO9001质量体系认证。成为绍兴县第一家通过ISO9001质量体系认证的建筑企业。

公司以全新的开拓精神，高度的责任感，优质的产品和服务，取得顾客的信任。

浙江海亮铜业集团有限公司

地　　址：浙赣线浙江诸暨湄池镇

董事长兼总经理：冯海良

邮政编码：311814

电话号码：(0575) 7063555　7065167

传　　真：7062008

浙江海亮铜业集团有限公司的前身是诸暨市铜材厂，创建于1989年，经过10年的艰苦创业，如今已发展成为一家集工业、贸易、教育、科技于一体的股份制集团公司。拥有固定资产1.6亿元，总资产2.9亿元。近年来，公司先后被评为浙江省最大工业企业、最佳效益工业企业；被绍兴市政府命名为管理示范企业；被诸暨市政府命名为五星级管理企业、市工业规模企业；被浙江省农行授予黄金客户。

公司系中国有色金属加工协会会员单位。具有年产铜棒12000吨、铜管13000吨的生产能力，产销量分别居全国第一和第三。

主导产品有：铜管、铜棒为海尔、长虹、春兰、科龙、格力等空调厂家配套。

公司直属企业有：诸暨市海亮铜管厂、浙江绍兴美时亮铜业有限公司、嘉兴海亮铜管有限公司、诸暨市海亮刃模具有限公司、诸暨市海亮金属材料有限公司等。并在广东、上海、山东、河北、贵州、江苏及本省绍兴、嘉兴、玉环等地设有13个办事处或分公司。

公司的三产企业有：汽修厂、服装厂、食品厂、蔬菜基地、养殖基地等。

公司1995年独家投资1.1亿元创办的诸暨市海亮外国语学校，实施从幼儿园到高级中学一贯制教育的全日制寄宿学校。校园占地面积10.5万平方米，建筑面积5.5万平方米。目前共有60个班，近2000名在校学生，教职工386名，是浙江省目前最大的民办学校。

浙江亚厦装饰集团有限公司

地　　址：浙江省上虞市章镇新区

董事长、总经理：丁欣欣

邮政编码：312363

电话号码：(0575) 2096888

浙江亚厦装饰集团有限公司是专业从事建筑装饰、幕墙门窗、家具制作的大型集团企业，注册资本5168万元，现有成员企业十八家，分公司十二家，系中国建筑装饰协会和中国建筑金属结构协会成员企业。

公司具有国家建筑装饰施工壹级、建筑幕墙施工二级、建筑装饰设计乙级、玻璃幕墙专项制作及设计等五项资质，是浙江省专业装饰企业资质最全的企业。拥有全套德国进口幕墙、铝门窗加工生产流水线，具有年产20万平方米幕墙门窗生产能力。公司实力雄厚，技术精湛。近年来承接的装饰工程如上海申通广场、上海通用大厦、嘉兴阳光大酒店、嘉兴交通银行、杭州银泰百货（设计）、杭州城市花园酒店、山东枣庄工行、上虞建设大厦、上虞工商物价大厦、海盐电力大厦等，因设计美观、质量优良，已赢得广泛声誉。

多年来，公司坚持“以质量求效益，以规模求发展”的经营方针，经济效益连年翻番，企业产值连续四年位居全省同行业之首。1998年实现产值41135万元，创利3132万元，优良工程17个。

公司历年荣膺业绩显著。系浙江省先进建筑施工企业、绍兴市行业专业先进单位（仅一家）、绍兴市综合实力二十强企业、上虞市建筑十强企业；绍兴市重合同守信用单位、省建行连续五年AAA级信用企业；在1997、1998年浙江省行业经营规模、经济效益评比中名列首位，并荣列全国行业最大经营规模企业第二位。

1998年公司通过ISO9001质量体系认证，成为浙江省装饰行业第一家，也是唯一一家通过ISO9001认证的企业。目前，公司正在实施跨世纪的企业系统工程，力争在本世纪末形成一个经营专业化、生产现代化、管理科学化、队伍正规化、市场国际化的国家级集团公司。

浙江八达建筑有限公司

地　　址：浙江省诸暨市友谊路138号
董 事 长：王昌培
总 经 理：周建伦
党委书记：杨正义
邮政编码：311800
电话号码：(0575) 7217165　7213388（传真）

浙江八达建筑有限公司，是一家以工业与民用建筑施工为主，具有建筑设计、地基基础、工业设备安装、建筑装饰、仿古建筑、地下建筑、消防、市政建设等综合承包能力的国家一级建筑企业。现有注册资金3135万元，其中生产性固定资产2200万元；拥有各类专业技术职称管理人员500余名，其中高中级技术管理人员100余名；二级资质以上项目经理40余位。年施工能力8亿元以上。施工区域以本省和上海为主，足迹遍及北京、江苏、江西、安徽、青海、西藏、新疆、广东等地，曾参加过伊拉克、科威特、沙特阿拉伯等国的经援或劳务工程的国外施工。

公司一贯奉行"对用户负责，对社会负责，对历史负责"的质量方针，通过实施优质名牌战略，开展全面质量管理，建立并实施ISO9002质量体系，使企业的工程质量和质量保证能力不断提高，安全生产、文明施工蔚然成风，工程合格率达100%，优良品率50%以上，共创出"钱江杯"、"白玉兰杯"等省（市）级优质工程和"上海市十佳样板工地"、"上海市文明工地"，"建设部安全优良工地"等省级以上安标化工地40余项，走出了一条"以质取胜、质量兴业"的道路。

公司近5000名员工，秉承"营造美满，建设理想，服务八方，和畅发达"的经营理念，以科学、严谨、高效、务实的工作作风和一丝不苟、精益求精的工作态度，通过不懈努力和执着追求，取得了众多业主和社会各界的信赖与认同，企业先后获得了浙江省先进集体建筑企业、省进沪施工优胜单位、进杭施工企业先进集体、省"AAA"级信用企业、绍兴市城建系统先进集体、绍兴市先进基层党组织，绍兴市"重合同、守信用"单位、绍兴市文明单位、诸暨市规模企业、诸暨市建安明星企业等荣誉称号。

浙江新光药业有限公司

地　　址：浙江省嵊州市环城西路25号
董事长兼总经理：王岳钧
邮政编码：312400
电话号码：(0575) 3031588　3022392

浙江新光药业有限公司是一家股份制药品生产企业，以生产、经营传统中成药、滋补药为主的现代中药企业，为全国五十强重点中成药厂，国家二级企业。拥有高素质员工近500名，各类专业技术人员达30%以上，现有土地7.1万m^2，建筑面积2.5万m^2。拥有500吨/年中药提取生产线、600吨/年生产能力固体制剂生产线和1500万盒/年口服液生产线，拥有喷雾干燥、高效快速制粒、流态造粒干燥等先进设备和符合GMP生产厂房。公司凭借先进的生产技术、成熟的生产工艺、科学的内部管理，产品质量可靠稳定，企业形势蒸蒸日上。

多年来，公司一直立志于改革创新，依靠科技进步，充分发挥人才、管理和产品优势，积极推广应用高新技术，硕果累累。国家级三类新药慢支固本冲剂先后获浙江省医药管理局科技进步二等奖、浙江省科技进步三等奖，并被列入浙江省火炬计划。国内首创新光牌黄芪生脉饮1995年被评为中国中药名牌产品、1996年荣获浙江省名牌产品，被医药界誉为治疗冠心病的理想药物。1998年企业被认定为浙江省第六批区外高新技术企业。投资2500万元，符合药品GMP要求的固体制剂技改项目不久将竣工投产，该项目的投产将促使企业生产和管理又上一个新的台阶。

公司将继续奉行"团结拼博，开拓创新"的企业精神不断吸引先进经验、加大市场开发力度，大力开发人才资源，强化企业整体素质，加快新产品、新技术的开发和应用。公司将立足于天然药、中成药的开发，并向多元化方向发展，扩大经营规模，壮大企业实力，最终为实现科、工、贸一体集团公司而努力奋斗。

绍兴县交通工程公司

地　　址：浙江省绍兴县东浦镇独板桥

经　　理：丁顺贤

邮政编码：312069

电话号码：(0575) 5190853　5190852

公司组建于1958年，是二级施工单位，1998年度完成总产值10285.4万元，竣工工程9个，一次性验收9个，合格9个，合格率100%。其中获得县级优良工程3个，如平汇公路（主线洪溪至诸石岭）砂改油工程、竹相公路（竹田头至谢村）砂改油工程、竹相公路（竹田头至相岙）砂改油工程；获得省级优良工程2个，如上海市沪杭高速公路石坞荡立交桥104国道钱清段公路改建工程。

该公司1998年度签订工程合同12个，总造价8930.147万元。承建主要工程有：绍大线工程二标，总造价1941.09万元；104国道钱清段工程，总造价9936.00万元；绍大线市区段一标工程，总造价1907.09万元；中国轻纺城立交桥工程，总造价2042.15万元。

绍兴县华宇建筑工程公司

地　　址：浙江省绍兴县湖塘镇上鉴湖村

法人代表：王敏华

邮政编码：312032

电话号码：(0575) 4092121

绍兴县华宇建筑工程公司属于建筑施工资质贰级企业，1998年度完成施工产值8098万元，实现建筑业增加值1928万元。现有从业人员年平均人数1598人，其中有职称的工程技术人员137人。拥有固定资产1708.7万元，其中生产经营用固定资产原值为1504.7万元。

1998年度公司获绍兴县委县府命名颁发的“文明单位”称号，绍兴县城建局颁发的“依法经营”先进单位和浙江省融达信息咨询公司颁发的“AAA”级企业，以及地税局命名的县级“纳税先进”单位称号。

浙江华港染织集团

地　　址：浙江省绍兴县柯桥镇华墟

法人代表：肖国英

邮政编码：312030

电话号码：(0575) 4091541　4091114

浙江华港染织集团创建于一九九五年，核心企业华港染织厂创办于一九六五年，凭着自身的积累发展，集团已发展成为集纺织、染色、印花、服装于一体的国家大型二档企业、省重点骨干企业、绍兴市小型巨人企业、县百虎企业。企业已连续5年产值上亿元，利润超千万元，上交国家税金达数百万元。企业总占地面积130亩，现有职工1800余人，作为乡镇企业已为绍兴农村和农业现代化建设作出了积极的贡献。

华港集团注重科技兴厂、管理强厂。1998年经省有关部门验收成为省级CAD应用示范企业，并上报国家级。集团现有下属六家分厂，净资产2亿多元，主要设备有大型剑杆织机42台，工业缝纫机200台，平网印花机一台，园网印花机6台，J型双管染缸66只及相配套的先进设施，水、电、汽供应及排污纳入全县统一管理。

华港集团的主要产品及业务项目有各类化纤纺织品及服装服饰，承接加工化纤、棉织物的染色印花业务。达到年产600万米织物、染色加工6000万米、印花加工13000万米、制衣100万件套的生产能力，在中国轻纺城具有一定的实力和影响。

华港正值而立之年，新的经济体制，将使华港春风得意，再展宏图，向新的世纪奋进。

绍兴县水利水电建筑有限公司

地　　址：浙江省绍兴县环城南路

法人代表：凌坤富

邮政编码：312001

电话号码：(0575) 8064300

绍兴县水利水电建筑有限公司具备水利水电工程施工贰级资质等级。1998年完成建筑业总产值2560万元。

1998年荣获优质工程的有：绍兴县水电局拆迁安置A楼获绍兴市住宅"兰花杯"优质工程；绍兴县水利大楼、绍兴县水电局拆迁安置住宅楼A幢分别获建筑类、住宅类"中国轻纺城杯"优质工程。

1999年在建的主要工程有：绍兴县标准海塘临江段、第二、第三标段，姚家埠闸改建工程，温州龙湾西片标准堤工程第八标段，三门县海游大坝等。公司力争再创优良，实现建筑业总产值3500万元的目标。

诸暨市暨东建筑工程有限公司

地　　址：浙江省诸暨市艮塔东路13号

法人代表：吴美良

邮政编码：311800

电话号码：(0575) 7227141

诸暨市暨东建筑公司成立于1994年9月，现为工业民用建筑三级企业。公司自成立以来，始终信奉"质量至上，信誉为本，务实创新，团结奋进"的企业精神，在上级有关部门的领导和帮助下，抓住机遇，深化改革，加强企业内部管理，加大投入，创造了良好的经济效益和社会效益，企业实力不断增强。近三年来，公司开展了以"创优质工程，创文明工地，创安全标化"为主要内容的"三创"竞赛活动，成效显著，使企业得到了蓬勃发展，公司历年来工程合格率100%，其中，优良率保持在20%以上，无安全事故发生。

目前公司已拥有职工315人，有职称的工程经济技术人员71人，其中工程技术人员65人，中高级工程技术人员9人。历年被评为"AA级信用企业"和"重合同，守信用企业"。

嵊州市棉麻纺织印染总厂

地　　址：浙江省嵊州市城关镇东南路555号

厂　　长：裘兴良

邮政编码：312400

电话号码：(0575) 3215733

传　　真：3213276

嵊州市棉麻纺织印染总厂是一家具有纺、织、印、染及磨毛等生产能力的全能型纺织企业。工厂创建于1966年，全厂占地18.4万平方米，建筑面积10万平方米。固定资产1.8亿元。现有生产规模：棉纺锭3万枚，棉型自动织机352台，意大利产剑杆织机96台，苎麻长纺锭5000枚，1000万米/年的染整生产线、各类印染磨毛织物400万米生产线及各类时装30万件生产线。并配有10吨锅炉、750KW压差发电机组、溴化锂制冷、污水处理等先进的辅助设施。该厂下设四个分厂、两个合资企业。现有职工2200人，其中工程技术人员120名，经济、贸易、外语方面专业人员55名，人才基础良好。技术力量雄厚，产品的质量、技术、经济等指标居行业先进水平。主要生产各类纱线、坯布、印染布。其中人造棉及苎麻系列产品为该厂优势产品，并有多个品种获部优、省优产品称号，产品畅销海内外。于1993年获自营进出口权，几年来，年自营出口额在400万美元左右，占出口额的百分之三十至四十。

经过三十多年的发展，企业已形成一套先进的管理制度，财务实行会计电算化；档案管理已达国二级标准，计算机、设备、计量、安全管理达到一定水平。企业曾先后获得浙江省先进企业，出口创汇先进企业、技术进步先进企业，绍兴市双文明单位、嵊州市纳税大户等荣誉。

浙江万亨盛印染有限公司

地　　址：浙江省绍兴县安昌镇盛陵村

董事长、总经理：陈金夫

副总经理：徐卫东　陈建刚

邮政编码：312080

电话号码：(0575) 5654363

浙江万亨盛印染有限公司于1992年由绍兴县万亨盛印染有限公司和香港永亨昌有限公司共同投资创建的。现有固定资产8900万元，职工人数1100人，全厂占地4万多平方米。

主要设备有63只丁型染色机，7台韩国产拉幅定型机、10台锅炉。

公司主要染色加工各类纺织坯布，年生产能力为1.5亿米，染色产品远销全国各地，在全国各地的客户中有了一定声誉。1995年的一只“水洗麻”、1996年“阳离子”及“色织阳离子”符合GBn233234—84产品标准，被绍兴县产品质量监督检验所评定为一等品，1998年“卡丹绒”符合GBn234－84产品标准的质量规定，也被评定为一等品。1998年创产值2.1亿元，销售1.1亿元，创税利2700万元。

公司1996、1997、1998年连续被评为镇“明星企业”，县“经济百虎企业”的光荣称号。1997、1998年被浙江省计划与经济委员会、浙江省经济体制改革委员会、浙江省统计局、浙江省企业评价中心评为“浙江省三资最大工业企业”、“浙江省行业最佳经济效益工业企业”、“浙江省三资最佳经济效益工业企业”、“浙江省丝绢纺织业经济效益”1997年第七位、1998年第五位。

公司在1999年中，准备再投入2000万元，扩大经营规模，拓宽市场，争取更好的成绩。

绍兴亚东日化集团公司

地　　址：浙江省上虞市崧厦镇环城东路

董事长、总经理：夏可才

邮政编码：312365

电话号码：(0575) 2654499

绍兴亚东日化集团公司位于虞北文化经济中心的崧厦镇，距沪杭甬高速公路、上虞火车站各10公里，距上虞港5公里，地理位置优越，水陆交通便利。

该公司是一家以化妆品为主导产业，集塑料制品、电化铝制品、金属冶炼、经贸等行业于一体的集团型规模企业。公司占地75亩，建筑面积20000余平方米，拥有总资产7600余万元，净资产4200余万元。公司设备先进，检测设施完善。现有职工460余人，其中技术人员50余人。

公司坚持以质量取胜，以诚待人的经营宗旨，注重科技进步，引进技术人才和先进技术；重视技改投入，以市场为导向，捕捉机遇调整结构，不断进行技术改造；强化企业内部管理，实施ISO9000质量体系认证工作，努力建设现代化企业制度。

公司经济效益显著，发展快速。1998年创产值10810万元，实现销售10345万元，利税1400万元，技改投入近2000万元。企业被评为绍兴市、上虞市小型巨人企业，绍兴市工业百强企业，浙江省乡镇企业管理示范企业，重合同守信用单位及“AAA”级资信企业，曾获浙江省乡镇企业最佳经济效益企业和浙江省行业最佳经济效益企业等荣誉称号。

公司经多年来的努力，已具有较强的发展后劲，并在上虞港精细化工规划区和市经济开发区征地45亩，以期引进高新技术项目，竭诚欢迎中外客商、科技院校、技术专家前来洽淡，欢迎以任何形式的经济技术合作，共图发展。

上虞市第四建筑工程公司

地　　址：浙江省上虞市沥海镇海滨大道十八号

法人代表：陈纪泉

邮政编码：312366

电话号码：（0575）2771068

1998年公司完成施工产值10492万元，竣工产值8115万元，单位工程施工个数32个，其中新开工工程项目17个，面积111110m²；竣工工程项目17个，竣工面积101900m²；优良单位工程1个，面积27073m²。

公司现有从业人数2000多人，其中有职称工程技术人员169人，有职称的经济管理人员18人。拥有机械设备总台数614台，总功率48984千瓦。资产合计3899．6万元，其中生产经营用固定资产1967万元。营业利润20．9万，利税总额40．9万，建筑业增加值3000万。今年来，为努力开拓新的建筑市场，承揽高层业务，创优质标化工程，公司制定了计划和有效措施，将使公司综合实力会有明显提高。

绍兴兴发实业集团有限公司

地　　址：浙江省嵊州市甘霖镇

法人代表：王国兴

邮政编码：312462

电话号码：（0575）3061494

该公司是集工贸为一体的经济联合体。创建于1985年初，位于嵊义公路边，距104国道9公里。公司占地面积138000m²，建筑面积52000m²；注册资本3085万元人民币，实有固定资产（净值）4137万元人民币。公司员工368人，其中：各类专业技术人员52名。公司具有年产系列微电机50万只，SCS系列电子衡器150台，CXW—130系列吸油烟机25万台，年产值8500万元，是集科研为一体的中型家电生产集团企业。下属企业有绍兴市日用电器厂，中外合资兴发电子衡器有限公司，嵊州市嘉恒电器制造有限公司，嵊州市兴发工贸公司，上海得乐电器制造有限公司。

该公司所生产的各类产品，质量上乘，严守信誉。系列微电机为全国各大企业所配套；SCS系列电子衡器被中国质量万里行检测站评为1997年采购首选品牌；浙江省计量测试学会定为1998定点抚优企业；系列品牌吸油烟机被中国社会调查确认为中国名牌产品，被农业部评为优质产品。连续几年来被评为浙江省工业企业经济效益最佳企业；绍兴市重合同守信用企业；资信“AAA”级企业；计量先进企业等光荣称号。

兴发集团兴旺发达！法人代表王国兴将携手全体同仁恪守企业宗旨，务实奉献，竭诚为中外客户服务。

暨阳机电有限公司
诸暨电动工具厂

地　　址：浙江省诸暨市安平路88号

总 经 理：王晓冬

邮政编码：311800

电话号码：（0575）7229339　7229530　7224720（传真）

浙江省诸暨电动工具厂是专业生产电动工具的企业，企业现有固定资产8959万元，职工480人，工程技术人员58人，企业占地面积6．5万平方米，建筑面积3．2平方米。引进了国际先进的电动工具加工设备：数控加工机床、模具制造、电机自动生产线及测试设备120余台套，实现了CAD、CAPP、CAM信息集成，是国家863/CIMS高新技术应用实施重点企业，并通过ISO9002质量认证。

企业具有年生产电动工具100万台套能力，产品系列有角向磨光机、电锤、电刨、石材切割机、电钻、冲击电钻等40余种规格。产品已取得国家安全质量认证。“长城标志”及GS认证，CB认证。产品远销世界各地，在国内外享有盛誉。

绍兴市交通工程公司

地　　址：浙江省绍兴市环城西路22号

法人代表：董卫国

邮政编码：312000

电话号码：(0575) 8201863

公司系建设部核定的公路工程施工一级资质企业(增项：工业与民用建筑施工三级资质)。下属有六个公司、八个工区、一个水泥厂和一个大型预制场。现有职工1600余人，有职称的专业技术人员占20%，其中高级职称10人，中级职称81人。

公司拥有固定资产8181万元，具有各种大、中型施工机械设备758台/套，其中拥有意大利进口160吨/时玛莲尼沥青混凝土拌和设备1套，CJB2000沥青砼搅拌设备1套，德国产ABG323沥青砼摊铺机1台，德国产BW216D宝马压路机2台，SK220日本产神钢挖掘机2台；10吨以上大吨位吊车3台。设备总功率26867千瓦，动力装备率12.6千瓦，技术装备率14256元。

公司近三十多年来主要承担了公路新建、改建、桥梁施工、房建基础打桩等工程任务。近几年主要承建完成杭甬高速公路绍兴连接线，上三线一级汽车专用道上虞段一期工程，海宁东西大道一级公路一期工程，320国道嘉兴、嘉善段改建工程，嵊州大道一级公路，104国道绍兴市区东、西大门改建工程，浙江省会稽山旅游度假区主干道工程，329国道上虞段改建工程，沪杭高速公路杭州石大线一级公路等一大批省、市优质工程。受到了省、市有关领导的高度赞扬，取得了较好的企业声誉。

公司从1994年以来，连续四年被浙江省评为“AAA”级信用企业，1997、1998年连续两年被评为“重合同、守信用”单位。

目前，公司在建工程有浙江省重点工程上三线高速公路二标段，省道绍大线市区段新建一级公路工程，320国道建德段改建工程，绍兴鉴湖特大桥工程，104国道东湖至泾口段工程等。同时，承担房建、汽车机械修理、水泥生产及预制构件，并开展公路、桥梁的测设、技术资料编制及咨询服务。

绍兴市第五建筑工程公司

地　　址：浙江省绍兴市环城东路1970号

法人代表：金关根

邮政编码：312000

电话号码：(0575) 8641329

绍兴市第五建筑工程公司成立于1985年，现为工业与民用建筑二级企业。始终信奉“质量至上，信誉为本，务实创新，团结奋进”的企业精神。在上级有关部门的领导和帮助下，抓住机遇，深化改革，加强企业内部管理，加大投入，创造了良好的经济效益和社会效益，企业实力不断增强。

公司历年来工程合格率100%，其中优良率保持在50%以上，无安全事故发生，共创钱江杯优质工程1项，创地市级优质工程8项，县级杯数项。

近三年来，公司开展了以“创优质工程、创文明工地、创安全标化”为主要内容的“三创”竞赛活动，成效显著，使企业得到了蓬勃发展。1998年上半年获奖工程有：嘉善县建设银行大楼获“钱江杯”、“南湖杯”优质工程奖，绍兴会稽山度假区19号楼获“兰花杯”优质工程奖，绍兴西威欢河沿33、34号楼获“兰花杯”优质工程奖。

公司现有职工2481人，有职称的工程经济技术人员368人，其中工程技术人员260人，中高级工程技术人员52人。公司历年被评为“AAA级信用企业”和“重合同、守信用企业”。

1998年，公司共完成建安产值20326万元，创税利1028万元，工程质量一次交验合格率100%，其中优良率达到73.6%。通过了全面质量管理验收，被越城区政府命名为“区级文明单位”。

浙江省绍兴皋埠热电厂

地　　址：浙江省绍兴县皋埠镇
厂　　长：秦士相
邮政编码：312035
电话号码：(0575) 8081168　8084308

绍兴皋埠热电厂是省重点骨干乡镇企业，浙江省乡镇企业管理示范企业，绍兴县经济百虎企业。地处绍兴城东8公里，南濒萧曹运河，北靠104国道，是典型的江南水乡地带，地理条件优越，水陆交通方便。

绍兴皋埠热电厂始建于一九八六年十月，现总装机容量为3万千瓦，年发电量1.3亿千瓦时。现企业已通过了二级计量、现场管理、全面质量管理等验收。企业连续7年被评为浙江省行业最佳经济效益和最大工业企业；连续多年被评为县级以上节能先进单位，其中1992年被电力工业部授予“节能降耗先进单位”，同年被农业部授予“全面质量管理达标单位”；连续六年被省农行评为特级信誉企业；连续多年被绍兴县人民政府评为“重合同、守信用”企业；自一九九四年以来，历年被县国税局、地税局授予纳税大户和纳税先进企业。

绍兴市禹陵建筑工程公司

地　　址：浙江省绍兴市延安东路渡东桥
法人代表：韩锦源
邮政编码：312000
电话号码：(0575) 8645526　8642481

绍兴市禹陵建筑工程公司创建于1970年，是国家建筑二级资质施工企业。下属设禹建大酒店，在上海、四川奉节设办事处。拥有职工2880人，其中有职称的工程经济类技术人员352人、高中级职称人员58人。

公司现有资本金3089万元；其中生产性固定资产2300万元，施工机械设备共717台（件）；总功率达7459千瓦；人均技术装备率为5032元。1998年度完成建安总产值2.08亿元，实现利税1065万元。

公司一贯坚持：以质量求生存，以工期求信誉，以管理求效益的经营宗旨，强化企业管理，历年来，工程质量合格率100%；工程优良率65%；无重大工程质量和安全事故。1998年度工程质量合格率100%；工程优良率达69%，并摘取了省“钱江杯”工程和市“兰花杯”优质工程7项，创安全标化工程18项。

公司连续九年被市工商局命名为“重合同、守信用”单位，1997年度被省工商局命名为“重合同、守信用”单位，连续八年被省建行命名为“特级信用企业”，“AAA”级信用企业，1996年度被绍兴市建管局授予“明星建筑企业”称号，是绍兴市纳税大户，1998年度被绍兴经济开发区管委会评为区级文明单位。

东阳市金鑫化学工业公司

地　　址：浙江省东阳市巍山镇王宅
法人代表：金夏火
邮政编码：322109
电话号码：(0579) 6665959　6662188
传　　真：6663438
网　　址：HTTP://www.jinxin.com

浙江省东阳市金鑫化学工业公司创建于1988年，是原化工部定点的农药生产企业。主要生产高效低毒菊酯类杀虫，杀螨及除草剂等农药。其中甲氰菊酯的生产规模为年产20%乳油2400吨，位居中国第一，世界第二。

主要产品：甲氰菊酯（含量>92%的原药，20%的乳油）；氰戊菊酯（含量>92%的原药，20%的乳油）；菊乐合酯（25%乳油）；双效菊酯（30%乳油）；草净津（含量>92%的原药，50%可湿性粉剂）；菊酸（含量>98%），杀螟丹（含量>95%的原药）。

浙江国营兰溪毛巾总厂

地　　址：浙江省兰溪市溪西新区
厂　　长：张可瑞
邮政编码：321100
电话号码：（0579）8884040　8884071　8884039（传真）

该厂是中国家用纺织行业协会常务理事单位，是浙江省毛巾行业出口创汇骨干企业。建厂四十四年来，现已拥有固定资产4039万元，占地面积4．5万平方米，职工1200余人。有各类专业技术人员125人，其中高、中级技术人员25人。主要设备有毛巾织机180台，毛巾平洗联合机2台，印花生产线6条，其中引进的磁棒宽幅印花机及配套设备生产线具有国际先进水平，年生产能力达2200万条。近年来，主要经济技术指标在浙江省同行业中名列前茅。

该厂长期奉行“质量第一、服务至上；用户第一、信誉至上”的办厂宗旨，采用国际标准生产。“双灯牌”面巾、枕巾、茶巾、方巾、浴巾、毛巾被、毛巾浴衣等七大系列产品以花色新颖、规格齐全、色泽亮丽、手感柔软而著称，深受国内外客商的赞誉。产品除内销全国各地还远销美国、加拿大、日本、西欧、南非、港澳等40多个国家和地区，出口浴巾、方巾、茶巾多次获外经部的奖牌和奖励。该厂系亚欧大陆贸易信息网络成员，并进入“国际精品批发中心”批发体系。“双灯牌”毛巾系列产品荣获全国质量“信誉杯”；首批推荐为中国家用纺织行业名牌产品；浙江省名牌产品；浙江省著名商标获“97购物首选品牌”等称号，并列入纺织行业参加工商联手“名品进名店”活动的企业。

该厂致力于内抓现场，外拓市场，强化内部管理，加快技改步伐，贯彻实施GB/T19000—ISO9000族标准，生产经营规模不断壮大，已步入了持续、稳定、健康发展的轨道。企业于1997年被中国纺织总会评为全国纺织行业质量效益型先进企业，浙江省级文明单位，金华市级文明单位，浙江省三星级企业。竭诚欢迎海内外客商和社会各界人士光临指导，洽谈业务，携手合作，共图发展。

浙江省永康农村信用联社

地　　址：浙江省永康市南苑路72号
主　　任：翁建永
邮政编码：321300
电话号码：（0579）7123815　　7122711

永康市农村信用联社牢固树立“存款立社、效益兴社”的指导思想，服务“三农”，致力“乡企”，强化经营管理，努力跻身市场，适时调整信贷结构，支持地方主导产业，同时壮大自我。

努力拓展信贷“支农”渠道　为把信用社办成“农民家门口的银行”，市信用联社的信贷人员深入村头田尾调查研究，掌握农业生产中的新问题、新动向，及时调剂支农资金，加大农业产业化的有效投入，支持支柱产业生产发展；并对生产农膜、农机具及加工农副产品的企业合理的资金需求给予重点支持；对农业社会服务组织添置机耕、灌溉、植保、收割等农机具的资金给予有力帮助。同时，实施信贷扶农的新方式：一是对信用好、有一定经济基础的种养业大户推行支农信用卡业务，并建立这些种养业大户的经济档案；二是对农业小额贷款实行“自报公议”的信贷操作办法。既解决农民在农业生产中的资金需求，又减少农贷风险。

贷款向“个私”企业倾斜　1998年，市信用联社调整信贷结构，贷款向“个私”企业倾斜，重点支持骨干企业和创税大户，鼓励私营企业走集团化、集约化经营之路。同时积极培养一批技术含量高，经济效益好，有发展前景的新“个私”企业群体。

该联社有1个营业部、12个信用社、29个信用分社、17个储蓄所、223个村级信用站；各项存款达15．6亿元，各项贷款达11．2亿元，分别占全市各金融机构存贷总额的35．2%和38．1%，形成“三分天下必有其一”的格局。为建立新型的银企关系，发挥经济信息网络作用。联社充分利用浙江融达经济信息中心与我市246家“个私”企业建立信息网络关系，对生产经营中发生的新问题、新动向进行咨询；对有些产品通过网络扩大销售，增加客户等等，并经常开展银企座谈会，举办金融业务培训班活动，进一步密切了银企关系。

龙游县建筑安装公司

地　　址：浙江省龙游县新一路5号
经　　理：陈荣建
副 经 理：杨建华　徐瑞发　程石泉　叶金山
邮政编码：324400
电话号码：（0570）7025731　7021184

龙游县建筑安装公司是国家二级资质建筑业企业，是当地规模和实力最强大的建筑业企业，是浙西建筑业队伍中骨干企业之一。公司创立于1958年11月，企业拥有资本金1896万元，生产经营用固定资产原值809万元。机械设备总台数477台（件），总功率3968．8千瓦。现有技术经济职称人员近190人，四级以上资质项目经理46人，下属5个土建分公司，7个工程处，5个直属施工队和预制、木制等生产车间，及“龙游县宏建房屋开发有限公司”。企业从业人员年平均人数1200余人，年度完成建筑业总产值6500万元左右，工程优良率达到40%以上，所有竣工项目皆一次性合格以上等级通过验收，一般工程事故歇工率控制在1．3‰以下。已连续6年被评为衢州市集体建筑企业协会先进建筑企业，多年被评为省建行“AAA”信用企业，历年被命名为龙游县“重合同守信用单位”。

企业主营工业厂房、民用住宅建筑（贰级）、电力线路安装、自来水、污水管道安装、打桩、土石方工程；兼营水泥预制构件制造、工业及民用建筑设计、室内外装饰、汽车货运等。创业足迹遍至省内外，具有良好社会形象和声誉。

江山虎球水泥有限公司

地　　址：浙江省江山市大桥镇
董事长兼总经理：王金火
邮政编码：324122
电话号码：（0570）4668066　4668128（总机）　4668129（销售热线）
传　　真：4668388

江山虎球水泥有限公司的前身是浙江省江山市大桥水泥厂，创办于1979年。创业以来，一直倡导“艰苦创业，追求卓越”的企业精神，经过20年的奋力拼搏，已形成年产40万吨水泥的中型企业。拥有固定资产6000多万元，占地面积95000平方米，员工720余人，各类技术人员120人。1998年，改制为江山虎球水泥有限公司。

企业坚持“严格管理，夯实基础”的经营方针，在近几年水泥行业面临市场疲软、资金困难的严峻形势下，公司同仁以团结的力量，齐心协力挖内潜、练内功，走“优质、低耗、高效”的路子。站稳了脚跟，生产成本居衢州地区同行厂家先进行列。做到了不欠国家税收、电费、银行利息和职工工资。企业先后荣获了浙江省先进企业，浙江省行业最佳经济效益工业企业，浙江省星火示范企业，浙江省乡镇管理示范企业，浙江省文明乡镇企业和浙江省重合同守信用先进单位等荣誉称号。公司严格的管理，一流的化验室，先进的质量检测设备和手段，以及采用ISO9002建立的运行有效的质量保证体系，有力地保证产品质量，生产的“虎球牌”425R普通硅酸盐水泥是国家质量认证产品，荣获农业部“免检产品”和“推荐产品”殊荣。王金火同志先后荣获衢州市劳动模范，浙江省建材行业先进管理工作者，浙江省优秀乡镇企业家和全国优秀乡镇企业厂长（经理、董事长）等称号。

在新世纪来临之际，公司描绘了新的发展蓝图，努力向集团化经营方向发展，到2000年实现水泥产量60万吨，销售收入1．2亿元，创利税1500万元；同时，走好多元化经营的路子，投资扩建以该公司为投资主体的“江山市红顶食品有限公司”白鹅深加工规模，到2001年实现年深加工白鹅能力150万羽，实现产值6000万元，创利税1000万元，为建设中国白鹅之乡，推动江山白鹅产业化进程而努力。

浙江光华器材有限公司

地　　址：浙江省龙游县城南开发区

董事长、总经理：章成元

副总经理：张文荣　蔡志明

邮政编码：324400

电话号码：（0570）7024900　7021859

浙江光华器材有限公司系国家民用爆破器材及军用火工品定点生产企业，始建于1965年，1992年底整体由淳安山区迁至龙游县。1998年底，企业完成股份制改造，成立有限责任公司。现企业占地13．7万平方米，职工924人，各类技术人员占职工总数的16%。

企业在抓好定点军品生产和研制的同时，坚持以市场为导向，大力开发民用产品，走出一条靠产品创效益，借管理促发展的振兴企业之路。

公司主要产品有飞球牌8号工业纸壳火雷管、塑料导爆管及导爆管雷管系列、PVC塑料制品等产品。主导产品飞球牌8号工业纸壳火雷管有30多年生产历史，年产能力达8500万发。1984年、1989年两届获省优秀产品；1990年获浙江省新优产品"骏马奖"。1992年起，该产品改用K．D新型起爆药进行结构改造。1994年通过省级新产品鉴定，1995年获省优秀新产品二等奖，1996年被评为"中国公认名牌产品"。1997年新开发的塑料导爆管及导爆管雷管系列填补省内空白，技术水平达到九十年代国际水平，目前已形成年产4000万米塑料导爆管和1000万发导爆管雷管的生产能力。

公司技术力量雄厚，管理严密，检测手段齐全，采用国内先进标准和工艺生产，产品性能达到或高于国家标准，深受用户的好评。1997年公司通过了ISO9000质量体系认证。企业连续十几年被评为"重合同、守信用"单位，连续数年被评为浙江省地区及行业最佳经济效益工业企业，1995年评为浙江省技术进步优秀企业，1996年评为浙江省区外高新技术企业，荣获中国兵器工业总公司先进企业、中国企业最佳形象"AAA"级称号等。

浙江省十里坪羊毛衫厂

地　　址：浙江省龙游县湖镇

厂　　长：吕昭华

邮政编码：324402

电话号码：（0570）7066911

传　　真：7066910

十里坪羊毛衫厂系省属国有中二型企业，是省级先进企业。下属六个羊毛衫分厂和一个毛纺厂，拥有固定资产6000万元。各种型号横机、西德万球公司产电脑自动提花机、自动提花门襟机、自动提花大圆机及毛纺设备1700余台，已形成从纺纱、染色到针织成衣、后整理包装一条龙生产流水线。年产毛纱650吨，羊毛衫150万件的生产能力。1994年、1995年分别被评为"浙江省地区最佳经济效益"和"浙江省地区最大经营规模工业企业"。1997年再度被浙江省企业评价中心评为"最佳经济效益企业"。1997年6月，企业顺利通过了ISO9001质量体系国际标准认证，1998年企业工业总产值近亿元，创利税超千万，连续6年被中国农行浙江省分行评为"AAA"级企业。

该厂生产的"新力牌"羊毛衫品种多、规格齐、款式新、有各式绣花、绞花、钩花、电脑自动提花男女开衫、套衫、T恤衫、套裙、童衫等，先后荣获"浙江省优质产品"、"纺织工业部优质产品"称号，1993年被评为"浙江省消费者满意商品"、1994年被中国保护消费者基金会、国家毛纺产品质量检测中心审定为"消费者信得过产品"、1995年被国家技术监督局、中华全国妇女联合会评为"95年妇女用品质量优等品"，1996年被列为"96年浙江省消费者协会推荐产品"。1997年"新力"品牌被推荐为浙江省"97消费者购物首选品牌"，同年，被浙江省人民政府命名为"浙江名牌"。精纺羊毛衫于1993年获得国际羊毛局"纯羊毛标志"挂牌资格。

企业精神：团结务实　　开拓创新　　知难而上　　争创一流

经营宗旨：款款新潮　　件件一流　　信誉第一　　互惠互利

浙江玉峰实业集团有限公司

地　　址：浙江省台州市路桥区峰江镇南新街

董事长、总裁、党支部书记：王清玉

邮政编码：318054

电话号码：（0576）2678188　2678678

浙江玉峰实业集团有限公司是交通系统的一家工业企业，创建于1979年，现已形成集科工贸为一体的多元化经营格局。产品从单一的粮用器材发展到塑料制品、模具、金属、纸箱包装制造以及运输服务。新近还开发了旅游休闲产品沙滩桌。

公司占地4万多平方米，总资产达1．1亿元，职工800多人，下辖五家紧密层企业、一家半紧密层企业、四家松散型企业的国家中型省批集团公司。主要产品有洗衣机、电冰箱、摩托车、空调器、汽车等五大类系列塑料配件，近千个规格品种，畅销全国各地10多个省市，深受客户的好评，产品一直供不应求。其中家用电器塑料件在全省塑料行业中规模排名第3位，效益排名第6位。

1998年实现产值1．9亿元，销售1．5亿元，创税利1200多万元。近几年来企业已成为路桥区特强企业，台州市“131”工程企业，三项经济指标在全省交通工业企业中名列第一。公司已拥有自营进出口权。

在企业内部建立了一套适合市场经济的现代经营管理机制，并于1997年通过了ISO9002国际质量论证。科学的管理不仅提高了企业产品的质量，并使得企业在同行业中的信誉不断提高。企业信用等级已连续几年被省建行评为“AAA”，企业管理跃为市级管理星级企业。

东港工贸集团有限公司

地　　址：浙江省台州市椒江区解放北路83号

法人代表：王云友

邮政编码：318000

电话号码：（0576）8881534

东港集团是以生产染料、原料药和染料中间体。医药中间体等化工产品为主，集工业、贸易、房地产业为一体的国家大二型乡镇企业集团，是省“五个一批”小巨人企业和省区外高新技术企业。现有职工1000多人，拥有总资产1．9亿元。1998年实现总产值6．5亿元，销售收入3．13亿元，工业创税利2833万元。分别比历史最高的1997年增长28．9％、5．3％、14．9％。

公司主要产品有染料及中间体：活性艳蓝KN－R、KN－R色基、198号蓝、酸性62号蓝、25号蓝、间位、氨基油、溴氨酸等；医药及中间体：赛诺吗嗪、DDQ、盐酸溴已新、氟哌酸、对酮、溴缩物、氯霉素、氨基二醇等。其中，活性艳蓝KN－R和间位酯化物分别荣获全国星火计划成果金奖、银奖。活性艳蓝KN－R（200）被评为1995年度浙江省优秀新产品化工类唯一的一等奖。1998年被台州市政府定为台州名牌产品。赛诺吗嗪、DDQ获美国EPA认证。DDQ被美国一大公司确认为合格分供方产品。

东港集团1996年在进出口自营权的基础上，又批准成立了浙江东港进出口有限公司，通过了ISO9002质量认证。该集团一贯坚持“用户第一、质量第一、信誉第一”的服务宗旨，大力促销，内外并举，在杭州、广州、宁波、安徽、上海、南京、河南等地设立了办事处，采用全电脑业务网络管理。先后与欧美、东南亚、日本、港澳台等20多个国家和地区建立了稳固的贸易关系，赢得了国际声誉。

兴教助学、依靠科技。1992年以来，东港集团连续在清华、北大等6所名牌大学设立“东港助学金”，从此东港集团成了教授、博士生的常往之地，他们把新产品开发、老产品工艺改造和向企业传递国内外科技信息当成了份内事，使企业开创了科技创新的新天地，使东港集团迅速崛起，先后荣获全国化工百强企业，全国科技进步先进单位，全国化工出口先进单位，省“重合同、守信用”单位，省先进基层党组织，全国文明乡镇企业等称号，并连续七年被评为省特级信用企业和黄金客户。

浙江省温岭市第四建筑工程有限公司

地　　址：浙江省温岭市太平镇万昌路15号

法人代表：阮福初

邮政编码：317500

电话号码：(0576) 6132256

温岭市第四建筑工程公司创建于1996年，1997年被省建设厅核准为工业与民用建筑工程贰级资质企业（增项：地基与基础叁级范围、市政建设工程肆级范围），公司下设十二个工程处，二个在属队。现有职工1780人，其中，有工程经济技术职称的222人。高级职称7人，中级职称18人。

公司现有固定资产原值1914万元，生产经营用固定资产原值1723万元。具有各种大型施工机械设备368台（套），设备总功率5240千瓦，动力装备率2.94千瓦/人。

1998年公司完成施工产值10205万元，房屋建筑竣工面积123515m^2，其中优良率占40.5%，其中湖北省警官学校教学楼被评为武汉市优；湖北荆州津江综合楼被评为荆州市优，湖北荆门石化总厂13#、14#、15#楼，被评为荆门市优。

目前，在建工程有：温岭市工商局大厦，框架12层，建筑面积11346m^2；湖北荆门长宁大厦16层，建筑面积12800m^2，湖北荆州津红综合楼19层，建筑面积24545m^2；宁厦吴忠市电信大厦16层，建筑面积40000m^2，等大、中型工程项目。

公司自1995年以来，连续三年被浙江省评为“AAA”级信用企业，且连续二年被评为台州市十强施工企业。

台州市城乡规划设计研究院

地　　址：浙江省台州市椒江区解放南路71号9楼

院　　长：沈　磊

副 院 长：罗　敏

总规划师：连一枝

邮政编码：318000

电话号码：(0576) 8882041　8803717

台州市城乡规划设计研究院是台州唯一的市级综合性设计研究院。从事城乡规划设计研究和建筑设计、市政园林设计等。同时还合作创建了台州市城市园林建设工程公司。

该院有大学本科、研究生以上学历者占全院总人数的95%。在设计中广泛使用计算机和CAD辅助设计，CAD出图率达100%，并且配备有彩色绘图仪、数字化仪、扫描仪、复印机、晒图机、传真机等一系列先进的技术设备，在国内属于一流水平。并接入Internet网，利用国际网络，与全国各地及德国、美国等国家进行资料互访互查，对先进的技术与最新的信息作出快速的反映和吸收。高素质的人才结构和高技术的硬件设备为该院高品位的规划和设计奠定了坚实的基础。

台州市城乡规划设计研究院成立几年来，完成的重点项目有：台州市中心区详细规划，台州市经济技术开发区总体规划，台州市鸿宇中学，台州市实验中学，台州市商业街（总长1.5km），台州职教城，台州市海门港区规划，台州市东山镇、洪家镇总体规划、台州市小世界幼儿园、椒江图书馆、枫南二区，温岭繁昌小区B组团二期工程，大陈岛旅游度假规划，以及玉环城市风貌设计等，其中，台州市中心区详细规划、小世界幼儿园获1997年度省优秀规划设计奖和优秀勘察设计佳作奖。市鸿宇中学、小世界幼儿园、椒江图书馆获市优秀建筑设计一、二、三等奖。

该院始终以提高城市建设档次为己任，以现代的设计理念，严密的技术管理，优质的服务质量为单位的发展宗旨。还积极向国际接轨，并与省内外一些著名的设计单位密切联系，进行了卓有成效的技术合作。目前，该院正以现代的管理模式、科学的工作态度、超前的思维方式为新台州的建设描绘一幅幅优美的画卷。

温岭市第二建筑工程公司

地　　址：浙江省温岭市万寿路建工大厦

经　　理：江夫友

邮政编码：317500

电话号码：（0576）6111837　6222858　6222480

温岭市第二建筑工程公司创建于1975年，系国家壹级建筑施工企业。主营：工业与民用建筑；兼营：桩基、安装、装饰、市政等。公司下设上海、杭州、宁波、西安、南京等七个分公司，桩基、市政、安装、装饰四个专业分公司，十三个工程处。现有员工3058人，有职称的各类专业技术经济人员376人，其中工程系列职称人员中具有中、高级职称的57人。项目经理88人。生产经营固定资产原值3571.2万元。拥有各类较先进的主要设备656余台。已具备土建、基础、安装、装饰、市政等综合施工总承包的能力。

近几年来承建了一批高、大、难的工程建设项目，创出了一批优质名牌产品。工程合格率100%，优良率40%，各项指标名列本市首位，社会信誉日益提高。多次摘取了施工质量和建筑产品的桂冠，有建设部施工质量一等奖、上海市“白玉兰”奖、国家“鲁班奖”、湖州市“飞英杯”优质工程奖、温岭市“市优质工程”、“上海市标准化管理十佳样板工地”和上海市“安标化管理样板工地”和宁波市“安标化工地”等誉称。

公司多次受到各级政府和有关部门的嘉奖：

连续10年被温岭市人民政府评为先进集体。1998年被评为“市文明企业”；连续11年被温岭市工商局评为“重合同、守信用”先进单位；1996年被台州市工商局评为首批“重合同、守信用”先进单位；1997年荣获浙江省工商局“省重合同、守信用”先进单位；1998年被路桥区评为“进路先进施工企业”；被宁波市评为“桩基施工优胜企业”；连续4年被宁波市建安处评为“外地进甬甲类企业”；连续4年被省驻沪办评为“进沪施工优胜单位”；连续6年被省建行评为“特级信用企业”和“AAA信用企业”；连续3年被台州市人民政府评为“台州市创优质名牌施工企业”和“台州市十强施工企业”；1998年荣获浙江省建设厅“省级先进建筑施工企业”。

腾达建设集团股份有限公司

地　　址：浙江省台州市路桥大道东一号

董 事 长：叶洋友

邮政编码：318050

电话号码：（0576）2443236　2443237

腾达建设集团股份有限公司，具有市政工程建设施工一级资质，是国家级企业集团。

腾达公司以市政工程建设为主，并向国道改造、污水处理、旅游宾馆业等领域拓展。现有职工3800余人，其中高中级工程技术人员130多人，总资产3.85亿元。1998年，公司在沪、杭两地的在建的工程项目达3.9亿元，在同行业中处于领先地位，全年完成产值5.03亿元，实现利税3985万元，其产值利润率、资金利润率跃居全国同行前茅，是国家农业部评定的乡镇企业“最大规模”、“最高税利”、“最佳经济效益”单位。

近年来，腾达公司在上海市承担的南北高架路、内环线、浦东国际机场一期、地铁二号线等工程建设；在杭州市承担的凤起路、文三路、复兴路、机场路等重点工程的兴建和改建，工程合格率均达到100%，其中优良率达80%以上。上海东方路劈通工程和杭州市复兴路改建工程等，分别获上海市和浙江省市政工程金奖。重庆成为直辖市后，腾达公司迅速制定了“西进战略”，与重庆市签订了投资1.5亿元意向书，用于道路改造。

腾达公司凭着吃苦耐劳、敢打硬仗的顽强作风和优良的质量、优质文明的施工管理，在上海和杭州等地声誉鹊起，成为市政工程建设的先锋。连续7年被评为上海市“优秀企业”；浙江省政府授予腾达公司“规模经济效益先进企业”。在现代化的大都市中树立了良好的形象。

腾达公司取得成功的秘诀，在于有一个求真务实、开拓进取的公司领导班子，有一支素质优良的职工队伍，有一套科学而严格的管理制度。董事长叶洋友荣获全国“五一”劳动奖章、浙江省劳模；国家农业部授于全国优秀乡镇企业家；省委省政府还授予“优秀共产党员”和“优秀企业经营者”称号。

浙江大元泵业有限公司

地　　址：浙江省温岭市泽国镇丹岩工业区

法人代表：韩元萍

邮政编码：317523

电话号码：(0576) 6441299 (FAX)

浙江大元泵业有限公司创建于1990年，目前公司员工518人，其中大中专毕业的占11%，现有专业技术人员26名。公司占地面积56441平方米，建筑面积30000平方米；固定资产3200万元，流动资产4000多万元。98年产值6500多万元。年生产水泵60万台。今年产值可超1亿元。

主要产品有：潜水泵、清水泵、自吸泵、污水泵、螺杆泵、油浸泵、管道泵等系列五十余个规格型号的水泵产品并出口到印度、沙特等国家。"新沪"、"大元"两大品牌在水泵业中已树立名牌形象，在国内建立了九十余个总经销处和一百余个经销点，形成了销售的网络。并在上海建立了"上海大元泵业公司"，为生产工业用泵作市场和技术准备。

公司的电子计算机控制的浸漆机，是目前先进的电机生产设备，二条水泵总装流水线也是国内为数不多的、自动化程度较高的电机生产装备，泵外壳压铸机125吨到1000吨的共18台，各式车床四十多台，具有先进的技术装备。公司与江苏理工大学、中国排灌机械研究所等技术研究所联姻，同时聘请了三位享受国家级政府津贴的水泵专家为公司技术顾问，为公司的发展提供了技术保障。全都采用CAD制图。公司建立了管理、工作、技术三大企业标准，并实现了电子计算机网络服务，去年已通过ISO9002国际质量体系标准认证，这是台州市水泵业首家通过ISO9002认证的企业。

党、政、工、团密切配合抓精神文明建设，建成了多功能影视歌舞厅及员工活动中心，为公司健康快速发展提供了政治保证。公司的目标是在本世纪末把公司建成"中国一流、世界一席"的现代化泵业集团公司。

浙江九洲药业股份有限公司

地　　址：浙江省台州市椒江区外沙路99号

总 经 理：花轩德

邮政编码：318000

电话号码：(0576) 8881561　8808310　8881081 (传真)

电子信箱：zbjz@mail.tzptt.jz.cn

该公司是一家以生产化学原料药为主的中一型企业，占地11万平方米，拥有总资产14230万元，职工750人，其中各类专业技术人员占职工总数的12%。厂房设施、生产设备配套，水、电、汽充足。在检测设备仪器方面，配备了高效液相色谱仪、气相色谱仪、紫外分光光度计等先进仪器，适应和满足企业制药生产规模的需要。

主要产品有卡马西平、氟哌酸、氯霉素、磺胺间二甲氧嘧啶、阿苯哒唑、柳氮磺吡啶等原料药及各类医药中间体，年产量达到2000吨规模，各类产品均按照GMP标准组织生产，并全部采用国际标准，符合中国药典CP95、英国药典BP88、93、美国药典USP22、23版标准。

公司的主导产品卡马西平系列产品年产1000吨，产量占全国市场的80%、国际市场的40%以上，产销量世界第一，是全国最大的卡马西平生产基地，质量达到国际先进水平，荣获省优、全国"七五"星火金奖、浙江名牌产品称号；氟哌酸产品获浙江省高质量医药产品称号；氯霉素荣获省级星火一等奖。1995年企业荣获中国医药行业最大规模乡镇企业100家第六名，1996年被列为台州市："131"工程企业和省"五个一批"企业，1996、1997、1998年连续三年被评为浙江省医药行业双十佳企业。

近几年来，公司依靠科技兴企，完善了公司的科研机构，建立了研究所，并与国内科研单位和大专院校建立了技术协作关系，加快了新产品开发步伐，适应市场经济需要，促进了企业稳定健康地向前发展。

1998年完成了工业产值45265万元，销售收入23034万元，上缴税金821万元，利润1658万元，出口交货值18421万元，各项指标均比上年增加20%以上，企业发展势头良好，前景广阔。

浙江台州天轮集团有限公司

地　　址：浙江省天台县城关镇人民东路139号

法人代表：范允舟

邮政编码：317200

电话号码：(0576) 3882862　3882392 (传真)

台州天轮集团有限公司创办于1968年，是一家专业生产各种规格自行车轮胎、摩托车轮胎的市级企业集团。拥有固定资产5000多万元，占地33000m^2，建筑面积22000m^2，员工1500多人。拥有大型四辊压延机、密炼机等大型橡胶加工设备，生产八十多种规格，一百多个品种的自行车轮胎和摩托车轮胎。年产各种规格自行车、摩托车轮胎1000万套，年产值达1亿元。拥有自营进出口权。

1996年经台州市体改委批准将原来的镇办集体企业改组成股份制企业，并成立了市级企业集团，实现了管理机制的重大飞跃。逐步实现集团公司成为投资中心、决策中心，成员企业为生产中心、成本中心、利润中心的管理模式。集团公司现有紧密层企业三家、半紧密层企业三家、一个经省技术监督局认证的检测中心，并在全国各地设有分销点。

台州天轮集团自创立以来，十分注重企业管理工作，建立了健全的质量保证体系，计量、标准化，全面质量管理，现场管理等七项基础管理工作经省乡镇企业局验收合格；注重科技投入，培养人才，大力开发新产品，每年都有新产品投入生产，增加企业后劲；强化质量管理，提高产品品质，购置了全套检测设备，设立了经省技术监督局认证的检测中心。由于强化了企业内部管理，产品品质优异，"飞凤"牌轮胎在市场上有很高的知名度，曾被化工部评为B级产品，1991年获浙江省优质产品称号，1996年获浙江省名牌产品称号，台州市首届名牌产品称号。企业被农业部评为最佳经济效益企业，连续两届被省政府命名为省级"重合同、守信用"单位，科技进步优秀企业、省级重点骨干企业；被市政府命名为市级先进企业、出口创汇先进企业。

温岭市田洋建筑工程公司

地　　址：浙江省温岭市锦屏镇山王街

法人代表：陈灵秋

邮政编码：317519

电话号码：(0576) 6188279　6188188　6189182 (传真)

温岭市田洋建筑工程公司隶属温岭市建筑工程管理局，是浙江省集体建筑企业协会团体会员，1995年被浙江省建设厅审批为工业与民用建筑工程贰级施工企业(增项：地基与基础叁级范围、市政建设工程肆级范围)，公司下设八个工程处，一个直属工区。(分布在荆州市、宜昌市、武汉市、常州市、青岛市、上海市、芜湖市、宁波市、椒江、路桥及本地等)。公司现有职工2780人，其中有职称的工程、经济、会计、统计等专业技术人员244人，有资质的项目经理85人，安全人员配备45人，特种工作业人员持证上岗126人。拥有固定资产3120万元，其中生产经营用固定资产2621万元，1998年度自行完成施工产值1. 61亿元，创税利1639万元，竣工工程面积189206m^2，合格率100%。优良率43%，创省优样板工程一个，创市(地)级优良样板工程一个，创市(地)级安标化工地4个，使企业成为同行领先。

公司全体同仁视工程质量为根本，确保工程质量，提高社会信誉，勇于在激烈竞争的建筑市场开拓进取，使企业走上了巩固发展的坦途。连续三年被温岭市人民政府授予"先进单位"；连续三年被台州市人民政府评为"十强施工企业"；连续四年被湖北省建设厅评为"省优样板工程"四连冠；连续六年被温岭市工商局评为"重合同，守信用"单位；连续七年被建设银行浙江省分行评为"AAA级信用企业"；获湖北省建设厅、省工程质量监督站、荆州市城建委、工程质量监督站等单位的奖金、奖杯、锦旗等表彰；被浙江省建设厅驻鄂办连续几年评为"十强单位"、"十佳单位"；被荆州市建设委员会授予"先进单位"；获荆州市税务局、温岭市税务局誉为"纳税大户"、"纳税光荣户"、"积极纳税，造福社会"等光荣称号。

公司将一如既往，乘胜前进。我们的宗旨"质量第一，用户至上，多创省优，力争部优"。学习国内外先进技术，闯出国门，走向世界，为人类多作贡献！

浙江海鸿集团公司

地　　址：浙江省温岭市箬山

法人代表：郭加明

邮政编码：317513

电话号码：(0576) 6711888　6711591 (传真)

浙江海鸿集团公司是一家集水产加工、食品饮料、医药化工、渔需物资、海洋捕捞、贸易进出口为一体的拥有自营进出口权的国家大型工贸企业，浙江省“五个一批”重点骨干企业，省“科技兴海”示范基地，台州市“131”工程企业，温岭市“重中之重”工业企业。公司经过二十年的创业，现已拥有8家全资企业，2家合资企业，企业占地面积50000m^2，建筑面积38000m^2，总资产1. 7亿元。企业各项综合经济指标连续四年名列全市前茅。下属水产加工企业已通过美国FDA机构的HACCP考核验收，成为输美和欧盟水产加工注册企业，产品冻生虾仁系列为“中国乡镇企业名牌产品”、“省、地优质农产品”。

医药化工企业目前已通过SGS国际认证服务公司的ISO9002质量论证，并获得了论证证书。该企业是公司的骨干企业，多年来，一直与科研单位、大专院校密切合作，开发了大量的高科技产品，氨基葡萄糖系列，氯洁霉素和氯洁霉素磷酸酯系列、甲壳素系列及其它医药原料和中间体。产品远销英国、美国、德国等欧美国家。

公司下属东方厂是实施“科技兴海”工程的基地之一，也是公司水产品系列深加工、精加工基地，主要产品为鱼糜及鱼糜调理食品，产品食用方便、营养卫生，被列为’98国际海洋年指定产品及浙江省优质农产品金奖。公司另一骨干企业生产的老爸豆腐干系列休闲食品连续三年在全国同类产品销售中名列第一，产品富含多种维生素、蛋白质、胡萝卜素和铁、锌、钙等人体必需的微量元素，食用卫生、方便，具有低热量、高蛋白、高营养、高功能性之特点。被予为“中国美食营养委员会1995—1999年推荐产品”、“浙江省优质农产品银奖”，“省地方工业名牌产品”、“台州市名牌产品”等荣誉。

展望未来，海鸿公司仍将立足于科技开发，以崭新姿态迎接二十一世纪。

浙江黄岩康达动物保健品有限公司
浙江黄岩荣耀化工厂

地　　址：浙江省黄岩城关王西路193号

总经理兼厂长：徐仁达

邮政编码：318020

电话号码：(0576) 4112427　4214573　4118297 (传真)

浙江黄岩康达动物保健品有限公司、浙江黄岩荣耀化工厂创建于1993年，系国家科委所属重点星火集团——浙江黄岩精细化工星火技术产业开发集团所属的骨干企业，是浙江省农业厅批准定点的兽药原料药及其制剂专业生产厂。现有职工100多人，其中具有高、中级职称8人。化工技术力量雄厚，测试设备先进，具有较强的新产品开发能力和较好化工企业管理水平。主要产品有：阿散酸、球痢灵、洛克沙生、甜菜碱、大蒜素、硝基苯胂酸、VC—2—三聚磷酸酯、吡啶甲酸铬、吡啶甲酸铬预混剂——有机铬—1、有机铬—2、碘化酪蛋白、烟酸铬、大豆素（依普黄酮）等均已形成规模生产，年生产能力总量可达1000多吨。

企业始终致力科技领先，不断开发新产品，依靠实践与理论结合，生产与研究归一的方针。同时与全国20多家大专院校、科研单位保持广泛的联系。在建厂的短短五年中，成功地开发了十多个高新技术产品，其中阿散酸被评为1995年度国家新产品，并在第二届中国农业博览会上获得“银质奖”，同时在1995年获浙江省优秀产品三等奖，浙江省级新产品科技进步奖，1997年被推荐为浙江省高质量科技产品，1998年荣获浙江市场名优兽药产品；洛克沙生被评为1996年度国家级新产品，1995年荣获浙江省级新产品科技进步奖；球痢灵1995年荣获浙江省省级新产品科技进步奖，1998年荣获浙江市场名优兽药产品；甜菜碱被评为1997年度国家级新产品。产品远销东南亚、西欧和美国。硝基苯胂酸于1996年6月正式接受了美国FDA对该厂进行GMP验收。1997年荣获浙江省最佳经济效益工业企业，浙江省专用化学品制造业最大工业企业称号，1998年荣获浙江市场十佳兽药企业称号。

临海市第六建筑工程公司

地　　址：浙江省临海市市场中心路1号
法人代表：李君林
邮政编码：317015
电话号码：(0576) 5720618

临海市第六建筑工程公司创办于1964年，属于建筑施工资质二级企业。现有职工1800余人，有技术职称人员363人，其中高、中级职称60人。

1998年拥有固定资产原值2402万元，完成施工产值17016万元，人均产值达94219元；实现利税620万元；竣工单位工程22个，其中获优良工程16个，计123783平方米。

公司先后荣获："浙江省先进集体企业"，"省建行AAA信用企业"，台州市十强施工企业，"台州市重合同守信用企业"。

公司一贯坚持"质量第一、用户至上，注重声誉、恪守信用"的经营宗旨和"艰苦创业，团结拼搏，优质高效，争创一流"的企业精神，锲而不舍、不断进取，1999年力创产值2亿元，努力向一级企业标准迈进。

浙江天工矿业集团有限公司青田钼矿

地　　址：浙江省青田县石平川
法人代表：占建平
邮政编码：323909
电话号码：(0578) 6875538　6875533

青田钼矿创建于1969年，几经扩建已由原来日产50吨的生产规模扩大到现在日产360吨的生产能力。建矿以来至1998年底累计采出矿石量149.25万吨，生产钼精矿8743吨。

该矿拥有固定资产1828万元，现有员工474人，其中技术人员42人。自1994年至1998年五年中实现工业总产值5455万元，实现利税1702万元。

该矿是青田县最大规模的工业企业。先后被浙江省企评中心、省体改委、省计经委等单位评为浙江省最大工业企业，浙江省最佳经济效益工业。

舟山市金栋建筑有限公司

地　　址：浙江省舟山市定海区海山路57号
法人代表：汪粮钢
邮政编码：316000
电话号码：(0580) 2025103

舟山市金栋建筑有限公司的资质等级评定为工民建建筑二级。

1998年承建的浙江海洋学院学生食堂获舟山市"海山杯"优质工程。承建的信风公寓4#楼被质监部门评为优良工程。全年实现建筑业总产值3498万元。

1999年在建的主要工程有明珠花园3#、4#楼，新立特公寓10#、11#楼，舟山市定海工商分局综合楼，舟山市自来水公司虹桥水厂扩建工程，市检察院办公楼工程，中国人民银行大楼、职业学校风雨操场等工程。公司将力争再创优良。

舟山市普陀毛纺织总厂

地　　址：浙江省舟山市普陀岐头镇三八路

厂　　长：周永川

邮政编码：316131

电话号码：（0580）6081888（厂长室）　6080130（办公室）

舟山市普陀毛纺织总厂系浙江省重点骨干乡镇企业，创建于一九八七年。是一家集纺、织、染、整于一体的全能型国家中Ⅱ型毛精纺企业。下辖纺织原料公司、综合经营公司、大酒店、针织制衣厂，经销处分布全国各地。

厂区占地面积四万二千平方米，建筑面积三万平方米，拥有固定资产7000余万元。职工700名，精纺纱锭7200枚，可年产各类精纺呢绒120万米，精纺全毛、混纺各类针织纱500吨，羊毛衫30万件。产品供不应求，畅销全国，深受用户和消费者的信赖和青睐。

为了增加产品的科技含量，提高产品的质量档次，企业十分注重技改投入。自一九九二年以来，连续进行了二次技术改造，先后投资5000余万元，分别从德国、瑞士、意大利等国引进了先进的纺织设备，达到九十年代纺织行业先进水平，开发了高档轻薄型呢绒织物，提高了市场竞争能力。

舟山市普陀毛纺织总厂恪守“质量第一、信誉至上”的生产经营宗旨和“团结、奉献、求实、开拓”的企业宗旨，经营规模不断扩大，经济效益年年提高。为此曾受到各级政府的表彰，多次被评为浙江省先进企业、省技术进步优秀企业、省乡镇企业管理示范企业、省“八五”时期规模经济效益先进企业、舟山市十强企业、市明星企业。

面向新世纪，企业将在“全国乡镇企业家”周永川同志的带领下，克服当前纺织行业严峻困难，继续发扬艰苦创业精神，走科技兴业之路，向质量管理要效益。坚定信心，抓住机遇，深化改革，知难而进，不断调整产品结构，提高产品的科技含量，进一步拓宽国际国内市场，把已形成的产品优势不断地加以发挥，以崭新的面貌奔向二十一世纪。该厂将以市场为导向，满足用户需求为己任，生产出更多更好的产品，奉献给广大消费者。

浙江海洋学院

地　　址：浙江省舟山市文化路105号

院　　长：裴鲁青（教授）

邮政编码：316004

电话号码：（0580）2550009　2550008　2551319（传真）

浙江海洋学院于1998年9月由浙江水产学院和舟山师范专科学校合并成立。坐落在风景秀丽的“千岛新城”舟山市区，占地227亩，校舍建筑面积6万多平方米，教职工430名，其中专任教师200余名，高级职称60余名。在校学生2500名，藏书35万册，仪器设备总值1000多万元。学院设有9个本科专业：海洋渔业科学与技术、建筑环境与设备工程、船舶与海洋工程、机械设计及其自动化、电气工程及自动化、海洋技术、数学与应用数学、汉语言文学、英语；7个专科专业：秘书、船舶机械制造与维修、计算机应用与维护、物理学教育、生化教育、政史教育、初等教育；10个专业方向：电气工程及自动化（电子电气技术、电子电气技术高职班、电气工程）、海洋渔业科学与技术（海洋渔业实践班）、计算机应用与维护（高职班）、经贸英语高职班、机械设计制造及自动化（机电一体化高职班）、船舶驾驶高职班、轮机高职班、秘书（涉外秘书）。

学院成人教育学院、高等职业技术学院已经在学院本部和舟山市教师培训中心分别挂牌成立，并已积极开展教学活动。学院附属舟山市应用职业技术学校坐落在舟山市定海区西山路，现有学生400名，为地方经济建设培养中等实用技术人才。学院设有海洋科学研究所和海洋文化研究所两个科研机构，其中海洋科学研究所承担省“九五”重点科技项目的研究工作。学院学报在国内外公开发行，曾被评为省级优秀期刊，并被联合国粮农组织水生科学与渔业文摘（ASFA）所收录。

二十一世纪是海洋世纪，是知识经济时代。“开发海洋，教育先行”，学院将紧紧抓住机遇，加快发展，努力办成一所面向海洋，集海洋、水产、教育及其它基础学科于一体的，具有海洋特色和区位、专业优势的多层次、多学科、多功能的现代化高等院校。成为一所具有现代化教育水平，在全国有较大影响的本科院校。

(京)新登字 041 号

图书在版编目(CIP)数据

浙江统计年鉴 1999：中英文对照/浙江省统计局编。
—北京：中国统计出版社，1999.7
ISBN 7—5037—2980—5
Ⅰ.浙…
Ⅱ.浙…
Ⅲ.统计资料—浙江—1999—年鉴—汉、英
Ⅳ.C832.55—54
中国版本图书馆 CIP 数据核字(99)第 17647 号

中 国 统 计 出 版 社
(北京西城三里河月坛南街 75 号 100826)
国营江西宜春资料印刷厂印刷
浙江省国际广告公司彩页制作
*
787×1092 毫米 16 开本 42 印张 24 彩页 150 万字
1999 年 7 月第 1 版 1999 年 7 月 第 1 次印刷
印数：1—3000
*
定价：170 元

芳